2022 · **All New** 100% 전면 개정

NCS
한전
KPS

NCS ㅣ 최종점검 모의고사 6회

+ 무료NCS특강

SD에듀
㈜시대고시기획

Always **with you**

사람이 길에서 우연하게 만나거나 함께 살아가는 것만이 인연은 아니라고 생각합니다.
책을 펴내는 출판사와 그 책을 읽는 독자의 만남도 소중한 인연입니다.
(주)시대고시기획은 항상 독자의 마음을 헤아리기 위해 노력하고 있습니다.
늘 독자와 함께 하겠습니다.

PREFACE

머리말

세계 No.1 전력설비 정비산업 Grand 플랫폼 기업으로 도약하는 한전KPS는 2022년에 신입사원을 채용할 예정이다. 한전KPS의 채용절차는 「입사지원서 접수 → 서류심사 → 필기시험 → 역량면접 · 인성검사 등 → 최종 합격자 발표」 순서로 이루어진다. 지원 자격 충족 시 G4등급은 20배수, G3 · G2등급은 적격자 전원을 선발하여 필기시험에 응시하게 된다. 필기시험은 직업기초능력과 전공으로 시행된다. 그중 직업 기초능력은 의사소통능력, 수리능력, 문제해결능력, 자원관리능력, 정보능력, 조직이해능력, 기술능력 중 직렬별로 5개의 영역을 선정해 평가하며, 2021년 하반기에는 피듈형으로 시행되었다. 직렬별 시험 내용 이 다르므로 반드시 확정된 채용공고를 확인하는 것이 필요하다. 또한, 필기시험에서 고득점을 받기 위해 다양한 유형에 대한 폭넓은 학습과 문제풀이능력을 높이는 등 철저한 준비가 필요하다.

한전KPS 합격을 위해 (주)시대고시기획에서는 한전KPS 판매량 1위의 출간 경험을 토대로 다음과 같은 특징을 가진 도서를 출간하였다.

📑 도서의 특징

첫 째 합격으로 이끌 가이드를 통한 채용 흐름 확인!
- 한전KPS 소개를 수록하여 채용 흐름을 파악하는 데 도움이 될 수 있도록 하였다.

둘 째 기출복원문제를 통한 출제 유형 확인!
- 2021년 주요 공기업 NCS 기출문제를 복원하여 공기업별 필기 유형을 파악할 수 있도록 하였다.

셋 째 한전KPS 필기시험 출제 영역 맞춤 기출예상문제를 통한 실력 상승!
- NCS 직업기초능력 모듈이론&기출유형&기출예상문제를 수록하여 필기시험에 완벽히 대비할 수 있도록 하였다.

넷 째 최종점검 모의고사를 통한 완벽한 실전 대비!
- 철저한 분석을 통해 실제 유형과 유사한 최종점검 모의고사를 수록하여 자신의 실력을 최종 점검할 수 있도록 하였다.

다섯째 다양한 콘텐츠로 최종 합격까지!
- 한전KPS 채용 가이드와 면접 기출질문을 수록하여 채용을 준비하는 데 부족함이 없도록 하였다.
- 온라인 모의고사와 AI면접 응시 쿠폰을 무료로 제공하여 채용 전반을 대비할 수 있도록 하였다.

끝으로 본 도서를 통해 한전KPS 채용을 준비하는 모든 수험생 여러분이 합격의 기쁨을 누리기를 진심으로 기원한다.

NCS직무능력연구소 씀

한전KPS 이야기

설립 목적

**전력설비의 성능과 신뢰도를 제고하여
전력의 안정적 공급 및 전력산업 발전에 이바지**

비전

" **세계 No.1 전력설비 정비산업 Grand 플랫폼 기업** "

핵심 가치

고객신뢰 — 기술중시 — 혁신성장 — 사회책임

인재상

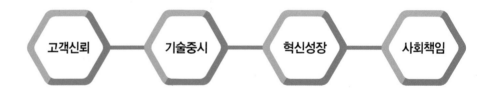

Global ACE(Global Advanced Customer-centered Expert)

고객지향   전문   글로벌   창조

👤 지원 자격(공통)

❶ **학력 · 연령** : 제한 없음[단, 채용예정일 기준 연령(만 60세)에 도달한 자는 지원 불가]
❷ **병역** : 입사일 기준 병역필 또는 면제자
❸ **기타** : 한전KPS 인사규정 제9조의 결격사유가 없는 자, 해외근무 가능자, 채용예정일 즉시 근무가능한 자

👤 전형절차

| 입사시원서 접수 | 서류심사 | 필기시험 | 역량면접 · 인성검사 등 | 최종 합격자 발표 |

👤 필기시험

구분	직렬		내용	문항 수
직업기초능력	경영 회계 · 사무	법정 · 상경	의사소통능력, 수리능력, 문제해결능력, 자원관리능력 설부능력	50문항
		전산	의사소통능력 수리능력, 문제해결능력, 정보능력, 조직이해능력	
	발전설비운영		의사소통능력, 수리능력, 문제해결능력, 자원관리능력, 기술능력	
전공	경영 · 회계 · 사무		직렬별 상이	50문항
	발전설비운영			

👤 역량면접 · 인성검사

구분	내용
G4등급	개별면접 및 토론면접
	인성검사 및 신체검사
G3 · G2등급	개별면접
	인성검사 및 신체검사

※ 위 채용안내는 2021년 하반기 채용공고를 기준으로 작성하였으므로 세부내용은 반드시 확정된 채용공고를 확인하시기 바랍니다.

NCS(국가직무능력표준)란 무엇인가?

👤 국가직무능력표준(NCS: National Competency Standards)

산업현장에서 직무 수행에 요구되는 능력(지식, 기술, 태도 등)을 국가가 산업 부문별, 수준별로 체계화한 설명서

👤 직무능력

직무능력 = 직업기초능력 + 직무수행능력

- **직업기초능력** : 직업인으로서 기본적으로 갖추어야 할 공통 능력
- **직무수행능력** : 해당 직무를 수행하는 데 필요한 역량(지식, 기술, 태도)

👤 NCS의 필요성

- 산업현장과 기업에서 인적자원관리 및 개발의 어려움과 비효율성이 발생하는 대표적 요인으로 산업 전반의 '기준' 부재에 주목함
- 직업교육훈련과 자격이 연계되지 않은 상태로 산업현장에서 요구하는 직무수행능력과 괴리되어 실시됨에 따라 인적자원 개발과 개인의 경력개발에 비효율적이며 효과성이 부족하다는 비판을 받음
  - ⋯ NCS를 통해 인재육성의 핵심 인프라를 구축하고, 산업장면의 HR 전반에서 비효율성을 해소하여 경쟁력을 향상시키는 노력이 필요함

👤 NCS 분류

- 일터 중심의 체계적인 NCS 개발과 산업현장 전문가의 직종구조 분석결과를 반영하기 위해 산업현장 직무를 한국고용 직업분류(KECO)에 부합하게 분류함
- 2021년 기준 : 대분류(24개), 중분류(80개), 소분류(257개), 세분류(1,022개)

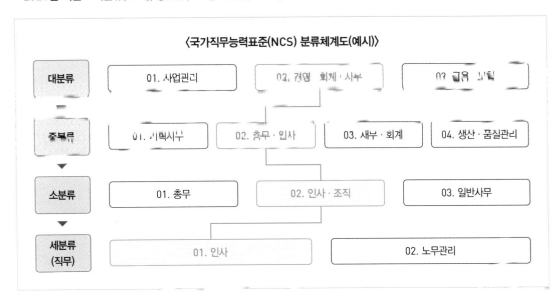

👤 직업기초능력 영역

모든 직업인들에게 공통적으로 요구되는 기본적인 능력 10가지

❶ **의사소통능력** : 타인의 생각을 파악하고, 자신의 생각을 글과 말을 통해 정확하게 쓰거나 말하는 능력

❷ **수리능력** : 사칙연산, 통계, 확률의 의미를 정확하게 이해하는 능력

❸ **문제해결능력** : 문제 상황을 창조적이고 논리적인 사고를 통해 올바르게 인식하고 해결하는 능력

❹ **자기개발능력** : 스스로 관리하고 개발하는 능력

❺ **자원관리능력** : 자원이 얼마나 필요한지 파악하고 계획하여 업무 수행에 할당하는 능력

❻ **대인관계능력** : 사람들과 문제를 일으키지 않고 원만하게 지내는 능력

❼ **정보능력** : 정보를 수집, 분석, 조직, 관리하여 컴퓨터를 사용해 적절히 활용하는 능력

❽ **기술능력** : 도구, 장치를 포함하여 필요한 기술에 대해 이해하고 업무 수행에 적용하는 능력

❾ **조직이해능력** : 국제적인 추세를 포함하여 조직의 체제와 경영에 대해 이해하는 능력

❿ **직업윤리** : 원만한 직업생활을 위해 필요한 태도, 매너, 올바른 직업관

NCS(국가직무능력표준)란 무엇인가?

👤 NCS 구성

능력단위

- 직무는 국가직무능력표준 분류의 세분류를 의미하고, 원칙상 세분류 단위에서 표준이 개발됨
- 능력단위는 국가직무능력표준 분류의 하위단위로, 국가직무능력 표준의 기본 구성요소에 해당되며 능력단위 요소 (수행준거, 지식 · 기술 · 태도), 적용범위 및 작업상황, 평가지침, 직업기초능력으로 구성됨

〈국가직무능력표준 능력단위 구성〉

👤 NCS의 활용

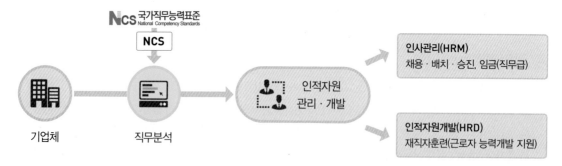

활동 유형	활용범위
채용(블라인드 채용)	채용 단계에 NCS를 활용하여 NCS 매핑 및 직무분석을 통한 공정한 채용 프로세스 구축 및 직무 중심의 블라인드 채용 실현
재직자 훈련(근로자 능력개발 지원)	NCS 활용 패키지의 '평생경력개발경로' 기반 사내 경력개발경로와 수준별 교육훈련 이수 체계도 개발을 통한 현장직무 중심의 재직자 훈련 실시
배치 · 승진	현장직무 중심의 훈련체계와 배치 · 승진 · 체크리스트를 활용한 근로자 배치 · 승진으로 직급별 인재에 관한 회사의 기대와 역량 간 불일치 해소
임금(직무급 도입)	NCS 기반 직무분석을 바탕으로 기존 관리직 · 연공급 중심의 임금체계를 직무급(직능급) 구조로 전환

합격을 위한 체크 리스트

시험 전 CHECK LIST

D-1

체크	리스트
☐	수험표를 출력하고 자신의 수험번호를 확인하였는가?
☐	수험표나 공지사항에 안내된 입실 시간 및 유의사항을 확인하였는가?
☐	신분증을 준비하였는가?
☐	컴퓨터용 사인펜 · 수정테이프 · 여분의 필기구를 준비하였는가?
☐	시험시간에 늦기 않도록 알람을 설정해 놓았는가?
☐	고사장 위치를 파악하고 교통편을 확인하였는가?
☐	고사장에서 볼 수 있는 사료집을 준비하였는가?
☐	인성검사에 대비하여 지원한 공사 · 공단의 인재상을 확인하였는가?
☐	확인 체크표의 × 표시한 문제를 한 번 더 확인하였는가?
☐	자신이 취약한 영역을 두 번 이상 학습하였는가?
☐	도서의 모의고사를 통해 자신의 실력을 확인하였는가?

시험 유의사항

D DAY

체크	리스트
☐	시험 전 화장실을 다녀 가야 합니다.
☐	통신기기(휴대폰, 태블릿PC, 무선호출기, 스마트워치, 스마트밴드, 블루투스 이어폰 등)를 가방에 넣어야 합니다.
☐	휴대폰의 전원을 꺼야 합니다.
☐	시험 종료 후 시험지와 답안지는 제출해야 합니다.

시험 후 CHECK LIST

D+1

체크	리스트
☐	시험 후기를 작성하였는가?
☐	상 · 하의와 구두를 포함한 면접복장이 준비되었는가?
☐	지원한 직무의 분석을 하였는가?
☐	단정한 헤어와 손톱 등 용모관리를 깔끔하게 하였는가?
☐	자신의 자기소개서를 다시 한 번 읽어보았는가?
☐	1분 자기소개를 준비하였는가?
☐	도서 내 면접 기출질문을 확인하였는가?
☐	자신이 지원한 직무의 최신 이슈를 정리하였는가?

주요 공기업 적중문제

· 가위바위보 키워드 ·

27 A ~ F 6명이 동시에 가위바위보를 해서 아이스크림 내기를 했는데 결과가 다음과 같았다. 다음 중 내기에서 이긴 사람을 모두 고르면?(단, 비긴 경우는 없었다)

- 6명이 낸 것이 모두 같거나, 가위·바위·보 3가지가 모두 포함되는 경우 비긴 것으로 한다.
- A는 가위를 내지 않았다.
- B는 바위를 내지 않았다.
- C는 A와 같은 것을 냈다.
- D는 E에게 졌다.
- F는 A에게 이겼다.
- B는 E에게 졌다.

① A, C ② E, F
③ B, D ④ A, B, C
⑤ B, D, F

· 한글 맞춤법 유형 ·

31 문서는 어문규범을 준수하여 한글로 작성하되, 이해하기 쉬운 용어를 사용하여야 한다. 다음은 문서 작성 시 유의해야 할 한글 맞춤법 및 어법에 따른 표기이다. 다음 중 표기가 바르지 않은 것은?

〈한글 맞춤법 및 어법〉

1) 고 / 라고
   앞말이 직접 인용되는 말임을 나타내는 조사는 '라고'이다. '고'는 앞말이 간접 인용되는 말임을 나타내는 격조사이다.
2) 로써 / 로서
   지위나 신분 또는 자격을 나타내는 격조사는 '로서'이며, '로써'는 어떤 일의 수단이나 도구를 나타내는 격조사이다.
3) 율 / 률
   받침이 있는 말 뒤에서는 '렬, 률', 받침이 없는 말이나 'ㄴ' 받침으로 끝나는 말 뒤에서는 '열, 율'로 적는다.
4) 년도 / 연도
   한자음 '녀, 뇨, 뉴, 니'가 단어 첫머리에 올 때는 두음 법칙에 따라 '여, 요, 유, 이'로 적는다. 단, 의존 명사의 경우 두음 법칙을 적용하지 않는다.
5) 연월일의 표기
   아라비아 숫자만으로 연월일을 표시할 경우 마침표는 연월일 다음에 모두 사용해야 한다.

① 이사장은 "이번 기회를 통해 소중함을 깨닫게 되었으면 좋겠다."라고 말했다.
② 모든 것이 말로써 다 표현되는 것은 아니다.
③ 올해의 상반기 목표 성장률을 달성하기 위해서는 모두가 함께 노력해야 한다.
④ 노인 일자리 추가 지원 사업을 시작한 지 반 연도 되지 않아 지원이 끝이 났다.

참, 거짓 논증 유형

23 A, B, C, D, E 5명에게 지난 달 핸드폰 통화 요금이 가장 많이 나온 사람을 1위에서 5위까지 그 순위를 추측하라고 하였더니 각자 예상하는 두 사람의 순위를 다음과 같이 대답하였다. 각자 예상한 순위 중 하나는 참이고, 다른 하나는 거짓이다. 이들의 대답으로 판단할 때 실제 핸드폰 통화 요금이 가장 많이 나온 사람은?

> A : D가 두 번째이고, 내가 세 번째이다.
> B : 내가 가장 많이 나왔고, C가 두 번째로 많이 나왔다.
> C : 내가 세 번째이고, B가 제일 길게 나왔다.
> D : 내가 두 번째이고, E가 네 번째이다.
> E : A가 가장 많이 나왔고, 내가 네 번째이다.

① A　　　　　　　　　　② B
③ C　　　　　　　　　　④ D
⑤ E

약문 키워드

17 다음 글에서 〈보기〉가 들어갈 위치로 옳은 것은?

> 그럼 이제부터 제형에 따른 특징과 복용 시 주의점을 알아보겠습니다. 먼저 산제나 액제는 복용해야 하는 용량에 맞게 미세하게 조절이 가능합니다. 그리고 정제나 캡슐제보다 노인이나 소아가 약을 삼키기 쉽고 약효도 빠르게 나타납니다. (가) 캡슐제는 캡슐로 약물을 감싸서 자극이 강한 약물을 복용할 때 생기는 불편을 줄일 수 있고, 정제로 만들면 약효가 떨어질 수 있는 경우에 사용되어 약효를 유지할 수 있습니다. (나) 하지만 캡슐제는 캡슐이 목구멍이나 식도에 달라붙을 수 있기 때문에 충분한 양의 물과 함께 복용해야 합니다. (다)
> 그리고 정제는 일정한 형태로 압축되어 있어 산제나 액제보다 보관이 간편하고 정량을 복용하기 쉽습니다. 이러한 정제는 약물의 성분이 빠르게 방출되는 속방정과 서서히 지속해서 방출되는 서방정으로 구분할 수 있습니다. (라) 서방정은 오랜 시간 일정하게 약의 효과를 유지할 수 있어 복용 횟수를 줄일 수 있습니다. 그런데 서방정은 함부로 쪼개거나 씹어서 먹으면 안 됩니다. 왜냐하면 약물의 방출 속도가 달라져 부작용의 위험이 커질 수 있기 때문입니다.
> 오늘 강연 내용은 유익하셨나요? 이번 강연이 약에 대한 이해를 높일 수 있는 계기가 되었으면 합니다. 또한, 약과 관련해 더 궁금한 내용이 있다면 '온라인 의약 도서관'을 통해 찾아보실 수 있습니다. (마) 마지막으로 상세한 복약 정보는 꼭 의사나 약사에게 확인하시기 바랍니다. 경청해 주셔서 감사합니다.

> **보기**
> 하지만 이 둘은 정제보다 변질하기 쉬우므로 특히 보관에 주의해야 하고 복용 전 변질 여부를 잘 확인해야 합니다.

① (가)　　　　　　　　② (나)
③ (다)　　　　　　　　④ (라)
⑤ (마)

주요 공기업 적중문제

나무 수 계산 유형

23 가로, 세로의 길이가 각각 432m, 720m인 직사각형 모양의 공원에 나무를 심으려고 한다. 네 코너의 모서리에는 반드시 나무를 심고 서로 간격이 일정하게 떨어져 있도록 심으려고 할 때, 최소한 몇 그루를 심으면 되는가?

① 12그루　　　　　　　　　　　② 16그루

③ 36그루　　　　　　　　　　　④ 48그루

부서 배치 유형

※ K공사에서 인사담당자 김 대리는 신입사원을 선발하고 부서별로 배치하려고 한다. 각 팀이 원하는 역량을 가진 신입사원을 1명 이상 배치하려고 할 때, 자료를 참고하여 이어지는 질문에 답하시오. [34~35]

〈신입사원 정보〉

신입사원	전공	직무능력평가	자격증	면접	비고
A	경제학과	수리능력, 자원관리능력 우수		꾸준히 운동, 체력관리 우수	
B	무역학과	수리능력, 문제해결능력, 자원관리능력 우수	무역영어 1급		총무업무 경력 보유
C	심리학과	의사소통능력, 조직이해능력 우수		의사소통능력 최상	
D	경영학과	의사소통능력, 문제해결능력 우수	유통관리사 자격증	창의력 우수	
E	의류학과	의사소통능력, 문제해결능력, 조직이해능력 우수		창의적인 문제해결능력	신용업무 경력 보유

〈팀별 선호사항〉

• 신용팀 : 관련업무 경력자 선호, 고객과 원활한 소통능력 중시
• 경제팀 : 경제학과 출신 선호, 체력 중시
• 유통팀 : 유통관리사 자격증 소지자 선호, 창의력 중시
• 상담팀 : 조직이해능력 우수자 선호, 의사소통능력 우수자 선호
• 총무팀 : 특별한 선호 없음

34 다음 중 각 팀과 배치될 신입사원을 적절하게 연결한 것은?

① 유통팀 – B　　　　　　　　② 경제팀 – D

③ 신용팀 – E　　　　　　　　④ 총무팀 – C

⑤ 상담팀 – A

코레일 한국철도공사

4차 산업혁명 키워드

23 다음 중 글의 제목으로 가장 적절한 것은?

제4차 산업혁명은 인공지능이 기존의 자동화 시스템과 연결되어 효율이 극대화되는 산업 환경의 변화를 의미한다. 2016년 세계경제포럼에서 언급되어, 유행처럼 번지는 용어가 되었다. 학자에 따라 바라보는 견해는 다르지만 대체로 기계학습과 인공기능에 말미암는 그 신산으로 보이나

2010년대 수반부터 드러나기 시작해 매기 신입혁신은 본색시해했으며, 그 여기에 미래 시장에서 나타고 있다. 인게를 기틀은 이세배 인상지능이 내체하고 있으며, 현재 일자리이 90 · 000까지 대체될 시이버고 보는 경제도 이미 미와 변제의 상세 수소를 유지한 채로 이와 같은 국민적인 노동 수요 감소를 맞게 된다면, 전후 미류이 대용량 등과는 자원이 다른 끔찍한 대공황이 발생할 것이다. 계속해서 일자리가 줄어들수록 중 · 하위 세층은 사회에서 밀려날 수밖에 없는데, 반면 자본주의 사회의 특성상 많은 비용을 수반하는 과학기술의 연구는 자본에 종속될 수밖에 없기 때문이다. 물론 지금도 이러한 현상이 없는 것은 아니지만, 아직까지는 단순노동이 필요하기 때문에 노동력을 제공하는 중 · 하위층들도 불합리한 부분들에 파업과 같은 실력행사를 할 수 있었다. 그러나 앞으로 자동화가 더욱 진행되어 노동의 필요성이 사라진다면 그들을 배려해야 할 당위성은 법과 제도가 아닌 도덕이나 인권과 같은 윤리적인 영역에만 남게 되는 것이다.

반면에, 이를 긍정적으로 생각한다면 이처럼 일자리가 없어졌을 때 극소수에 해당하는 경우를 제외한 나머지 사람들은 노동에서 완전히 해방되어, 인공지능이 제공하는 무제한적인 자원을 마음껏 향유할 수도 있을 것이다. 하지만 이러한 미래는 지금의 자본주의보다는 사회주의 경세 개제에 가깝다. 이 때문에 많은 경제사기의 미래학사들은 세4자 산업혁명 이후의 미래를 장밋빛으로 바꿔나가기 위해, 기본소득제 도입 등의 시도와 같은 고민들을 이어가고 있다.

① 제4차 산업혁명의 의의
② 세4자 산업혁명의 병기 그늘
③ 제4차 신입혁산의 가벼상
④ 세4차 산업혁명에 대한 준비
⑤ 제4차 산업혁명의 시작

국가철도공단

사원에게 해 줄 조언 유형

04 L사원은 사람들 앞에 나설 생각만 하면 불안감이 엄습하면서 땀이 난다. 심지어 지난번 프레젠테이션에서는 너무 떨린 나머지 자신이 말해야 하는 것을 잊어 버리기도 하였다. 주요 기획안 프레젠테이션을 앞둔 L사원은 같은 실수를 반복하지 않기 위해 상사인 K대리에게 조언을 구하기로 하였다. K대리가 L사원에게 해 줄 조언으로 가장 적절하지 않은 것은?

① 발표할 내용은 주어진 시간보다 더 많은 분량으로 미리 준비하는 것이 좋습니다.
② 완벽하게 준비하려 하기보다는 자신의 순발력으로 대처할 수 있을 정도로 준비하는 것이 좋습니다.
③ 듣는 사람들을 자신과 똑같은 위치의 사람이라고 생각하면서 발표하는 것도 좋은 방법입니다.
④ 듣는 사람의 눈을 보기 어렵다면 그 사람의 코를 보면서 발표하는 것도 좋은 방법입니다.

주요 공기업 적중문제

멤버십 유형별 특징(소외형, 순응형) 키워드

32 다음은 멤버십 유형별 특징을 정리한 자료이다. 다음 자료를 참고하여 각 유형의 멤버십을 가진 사원에 대한 리더의 대처방안으로 가장 적절한 것은?

<멤버십 유형별 특징>

소외형	순응형
• 조직에서 자신을 인정해주지 않음 • 적절한 보상이 없음 • 업무 진행에 있어 불공정하고 문제가 있음	• 기존 질서를 따르는 것이 중요하다고 생각함 • 리더의 의견을 거스르는 것은 어려운 일임 • 획일적인 태도와 행동에 익숙함
실무형	**수동형**
• 조직에서 규정준수를 강조함 • 명령과 계획을 빈번하게 변경함	• 조직이 나의 아이디어를 원치 않음 • 노력과 공헌을 해도 아무 소용이 없음 • 리더는 항상 자기 마음대로 함

① 소외형 사원은 팀에 협조하는 경우에 적절한 보상을 주도록 한다.
② 소외형 사원은 팀을 위해 업무에서 배제시킨다.
③ 순응형 사원에 대해서는 조직을 위해 순응적인 모습을 계속 권장한다.
④ 실무형 사원에 대해서는 징계를 통해 규정준수를 강조한다.

총 비용 계산 유형

☑ 오답 Check! ○ ✕

37 A팀장은 6월부터 10월까지 매월 부산에서 열리는 세미나에 참석하기 위해 숙소를 예약해야 한다. A팀장이 다음 조건에 따라 예약사이트 M투어, H트립, S닷컴, T호텔스 중 한 곳을 통해 숙소를 예약하고자 할 때, 다음 중 A팀장이 이용할 예약사이트와 6월부터 10월까지의 총 숙박비용이 바르게 연결된 것은?

<예약사이트별 예약 정보>

예약사이트	가격(원/1박)	할인행사
M투어	120,500	3박 이용 시 다음 달에 30% 할인 쿠폰 1매 제공
H트립	111,000	6월부터 8월 사이 1박 이상 숙박 이용내역이 있을 시 10% 할인
S닷컴	105,500	2박 이상 연박 시 10,000원 할인
T호텔스	105,000	멤버십 가입 시 1박당 10% 할인(멤버십 가입비 20,000원)

조건
• 세미나를 위해 6월부터 10월까지 매월 1박 2일로 숙소를 예약한다.
• 숙소는 항상 ㅁㅁ호텔을 이용한다.
• A팀장은 6월부터 10월까지 총 5번의 숙박비용의 합을 최소화하고자 한다.

	예약사이트	총 숙박비용
①	M투어	566,350원
②	H트립	532,800원
③	S닷컴	527,500원
④	T호텔스	492,500원

한국동서발전

문의할 내용 유형

07 다음 공고 내용을 확인한 관련 업체 종사자가 서류 준비와 관련하여 문의처에 문의할 내용으로 가장 적절한 것은?

① 현장수요 기반 컨설팅 사업의 경우 지원금 지원 방식은 어떻게 됩니까?

② 제품화 R&D 지원 사업 신청 기업에 대한 심사 기간은 얼마나 소요됩니까?

③ 신청 기간 내에 제출한 서류에 보완점이 발생하면 어떻게 됩니까?

④ 한 개 기업에서 두 개 과제에 대한 신청을 받는 것이 가능합니까?

⑤ 신청 기업은 언제 내가서 확인할 수 있습니까?

한국서부발전

일치하지 않는 내용 유형

13 다음 글의 내용과 일치하지 않는 것은?

저작권이란 저작물을 보호하기 위해 저작자에게 부여된 독점적 권리를 말한다. 저작권은 소유권 통신을 사서 마음대로 이용하거나 처분할 수 있는 권리인 소유권과는 구별된다. 수석책을 구매한 사람은 책에 대한 소유권은 획득했지만 그렇다고 소설에 배인 저작권까지 획득한 것은 아니다. 따라서 구매자는 다른 사람에게 책을 빌려줄 수는 있으나, 저작자의 허락 없이 그 소설을 상업적 목적으로 변형하거나 가공하여 유통할 수는 없다. 이 책에 대해서는 물건에 대한 소유권인 물권법이, 소설에 대해서는 저작권법이 각각 적용되기 때문이다.

저작권법에서 보호하는 저작물은 남의 것을 베낀 것이 아니라 저작자 자신의 것이어야 한다. 그리고 저작물의 수준이 높아야 할 필요는 없지만, 저작권법에 의한 보호를 받을 가치가 있는 정도로 최소한의 창작성을 지니고 있어야 한다.

저작자란 사실상의 저작 행위를 하여 저작물을 생산해 낸 사람을 가리킨다. 직업적인 문인뿐만 아니라 저작 행위를 하면 누구든지 저작자가 될 수 있다. 자연인으로서의 개인뿐만 아니라 법인도 저작자가 될 수 있다. 그리고 저작물에는 1차적 저작물뿐만 아니라 2차적 저작물도 포함되므로 2차적 저작물의 작성자도 저작자가 될 수 있다. 그러나 저작을 하는 동안 옆에서 도와주었거나 자료를 제공한 사람 등은 저작자가 될 수 없다.

저작자에게 저작권이라는 권리를 부여하여 보호하는 이유는 저작물이 곧 문화 발전의 원동력이 되기 때문이다. 저작물이 많이 나와야 그 사회가 문화적으로 풍요로워질 수 있다. 또 다른 이유는 저작자의 창작 노력에 대해 적절한 보상을 해 줌으로써 창작 행위를 계속할 수 있는 동기를 제공하는 데 있다.

① 저작권은 저작자에게 부여된 독점적 권리로 소유권과 구별된다.

② 소설책을 구매한 사람이 다른 사람에게 책을 빌려줄 수 있는 이유는 책에 대해 물권법이 적용되기 때문이다.

③ 남의 것을 베끼더라도 최소한의 창작성을 지닌 저작물이라면 저작권법에 의해 보호받을 수 있다.

④ 2차적 저작물의 작성자도 저작자가 될 수 있지만, 저작의 과정에서 자료를 제공한 사람은 저작자가 될 수 없다.

⑤ 저작자에게 권리를 부여함으로써 저작자의 지속적인 창작 동기를 유발하고, 사회의 문화 발전에 기여하도록 한다.

도서 구성

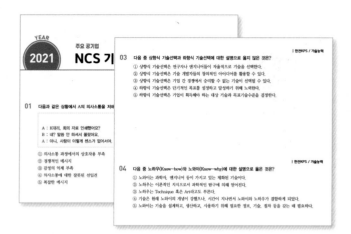

기출복원문제로
출제 경향 파악

- 2021년 주요 공기업 NCS 기출문제를 복원하여 공기업별 출제 경향을 파악할 수 있도록 하였다.

모듈이론+기출유형
+기출예상문제로
NCS 영역별 학습

- 출제되는 NCS 영역에 대한 모듈이론과 기출유형을 수록하여 최근 출제되는 문제의 이론과 유형을 익히고 점검할 수 있도록 하였다.

- 기출예상문제를 수록하여 효과적으로 학습할 수 있도록 하였다.

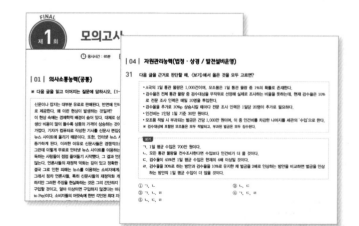

최종점검 모의고사+OMR
을 활용한 실전 연습

- 직렬별 NCS 최종점검 모의고사와 OMR 답안지를 수록하여 실제로 시험을 보는 것처럼 최종 마무리 연습을 할 수 있도록 하였다.

- 모바일 OMR 답안채점/성적분석 서비스를 통해 필기시험에 완벽히 대비할 수 있도록 하였다.

인성검사부터 면접까지
한 권으로 최종 마무리

- 인성검사 모의테스트를 통해 인성검사까지 대비할 수 있도록 하였다.

- 한전KPS 관련 뉴스&이슈와 면접 예상·기출질문을 통해 실제 면접에서 나올 내용을 미리 파악하고 연습할 수 있도록 하였다.

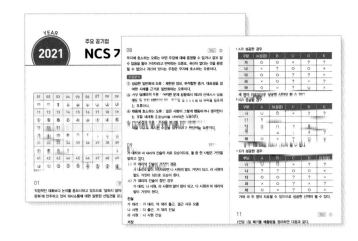

상세한 해설로
정답과 오답을 완벽하게 이해

- 정답과 오답에 대한 상세한 해설을 수록하여 혼자서도 학습을 할 수 있도록 하였다.

학습플래너로
효율적인 시간 관리

- 학습플래너를 수록하여 한 번에 전 영역을 공부하지 않고, 한 영역씩 집중적으로 공부할 수 있도록 하였다.

뉴스&이슈

한전KPS, 노후 발전소에 '새 생명'...탄탄한 기술력 뽐내

발·송전설비 정비 전문회사인 한전KPS가 탄탄한 기술력을 바탕으로 노후 발전소에 잇따라 새 생명을 불어넣고 있다.

12월 9일(목), 한전KPS는 380억 원 규모의 포스코 광양제철소 기력2발전 합리화사업 계약을 체결했다.

한전KPS는 기력2발전의 100MW급 2기의 성능 개선 공사를 2021년 12월부터 2023년 7월까지 약 1년 8개월간에 걸쳐 시행할 계획이다.

한전KPS는 지난해 코로나로 인한 해외 주기자재 조달의 어려움 속에서도 이미 공인된 기술력을 기반으로 비대면 공장 검수 등의 신개념 사업 추진 방식을 도입해 광양제철소 기력1발전 합리화사업을 성공적으로 완료한 데 이어 이번 기력2발전 사업까지 수주하는 쾌거를 올렸다.

이로써 한전KPS는 국내·외 화력 및 원자력발전소 정비 분야의 전문 인력과 노하우를 바탕으로 발전설비의 잔존수명을 평가하고 저하된 성능을 향상시키는 성능 개선 분야의 국내 유일 전문정비회사로서 위상을 더욱 높이고 있다는 평가를 받고 있다.

한전KPS 김홍연 사장은 "차별화된 기술력으로 성능 개선 사업을 연속 수주한 것은 사업영역 확장을 통해 미래 성장 동력을 확보하는 차원"이라며, "노후 발전설비의 성능 및 효율 향상을 통해 생산성 증대에 따른 고객 가치 창출과 탄소 배출 저감에 따른 저탄소 전환에 기여함으로써 세계 No.1 전력설비 정비산업 Grand 플랫폼 기업으로 도약하겠다."라고 밝혔다.

🔎 Keyword

- 발전 합리화사업 : 한계수명에 도달한 발전설비의 성능을 복원시키고 터빈 효율을 높여 에너지 비용을 낮추는 성능 개선 공사

💬 예상 면접 질문

Q 한전KPS의 사업에 대해 아는 대로 말해 보시오.
Q 다른 지원자에 비해 본인이 더욱 우수하다고 생각하는 능력이 있다면 말해 보시오.

한전KPS, 걸음기부 캠페인 'Count on(溫) Me Ⅱ' 추진

발·송전설비 정비 전문회사인 한전KPS가 지난해에 이어 총 2억 원 적립을 목표로 'Count on(溫) Me Ⅱ' 캠페인을 펼친다.

한전KPS는 ESG 경영의 일환으로 11월 1일(월)부터 한 달 동안 진행하는 걸음기부 캠페인 'Count on(溫) Me Ⅱ'에 적극적인 참여를 당부했다.

이번 캠페인은 사회적 기업 '빅워크' 애플리케이션을 활용해 내부 임직원뿐만 아니라 누구나 참여할 수 있다.

캠페인을 통한 기부금은 코로나19로 고통받고 있는 장애인 보호시설 등에 방역물품이나 생필품 등으로 전달될 예정이다.

올해로 두 번째를 맞은 이 캠페인은 지난해 내부 직원만이 참여해 1천500만 원의 기부금을 조성해 저소득층에 김장김치를 전달한 바 있다.

올해는 코로나19로 취약계층의 어려움이 극심해진 현실을 감안해 참여 기회와 기부금액을 크게 늘렸다.

김홍연 사장은 "뜻 깊은 캠페인에 내부 지인은 물론이고 누구나 동참에 마음을 나눌 수 있길 바란다. 라며, "앞으로도 기부문화 확산과 지역사회와의 상생발전을 위해 다양한 사업을 펼쳐가겠다."라고 많은 관심과 참여를 당부했다.

🔍 **Keyword**

• 걸음기부 캠페인 : 1걸음당 1원씩 적립하는 방식으로, 정해진 기간 동안 목표 걸음인 2억 걸음이 적립되면 한전KPS가 2억 원의 기부금을 지원하게 되는 캠페인

💬 **예상 면접 질문**

Q 한전KPS의 걸음기부 캠페인을 통해 일어날 수 있는 효과에 대해 말해 보시오.

Q 한전KPS에 입사하기 위해 어떠한 노력을 했는지 말해 보시오.

뉴스&이슈

한전KPS의 원자력 발전소 로봇정비시스템, 국가공인 신기술로 인증

발·송전설비 정비 전문회사인 한전KPS가 개발한 원자력 발전소 로봇정비시스템이 국가 신기술(NET) 인증을 받으며, 발전소 정비의 기술표준을 선도하는 세계적인 기술력을 다시 한 번 입증했다.

9월 29일(수), 온라인으로 개최된 '2021년 신기술·신제품 인증서 수여식'에서 한전KPS의 '원자로 스터드 홀 자동세척 시스템'이 정부가 인정하는 신기술로 인증받았다.

일반적으로 원자력 발전소의 핵분열 반응은 압력용기와 헤드로 구성된 원자로에서 일어나는데, 이 둘을 하나로 결합시키는 것이 스터드 홀(Stud Hole)과 스터드 볼트(Stud Bolt)라는 부품이다.

따라서 원자로 내부가 고온, 고압의 상태에서 기밀을 유지하기 위해서는 원자로 압력용기와 원자로 헤드가 스터드 홀과 스터드 볼트에 의해 한 치의 오차도 없이 조립되어 있어야 한다.

기존의 스터드 홀 정비는 고방사선구역에서 작업자가 직접 홀 하나하나 세척과 정비를 해야 해서 낮은 작업 효율과 방사선 노출에 따른 안전 문제가 상존해 왔다.

그러나 이번에 한전KPS가 개발한 시스템으로 작업시간과 인력 절감을 통한 정비 효율성 증대는 물론, 로봇을 활용한 자동화로 작업자의 피폭량을 50배 이상 줄여 안전성이 대폭 향상되었다.

한전KPS는 정밀제어 계측과 센서 및 알고리즘 기술을 기반으로 스터드 홀 세척 시스템의 주행, 센터링의 자동세척 및 이물질 포집과 같은 특허도 동시에 취득해 원천기술을 확보했다는 평가를 받고 있다.

김홍연 사장은 "이번 신기술은 고위험 방사능 환경에서의 정비 과정을 100% 자동화함으로써 작업 안전성을 획기적으로 개선한 기술로 안전을 최우선으로 하는 한전KPS의 기술철학과 경영방침이 반영된 결과"라며, "앞으로도 한전KPS는 발전소 정비 기술의 표준을 선도할 수 있는 기술 개발에 매진해 'Green Energy와 함께, 사랑받는 지속성장 기업'으로 나아갈 것"이라고 말했다.

🔍 Keyword

- 신기술(NET; New Excellent Technology) 인증 : 정부가 국가 경쟁력 제고를 위해 우수 기술을 공인하는 제도로, 산업통상자원부 국가기술표준원이 엄정한 심사를 통해 국내에서 최초로 개발된 기술이나 기존 기술을 혁신적으로 개선·개량한 우수 기술을 인증하는 제도
- 원자로 스터드 홀 자동세척 시스템 : 스터드 홀 세척의 전 과정 자동화를 통해 작업자가 방사능 피폭으로부터 안전하게 원전 정비를 가능하게 하는 기술

💬 예상 면접 질문

Q 한전KPS의 인재상 중 가장 중요하다고 생각하는 것은 무엇인지 말해 보시오.

한전KPS, 친환경 연료전지 발전사업 진출

발·송전설비 정비 전문회사인 한전KPS가 친환경 연료
전지 발 연사업에 본격 진출한다.

7월 22일(목), 한전KPS는 한국남부발전, 네오마루, 신한
자산운용, 아이티에너지 4개 협력사와 업무협약을 맺고
2023년 11월 완공을 목표로 30MW 규모의 연료전지 발
전소를 나주혁신산업단지 내에 건설하기로 했다.

한전KPS는 EPC(설계·구매·건설) 대표사로서 역할을
수행하고, 남부발전은 REC 구매 및 발전소 운영, 네오
마루는 사업개발 및 EPC 참여, 신한자산운용은 자금조달, 아이티에너지는 특수목적법인(SPC)으로 사업개발
주관 역할을 각각 수행한다.

특히 새롭게 건립하는 발전소는 전력 생산과 함께 연료전지에서 나오는 폐열을 활용해 산업단지 내 입주기업과
인근 농업 단지에 열을 공급하는 융복합 사업으로 추진할 계획이다.

한전KPS는 에너지 공기업으로서 이번 사업을 통해 정부 수소 정책 활성화 정책 부응, 수소 산업 육성, 산업
난지 및 농가 에너지 자립 기여, 지역 경제 활성화 등의 효과를 기대하고 있다.

한전KPS 김홍연 사장은 "연료전지 발전소는 신재생을 대표하는 그린(Green) 에너지 분야의 신사업으로 탄소
중립 시대에 중요한 에너지원으로 각광받고 있다."라며, "전력산업의 ESG(환경·사회적 책임·지배 구조)
경영정책에 발맞춰 발전설비 환경오염물질 배출 최소화 및 고품질 발전소 건설을 통한 클린 발전소 구현에
최선을 다할 것"이라고 말했다.

🔑 Keyword

- 연료전지 : 연료와 산화제를 전기화학적으로 반응시켜 전기에너지를 발생시키는 장치

💬 예상 면접 질문

Q 한전KPS가 탄소중립 시대에 해야 할 일에 대해 말해 보시오.

Q 공모전에 참가해 본 경험이 있다면 말해 보시오.

합격 선배들이 알려주는
한전KPS 필기시험 합격기

"조급해하지 않고 차근차근!"

안녕하세요. 한전KPS 법정직에 합격하고 드디어 합격후기를 작성하게 되었습니다. 코로나로 혼란한 시기이기에 더욱 감회가 새롭습니다. 별 것 아니지만 수험 생활에 조금이나마 도움이 되었으면 하는 바람으로 몇 줄 적어보겠습니다.

한전KPS의 필기시험은 직업기초능력과 전공 총 2단계로 진행합니다.

우선 NCS는 직렬별로 내용이 다릅니다. 제가 지원한 직렬의 경우 의사소통능력, 수리능력, 문제해결능력, 자원관리능력, 정보능력 총 5개의 영역에 대한 평가를 진행했습니다. 저는 시중에 나와 있는 문제집으로 영역별 분석에 집중했습니다. 그리고 평소 수리에 자신이 없었기에 시대고시기획에서 나온 합격노트 시리즈 중 수리능력을 구입해 반복해서 풀었습니다.

전공 또한 직렬별로 내용이 다르므로 반드시 공고를 확인한 후 준비하시는 것을 추천합니다. 제가 지원한 직렬은 법학과 행정학을 평가했습니다.

마지막으로 면접은 스터디를 추천합니다. 면접 스터디를 통해 평소 습관이나 버릇을 파악하기에 좋았습니다. 팀원들과 순서를 정해 여러 질문을 미리 겪어보았기에 실제 면접에서도 유연하게 대응할 수 있었습니다.

대학교를 졸업하고 취업 준비를 하면서 불안함만 점점 커지고, 포기해야 하나 싶었던 순간에 이렇게 합격하게 되어 다행스럽기도 하고 운이 좋기도 하다고 생각합니다. 불안하다고 조급해하며 서두르기보다는 하나씩 차근차근 준비하시면 반드시 합격하실 수 있을 거라고 생각합니다. 이 글을 읽으시는 모든 분들이 취업 성공의 기쁨을 누리시기를 바랍니다!

이 책의 목차

이 책의 목차

2021년 주요 공기업
NCS 기출복원문제

| 한전KPS / 의사소통능력

01 다음과 같은 상황에서 A의 의사소통을 저해하는 요소로 가장 적절한 것은?

〈상황〉

A : K대리, 회의 자료 인쇄했어요?

B : 네? 말씀 안 하셔서 몰랐어요.

A : 아니, 사람이 이렇게 센스가 없어서야. 그런 건 알아서 해야지.

① 의사소통 과정에서의 상호작용 부족

② 경쟁적인 메시지

③ 감정의 억제 부족

④ 의사소통에 대한 잘못된 선입견

⑤ 복잡한 메시지

| 한전KPS / 조직이해능력

02 다음 중 업무상 명함 예절로 옳지 않은 것은?

① 명함은 악수하기 전에 건네주어야 한다.

② 명함은 아랫사람이 윗사람에게 먼저 준다.

③ 명함은 오른손으로 준다.

④ 명함을 계속 만지지 않는다.

⑤ 명함을 받으면 바로 명함지갑에 넣지 않고 몇 마디 나눈다.

03 다음 중 상향식 기술선택과 하향식 기술선택에 대한 설명으로 옳지 않은 것은?

① 상향식 기술선택은 연구자나 엔지니어들이 자율적으로 기술을 선택한다.
② 상향식 기술선택은 기술 개발자들의 창의적인 아이디어를 활용할 수 있다.
③ 상향식 기술선택은 기업 간 경쟁에서 승리할 수 없는 기술이 선택될 수 있다.
④ 하향식 기술선택은 단기적인 목표를 설정하고 달성하기 위해 노력한다.
⑤ 하향식 기술선택은 기업이 획득해야 하는 대상 기술과 목표기술수준을 결정한다.

04 다음 중 노하우(Know-how)와 노와이(Know-why)에 대한 설명으로 옳은 것은?

① 노와이는 과학자, 엔지니어 등이 가지고 있는 체화된 기술이다.
② 노하우는 이론적인 지식으로서 과학적인 탐구에 의해 얻어진다.
③ 노하우는 Technique 혹은 Art라고도 부른다.
④ 기술은 원래 노와이의 개념이 강했으나, 시간이 지나면서 노와이와 노하우가 결합하게 되었다.
⑤ 노와이는 기술을 설계하고, 생산하고, 사용하기 위해 필요한 정보, 기술, 절차 등을 갖는 데 필요하다.

05 다음은 물품을 효과적으로 관리하기 위한 물적자원관리 과정이다. ㉠, ㉡에 들어갈 단어로 적절한 것은?

사용 물품과 보관 물품의 구분 → __㉠__ 및 __㉡__ 물품으로의 분류 → 물품 특성에 맞는 보관 장소 선정

	㉠	㉡		㉠	㉡
①	가치	귀중	②	동일	유사
③	진가	쓸모	④	유용	중요
⑤	무게	재질			

〈상황〉

갑, 을, 병, 정, 무가 서로 가위바위보를 한 번씩 해서 이기면 2점, 비기면 1점, 지면 0점인 게임을 하였다. 갑은 유일하게 한 번도 안 졌고, 무는 유일하게 한 번도 못 이겼다.

| 한전KPS / 자원관리능력

06 갑, 을, 병, 정, 무 순서대로 점수가 높았고, 총점이 각각 2점씩 차이가 났다면 갑 ~ 무의 점수를 모두 합한 점수로 옳은 것은?

① 19점
② 20점
③ 21점
④ 22점
⑤ 23점

| 한전KPS / 자원관리능력

07 다음 중 게임에서 결과가 결정되는 판은 몇 번째 판인가?

① 6번째 판
② 7번째 판
③ 8번째 판
④ 9번째 판
⑤ 10번째 판

| 한국전력공사 / 의사소통능력

08 다음 사례에 나타난 논리적 오류는?

〈사례〉

A : 내가 어제 귀신과 싸워서 이겼다.
B : 귀신이 있어야 귀신과 싸우지.
A : 내가 봤다니까. 귀신 없는 거 증명할 수 있어?

① 성급한 일반화의 오류
② 무지에 호소하는 오류
③ 거짓 딜레마의 오류
④ 대중에 호소하는 오류
⑤ 인신공격의 오류

09 한국전력공사의 A팀 가 대리, 나 사원, 다 사원, 라 사원, 마 대리 중 1명이 어제 출근하지 않았다. 이와 관련하여 5명의 직원이 다음과 같이 말했고, 이들 중 2명이 거짓말을 한다고 할 때, 다음 중 출근하지 않은 사람은 누구인가?(단, 출근을 하였어도, 결근 사유를 듣지 못할 수도 있다)

가 대리 : 나는 출근했고, 마 대리도 출근했다. 누가 왜 출근하지 않았는지는 알지 못한다.
나 사원 : 다 사원은 출근하였다. 가 대리님의 말은 모두 사실이다.
다 사원 : 라 사원은 출근하지 않았다.
라 사원 : 나 사원의 말은 모두 사실이다.
마 대리 : 출근하지 않은 사람은 라 사원이다. 라 사원이 개인 사정으로 인해 출석하지 못한다고 가 대리님에게 전했다.

① 가 대리
② 나 사원
③ 다 사원
④ 라 사원
⑤ 마 대리

10 신종 감염병을 해결하기 위해 한 제약사에서 신약 A ~ E를 연구 중에 있다. 최종 임상실험에 가 ~ 마 5명이 지원하였고, 그 결과가 다음과 같을 때 개발에 성공한 신약은?(단, 성공한 신약을 먹으면 반드시 병이 치료된다)

가 : A와 B를 먹었고 C는 먹지 않았다. 나머지는 먹었을 수도, 안 먹었을 수도 있다.
나 : C와 D를 먹었다. 나머지는 먹었을 수도, 안 먹었을 수도 있다.
다 : A와 B를 먹었고 E는 먹지 않았다. 나머지는 먹었을 수도, 안 먹었을 수도 있다.
라 : B를 먹었고 A와 D는 먹지 않았다. 나머지는 먹었을 수도, 안 먹었을 수도 있다.
마 : A와 D를 먹었고 B, E는 먹지 않았다. 나머지는 먹었을 수도, 안 먹었을 수도 있다.
※ 두 명만 병이 치료되었다.
※ '나'는 병이 치료되지 않았다.

① A
② B
③ C
④ D
⑤ E

※ 다음 자료를 바탕으로 이어지는 질문에 답하시오. [11~12]

<지역별 폐기물 현황>

지역	1일 폐기물 배출량	인구수
용산구	305.2톤/일	132,259명
중구	413.7톤/일	394,679명
종로구	339.9톤/일	240,665명
서대문구	240.1톤/일	155,106명
마포구	477.5톤/일	295,767명

<지역별 폐기물 집하장 위치 및 이동시간>

다음은 각 지역별 폐기물 집하장 간 이동에 걸리는 시간을 표시한 것이다.

지역	용산구	중구	종로구	서대문구	마포구
용산구		50분	200분	150분	100분
중구	50분		60분	70분	100분
종로구	200분	60분		50분	100분
서대문구	150분	70분	50분		80분
마포구	100분	100분	100분	80분	

11 1인당 1일 폐기물 배출량이 가장 많은 곳에 폐기물 처리장을 만든다고 할 때, 어느 구에 설치해야 하는가?(단, 소수점 셋째 자리에서 반올림한다)

① 용산구
② 중구
③ 종로구
④ 서대문구
⑤ 마포구

12 11번 문제의 결과를 참고하여 폐기물 처리장이 설치된 구에서 폐기물 수집 차량이 요일마다 1번씩 1일 폐기물 배출량이 많은 순서대로 수거하고 다시 돌아올 때, 걸리는 최소 시간은?

① 3시간 10분
② 4시간 20분
③ 5시간 40분
④ 6시간 00분
⑤ 7시간 10분

13 다음 주 당직 근무에 대한 일정표를 작성하고 있는데, 작성하고 봤더니 잘못된 점이 보여 수정을 하려 한다. 한 사람만 옮겨 일정표를 완성하려고 할 때, 일정을 변경해야 하는 사람은?

〈당직 근무 규칙〉

• 낮에 2명, 야간에 2명은 항상 당직을 서야 하고, 더 많은 사람이 당직을 설 수도 있다.
• 낮과 야간을 합하여 하루에 최대 6명까지 당직을 설 수 있다.
• 같은 날에 낮과 야간 당직 근무는 함께 설 수 없다.
• 낮과 야간 당직을 합하여 주에 세 번 이상 다섯 번 미만으로 당직을 서야 한다.
• 월요일부터 일요일까지 모두 당직을 선다.

〈당직 근무 일정〉

직원	낮	야간	직원	낮	야간
가	월요일	수요일, 목요일	바	금요일, 일요일	화요일, 수요일
나	월요일, 화요일	수요일, 금요일	사	토요일	수요일, 목요일
다	화요일, 수요일	금요일, 일요일	아	목요일	화요일, 금요일
라	토요일	월요일, 수요일	자	목요일, 금요일	화요일, 토요일
마	월요일, 수요일	화요일, 토요일	차	토요일	목요일, 일요일

① 나
② 라
③ 마
④ 바
⑤ 사

14 H팀은 정기행사를 진행하기 위해 공연장을 대여하려 한다. H팀의 상황을 고려하여 공연장을 대여한다고 할 때, 비용은 얼마인가?

〈공연장 대여비용〉

구분	공연 준비비	공연장 대여비	소품 대여비	보조진행요원 고용비
단가	50만 원	20만 원(1시간)	5만 원(1세트)	5만 원(1인, 1시간)
할인	총비용 150만 원 이상 : 10%	2시간 이상 : 3% 5시간 이상 : 10% 12시간 이상 : 20%	3세트 : 4% 6세트 : 10% 10세트 : 25%	2시간 이상 : 5% 4시간 이상 : 12% 8시간 이상 : 25%

※ 할인은 각 품목마다 개별적으로 적용된다.

〈H팀 상황〉

A : 저희 총예산은 수입보다 많으면 안 됩니다. 티켓은 4만 원이고, 50명 정도 관람할 것으로 예상됩니다.
B : 공연은 2시간이고, 리허설 시간 2시간이 필요하며, 공연 준비 및 정리를 위해 공연 앞뒤로 1시간씩은 필요합니다.
C : 소품은 공연 때 2세트 필요한데, 예비로 1세트 더 준비하도록 하죠.
D : 진행은 저희끼리 다 못하니까 주차장을 관리할 인원 1명을 고용해서 공연 시간 동안과 공연 앞뒤로 1시간씩은 공연장 주변을 정리하게 하죠. 총예산이 모자라면 예비 소품 1세트 취소, 보조진행요원 미고용, 리허설 시간 1시간 축소 순서로 줄이도록 하죠.

① 1,800,000원
② 1,850,000원
③ 1,900,000원
④ 2,050,000원
⑤ 2,100,000원

15 다음 글의 핵심 내용으로 옳은 것은?

BMO 금속 및 광업 관련 리서치 보고서에 따르면 최근 가격 강세를 지속해 온 알루미늄, 구리, 니켈 등 산업금속들의 4분기 중 공급부족 심화와 가격 상승세가 전망된다. 산업금속이란 산업에 필수적으로 사용되는 금속들을 말하는데, 앞서 제시한 알루미늄, 구리, 니켈뿐만 아니라 비교적 단단한 금속에 속하는 은이나 금 등도 모두 산업에 많이 사용될 수 있는 금속이므로 산업금속의 카테고리에 속한다고 할 수 있다. 이러한 산업금속은 물품을 생산하는 기계의 부품으로서 필요하기도 하고, 전자제품 등의 소재로 쓰이기도 하기 때문에 특정 분야의 산업이 활성화되면 특정 금속의 가격이 뛰거나 심각한 공급난을 겪기도 한다.

지난 4일 금융투자업계에 따르면 최근 전세계적인 경제 회복 조짐과 함께 탈 탄소 트렌드, 즉 '그린 열풍'에 따른 수요 증가로 산업금속 가격이 초강세이다. 런던금속거래소에서 발표한 지표에 따르면 올해 들어 지난달까지 알루미늄은 20.7%, 구리는 47.8%, 니켈은 15.9%가 가격이 상승했다. 자료에서도 알 수 있듯이 구리와 니켈을 필두로 알루미늄, 니켈 등 산반식인 산업금속 섹터의 수요량이 증가하였다. 이는 전기자동차 산업의 확충과 관련이 있다. 전기자동차의 핵심적인 부품인 배터리를 만드는 데 구리와 니켈이 사용되기 때문이다. 이때, 배터리 소재 중 니켈의 비중을 높이면 배터리의 용량을 키울 수 있으나 배터리의 안정성이 저하된다. 기존의 전기자동차 배터리는 니켈의 사용량이 높았기 때문에 더욱 안정성 문제가 제기되어 왔다. 그래서 연구 끝에 적정량의 구리를 배합하는 것이 배터리 성능과 안정성을 모두 향상시키기 위해서 중요하다는 것을 밝혀내었다. 구리가 전기자동차 산업의 핵심 금속인 셈이다.

이처럼 전기자동차와 배터리 등 친환경 산업에 필수적인 금속들의 수요는 증가하는 반면, 세계 각국의 환경 규제 강화로 인해 금속의 생산은 오히려 감소하고 있기 때문에 산업금속에 대한 공급난과 가격 인상이 우려되고 있다.

① 전기자동차의 배터리 성능을 향상하는 기술
② 세계적인 '그린 열풍' 현상 발생이 원인
③ 필수적인 산업금속 공급난으로 인한 문제
④ 전기자동차 산업 확충에 따른 산업금속 수요의 증가 상황
⑤ 탈 탄소 산업의 대표 주자인 전기자동차 산업

16 다음 글에서 공공재·공공자원의 실패에 대한 해결책으로 옳지 않은 것은?

재화와 서비스는 소비를 막을 수 있는지에 따라 배제성이 있는 재화와 배제성이 없는 재화로 분류한다. 또 어떤 사람이 소비하면 다른 사람이 소비할 기회가 줄어드는지에 따라 경합성이 있는 재화와 경합성이 없는 재화로 구분한다. 공공재는 배제성과 경합성이 없는 재화이며, 공공자원은 배제성이 없으면서 경합성이 있는 재화이다.

공공재는 수많은 사람에게 일정한 혜택을 주는 것으로 사회적으로 반드시 생산돼야 하는 재화이다. 하지만 공공재는 '무임 승차' 문제를 낳는다. 무임 승차 문제란 사람들이 어떤 재화와 서비스의 소비로 일정한 혜택을 보지만, 어떤 비용도 지불하지 않는 것을 말한다. 이런 공공재가 가진 무임 승차 문제 때문에 공공재는 사회 전체가 필요로 하는 수준보다 부족하게 생산되거나 아예 생산되지 않을 수 있다. 어떤 사람이 막대한 비용을 들여 누구나 공짜로 소비할 수 있는 국방 서비스, 치안 서비스 같은 공공재를 제공하려고 하겠는가.

공공재와 마찬가지로 공공자원 역시 원하는 사람이면 누구나 공짜로 사용할 수 있다. 그러나 어떤 사람이 공공자원을 사용하면 다른 사람은 사용에 제한을 받는다. 배제성은 없으나 재화의 경합성만이 존재하는 이러한 특성 때문에 공공자원은 '공공자원의 비극'이라는 새로운 형태의 문제를 낳는다. 공공자원의 비극이란 모두가 함께 사용할 수 있는 공공자원을 아무도 아껴 쓰려고 노력하지 않기 때문에 머지않아 황폐해지고 마는 현상이다.

바닷속의 물고기는 어느 특정한 사람의 소유가 아니기 때문에 누구나 잡을 수 있다. 먼저 잡는 사람이 임자인 셈이다. 하지만 물고기의 수량이 한정돼 있다면 나중에 잡는 사람은 잡을 물고기가 없을 수도 있다. 이런 생각에 너도 나도 앞다투어 물고기를 잡게 되면 얼마 가지 않아 물고기는 사라지고 말 것이다. 이른바 공공자원의 비극이 발생하는 것이다. 공공자원은 사회 전체가 필요로 하는 수준보다 지나치게 많이 자원을 낭비하는 결과를 초래한다.

이와 같은 공공재와 공공자원이 가지는 문제를 해결하는 방안은 무엇일까? 공공재는 사회적으로 매우 필요한 재화와 서비스인데도 시장에서 생산되지 않는다. 정부는 공공재의 특성을 가지는 재화와 서비스를 직접 생산해 공급한다. 예를 들어 정부는 국방, 치안 서비스 등을 비롯해 철도, 도로, 항만, 댐 등 원활한 경제 활동을 간접적으로 뒷받침해 주는 사회간접자본을 생산한다. 이때 사회간접자본의 생산량은 일반적인 상품의 생산량보다 예측이 까다로울 수 있는데, 이용하는 사람이 국민 전체이기 때문에 그 수가 절대적으로 많을 뿐만 아니라 배제성과 경합성이 없는 공공재로서의 성격을 띠기 때문에 그러한 면도 있다. 이러한 문제를 해결하기 위해서 국가는 공공투자사업 전 사회적 편익과 비용을 분석하여 적절한 사업의 투자 규모 및 진행 여부를 결정한다.

공공자원은 어느 누구의 소유도 아니다. 너도 나도 공공자원을 사용하면 금세 고갈되고 말 것이다. 정부는 각종 규제로 공공자원을 보호한다. 공공자원을 보호하기 위한 규제는 크게 사용 제한과 사용 할당으로 구분할 수 있다. 사용 제한은 공공자원을 민간이 이용할 수 없도록 막아두는 것이다. 예를 들면 주인이 없는 산을 개발 제한 구역으로 설정하여 벌목을 하거나 개발하여 수익을 창출하는 행위를 할 수 없도록 하는 것이다. 사용 할당은 모두가 사용하는 것이 아닌, 일정 기간에 일정한 사람만 사용할 수 있도록 이용 설정을 해두는 것을 말한다. 예를 들어 어부가 포획할 수 있는 수산물의 수량과 시기를 정해 놓는 법이 있다. 이렇게 되면 무분별하게 공공자원이 사용되는 것을 피하고 사회적으로 필요한 수준에서 공공자원을 사용할 수 있다.

① 항상 붐비는 공용 주차장을 요일별로 이용 가능한 자동차를 정하여 사용한다.
② 주인 없는 목초지에서 풀을 먹일 수 있는 소의 마릿수를 제한한다.
③ 치안 불안 해소를 위해 지역마다 CCTV를 설치한다.
④ 가로수의 은행을 따는 사람들에게 벌금을 부과한다.
⑤ 국립공원에 사는 야생동물을 사냥하지 못하도록 하는 법을 제정한다.

17 다음 글의 논지를 강화하기 위한 내용으로 옳지 않은 것은?

뉴턴은 이렇게 말했다. "플라톤은 내 친구이다. 아리스토텔레스는 내 친구이다. 하지만 진리야말로 누구보다 소중한 내 친구이다." 케임브리지에서 뉴턴에게 새로운 전환점을 준 사람이 있다. 수학자이며 당대 최고의 교수였던 아이작 배로우(Isaac Barrow)였다. 배로우는 뉴턴에게 수학과 기하학을 가르치고 그의 탁월함을 발견하여 후원자가 됐다. 이처럼 뉴턴은 타고난 천재가 아니라, 자신의 피나는 노력과 위대한 스승들의 도움을 통해 후천적으로 키워진 것이다.

뉴턴이 시대를 관통하는 천재로 여겨진 것은 "사과는 왜 땅에 수직으로 떨어질까?"라는 질문에서 시작했다. 이 질문을 던진 지 20여 년이 지나고 마침내 모든 물체가 땅으로 떨어지는 것은 지구 중력에 의한 만유인력이라는 개념을 발견한 것이 계기가 되었다. 사과가 떨어지는 것을 관찰하여 옥가 진무을 던지고, 새로고 기발을 받는 무에 그성을 끌린하시 위해 보낸 시간 연구하고 실험을 한 견과가 기대린 발견으로 이어서 것이다. 위대한 반면이나 발견은 어느 한 수가 설광처럼 오 기히 에니다, 시자 난계서 지은 아이디어가 실분과 논생을 통해 전자 다른 아이디어들과 중돌하고 합체지민서 숙성의 시간을 잊고, 그 후에야 세상에 유익한 발명이나 발견이 나오는 것이나.

이선무디 진재가 선천석인 것인지, 후천적인 것인지에 관한 논란은 계속되어 왔다. 과거에는 천재가 신적인 영감을 받아 선천적으로 탄생한다는 주장이 힘을 얻었다. 플라톤의 저서 『이온』에도 음유 시인이 기술이나 지식이 아닌 신적인 힘과 영감을 받는 존재임이 언급된다. 그러나 아리스토텔레스의 『시학』은 『이온』과 조금 다른 관점을 취하고 있다. 기본적으로 시가 모방미학이라는 입장은 같지만, 아리스토텔레스는 이것이 신적인 힘을 모방한 것이 아닌 인간의 모방이라고 믿었다.

최근 연구에 의하면 천재라 불리는 모든 사람들이 선천적으로 타고난 것이 아니고 후천적인 학습을 통해 수준을 점차 더 높은 단계로 발전시켰다고 한다. 선천적 재능과 후천적 학습을 모두 거친 절충적 천재가 각광받는 것이다. 이것이 우리에게 주는 시사점은 비록 지금은 창의적이지 않더라도 꾸준히 포기하지 말고 창의성을 개발하고 실현하는 방법을 배워서 실천한다면 모두가 창의적인 사람이 될 수 있다는 교훈이다. 나, 가나 저재가 이니고 후건피 노딕으로 새롭게 태이나는 힝제(칭의식인 인새)로 기듭나아 한다.

① 칸트는 천재가 선천적인 것이라고 하였다.

② 세계적인 발레리나 강수진은 고된 연습으로 발이 기형적으로 변해버렸다.

③ 1만 시간의 법칙은 한 분야에서 전문가가 되기 위해서는 최소 1만 시간의 훈련이 필요하다는 것이다.

④ 뉴턴뿐만 아니라 아인슈타인 역시 끊임없는 연구와 노력을 통해 천재로 인정받았다.

⑤ 신적인 것보다 연습이 영감을 가져다주는 경우가 있다.

18 (가) ~ (마)에 들어갈 말로 적절하지 않은 것은?

"언론의 잘못된 보도나 마음에 들지 않는 논조조차도 그것이 토론되는 과정에서 옳은 방향으로 흘러가게끔 하는 것이 옳은 방향이다." 문재인 대통령이 야당 정치인이었던 2014년, 서울외신기자클럽(SFCC) 토론회에 나와 마이크에 대고 밝힌 공개 입장이다. 언론은 ____(가)____ 해야 한다. 이것이 지역 신문이라 할지라도 언론이 표준어를 사용하는 이유이다.

2021년 8월 25일, 언론중재법 개정안이 국회 본회의를 통과할 것이 확실시된다. 정부 침묵으로 일관해 왔다. 청와대 핵심 관계자들은 이 개정안에 대한 입장을 묻는 국내 일부 매체에 영어 표현인 "None of My Business"라는 답을 내놨다고 한다.

그사이 이 개정안에 대한 국제 사회의 ____(나)____ 은/는 높아지고 있다. 이 개정안이 시대착오적이며 대권의 오남용이고 더 나아가 아이들에게 좋지 않은 영향을 줄 수 있다는 것이 논란의 요지이다. SFCC는 지난 20일 이사회 전체 명의로 성명을 냈다. 그 내용을 그대로 옮기자면 다음과 같다. "____(다)____ 내용을 담은 언론중재법 개정안을 국회에서 강행 처리하려는 움직임에 깊은 우려를 표한다."며 "이 법안이 국회에서 전광석화로 처리되기보다 '돌다리도 두들겨 보고 건너라.'는 한국 속담처럼 심사숙고하며 ____(라)____ 을/를 기대한다."고 밝혔다.

다만, 언론이 우리 사회에서 발생하는 다양한 전투만을 중계하는 것으로 기능하는 건 ____(마)____ 우리나라뿐만 아니라 일본 헌법, 독일 헌법 등에서 공통적으로 말하는 것처럼 언론이 자유를 가지고 대중에게 생각할 거리를 끊임없이 던져주어야 한다. 이러한 언론의 기능을 잘 수행하기 위해서는 언론의 힘과 언론에 가해지는 규제의 정도가 항상 적절하도록 절제하는 법칙이 필요하다.

① (가) – 모두가 읽기 쉽고 편향된 어조를 사용하는 것을 지양
② (나) – 규탄의 목소리
③ (다) – 언론의 자유를 심각하게 위축시킬 수 있는
④ (라) – 보편화된 언어 사용
⑤ (마) – 바람직하지 않다.

19 (가) ~ (마) 문단에 대한 설명으로 옳은 것은?

(가) 현재 각종 SNS 및 동영상 게재 사이트에서 흔하게 접할 수 있는 콘텐츠 중 하나가 ASMR이다. 그러다 보니 자주 접하는 ASMR의 이름의 뜻에 대해 다수의 네티즌들이 궁금해 하고 있다. ASMR은 자율감각 쾌락반응으로, 뇌를 자극해 심리적인 안정을 유도하는 것을 말한다.

(나) 힐링을 얻고자 하는 청취자들이 ASMR의 특정 소리를 들으면 이 소리가 일종의 트리거(Trigger)로 작용해 팅글(Tingle : 기분 좋게 소름 돋는 느낌)을 느끼게 한다. 트리거로 작용하는 소리는 사람에 따라 다를 수 있다. 이는 청취자마다 삶의 경험이나 취향 등에서 뚜렷한 차이를 보이기 때문이다.

(다) ASMR 현상은 시각적, 청각적 혹은 인지적 자극에 반응한 뇌가 신체 뒷부분에 분포하는 자율 신경계에 신경 전달 물질을 촉진하며 심리적 안정감을 느끼게 한다. 일상생활에서 편안하게 느꼈던 소리를 들으면, 그때 느낀 긍정적인 심정을 다시 느끼면서 스트레스 정도를 낮출 수 있고 불면증과 우울 상태 개선에 도움이 되며 인지력을 향상시킬 수 있다. 트리거는 개개비비는 소리, 지연의 소리, 녹색 사물을 반복적으로 두드리는 소리 등이 나는 영상이 소리 놓을 에노 들 수 있다.

(라) 최근 유튜버를 비롯한 연예인들이 ASMR 코너를 만들이 대중과 소통 중이다. 요즘은 청포도 젤리나 쿄요 젤리 등 식감이나 씹는 소리가 좋은 음식으로 먹방 ASMR을 하기도 한다. 많은 사람들이 ASMR을 진행하기 때문에 인기 있는 ASMR 콘텐츠가 되기 위해서는 세분화된 분야를 공략하거나 다른 사람들과 차별화하는 전략이 필요하게 되었다.

(마) 독특한 ASMR 채널로 대중의 사랑을 받고 있는 것은 공감각적인 ASMR이다. 공감각은 시각, 청각, 촉각 등 우리의 오감 중에서 하나의 감각만을 자극하는 것이 아니라, 2개 이상의 감각이 결합하여 자극받을 수 있도록 하는 것이다. 공감각적인 ASMR이 많은 인기를 끌고 있는 만큼 앞으로의 ASMR 콘텐츠들은 공감각적인 콘텐츠로 대체될 것이라는 이야기가 대두되었다

① (가) – ASMR을 자주 접하는 사람들의 특징은 인사에 기간 쿠베시이니,

② (나) – 많은 사람들이 선호하는 트리거는 소곤거리는 소리이나.

③ (다) – 신체의 자율 신경계가 뇌에 특정 신경 전달 물질을 전달한다.

④ (라) – 연예인들은 일반인보다 ASMR에 많이 도전하는 경향이 있다.

⑤ (마) – 앞으로 ASMR 콘텐츠들은 공감각적인 ASMR로 대체될 전망이다.

20 다음 중 그리스 수학에 대한 내용으로 옳은 것은?

'20세기 최고의 수학자'로 불리는 프랑스의 장피에르 세르 명예교수는 경북 포항시 효자동에 위치한 포스텍 수리과학관 3층 교수 휴게실에서 '수학이 우리에게 왜 필요한가.'를 묻는 첫 질문에 이같이 대답했다.

"교수님은 평생 수학의 즐거움, 학문(공부)하는 기쁨에 빠져 있었죠. 후회는 없나요? 수학자가 안 됐으면 어떤 인생을 살았을까요?"

"내가 굉장히 좋아했던 선배 수학자가 있었어요. 지금은 돌아가셨죠. 그분은 라틴어와 그리스어 등 언어에 굉장히 뛰어났습니다. 그만큼 재능이 풍부했지만 본인은 수학 외엔 다른 일을 안 하셨어요. 나보다 스무 살 위의 앙드레 베유 같은 이는 뛰어난 수학적 재능을 타고 태어났습니다. 하지만 나는 수학적 재능은 없는 대신 호기심이 많았습니다. 누가 써놓은 걸 이해하려 하기보다 새로운 걸 발견하는 데 관심이 있었죠. 남이 이미 해놓은 것에는 별로 흥미가 없었어요. 수학 논문들도 재미있어 보이는 것만 골라서 읽었으니까요."

"학문이란 과거의 거인들로부터 받은 선물을 미래의 아이들에게 전달하는 일이라고 누군가 이야기했습니다. 그 비유에 대해 어떻게 생각하세요?"

"학자의 첫 번째 임무는 새로운 것을 발견하려는 진리의 추구입니다. 전달(교육)은 그다음이죠. 우리는 발견한 진리를 혼자만 알고 있을 게 아니라, 출판(Publish : 넓은 의미의 '보급'에 해당하는 원로학자의 비유)해서 퍼트릴 의무는 갖고 있습니다."

장피에르 교수는 고대부터 이어져 온 고대 그리스 수학자의 정신을 잘 나타내고 있다고 볼 수 있다. 그가 생각하는 학자에 대한 입장처럼 고대 그리스 수학자들에게 수학과 과학은 사람들에게 새로운 진리를 알려주고 놀라움을 주는 것이었다. 이때의 수학자들에게 수학이라는 학문은 순수한 앎의 기쁨을 깨닫게 해 주는 것이었다. 그래서 고대 그리스에서는 수학을 연구하는 다양한 학파가 등장했을 뿐만 아니라 많은 사람의 연구를 통해 짧은 시간에 폭발적인 혁신을 이룩할 수 있었다.

① 그리스 수학을 연구하는 학파는 그리 많지 않았다.
② 그리스의 수학자들은 학문적 성취보다는 교육을 통해 후대를 양성하는 것에 집중했다.
③ 그리스 수학은 장기간에 걸쳐 점진적으로 발전하였다.
④ 고대 수학자들에게 수학은 새로운 사실을 발견하는 순수한 학문적 기쁨이었다.
⑤ 그리스 수학은 도형 위주로 특히 폭발적인 발전을 했다.

21 오늘 철도씨는 종합병원에 방문하여 A ~ C과 진료를 모두 받아야 한다. 〈조건〉이 다음과 같을 때, 가장 빠르게 진료를 받을 수 있는 경로는?(단, 주어진 조건 외에는 고려하지 않는다)

조건
- 모든 과의 진료와 예약은 오전 9시 시작이다.
- 모든 과의 점심시간은 오후 12시 30분부터 1시 30분이다.
- A과와 C과는 본관에 있고 B과는 별관동에 있다. 본관과 별관동 이동에는 셔틀로 약 30분이 소요되며, 점심시간에는 셔틀이 운행하지 않는다.
- A과는 오전 10시부터 오후 3시까지만 진료를 한다.
- B과는 점심시간 후에 사람이 몰려 약 1시간의 대기시간이 필요하다.
- A과 진료는 단순 진료로 30분 정도 소요될 예정이다.
- ㅠ과 진료는 치료가 필요하여 1시간 정도 소요될 예정이다.
- ㅁ에 진료는 병별 검사가 필요하여 2시간 정도 소요될 예정이다.

① A - B - C
② A - C - B
③ B - C - A
④ C - B - A
⑤ C - A - B

※ 다음은 N스크린(스마트폰, VOD, PC)의 영향력을 파악하기 위한 방송사별 통합시청점유율과 기존시청점유율에 대한 자료이다. 자료를 보고 이어지는 질문에 답하시오. [22~23]

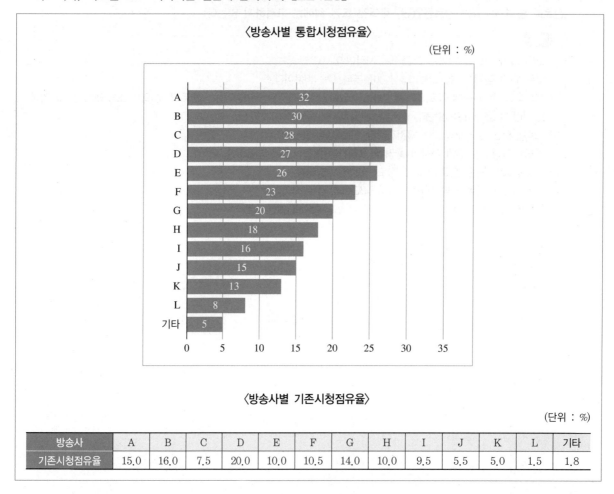

〈방송사별 통합시청점유율〉

(단위 : %)

〈방송사별 기존시청점유율〉

(단위 : %)

방송사	A	B	C	D	E	F	G	H	I	J	K	L	기타
기존시청점유율	15.0	16.0	7.5	20.0	10.0	10.5	14.0	10.0	9.5	5.5	5.0	1.5	1.8

22 다음 중 방송사별 시청점유율에 대한 설명으로 옳지 않은 것은?

① 통합시청점유율 순위와 기존시청점유율 순위가 같은 방송사는 B, J, K이다.
② 기존시청점유율이 가장 높은 방송사는 D이다.
③ 기존시청점유율이 다섯 번째로 높은 방송사는 F이다.
④ 기타를 제외한 통합시청점유율과 기존시청점유율의 차이가 가장 작은 방송사는 G이다.
⑤ 기타를 제외한 통합시청점유율과 기존시청점유율의 차이가 가장 큰 방송사는 A이다.

23 다음은 N스크린 영향력의 범위를 표시한 그래프이다. (가) ~ (마)의 범위에 들어갈 방송국이 옳게 짝지어진 것은?

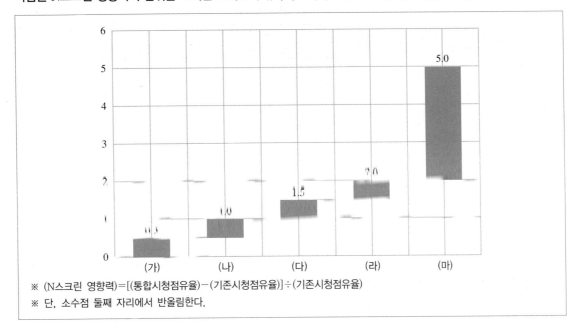

※ (N스크린 영향력)=[(통합시청점유율)−(기존시청점유율)]÷(기존시청점유율)

※ 단, 소수점 둘째 자리에서 반올림한다.

① (가)=A
② (나)=C
③ (다)=F
④ (라)=H
⑤ (마)=K

※ 다음은 국민건강보험공단의 여비규정에 대한 자료이다. 이어지는 질문에 답하시오. [24~25]

〈국내여비 정액표〉

구분		대상	가군	나군	다군
운임	항공운임		실비(1등석 / 비지니스)	실비(2등석 / 이코노미)	
	철도운임		실비(특실)		실비(일반실)
	선박운임		실비(1등급)	실비(2등급)	
	자동차운임	버스운임	실비		
		자가용승용차운임	실비		
일비(1일당)			2만 원		
식비(1일당)			2만 5천 원	2만 원	
숙박비(1박당)			실비	실비(상한액 : 서울특별시 7만 원, 광역시·제주도 6만 원, 그 밖의 지역 5만 원)	

〈실비 단가(1일당 상한액)〉

구분	가군	나군	다군
항공운임	100만 원	50만 원	
철도운임	7만 원		3만 원
선박운임	50만 원	20만 원	
버스운임	1,500원		
자가용승용차운임	20만 원		
숙박비	15만 원	-	-

24 지난 주 출장을 다녀온 A부장의 출장 내역이 다음과 같을 때, A부장이 받을 수 있는 최대 여비는?

〈A부장 출장 내역〉

• 2박 3일 동안 가군으로 출장을 간다.
• 항공은 첫째 날과 셋째 날에 이용한다.
• 철도는 첫째 날과 둘째 날에 이용한다.
• 자가용은 출장 기간 동안 매일 이용한다.

① 315만 5천 원　　　　　　　② 317만 원
③ 317만 5천 원　　　　　　　④ 318만 원

25 영업팀 3명이 각각 다른 군으로 출장을 간다면, 영업팀이 받는 총 여비는?

〈영업팀 출장 내역〉

- 1박 2일 동안 출장을 간다.
- 비용은 최대로 받는다.
- 항공은 첫째 날에 이용한다.
- 선박은 둘째 날에 이용한다.
- 기차는 출장 기간 동안 매일 이용한다.
- 버스는 출장 기간 동안 매일 이용한다.
- 자가용은 출장 기간 동안 매일 이용한다.
- 나군은 서울에 해당한다.
- 다군은 제주시에 해당한다.

---

① 485만 9천 원   ② 488만 6천 원

③ 491만 6천 원   ④ 497만 9천 원

26 다음은 국민건강보험공단의 재난적 의료비 지원사업에 대한 자료이다. 이에 대해 바르게 알고 있는 사람을 〈보기〉에서 모두 고르면?

〈재난적 의료비 지원사업〉

• 개요

　질병·부상 등으로 인한 치료·재활 과정에서 소득·재산 수준 등에 비추어 과도한 의료비가 발생해 경제적 어려움을 겪게 되는 상황으로 의료비 지원이 필요하다고 인정된 사람에게 지원합니다.

• 대상질환

　1. 모든 질환으로 인한 입원환자

　2. 중증질환으로 외래진료를 받은 환자

　※ 중증질환 : 암, 뇌혈관, 심장, 희귀, 중증난치, 중증화상질환

• 소득기준

　– 기준중위소득 100% 이하 : 지원 원칙(건보료 기준)

　– 기준중위소득 100 ~ 200% 이하 : 연소득 대비 의료비부담비율을 고려해 개별심사 후 지원

　※ 재산 과표 5.4억 원 초과 고액재산보유자는 지원 제외

• 의료비기준

　1회 입원에 따른 가구의 연소득 대비 의료비 발생액[법정본인부담, 비급여 및 예비(선별)급여 본인부담]기준금액 초과 시 지원

　– 기초생활수급자, 차상위계층 : 80만 원 초과 시 지원

　– 기준중위소득 50% 이하 : 160만 원 초과 시 지원

　– 기준중위소득 100% 이하 : 연소득의 15% 초과 시 지원

보기

가 : 18세로 뇌혈관 치료 때문에 외래진료를 받은 학생에게 이 사업에 대해 알려주었어. 학생의 집은 기준중위소득 100%에 해당되기 때문에 지원을 받을 수 있을 거야.

나 : 이번에 개인 질환으로 입원했는데, 200만 원이 나왔어. 기준중위소득 50%에 해당되는데 지원금을 받을 수 있어 다행이야.

다 : 어머니가 심장이 안 좋으셔서 외래진료를 받고 있는데 돈이 많이 들어. 기준중위소득 200%에 속하는데 현금은 없지만 재산이 5.4억 원이어서 공단에서 지원하는 사업에 지원도 못하고 요즘 힘드네.

라 : 요즘 열이 많이 나서 근처 병원으로 통원 치료를 하고 있어. 기초생활수급자인 내 형편으로 볼 때, 지원금을 받는데 문제없겠지?

① 가, 나　　　　　　　　　　② 가, 다

③ 나, 다　　　　　　　　　　④ 다, 라

※ 다음은 국민건강보험공단의 조직도와 2022년도 개편기준에 대한 자료이다. 이어지는 질문에 답하시오. [27~28]

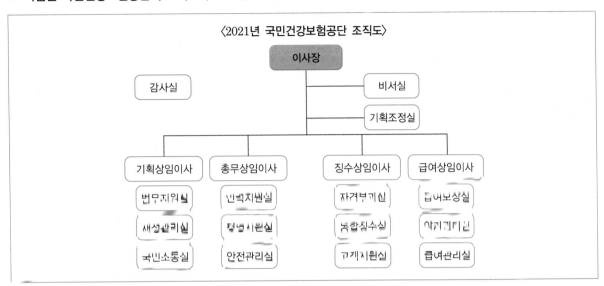

〈2021년 국민건강보험공단 조직도〉

〈2022년 조직 개편기준〉

• 급여상임이사 소속으로 의료기관지원실, 건강관리실, 보장지원실을 추가한다.
• 정보화 시대에 맞춰 빅데이터 전략본부를 조직한다.
• 이사장 직속인 기획조정실을 기획상임이사 소속으로 이동한다.
• 총무상임이사 소속인 안전관리실을 안전관리본부로 새롭게 개편하다.
• 인재개발원을 신설 부서도 만들어 이사장 직속 부서로 추가한다.
• 급여상임이사 소속인 급여보장실과 ~~~~~~~~~ 하나의 부서인 급여지원실로 통합한다.

| 국민건강보험공단 / 문제해결능력

27 다음 중 2021년 국민건강보험공단 조직도를 잘못 이해한 직원은?

① A사원 : 각 상임이사 소속으로는 3개의 부서가 있다.
② B사원 : 우리 공단 이사장 직속 부서로는 비서실, 기획조정실, 감사실이 있다.
③ C대리 : 급여보장실은 급여관리실과 같은 소속이다.
④ D대리 : 자격부과실과 고객지원실은 이사장에게 바로 보고하지 않는다.

| 국민건강보험공단 / 문제해결능력

28 다음 중 2022년 조직 개편기준에 따라 개편한 내용으로 옳지 않은 것은?

① 급여상임이사 소속 부서는 5개가 될 것이다.
② 징수상임이사 소속 부서는 개편이 되어도 변하는 내용이 없을 것이다.
③ 기획상임이사 소속으로 기획조정실이 추가될 것이다.
④ 총무상임이사 소속 부서는 인력지원실, 경영지원실, 안전관리실이 될 것이다.

※ 다음은 A기업이 1분기에 해외로부터 반도체를 수입한 거래내역과 거래일의 환율이다. 이어지는 질문에 답하시오.
[29~30]

날짜	수입	환율
1월	4달러	1,000원/달러
2월	3달러	1,120원/달러
3월	2달러	1,180원/달러

※ (평균환율) = $\dfrac{(총 원화금액)}{(환전된 총 달러금액)}$

| 국민건강보험공단 / 수리능력

29 1분기 평균환율은 얼마인가?

① 1,180원/달러
③ 1,100원/달러

② 1,120원/달러
④ 1,080원/달러

| 국민건강보험공단 / 수리능력

30 현재 창고에 A기업이 수입한 반도체 재고가 200달러만큼 존재할 때, 29번 문제에서 구한 평균환율로 환산한 창고재고 금액은 얼마인가?

① 200,000원
③ 245,000원

② 216,000원
④ 268,000원

| 국민건강보험공단 / 수리능력

31 둘레길이가 456m인 호수 둘레를 따라 가로수가 4m 간격으로 일정하게 심어져 있다. 출입구에 심어져 있는 가로수를 기준으로 6m 간격으로 재배치하려고 할 때, 새롭게 옮겨 심어야 하는 가로수는 최소 몇 그루인가?(단, 불필요한 가로수는 제거한다)

① 38그루
③ 36그루

② 37그루
④ 35그루

32 다음은 한국산업인력공단의 임직원행동강령 제25조 일부이다. 이를 토대로 옳은 말을 한 사람을 〈보기〉에서 모두 고르면?

제25조[금품 등의 수수(收受) 금지]

① 임직원은 직무 관련 여부 및 기부·후원·증여 등 그 명목에 관계없이 동일인으로부터 1회에 100만 원 또는 매 회계연도에 300만 원을 초과하는 금품 등을 받거나 요구 또는 약속해서는 아니 된다.

② 임직원은 직무와 관련하여 대가성 여부를 불문하고 제1항에서 정한 금액 이하의 금품 등을 받거나 요구 또는 약속해서는 아니 된다.

③ 제37조의 외부강의 등에 관한 사례금 또는 다음 각 호의 어느 하나에 해당하는 금품 등은 제1항 또는 제2항에서 수수(收受)를 금지하는 금품 등에 해당하지 아니한다.

1. 공공기관이 임직원에게 지급하거나 상급자가 위로·격려·포상 등의 목적으로 하급자에게 제공하는 금품 등

2. 원활한 직무수행 또는 사교·의례 또는 부조의 목적으로 제공되는 음식물·경조사비·선물 등으로서 별표 2-2에서 정하는 가액 범위 안의 금품 등

3. 사적 거래(증여는 제외한다)로 인한 채무의 이행 등 정당한 권원(權原)에 의하여 제공되는 금품 등

4. 임직원의 친족(민법 제777조에 따른 친족을 말한다)이 제공하는 금품 등

5. 임직원과 관련된 직원상조회·동호인회·동창회·향우회·친목회·종교단체·사회단체 등이 정하는 기준에 따라 구성원에게 제공하는 금품 등 및 그 소속 구성원 등 임직원과 특별히 장기적·지속적인 친분관계를 맺고 있는 자가 질병·재난 등으로 어려운 처지에 있는 임직원에게 제공하는 금품 등

6. 임직원의 직무와 관련된 공식적인 행사에서 주최자가 참석자에게 통상적인 범위에서 일률적으로 제공하는 교통, 숙박, 음식물 등의 금품 등

7. 불특정 다수인에게 배포하기 위한 기념품 또는 홍보용품 등이나 경연·추첨을 통하여 받는 보상 또는 상품 등

8. 그 밖에 사회상규(社會常規)에 따라 허용되는 금품 등

④ 임직원은 제3항 제5호에도 불구하고 같은 호에 따라 특별히 장기적·지속적인 친분관계를 맺고 있는 자가 직무관련자 또는 직무관련임직원으로서 금품 등을 제공한 경우에는 그 수수 사실을 별지 제10호 서식에 따라 소속기관의 장에게 신고하여야 한다.

보기

A : 대가성 여부나 직무와 상관없이 매년 300만 원을 초과하는 금품을 받을 수 없어.

B : 장기적·지속적으로 친분관계를 맺고 있고, 같은 공단에 근무하는 친우로부터 개인 질병에 대한 지원금을 400만 원을 받은 경우는 신고하지 않아도 돼.

C : 상업자 G씨에게 1년 동안 단 한 번, 150만 원을 받은 경우에는 문제가 되지 않아.

D : 작년에 같은 공단에 근무하는 사촌을 금전적으로 도와주었고, 지난 달 사촌으로부터 200만 원을 받았어. 그러나 직무와 상관없어 신고하지는 않았어.

① A, B
② A, C
③ A, D
④ B, D
⑤ C, D

33 다음은 한국산업인력공단 일학습병행 운영규칙이다. 자료에 대한 설명으로 옳지 않은 것은?

〈한국산업인력공단 일학습병행 운영규칙〉

제2조(정의)

이 규칙에서 사용하는 용어의 뜻은 다음과 같다.

1. '사업주'란 고용보험 성립신고 적용 단위의 학습기업 사업주를 말하며, 개인 또는 법인이 될 수 있다.
2. '사업장'이란 고용보험 성립신고 적용 개별 단위사업장으로서 학습기업의 지정단위가 되며 동일한 사업주하에 2개 이상의 사업장이 존재할 수 있다.
3. '훈련과정'이란 학습기업으로 지정된 이후 법 제11조 제1항에 따른 일학습병행을 실시할 수 있는 직종(이하 '일학습병행 직종'이라 한다) 및 해당 직종별 교육훈련기준(이하 '교육훈련기준'이라 한다)을 활용하여 학습기업에 맞게 개발된 규정 제2조 제5호에 따른 일학습병행과정을 말한다.
4. '학습도구'란 학습근로자의 훈련내용, 평가사항 등을 정리하여 제시한 자료를 말한다.
5. '훈련과정 개발·인정시스템(이하 'PDMS'라 한다)'이란 훈련과정 개발신청, 개발, 인정신청, 인정 등 절차를 관리할 수 있도록 운영하는 전산시스템을 말한다.
6. '모니터링'이란 훈련현장 방문, 전화, 면담, 훈련진단, 컨설팅 및 근로자직업능력 개발법 제6조에 따른 직업능력개발정보망(이하 'HRD-Net'이라 한다) 등을 통하여 얻은 훈련 관련 자료의 조사·분석으로 훈련실태 및 직업능력개발훈련 사업의 부정·부실 등 문제점을 파악하고 이를 시정하거나 연구용역·제도개선 등에 활용하는 일련의 업무를 말한다.
7. '일학습병행 지원기관'이란 일학습병행 기업 발굴, 컨설팅, 홍보 등을 지원하는 일학습전문지원센터, 특화업종(특구) 지원센터, 관계부처전담기관을 말한다.

---

① 학습도구에는 학습근로자의 훈련내용이 정리된 자료여야 한다.
② PDMS는 훈련과정 개발신청부터 인정까지 모든 절차를 관리한다.
③ 특화업종(특구) 지원센터는 일학습병행 지원기관에 속한다.
④ 본사와 지사가 있는 사업장은 신청할 수 없다.
⑤ 한 사업주가 10개의 사업장을 가질 수 있다.

34 다음은 NCS 활용 사례이다. 이를 토대로 해결 가능한 사항으로 옳지 않은 것은?

> • NCS(National Competency Standards : 국가직무능력표준)란?
> 산업현장에서 직무를 수행하는 데 필요한 능력(지식, 기술, 태도)을 국가가 표준화한 것으로, 교육훈련·자격에 NCS를 활용하여 현장중심의 인재를 양성할 수 있도록 지원하고 있다.
> • NCS 도입 영향
> 1. 직업훈련으로 이직률이 감소하였다.
> 2. 교육훈련 프로그램으로 숙련도는 증가하였고, 이직률은 감소하였다.
> 3. 교육훈련 프로그램으로 현장기반 실무를 익힐 수 있게 되었고, 로열티를 지급하는 관행을 깰 수 있게 되었다.
> 4. NCS를 활용하여 교육과정을 설계함으로써 체계적으로 교육훈련과정을 운영할 수 있고, 이를 통해 산업현장에 서 필요로 하는 실무형 인재를 양성할 수 있게 되었다.
> 5. 국가기술자격을 직무중심(NCS 활용)으로 개선해서 실제로 그 일을 잘할 수 있는 사람이 자격증을 취득할 수 있도록 노와준다.
> 6. NCS를 기업 니즈고 직무별규, 수준별로 교육하기 시작하면서 신입들의 입무적능력이 눈에 띄게 빨라졌다.
> 7. NCS기반 자격을 실계하여 현장과 교육, 자격의 미스매치가 줄어들었다.

① 높은 이직률을 해소하는 데 도움이 된다.
② 로열티를 지급해야 훈련을 받을 수 있다.
③ 업무에 적합한 실무를 익힐 수 있다.
④ 신입사원 교육이 더 쉬워질 수 있다.
⑤ 실무에 필요한 자격을 취득할 수 있다.

35 다음은 한국산업인력공단의 HRD 동향 3월호 일부이다. 이를 토대로 마련할 수 있는 고용지원 대책으로 옳지 않은 것은?

1. 우선 당장 소득이 없어 생계가 불안정한 취약계층 약 81만 명에게 소득안정지원금을 늦어도 3월 초까지 신속하게 지급하기로 했다. 택배, 배달, 프리랜서 긴급고용안정지원금의 경우 기 수혜자 56.7만 명은 2월 초 지급이 완료됐고, 신규 신청한 17만 명에 대해 소득심사 등을 거쳐 3월 초 일괄 지급할 계획이다.

2. 코로나19 장기화로 고용유지에 어려움을 겪고 있는 사업주를 지원하기 위해 올해 계획된 고용유지지원금 지원인원(78만 명)의 52%(40만 명)를 1분기 내 집중적으로 지원하기로 했다. 아울러 자금 여력 부족으로 무급휴직을 선택한 기업에 종사하는 근로자의 생계안정을 위해 올해 한시로 무급휴직지원금 지급기간을 90일 연장(180 → 270일)하여 지원하는 한편, 파견·용역 및 10인 미만 사업장 등 취약사업장 근로자에 대한 고용유지지원도 강화해 나가기로 했다.

3. 고용충격이 가장 클 1분기에 실업자 등 취약계층 보호를 위해 공공·민간부문 일자리사업과 직업훈련도 속도감 있게 추진한다. 1분기에 디지털·신기술 분야 2,000명, 국가기간·전략산업 분야 등 11.5만 명에게 직업훈련을 제공하고, 저소득층 생계비 대부(1 → 2천만 원) 및 훈련수당(11.6 → 30만 원) 확대를 통해 훈련기간 중 저소득층의 생계안정도 함께 지원하기로 했다.

4. 저소득, 청년 등 고용충격 집중계층의 고용안전망 강화도 차질 없이 추진한다. 올해 계획된 국민취업지원제도 목표인원(59만 명)의 32%(18.9만 명)를 1분기에 신속하게 지원하고, 비경제활동인구로 유입되는 청년층의 구직활동을 촉진하기 위해 1분기에 청년층 5만 명에게 구직 촉진수당(50만 원×6개월) 및 일 경험 프로그램 등 맞춤형 취업지원서비스를 적극 제공할 계획이다.

① 중장년층의 일자리를 확대하기 위한 고용정책을 논의해야 한다.
② 당장 소득이 없어 생계가 불안전한 계층을 조사해야 한다.
③ 코로나19의 장기화로 인한 기업의 피해 규모를 파악해야 한다.
④ 실업자에게 맞춤 훈련을 할 수 있는 프로그램을 기획해야 한다.
⑤ 청년들이 구직하는 데 직접적으로 도움이 되는 일자리 마련을 논의해야 한다.

36 A씨는 기간제로 6년을 일하였고, 시간제로 6개월을 근무하였다. 다음과 같은 연차 계산법을 활용하였을 때, A씨의 연차는 며칠인가?(단, 소수점 첫째 자리에서 올림한다)

〈연차 계산법〉

- 기간제 : [(근무 연수)×(연간 근무 일수)]÷365일×15
- 시간제 : (근무 총 시간)÷365
※ 근무는 1개월을 30일, 1년을 365일로, 1일 8시간 근무로 계산한다.

① 86일   ② 88일
③ 92일   ④ 94일
⑤ 100일

37 운송업체는 A ~ I지점에서 물건을 운반한다. 본사에서 출발하여 B지점과 D지점에서 물건을 수거하고, 본사로 돌아와 물건을 하차하는 데 걸리는 최소시간으로 옳은 것은?(단, 모든 지점을 다 거칠 필요는 없다)

〈지점 간 운송 시간〉

※ 물건을 수거하는 데 10분이 소요된다.
※ 물건을 하차하는 데 10분이 소요된다.

① 1시간 50분   ② 2시간
③ 2시간 5분   ④ 2시간 10분
⑤ 2시간 15분

〈노트북 상품별 정보〉

노트북	가격	속도	모니터	메모리	제조년도
TR-103	150만 원	1.8GHz	13.3인치	4GB	2021년 5월
EY-305	200만 원	1.9GHz	14.5인치	6GB	2021년 4월
WS-508	110만 원	1.7GHz	14인치	3GB	2021년 1월
YG-912	160만 원	2GHz	15인치	5GB	2021년 3월
NJ-648	130만 원	2.1GHz	15인치	2GB	2021년 4월

※ 속도가 높을수록 성능이 좋다.
※ 메모리가 클수록 성능이 좋다.

〈노트북 평가 점수〉

1위	2위	3위	4위	5위
5점	4점	3점	2점	1점

〈노트북 구입 조건〉

- 같은 순위가 있을 경우 동순위로 하고 차순위는 다다음 순위로 한다.
  예 1위가 TR-103, 2위가 EY-305이고 3위가 WS-508와 YG-912로 동점일 때, 마지막 NJ-648는 5위이다.
- 가격은 낮을수록 점수가 높다.
- 속도는 빠를수록 점수가 높다.
- 모니터는 크기가 클수록 점수가 높다.
- 메모리는 용량이 클수록 점수가 높다.
- 제조년도는 최근 것일수록 점수가 높다.
- 순위가 높은 순서대로 점수를 높게 측정한다.

| 한국산업인력공단 / 자원관리능력

38 A사원은 평가 점수의 합이 가장 높은 노트북을 구입하려고 한다. 다음 중 어떤 노트북을 구입하겠는가?

① TR-103　　　　　　　　　　　② EY-305
③ WS-508　　　　　　　　　　　④ YG-912
⑤ NJ-648

39 한국산업인력공단은 총 600만 원의 예산으로 5대의 노트북을 구입하려 한다. 노트북 구입 시 모니터 크기 대신 노트북 무게를 기준으로 삼는다고 할 때, 노트북의 무게는 YG-912, TR-103, NJ-648, EY-305, WS-508 순서로 가볍다. 무게가 가벼울수록 점수가 높을 경우, 공단에서 구입할 노트북은?(단, 5대 이상의 노트북을 구입할 경우 노트북별 할인율에 따라 할인을 제공한다)

<할인율>

TR-103	EY-305	WS-508	YG-912	NJ-648
10%	할인 불가	10%	10%	30%

① TR-103

② EY-305

③ WS-508

④ YG-912

⑤ NJ-648

40 다음 중 기사문의 내용과 상반된 내용이 적은?

이산화탄소 감축 목표 달성을 위해 신재생에너지를 활용·확산해야 한다는 목소리가 나왔다. 한국산업인력공단과 한국직업능력연구원은 이런 내용을 담은 'ESG(환경·사회·지배구조)를 통한 녹색기술 인력양성 대응 전략'에 대한 2021년 3분기 이슈브리프를 발간했다. 18개 산업별 인적자원개발위원회(ISC)가 발간한 이슈리포트를 토대로 만들어진 이번 이슈브리프는 친환경 산업 구조의 변화를 살펴보고, 이에 대응하기 위한 인력 양성 방안 등이 담겼다. 이슈브리프는 먼저 "세계 각국의 이산화탄소 감축 목표 달성을 위한 실행 전략의 핵심은 신재생에너지를 활용·확산하는 것이므로 다양한 분야에서 기술 개발이 필요하다."고 강조하며 "현장 중심의 실무형 인재 양성을 위해 국가직무능력표준(NCS)을 개발·개선해야 한다."고 제안했다. 그러면서 시멘트 산업에 대해서는 "대표적인 에너지 다소비 업종 중 하나로, 업계는 친환경 원료 개발 등을 통해 온실가스 감축을 위해 노력하고 있다."며 "재학생·재직자를 대상으로 한 탄소중립 특화 교육프로그램 등 정부 지원 교육사업을 활성화해야 한다."고 강조했다.

이외에도 이슈브리프는 섬유 패션산업과 관련해 "정규교육과정에 친환경 섬유 교육 프로그램을 도입해야 한다."며 "4차 산업혁명에 발맞춰 원·부자재 수급부터 생산, 최종제품 판매, 소비까지 전 과정을 분석해 제품 개발에 반영할 수 있는 인력을 양성해야 한다."고 조언했다.

① 화석에너지 사용을 줄이고 신재생에너지로 대체할 때 이산화탄소를 감축할 수 있다.

② 신재생에너지 기술 개발과 더불어, 친환경 산업 구조에 적합한 인재를 양성하는 것도 중요하다.

③ 에너지를 많이 소비하는 산업에서는 특히나 친환경 산업 교육을 할 필요성이 있다.

④ 경쟁이 치열한 산업 분야에서는 이산화탄소 감축보다 산업 규모 성장을 우선 목표로 해야 한다.

41 다음 중 대기오염에 대한 설명으로 옳지 않은 것은?

공장 굴뚝에서 방출된 연기나 자동차의 배기가스 등의 대기오염물질은 기상이나 지형 조건에 의해 다른 지역으로 이동·확산되거나 한 지역에 농축된다. 대기권 중 가장 아래층인 대류권 안에서 기온의 일반적인 연직 분포는 위쪽이 차갑고 아래쪽이 따뜻한 불안정한 상태를 보인다. 이러한 상황에서, 따뜻한 공기는 위로, 차가운 공기는 아래로 이동하는 대류 운동이 일어나게 되고, 이 대류 운동에 의해 대기오염물질이 대류권에 확산된다.

반면, 아래쪽이 차갑고 위쪽이 따뜻한 경우에는 공기층이 매우 안정되기 때문에 대류 운동이 일어나지 않는다. 이와 같이 대류권의 정상적인 기온 분포와 다른 현상을 '기온 역전 현상'이라 하며, 이로 인해 형성된 공기층을 역전층이라 한다. 기온 역전 현상은 일교차가 큰 계절이나, 지표가 눈으로 덮이는 겨울, 호수나 댐 주변 등에서 많이 발생한다. 또한 역전층 상황에서는 지표의 기온이 낮기 때문에 공기 중의 수증기가 응결하여 안개가 형성되는데, 여기에 오염물질이 많이 포함되어 있으면 스모그가 된다. 안개는 해가 뜨면 태양의 복사열로 지표가 데워지면서 곧 사라지지만, 스모그는 오염물질이 포함되어 있어 오래 지속되기도 한다.

자동차 배기가스는 잘 보이지 않기 때문에 이동 양상을 관찰하기 어렵지만, 공장의 오염물질은 연기 형태로 대량 방출되므로 이동 양상을 관찰하기 쉽다. 연기의 형태는 기온과 바람의 연직 분포에 따라 다른 모양을 보이기 때문이다. 즉, 대기가 불안정하고 강한 바람이 불어 대류 혼합이 심할 때에는 연기의 형태가 환상형을 이룬다. 또, 날씨가 맑고 따뜻할수록 대류 운동이 활발하게 일어나기 때문에 연기가 빨리 분산된다. 반면, 평평하고 반듯한 부채형은 밤이나 이른 새벽에 많이 나타난다. 밤이나 새벽에는 지표가 흡수하는 태양 복사열이 거의 없으므로 지표의 온도가 내려가 역전층이 형성되고 대기가 안정되기 때문이다.

지형이나 건물로 인해 발생하는 난류도 대기오염물질의 이동 양상과 밀접한 관계가 있다. 바람이 건물에 부딪쳐 분리되면 건물 뒤에는 소용돌이가 생기면서 공동(Cavity)이 형성된다. 공동 부분과 바람의 주 흐름 간에는 혼합이 별로 없기 때문에 공동 부분에 오염물질이 흘러 들어가면 장기간 머물게 되고, 그 결과 오염 농도가 증가하게 된다. 이러한 공동은 높은 언덕의 뒷부분에서도 생길 수 있다.

오염물질의 이동 양상은 공장 굴뚝의 높이에 따라서도 달라질 수 있다. 건물 앞에 굴뚝이 위치하고 있다고 하자. 굴뚝이 건물보다 높으면 연기가 건물에 부딪치지 않으므로 오염물질이 멀리까지 날려가지만, 굴뚝이 건물보다 낮으면 오염물질이 건물 뒤편의 공동 부분에 갇히게 된다. 따라서 건물이나 건물 가까이에 굴뚝을 세울 때에는 통상적으로 건물 높이의 2.5배 이상으로 세워야 한다.

① 대기오염물질은 발생 지역에만 있는 것이 아니라 이동을 하기도 한다.
② 공장 굴뚝에서 발생하는 오염물질은 굴뚝의 높이에 따라 이동하는 양상이 달라질 수 있다.
③ 대기가 안정적일 때는 공장의 연기 형태가 환상형을 이룬다.
④ 아래쪽에 차가운 공기가 모이고, 위쪽에 뜨거운 공기가 모이면 그렇지 않은 경우보다 스모그가 생기기 쉽다.

42 다음 기사문을 읽고 한국동서발전에서 시행하는 사업에 대한 설명으로 옳지 않은 것은?

> 한국동서발전이 울산광역시 울주군과 손잡고 친환경 신재생에너지 사업에 나선다. 앞서 한국동서발전은 작년 9월 경기도 파주시에 8MW급 생활 SOC형 연료전지 1호 사업을 성공적으로 준공한 바 있다.
>
> 한국동서발전은 울주군청에서 한국동서발전 사장과 울주군수, 울주군 경제산업국장 등이 참석한 가운데 '울주 미래 희망에너지 타운 조성' 공동추진 상호협력 협약을 체결했다고 밝혔다.
>
> 미래 희망에너지 타운은 탄소중립시대 울주군이 청정에너지 도시로 도약할 수 있도록 울주군 내 유휴부지에 친환경 에너지 사업을 추진하는 사업이다. 앞서 한국동서발전은 작년에 경기도 파주시에 8MW급 생활 SOC형 연료전지 1호 사업을 성공적으로 준공한 바 있다.
>
> 이번 협약에 따라 울주군은 사업추진에 필요한 유휴부지 정보 제공 등 행정적 지원을 받고, 한국동서발전은 태양광·풍력·수소융복합·미래 등 테마별 신재생에너지 사업 추진을 담당한다.
>
> 1단계로 울주군 상천리 지역의 주민 시설을 활용해 태양광(0.6MW)과 연료전지(8MW급)를 설치하고 미니 신재생 발전시설는 내년 3월 착공을 목표로 추진한다. 이 사업은 도시가스 미공급지역인 상천리 주민 117세대에 도시가스 배관 설치를 지원해 주는 '생활 SOC(사회간접자본)형' 연료전지 발전사업이다.
>
> 신재생 시설진은 울주군의 약 70%가 산지임을 감안해 자연환경 훼손이 없도록 건물 지붕 등 입체공간과 장기간 유휴 부지를 활용해 신재생에너지 설비를 설치한다. 또 사업 추진 시 지역주민을 대상으로 상시 정보를 공개하고, 이익공유와 지역일자리 창출 등 지역사회와의 상생 방안도 적극 모색할 방침이다.

① 한국동서발전은 연료전지 1호 사업을 울주군에 성공적으로 유치하였다.
② 미래 희망에너지 타운 건설 사업은 친환경적인 목적을 가지고 있다.
③ 여러 가지 신재생에너지 사업 중 가장 먼저 활용될 기술은 태양광이다.
④ 미래 희망에너지 타운 건설은 울주군의 자연환경을 고려하여 자연 파괴가 최소화되는 방향으로 시행될 예정이다.

43 다음 중 기사문을 읽고 조력발전소에 대한 설명으로 옳지 않은 것은?

조력발전이 다시 주목받고 있다. 민주당 의원은 2021년 10월 18일 환경부 산하기관 대상 국정감사에서 시화호 사례를 들어 새만금 조력발전 필요성을 제기했다. 수질 악화로 몸살을 앓고 있는 새만금호에 조력발전소를 설치해 해수 유통을 실시하여 전기를 생산한다면 환경도 살리고 깨끗한 에너지도 얻을 수 있다는 논리이다. 6월 4일 환경부 장관은 시화호에서 열린 환경의 날 기념식에서 "중기 계획 중 하나로 조력발전을 확대하는 것에 대한 예비타당성조사가 계획된 상태"라며, "타당성 조사 등을 검토한 후에 진행해 나갈 것"이라고 말했다.

하지만 조력발전이 해양생태계를 파괴한다는 상반된 주장도 제기된 바 있다. 2010년 시화호에 조력발전소를 설치할 당시 환경단체들은 "조력발전소가 갯벌을 죽이고 해양생태계를 파괴한다."고 주장한 바 있다. 어업으로 생활을 영위하는 주민들도 설립 초기에 생태계 파괴 우려로 반대의 목소리가 높았다.

1994년, 6년 7개월간의 공사 끝에 방조제 끝막이 공사가 완료되고 시화호는 바다로부터 분리됐다. 그로부터 2년 후 인근 공단 지역에서 흘러든 오염물질로 인해 시화호는 죽음의 호수로 전락했다. 착공 전부터 수질오염에 대한 우려가 끊임없이 제기됐지만 개발 위주의 정책을 바꾸기엔 역부족이었다. 착공 당시 중동 건설경기 침체로 인해 갈 곳을 잃은 건설근로자와 장비들을 놀리지 않고, 국내 경기를 활성화하며 대규모 산업단지가 들어설 '새 땅'을 확보하겠다는 목표를 세웠기 때문에 환경피해에 대한 고려는 우선순위에 들어가지 않았다.

정부는 부랴부랴 담수 방류를 결정하고 하수처리장 신·증설 등 수질개선 대책을 내놨지만 눈에 띄는 성과가 나타나지 않았다. 2000년에는 담수화 계획을 전면 포기했고, 이듬해 해수 상시 유통을 결정했다. 2002년 12월 시화호 방조제에 조력발전소를 건설하기로 확정하고 2004년부터 착공에 들어갔다. 2011년 준공된 시화호 조력발전소는 시설용량 254MW의 세계최대 조력발전소로 기록됐다.

조력발전소의 발전은 밀물이 들어오는 힘으로 수차 발전기를 돌려 전기를 생산하는 방식이다. 썰물 때는 수차가 작동하지 않고 배수만 진행되며, 지난해 12월까지 44억kWh의 전기를 생산했다. 이 발전소에서 연간 생산되는 전력량은 인구 40만 ~ 50만 명의 도시 소비량과 맞먹는다.

제방을 터 바다로 물을 흘려보내고 밀물이 들어오게 하면서 수질은 개선됐다. 상류 주거지역과 공단지역의 하수처리 시설을 확충하면서 오염물질 유입량이 줄어든 것도 수질 개선을 도왔다.

현재 시화호 지역은 눈에 띄게 환경이 개선됐다. 1997년에 17.4mg/L에 이르던 연도별 평균 COD는 해수 유통 이후 낮아졌고, 2020년엔 2.31mg/L를 기록했다. 수질평가지(WQI)에 의한 수질 등급은 정점 및 시기별로 변화가 있지만 2020년의 연평균 수질은 Ⅱ등급으로 개선됐다. 수질이 개선되면서 시화호 지역의 생태계도 살아나고 있다. 조력발전이 생태계를 살려냈다고 하기보다는 담수화 포기, 해수유통의 영향이라고 보는 것이 타당하다. 조력발전은 해수유통을 결정한 이후 배수 갑문으로 흘러 나가는 물의 흐름을 이용해 전기를 생산하는 것으로 해수유통의 부차적 결과물이기 때문이다.

① 조력발전소에서는 밀물을 통해 전기를 생산하고 있으며, 최근 주목받고 있는 발전소이다.
② 시화호 발전소의 1년 전기 생산량으로 인구 40만의 도시에 전기 공급이 가능하다.
③ 조력발전소가 설치된 이후 시화호의 수질이 악화되었으나, 해수유통을 통해 다시 수질을 회복할 수 있었다.
④ 우리나라에 세계 최대 규모의 조력발전소가 있다.

※ K부서는 보안을 위해 부서원들만 알 수 있는 비밀번호를 생성하려고 한다. 이를 위해 부서원에게 다음과 같은 메일을 보냈다. 이어지는 질문에 답하시오. [44~45]

〈신규 비밀번호 생성방법〉

• 각자의 컴퓨터에 보안을 위해 새로운 비밀번호를 생성하십시오.
• 비밀번호 생성방법은 다음과 같습니다.
  1. 앞 두 자리는 성을 제외한 이름의 첫 자음으로 합니다. → 마동석=ㄷㅅ
  2. 한글의 경우 대응되는 경우 알파벳으로 변형합니다. → ㄷ=C, ㅅ=G
  3. 세 번째와 네 번째 자리는 생년월일의 일로 합니다. → 10월 3일=03
  4. 다섯 번째와 여섯 번째 자리는 첫 번째와 두 번째 자리의 알파벳에 3을 더한 알파벳으로 합니다. → C=F, G=J
  5. 가장 마지막 자리에는 직급의 번호로 합니다. → (사원=01, 대리=11, 과장=12, 차장=22, 부장=03)

---

44 새로 발령을 받은 ㅂㅎㅈ 사원은 4월 13일생이다. 이 사원이 생성할 비밀번호로 옳은 것은?

① NI13QL11　　　　② NI13QL01
③ NI13JV01　　　　④ NI45QL01
⑤ WK13QL01

45 부서원들이 만든 비밀번호 중 잘못 만들어진 비밀번호는?

① 김민경 사원(12월 6일생) → EA06HD01
② 유오성 대리(2월 25일생) → HG25KJ11
③ 손흥민 과장(3월 30일생) → NE30QH12
④ 김연경 차장(11월 14일생) → HA14KD22
⑤ 황희찬 부장(4월 8일생) → NJ08QN03

〈후보 업체 사전조사 결과〉

구분	가격 점수	유통성 점수	안정성 점수
A업체	4	7	9
B업체	5	4	8
C업체	6	10	3
D업체	9	6	7
E업체	7	5	8

조건

- 점수는 선정 위원들이 준 점수를 10점 만점으로 부여한 점수의 평균값이다.
- 각 점수를 모두 합하여 1차 점수를 산정하고, 1차 점수가 높은 후보 업체 3개를 1차 선정한다.
- 안정성이 가장 중요하다고 생각되어 1차 선정된 후보 업체 중 안정성 점수에 1 : 1 : 2 가중치로 합산하여 2차 점수를 산정한다.
- 2차 점수가 가장 높은 1개의 업체를 최종적으로 선정한다. 만일 2차 선정된 후보 업체들의 점수가 동일한 경우, 가격 점수가 가장 높은 후보업체를 선정한다.

▎건강보험심사평가원 / 문제해결능력

46 다음 중 최종적으로 선정될 업체는 어디인가?

① A
② B
③ C
④ D
⑤ E

▎건강보험심사평가원 / 문제해결능력

47 처음 조사를 할 때 인지도 점수 부분이 빠진 것을 알고 다시 선정하였다. 업체별 인지도 점수가 다음과 같을 때, 최종적으로 선정될 업체는?

〈업체별 인지도 점수〉

구분	A	B	C	D	E
인지도 점수	6	7	9	5	8

① A
② B
③ C
④ D
⑤ E

48 건강보험심사평가원 A팀은 9월 연차 계획을 짜고 있다. A팀의 팀장 B는 업무에 지장이 가지 않는 범위 내에서 남은 연차 3일을 연속으로 사용해 가족과 여행을 가고자 한다. 〈조건〉을 토대로 다음 중 B가 여행을 갈 수 있는 날짜는?

> **조건**
> • 첫째 주에는 팀원이 연차이므로 연차를 사용할 수 없다.
> • 연차는 추석연휴에 붙일 수 없다.
> • 매주 월요일에는 부서회의가 있어 연차를 사용할 수 없다.
> • 이번 달 안으로 해결해야 하는 프로젝트가 있다. 둘째 주에 2일, 셋째 주에 1일, 넷째 주에 1일 동안 팀장이 포함되어 작업해야 한다. 이 작업은 부서회의가 있는 날에는 하지 않는다.

〈9월 달력〉

일요일	월요일	화요일	수요일	목요일	금요일	토요일
			1	2	3	4
5	6	7	8	9	10	11
12	13	14	15	16	17	18
19	20	21	22	23	24	25
26	27	28	29	30		

※ 주중에만 근무함
※ 30~ ㅁㅁ여휴 ㅅ세 연휴
※ 주말은 휴일이므로 연차는 주중에 사용함

① 8 ~ 10일
② 14 ~ 16일
③ 16 ~ 18일
④ 22 ~ 24일
⑤ 27 ~ 29일

49 다음은 이번 달 O사원의 초과 근무 기록이다. O사원의 연봉은 3,600만 원이고, 시급 산정 시 월평균 근무시간은 200시간이다. O사원이 받는 야근·특근 근무 수당은 얼마인가?(단, 소득세는 고려하지 않는다)

〈이번 달 초과 근무 기록〉

일요일	월요일	화요일	수요일	목요일	금요일	토요일
			1	2 18:00 ~ 19:00	3	4
5 09:00 ~ 11:00	6	7 19:00 ~ 21:00	8	9	10	11
12	13	14	15 18:00 ~ 22:00	16	17	18 13:00 ~ 16:00
19	20 19:00 ~ 20:00	21	22	23	24	25
26	27	28	29 19:00 ~ 23:00	30 18:00 ~ 21:00	31	

〈초과 근무 수당 규정〉

- 평일 야근 수당은 시급에 1.2배를 한다.
- 주말 특근 수당은 시급에 1.5배를 한다.
- 식대는 10,000원을 지급하며(야근·특근 수당에 포함되지 않는다), 평일 야근 시 20시 이상 근무할 경우에 지급한다(주말 특근에는 지급하지 않는다).
- 야근시간은 오후 7 ~ 10시이다(초과시간 수당 미지급).

① 265,500원
② 285,500원
③ 300,000원
④ 310,500원
⑤ 330,500원

50 다음 글을 읽고 시력 저하 예방 사업과 그 핵심 내용의 연결로 옳지 않은 것은?

예전에 비해 안경이나 콘택트렌즈 등 일상생활을 영위하기 위해 시력 보조 도구를 사용해야 하는 사람들이 증가하고 있는 추세이다. 이는 모니터나 서류 같은 시각 자료들을 오랫동안 보아야 하는 현대인들의 생활 패턴과도 관계가 있다고 할 수 있다. 근시와 난시 같은 시력 저하의 문제도 심각하지만, 그와 별개로 안압 증가 등의 이유로 시력에 영구적인 손상을 입어 시각 장애 판정을 받거나, 사고로 실명이 될 수도 있다. 옛말에 몸이 천 냥이라면 눈이 구백 냥이라는 말이 있듯이, 시력은 우리 생활에서 중요한 부분을 차지하기 때문에 문제가 생겼을 때, 그만큼 일상생활조차 힘들어질 수 있다. 그래서 한국실명예방재단에서는 다양한 이유로 생길 수 있는 시력 저하에 대해서 예방할 수 있는 여러 사업을 시행하고 있다.

첫 번째로 '눈 건강 교육'을 시행하고 있다. 눈 건강 교육 사업이란 흔히 노안이라고 하는 노인 저시력 현상 원인에 대한 교육과 전문기관의 서비스를 제공함으로써, 무리 집단에서 서서히 진행되어 미리 철저히 치료를 받을 수 있도록 하고 개인 수술 생활 기구 및 재활 훈련을 지원하는 사업이다. 노인들을 대상으로 하는 시니어기 때문에 대표적인 영구적인 시각 장애나 실명 등을 예방할 수 있고, 특히 의료 서비스에서 소외되어 있는 취약 계층의 어르신들께 큰 도움이 될 수 있다.

또한, 비슷한 맥락에서 취약 계층의 눈 건강 보호를 위하여 '안과 취약지역 눈 검진' 사업 또한 시행하고 있다. 안과 관련 진료를 받기 힘든 의료 사각지대에 있는 취약계층에 해당하는 어르신과 어린이, 외국인 근로자를 대상으로 안과의사 등 전문 인력을 포함한 이동검진팀이 지역을 순회하면서 무료 안과검진을 실시하고 있다. 눈 관련 질병은 조기에 발견하여 치료를 받으면 치료의 효과가 극대화될 수 있기 때문에 정기적인 안과검진이 더욱 중요하다. 그러나 정기적인 검진을 받기 힘든 분들을 위하여 이동검진을 통한 조기발견과 적기 치료를 추구하고 있다. 재단은 전국 시·군·구 보건소로부터 검진신청을 받아 안과의사를 포함한 이동 안과 검진팀이 의료장비와 안약, 돋보기를 준비하여 안이 의사에게 시력 및 안구가 수술이 필요한 저소득층에게는 시력 인화와 연계하여 수술비를 지원하고 있다. 안과 취약지역 눈 검진 일정은 매년 초 지역 시·군·구보건소에서 재단에 신청, 일정을 편성하고 있으며, 개별신청은 받지 않는다.

① 눈 건강 교육 – 저시력 문제에 취약한 노인층을 사업의 대상으로 한다.
② 눈 건강 교육 – 사업을 통해 개안 수술과 재활 훈련을 지원받을 수 있다.
③ 안과 취약지역 눈 검진 – 취약 계층 안구 질환의 조기발견과 적기 치료가 사업의 목표이다.
④ 안과 취약지역 눈 검진 – 수술이 필요한 경우 서울에 위치한 재단 연계 병원에서 수술받게 된다.
⑤ 안과 취약지역 눈 검진 – 보건소를 통하지 않고 개인이 직접 신청할 수는 없다.

PART 1

직업기초능력

CHAPTER 01

의사소통능력

의사소통능력을 채택하지 않는 공사·공단이 없을 만큼 필기시험에서 중요도가 높은 영역이다. 또한, 일부 공사·공단을 제외하고 의사소통능력의 문제 출제 비중이 가장 높은 편이다. 이러한 점을 볼 때, 의사소통능력은 공사·공단 NCS를 준비하는 수험생이라면 정복해야 하는 숙명의 과목이다.

국가직무능력표준에 따르면 의사소통능력의 세부 유형은 문서이해, 문서작성, 의사표현, 경청, 기초외국어로 나눌 수 있다. 문서이해·문서작성과 같은 제시문에 대한 주제, 일치 문제의 출제 비중이 높으며, 공문서·기획서·보고서·설명서 등 문서의 특성을 파악하는 문제도 일부 공사·공단에서 출제되고 있다. 따라서 이러한 분석을 바탕으로 전략을 세우는 것이 매우 중요하다.

01 문제에서 요구하는 바를 먼저 파악하라!

의사소통능력에서 가장 중요한 것은 제한된 시간 안에 빠르고 정확하게 답을 찾아내는 것이다. 그러기 위해서는 우리가 의사소통능력을 공부하는 이유를 잊지 말아야 한다. 우리는 지식을 쌓기 위해 의사소통능력 지문을 보는 것이 아니다. 의사소통능력에서는 지문이 아니라 문제가 주인공이다! 지문을 보기 전에 문제를 먼저 파악해야 한다. 주제찾기 문제라면 첫 문장과 마지막 문장 또는 접속어를 주목하자! 내용일치 문제라면 지문과 문항의 일치 / 불일치 여부만 파악한 뒤 빠져 나오자! 지문에 빠져드는 순간 소중한 시험 시간은 속절없이 흘러 버린다!

02 잠재되어 있는 언어능력을 발휘하라!

의사소통능력에는 끝이 없다! 의사소통의 방대함에 포기한 적이 있는가? 세상에 글은 많고 우리가 학습할 수 있는 시간은 한정적이다. 이를 극복할 수 있는 방법은 다양한 글을 접하는 것이다. 실제 시험장에서 어떤 내용의 지문이 나올지 아무도 예측할 수 없다. 따라서 평소에 신문, 소설, 보고서 등 여러 글을 접하는 것이 필요하다. 잠재되어 있는 글에 대한 안목이 시험장에서 빛을 발할 것이다.

03 상황을 가정하라!

업무 수행에 있어 상황에 따른 언어 사용은 중요하며, 같은 말이라도 상황에 따라 다르게 해석될 수 있기 때문입니다. 그런 의미에서 자신의 의견을 효과적으로 전달할 수 있는 능력을 평가하는 것은 당연하다. 따라서 다양한 상황에서의 언어표현능력을 함양하기 위한 연습의 과정이 요구된다. 업무를 수행하면서 발생할 수 있는 여러 상황을 가정하고 그에 따른 올바른 언어표현을 정리하는 것이 필요하다. 의사표현 영역의 경우 출제 빈도가 높지는 않지만 상황에 따른 판단력을 평가하는 문항인 만큼 대비하는 것이 필요하다.

04 말하는 이의 입장에서 생각하라!

잘 듣는 것 또한 하나의 능력입니다. 상대방의 이야기에 귀 기울이고 공감하는 태도는 업무를 수행하는 관계 속에서 필요한 요소이다. 그런 의미에서 다양한 상황에서의 듣는 능력을 평가하는 것이다. 말하는 이가 요구하는 듣는 이의 태도를 파악하고, 이에 따른 판단을 할 수 있도록 언제나 말하는 사람의 입장이 되는 연습이 필요하다.

05 반복만이 살길이다!

학창 시절 외국어를 공부하던 때를 떠올려 보자! 셀 수 없이 많은 표현들을 익히기 위해 얼마나 많은 반복의 과정을 거쳤는가? 의사소통능력 역시 그러하다. 하나의 문제 유형을 마스터하기 위해 가장 중요한 것은 바로 여러 번, 많이 풀어 보는 것이다.

I 의사소통능력

| 01 | 의사소통능력의 의의

(1) 의사소통이란?

두 사람 또는 그 이상의 사람들 사이에서 일어나는 의사의 전달과 상호교류를 의미하며, 어떤 개인 또는 집단이 개인 또는 집단에 대해서 정보, 감정, 사상, 의견 등을 전달하고 그것들을 받아들이는 과정을 말한다.

(2) 의사소통의 중요성

① 대인관계의 기본이며, 직업생활에서 필수적이다.
② 인간관계는 의사소통을 통해서 이루어지는 상호과정이다.
③ 의사소통은 상호 간의 일반적 이해와 동의를 얻기 위한 유일한 수단이다.
④ 서로에 대한 지각의 차이를 좁혀주며, 선입견을 줄이거나 제거해 줄 수 있는 수단이다.

예제풀이

의사소통이란 기계적이고 무조건적인 정보의 전달이 아니라 두 사람 또는 그 이상의 사람들 사이에서 '의사의 전달'과 '상호교류'가 이루어진다는 뜻이며, 어떤 개인 또는 집단에 대해서 정보, 감정, 사상, 의견 등을 전달하고 그것들을 받아들이는 과정이다.

정답 ③

《 핵심예제 》

다음은 의사소통에 대한 설명이다. (A), (B)에 각각 들어갈 말로 적절한 것은?

의사소통이란 두 사람 또는 그 이상의 사람들 사이에서 일어나는 _____(A)_____ 과 _____(B)_____ 이/가 이루어진다는 뜻이며, 어떤 개인 또는 집단이 개인 또는 집단에 대해서 정보, 감정, 사상, 의견 등을 전달하고 그것들을 받아들이는 과정이라고 할 수 있다.

	(A)	(B)
①	의사의 전달	상호분석
②	의사의 이행	상호분석
③	의사의 전달	상호교류
④	의사의 이행	상호교류

(3) 성공적인 의사소통의 조건

내가 가진 정보를 상대방이 이해하기 쉽게 표현

+

상대방이 어떻게 받아들일 것인가에 대한 고려

||

일방적인 말하기가 아닌 의사소통의 정확한 목적을 알고, 의견을 나누는 자세

| 02 | 의사소통능력의 종류

(1) 문서적인 의사소통능력

문서이해능력	업무와 관련된 다양한 문서를 읽고 핵심을 이해하여, 정보를 획득하고, 수집·종합하는 능력
문서작성능력	목적과 상황에 적합하도록 정보를 전달할 수 있는 문서를 작성하는 능력

(2) 언어적인 의사소통능력

경청능력	원활한 의사소통을 위해 상대의 이야기를 집중하여 듣는 능력
의사표현력	자신의 의사를 목적과 상황에 맞게 설득력을 가지고 표현하는 능력

(3) 특징

구분	문서적인 의사소통능력	언어적인 의사소통능력
장점	권위감, 정확성, 전달성, 보존성 높음	유동성 높음
단점	의미의 곡해	정확성 낮음

(4) 기초외국어능력

외국어로 된 간단한 자료를 이해하거나, 외국인과의 전화응대와 간단한 대화 등 외국인의 의사표현을 이해하고, 자신의 의사를 기초외국어로서 표현할 수 있는 능력을 말한다.

| 03 | 의사소통의 저해요인

(1) 의사소통 기법의 미숙, 표현 능력의 부족, 이해 능력의 부족

'일방적으로 말하고', '일방적으로 듣는' 무책임한 태도

(2) 복잡한 메시지, 경쟁적인 메시지

너무 복잡한 표현, 모순되는 메시지 등 잘못된 정보 전달

CHECK POINT

➕ 사례를 통해 확인할 수 있는 의사소통의 종류
• 고객사에서 보내온 수취확인서 – 문서적인 의사소통
• 수취확인 문의전화 – 언어적인 의사소통
• 업무지시 메모 – 문서적인 의사소통
• 영문 운송장 작성 – 문서적인 의사소통
• 주간 업무보고서 작성 – 문서적인 의사소통

(3) 의사소통에 대한 잘못된 선입견

'말하지 않아도 아는 문화'에 안주하는 태도

(4) 기타 요인

정보의 과다, 메시지의 복잡성, 메시지의 경쟁, 상이한 직위와 과업지향성, 신뢰의 부족, 의사소통을 위한 구조상의 권한, 잘못된 의사소통 매체의 선택, 폐쇄적인 의사소통 분위기

예제풀이

의사소통 시 '상대방을 배려하는 마음가짐'은 성공적인 대화를 위해 필수적으로 갖춰야 하는 마음가짐이다. 그러므로 의사소통의 저해요인에 해당하지 않는다.

정답 ③

《 핵심예제 》

다음 중 의사소통의 저해요인에 해당하지 않는 것은?

① 표현능력의 부족
② 평가적이며 판단적인 태도
③ 상대방을 배려하는 마음가짐
④ 선입견과 고정관념

| 04 | 키슬러의 대인관계 의사소통 유형

유형	특징	제안
지배형	자신감이 있고 지도력이 있으나, 논쟁적이고 독단이 강하여 대인 갈등을 겪을 수 있음	타인의 의견을 경청하고 수용하는 자세 필요
실리형	이해관계에 예민하고 성취지향적으로 경쟁적이며 자기중심적임	타인의 입장을 배려하고 관심을 갖는 자세 필요
냉담형	이성적인 의지력이 강하고 타인의 감정에 무관심하며 피상적인 대인관계를 유지함	타인의 감정상태에 관심을 가지고 긍정적 감정을 표현하는 것이 필요
고립형	혼자 있는 것을 선호하고 사회적 상황을 회피하며 지나치게 자신의 감정을 억제함	대인관계의 중요성을 인식하고 타인에 대한 비현실적인 두려움의 근원을 성찰하는 것이 필요
복종형	수동적이고 의존적이며 자신감이 없음	적극적인 자기표현과 주장이 필요
순박형	단순하고 솔직하며 자기주관이 부족함	자기주장을 적극적으로 표현하는 것이 필요
친화형	따뜻하고 인정이 많아 자기희생적이나 타인의 요구를 거절하지 못함	타인과의 정서적인 거리를 유지하는 노력이 필요
사교형	외향적이고 인정하는 욕구가 강하며 타인에 대한 관심이 많고 쉽게 흥분함	심리적으로 안정을 취할 필요가 있으며 지나친 인정욕구에 대한 성찰 필요

| 05 | 의사소통능력의 개발

(1) 사후검토와 피드백의 활용

직접 말로 물어보거나 표정, 기타 표시 등을 통해 정확한 반응을 살핀다.

(2) 언어의 단순화

명확하고 쉽게 이해 가능한 단어를 선택하여 이해도를 높인다.

(3) 적극적인 경청

감정을 이입하여 능동적으로 집중하며 경청한다.

(4) 감정의 억제

감정에 지우쳐 메시지를 곡해하지 않도록 침착하게 의사소통한다.

| 06 | 입장에 따른 의사소통전략

화자의 입장	• 의사소통에 앞서 생각을 명확히 할 것 • 문서를 작성할 때는 주된 생각을 앞에 쓸 것 • 평범한 단어를 쓸 것 • 편견 없는 언어를 사용할 것 • 사실 때에 맞는 사물로 의사소통할 것 • 어조, 표정 등 비언어적인 행동이 미치는 결과를 이해할 것 • 행동을 하면서 말로 표현할 것 • 피드백을 받을 것
청자의 입장	• 세세한 어휘를 모두 들으려고 노력하기보다는 요점, 즉 의미의 파악에 집중할 것 • 말하고 있는 바에 관한 생각과 사전 정보를 동원하여 말하는 바에 몰입할 것 • 모든 이야기를 듣기 전에 결론에 이르지 말고 전체 생각을 청취할 것 • 말하는 사람의 관점에서 진술을 반복하여 피드백할 것 • 들은 내용을 요약할 것

Ⅱ 문서이해능력

| 01 | 문서이해능력의 의의

(1) 문서이해능력이란?

다양한 종류의 문서에서 전달하고자 하는 핵심 내용을 요약·정리하여 이해하고, 문서에서 전달하는 정보의 출처를 파악하고 옳고 그름을 판단하는 능력을 말한다.

(2) 문서이해의 목적

문서이해능력이 부족하면 직업생활에서 본인의 업무를 이해하고 수행하는 데 막대한 지장을 끼친다. 따라서 본인의 업무를 제대로 수행하기 위해 문서이해능력은 필수적이다.

| 02 | 문서의 종류

(1) 공문서

- 정부 행정기관에서 대내적·대외적 공무를 집행하기 위해 작성하는 문서
- 정부 기관이 일반회사, 단체로부터 접수하는 문서 및 일반회사에서 정부 기관을 상대로 사업을 진행할 때 작성하는 문서 포함
- 엄격한 규격과 양식에 따라 정당한 권리를 가진 사람이 작성
- 최종 결재권자의 결재가 있어야 문서로서의 기능 성립

CHECK POINT

문서의 종류
공문서, 보고서, 설명서, 비즈니스 메모, 비즈니스 레터(E-mail), 기획서, 기안서, 보도자료, 자기소개서

(2) 보고서

특정 업무에 대한 현황이나 진행 상황 또는 연구·검토 결과 등을 보고할 때 작성하는 문서

종류	내용
영업보고서	영업상황을 문장 형식으로 기재해 보고하는 문서
결산보고서	진행됐던 사안의 수입과 지출결과를 보고하는 문서
일일업무보고서	매일의 업무를 보고하는 문서
주간업무보고서	한 주간에 진행된 업무를 보고하는 문서
출장보고서	출장을 다녀와 외부 업무나 그 결과를 보고하는 문서
회의보고서	회의 결과를 정리해 보고하는 문서

(3) 설명서

상품의 특성이나 사물의 성질과 가치, 작동 방법이나 과정을 소비자에게 설명하는 것을 목적으로 작성한 문서

종류	내용
상품소개서	• 일반인들이 친근하게 읽고 내용을 쉽게 이해하도록 하는 문서 • 소비자에게 상품의 특징을 잘 전달해 상품을 구입하도록 유도
제품설명서	• 제품의 특징과 활용도에 대해 세부적으로 언급하는 문서 • 제품의 사용법에 대해 알려주는 것이 주목적

(4) 비즈니스 메모

업무상 필요한 중요한 일이나 앞으로 체크해야 할 일이 있을 때 필요한 내용을 메모형식으로 작성하여 전달하는 글

종류	내용
전화 메모	• 업무적인 내용부터 개인적인 전화의 전달사항들을 간단히 작성하여 당사자에게 전달하는 메모 • 스마트폰의 발달로 현저히 줄어듦
회의 메모	• 회의에 참석하지 못한 구성원에게 회의 내용을 간략하게 적어 전달하거나 참고 자료로 남기기 위해 작성한 메모 • 업무 상황 파악 및 업무 추진에 대한 궁금증이 있을 때 핵심적인 역할을 하는 자료
업무 메모	개인이 추진하는 업무나 상대의 업무 추진 상황을 메모로 짓는 형태

(5) 비즈니스 레터(E mail)

- 사업상의 이유로 고객이나 단체에 편지를 쓰는 것
- 직장 업무나 개인 간의 연락, 직접 방문하기 어려운 고객관리 등을 위해 사용되는 비공식적 문서
- 제안서나 보고서 등 공식적인 문서를 전달하는 데도 사용

(6) 기획서

하나의 프로젝트를 문서형태로 만들어, 상대방에게 기획의 내용을 전달하여 해당 기획안을 시행하도록 설득하는 문서

(7) 기안서

회사의 업무에 대한 협조를 구하거나 의견을 전달할 때 작성하며 흔히 사내 공문서로 불림

(8) 보도자료

정부 기관이나 기업체, 각종 단체 등이 언론을 상대로 하여 자신들의 정보가 기사로 보도되도록 하기 위해 보내는 자료

(9) 자기소개서

개인의 가정환경과 성장과정, 입사 동기와 근무자세 등을 구체적으로 기술하여 자신을 소개하는 문서

| 03 | 문서의 이해

(1) 문서이해의 절차

1. 문서의 목적을 이해하기

2. 이러한 문서가 작성되게 된 배경과 주제를 파악하기

3. 문서에 쓰인 정보를 밝혀내고, 문서가 제시하고 있는 현안을 파악하기

4. 문서를 통해 상대방의 욕구와 의도 및 내게 요구되는 행동에 관한 내용을 분석하기

5. 문서에서 이해한 목적 달성을 위해 취해야 할 행동을 생각하고 결정하기

6. 상대방의 의도를 도표나 그림 등으로 메모하여 요약·정리해보기

〈핵심예제〉

다음 문서이해를 위한 구체적인 절차 중 가장 먼저 해야 할 사항은 무엇인가?

① 문서의 목적을 이해하기
② 문서가 작성된 배경과 주제를 파악하기
③ 현안을 파악하기
④ 내용을 요약하고 정리하기

(2) 내용종합능력의 배양

① 주어진 모든 문서를 이해했다 하더라도 그 내용을 모두 기억하기란 불가능하므로 문서내용을 요약하는 문서이해능력에 더해 내용종합능력의 배양이 필요하다.
② 이를 위해서는 다양한 종류의 문서를 읽고, 구체적인 절차에 따라 이해하고, 정리하는 습관을 들여야 한다.

Ⅲ 문서작성능력

| 01 | 문서작성능력의 의의

(1) 문서작성능력이란?

① 문서의 의미

제안서·보고서·기획서·편지·메모·공지사항 등 문자로 구성된 것을 지칭하며
일상생활뿐만 아니라 직업생활에서도 다양한 문서를 자주 사용한다.

② 문서작성의 목적

치열한 경쟁상황에서 상대를 설득하거나 조직의 의견을 전달하고자 한다.

〈 핵심예제 〉

다음은 무엇에 대한 설명인가?

상황과 목적에 적합한 문서를 시각적이고 효과적으로 작성하기 위한 능력

① 문서이해능력　　　　　② 문서작성능력
③ 언어이해능력　　　　　④ 언어표현능력

예제풀이

제시된 내용은 문서작성능력
에 대한 정의이다.

정답 ②

(2) 문서작성 시 고려사항

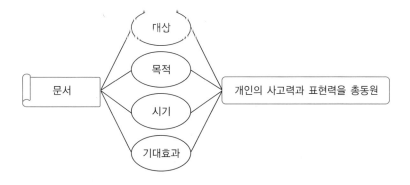

| 02 | 문서작성의 실제

(1) 상황에 따른 문서의 작성

상황	내용
요청이나 확인을 위한 경우	• 공문서 형식 • 일정한 양식과 격식을 갖추어 작성
정보제공을 위한 경우	• 홍보물, 보도자료, 설명서, 안내서 • 시각적인 정보의 활용 • 신속한 정보 제공
명령이나 지시가 필요한 경우	• 업무 지시서 • 명확한 지시사항이 필수적
제안이나 기획을 할 경우	• 제안서, 기획서 • 종합적인 판단과 예견적인 지식이 필요
약속이나 추천을 위한 경우	• 제품의 이용에 대한 정보 • 입사지원, 이직 시 상사가 작성

CHECK POINT

문서의 종류에 따른 작성법
문서의 서식은 각 회사나 기관별로 고유의 양식이 있으면 그에 따라 작성하고, 결정되어 있지 않으면 많이 쓰이는 양식에 따라 작성하면 된다.

(2) 문서의 종류에 따른 작성법

① 공문서

> • '누가, 언제, 어디서, 무엇을, 어떻게(왜)'가 드러나도록 작성해야 함
> • 날짜는 연도와 월일을 반드시 함께 기입해야 함
> • 날짜 다음에 괄호를 사용할 때는 마침표를 찍지 않음
> • 내용이 복잡할 경우 '-다음-', '-아래-'와 같은 항목을 만들어 구분함
> • 한 장에 담아내는 것이 원칙임
> • 마지막엔 반드시 '끝' 자로 마무리함
> • 대외문서이고 장기간 보관되는 문서이므로 정확하게 기술해야 함

② 설명서

> • 간결하게 작성함
> • 전문용어의 사용은 가급적 삼갈 것
> • 복잡한 내용은 도표화
> • 명령문보다 평서형으로, 동일한 표현보다는 다양한 표현으로 작성함
> • 글의 성격에 맞춰 정확하게 기술해야 함

③ 기획서

> • 무엇을 위한 기획서인지 핵심 메시지가 정확히 도출되었는지 확인
> • 상대가 요구하는 것이 무엇인지 고려하여 작성
> • 글의 내용이 한눈에 파악되도록 목차를 구성할 것
> • 분량이 많으므로 핵심 내용의 표현에 유념할 것
> • 효과적인 내용전달을 위해 표나 그래프를 활용
> • 제출하기 전에 충분히 검토할 것
> • 인용한 자료의 출처가 정확한지 확인할 것

④ 보고서

- 핵심내용을 구체적으로 제시할 것
- 간결하고 핵심적인 내용의 도출이 우선이므로 내용의 중복을 피할 것
- 독자가 궁금한 점을 질문할 것에 대비할 것
- 산뜻하고 간결하게 작성할 것
- 도표나 그림을 적절히 활용할 것
- 참고자료는 정확하게 제시할 것
- 개인의 능력을 평가하는 기본 자료이므로 제출하기 전 최종점검을 할 것

《 핵심예제 》

다음 중 설명서의 올바른 작성법에 해당하지 않는 것은?

① 정확한 내용 전달을 위해 명령문으로 작성한다.
② 상품이나 제품에 대해 설명하는 글의 성격에 맞춰 정확하게 기술한다.
③ 정확한 내용전달을 위해 간결하게 작성한다.
④ 소비자들이 이해하기 어려운 전문용어는 가급적 사용을 삼간다.

─── 예제풀이

설명서는 명령문이 아닌 평 서형으로 작성해야 한다.

정답 ①

| 03 | 문서작성의 원칙

(1) 문장구성 시 주의사항

- 간단히 표제를 붙일 것
- 결론을 먼저 작성
- 상대방이 이해하기 쉽게
- 중요하지 않은 경우 한자의 사용은 자제
- 문장은 짧고, 간결하게
- 문장은 긍정문의 형식으로

(2) 문서작성 시 주의사항

- 문서의 작성 시기를 기입
- 제출 전 반드시 최종점검
- 반드시 필요한 자료만 첨부
- 금액, 수량, 일자는 정확하게 기재

문서의미의 전달에 그다지 중요하지 않은 경우에는 한자 사용을 최대한 자제하도록 하며, 상용한자의 범위 내에서 사용하는 것이 상대방의 문서이해에 도움이 될 것이다.

정답 ②

《 핵심예제 》

다음 중 문서작성의 원칙으로 옳지 않은 것은?

① 문장을 짧고, 간결하게 작성하도록 한다.
② 정확한 의미전달을 위해 한자어를 최대한 많이 사용한다.
③ 간단한 표제를 붙인다.
④ 문서의 주요한 내용을 먼저 쓰도록 한다.

| 04 | 문서표현의 시각화

(1) 시각화의 구성요소

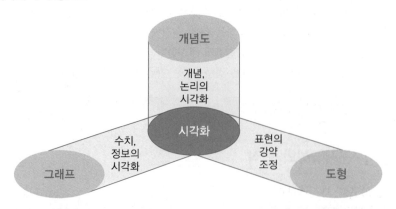

문서의 내용을 시각화하기 위해서는 전하고자 하는 내용의 개념이 명확해야 하고, 수치 등의 정보는 그래프 등을 사용하여 시각화하며, 특히 강조하여 표현하고 싶은 내용은 도형을 이용할 수 있다.

(2) 시각화 방법

① **차트 시각화** : 데이터 정보를 쉽게 이해할 수 있도록 시각적으로 표현하며, 주로 통계 수치 등을 도표나 차트를 통해 명확하고 효과적으로 전달한다.
② **다이어그램 시각화** : 개념이나 주제 등 중요한 정보를 도형, 선, 화살표 등 여러 상징을 사용하여 시각적으로 표현한다.
③ **이미지 시각화** : 전달하고자 하는 내용을 관련 그림이나 사진 등으로 표현한다.

Ⅳ 경청능력

| 01 | 경청능력의 의의

(1) 경청능력이란?

① 경청의 의미

상대방이 보내는 메시지에 주의를 기울이고 이해를 위해 노력하는 행동으로, 대화의 과정에서 신뢰를 쌓을 수 있는 최고의 방법이다.

② 경청의 효과

대화의 상대방이 공유되었으로 외부자극 느끼게 되어 부정적이었던 말을 할 상태 이며, 이 효과로 이해 믿게 메시지, 감정이 효과적으로 상대방에게 전달된다.

(2) 경청의 중요성

경청을 통해	+	대화의 상대방을(의)	⇨	・한 개인으로 존중하게 된다. ・성실한 마음으로 대하게 된다. ・입장에 공감하며 이해하게 된다.

| 02 | 효과적인 경청방법

(1) 적극적 경청과 소극적 경청

① 적극적 경청

상대의 말에 집중하고 있음을 행동을 통해 표현하며 듣는 것으로 질문, 확인, 공감 등으로 표현된다.

② 소극적 경청

상대의 말에 특별한 반응 없이 수동적으로 듣는 것을 말한다.

(2) 적극적 경청을 위한 태도

> ・비판적・충고적인 태도를 버린다.
> ・상대방이 말하고자 하는 의미를 이해한다.
> ・단어 이외에 보여지는 표현에 신경쓴다.
> ・경청하고 있다는 것을 표현한다.
> ・흥분하지 않는다.

(3) 경청의 올바른 자세

> - 상대를 정면으로 마주하여 의논할 준비가 되었음을 알린다.
> - 손이나 다리를 꼬지 않는 개방적 자세를 취한다.
> - 상대를 향해 상체를 기울여 경청하고 있다는 사실을 강조한다.
> - 우호적인 눈빛 교환을 한다.
> - 편안한 자세를 취한다.

(4) 효과적인 경청을 위한 트레이닝

종류	내용
준비	미리 나누어준 계획서 등을 읽어 강연 등에 등장하는 용어에 친숙해질 필요가 있음
집중	말하는 사람의 속도와 말을 이해하는 속도 사이에 발생하는 간격을 메우는 방법을 학습해야 함
예측	대화를 하는 동안 시간 간격이 있으면, 다음에 무엇을 말할 것인가를 추측하려고 노력해야 함
연관	상대방이 전달하려는 메시지가 무엇인가를 생각해보고 자신의 삶, 목적, 경험과 관련지어 보는 습관이 필요함
질문	질문에 대한 답이 즉각적으로 이루어질 수 없다고 하더라도 질문을 하려고 하면 경청하는 데 적극적이 되고 집중력이 높아지게 됨
요약	대화 도중에 주기적으로 대화의 내용을 요약하면 상대방이 전달하려는 메시지를 이해하고, 사상과 정보를 예측하는 데 도움이 됨
반응	상대방에 대한 자신의 지각이 옳았는지 확인할 수 있으며, 상대방에게 자신이 정확하게 의사소통을 하였는가에 대한 정보를 제공함

《핵심예제》

다음 중 효과적인 경청방법으로 옳지 않은 것은?

① 주의를 집중한다.
② 나와 관련지어 생각해 본다.
③ 상대방의 대화에 적절히 반응한다.
④ 상대방의 말을 적당히 걸러내며 듣는다.

| 03 | 경청의 방해요인

요인	내용
짐작하기	상대방의 말을 듣고 받아들이기보다 자신의 생각에 들어 맞는 단서들을 찾아 자신의 생각을 확인하는 것
대답할 말 준비하기	자신이 다음에 할 말을 생각하기에 바빠서 상대방이 말하는 것을 잘 듣지 않는 것
걸러내기	상대의 말을 듣기는 하지만 상대방의 메시지를 온전하게 듣지 않는 것
판단하기	상대방에 대한 부정적인 판단 때문에, 또는 상대방을 비판하기 위해 상대방의 말을 듣지 않는 것

다른 생각하기	상대방이 말을 할 때 다른 생각을 하는 것으로 현실이 불만스럽지만 이러한 상황을 회피하고 있다는 신호임
조언하기	본인이 다른 사람의 문제를 지나치게 해결해 주고자 하는 것을 말하며, 말끝마다 조언하려고 끼어들면 상대방은 제대로 말을 끝맺을 수 없음
언쟁하기	단지 반대하고 논쟁하기 위해서만 상대방의 말에 귀를 기울이는 것
자존심 세우기	자존심이 강한 사람에게서 나타나는 태도로 자신의 부족한 점에 대한 상대방의 말을 듣지 않으려 함
슬쩍 넘어가기	문제를 회피하려 하거나 상대방의 부정적 감정을 회피하기 위해서 유머 등을 사용하는 것으로 이로 인해 상대방의 진정한 고민을 놓치게 됨
비위 맞추기	상대방을 위로하기 위해서 너무 빨리 동의하는 것을 말하며, 상대방에게 자신의 생각이나 감정을 충분히 표현할 시간을 주지 못하게 됨

《 핵심예제 》

다음 중 경청을 방해하는 요인에 해당하지 않는 것은?

① 상대방의 말을 짐작하면서 듣기
② 대답할 말을 미리 준비하며 듣기
③ 상대방의 마음상태를 이해하며 듣기
④ 상대방의 말을 판단하며 듣기

상대방의 마음상태를 이해하며 듣는 것은 올바른 경청 방법으로, 방해요인에 해당하지 않는다.

정답 ③

| 04 | 경청훈련

(1) 대화법을 통한 경청훈련

① 주의 기울이기

바라보기, 듣기, 따라하기가 이에 해당하며, 산만한 행동은 중단하고 비언어적인 것, 즉 상대방의 얼굴과 몸의 움직임뿐만 아니라 호흡하는 자세까지도 주의하여 관찰해야 한다.

② 상대방의 경험을 인정하고 더 많은 정보 요청하기

화자가 인도하는 방향으로 따라가고 있다는 것을 언어적·비언어적인 표현을 통하여 상대방에게 알려주는 것은 상대방이 더 많은 것을 말할 수 있는 수단이 된다.

③ 정확성을 위해 요약하기

상대방에 대한 이해의 정확성을 확인할 수 있게 하며, 자신과 상대방의 메시지를 공유할 수 있도록 한다.

④ 개방적인 질문하기

단답형의 대답이나 반응보다 상대방의 다양한 생각을 이해하고, 상대방으로부터 보다 많은 정보를 얻기 위한 방법이다.

⑤ '왜?'라는 질문 피하기

'왜?'라는 질문은 보통 진술을 가장한 부정적·추궁적·강압적인 표현이므로 사용하지 않는 것이 좋다.

(2) 경청능력을 높이는 공감하는 태도

① 공감적 태도

성숙된 인간관계를 유지하기 위해서는 서로의 의견을 공감하고 존중하며 의견 조율이 필요하다. 이를 위해 깊이 있는 대화가 필요하며 이때 필요한 것이 공감적 태도이다. 즉, 공감이란 상대방이 하는 말을 상대방의 관점에서 이해하고 느끼는 것이다.

② 공감적 반응

㉠ 상대방의 이야기를 자신의 관점이 아닌 그의 관점에서 이해한다.

㉡ 상대방의 말 속에 담겨 있는 감정과 생각에 민감하게 반응한다.

Ⅴ 의사표현능력

| 01 | 의사표현능력의 의의

(1) 의사표현능력이란?

① 의사표현의 의미

말하는 이가 자신의 생각과 감정을 듣는 이에게 음성언어나 신체언어로 표현하는 행위로서 말하는 이의 목적을 달성하는 데 효과가 있다고 생각하는 말하기를 말한다.

② 의사표현의 종류

종류	내용
공식적 말하기	• 사전에 준비된 내용을 대중을 상대로 하여 말하는 것 • 연설, 토의, 토론 등
의례적 말하기	• 정치적 · 문화적 행사에서와 같이 의례 절차에 따라 말하는 것 • 식사, 주례, 회의 등
친교적 말하기	매우 친근한 사람들 사이에서 이루어지는 것으로 자연스러운 상황에서 떠오르는 대로 주고받는 말하기

(2) 의사표현의 중요성

언어에 의해 그려지는 이미지로 인해 자신의 이미지가 형상화될 수 있다. 즉, 자신이 자주 하는 말로써 자신의 이미지가 결정된다는 것이다.

| 02 | 의사표현에 영향을 미치는 비언어적 요소

(1) 연단공포증

청중 앞에서 이야기를 해야 하는 상황일 때 정도의 차이는 있지만 누구나 가슴이 두근거리는 등의 현상을 느끼게 된다. 이러한 연단공포증은 소수가 경험하는 심리상태가 아니라, 90% 이상의 사람들이 호소하는 불안이므로 이를 걱정할 필요는 없으며, 오히려 이러한 심리현상을 잘 통제하면서 표현한다면 청자는 그것을 더 인간다운 것으로 생각하게 된다.

(2) 말

① 장단

표기가 같은 말이라도 소리가 길고 짧음에 따라 전혀 다른 뜻이 되는 단어의 경우 긴 소리와 짧은 소리를 구분하여 정확하게 발음해야 한다.

② 발음

발음이 분명하지 못하면 듣는 이에게 정확하게 의사를 전달하기 어렵다. 천천히 복식호흡을 하며 깊은 소리로 침착하게 이야기하는 습관을 가져야 한다.

③ 속도

발표할 때의 속도는 10분에 200자 원고지 15장 정도가 적당하다. 이보다 빠르면 청중이 내용에 대해 생각할 시간이 부족하고 놓친 메시지가 있다고 느끼며, 말하는 사람이 바쁘고 성의 없는 '빠른' 데 된다. 반대로 느리게 말하면, 분위기가 서서히 떠서 청중이 내용에 집중을 하지 못한다. 발표에 능숙하게 되면 청중의 반응을 감지하면서 분위기가 처질 경우 좀 더 빠르게, 내용상 중요한 부분을 짚고 넘어가고자 할 경우는 조금 여유 있게 말하는 등의 조절을 할 수 있다.

④ 쉼

의도적으로 쉼을 잘 활용함으로써 논리성, 감정제고, 동질감 등을 확보할 수 있다.

(3) 몸짓

① 몸의 방향

몸의 방향을 통해 대화 상대를 향하는가, 피하는가가 판단된다. 예를 들어 대화 도중에 끼어든 제3자가 있다고 상상했을 때, 말하는 이가 제3자를 불편하게 생각하는 경우 살짝 몸을 돌릴 수 있다. 몸을 돌리는 위치에 따라, 비록 직접 표현을 하지 않았으나 말하는 이가 그 사람을 '피하고' 있음을 표현하는 방식이 된다.

② 자세

특정 자세를 보고 그 사람의 분노, 슬픔, 행복과 같은 일부 감정들을 맞히는 것은 90% 이상 일치한다는 연구 결과가 있다. 자신뿐 아니라 지금 대화를 나누고 있는 상대방의 자세에 주의를 기울임으로써 우리는 언어적 요소와는 다른 중요한 정보를 얻을 수 있다.

③ 몸짓

몸짓의 가장 흔한 유형은 몸동작으로 화자가 말을 하면서 자연스럽게 동반하는 움직임이다. 누군가 우리에게 길을 물어볼 때 자연스럽게 말과 함께 손가락과 몸짓을 통해 길을 알려준다. 몸동작은 말로 설명하기는 어려운 것들을 설명하는 데 자주 사용되며, 몸동작이 완전히 배제된 의사표현은 때로 어색함을 줄 수 있다. 또 "최고다."라는 긍정적 신호를 보내기 위해 엄지를 들어 올리는 등의 상징적 동작은 말을 동반하지 않아도 의사표현이 가능하게 한다. 상징적 동작은 문화권에 따라 다를 수 있으므로, 다른 문화권의 사람들과 의사소통을 해야 할 경우에는 문화적 차이를 고려해야 한다.

(4) 유머

유머는 의사표현을 더욱 풍요롭게 도와준다. 하지만 하루아침에 유머를 포함한 의사표현을 할 수 있는 것은 아니며, 평소 일상생활 속에서 부단히 유머 감각을 훈련하여야만 자연스럽게 상황에 맞는 유머를 즉흥적으로 구사할 수 있다.

| 03 | 효과적인 의사표현법

상황	내용
지적	• 충고나 질책의 형태로 나타난다. • '칭찬 – 질책 – 격려'의 샌드위치 화법을 사용한다. • 충고는 최후의 수단으로 은유적으로 접근한다.
칭찬	• 대화 서두의 분위기 전환용으로 사용한다. • 상대에 어울리는 중요한 내용을 포함한다.
요구	• 부탁 : 상대의 상황을 확인한 후 응하기 쉽도록 구체적으로 부탁하며, 거절을 당해도 싫은 내색을 하지 않는다. • 업무상 지시, 명령 : 강압적 표현보다는 청유식 표현이 효과적이다.
거절	• 거절에 대한 사과와 함께 응할 수 없는 이유를 설명한다. • 요구를 들어주는 것이 불가능할 경우 단호하게 거절하지만, 정색하는 태도는 지양한다.
설득	• 강요는 금물이다. • 문 안에 한 발 들여놓기 기법 • 얼굴 부딪히기 기법

VI 기초외국어능력

| 01 | 기초외국어능력의 의의

(1) 기초외국어능력이란?

일 경험에 있어 우리만의 언어가 아닌 세계의 언어로 의사소통을 가능하게 하는 능력을 말하며, 일 경험 중에 필요한 문서이해나 문서작성, 의사표현, 경청 등 기초적인 의사소통을 기초적인 외국어로 가능하게 하는 능력을 말한다.

(2) 기초외국어능력의 중요성

외국인들과의 업무가 잦은 특정 직무뿐만 아니라 컴퓨터 활용 및 공장의 기계사용, 외국산 제품의 사용법을 확인하는 경우 등 기초외국어를 모르면 불편한 경우가 많다.

CHECK POINT

국가별 대표적인 비언어적 의사표현법
• 러시아 : 스스로에게 화가 났을 때 손을 펴서 자기 이마를 친다.
• 미국 : 상대를 꼬실 때뿐만 아니라 "농담이야."라는 말을 하려 할 때도 윙크를 한다.
• 중국 : 놀라거나 어려운 일을 당했을 때 말없이 고개를 좌우로 젓는다.
• 일본 : 팔짱을 끼고 서 있으면 깊이 생각하고 있다는 뜻이다.
• 아랍권 국가들 : "No"라는 의미로 머리를 뒤로 젖히고 눈썹을 치켜 올린다.

| 02 | 외국인과의 비언어적 의사소통

(1) 표정으로 알아채기

외국인과 마주하여 대화할 때 그들의 감정이나, 생각을 가장 쉽게 알 수 있는 것이 표정
이다. 웃는 표정은 행복과 만족, 친절을 표현하는 데 비해, 눈살을 찌푸리는 표정은 불
만족과 불쾌를 나타낸다. 또한 눈을 마주 쳐다보는 것은 흥미와 관심이 있음을, 그리고
그렇게 하지 않음은 무관심을 말해준다.

(2) 음성으로 알아채기

어조가 높으면 적대감이나 대립감을 나타내고, 낮으면 만족이나 안심을 나타낸다. 또
한 목소리가 커졌으면 내용을 강조하는 서이거나 흥분, 불만족 등이 사께 상태를 표현
하는 것이다. 또한 말의 속도와 리듬이 매우 빠르거나 짧게 얘기하면 공포나 노여움을
나타내는 것이며, 너무 자주 반복 멈추면 말생각인 버섯이 없음을 이미하거나 긴장 또
는 시명를 의미한다.

(3) 외국인과의 의사소통에서 피해야 할 행동

- 상대를 볼 때 흘겨보거나, 아예 보지 않는 것
- 팔이나 다리를 꼬는 것
- 표정이 없는 것
- 다리를 흔들거나 펜을 돌리는 것
- 맞장구를 치지 않거나, 고개를 끄덕이지 않는 것
- 생각 없이 메모하는 것
- 자료만 늘여디보는 것
  비틀지 못한 사세로 앉는 것
- 한숨, 하품, 신음을 내는 것
- 다른 일을 하며 듣는 것
- 상대방에게 이름이나 호칭을 어떻게 부를지 묻지 않고 마음대로 부르는 것

〈 **핵심예제** 〉

다음 중 기초외국어능력을 대하는 마음가짐으로 옳지 않은 것은?

① 상대방과 목적을 공유하라.
② 외국어를 너무 어렵게만 생각하지 마라.
③ 자신을 극복하라.
④ 자신의 부족한 외국어 실력을 의식하여, 실수하지 않도록 한다.

┌─연속출제─┐

다음은 노인장기요양보험법의 일부 내용이다. 다음 중 법령을 잘못 이해한 것은?

풀이순서

1) 질문의도
   : 법령이해

2) 선택지 키워드 찾기

3) 지문독해
   : 선택지와 비교

제4조 국가 및 지방자치단체의 책무 등

① 국가 및 지방자치단체는 노인이 일상생활을 혼자서 수행할 수 있는 온전한 심신상태를 유지하는 데 필요한 사업(이하 "노인성질환예방사업"이라 한다)을 실시하여야 한다.

② 국가는 노인성질환예방사업을 수행하는 지방자치단체 또는 국민건강보험법에 따른 국민건강보험공단(이하 "공단"이라 한다)에 대하여 이에 소요되는 비용을 지원할 수 있다. ❷

③ 국가 및 지방자치단체는 노인인구 및 지역특성 등을 고려하여 장기요양급여가 원활하게 제공될 수 있도록 적정한 수의 장기요양기관을 확충하고 장기요양기관의 설립을 지원하여야 한다.

④ 국가 및 지방자치단체는 장기요양급여가 원활히 제공될 수 있도록 공단에 필요한 행정적 또는 재정적 지원을 할 수 있다. ❸

··· (생략) ···

제6조 장기요양기본계획

① 보건복지부장관은 노인 등에 대한 장기요양급여를 원활하게 제공하기 위하여 5년 단위로 다음 각 호의 사항이 포함된 장기요양기본계획을 수립·시행하여야 한다. ❶
   1. 연도별 장기요양급여 대상인원 및 재원조달 계획
   2. 연도별 장기요양기관 및 장기요양전문인력 관리 방안
   3. 장기요양요원의 처우에 관한 사항
   4. 그 밖에 노인 등의 장기요양에 관한 사항으로서 대통령령으로 정하는 사항

② 지방자치단체의 장은 제1항에 따른 장기요양기본계획에 따라 세부시행계획을 수립·시행하여야 한다. ❹

---

① 보건복지부장관은 5년 단위로 장기요양기본계획을 수립한다.   ── 국가
ⓧ 노인성질환예방사업을 수행하는 데에 소요되는 비용은 지방자치단체가 지원한다.
③ 국가는 공단의 장기요양급여 제공에 있어 행정적 또는 재정적으로 지원한다.
④ 장기요양기본계획에 따른 세부시행계획은 지방자치단체의 장이 수립·시행한다.

4) 정답도출

📋 **유형 분석**
• 주어진 지문을 읽고 일치하는 선택지를 고르는 전형적인 독해 문제이다.
• 지문은 주로 신문기사(보도자료 등), 업무 보고서, 시사 등이 제시된다.
• 대체로 지문이 긴 경우가 많아 푸는 시간이 많이 소요된다.
응용문제 : 지문의 주제를 찾는 문제나 지문의 핵심내용을 근거로 추론하는 문제가 출제된다.

📋 **풀이 전략**
먼저 선택지의 키워드를 체크한 후, 지문의 내용과 비교하며 내용의 일치유무를 신속히 판단한다.

문서이해 ②

┌연속출제┐

다음은 외국인 건강보험 제도변경에 대한 안내문이다. 다음 안내문을 이해한 내용 으로 적절하지 않은 것은?

〈외국인 건강보험 제도변경 안내〉

- 6개월 이상 체류하는 경우 건강보험 당연 가입
  - 유학 또는 결혼이민의 경우는 입국하여 외국인 등록한 날 가입 ❶
    ※ 가입 제외 신청 대상 : 외국의 법령·보험 및 사용자의 계약에 따라 법 제11조에 따른 요양 급여에 상당하는 의료보장을 받을 수 있는 경우
- 자격은 등록된 체류지(거소지)에 따라 개인별로 관리(취득)되며, 건강보험료도 개인별로 부과
  - 다만, 같은 체류지(거소지)에 배우자 및 만 19세 미만 자녀와 함께 거주하여 가족 단위로 보험료 납부를 원하는 경우에는 가족관계를 확인할 수 있는 서류를 지참하여 방문 신청 필요 ❷
- 매월 25일까지 다음 달 보험료 납부 ❺-1
- 보험료 미납하면 불이익 발생
  - 병·의원 이용 시 건강보험 혜택 제한
  - 비자 연장 등 각종 체류 허가 제한(법무부 출입국·외국인 관서) ❹
  - 기한을 정하여 독촉하고, 그래도 납부하지 않으면 소득, 재산 배우 등 압류하여 강제 징수 ❺-2
    ※ 건강보험 혜택은 대한민국 국민과 동일(입원, 외래진료, 중증질환, 건강검진 등) ❸

---

① 외국인 유학생 A씨의 경우 체류 기간과 관계없이 외국인 등록을 한 날에 건강보험에 가입된다.
② 배우자와 국내에 함께 체류 중인 외국인 B씨가 가족 단위로 보험료를 납부하고자 할 경우에는 별도의 신청이 필요하다.
③ 보험료를 매월 납부하고 있는 외국인 C씨의 경우 외래진료 시에는 보험 혜택을 받을 수 있지만, 건강검진은 제공되지 않는다.
④ 보험료가 미납된 외국인 D씨가 비자 연장을 신청할 경우 신청이 제한될 수 있다.
⑤ 건강보험에 가입된 외국인 E씨는 보험료를 매월 25일까지 납부하여야 하며, 독촉 기한에도 납부하지 않을 경우 소득이나 재산이 압류될 수 있다.

풀이순서

1) 질문의도
   : 내용이해 + 적용

2) 지문파악

4) 지문독해
   : 선택지와 비교

3) 선택지 키워드 찾기

📝 **유형 분석**
- 주어진 지문에 대한 이해를 바탕으로 유추할 수 있는 내용을 고르는 문제이다.
- 지문은 주로 업무 보고서, 기획서, 보도자료 등이 제시된다.
- 일반적인 독해 문제와는 달리 선택지의 내용이 애매모호한 경우가 많으므로 꼼꼼히 살펴보아야 한다.

📝 **풀이 전략**
주어진 지문이 어떠한 내용을 다루고 있는지 파악한 후 선택지의 키워드를 체크한다. 그러고 나서 지문의 내용에서 도출할 수 있는 내용을 선택지에서 찾아야 한다.

┌연속출제┐

다음 중 밑줄 친 단어와 의미가 유사한 것은?

> 흑사병은 페스트균에 의해 발생하는 급성 열성 감염병으로, 쥐에 기생하는 벼룩에 의해 사람에게 전파된다. 국가위생건강위원회의 자료에 따르면 중국에서는 최근에도 간헐적으로 흑사병 확진 판정이 나온 바 있다. 지난 2014년에는 중국 북서부에서 38세의 남성이 흑사병으로 목숨을 잃었으며, 2016년과 2017년에도 각각 1건씩 발병 사례가 확인됐다.

① 근근이   ② 자못

☑ 이따금   ④ 빈번히

⑤ 흔히

풀이순서

1) 질문의도
  : 유의어

2) 지문파악
  : 문맥을 보고 단어의
  뜻 유추

3) 정답도출

📋 **유형 분석**   • 주어진 지문에서 밑줄 친 단어의 유의어를 찾는 문제이다.

                        • 자료는 지문, 보고서, 약관, 공지 사항 등 다양하게 제시된다.

                        • 다른 문제들에 비해 쉬운 편에 속하지만 실수를 하기 쉽다.

                        응용문제 : 틀린 단어를 올바르게 고치는 등 맞춤법과 관련된 문제가 출제된다.

📋 **풀이 전략**   앞뒤 문장을 읽어 문맥을 파악하여 밑줄 친 단어의 의미를 찾는다.

┌연속출제┐

다음 중 공문서 작성 요령으로 적절하지 않은 것은?

① 전문 용어 사용을 지양한다.

✔ 1. → 1) → (1) → 가 → 가)와 같이 항목을 순서대로 표시한다.

③ 첨부물이 있다면 본문 표시문 다음에 '끝'을 표시한다.

④ 뜻을 정확하게 전달하기 위해 괄호 안에 한자를 함께 적을 수 있다.

⑤ 쌍점(:)은 앞말에 붙여 쓰고 뒷말과는 띄어 쓴다.

풀이순서

1) 질문의도
   : 문서작성 방법

2) 선택지 확인
   : 공문서 작성법

3) 정답도출
   : 공문서의 번호체계
   는 1. → 가. → (1)
   → (가) → 1)과 같
   이 적용한다.

PART 1

PART 2

PART 3

📋 **유형 분석**
- 실무에서 적용할 수 있는 공문서 작성 방법의 개념을 익히고 있는지 평가하는 문제이다.
- 지문은 실제 문서 형식, 조언하는 말하기, 조언하는 대화가 주로 제시된다.

응용문제 : 문서 유형별 문서작성 방법에 대한 내용이 출제된다. 맞고 틀리고의 문제가 아니라 적합한 방법을 묻는 것이기 때문에 구분이 안 되어 있으면 틀리기 쉽다.

📋 **풀이 전략** 공문서 작성법을 익히고 해당 내용이 올바르게 적용되었는지 파악한다.

┌연속출제┐

다음 빈칸에 들어갈 경청 단계가 차례대로 연결된 것은?

<경청의 5단계>

단계	경청 정도	내용
㉠	0%	상대방은 이야기를 하지만, 듣는 사람에게 전달되는 내용은 하나도 없는 단계
㉡	30%	상대방의 이야기를 듣는 태도는 취하고 있지만, 자기 생각 속에 빠져 있어 이야기의 내용이 전달되지 않는 단계
㉢	50%	상대방의 이야기를 듣기는 하나, 자신이 듣고 싶은 내용을 선택적으로 듣는 단계
㉣	70%	상대방이 어떤 이야기를 하는지 내용에 집중하면서 듣는 단계
㉤	100%	상대방의 이야기에 집중하면서 의도와 목적을 추측하고, 이해한 내용을 상대방에게 확인하면서 듣는 단계

	㉠	㉡	㉢	㉣	㉤
①	선택적 듣기	무시	듣는 척하기	공감적 듣기	적극적 듣기
②	듣는 척하기	무시	선택적 듣기	적극적 듣기	공감적 듣기
③	듣는 척하기	무시	선택적 듣기	공감적 듣기	적극적 듣기
✔	무시	듣는 척하기	선택적 듣기	적극적 듣기	공감적 듣기

풀이순서

1) 질문의도
   : 경청 방법

2) 지문파악
   : 경청 정도에 따른 단계

3) 정답도출

📋 **유형 분석**
- 경청 단계에 대해 이해하고 있는지를 묻는 문제이다.
- 경청 방법에 대한 지식이 있어도 대화 상황이나 예가 제시되었을 때 그 자료를 해석하지 못하면 소용이 없다. 지식과 예를 연결지어 학습해야 한다.

  응용문제 : 경청하는 태도와 방법에 대한 질문, 경청을 방해하는 요인 등의 지식을 묻는 문제들이 출제된다.

📋 **풀이 전략**   경청하는 단계에 대한 지식을 익히고 문제에 적용한다.

CHAPTER 01 의사표현

┌연속출제┐

다음 제시문에 나타난 의사소통의 저해요인으로 가장 적절한 것은?

'말하지 않아도 알아요.' TV 광고 음악에 많은 사람이 공감했던 것과 같이 과거 우리 사회에서 는 자신의 의견을 시시시코드 드러내지 않는 것을 미덕이라고 생각했다. 하지만 직접 말하지 않아도 상대가 눈치껏 반난하고 행동해주길 바라는 눈치 문화가 오히려 의사소통 과정에서 의 불신과 오해를 낳는다.

① 의사소통 기법의 미숙
② 부족한 표현 능력
③ 평가적이며 판단적인 태도
④ 선입견과 고정관념
⑤ 폐쇄적인 의사소통 분위기

풀이순서

1) 질문의도
: 의사소통 저해요인

2) 지문파악
: 과거의 미덕
→ 불신과 오해

3) 정답도출
: 사회적으로 미덕으로 인식되던 긍정적 고정관념이 시대가 변함에 따라 불신과 오해를 낳는 이유가 되었다는 것이 제시문의 내용이니.

📋 **유형 분석**　　• 상황에 적합한 의사표현법에 대한 이해를 묻는 문제이다.
　　　　　　　　　• 의사표현 방법에 대한 지식이 있어도 대화 상황이나 예가 제시되었을 때 그 자료를 해석하지 못하면 소용이 없다. 지식과 예를 연결지어 학습해야 한다.
　　　　　　　　　응용문제 : 의사표현방법, 의사표현을 방해하는 요인 등의 지식을 묻는 문제들이 출제된다.

📋 **풀이 전략**　　의사소통의 저해요인에 대한 지식을 익히고 문제에 적용한다.

정답 및 해설 p.10

01 다음 글의 내용과 일치하지 않는 것은?

> 기업은 많은 이익을 남기길 원하고, 소비자는 좋은 제품을 저렴하게 구매하길 원한다. 그 과정에서 힘이 약한 저개발국가의 농민, 노동자, 생산자들은 무역상품의 가격 결정 과정에 참여하지 못하고, 자신이 재배한 식량과 상품을 매우 싼값에 팔아 겨우 생계를 유지한다. 그 결과, 세계 인구의 20% 정도가 우리 돈 약 1,000원으로 하루를 살아가고, 세계 노동자의 40%가 하루 2,000원 정도의 소득으로 살아가고 있다.
>
> 이러한 무역 거래의 한계를 극복하고자 공평하고 윤리적인 무역 거래를 통해 저개발국가 농민, 노동자, 생산자들이 겪고 있는 빈곤 문제를 해결하기 위해 공정무역이 생겨났다. 공정무역은 기존 관행 무역으로부터 소외당하며 불이익을 받고 있는 생산자와 지속가능한 파트너십을 통해 공정하게 거래하는 것으로, 생산자들과 공정무역 단체의 직거래를 통한 거래 관계에서부터 단체나 제품 등에 대한 인증시스템까지 모두 포함하는 무역을 의미한다.
>
> 이와 같은 공정무역은 국제 사회 시민운동의 일환으로, 1946년 미국의 시민단체 '텐사우전드빌리지(Ten Thousand Villages)'가 푸에르토리코의 자수 제품을 구매하고, 1950년대 후반 영국의 '옥스팜(Oxfam)'이 중국 피난민들의 수공예품과 동유럽국가의 수공예품을 팔면서 시작되었다. 이후 1960년대에는 여러 시민 단체들이 조직되어 아프리카, 남아메리카, 아시아의 빈곤한 나라에서 본격적으로 활동을 전개하였다. 이 단체들은 가난한 농부와 노동자들이 스스로 조합을 만들어 환경친화적으로 농산물을 생산하도록 교육하고, 이에 필요한 자금 등을 지원했다. 2000년대에는 자본주의의 대안활동으로 여겨지며 공정무역이 급속도로 확산되었고, 공정무역 단체나 회사가 생겨남에 따라 저개발국가 농부들의 농산물이 공정한 값을 받고 거래되었다. 이러한 과정에서 공정무역은 저개발국 생산자들의 삶을 개선하기 위한 중요한 시장 메커니즘으로 주목을 받게 된 것이다.

① 기존 관행 무역에서는 저개발국가의 농민, 노동자, 생산자들이 무역상품의 가격 결정 과정에 참여하지 못했다.
② 세계 노동자의 40%가 하루 2,000원 정도의 소득으로 살아가며, 세계 인구의 20%는 약 1,000원으로 하루를 살아간다.
③ 공정무역에서는 저개발국가의 생산자들과 지속가능한 파트너십을 통해 그들을 무역 거래 과정에서 소외시키지 않는다.
④ 공정무역은 1946년에 시작되었고, 1960년대 조직된 여러 시민 단체들이 본격적으로 활동을 전개하였다.
⑤ 시민 단체들은 조합을 만들어 환경친화적인 농산물을 직접 생산하고, 이를 회사에 공정한 값으로 판매하였다.

02 다음은 한전KPS에서 실행하고 있는 시스템 중 하나이다. 신고 대상으로 적절하지 않은 것은?

부패행위 익명성 보장시스템 '레드휘슬'

우리 회사는 부정부패, 비윤리적 행위 등에 대한 대내외 신고, 개선요구 등을 접수하여 신속, 엄정히 조치함으로써 민원인의 불편과 고충을 해소하고 청렴 윤리적 기업문화를 정착하기 위해 '부정부패 및 비윤리 행위 관련 민원제도'를 실시하고 있다.

기존의 전자민원센터와 함께 지난 2017년도 12월 1일부터 시행하고 있는 부패행위 익명신고센터 '레드휘슬'은 부패행위에 대한 내부신고의 익명성을 절대적으로 보장하여 내부직원이 안심하고 신고할 수 있도록 했다. '레드휘슬'은 제3의 외부 전문기관에서 운영하는 시스템으로 접속 IP, 시간 등의 접속정보가 리얼타임으로 삭제되어 신고자의 익명성을 철저히 보장한다.

부패행위와 관련하여 다음의 신고 대상에 해당하는 부당한 행위를 겪거나 인지한 경우, 수시 없이 레드휘슬(www.redwhistle.org)로 신고하면 된다.

소건

〈신고 대상〉

• 공정한 직무수행 저해행위(알선청탁, 특혜제공 등)
• 부당이득 수수행위(금품수수, 향응·편의수수 등)
• 정보, 보안관련 위반행위(회사기밀·개인정보 유출 등)
• 건전한 조직문화 저해행위(직장 내 성희롱, 성추행 등)
• 개선 건의 및 미담사례(불합리한 제도·관행 개선 건의 등)
• 기타 비윤리적 행위(청렴의무·윤리강령 위반행위 등)

① C대리는 서래서 사람에게 생일 선물로 금펜씨를 받았다.
② A사원은 새 프로섹트 내용을 꿍꿍 입세에 봇사이라는 D에게 이야기했다.
③ G부장은 업무추진비를 개인적으로 사용하였다.
④ A사원은 마케팅 수신동의를 한 고객을 대상으로 홍보 메일을 발송했다.
⑤ D부장은 여성인 A사원을 불러 '여자는 역시 치마를 입어야 해. 오늘 데이트하나?'라고 말했다.

03 다음은 에너지 프로슈머의 활성화에 관한 글이다. 이어지는 글의 내용으로 포함되기에 적절하지 않은 것은?

국내에서 에너지 프로슈머 사업은 크게 세 가지로 구분되지만 이웃과의 잉여거래 사업모델은 초기단계에 불과하다. 그동안 태양광 대여 사업 또는 설비투자비의 지원을 통하여 태양광 패널을 설치하고 한전과의 상계거래 형태로 사업이 진행됐으나, 한전과의 거래가 아니라 이웃에게 잉여전력을 판매하는 방식은 처음에는 개인 간의 소규모 시범사업을 추진하고, 이후 대규모 프로슈머의 시범사업을 추진하는 형태로 진행되고 있다. 그리고 중개사업자를 통한 소규모 분산형 전원에 의해 생산된 전력의 도매시장 거래도 아직 공식적인 시장이 개설되지 않았으나 사업자를 선정하여 시범사업에 착수할 계획이다. 이처럼 우리나라의 에너지 프로슈머 관련 사업이 활성화되기 위해서는 아직 시간이 필요하고 소비자들 간의 전력거래 활성화를 위한 제도적인 여건이 마련될 필요가 있다. 따라서 우리나라에서 에너지 프로슈머 사업을 활성화하기 위한 여러 가지 여건들을 검토하고 향후 제도개선을 통해 정책방향을 정립하는 것이 필요하다.

기본적으로 에너지 프로슈머 사업은 소비자가 전력회사로부터 받은 전력을 단순 소비하는 행위로부터 신재생에너지 발전원의 직접적 설치를 통한 생산과 소비, 그리고 판매 등 모든 에너지 관리를 통해 전기요금을 절약하거나 수익을 창출하는 방식으로 진행되고 있다. 모든 용도의 소비자들이 주로 태양광 발전설비를 설치하여 전력을 생산하고 자가 소비한 후 잉여전력을 판매하는 방식을 취하고 있다. 소비자의 자가 전기소비량과 잉여전력량을 조절하는 한편, 한전의 전력구입량도 관리하는 등 소비자의 에너지 관리에 대한 선택이 주어지고 있다. 그리고 태양광 발전설비와 함께 저녁 시간에도 활용할 수 있는 전력저장장치가 결합한다면 소비자의 전략이 더욱더 다양화될 것으로 보인다. 이러한 소비자의 행동변화는 단순히 소비자가 에너지 프로슈머로 전환하는 것을 의미할 뿐만 아니라 현재의 대규모 설비 위주의 중앙집중적 에너지 공급방식에서 분산형 전원에 의한 자급자족 에너지 시스템으로 변화되어 가고 있다는 것을 암시하고 있다. 에너지 프로슈머가 분산형 전원의 확대를 통한 에너지 시스템의 변화를 주도하는 데 기여할 수 있다는 것이다. 그리고 소비자가 에너지 생산과 소비를 포함한 에너지 관리를 전략적으로 해나감으로써 새로운 에너지 서비스의 활성화에도 기여하고 있다. 즉, 소비자의 행동변화는 에너지 사용데이터를 기반으로 공급자들이 다양한 에너지 서비스의 개발 유인을 제공하는 한편, 에너지 프로슈머와 공급자들의 상호 경쟁적인 환경을 조성하는 데도 기여하고 있다.

그런데 에너지 프로슈머 사업이 활성화되기 위해서는 소비자 스스로 태양광을 설치하여 잉여전력을 거래할 유인이 필요하다. 이에 따라 두 가지의 유인이 필요한데, 첫 번째가 태양광 발전설비의 설치에 대한 유인이고, 두 번째가 잉여전력에 대한 거래 유인이다. 이러한 에너지 프로슈머의 활성화 조건을 검토하고 프로슈머의 활성화를 위해서는 어떻게 제도를 개선해야 하는지를 파악해 볼 수 있을 것이다.

① ESS(Energy Storage System)의 공급 및 설치에 관련된 한전의 육성방안 소개
② 태양광 발전 설비의 필요성과 지원책에 대한 구체적 사례 제시
③ 태양광 설비의 보급률과 그에 따른 가계 소득구조 변화에 대한 통계자료 제시
④ 중앙집중형, 분산전원형 전력 공급 시 각 전력 사용료의 차이 소개
⑤ 에너지원별 한전의 생산 효율성과 생산 기술의 우수성 홍보

04 문맥상 다음 글에 이어질 내용으로 가장 적절한 것은?

테레민이라는 악기는 손을 대지 않고 연주하는 악기이다. 이 악기를 연주하기 위해 연주자는 허리 높이쯤에 위치한 상자 앞에 선다. 오른손은 상자에 수직으로 세워진 안테나 주위에서 움직인다. 오른손의 엄지와 집게손가락으로 고리를 만들고 손을 흔들면서 나머지 손가락을 하나씩 펴면 안테나에 손이 닿지 않고서도 음이 들린다. 이때, 들리는 음은 피아노 건반을 눌렀을 때 나는 것처럼 정해진 음이 아니고 현악기를 연주하는 것과 같은 연속음이며, 소리는 손과 손가락의 움직임에 따라 변한다. 왼손은 손가락을 펼친 채로 상자에서 수평으로 뻗은 안테나 위에서 서서히 오르내리면서 소리를 조절한다.

오른손으로는 수직 안테나와의 거리에 따라 음고(音高)를 조절하고, 왼손으로는 수평 안테나와의 거리에 따라 음량을 조절한다. 따라서 오른손과 수직 안테나는 음고를 조절하는 회로에 속하고 왼손과 수평 안테나는 음량을 조절하는 또 다른 회로에 속한다. 이 두 회로가 하나로 합쳐지면서 두 손의 움직임에 따라 음고와 음량을 변화시킬 수 있다.

어떻게 테레민에서 다른 음고의 음이 발생되는지 알아보자. 음고를 조절하는 회로는 가청주파수 범위 바깥의 주파수를 갖는 서로 다른 두 개의 음파를 발생시킨다. 이 두 개의 음파 사이에 존재하는 주파수의 차이 값에 의해 가청주파수를 갖는 새로운 진동이 발생하는데 그것으로 소리를 만든다. 가청주파수 범위 바깥의 주파수 중 하나는 고정된 주파수를 갖고 다른 하나는 연주자의 손 움직임에 따라 주파수가 바뀐다. 이렇게 발생한 주파수의 변화에 의해 진동이 발생되고 이 진동의 주파수는 가청주파수 범위 내에 있기 때문에 그 진동을 증폭시켜 스피커로 보내면 소리가 들린다.

① 수직 안테나에 손이 닿으면 소리가 발생하는 원리
② 왼손의 손가락 모양에 따라 음고가 바뀌는 원리
③ 수평 안테나와 왼손 사이의 거리에 따라 음량이 조절되는 원리
④ 음고를 조절하는 회로에서 가청주파수의 진동이 발생하는 원리
⑤ 오른손 손가락으로 가상의 피아노 건반을 눌러 음량을 변경하는 원리

※ 다음 기사를 읽고 이어지는 질문에 답하시오. [5~6]

K공사는 민방위의 날을 맞아 19일 부산국제금융센터에서 재난 상황 대비 대피훈련을 시행하고, 지진과 태풍 발생 시 행동요령을 시민에게 홍보했다. K공사 본사 직원들은 지진경보가 발령되자 국민행동요령과 지진 대비 안전매뉴얼에 따라 신속하게 책상 밑으로 들어가 안전하게 몸을 보호하였으며, 이어 대피경보가 울리자 안전요원의 지시 아래 신속하게 1층 앞 광장으로 이동했다. 대피훈련 외에도 K공사는 부산국제금융센터 내방 고객들을 대상으로 지진과 태풍 발생 시 행동요령을 홍보하고, 유사시 안전을 최우선으로 대처해 주라고 당부했다. K공사 사장은 "지진 및 태풍 등 재해재난으로부터 안전하기 위해서는 평소 훈련과 교육이 중요하다. 철저한 사전대비와 대응태세를 갖추자."라고 당부한 후, "지진 및 태풍 대비 국민행동요령을 널리 홍보하여 국민이 안전한 대한민국 구현에 앞장서자."라고 말했다. 다음은 지진과 태풍 발생 시 행동요령이다.

지진으로 흔들릴 때	• 탁자 아래로 들어가 몸을 보호 • 탁자 다리를 잡고 낙하물로부터 보호	태풍 오기 전	• TV나 라디오 통해 태풍의 정보 파악 • 생필품은 미리 준비 • 전신주, 가로등, 신호등 접근 금지
흔들림이 멈췄을 때	• 전기와 가스를 차단하여 화재 예방 • 문을 열어 두어 출구 확보	태풍 주의보	• 공사장 근처는 접근 금지 • 바닷가의 저지대 주민 대피 • 대피 시 수도, 가스, 전기 차단
건물 밖으로 나갈 때	• 계단을 이용하여 신속히 밖으로 탈출 • 엘리베이터 사용은 금지		
건물 밖으로 나왔을 때	• 가방이나 손으로 머리 보호 • 건물과 거리를 두고 주위를 관찰	태풍 경보	• 모래주머니 등을 이용한 침수 대비 • 산사태 위험지역 사전 대비 • 비상연락방법과 대피방법 사전 논의
대피장소를 찾을 때	• 떨어지는 물건에 유의 • 운동장이나 공터로 신속히 대피		
대피장소에 도착한 때	• 라디오나 공공기관 안내방송 청취 • 대피방송에 따라 후속 행동 조치	태풍이 지나간 후	• 감전 위험지역 접근 금지 • 제방 근처에 접근 금지 • 물은 꼭 끓여서 섭취

05 다음 중 '지진 발생 시 행동요령'을 본 직원들의 반응으로 적절하지 않은 것은?

① 김 대리 : 지진으로 흔들릴 때는 탁자 아래로 들어가 탁자 다리를 잡아야겠군.

② 박 사원 : 지진의 흔들림이 멈췄을 때 문을 열어야겠어.

③ 강 부장 : 지진 시에 건물 밖으로 나갈 때는 계단을 이용해야 되는군.

④ 이 차장 : 대피장소를 찾을 때는 공터 등으로 가되, 침착하고 천천히 움직여야 하는군.

⑤ 정 과장 : 대피장소에 도착해서는 안내방송에 집중해야 돼.

06 다음 중 '태풍 발생 시 행동요령'을 본 직원들의 대화 내용으로 적절하지 않은 것은?

① 김 사원 : 태풍이 오기 전에 피해를 예방할 수 있는 방법이 없을까요?
　박 대리 : 생필품을 준비해 놓고 라디오를 늘 켜두는 방법이 있죠.

② 이 대리 : 바닷가나 저지대에 사는 사람들은 태풍이 더욱 두렵겠어요.
　김 과장 : 그렇죠. 제가 바닷가에 살 때는 태풍 주의보만 와도 대피하는 게 일상이었는걸요.

③ 최 부장 : 태풍 발생 시에 각별히 주의해야 할 부분이 있나?
　김 대리 : 괜한 도구의 사용이나 고지대 대피만을 고집하기보다는 신속한 대피가 가장 중요하죠.

④ 이 차장 : 태풍으로 가족과 헤어지게 되면 어떡하지?
　정 사원 : 그래서 반드시 사전에 비상연락방법과 대피방법을 논의해 두어야 합니다.

⑤ 박 과장 : 태풍이 지나긴 후에도 어디보로 무세깼어
　유 과장 : 맞아 산선의 위험두 있고 식중도 등이 문제두 주의해야 채.

07 다음 글의 서술상 특징으로 적절한 것은?

> 법조문도 언어로 이루어진 것이기에 원칙적으로 문구가 지닌 보편적인 의미에 맞춰 해석된다. 일상의 사례로 생각해 보자. "실내에 구두를 신고 들어가지 마시오"라는 팻말이 있는 집에서는 손님들이 당연히 글자 그대로 구두를 신고 실내에 들어가지 않는다. 그런데 팻말에 명시되지 않은 '실외'에서 구두를 신고 돌아다니는 것은 어떨까? 이에 대해서는 금지의 문구로 제한하지 않았기 때문에, 금지의 효력을 부여하지 않겠다는 의미로 당연하게 받아들인다. 이처럼 문구에서 명시하지 않은 상황에 대해서는 그 효력을 부여하지 않는다고 해석하는 방식을 '반대 해석'이라 한다.
> 　그런데 팻말에는 운동화나 슬리퍼에 대해서는 쓰여 있지 않다. 하지만 누군가 운동화를 신고 마루로 올라가려 하면 집주인은 팻말을 가리키며 말릴 것이다. 이 경우에 '구두'라는 낱말은 본래 가진 뜻을 넘어 일반적인 신발이라는 의미로 확대된다. 이런 식으로 어떤 표현을 본래의 의미보다 넓혀 이해하는 방식을 '확장 해석'이라 한다.

① 현실의 문제점을 분석하고 그 해결책을 제시한다.
② 비유의 방식을 통해 상대방의 논리를 반박하고 있다.
③ 일상의 소재를 통해 독자들의 이해를 돕고 있다.
④ 기존 견해를 비판하고 새로운 견해를 제시한다.
⑤ 하나의 현상에 대한 여러 가지 관점을 대조하며 비판한다.

※ 다음은 패시브 하우스(Passive House)와 액티브 하우스(Active House)에 대한 글이다. 이어지는 질문에 답하시오.
[8~9]

패시브 하우스(Passive House)

수동적(Passive)인 집이라는 뜻으로, 능동적으로 에너지를 끌어 쓰는 액티브 하우스에 대응하는 개념이다. 액티브 하우스는 태양열 흡수 장치 등을 이용하여 외부로부터 에너지를 끌어 쓰는 데 비하여 패시브 하우스는 집안의 열이 밖으로 새나가지 않도록 최대한 차단함으로써 화석연료를 사용하지 않고도 실내온도를 따뜻하게 유지한다.

구체적으로는 냉방 및 난방을 위한 최대 부하가 $1m^2$당 10W 이하인 에너지 절약형 건축물을 가리킨다. 이를 석유로 환산하면 연간 냉방 및 난방 에너지 사용량이 $1m^2$당 1.5ℓ 이하에 해당하는데, 한국 주택의 평균 사용량은 16ℓ이므로 80% 이상의 에너지를 절약하는 셈이고 그만큼 탄소배출량을 줄일 수 있다는 의미이기도 하다.

기본적으로 남향(南向)으로 지어 남쪽에 크고 작은 창을 많이 내는데, 실내의 열을 보존하기 위하여 3중 유리창을 설치하고, 단열재도 일반 주택에서 사용하는 두께의 3배인 30cm 이상을 설치하는 등 첨단 단열공법으로 시공한다. 단열재는 난방 에너지 사용을 줄이는 것이 주목적이지만, 여름에는 외부의 열을 차단하는 구실도 한다.

또 폐열회수형 환기장치를 이용하여 신선한 바깥 공기를 내부 공기와 교차시켜 온도차를 최소화한 뒤 환기함으로써 열손실을 막는다. 이렇게 함으로써 난방시설을 사용하지 않고도 한겨울에 실내온도를 약 20℃로 유지하고, 한여름에 냉방시설을 사용하지 않고도 약 26℃를 유지할 수 있다. 건축비는 단열공사로 인하여 일반 주택보다 $1m^2$당 50만 원 정도 더 소요된다.

액티브 하우스(Active House)

태양에너지를 비롯한 각종 에너지를 차단하는 데 목적을 둔 패시브 하우스와 반대로 자연 에너지를 적극적으로 활용한다. 주로 태양열을 적극적으로 활용하기 때문에 액티브 솔라하우스로 불리며, 지붕에 태양전지나 반사경을 설치하고 축열조를 설계하여 태양열과 지열을 저장한 후 난방이나 온수시스템에 활용한다. 에너지를 자급자족하는 형태이며 화석연료처럼 사용 후 환경오염을 일으키지 않아 패시브 하우스처럼 친환경적인 건축물로서 의의가 있으며, 최근에는 태양열뿐 아니라 풍력·바이오매스 등 신재생에너지를 활용한 액티브 하우스가 개발되고 있다.

08 다음 중 패시브 하우스(Passive House)의 건축 형식이 아닌 것은?

① 폐열회수형 환기장치를 이용해 설치한다.
② 일반 주택에 사용하는 두께보다 3배인 단열재를 설치한다.
③ 실내의 열을 보존하는 것이 중요하므로 창문의 개수를 최소화한다.
④ 최대 부하가 $1m^2$당 10W 이하인 에너지 절약형 건축물이다.
⑤ 기본적으로 남향(南向)으로 짓는다.

09 다음 중 윗글에 대한 내용으로 옳지 않은 것은?

패시브(Passive) 기술	액티브(Active) 기술
• 남향, 남동향 배치, 단열성능 강화 – 고성능 단열재 벽재, 지붕, 바닥 단열 – 블록형 단열재, 열반사 단열재, 진공단열재, 흡음단열재, 고무발포단열재 등 – 고기밀성 단열창호 – 로이유리 – 단열현관문 – 열차단 필름 • 외부차양(차미, 전동블라인드) • LED · 고효율 조명 • 복상폭화[(난방)+(신환성)] 치냉세방, 시냉강비 • 패시브(Passive) 기술이 예 – 고성능 단열재, 고기밀성 단열창호, 열차단 필름, LED조명	• 기존의 화석연료를 변환시켜 이용하거나 햇빛, 물, 지열, 강수, 생물유기체 등을 포함하여 재생 가능한 에너지를 변환시켜 이용하는 에너지 – 재생에너지 : 태양광, 태양열, 바이오, 풍력, 수력, 해양, 폐기물, 지열 – 신에너지 : 연료전지, 석탄액화가스화 및 중질잔사유가스화, 수소에너지 • 2030년까지 총 에너지의 11%를 신재생에너지로 보급 액티브(Active) 기술의 예 태양광 발전, 태양열 급탕, 지열 냉·난방, 수소연료전지, 풍력, 빌진시스템, 폭새 펠릿보일러

① 패시브 기술을 사용할 때 남향, 남동향으로 배치하는 것은 일조량 때문이다.
② 패시브 기술의 핵심은 단열이다.
③ 태양열 급탕은 액티브 기술의 대표적인 예 중 하나이다.
④ 액티브 기술은 화석연료를 제외하고 재생 가능한 에너지를 변환시켜 이용한다.
⑤ 액티브 기술은 2030년까지 총 에너지의 11%를 신재생에너지로 보급하는 것이 목표이다.

10 다음 중 경청하는 태도로 가장 적절하지 않은 것은?

> 김 사원 : 직원교육시간이요. 조금 귀찮기는 하지만 다양한 주제에 대해서 들을 수 있어서 좋은 것 같아요.
> 한 사원 : 그렇죠? 이번 주 강의도 전 꽤 마음에 들더라고요. 그러고 보면, 어떻게 하면 말을 잘 할지는 생각해볼 수 있지만 잘 듣는 방법에는 소홀하기 쉬운 것 같아요.
> 김 사원 : 맞아요. 잘 듣는 것이 대화에서 큰 의미를 가지는데도 그렇죠. 오늘 강의에서 들은 내용대로 노력하면 상대방이 전달하는 메시지를 제대로 이해하는 데 문제가 없을 것 같아요.

① 상대방의 이야기를 들으면서 동시에 그 내용을 머릿속으로 정리한다.
② 상대방의 이야기를 들을 때 상대가 다음에 무슨 말을 할지 예상해본다.
③ 선입견이 개입되면 안 되기 때문에 나의 경험은 이야기와 연결 짓지 않는다.
④ 이야기를 듣기만 하는 것이 아니라 대화 내용에 대해 적극적으로 질문한다.
⑤ 내용뿐만 아니라 말하는 사람의 모든 것에 집중해서 듣는다.

11 다음 글에서 밑줄 친 결론을 이끌어내기 위해 추리해야 할 전제를 〈보기〉에서 모두 고르면?

이미지란 우리가 세계에 대해 시각을 통해 얻는 표상을 가리킨다. 상형문자나 그림문자를 통해서 얻은 표상도 여기에 포함된다. 이미지는 세계의 실제 모습을 아주 많이 닮았으며, 그러한 모습을 우리 뇌 속에 복제한 결과이다. 그런데 우리의 뇌는 시각적 신호를 받아들일 때 시야에 들어온 세계를 한꺼번에 하나의 전체로 받아들이게 된다. 즉, 대다수의 이미지는 한꺼번에 지각된다. 예를 들어 우리는 새의 전체 모습을 한꺼번에 지각하지, 머리, 날개, 꼬리 등을 개별적으로 지각한 후 이를 머릿속에서 조합하는 것이 아니다.

표음문자로 이루어진 글을 읽는 것은 이와는 다른 과정이다. 표음문자로 구성된 문장에 대한 이해는 그 문장의 개별적인 문법적 구성요소들로 이루어진 특정한 수평적 연속에 의존한다. 문장을 구성하는 개별 단어들, 혹은 각 단어를 구성하는 개별 문자들이 하나로 결합하여 비로소 의미 전체가 이해되는 것이다. 비록 이 과정이 너무도 신속하고 무의식적으로 이루어지기는 하지만 말이다. 알파벳을 구성하는 기호들은 개별적으로는 아무런 의미도 가지지 않으며 어떠한 이미지도 나타내지 않는다. 일련의 단어군은 한꺼번에 파악될 수도 있겠지만, 표음문자의 경우 대부분 언어는 개별 구성요소들이 하나의 전체로 결합하는 과정을 통해 이해된다.

남성적인 사고는 사고 대상 전체를 구성요소 부분으로 분해한 후 그들 각각을 개별화시키고 이를 다시 재조합하는 과정으로 진행된다. 그에 비해 여성적인 사고는 분해되지 않은 전체 이미지를 통해서 의미를 이해하는 특징을 지닌다. 그림문자로 구성된 글의 이해는 여성적인 사고 과정을, 표음문자로 구성된 글의 이해는 남성적인 사고 과정을 거친다. 여성은 대체로 여성적 사고를, 남성은 대체로 남성적 사고를 한다는 점을 고려할 때, <u>표음문자 체계의 보편화는 여성의 사회적 권력을 약화시키는 결과를 낳게 된다.</u>

> **보기**
>
> ㄱ. 그림문자를 쓰는 사회에서는 남성의 사회적 권력이 여성의 사회적 권력보다 우월하였다.
> ㄴ. 표음문자 체계는 기능적으로 분화된 복잡한 의사소통을 가능하도록 하였다.
> ㄷ. 글을 읽고 이해하는 능력은 사회적 권력에 영향을 미친다.

① ㄱ   ② ㄴ

③ ㄷ   ④ ㄱ, ㄴ

⑤ ㄴ, ㄷ

12 다음 글을 근거로 판단할 때 옳은 것은?

2009년 미국의 설탕, 옥수수 시럽, 기타 천연당의 1인당 연평균 소비량은 140파운드로 독일, 프랑스보다 50%가 많았고, 중국보다는 9배가 많았다. 그런데 설탕이 비만을 야기하고 당뇨병 환자의 건강에 해롭다는 인식이 확산되면서 사카린과 같은 인공감미료의 수요가 증가하였다.

세계 최초의 인공감미료인 사카린은 1879년 미국 존스홉킨스대학에서 화학물질의 산화반응을 연구하다가 우연히 발견됐다. 당도가 설탕보다 약 500배 정도 높은 사카린은 대표적인 인공감미료로 체내에서 대사되지 않고 그대로 배출된다는 특징이 있다. 그런데 1977년 캐나다에서 쥐를 대상으로 한 사카린 실험 이후 유해성 논란이 촉발되었다. 사카린을 섭취한 쥐가 방광암에 걸렸기 때문이다. 그러나 사카린의 무해성을 입증한 다양한 연구결과로 인해 2001년 미국 FDA는 사카린을 다시 안전한 식품첨가물로 공식 인정하였고, 현재도 설탕의 대체재로 사용되고 있다.

아스파탐은 1965년 위궤양 치료제를 개발하던 중 우연히 발견된 인공감미료로, 당도가 설탕보다 약 200배 높다. 그러나 아스파탐도 발암성 논란이 끊이지 않았다. 미국영양학회 학술지에 따르면, 이탈리아의 한 과학자가 쥐를 대상으로 한 실험에서 아스파탐이 암을 유발한다고 결론을 내렸기 때문이다.

① 사카린과 아스파탐은 설탕보다 당도가 높고, 사카린은 아스파탐보다 당도가 높다.
② 사카린과 아스파탐은 모두 설탕을 대체하기 위해 거액을 투자해 개발한 인공감미료이다.
③ 사카린은 유해성 논란으로 현재 미국에서는 더 이상 식품첨가물로 사용되지 않고 있다.
④ 2009년 기준 중국의 설탕, 옥수수 시럽, 기타 천연당의 1인당 연평균 소비량은 20파운드 이상이었을 것이다.
⑤ 아스파탐은 암 유발 논란에 휩싸였지만, 2001년 미국 FDA로부터 안전한 식품첨가물로 처음 공식적으로 인정받았다.

13 다음 중 〈보기〉의 문장이 들어갈 위치로 가장 적절한 것은?

밥상에 오르는 곡물이나 채소가 국내산이라고 하면 보통 그 종자도 우리나라의 것으로 생각하기 쉽다. (가) 하지만 실상은 벼, 보리, 배추 등을 제외한 많은 작물의 종자를 수입하고 있어 그 자급률이 매우 낮다고 한다. (나) 또한, 청양고추 종자는 우리나라에서 개발했음에도 현재는 외국 기업이 그 소유권을 가지고 있다. (다) 국내 채소 종자 시장의 경우 종자 매출액의 50%가량을 외국 기업이 차지하고 있다는 조사 결과도 있다. (라) 이런 상황이 지속될 경우, 우리 종자를 심고 키우기 어려워질 것이고 종자를 수입하거나 로열티를 지급하는 데 지금보다 훨씬 많은 비용이 들어가는 상황도 발생할 수 있다. (마) 또한, 전문가들은 세계 인구의 지속적인 증가와 기상 이변 등으로 곡물 수급이 불안정하고, 국제 곡물 가격이 상승하는 상황을 고려할 때, 결국에는 종자 문제가 식량 안보에 위협 요인으로 작용할 수 있다고 지적한다.

> **보기**
>
> 양파, 토마토, 배 등의 종자 자급률은 약 16%, 포도는 약 1%에 불과할 정도이다.

① (가)
② (나)
③ (다)
④ (라)
⑤ (마)

※ A화장품 회사에서는 식품의약품안전처가 발표한 화장품 표시 · 광고 관리 가이드라인에 따라 기존 광고를 검토 중이다. 다음 자료를 보고 이어지는 질문에 답하시오. [14~15]

〈화장품 표시 · 광고 관리 가이드라인〉

[별표 1] 화장품 표시 · 광고의 표현 범위 및 기준

구분	금지 표현	비고
질병을 진단 · 치료 · 경감 · 처치 또는 예방, 의학적 효능 · 효과 관련	아토피, 모낭충, 심신피로 회복, 건선, 노인소양증, 살균 · 소독, 항염 · 진통, 해독, 이뇨, 항암, 항진균 · 항바이러스, 근육 이완, 통증 경감, 면역 강화, 항알레르기, 찰과상, 화상 치료 · 회복, 관절, 림프선 등 피부 이외 신체 특정부위에 사용하여 의학적 효능, 효과 표방	−
	여드름, 기미 · 주근깨(과색소침착증), 항균	단, [별표 2]에 해당하는 표현은 제외하되, 이 경우에도 액체비누에 대해 트리클로산 또는 트리클로카반 함유로 인해 항균 효과가 '더 뛰어나다', '더 좋다' 등의 비교 표시 · 광고는 금지

[별표 2]

구분	실증 대상	비고
화장품 표시 · 광고 실증에 관한 규정 (식약처 고시) 별표에 따른 표현	• 여드름성 피부에 사용하기 적합 • 항균(인체세정용 제품에 한함) • 일시적 셀룰라이트 감소 • 붓기 완화 • 다크서클 완화 • 피부 혈행 개선	• 인체적용 시험자료로 입증
	• 피부노화 완화, 안티에이징, 피부노화징후 감소	• 인체적용 시험자료 또는 인체 외 시험자료로 입증
	• 콜라겐 증가, 감소 또는 활성화 • 효소 증가, 감소 또는 활성화	• 기능성화장품에서 해당 기능을 실증한 자료로 입증
	• 기미, 주근깨 완화에 도움	• 미백 기능성화장품 심사(보고)자료로 입증

14 다음 화장품 광고 문구 중 수정되어야 할 부분이 있는 것은?

① 맑고 투명한 피부를 위한 □□□ 에센스!

② 피지 잡는 □□ 크림!

③ 여드름성 피부에 적합한 단 하나의 케어 솔루션!

④ 피부를 해독하고 혈행을 개선시키는 멀티 스킨!

⑤ 다크서클 완화에 효과적인 마법의 아이크림!

15 전략팀에서 새로운 광고 문구를 넣기 위해 가이드라인을 검토했더니 이 문구를 쓰기 위해서는 미백 기능성화장품 심사자료로 사실을 입증해야 한다는 사실을 발견했다. 이 광고 문구는 무엇인가?

① 피부노화 완화
② 안티에이징
③ 콜라겐 증가
④ 기미, 주근깨 완화
⑤ 효소 활성화

PART 1

PART 2

PART 3

16 다음 중 ㉠과 ㉡에 들어갈 말을 바르게 나열한 것은?

이동통신이 유선통신에 비하여 어려운 점은 다중 경로에 의해 통신채널이 계속적으로 변화하여 통신 품질이 저하된다는 것이다. 다중 경로는 송신기에서 발생한 신호가 수신기에 어떠한 장애물을 거치지 않고 직접적으로 도달하기도 하고 장애물을 통과하거나 반사하여 간접적으로 도달하기도 하기 때문에 발생한다. 이 다중 경로 때문에 송신기에서 발생한 신호가 안테나에 도달할 때 신호마다 시간 차이가 발생한다. 이렇게 하나의 송신 신호가 시시각각 수신기에 다르게 도달하기 때문에 이동통신 채널은 일반적으로 유선통신 채널에 비해 빈번히 변화한다. 일반적으로 거쳐 오는 경로가 길수록 수신되는 진폭은 작아지고 지연 시간도 길어지게 된다. 다중 경로를 통해 전파가 전송되어 오면 각 경로의 거리 및 전송 특성 등의 차이에 의해 수신기에 도달하는 시간과 신호 세기의 차이가 발생한다. 시간에 따라 변화하는 이동통신의 품질을 극복하기 위해 개발된 것이 A기술이다. 이 기술을 사용하면 하나의 송신기로부터 전송된 하나의 신호가 다중 경로를 통해 안테나에 수신된다. 이때, 안테나에 수신된 신호들 중 일부 경로를 통해 수신된 신호의 크기가 작더라도 나머지 다른 경로를 통해 수신된 신호의 크기가 크면 수신된 신호들 중 가장 큰 것을 선택하여 안정적인 송수신을 이루려는 것이 A기술이다. A기술은 마치 한 종류의 액체를 여러 배수관에 동시에 흘려보내 가장 빨리 나오는 배수관의 액체를 선택하는 것에 비유할 수 있다. 여기서 액체는 ___㉠___에 해당하고, 배수관은 ___㉡___에 해당한다.

	㉠	㉡
①	송신기	안테나
②	신호	경로
③	신호	안테나
④	안테나	경로
⑤	안테나	신호

17 다음 '철학의 여인'의 논지를 따를 때, ㉠으로 적절한 것을 〈보기〉에서 모두 고르면?

다음은 철학의 여인이 비탄에 잠긴 보에티우스에게 건네는 말이다.

"나는 이제 네 병의 원인을 알겠구나. 이제 네 병의 원인을 알게 되었으니 ㉠ 너의 건강을 회복할 수 있는 방법을 찾을 수 있게 되었다. 그 방법은 병의 원인이 되는 잘못된 생각을 바로잡아 주는 것이다. 너는 너의 모든 소유물을 박탈당했다고, 사악한 자들이 행복을 누리게 되었다고, 네 운명의 결과가 불의하게도 제멋대로 바뀌었다는 생각으로 비탄에 빠져 있다. 그런데 그런 생각은 잘못된 전제에서 비롯된 것이다. 네가 눈물을 흘리며 너 자신이 추방당하고 너의 모든 소유물을 박탈당했다고 생각하는 것은 행운이 네게서 떠났다고 슬퍼하는 것과 다름없는데, 그것은 네가 운명의 본모습을 모르기 때문이다. 그리고 사악한 자들이 행복을 가졌다고 생각하는 것이나 사악한 자가 선한 자보다 더 행복을 누린다고 한탄하는 것은 네가 실로 만물의 목적이 무엇인지 모르고 있기 때문이다. 다시 말해 만물의 궁극적인 목적이 선을 지향하는 데 있다는 것을 모르고 있기 때문이다. 또한, 너는 세상이 어떤 통치 원리에 의해 다스려지는지 잊어버렸기 때문에 제멋대로 흘러가는 것이라고 믿고 있다. 그러나 만물의 목적에 따르면 악은 결코 선을 이길 수 없으며 사악한 자들이 행복할 수는 없다. 따라서 세상은 결국에는 불의가 아닌 정의에 의해 다스려지게 된다. 그럼에도 불구하고 너는 세상의 통치 원리가 정의와는 거리가 멀다고 믿고 있다. 이는 그저 병의 원인일 뿐 아니라 죽음에 이르는 원인이 되기도 한다. 그러나 다행스럽게도 자연은 너를 완전히 버리지는 않았다. 이제 너의 건강을 회복할 수 있는 작은 불씨가 생명의 불길로 타올랐으니 너는 조금도 두려워할 필요가 없다."

보기

ㄱ. 만물의 궁극적인 목적이 선을 지향하는 데 있다는 것을 아는 것
ㄴ. 세상이 제멋대로 흘러가는 것이 아니라 정의에 의해 다스려진다는 것을 깨닫는 것
ㄷ. 자신이 박탈당했다고 여기는 모든 것, 즉 재산, 품위, 권좌, 명성 등을 되찾을 방도를 아는 것

---

① ㄱ

② ㄴ

③ ㄱ, ㄴ

④ ㄴ, ㄷ

⑤ ㄱ, ㄴ, ㄷ

18 다음은 한전KPS 사보에 게시된 내용 중 일부이다. 이를 이해한 내용으로 옳지 않은 것은?

> 리더는 자신이 가진 권위로 인해 쉽게 힘에 의존하는 경우가 있는데 이런 리더를 권위적이라 부른다. 대화나 공감보다는 힘을 앞세워 문제를 해결하려 하거나 구성원들과 인간적인 측면의 교류보다는 권력을 가진 상위자로서 대접받고 싶어 한다는 말이다. 이는 개인의 성향과도 밀접한 관련이 있지만, 그렇지 않은 사람도 분위기에 휩쓸리다 보면 자신도 모르는 사이에 권위주의적으로 바뀔 수 있다. 리더십은 개인의 스타일 외에 조직문화에 의해서도 영향을 받기 때문이다.
>
> 종종 신문지상을 장식하는 기업들처럼 '시키면 시키는 대로 하는' 조직문화에서 리더의 명령은 절대적인 힘을 가질 수밖에 없다. 구성원들이 리더의 요구사항에 적절하게 대응하지 못하는 경우 리더는 권위에 대한 유혹을 느낀다. 이러한 과정에서 구성원들에게 욕설이나 협박, 인간적인 모욕감을 안겨주는 일이 일어날 수 있다. 그러다 보면 해야 할 말이 있어도 입을 꾹 다물고 말을 하지 않는 '침묵 효과'나 무엇을 해도 소용이 없을 것이라 여겨 서슴 없이 시키는 일만 하는 '학습된 무기력'의 증상이 구성원들에게 나타날 수 있다.
>
> 조직에서 성과를 끌어내기 위한 가장 좋은 방법은 구성원들 스스로 목표를 인식하고 자발적으로 맡은 일에 전념함으로써 성과를 창출해내도록 만드는 것이다. 리더가 구성원들의 머리와 가슴을 사로잡아 스스로 업무에 헌신하도록 만들어야 하는데, 그러자면 리더는 덕(德)을 베풀 줄 알아야 한다.
>
> 한비자는 "덕(德)은 득(得)이다"라고 말했다. 이는 덕이 단순히 도덕적인 품성을 갖추는 것뿐만 아니라 덕을 갖추면 얻는 것이 있다는 것을 나타낸다. 여기에서 얻을 수 있는 것이란 무엇일까? 다름 아닌 '사람'이다. 리더가 덕을 베풀면 구성원들은 마음을 열고 리더의 편이 된다. 구성원들이 리더의 편이 되면 강압적인 지시나 욕설이 아니어도 스스로 해야 할 일을 찾아 가치를 창출할 수 있게 된다.
>
> 권위는 자신도 모르는 사이에 외부로 드러날 수 있지만 분명한 한계를 가질 수밖에 없다. 처음에는 구성원들의 복종을 가져올 수 있겠지만 그것에 익숙해지면 더욱 강력한 권위 없이는 그들을 통제할 수 없게 된다. 반발을 불러일으키고 일정 수준이 넘어서게 되면 더 이상 리더가 가진 권위는 통하지 않게 된다. 그렇게 되면 리더는 더욱 강력한 권위에 의지하고 싶은 욕망이 생기게 되고 그것이 욕설이나 인격적인 모욕 등의 형태로 표출될 수밖에 없다. 이러한 것이 조직의 문화로 굳어지게 되면 그 조직은 권위 없이 움직일 수 없는 비효율적인 집단이 되고 만다. 이어오와 대닉의 연구에 비추어 권위적인 리더가 이끄는 조직의 생산성은 높은 편이지만, 리더가 자리를 비우게 되면 생산성이 급격히 떨어지고 한다. 그러므로 리더는 구성원들 다루는 데 있어 권위를 제한적으로 사용하지 않으면 안 된다.

① 리더가 덕을 바탕으로 행동하면 이는 리더에 대한 충성으로 이어지게 된다.
② 권위적인 행동은 구성원들의 생산성을 떨어뜨리므로 하지 않아야 한다.
③ 리더의 강압적인 행동이나 욕설은 구성원들의 침묵과 학습된 무기력을 초래할 수 있다.
④ 덕으로 조직을 이끌면 구성원들로부터 긍정적인 감정을 얻게 된다.
⑤ 지속적으로 권위적인 행동을 하는 것은 구성원의 긴장을 야기하므로 좋지 않다.

19 평소 영화제작에 관심이 많은 B씨는 우연히 H공사에서 진행하는 철도영화 공모전에 대해 듣게 되었다. 공고문이 다음과 같을 때, B씨가 이를 보고 할 수 있는 생각으로 옳지 않은 것은?

〈제1회 초단편 철도영화 공모전〉

1. 공모개요
- 주최 / 후원 : H공사 / H시네마
- 공모대상 : 개인 또는 팀으로 참가
- 공모주제 : 철도를 소재로 하는 참신한 영상콘텐츠(1 ~ 3분)
- 공모기간 : 2022. 5. 1. ~ 6. 30.
- 당선작발표 : 2022. 7. 11. 오전 11시(시상식은 별도시행 및 통보)
- 시상내역 : 상금 및 상패

구분	시상 수	상금	비고
대상	1	500만 원	상패
최우수상	1	300만 원	상패
우수상	2	100만 원	상패
장려상	3	50만 원	상패
특별상	10	내일로티켓 각 2매	5일권
가작	10	영화티켓 각 10매	H시네마

- 제출 작품의 수준이 현격하게 낮을 경우 대상 등 주요 상을 선정하지 않을 수 있음
- 당선작은 전국 철도 역·열차 영상매체에 수시 상영함

2. 출품방법 및 규격
- 출품 수 : 1인(팀) 3점 이내. 다만, 수상은 1인(팀)당 1작품에 한함
- 온라인 접수 : 코레일홈페이지 웹하드에 제출
  ※ 신청서 및 영상파일을 1개의 파일로 압축하여 파일명을 출품자 이름(예 홍길동.mov)으로 하여 제출
- 출품 규격
  - 제목 및 엔딩크레딧 포함 러닝타임 1 ~ 3분
  - 철도 역·열차 공간의 특성상 음향(대사포함)이 없어도 내용을 이해할 수 있어야 하며, 공공장소 상영에 적합한 내용이어야 함
    ※ 극장 또는 온라인 매체에서는 음향(대사포함)을 포함해서 상영
  - DV, HDV, DVCAM, HD, DVD, mpeg, mov, mp4 파일
  - Quicktime proRes(422HQ) 또는 Quicktime(H264) 파일 권장, 사이즈는 16:9(Screen ratio), Full HD(1920×1080) 이상을 권장

---

3. 주의사항
- 출품자의 개인 정보는 개인정보운영 방침에 따라 보관하지 않고 파기함
- 출품된 작품은 반환하지 않음
- 제출 작품은 타 공모전에 당선되지 않은 것이어야 함
- 작품소재로 이용된 인물, 건축물, 음악, 자막, 사진 등 저작권과 초상권에 관한 문제발생 시 출품자가 전적으로 민형사상 책임을 짐
- 당선작은 코레일이 사용권을 갖게 되며, 코레일 홍보자료로 편집 활용함. 또한, 철도 역·KTX·전동차·일반 열차·홈페이지·SNS 영상매체 등에 수시로 사용할 수 있음
- 상금에 대한 제세공과금은 본인 부담(원천징수)

① 줄꿈직에 대한 심사는 이떻게 진행되는지 물어 봐아겠는길.
② 밈스로도 침기기 기능하니까 예진에 같이 활등했던 성회등이리 후베에게 언릭해 뫼아지.
③ 한빈에 3심까시 술품이 가능하니까 열심이 애서 꼭 내상을 받들 서아.
④ 팀 멤버 수에 제한이 있을지도 모르니 미리 문의해 봐야겠다.
⑤ 비슷한 주제로 찍어 놓은 영상이 있는데 확장자가 mpeg라 출품하려면 확장자를 바꿔야겠네.

20 다음 글을 읽고 이해한 내용으로 옳지 않은 것은?

인천은 예로부터 해상활동의 중심지였다. 지리적으로 한양과 인접해 있을 뿐 아니라 가깝게는 강화, 서산, 수원, 태안, 개성 등지와 멀리는 충청, 황해, 평안, 전라지방으로부터 온갖 지역 생산품이 모이는 곳이었다. 즉, 상권이 전국에 미치는 매우 중요한 지역이었으며 갑오개혁 이후에는 일본군, 관료, 상인들이 한양으로 들어오는 관문이었다. 현재 인천광역시 옥련동에 남아 있는 능허대는 백제가 당나라와 교역했던 사실을 말해주는 대표적인 유적이다. 고구려 역시 광개토대왕 이래 남진정책을 펼치면서 경기만을 활용해 해상활동을 활발하게 전개했고, 이를 국가 발전의 원동력으로 삼았다. 고려는 황해를 무대로 한 해상세력이 건국한 국가였으므로 인천을 비롯한 경기만은 송나라는 물론 이슬람 권역과 교역하는 주요거점이 되었다. 조선시대 인천은 조운선의 중간 기착지였다. 이처럼 고대로부터 인천지역이 해상교역에서 중요한 역할을 담당했던 것은 한반도의 허리이자 황해의 핵심적 위치에서 자리하고 있기 때문이었다.
인천항의 근대 산업항으로서의 역사는 1883년 개항에 의해 본격적으로 시작되었다. 그 무렵 인천 도호부는 인구 4,700여 명의 작은 마을이었다. 비록 외세에 의한 강제적 개항이며 식민지 찬탈의 창구였으나, 1900년대 초 인천은 우리나라 무역총액의 50%를 담당하는 국내 대표항구로서 자리 잡게 되었다. 그리고 이후 우리나라 근대화와 산업화를 이끈 주역으로 역할을 수행하게 된다.

① 인천은 지리적 특성으로 해상활동의 중심지였다.
② 능허대는 백제의 국내 교역이 활발했음을 말해주는 대표적인 유적이다.
③ 광개토대왕은 경기만을 이용한 해상활동으로 국가를 발전시킬 수 있었다.
④ 인천은 조선시대에 조운선의 중간 기착지로 활용되었다.
⑤ 근대 산업항으로서의 인천항은 외세에 의한 강제적 개항으로 시작되었다.

CHAPTER 02

수리능력

합격 CHEAT KEY

수리능력은 사칙연산·통계·확률의 의미를 정확하게 이해하고 이를 업무에 적용하는 능력으로, 기초연산과 기초통계, 도표분석 및 작성의 문제 유형으로 출제된다. 수리능력 역시 채택하지 않는 공사·공단이 거의 없을 만큼 필기시험에서 중요도가 높은 영역이다.

수리능력은 NCS 기반 채용을 진행한 거의 모든 기업에서 다루었으며, 문항 수는 전체의 평균 16% 정도로 많이 출제되었다. 특히, 난이도가 높은 공사·공단의 시험에서는 도표분석, 즉 자료해석 유형의 문제가 많이 출제되고 있고, 응용수리 역시 꾸준히 출제하는 공사·공단이 많기 때문에 기초연산과 기초통계에 대한 공식의 암기와 자료해석능력을 기를 수 있는 꾸준한 연습이 필요하다.

01 응용수리능력의 공식은 반드시 암기하라!

응용수리능력은 지문이 짧지만, 풀이 과정은 긴 문제도 자주 볼 수 있다. 그렇기 때문에 응용수리능력의 공식을 반드시 암기하여 문제의 상황에 맞는 공식을 적절하게 적용하여 답을 도출해야 한다. 따라서 문제에서 묻는 것을 정확하게 파악하여 그에 맞는 공식을 적절하게 적용하는 꾸준한 노력과 공식을 암기하는 연습이 필요하다.

02 통계에서의 사건이 동시에 발생하는지 개별적으로 발생하는지 구분하라!

통계에서는 사건이 개별적으로 발생했을 때, 경우의 수는 합의 법칙, 확률은 덧셈정리를 활용하여 계산하며, 사건이 동시에 발생했을 때, 경우의 수는 곱의 법칙, 확률은 곱셈정리를 활용하여 계산한다. 특히, 기초통계능력에서 출제되는 문제 중 순열과 조합의 계산 방법이 필요한 문제도 다수이므로 순열(순서대로 나열)과 조합(순서에 상관없이 나열)의 차이점을 숙지하는 것 또한 중요하다. 통계 문제에서의 사건 발생 여부만 잘 판단하여도 계산과 공식을 적용하기가 수월하므로 문제의 의도를 잘 파악하는 것이 중요하다.

U3 · 자료의 해석은 자료에서 즉시 확인할 수 있는 지문부터 확인하라!

대부분의 공사·공단 취업준비생들이 어려워 하는 영역이 수리영역 중 도표분석, 즉 자료해석능력이다. 자료는 표 또는 그래프로 제시되고, 쉬운 지문은 증가 혹은 감소 추이, 간단한 사칙연산으로 풀이가 가능한 문제 등이 있고, 자료의 조사기간 동안 전년 대비 증가율 혹은 감소율이 가장 높은 기간을 찾는 문제들도 있다. 따라서 일단 증가·감소 추이와 같이 눈으로 확인이 가능한 지문을 먼저 확인한 후 복잡한 계산이 필요한 지문을 확인하는 방법으로 문제를 풀이한다면, 시간을 조금이라도 아낄 수 있다. 특히, 그래프와 같은 경우에는 그래프에 대한 특징을 알고 있다면, 그래프의 길이 혹은 높낮이 등으로 대강의 수치를 빠르게 확인이 가능하므로 이에 대한 숙지도 필요하다. 또한, 여러 가지 보기가 주어진 문제 역시 지문을 잘 확인하고 문제를 풀이한다면 불필요한 계산을 생략할 수 있으므로 항상 지문부터 확인하는 습관을 들이기를 바란다.

04 · 도표작성능력에서 지문에 작성된 도표의 제목을 반드시 확인하라!

도표작성은 하나의 자료 혹은 보고서와 같은 수치가 표현된 자료를 도표로 작성하는 형식으로 출제되는데, 대체로 표보다는 그래프를 작성하는 형태로 많이 출제된다. 지문을 살펴보면 각 지문에서 주어진 도표에도 소제목이 있는 경우가 대부분이다. 이때, 자료의 수치와 도표의 제목이 일치하지 않는 경우 함정이 존재하는 문제의 비중이 높으므로 도표의 제목을 반드시 확인하는 것이 중요하다. 도표작성의 경우 대부분 비율 계산이 많이 출제되는데, 도표의 제목과는 다른 수치로 작성된 도표가 존재하는 경우가 있다. 그렇기 때문에 지문에서 작성된 도표의 소제목을 먼저 확인하는 연습을 하여 간단하지 않은 비율 계산을 두 번 하는 일이 없도록 해야 한다.

모듈이론

I 수리능력

| 01 | 수리능력의 의의

(1) 수리능력이란?

직업생활에서 요구되는 사칙연산과 기초적인 통계를 이해하고, 도표의 의미를 파악하거나 도표를 이용해서 결과를 효과적으로 제시하는 능력을 의미한다.

(2) 수리능력의 분류

분류	내용
기초연산능력	기초적인 사칙연산과 계산방법을 이해하고 활용하는 능력
기초통계능력	평균, 합계와 같은 기초적인 통계기법을 활용하여 자료의 특성과 경향성을 파악하는 능력
도표분석능력	도표의 의미를 파악하고, 필요한 정보를 해석하는 능력
도표작성능력	자료를 이용하여 도표를 효과적으로 제시하는 능력

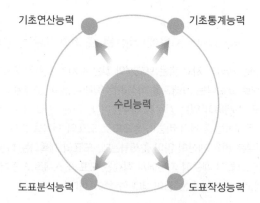

| 02 | 수리능력의 중요성

(1) 수학적 사고를 통한 문제해결
수학 원리를 활용하면 업무 중 문제 해결이 더욱 쉽고 편해진다.

(2) 직업세계 변화에 적응
수리능력은 논리적이고 단계적 학습을 통해서만 향상된다. 수십 년에 걸친 직업세계의
변화에 적응하기 위해 수리능력을 길러야 한다.

(3) 실용적 가치의 구현
수리능력의 향상을 통해 일상생활과 업무수행에 필요한 수리에 기능을 습득하며, 생활
수준의 발전에 따라 실용성도 늘어난다.

| 03 | 도표의 분석 및 작성

CHECK POINT

도표 해석상의 유의사항
• 요구되는 지식의 수준
• 도표에 제시된 자료의 의
  미에 대한 정확한 숙지
• 도표로부터 알 수 있는 것
  과 없는 것의 구별
• 총량의 증가와 비율증가의
  구분
• 백분위수와 사분위수의
  이해

(1) 도표의 의의
내용을 선, 그림, 원 등으로 시각화하여 표현하는 것이며, 한눈에 내용을 파악할 수 있
다는 데에 그 특징이 있다.

(2) 도표 작성의 목적
① 타인에 대한 보고・설명 : 회의에서의 설명, 상급자에게 보고
② 현재의 상황분석 : 신제품 매출액의 경향
③ 관리목적 : 진도표

(3) 도표 작성 시 주의사항

> • 보기 쉽게 깨끗이 그린다.
> • 하나의 도표에 여러 가지 내용을 넣지 않는다.
> • 특별히 순서가 정해 있지 않는 것은 큰 것부터, 왼쪽에서 오른쪽으로, 또는 위에서
>   아래로 그린다.
> • 눈금의 간격을 부적절하게 설정할 경우 수치가 왜곡될 수 있으므로 주의한다.
> • 수치를 생략할 경우에는 잘못 이해하는 경우가 생기니 주의한다.
> • 컴퓨터에 의한 전산 그래프를 최대한 이용한다.

| 04 | 일상생활에서 필요한 단위의 환산

종류	단위 환산
길이	$1cm=10mm$, $1m=100cm$, $1km=1,000m$
넓이	$1cm^2=100mm^2$, $1m^2=10,000cm^2$, $1km^2=1,000,000m^2$
부피	$1cm^3=1,000mm^3$, $1m^3=1,000,000cm^3$, $1km^3=1,000,000,000m^3$
들이	$1mL=1cm^3$, $1dL=100cm^3=100mL$, $1L=1,000cm^3=10dL$
무게	$1kg=1,000g$, $1t=1,000kg=1,000,000g$
시간	1분$=$60초, 1시간$=$60분$=3,600$초
할푼리	1푼$=0.1$할, 1리$=0.01$할, 1모$=0.001$할

예제풀이

1에서 200까지의 숫자 중 소수인 수는 약수가 2개이고, 소수의 제곱은 약수가 3개이므로 2, 3, 5, 7, 11, 13의 제곱인 4, 9, 25, 49, 121, 169로 총 6개이다.

정답 ②

◀ **핵심예제** ▶

1부터 200까지의 숫자 중 약수가 3개인 수는 몇 개인가?

① 5개   ② 6개

③ 7개   ④ 8개

Ⅱ   기초연산능력

| 01 | 사칙연산과 검산

(1) 사칙연산의 의의

수에 관한 덧셈, 뺄셈, 곱셈, 나눗셈의 네 종류의 계산법으로 사칙계산이라고도 한다. 특히 업무를 원활하게 수행하기 위해서는 기본적인 사칙연산뿐만 아니라 복잡한 사칙연산까지도 수행할 수 있어야 한다.

(2) 기초연산능력이 요구되는 상황

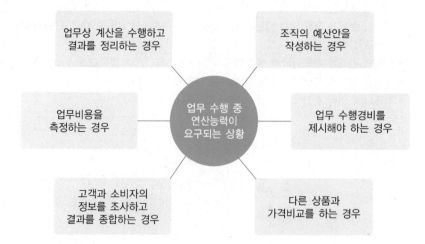

◁ 핵심예제 ▷

다음 식을 계산하면?

$$14-(3\times4)$$

① 2　　　　　　　　　　　② 5
③ 7　　　　　　　　　　　④ 44

(3) 검산

① 검산의 의의

연산의 결과를 확인하는 과정을 의미하며, 업무를 수행하는 데 있어서 연산이 결과를 확인하는 검산과정을 거치는 것은 필수 지니니.

② 검산방법의 종류

역연산법	본래의 풀이와 반대로 연산을 해가면서 본래의 답이 맞는지를 확인해나가는 방법이다.
구거법	원래의 수와 각자리 수의 합이 9로 나눈 나머지와 같다는 원리를 이용하는 것으로서, 각각의 수를 9로 나눈 나머지가 같은지를 확인하는 방법이다.

③ 구거법의 예

$3,456+341=3,797$에서 좌변의 $3+4+5+6$의 9로 나눈 나머지는 0, $3+4+1$의 9로 나눈 나머지는 8이고, 우변의 $3+7+9+7$을 9로 나눈 나머지는 8인데, 구거법에 의하면 좌변의 나머지의 합(8)과 우변의 나머지(8)가 같으므로 이 계산은 옳은 것이 된다.

◁ 핵심예제 ▷

15^2-6^2의 값은 얼마인가?

① 165　　　　　　　　　　② 170
③ 189　　　　　　　　　　④ 215

| 02 | 응용수리

(1) 방정식 · 부등식의 활용

① 거리 · 속력 · 시간

$$(거리)=(속력)\times(시간), \ (속력)=\frac{(거리)}{(시간)}, \ (시간)=\frac{(거리)}{(속력)}$$

② 일

전체 작업량을 1로 놓고, 단위 시간 동안 한 일의 양을 기준으로 식을 세움

◀◀ 핵심예제 ▶▶

영미가 혼자 하면 4일, 민수가 혼자 하면 6일 걸리는 일이 있다. 영미가 먼저 2일 동안 일하고, 남은 양을 민수가 끝내려고 한다. 민수는 며칠 동안 일을 해야 하는가?

① 2일   ② 3일

③ 4일   ④ 5일

③ 농도

㉠ [소금물의 농도(%)]$=\dfrac{(소금의\ 양)}{(소금물의\ 양)}\times100$

㉡ (소금의 양)$=\dfrac{[소금물의\ 농도(\%)]}{100}\times(소금물의\ 양)$

◀◀ 핵심예제 ▶▶

10%의 소금물 100g과 25%의 소금물 200g을 섞으면, 몇 %의 소금물이 되겠는가?

① 15%   ② 20%

③ 25%   ④ 30%

④ 나이

문제에서 제시된 조건의 나이가 현재인지 과거인지를 확인한 후 구해야 하는 한 명의 나이를 변수로 잡고 식을 세움

⑤ 비율

x가 $a\%$ 증가 : $x\times\left(1+\dfrac{a}{100}\right)$, x가 $a\%$ 감소 : $x\times\left(1-\dfrac{a}{100}\right)$

⑥ 금액
　㉠ (정가)＝(원가)＋(이익)
　　※ (이익)＝(원가)×(이율)

　㉡ a원에서 $b\%$ 할인한 가격 $= a \times \left(1 - \dfrac{b}{100}\right)$

　㉢ 단리법·복리법(원금 : a, 이율 : r, 기간 : n, 원리합계 : S)

단리법	복리법
• 정의 : 원금에 대해서만 약정된 이자율과 기간을 곱해 이자를 계산 • $S = a \times (1 + r \times n)$	• 정의 : 원금에 대한 이자를 가산한 후 이 합계액을 새로운 원금으로 계산 • $S = a \times (1 + r)^n$

⑦ 날짜·요일
　㉠ 1일＝24시간＝1,400(   )분(   )＝86,400(＝1,440×60)초
　㉡ 월별 일수 : 1, 3, 5, 7, 8, 10, 12월은 31일, 4, 6, 9, 11월은 30일, 2월은 28일 또는 29일
　㉢ 윤년(2월 29일)은 4년에 1회

<<< 핵심예제 >>>

2월 5일이 수요일이라고 할 때, 8월 15일은 무슨 요일인가?(단, 2월은 29일까지이다)

① 토요일　　　　　　　　　② 일요일
③ 월요일　　　　　　　　　④ 화요일

⑧ 시계
　㉠ 시침이 1시간 동안 이동하는 각도 : $\dfrac{360°}{12} = 30°$

　㉡ 시침이 1분 동안 이동하는 각도 : $\dfrac{30°}{60} = 0.5°$

　㉢ 분침이 1분 동안 이동하는 각도 : $\dfrac{360°}{60} = 6°$

<<< 핵심예제 >>>

12시 이후 처음으로 시침과 분침의 각도가 $55°$가 되는 시각은 12시 몇 분인가?

① 10분　　　　　　　　　② 11분
③ 12분　　　　　　　　　④ 13분

예제풀이

2월 5일에서 8월 15일까지는 총 $24+31+30+31+30+31+15=192$일이다. 이를 7로 나누면 $192÷7=27 \cdots 3$이므로 8월 15일은 토요일이다.

정답 ①

예제풀이

시침은 1시간에 $30°$, 1분에 $0.5°$씩 움직인다. 분침은 1분에 $6°$ 움직이므로 시침과 분침은 1분에 $5.5°$씩 차이가 난다. 12시에 분침과 시침 사이의 각은 $0°$이고, $55°$가 되려면 $5.5°$씩 10번 벌어지면 된다.

정답 ①

⑨ 수

  ㉠ 연속한 두 자연수 : x, $x+1$

  ㉡ 연속한 세 자연수 : $x-1$, x, $x+1$

  ㉢ 연속한 두 짝수(홀수) : x, $x+2$

  ㉣ 연속한 세 짝수(홀수) : $x-2$, x, $x+2$

  ㉤ 십의 자릿수가 x, 일의 자릿수가 y인 두 자리 자연수 : $10x+y$

  ㉥ 백의 자릿수가 x, 십의 자릿수가 y, 일의 자릿수가 z인 세 자리 자연수
    : $100x+10y+z$

(2) 경우의 수와 확률

① 경우의 수

  ㉠ 어떤 사건이 일어날 수 있는 모든 가짓수

  ㉡ 합의 법칙 : 두 사건 A와 B가 동시에 일어나지 않을 때, 사건 A가 일어나는 경우의 수를 m, 사건 B가 일어나는 경우의 수를 n이라 하면, 사건 A 또는 B가 일어나는 경우의 수는 $(m+n)$이다.

  ㉢ 곱의 법칙 : 사건 A가 일어나는 경우의 수를 m, 사건 B가 일어나는 경우의 수를 n이라 하면, 사건 A와 B가 동시에 일어나는 경우의 수는 $(m \times n)$이다.

예제풀이

• A에서 짝수의 눈이 나오는 경우의 수
 : 2, 4, 6 → 3가지
• B에서 3 또는 5의 눈이 나오는 경우의 수
 : 3, 5 → 2가지
A, B 주사위는 동시에 던지므로 곱의 법칙에 의해 3×2 $=6$가지이다.

정답 ④

《 핵심예제 》

A, B주사위 2개를 동시에 던졌을 때, A에서는 짝수의 눈이 나오고, B에서는 3 또는 5의 눈이 나오는 경우의 수는?

① 2가지   ② 3가지
③ 5가지   ④ 6가지

② 순열 · 조합

순열	조합
㉠ 서로 다른 n개에서 r개를 순서대로 나열하는 경우의 수	㉠ 서로 다른 n개에서 r개를 순서에 상관없이 나열하는 경우의 수
㉡ $_nP_r = \dfrac{n!}{(n-r)!}$	㉡ $_nC_r = \dfrac{n!}{(n-r)! \times r!}$
㉢ $_nP_n = n!$, $0! = 1$, $_nP_0 = 1$	㉢ $_nC_r = {_nC_{n-r}}$, $_nC_0 = {_nC_n} = 1$

일정한 규칙으로 수를 나열할 때, 빈칸에 들어갈 수로 옳은 것은?

| 31 | 71 | 27 | 64 | (|) | 57 | 19 | 50 |

① 9

② 23

③ 41

④ 63

홀수 항은 -4, 짝수 항은 -7
인 수열이다.
따라서 ( )$=27-4=23$
이다.

정답 ②

③ 확률

㉠ (사건 A가 일어날 확률)$= \dfrac{(사건 \ A가 \ 일어나는 \ 경우의 \ 수)}{(모든 \ 경우의 \ 수)}$

㉡ 여사건의 확률 : 사건 A가 일어날 확률이 p일 때, 사건 A가 일어나지 않을 확률
은 $(1-p)$이다.

㉢ 확률의 덧셈정리 : 두 사건 A, B가 동시에 일어나지 않을 때 A가 일어날 확률을
p, B가 일어날 확률을 q라고 하면, 사건 A 또는 B가 일어날 확률은 $(p+q)$이다.

㉣ 확률의 곱셈정리 : A가 일어날 확률을 p, B가 일어날 확률을 q라고 하면, 사건
A와 B가 동시에 일어날 확률은 $(p \times q)$이다.

서로 다른 2개의 주사위 A, B를 동시에 던졌을 때, 나온 눈의 곱이 홀수일 확률은?

① $\dfrac{1}{4}$

② $\dfrac{1}{5}$

③ $\dfrac{1}{6}$

④ $\dfrac{1}{8}$

• 두 개의 주사위를 던지는
경우의 수 : $6 \times 6 = 36$가지
• 나온 눈의 곱이 홀수인 경
우(홀수×홀수)의 수
  : $3 \times 3 = 9$가지
∴ 주사위의 눈의 곱이 홀수
일 확률 : $\dfrac{9}{36} = \dfrac{1}{4}$

정답 ①

Ⅲ 기초통계능력

| 01 | 통계의 의의

(1) 통계란?

집단현상에 대한 구체적인 양적 기술을 반영하는 숫자를 의미하며, 특히 사회집단 또는 자연집단의 상황을 숫자로 나타낸 것을 말한다.

(2) 통계의 의의

사회적, 자연적인 현상이나 추상적인 수치를 포함한 모든 집단적 현상을 숫자로 나타낸 것을 말한다.

(3) 통계의 본질

① 구체적인 일정집단에 대한 숫자자료가 통계이며, 단일개체에 대한 숫자자료일 때에는 통계라고 하지 않는다.

② 통계의 요소인 단위나 표지를 어떻게 규정하는지에 따라 통계자료가 다르게 나타나게 되므로 이들에 대한 구체적 개념이나 정의를 어떻게 정하는가가 중요하다.

③ 통계의 필요성이나 작성능력의 측면에서 볼 때 대부분 정부나 지방자치단체 등에 의한 관청통계로 작성되고 있다.

(4) 통계의 기능

- 많은 수량적 자료를 처리가능하고 쉽게 이해할 수 있는 형태로 축소시킴
- 표본을 통해 연구대상 집단의 특성을 유추할 수 있게 함
- 의사결정의 보조수단으로 이용됨
- 관찰가능한 자료를 통해 논리적으로 결론을 추출·검증할 수 있게 함

(5) 통계의 속성

① 단위와 표지

집단을 구성하는 각 개체를 단위라 하며, 이 단위가 가지고 있는 공통의 성질을 표지라고 한다.

② 표지의 분류

속성통계	질적인 표지	남녀, 산업, 직업 등
변수통계	양적인 표지	연령, 소득금액 등

(6) 기본적인 통계치

종류	내용
빈도	어떤 사건이 일어나거나 증상이 나타나는 정도
빈도분포	빈도를 표나 그래프로 종합적이면서도 일목요연하게 표시하는 것
평균	모든 사례의 수치를 합한 후 총 사례 수로 나눈 값
백분율	백분비라고도 하며, 전체의 수량을 100으로 하여, 해당되는 수량이 그중 몇이 되는가를 가리키는 수를 %로 나타낸 것
범위	분포의 흩어진 정도를 가장 간단히 알아보는 방법으로써 최곳값에서 최젓값을 뺀 값을 의미
분산	각 관찰값과 평균값과의 차이의 제곱의 평균을 의미하며, 구체적으로는 각 관찰값과 평균값 차이의 제곱을 모두 합한 값을 개체의 수로 나눈 값
표준편차	분산의 제곱근 값을 의미하며 개념적으로는 평균으로부터 얼마나 떨어져 있는가를 나타내는 개념으로서 분산과 개념적으로 동일함

통계기법 활용

직업인들은 업무를 수행함에 있어서 다양한 통계기법을 활용하게 되며 특히 자료를 요약함에 있어서 가장 빈번히 활용하는 것은 평균과 표준편차 등이 있다.

| 02 | 통계자료의 해석

(1) 다섯숫자 요약

종류	내용
최솟값(m)	원자료 중 값의 크기가 가장 작은 값
최댓값(M)	원자료 중 값의 크기가 가장 큰 값
중앙값(Q_2)	최솟값부터 최댓값까지 크기에 의하여 배열하였을 때 중앙에 위치하는 값
하위 25%값(Q_1)	원자료를 크기 순서로 배열하여 4등분한 값을 의미하며 백분위 수의 관점에서
상위 25%값(Q_3)	25백분위수, 제75백분위수로 표기

(2) 평균값과 중앙값

① 원자료에 대한 대푯값으로써 평균값과 중앙값은 엄연히 다른 개념이지만 모두 중요한 역할을 하게 되므로 통계값을 제시할 때에는 어느 수치를 이용했는지를 명확하게 제시해야 한다.

② 평균값이 중앙값보다 높다는 의미는 자료 중에 매우 큰 값이 일부 있음을 의미하며, 이와 같은 경우는 평균값과 중앙값 모두를 제시해줄 필요가 있다.

Ⅳ 도표분석능력

| 01 | 도표의 종류와 활용

CHECK POINT

도표의 종류를 분석하는 이유
도표는 관리나 문제해결의
과정에서 다양하게 활용되
며, 활용되는 국면에 따라
활용되는 도표의 종류를 달
리할 필요가 있다. 직업인으
로서 업무수행을 원활하게
하기 위해서는 다양한 도표
의 종류를 암기할 필요는 없
지만, 각각의 도표를 활용하
여야 하는 경우에 대해서는
숙지하고 있을 필요가 있다.

(1) 도표의 종류

도표는 크게 목적별·용도별·형상별로 구분할 수 있는데, 실제로는 목적, 용도와 형상을 여러 가지로 조합하여 하나의 도표로 작성하게 된다.

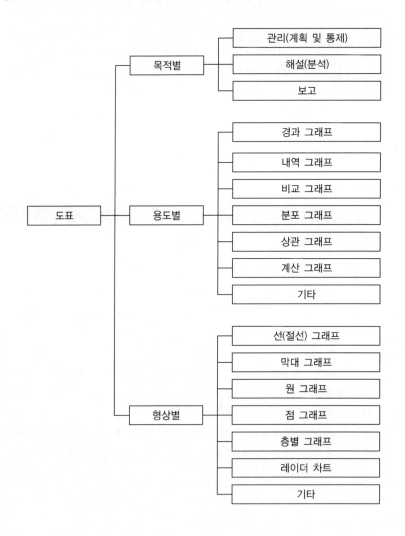

(2) 도표의 활용

종류	내용
선 그래프	• 시간적 추이(시계열 변화)를 표시하고자 할 때 적합 예 연도별 매출액 추이 변화
막대 그래프	• 수량 간의 대소관계를 비교하고자 할 때 적합 예 영업소별 매출액
원 그래프	• 내용의 구성비를 분할하여 나타내고자 할 때 적합 예 제품별 매출액 구성비
점 그래프	• 지역분포를 비롯한 기업 등의 평가나 위치, 성격을 표시하고자 할 때 적합 예 광고비율과 이익률의 관계
층별 그래프	• 합계와 각 부분의 크기를 백분율로 나타내고 시간적 변화를 보고자 할 때 적합 예 상품별 매출액 추이
망사형 그래프	• 다양한 요소를 비교하고자 할 때 적합 예 매출액의 계절변동

| 02 | 도표의 형태별 특징

(1) 선 그래프

시간의 경과에 따라 수량에 의한 변화의 상황을 선의 기울기로 나타내는 그래프로, 시간적 변화에 따른 수량의 변화를 표현하기에 적합하다.

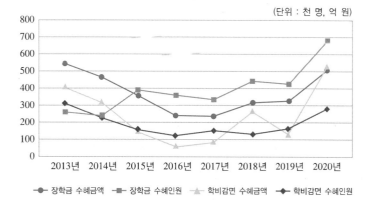

〈중학교 장학금, 학비감면 수혜현황〉
(단위 : 천 명, 억 원)

(2) 막대 그래프

비교하고자 하는 수량을 막대 길이로 표시하고 그 길이를 비교하여 각 수량 간의 대소관계를 나타내는 그래프로서, 전체에 대한 구성비를 표현할 때 다양하게 활용할 수 있다.

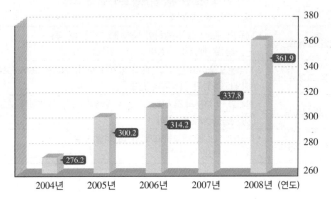

〈연도별 암 발생 추이〉

(3) 원 그래프

내용의 구성비를 원을 분할하여 작성하는 그래프로서, 전체에 대한 구성비를 표현할 때 다양하게 활용할 수 있다.

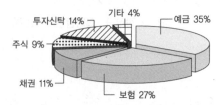

〈C국의 가계 금융자산 구성비〉

(4) 층별 그래프

선의 움직임보다는 선과 선 사이의 크기로써 데이터 변화를 나타내는 그래프로서, 시간적 변화에 따른 구성비의 변화를 표현하고자 할 때 활용할 수 있다.

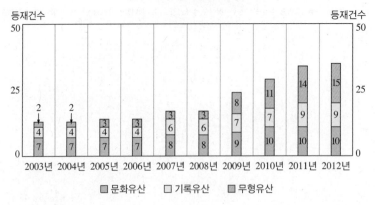

〈우리나라 세계유산 현황〉

(5) 점 그래프

종축과 횡축에 두 개의 요소를 두고, 보고자 하는 것이 어떤 위치에 있는가를 알고자
하는 데 쓰인다.

〈OECD 국가의 대학졸업자 취업률 및 경제활동인구 비중〉

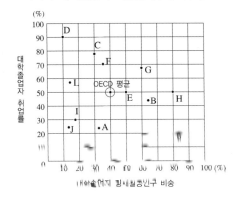

(6) 방사형 그래프(레이더 차트, 거미줄 그래프)

비교하는 수량을 직경 또는 반경으로 나누어 원의 중심에서의 거리에 따라 각 수량의
관계를 나타내는 그래프로서 대상들을 비교하거나 경과를 나타낼 때 활용할 수 있다.

〈외환위기 전후 한국의 경제상황〉

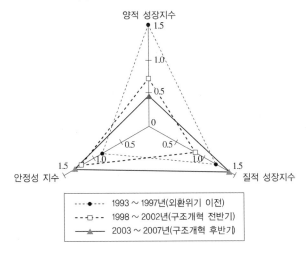

| 03 | 도표 해석 시 유의사항

- 요구되는 지식의 수준을 넓혀야 한다.
- 도표에 제시된 자료의 의미를 정확히 숙지하여야 한다.
- 도표로부터 알 수 있는 것과 없는 것을 구별하여야 한다.
- 총량의 증가와 비율의 증가를 구분하여야 한다.
- 백분위수와 사분위수를 정확히 이해하고 있어야 한다.

V   도표작성능력

| 01 | 도표의 작성절차

| ① 작성하려는 도표의 종류 결정 |

⬇

| ② 가로축과 세로축에 나타낼 것을 결정 |

⬇

| ③ 가로축과 세로축의 눈금의 크기 결정 |

⬇

| ④ 자료를 가로축과 세로축이 만나는 곳에 표시 |

⬇

| ⑤ 표시된 점에 따라 도표 작성 |

⬇

| ⑥ 도표의 제목 및 단위 표기 |

CHECK POINT

업무수행 중에 활용되는 도표작성
- 업무결과를 도표를 사용하여 제시하는 경우
- 업무의 목적에 맞게 계산 결과를 묘사하는 경우
- 업무 중 계산을 수행하고 결과를 정리하는 경우
- 업무에 소요되는 비용을 시각화 해야 하는 경우
- 고객과 소비자의 정보를 조사하고 결과를 설명하는 경우

| 02 | 도표 작성 시 유의사항

CHECK POINT

엑셀프로그램을 활용한 그래프 작성
① 자료의 입력
② [삽입] – [차트] 선택
③ 그래프의 종류 선택하기
④ 데이터의 범위와 계열 지정
⑤ 옵션 지정
⑥ 차트 위치 지정

(1) 선 그래프

① 세로축에 수량(금액, 매출액 등), 가로축에 명칭 구분(연, 월, 장소 등)을 표시하고 축의 모양은 L자형으로 하는 것이 일반적이다.

② 선의 높이에 따라 수치를 파악하는 경우가 많으므로 세로축의 눈금을 가로축의 눈금보다 크게 하는 것이 효과적이다.

③ 선이 두 종류 이상인 경우는 각각에 대해 명칭을 기입해야 하며, 중요한 선을 다른 선보다 굵게 하는 등의 노력을 기울일 필요가 있다.

(2) 막대 그래프

① 세로형이 보다 입체감이나 시표형으로 작성할 경우 사방을 들로 싸는 것이 좋다.

② 가로축은 명칭 구분(연, 월, 장소 등), 세로축은 수량(금액, 매출액)을 표시하는 것이 일반적이다.

③ 막대의 수가 많은 경우에는 눈금선을 기입하는 것이 알아보기에 좋다.

④ 막대의 폭은 모두 같게 하여야 한다.

(3) 원 그래프

① 정각 12시의 선을 시작선으로 하며, 이를 기점으로 하여 오른쪽으로 그리는 것이 보통이다.

② 분할선은 구성 비율이 큰 순서로 그리되, '기타' 항목은 구성 비율의 크기에 관계없이 가장 뒤에 그리는 것이 좋다.

③ 각 항목의 명칭은 같은 방향으로 기록하는 것이 일반적이나, 각도가 적어서 명칭을 기록하기 힘든 경우에는 지시선을 사용하여 기록한다.

(4) 층별 그래프

① 가로로 할 것인지 세로로 할 것인지는 작성자의 기호나 공간에 따라 판단하나, 구성 비율 그래프는 가로로 작성하는 것이 좋다.

② 눈금은 선 그래프나 막대 그래프보다 적게 하고 눈금선을 넣지 않아야 하며, 층별로 색이나 모양이 모두 완전히 다른 것이어야 한다.

③ 같은 항목은 옆에 있는 층과 선으로 연결하여 보기 쉽도록 하여야 한다.

④ 세로 방향일 경우 위로부터 아래로, 가로 방향일 경우 왼쪽에서 오른쪽으로 나열하면 보기가 좋다.

┌연속출제┐

일정한 규칙으로 숫자와 문자를 나열할 때, 빈칸에 들어갈 숫자 또는 문자로 옳은 것은?

	1		3		8		21		
a	2	c	5	h	13	( )	34

↑
u

① k
③ q
⑤ r

② n
✔ u

풀이순서

1) 질문의도
   : 규칙찾기

2) 규칙찾기
   (i) 알파벳
       → 숫자변환
   (ii) 피보나치 수열

3) 정답도출
   21 → u

📋 **유형** 분석
- 나열된 숫자의 규칙을 찾아 정답을 고르는 수열 문제이다.
- 기존 적성검사의 수 추리 문제와 유사한 유형이다.
- 등차·등비수열 등 다양한 수열 규칙을 미리 알아두면 쉽게 풀어 나갈 수 있다.

응용문제 : 나열된 숫자들의 관계가 사칙연산으로 이루어진 형식의 문제가 출제된다.

📋 **풀이** 전략
수열 규칙을 바탕으로 나열된 숫자들의 관계를 찾아내어 정답을 고른다. 사전에 수열 규칙에 대해 학습하도록 한다.

수리능력 | 기출유형 2

기초연산 ①

┌연속출제┐

금연프로그램을 신청한 흡연자 A씨는 K공단에서 진료 및 상담비용과 금연보조제 비용의 일정 부분을 지원받고 있다. A씨는 의사와 상담을 6회 받았고, 금연보조제로 니코틴 패치 3묶음을 구입했다고 할 때, 다음 지원 현황에 따라 흡연자 A씨가 지불하는 부담금은 얼마인가?

〈금연프로그램 지원 현황〉

구분	진료 및 상담	금연보조제(니코틴패치)
가격	30,000원/회	12,000원/묶음
지원금 비율	90%	75%

※ 진료 및 상담료 지원금은 6회까지 지원한다.

① 21,000원   ② 23,000원

③ 25,000원   ✔ 27,000원

$$(30,000 \times 0.1 \times 6) + (12,000 \times 0.25 \times 3) = 27,000원$$

풀이순서

1) 질문의도
   · 지불하게는 부담금

2) 조건확인
   ⓐ 일정 부분 지원
   ⓑ 상담 6회
   ⓒ 금연보조제 3묶음

3) 정답도출

PART 1

PART 2

PART 3

📋 **유형** 분석
- 문제에서 제공하는 정보를 파악한 뒤 사칙연산을 활용하여 계산하는 전형적인 수리문제이다.
- 다양한 직무상황과 연관을 지어 복잡하게 문제를 출제하지만 실제로 정답을 도출하는 과정은 단순하다.
- 문제를 풀기 위한 정보가 산재되어 있는 경우가 많으므로 꼼꼼히 읽어야 한다.
  응용문제 : 최소공배수 등 수학 이론을 활용하여 계산하는 문제도 출제된다.

📋 **풀이** 전략
문제에서 묻는 것을 정확하게 확인한 후, 필요한 조건 또는 정보를 구분하여 신속하게 풀어 간다. 단, 계산에 착오가 생기지 않도록 유의하여야 한다.

┌ 연속출제 ┐

K건설회사 G시 신도시 아파트 분양을 위하여 다음 주에 모델하우스를 오픈한다. 아파트 입주자 모집을 성황리에 마무리 짓기 위해 방문하시는 고객에게 소정의 사은품을 나눠 줄 예정이다. K건설회사에 근무 중인 A사원은 오픈행사 시 고객 1인당 1개의 쇼핑백을 나눠 줄 수 있도록 준비 중인데, 각 쇼핑백에 각티슈 1개, 위생장갑 1pack, 롤팩 3개, 물티슈 2개, 머그컵 1개가 들어가야 한다. 각 물품 수량을 다음과 같이 보유하고 있다면 최대 몇 명에게 사은품을 줄 수 있는가?(단, 사은품 구성 물품과 수량은 1개라도 부족해서는 안 된다)

──ⓐ
──ⓑ
──ⓒ

풀이순서

2) 조건확인
   : ⓐ~ⓒ

1) 질문의도
   : 최대 증정 인원 수

각티슈 200개, 위생장갑 250pack, 롤백 600개, 물티슈 400개, 머그컵 150개

$$\frac{200}{1}=200 \quad \frac{250}{1}=250 \quad \frac{600}{3}=200 \quad \frac{400}{2}=200 \quad \frac{150}{1}=150$$

(K건설회사 로고가 찍힌 쇼핑백은 사은품 구성 Set만큼 주문할 예정임)

---

3) 계산

4) 정답도출
   : 최대 150명

① 150명　　　　　　　　② 200명
③ 250명　　　　　　　　④ 300명
⑤ 350명

📋 **유형 분석**
- 문제에서 제공하는 정보를 파악한 뒤 사칙연산을 활용하여 계산하는 전형적인 수리문제이다.
- 다양한 직무상황과 연관을 지어 복잡하게 문제를 출제하지만 실제로 정답을 도출하는 과정은 단순하다.
- 문제를 풀기 위한 정보가 산재되어 있는 경우가 많으므로 꼼꼼히 읽어야 한다.

응용문제 : 표, 그림 및 도표 등이 제시되고 문제에서 요구하는 정보를 찾아야 하는 문제가 출제된다. 이러한 문제의 경우에는 계산이 복잡하거나 단위가 커서 실수하기 쉽다.

📋 **풀이 전략**
문제에서 묻는 것을 정확하게 확인한 후, 필요한 조건 또는 정보를 구분하여 신속하게 풀어 간다. 단, 계산에 착오가 생기지 않도록 유의하여야 한다.

기초통계

┌연속출제┐

다음은 의약품 종류별 상자 수에 따른 가격표이다. 종류별 상자 수를 <u>가중치로 적용</u>하여 가격 ⓐ
에 대한 <u>가중평균</u>을 구하면 66만 원이다. 이때, 빈칸에 들어갈 가격으로 적절한 것은?
ⓑ

풀이순서

1) 질문의도
 : 빈칸 구하기

2) 규칙찾기
 ⓐ 가중치 적용
 ⓑ 가중평균

3) 정답도출

〈의약품 종류별 가격 및 상자 수〉

(단위 : 만 원, 개)

구분	A	B	C	D
원값 ← 가격	( )	70	60	65
가중치 ← 상자 수	30	20	30	20

① 60만 원
② 65만 원
❸ 70만 원
④ 75만 원
⑤ 80만 원

$$\frac{(a\times 30)+(70\times 20)+(60\times 30)+(65\times 20)}{30+20+30+30}=66 \rightarrow \frac{30a+4,500}{100}=66$$

$$\rightarrow 30a=6,600-4,500 \rightarrow a=\frac{2,100}{30} \rightarrow a=70$$

📋 **유형 분석**
- 통계와 관련한 이론을 활용하여 계산하는 문제이다.
- 기초연산능력과 마찬가지로 중·고등 수준의 통계 이론을 알아두어야 한다.
- 주로 상대도수, 평균, 표준편차, 최댓값, 최솟값, 가중치 등이 활용된다.

📋 **풀이 전략**
우선 질문을 꼼꼼히 읽고 정답을 이끌어내기 위한 통계 이론을 적절하게 활용하여 정확히 계산한다.

┌연속출제┐

다음은 2019년도 국가별 국방예산 그래프이다. 그래프를 이해한 내용으로 옳지 않은 것은?
(단, 비중은 소수점 이하 둘째 자리에서 반올림한다)

풀이순서

1) 질문의도
   : 도표분석

3) 도표분석
   : 국가별 국방예산

〈국가별 국방예산〉

(단위 : 억 원)

① 국방예산이 가장 많은 국가와 가장 적은 국가의 예산 차이는 324억 원이다.
② 사우디아라비아 국방예산은 프랑스 예산보다 14% 이상 많다.
③ 인도보다 국방예산이 적은 국가는 5개 국가이다.
✓ 영국과 일본의 국방예산 차액은 독일과 일본의 국방예산 차액의 55% 이상이다.
⑤ 8개 국가 국방예산 총액에서 한국이 차지하는 비중은 약 8.8%이다.

2) 선택지 키워드 찾기

4) 정답도출

📋 **유형** 분석   • 문제에서 주어진 도표를 분석하여 각 선택지의 정답 유무를 판단하는 문제이다.
　　　　　　　 • 주로 그래프와 표로 많이 제시되며, 경영·경제·산업과 관련된 최신 이슈를 많이 다룬다.
　　　　　　　 • 정답을 도출하는 데 상당한 시간이 걸리며, 증감률·비율·추세 등을 자주 묻는다.
　　　　　　　 응용문제 : 도표(그래프, 표)와 함께 신문기사 혹은 보도자료 등을 함께 제공하여 복합적으로 판단하는 형식의 문제도
　　　　　　　 출제된다. 때로는 선택지에 경제·경영학 이론을 묻는 경우도 있다.

📋 **풀이** 전략　　　 선택지를 먼저 읽고 필요한 정보를 도표(그래프, 표)에서 찾아 정답 유무를 판단한다.

┌연속출제┐

※ 다음 글을 읽고 이어지는 질문에 답하시오.

(가) 지난해 콜탄 1, 2위 생산국은 민주콩고와 르완다로, 두 나라가 전 세계 콜탄 생산량의 66%를 차지하고 있다. 미국 지질조사국에 의하면 콜탄은 미국에서만 1년 새 소비량이 27% 늘었고, 2017년 9월 1kg의 가격은 224달러로 2015년의 193달러에서 16%가 올랐다. 스마트폰이 나오기 직전인 2006년 1kg당 70달러였던 가격에 비하면 300% 이상 오른 것이다. ⓐ ⓑ

(나) 이 콜탄이 민주콩고의 내진 상기화에 한몫했다는 주장이 곳곳에서 나오고 있다. 휴대폰 이용자들이 기기를 바꿀 때마다 콩고 주민 수십 명이 죽는다는 말도 있다. '피 서린 휴대폰(Bloody Mobile)'이란 표현이 나올 정도다. 1996년 시작된 콩고 내전은 2003년 공식 종료되면서 500만 명을 희생시켰으나, 이후로도 크고 작은 분쟁이 그치질 않고 있다.

3) 정답도출

(가) 문단
• 스마트폰 사용 현황
• 콜탄의 가격 상승

글의 내용을 효과적으로 전달하기 위해 다음과 같은 자료를 만들었다고 할 때, (가) ~ (나) 문단 중 다음 자료에 해당하는 문단은?

1) 질문의도
: 자료의 시각화

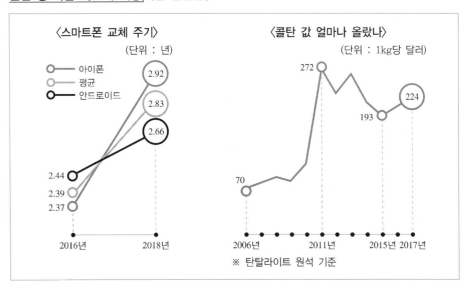

2) 도표제목 확인
ⓐ 스마트폰 교체 주기
ⓑ 콜탄 값 얼마나 올랐나

📋 **유형 분석** • 문제에서 주어진 자료를 읽고 도표를 작성하는 문제이다.
• 주어진 자료에 있는 수치과 그래프 또는 표에 있는 수치가 서로 일치하는지 여부를 판단하는 것이다.
• 문제에서 주어지는 자료는 보고서나 신문기사 등의 일부 내용을 제시하거나 표를 제시하고 있다.

📋 **풀이 전략** 각 선택지에 있는 도표의 제목을 먼저 확인한다. 제목에서 어떠한 정보가 필요한지 확인한 후에 문제에서 주어진 자료를 읽으면서 일치 여부를 판단한다.

01 슬기, 효진, 은경, 민지, 은빈 5명은 휴가를 떠나기 전 원피스를 사러 백화점에 갔다. 모두 마음에 드는 원피스 하나를 발견해 각자 원하는 색깔의 원피스를 고르기로 하였다. 원피스가 노란색 2벌, 파란색 2벌, 초록색 1벌이 있을 때, 5명이 각자 한 벌씩 고를 수 있는 경우의 수는?

① 28가지　　　　　　　　　　　　　② 30가지
③ 32가지　　　　　　　　　　　　　④ 34가지
⑤ 36가지

02 A씨는 무역회사의 영업부에서 근무하고 있으며, 출장이 잦은 편이다. 최근에 출장을 다녀온 국가의 화폐가 남아 이를 환전하여 추후 있을 출장을 대비해 미국 달러로 환전해 놓기로 하였다. A씨가 보유하고 있는 외화가 다음과 같을 때, 환전 후 보유하게 될 달러는 총 얼마인가?(단, 환전수수료는 없다고 가정한다)

〈보유화폐〉

EUR	AED	THB
100	4,000	1,500

〈환전 기준〉

구분	매매기준율(KRW)	스프레드(%)
미국 USD	1,160	1.5
유럽 EUR	1,305	2
아랍에미리트 AED	320	4
태국 THB	35	6

※ 스프레드 : 통화의 매매기준율과 대고객매매율의 차이를 계산하기 위해 매매기준율에 곱하는 백분율
※ 매입률을 구할 때는 '1−(스프레드)'로 계산하고, 매도율을 구할 때는 '1+(스프레드)'로 계산한다.
※ 국내에서 외화를 다른 외화로 환전할 경우에는 원화로 먼저 환전한 후 다른 외화로 환전한다.

① USD 1,018.20　　　　　　　　　② USD 1,150.36
③ USD 1,194.19　　　　　　　　　④ USD 1,208.50
⑤ USD 1,330.26

03 다음은 A신도시 쓰레기 처리 관련 통계 자료이다. 이에 대한 설명으로 옳지 않은 것은?

<A신도시 쓰레기 처리 관련 통계>

구분	2018년	2019년	2020년	2021년
1kg 쓰레기 종량제 봉투 가격	100원	200원	300원	400원
쓰레기 1kg당 처리비용	400원	400원	400원	400원
A신도시 쓰레기 발생량	5,013톤	4,521톤	4,209톤	4,007톤
A신도시 쓰레기 관련 예산 적자	15억 원	9억 원	4억 원	0원

① 쓰레기 종량제 봉투 가격이 100원이었던 2018년에 비해 400원이 된 2021년에는 쓰레기 발생량이 약 20%나 감소하였고 쓰레기 관련 예산 적자는 0원이 되었다.
② 연간 쓰레기 발생량 감소곡선보다 쓰레기 종량제 봉투 가격의 인상곡선이 더 가파르다.
③ 쓰레기 1kg당 처리비용이 인상될수록 A신도시의 쓰레기 발생량과 쓰레기 관련 예산 적자가 급격히 감소하는 것을 볼 수 있다.
④ 봉투 가격이 인상됨으로써 주민들은 비용에 부담을 느끼고 쓰레기 배출을 줄였다.
⑤ 쓰레기 종량제 봉투 가격 상승과 A신도시의 쓰레기 발생량은 반비례한다.

04 A회사는 다음 상황을 바탕으로 임원진 회의를 통해 C회사의 설비를 설치하기로 결정하였다. 최소 몇 달 이상을 사용해야 손해를 보지 않는가?

> A회사는 텀블러를 생산한다. 텀블러 뚜껑을 생산하는 기계는 소비전력이 5,000W로, 하루 8시간 가동하면 한 달 기준 전기 사용량이 1,200kWh로 전기 사용료가 84만 원, 연료비는 100만 원이 든다.
> A회사는 비용 절감을 위해 다양한 제품의 생산 비용을 분석하였다. 그러자 텀블러 뚜껑을 생산하는 고정 비용의 비율이 A회사 전체 제품 생산 비용의 45%인 것으로 밝혀졌다. 이에 따라 임원진은 텀블러 뚜껑 생산 비용의 절감을 요구하였다.
> 텀블러 뚜껑 생산팀장인 귀하는 C회사의 설비를 설치하면 연료비가 한 달 기준 75만 원으로 줄어드는 효과가 있다는 것을 알았다. C회사의 설비를 설치하는 데 드는 비용은 1,000만 원이다. 또 다른 회사 F회사의 설비는 소비전력을 1,500W나 감소시켜 한 달 기준 전기 사용량이 840kWh로 감소한다. 한 달 기준 전기 사용료를 25% 절감할 수 있는 것이다. F회사의 설비를 설치하는 데 드는 비용은 5,000만 원이다.

① 3년 3개월
② 3년 4개월
③ 3년 5개월
④ 3년 6개월
⑤ 3년 7개월

05 다음은 A, B국가의 사회이동에 따른 계층 구성의 비율 변화를 나타낸 자료이다. 2001년과 2021년의 비교에 대한 설명으로 옳은 것은?

〈2021년〉

구분	A국가	B국가
상층	7%	17%
중층	67%	28%
하층	26%	55%

〈2001년〉

구분	A국가	B국가
상층	18%	23%
중층	23%	11%
하층	59%	66%

① A국가의 상층 비율은 9%p 증가하였다.
② 중층 비율은 두 국가가 증감폭이 같다.
③ A국가 하층 비율의 증가폭은 B국가의 증가폭보다 크다.
④ B국가에서 가장 높은 비율을 차지하는 계층이 바뀌었다.
⑤ B국가의 하층 비율은 20년 동안 10% 증가하였다.

06 새롭게 비품관리를 담당하게 된 A사원은 기존에 거래하던 ○○문구와 다른 업체들과의 가격 비교를 위해 △△문구와 □□문구에 견적서를 요청한 뒤 세 곳을 비교하려고 한다. 비품의 성능 차이는 다르지 않으므로 비교 후 가격이 저렴한 곳과 거래할 예정이다. 견적서의 총액과 최종적으로 거래할 업체를 바르게 짝지은 것은?(단, 업체별 조건은 모두 적용하고 배송료는 총주문금액 계산 이후 더하며, 백 원 미만은 절사한다)

○○문구			
품명	수량	단가	공급가액
MLT – D209S[호환]	1	32,000원	32,000원
A4 복사용지 80G(2박스 묶음)	1	31,900원	31,900원
친환경 진행 문서 파일	1	2,500원	2,500원

※ 총주문금액에서 20% 할인 쿠폰 사용 가능
※ 배송료 : 4,000원(10만 원 이상 구매 시 무료 배송)

△△문구			
품명	수량	단가	공급가액
PGI – 909 – PINK[호환]	1	25,000원	25,000원
더블비 A4 복사용지 80G(2박스 묶음)	1	22,800원	22,800원
친환경 진행 문서 파일	1	1,800원	1,800원

※ 4만 원 이상 구매 시 판매가의 7% 할인
※ 배송료 : 2,500원(7만 원 이상 구매 시 무료 배송)

□□문구			
품명	수량	단가	공급가액
MST – D128S	1	24,100원	24,100원
A4 복사용지 75G(2박스 묶음)	1	28,000원	28,000원
문서 파일	1	3,600원	3,600원

※ 첫 구매 적립금 4,000 포인트(원) 사용 가능
※ 5만 원 이상 구매 시 문서 파일 1개 무료 증정
※ 배송료 : 4,500원(6만 원 이상 구매 시 무료 배송)

① ○○문구 – 49,000원
② △△문구 – 46,100원
③ □□문구 – 48,200원
④ △△문구 – 48,600원
⑤ □□문구 – 51,700원

07 다음은 어느 국가의 알코올 관련 질환 사망자 수에 관한 자료이다. 이에 대한 설명으로 옳은 것은?

<알코올 관련 질환 사망자 수>

(단위 : 명)

구분	남성		여성		전체	
	사망자 수	인구 10만 명당 사망자 수	사망자 수	인구 10만 명당 사망자 수	사망자 수	인구 10만 명당 사망자 수
2008년	2,542	10.7	156	0.7	2,698	5.9
2009년	2,870	11.9	199	0.8	3,069	6.3
2010년	3,807	15.8	299	1.2	4,106	8.4
2011년	4,400	18.2	340	1.4	4,740	9.8
2012년	4,674	19.2	374	1.5	5,048	10.2
2013년	4,289	17.6	387	1.6	4,676	9.6
2014년	4,107	16.8	383	1.6	4,490	9.3
2015년	4,305	17.5	396	1.6	4,701	9.5
2016년	4,243	17.1	400	1.6	4,643	9.3
2017년	4,010	16.1	420	1.7	4,430	8.9
2018년	4,111	16.5	424	1.7	( )	9.1
2019년	3,996	15.9	497	2.0	4,493	9.0
2020년	4,075	16.2	474	1.9	( )	9.1
2021년	3,955	15.6	521	2.1	4,476	8.9

※ 인구 10만 명당 사망자 수는 소수점 둘째 자리에서 반올림한 값임

① 2018년과 2020년의 전체 사망자 수는 같다.

② 여성 사망자 수는 매년 증가한다.

③ 매년 남성 인구 10만 명당 사망자 수는 여성 인구 10만 명당 사망자 수의 8배 이상이다.

④ 남성 인구 10만 명당 사망자 수가 가장 많은 해의 남성 사망자 수 전년 대비 증가율은 5% 이상이다.

⑤ 전체 사망자 수의 전년 대비 증가율은 2009년이 2011년보다 높다.

08 A사는 최근 미세먼지와 황사로 인해 실내 공기질이 많이 안 좋아졌다는 건의가 들어와 내부 검토 후 예산 400만 원으로 공기청정기 40대를 구매하기로 하였다. 다음 두 업체 중 어느 곳에서 공기청정기를 구매하는 것이 유리하며 상대에 비해 얼마나 더 저렴한가?

업체	할인 정보	가격
S전자	• 8대 구매 시 2대 무료 증정 • 구매 금액 100만 원당 2만 원 할인	8만 원/대
B마트	• 20대 미만 구매 : 2% 할인 • 30대 이상 구매 : 5% 할인 • 40대 이상 구매 : 7% 할인 • 50대 이상 구매 : 10% 할인	9만 원/대

※ 1,000원 단위 이하는 절사한다.

① S전자, 82만 원
② S전자, 148만 원
③ B마트, 12만 원
④ B마트, 20만 원
⑤ S전자, 120만 원

09 H통신사 대리점에서 근무하는 귀하는 판매율을 높이기 위해 핸드폰을 구매한 고객에게 사은품을 나누어 주는 이벤트를 실시하고자 한다. 본사로부터 할당받은 예산은 총 5백만 원이며, 예산 내에서 고객 1명당 2가지 상품을 증정하고자 한다. 고객 만족도 대비 비용이 낮은 순으로 상품을 확보하였을 때, 최대 몇 명의 고객에게 사은품을 전달할 수 있는가?

상품명	개당 구매비용(원)	확보 가능한 최대물량(개)	상품에 대한 고객 만족도(점)
차량용 방향제	7,000	300	5
식용유 세트	10,000	80	4
유리용기 세트	6,000	200	6
32GB USB	5,000	180	4
머그컵 세트	10,000	80	5
육아 관련 도서	8,800	120	4
핸드폰 충전기	7,500	150	3

① 360명
② 370명
③ 380명
④ 390명
⑤ 400명

10 출장을 가는 K사원은 오후 2시에 출발하는 KTX를 타기 위해 오후 12시 30분에 역에 도착하였다. K사원은 남은 시간을 이용하여 음식을 미리 포장해 온 다음 열차가 출발하면 식사를 하려고 한다. 역에서 음식점까지의 거리는 다음과 같으며, 음식을 포장하는 데 15분이 걸린다고 한다. K사원이 시속 3km로 걸어서 갔다 올 때, 구입할 수 있는 음식의 종류를 나열한 것은?

음식점	G김밥	P빵집	N버거	M만두	B도시락
거리	2km	1.9km	1.8km	1.95km	1.7km

① 도시락
② 도시락, 햄버거
③ 도시락, 햄버거, 빵
④ 도시락, 햄버거, 빵, 만두
⑤ 도시락, 햄버거, 빵, 만두, 김밥

11 A건설은 〈조건〉에 따라 자재를 구매·관리하고자 한다. (가)안과 (나)안의 비용 차이는?

구분	(가)안		(나)안	
	2분기	3분기	2분기	3분기
분기별 소요량(개)	30	50	30	50
분기별 구매량(개)	40	40	60	20
자재구매 단가(원)	7,000	10,000	7,000	10,000

조건
- 1분기 동안 80개의 자재를 구매한다.
- 자재의 분기당 재고관리비는 개당 1,000원이다.
- 자재는 묶음 단위로만 구매할 수 있고, 한 묶음은 20개이다.

① 1만 원
② 2만 원
③ 3만 원
④ 4만 원
⑤ 5만 원

12 H마트에서는 아이스크림을 1개당 a원에 들여오는데 20%의 이익을 붙여 판매를 한다. 개점 3주년을 맞아 아이스크림 1개당 500원을 할인하여 팔기로 했다. 이때 아이스크림 1개당 700원의 이익이 생긴다면, 아이스크림 1개당 원가는?

① 5,000원   ② 5,250원
③ 5,500원   ④ 6,000원
⑤ 6,250원

13 어느 회사의 사우회에서 참석자들에게 과자를 1인당 8개씩 나누어 주려고 한다. 10개씩 들어 있는 과자 17상자를 준비하였더니 과자가 남았고, 남은 과자를 1인당 1개씩 더 나누어 주려고 하니 부족했다. 만일 지금보다 9명이 더 참석한다면 과자 6상자를 추가해야 참석자 모두에게 1인당 8개 이상씩 나누어 줄 수 있다. 처음 사우회 참석자 수는 몇 명인가?

① 18명   ② 19명
③ 20명   ④ 21명
⑤ 22명

14 B자동차 회사에서 새로운 두 모델에 대해 연비 테스트를 하였다. 두 모델 'S'와 'E'에 대해서 휘발유를 3L와 5L 주입 후 동일한 조건에서 주행을 하였을 때 차가 멈출 때까지 운행한 거리를 각각 측정하였고 그 결과는 다음과 같았다. 3L로 시험했을 때 두 자동차의 주행거리 합은 48km였고 연비 테스트에서 모델 'E'가 달린 주행거리의 합은 56km였다면, 두 자동차 연비의 곱은 얼마인가?

구분	3L	5L
모델 S	$a$km	$b$km
모델 E	$c$km	$d$km

① 52   ② 56
③ 60   ④ 63
⑤ 64

15 다음은 OECD 주요 국가별 삶의 만족도 및 관련 지표를 나타낸 자료이다. 이에 대한 설명으로 옳지 않은 것은?

〈OECD 주요 국가별 삶의 만족도 및 관련 지표〉

(단위 : 점, %, 시간)

구분	삶의 만족도	장시간 근로자 비율	여가·개인 돌봄시간
덴마크	7.6	2.1	16.1
아이슬란드	7.5	13.7	14.6
호주	7.4	14.2	14.4
멕시코	7.4	28.8	13.9
미국	7.0	11.4	14.3
영국	6.9	12.3	14.8
프랑스	6.7	8.7	15.3
이탈리아	6.0	5.4	15.0
일본	6.0	22.6	14.9
한국	6.0	28.1	14.9
에스토니아	5.4	3.6	15.1
포르투갈	5.2	9.3	15.0
헝가리	4.9	2.7	15.0

※ 장시간 근로자 비율은 전체 근로자 중 주 50시간 이상 근무한 근로자의 비율임

① 삶의 만족도가 가장 높은 국가는 장시간 근로자 비율이 가장 낮다.
② 한국의 장시간 근로자 비율은 삶의 만족도가 가장 낮은 국가의 장시간 근로자 비율의 10배 이상이다.
③ 삶의 만족도가 한국보다 낮은 국가들의 장시간 근로자 비율 산술평균은 이탈리아의 장시간 근로자 비율보다 높다.
④ 여가·개인 돌봄시간이 가장 긴 국가와 가장 짧은 국가의 삶의 만족도 차이는 0.3점 이하이다.
⑤ 장시간 근로자 비율이 미국보다 낮은 국가의 여가·개인 돌봄시간은 모두 미국의 여가·개인 돌봄시간보다 길다.

16 다음은 미국이 환율조작국을 지정하기 위해 만든 요건별 판단기준과 A~K국에 대한 자료이다. 이에 대한 〈보기〉 중 옳은 것을 모두 고르면?

〈요건별 판단기준〉

요건	X 현저한 대미무역수지 흑자	Y 상당한 경상수지 흑자	Z 지속적 환율시장 개입
판단기준	대미무역수지 200억 달러 초과	GDP 대비 경상수지 비중 3% 초과	GDP 대비 외화자산순매수액 비중 2% 초과

※ 요건 중 세 가지를 모두 충족하면 환율조작국으로 지정됨
※ 요건 중 두 가지만을 충족하면 관찰대상국으로 지정됨

〈환율조작국 지정 관련 자료〉

(단위 : 10억 달러, %)

구분	대미무역수지	GDP 대비 경상수지 비중	GDP 대비 외화자산순매수액 비중
A	365.7	3.1	−3.9
B	74.2	8.5	0.0
C	68.6	3.3	2.1
D	58.4	−2.8	−1.8
E	28.3	7.7	0.2
F	27.8	2.2	1.1
G	23.2	−1.1	1.8
H	17.6	−0.2	0.2
I	14.9	−3.3	0.0
J	14.9	14.6	2.4
K	−4.3	−3.3	0.1

보기

㉠ 환율조작국으로 지정되는 국가는 없다.
㉡ B국은 X요건과 Y요건을 충족한다.
㉢ 관찰대상국으로 지정되는 국가는 모두 4개이다.
㉣ X요건의 판단기준을 '대미무역수지 200억 달러 초과'에서 '대미무역수지 150억 달러 초과'로 변경하여도 관찰대상국 및 환율조작국으로 지정되는 국가들은 동일하다.

① ㉠, ㉡
② ㉠, ㉢
③ ㉡, ㉣
④ ㉢, ㉣
⑤ ㉡, ㉢, ㉣

17 어떤 고등학생이 13살 동생, 40대 부모님, 65세 할머니와 함께 박물관에 가려고 한다. 주말에 입장할 때와 주중에 입장할 때의 요금 차이는?

〈박물관 입장료〉

구분	주말	주중
어른	20,000원	18,000원
중·고등학생	15,000원	13,000원
어린이	11,000원	10,000원

※ 어린이 : 3살 이상 13살 이하
※ 경로 : 65세 이상은 50% 할인

① 8,000원   ② 9,000원
③ 10,000원   ④ 11,000원
⑤ 12,000원

18 서울에 위치한 A회사는 거래처인 B, C회사에 소포를 보내려고 한다. 서울에 위치한 B회사에는 800g의 소포를, 인천에 위치한 C회사에는 2.4kg의 소포를 보내려고 한다. 두 회사로 보낸 소포의 총 중량이 16kg 이하이고, 택배요금의 합계가 6만 원이다. T택배회사의 요금표가 다음과 같을 때, A회사는 800g 소포와 2.4kg 소포를 각각 몇 개씩 보냈는가?(단, 소포는 각 회사로 1개 이상 보낸다)

〈요금표〉

구분	~ 2kg	~ 4kg	~ 6kg	~ 8kg	~ 10kg
동일지역	4,000원	5,000원	6,500원	8,000원	9,500원
타지역	5,000원	6,000원	7,500원	9,000원	10,500원

    800g   2.4kg
① 12개   2개
② 12개   4개
③ 9개   2개
④ 9개   4개
⑤ 6개   6개

19 다음은 A국의 자동차 매출에 관한 자료이다. 이에 대한 설명으로 옳은 것은?

〈2021년 10월 월매출액 상위 10개 자동차의 매출 현황〉

(단위 : 억 원, %)

자동차	순위	월매출액		
			시장점유율	전월 대비 증가율
A	1	1,139	34.3	60
B	2	1,097	33.0	40
C	3	285	8.6	50
D	4	196	5.9	50
E	5	154	4.6	40
F	6	149	4.5	20
G	7	138	4.2	50
H	8	40	1.2	30
I	9	30	0.9	150
J	10	27	0.8	40

※ (시장점유율)$=\dfrac{(해당\ 자동차\ 월매출액)}{(전체\ 자동차\ 월매출\ 총액)}\times100$

〈2021년 I자동차 누적매출액〉

(단위 : 억 원)

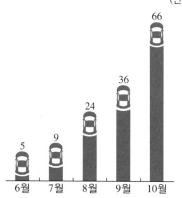

	6월	7월	8월	9월	10월
	5	9	24	36	66

※ 월매출액은 해당 월 말에 집계됨

① 2021년 9월 C자동차의 월매출액은 200억 원 이상이다.
② 2021년 10월 월매출액 상위 5개 자동차의 순위는 전월과 동일하다.
③ 2021년 6월부터 9월 중 I자동차의 월매출액이 가장 큰 달은 9월이다.
④ 2021년 10월 월매출액 상위 5개 자동차의 10월 월매출액 기준 시장점유율은 80% 미만이다.
⑤ 2021년 10월 A국의 전체 자동차 매출액 총액은 4,000억 원 미만이다.

20 다음은 중학생의 주당 운동시간 현황을 조사한 자료이다. 이에 대한 〈보기〉 중 옳은 것을 모두 고르면?

〈중학생의 주당 운동시간 현황〉

(단위 : %, 명)

구분		남학생			여학생		
		1학년	2학년	3학년	1학년	2학년	3학년
1시간 미만	비율	10.0	5.7	7.6	18.8	19.2	25.1
	인원수	118	66	87	221	217	281
1시간 이상 2시간 미만	비율	22.2	20.4	19.7	26.6	31.3	29.3
	인원수	261	235	224	312	353	328
2시간 이상 3시간 미만	비율	21.8	20.9	24.1	20.7	18.0	21.6
	인원수	256	241	274	243	203	242
3시간 이상 4시간 미만	비율	34.8	34.0	23.4	30.0	27.3	14.0
	인원수	409	392	266	353	308	157
4시간 이상	비율	11.2	19.0	25.2	3.9	4.2	10.0
	인원수	132	219	287	46	47	112
합계	비율	100.0	100.0	100.0	100.0	100.0	100.0
	인원수	1,176	1,153	1,138	1,175	1,128	1,120

보기

㉠ 1시간 미만 운동하는 3학년 남학생 수는 4시간 이상 운동하는 1학년 여학생 수보다 많다.

㉡ 동일 학년의 남학생과 여학생을 비교하면, 남학생 중 1시간 미만 운동하는 남학생의 비율이 여학생 중 1시간 미만 운동하는 여학생의 비율보다 각 학년에서 모두 낮다.

㉢ 남학생과 여학생 각각 학년이 높아질수록 3시간 이상 운동하는 학생의 비율이 낮아진다.

㉣ 모든 학년별 남학생과 여학생 각각에서 3시간 이상 4시간 미만 운동하는 학생의 비율이 4시간 이상 운동하는 학생의 비율보다 높다.

① ㉠, ㉡
② ㉠, ㉣
③ ㉡, ㉢
④ ㉢, ㉣
⑤ ㉠, ㉡, ㉢

CHAPTER 03

문제해결능력

합격 CHEAT KEY

문제해결능력은 업무를 수행하면서 여러 가지 문제 상황이 발생하였을 때, 창의적이고 논리적인 사고를 통하여 이를 올바르게 인식하고 적절히 해결하는 능력을 말한다. 하위능력으로는 사고력과 문제처리능력이 있다.

문제해결능력은 NCS 기반 채용을 진행하는 대다수의 공사·공단에서 채택하고 있으며, 문항 수는 평균 24% 정도로 상당히 많이 출제되고 있다. 하지만 많은 수험생들은 더 많이 출제되는 다른 영역에 몰입하고 문제해결능력은 집중하지 않는 실수를 하고 있다. 다른 영역보다 더 많은 노력이 필요할 수는 있지만 그렇기에 차별화를 할 수 있는 득점 영역이므로 포기하지 말고 꾸준하게 노력해야 한다.

01 질문의 의도를 정확하게 파악하라!

문제해결능력은 문제에서 무엇을 묻고 있는지 정확하게 파악하여 먼저 풀이 방향을 설정하는 것이 가장 효율적인 방법이다. 특히, 조건이 주어지고 답을 찾는 창의적·분석적인 문제가 주로 출제되고 있기 때문에 처음에 정확한 풀이 방향이 설정되지 않는다면 시간만 허비하고 결국 문제도 풀지 못하게 되므로 첫 번째로 출제의도 파악에 집중해야 한다.

02 중요한 정보는 반드시 표시하라!

위에서 말한 정확한 문제의도를 파악하기 위해서는 문제에서 중요한 정보는 반드시 표시나 메모를 하여 하나의 조건, 단서도 잊고 넘어가는 일이 없도록 해야 한다. 실제 시험에서는 시간의 압박과 긴장감으로 정보를 잘못 적용하거나 잊고 지나쳐 틀리는 실수가 많이 발생하므로 사전에 충분한 연습이 필요하다. 가령 명제 문제의 경우 주어진 명제와 그 명제의 대우를 본인이 한눈에 파악할 수 있도록 기호화, 도식화하여 메모하면 흐름을 이해하기가 더 수월하다. 이를 통해 자신만의 풀이 순서와 방향, 기준 또한 생길 것이다.

03 반복 풀이를 통해 취약 유형을 파악하라!

길지 않은 한정된 시간 동안 모든 문제를 다 푸는 것은 조금은 어려울 수도 있다. 따라서 고득점을 할 수 있는 효율적인 문제 풀이 방법을 찾아야 한다. 이때, 반복적인 문제 풀이를 통해 자신이 취약한 유형을 파악하는 것이 중요하다. 취약 유형 파악은 종료 시간이 임박했을 때 빛을 발할 것이다. 풀 수 있는 문제부터 빠르게 풀고 취약한 유형은 나중에 푸는 효율적인 문제 풀이를 통해 최대한의 고득점을 하는 것이 중요하다. 본인의 취약 유형을 파악하기 위해서는 많은 문제를 풀어 봐야 한다.

04 타고나는 것이 아니므로 열심히 노력하라!

대부분의 수험생들이 문제해결능력은 공부해도 실력이 늘지 않는 영역이라고 생각한다. 하지만 그렇지 않다. 문제해결능력이야말로 노력을 통해 충분히 고득점이 가능한 영역이다. 정확한 질문 의도 파악, 취약한 유형의 반복적인 풀이, 빈출유형 파악 등의 방법으로 충분히 실력을 향상시킬 수 있다. 자신감을 갖고 공부하기 바란다.

CHECK POINT

문제의 일반적 분류
문제는 일반적으로 창의적
문제와 분석적 문제로 구분
되며, 두 가지 문제는 다시
문제 제시 방법, 해결 방법,
해답 수, 주요 특징 등에 의
해 구분된다.

I 문제해결능력

| 01 | 문제의 의의

(1) 문제와 문제점

문제	업무를 수행함에 있어서 답을 요구하는 질문이나 의논하여 해결해야 하는 사항
문제점	문제의 원인이 되는 사항으로 문제해결을 위해서 조치가 필요한 대상

난폭운전으로 전복사고가 일어난 경우는 '사고의 발생'이 문제이며, '난폭운전'은 문제점이다.

(2) 문제의 유형

① 기능에 따른 분류 : 제조 문제, 판매 문제, 자금 문제, 인사 문제, 경리 문제, 기술상 문제

② 시간에 따른 분류 : 과거 문제, 현재 문제, 미래 문제

③ 해결방법에 따른 분류 : 논리적 문제, 창의적 문제

④ 업무수행 과정 중 발생한 문제 유형 : 발생형 문제(보이는 문제), 탐색형 문제(찾는 문제), 설정형 문제(미래 문제)

구분	내용
발생형 문제 (보이는 문제)	• 우리 눈앞에 발생되어 걱정하고 해결하기 위해 고민하는 문제를 말하며 원인지향적인 문제라고도 함 • 일탈 문제 : 어떤 기준을 일탈함으로써 생기는 문제 • 미달 문제 : 기준에 미달하여 생기는 문제
탐색형 문제 (찾는 문제)	• 현재의 상황을 개선하거나 효율을 높이기 위한 문제를 말하며 문제를 방치하면 뒤에 큰 손실이 따르거나 해결할 수 없게 되는 것 • 잠재 문제 : 문제가 잠재되어 인식하지 못하다가 결국 문제가 확대되어 해결이 어려운 문제 • 예측 문제 : 현재는 문제가 아니지만 계속해서 현재 상태로 진행할 경우를 가정하고 앞으로 일어날 수 있는 문제 • 발견 문제 : 현재는 문제가 없으나 좋은 제도나 기법, 기술을 발견하여 개선, 향상할 수 있는 문제
설정형 문제 (미래의 문제)	• 장래의 경영전략을 통해 앞으로 어떻게 할 것인가 하는 문제 • 새로운 목표를 설정함에 따라 일어나는 문제로서 목표 지향적 문제라고도 함 • 지금까지 경험한 바가 없는 문제로 많은 창조적인 노력이 요구되므로 창조적 문제라고도 함

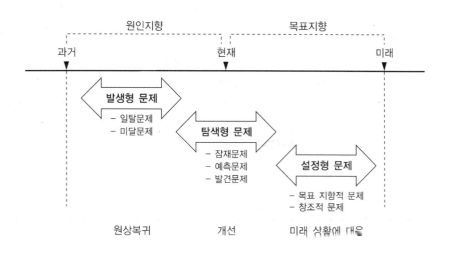

CHECK POINT

문제의 종류
- 발생형 문제 : 현재 직면하여 해결하기 위해 고민하는 문제
- 탐색형 문제 : 현재의 상황을 개선하거나 효율을 높이기 위한 문제
- 설정형 문제 : 앞으로 어떻게 할 것인가 하는 문제

《 핵심예제 》

다음 중 문제에 대한 설명으로 옳지 않은 것은?

① 업무를 수행함에 있어서 답을 요구하는 질문이나 의논하여 해결해야 되는 사항을 의미한다.
② 해결하기를 원하지만 실제로 해결해야 하는 방법을 모르고 있는 상태도 포함된다.
③ 얻고자 하는 해답이 있지만 그 해답을 얻는 데 필요한 일련의 행동을 알지 못한 상태도 있다.
④ 일반적으로 발생형 문제, 설정형 문제, 논리적 문제로 구분된다.

예제풀이

문제는 일반적으로 발생형 문제, 탐색형 문제, 설정형 문제로 구분된다.

정답 ④

| 02 | 문제해결의 의의

(1) 문제해결이란?

목표와 현상을 분석하고, 분석 결과를 토대로 주요 과제를 도출한 뒤, 바람직한 상태나 기대되는 결과가 나타나도록 최적의 해결책을 찾아 실행, 평가해가는 활동을 말한다.

(2) 문제해결에 필요한 기본요소

① 체계적인 교육훈련
② 창조적 스킬의 습득
③ 전문영역에 대한 지식 습득
④ 문제에 대한 체계적인 접근

CHECK POINT

분석적 사고가 요구되는 문제
- 성과 지향의 문제 : 기대하는 결과를 명시하고 효과적으로 달성하는 방법을 사전에 구상
- 가설 지향의 문제 : 현상 및 원인분석 전에 일의 과정이나 결론을 가정한 후, 일을 수행
- 사실 지향의 문제 : 객관적 사실로부터 사고와 행동을 시작

| 03 | 문제해결에 필요한 기본적 사고

(1) 전략적 사고

현재 당면하고 있는 문제와 해결방법에만 집착하지 말고, 그 문제와 해결방안이 상위 시스템 또는 다른 문제와 어떻게 연결되어 있는지를 생각하는 것이 필요하다.

(2) 분석적 사고

전체를 각각의 요소로 나누어 그 요소의 의미를 도출한 다음 우선순위를 부여하고 구체적인 문제해결방법을 실행하는 것이 요구된다.

문제의 종류	요구되는 사고
성과 지향의 문제	기대하는 결과를 명시하고 효과적으로 달성하는 방법을 사전에 구상하고 실행에 옮길 것
가설 지향의 문제	현상 및 원인 분석 전에 지식과 경험을 바탕으로 일의 과정이나 결과, 결론을 가정한 다음 검증 후 사실일 경우 다음 단계의 일을 수행할 것
사실 지향의 문제	일상 업무에서 일어나는 상식, 편견을 타파하여 객관적 사실로부터 사고와 행동을 출발할 것

(3) 발상의 전환

사물과 세상을 바라보는 인식의 틀을 전환하여 새로운 관점에서 바로 보는 사고를 지향하는 것이 필요하다.

(4) 내·외부자원의 효과적 활용

기술, 재료, 방법, 사람 등 필요한 자원 확보 계획을 수립하고 내·외부자원을 효과적으로 활용하도록 해야 한다.

예제풀이

문제해결에 필요한 기본적 사고
전략적 사고, 분석적 사고, 발상의 전환, 내·외부자원의 활용
정답 ②

〈 핵심예제 〉

문제해결에 필요한 기본적 사고로 옳은 것은?

① 외부자원만을 효과적으로 활용한다.
② 전략적 사고를 해야 한다.
③ 같은 생각을 유지한다.
④ 추상적 사고를 해야 한다.

CHECK POINT

문제해결의 장애요소
주변 환경, 업무의 특성, 개인의 특성 등 다양하다.

| 04 | 문제해결의 장애요소

- 문제를 철저하게 분석하지 않는 것
- 고정관념에 얽매이는 것
- 쉽게 떠오르는 단순한 정보에 의지하는 것
- 너무 많은 자료를 수집하려고 노력하는 것

| 05 | 제3자를 통한 문제해결

종류	내용
소프트 어프로치	• 대부분의 기업에서 볼 수 있는 전형적인 스타일 • 조직 구성원들이 같은 문화적 토양을 가짐 • 직접적인 표현보다는 암시를 통한 의사전달 • 제3자 : 결론을 미리 그려가면서 권위나 공감에 의지함 • 결론이 애매하게 산출되는 경우가 적지 않음
하드 어프로치	• 조직 구성원들이 상이한 문화적 토양을 가짐 • 직설적인 주장을 통한 논쟁과 협상 • 논리, 즉 사실과 원칙에 근거한 토론 • 제3자 : 지도와 설득을 통해 전원이 합의하는 일치점 추구 • 이론적으로는 가장 합리적인 방법 • 창조적인 아이디어나 높은 만족감을 이끌어내기 어려움
퍼실리테이션	• 그룹이 나아갈 방향을 알려주고, 공감을 이룰 수 있도록 도와주는 것 • 제3자 : 깊이 있는 커뮤니케이션을 통해 창조적인 문제해결 도모 • 창조적인 해결방안 도출, 구성원의 동기와 팀워크 강화 • 퍼실리테이터의 줄거리대로 결론이 도출되어서는 안 됨

PART 1
PART 2
PART 3

Ⅱ 사고력

| 01 | 창의적 사고의 의의

(1) 창의적 사고란?

당면한 문제를 해결하기 위해 이미 알고 있는 경험과 지식을 해체하여 다시 새로운 정보로 결합함으로써 새로운 아이디어를 다시 도출하는 것이다.

(2) 창의적 사고의 의미

> • 발산적(확산적) 사고
> • 새롭고 유용한 아이디어를 생산해 내는 정신적인 과정
> • 기발하거나, 신기하며 독창적인 것
> • 유용하고 적절하며, 가치가 있는 것
> • 기존의 정보들을 새롭게 조합시킨 것

(3) 창의적 사고의 특징

> • 정보와 정보의 조합
> • 사회나 개인에게 새로운 가치 창출
> • 교육훈련을 통해 개발 가능

CHECK POINT

창의적 사고
창의적 사고란 노벨상을 수상할 만한 발명과 같이 아무 것도 없는 무에서 유를 만들어 내는 것이 아니라 끊임없이 참신한 아이디어를 산출하는 힘으로서, 필요한 물건을 싸게 사기 위해 하는 생각 등 우리는 매일매일 창의적 사고를 하며 살고 있다.

창의적 사고에 대한 편견
• 창의적 사고력은 선천적으로 타고난 사람들에게만 있다.
• 지능이 뛰어나거나 현실에 적응을 잘하지 못하는 사람들이 일반인보다 창의적이다.
• 사람의 나이가 적을수록 창의력이 높다.
• 창의적 사고란 아이디어를 내는 것으로 그 아이디어의 유용성을 따지는 것은 별개의 문제이다.

안심Touch

〈 핵심예제 〉

창의적 사고의 특징으로 옳지 않은 것은?

① 외부 정보끼리의 조합이다.

② 사회나 개인에게 새로운 가치를 창출한다.

③ 창조적인 가능성이다.

④ 사고력, 성격, 태도 등의 전인격적인 가능성을 포함한다.

| 02 | 창의적 사고의 개발 방법

(1) 자유 연상법 – 생각나는 대로 자유롭게 발상 – 브레인스토밍

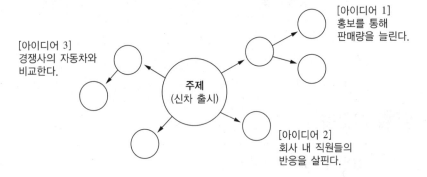

[아이디어 3]
경쟁사의 자동차와 비교한다.

[아이디어 1]
홍보를 통해 판매량을 늘린다.

주제
(신차 출시)

[아이디어 2]
회사 내 직원들의 반응을 살핀다.

(2) 강제 연상법 – 각종 힌트와 강제적으로 연결지어서 발상 – 체크리스트

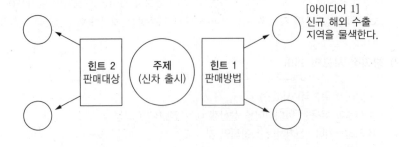

[아이디어 1]
신규 해외 수출 지역을 물색한다.

힌트 2
판매대상

주제
(신차 출시)

힌트 1
판매방법

(3) 비교 발상법 – 주제의 본질과 닮은 것을 힌트로 발상 – NM법, Synectics

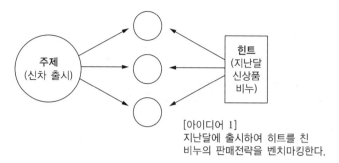

주제
(신차 출시)

힌트
(지난달
신상품
비누)

[아이디어 1]
지난달에 출시하여 히트를 친
비누의 판매전략을 벤치마킹한다.

(4) 브레인스토밍 진행 방법

- 주제를 구체적이고 명확하게 정한다.
- 구성원의 얼굴을 볼 수 있는 좌석 배치와 큰 용지를 준비한다.
- 구성원들의 다양한 의견을 도출할 수 있는 사람을 리더로 선출한다.
- 구성원은 다양한 분야의 사람들로 5 ～ 8명 정도로 구성한다.
- 발언은 누구나 자유롭게 할 수 있도록 하며, 모든 발언 내용을 기록한다.
- 아이디어에 대한 평가는 비판해서는 안 된다.

| 03 | 논리적 사고

(1) 논리적 사고란?

사고의 전개에 있어서 전후의 관계가 일치하고 있는가를 살피고, 아이디어를 평가하는 능력을 말한다.

(2) 논리적 사고의 5요소

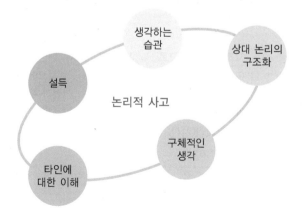

생각하는
습관

상대 논리의
구조화

설득

논리적 사고

구체적인
생각

타인에
대한 이해

CHECK POINT

브레인스토밍
미국의 알렉스 오즈번이 고안한 그룹발산기법으로, 창의적인 사고를 위한 발산방법 중 가장 흔히 사용되는 방법이다. 집단의 효과를 살려서 아이디어의 연쇄반응을 일으켜 자유분방한 아이디어를 내고자 하는 것이다.

CHECK POINT

논리적 사고
업무 수행 중에 자신이 만든 계획이나 주장을 주위 사람에게 이해시켜 실현시키기 위해서는 체계적인 설득 과정을 거쳐야 하는데, 이때 필요로 하는 것이 논리적 사고이다.

PART 1

PART 2

PART 3

(3) 논리적 사고를 개발하기 위한 방법

① 피라미드 기법

보조 메시지들을 통해 주요 메인 메시지를 얻고, 다시 메인 메시지를 종합한 최종적인 정보를 도출해 내는 방법이다.

```
                    ┌─────────────────────────┐
                    │      ○○ 해야 한다.        │
                    └─────────────────────────┘
메인 메시지    ┌───────┐      ┌───────┐      ┌───────┐
             │   1   │      │   2   │      │   3   │
             └───────┘      └───────┘      └───────┘
보조 메시지   [a] [b] [c]    [d] [e] [f]    [g] [h] [i]
```

② So What 기법

"그래서 무엇이지?" 하고 자문자답하는 의미로 눈앞에 있는 정보로부터 의미를 찾아내어 가치 있는 정보를 이끌어 내는 사고이다. "So What?"은 "어떻게 될 것인가?", "어떻게 해야 한다."라는 내용이 포함되어야 한다. 아래는 이에 대한 사례이다.

상황

ㄱ. 우리 회사의 자동차 판매대수가 사상 처음으로 전년 대비 마이너스를 기록했다.

ㄴ. 우리나라의 자동차 업계 전체는 일제히 적자 결산을 발표했다.

ㄷ. 주식 시장은 몇 주간 조금씩 하락하는 상황에 있다.

So What?을 사용한 논리적 사고의 예

a. 자동차 판매의 부진

b. 자동차 산업의 미래

c. 자동차 산업과 주식시장의 상황

d. 자동차 관련 기업의 주식을 사서는 안 된다.

e. 지금이야말로 자동차 관련 기업의 주식을 사야 한다.

해설

a. 상황 ㄱ만 고려하고 있으므로 So What의 사고에 해당하지 않는다.

b. 상황 ㄷ을 고려하지 못하고 있으므로 So What의 사고에 해당하지 않는다.

c. 상황 ㄱ ~ ㄷ을 모두 고려하고는 있으나 자동차 산업과 주식시장이 어떻게 된다는 것을 알 수 없으므로 So What의 사고에 해당하지 않는다.

d · e. "주식을 사지 마라(사라)."는 메시지를 주고 있으므로 So What의 사고에 해당한다.

CHECK POINT

논리적 오류의 종류

• 권위나 인신공격에 의존한 오류 : 상대방의 주장이 아니라 상대방의 인격을 공격

• 허수아비 공격의 오류 : 상대방의 주장과는 전혀 상관 없는 별개의 논리를 만들어 공격

• 무지의 오류 : 그럴 듯해 보이지만 증명되지 않은 주장 (신의 존재 유무 등 증명할 수 없거나 증명이 어려운 분야에서 자주 등장)

• 결합 · 분할의 오류 : 하나의 사례에는 오류가 없지만 여러 사례를 잘못 결합하여 오류가 발생. 논리적 주장을 확대하거나 쪼개서 적용할 경우 흔히 발생

• 성급한 일반화 오류 : 몇몇 사례를 일반화하여 발생

• 복합 질문의 오류 : "또다시 이런 죄를 지을 것인가?"와 같은 질문의 경우 "예", "아니오" 중 어떤 답변을 해도 이미 죄를 지었다는 것을 인정하게 된다. 이와 같이 질문이 복합되어 발생하는 오류

• 과대 해석의 오류 : 문맥을 무시하고 과도하게 문구에만 집착하여 발생하는 오류

• 애매성의 오류 : 애매한 표현을 사용하여 발생하는 오류

• 연역법의 오류 : 삼단 논법을 잘못 적용하여 발생하는 결과의 오류

〈 핵심예제 〉

논리적 사고를 위한 요소가 아닌 것은?

① 생각하는 습관
② 상대 논리의 구조화
③ 타인에 대한 이해 · 설득
④ 추상적인 생각

| 04 | 비판적 사고

(1) 비판적 사고란?

어떤 주제나 주장 등에 대해서 적극적으로 분석하고 종합하며 평가하는 능동적인 사고를 말한다. 이는 문제의 핵심을 중요한 대상으로 하며, 지식과 정보를 바탕으로 합당한 근거에 기초를 두고 현상을 분석, 평가하는 사고이다. 비판적 사고를 개발하기 위해서는 지적 호기심, 객관성, 개방성, 융통성, 지적 회의성, 지적 정직성, 체계성, 지속성, 결단성, 다른 관점에 대한 존중과 같은 합리적인 태도가 요구된다.

(2) 비판적 사고에 필요한 태도

① 문제의식

문제의식을 가지고 있다면 주변에서 발생하는 사소한 것에서도 정보를 수집하고 새로운 아이디어를 끊임없이 생산해 낼 수 있다.

② 고정관념 타파

지각의 폭을 넓히는 일은 정보에 대한 개방성을 가지고 편견을 갖지 않는 것으로 이를 위해서는 고정관념을 타파하는 것이 중요하다.

CHECK POINT

➕ 비판적 사고에 대한 편견
• 비판적 사고의 주요 목적은 어떤 주장의 단점을 파악하려는 데 있다.
• 비판적 사고는 타고 나는 것이지 학습할 수 있는 것이 아니다.

안심Touch

| 01 | 문제 인식

(1) 문제 인식 절차

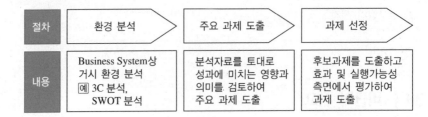

절차	환경 분석	주요 과제 도출	과제 선정
내용	Business System상 거시 환경 분석 예 3C 분석, SWOT 분석	분석자료를 토대로 성과에 미치는 영향과 의미를 검토하여 주요 과제 도출	후보과제를 도출하고 효과 및 실행가능성 측면에서 평가하여 과제 도출

(2) 환경 분석

① 3C 분석

사업환경을 구성하고 있는 요소인 자사, 경쟁사, 고객을 3C라고 한다.

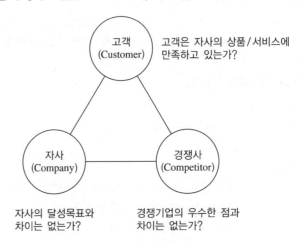

② SWOT 분석

㉠ 의의 : 기업내부의 강점, 약점과 외부환경의 기회, 위협요인을 분석 평가하고 이들을 서로 연관지어 전략을 개발하고 문제해결 방안을 개발하는 방법이다.

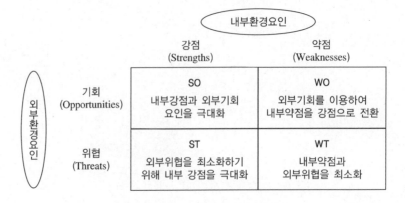

ⓛ SWOT 분석방법

외부환경 분석	• 좋은 쪽으로 작용하는 것은 기회, 나쁜 쪽으로 작용하는 것은 위협으로 분류 • 언론매체, 개인 정보망 등을 통하여 입수한 상식적인 세상의 변화 내용을 시작으로 당사자에게 미치는 영향을 순서대로 점차 구체화 • 인과관계가 있는 경우 화살표로 연결 • 동일한 Data라도 자신에게 긍정적으로 전개되면 기회로, 부정적으로 전개되 면 위협으로 구분 • 외부환경분석시에는 SCEPTIC 체크리스트를 활용 ① Social(사회), ② Competition(경쟁), ③ Economic(경제), ④ Politic (정치), ⑤ Technology(기술), ⑥ Information(정보), ⑦ Client(고객)
내부환경 분석	• 경쟁자와 비교하여 나의 강점과 약점을 분석 • 강점과 약점의 내용 : 보유하거나 동원 가능하거나 활용 가능한 자원 • 내부환경분석에는 MMMITI 체크리스트를 활용 ① Man(사람), ② Material(물자), ③ Money(돈), ④ Information(정보), ⑤ Time(시간), ⑥ Image(이미지)

ⓓ SWOT 전략 수립 방법

내부의 강점과 약점을, 외부의 기회와 위협을 대응시켜 기업 목표 달성을 위한 SWOT분석을 바탕으로 구축한 발전전략의 특성은 다음과 같다.

SO전략	외부환경의 기회를 활용하기 위해 강점을 사용하는 전략 선택
ST전략	외부환경의 위협을 회피하기 위해 강점을 사용하는 전략 선택
WO전략	자신의 약점을 극복함으로써 외부환경의 기회를 활용하는 전략 선택
WT전략	외부환경의 위협을 회피하고 자신의 약점을 최소화하는 전략 선택

(3) 주요 과제 도출

과제 도출을 위해서는 다양한 과제 후보안을 다음 그림과 같은 표를 이용해서 하는 것이 체계적이며 바람직하다. 주요 과제 도출을 위한 과제안 작성 시, 과제안 간의 동일한 수준, 표현의 구체성, 기간내 해결 가능성 등을 확인해야 한다.

(4) 과제 선정

과제안 중 효과 및 실행 가능성 측면을 평가하여 가장 우선순위가 높은 안을 선정하며, 우선순위 평가 시에는 과제의 목적, 목표, 자원현황 등을 종합적으로 고려하여 평가한다.

CHECK POINT

➕ 고객요구 조사방법
• 심층면접법
: 조사자와 응답자 간의 일
대일 대면접촉에 의해
응답자의 잠재된 동기,
신념, 태도 등을 발견하
는 방법
• Focus Group Interview
: 6~8인으로 구성된 그
룹에서 특정 주제에 대
해 논의하는 과정으로,
숙련된 사회자의 컨트롤
기술에 의해 구성원 상
호 간의 의견을 도출하
는 방법

(5) 과제안 평가기준

과제해결의 중요성, 과제착수의 긴급성, 과제해결의 용이성을 고려하여 여러 개의 평가기준을 동시에 설정하는 것이 바람직하다.

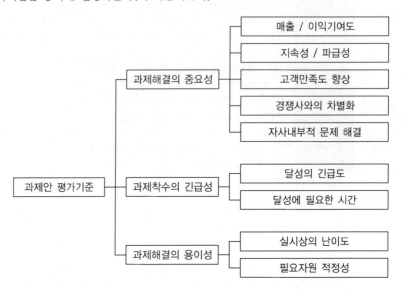

CHECK POINT

문제 도출 과정
문제를 도출하기 위해서는 해결해야 하는 문제들을 작고 다룰 수 있는 세분화된 문제들로 쪼개 나가는 과정이 필요하다. 이를 통해 문제의 내용이나 해결안들을 구조화할 수 있다.

| 02 | 문제 도출

(1) 세부 절차

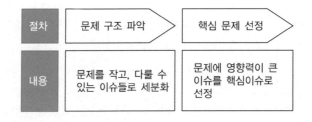

(2) 문제 구조 파악

전체 문제를 개별화된 세부 문제로 쪼개는 과정으로 문제의 내용 및 부정적인 영향 등을 파악하여 문제의 구조를 도출해내는 것이다. 이를 위해서는 문제가 발생한 배경이나 문제를 일으키는 원인을 분명히 해야 하며, 문제의 본질을 다양하고 넓은 시야로 보아야 한다.

(3) 로직 트리(Logic Tree)

주요 과제를 나무모양으로 분해하여 정리하는 기술이다. 제한된 시간 동안 문제의 원인을 깊이 파고든다든지, 해결책을 구체화할 때 유용하게 사용된다. 이를 위해서는 전체 과제를 명확히 해야 하며, 분해해 가는 가지의 수준을 맞춰야 하고, 원인이 중복되거나 누락되지 않고 각각의 합이 전체를 포함해야 한다.

| 03 | 원인 분석

(1) 세부 절차

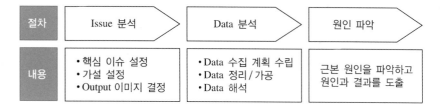

(2) Issue 분석

① 핵심 이슈 설정

업무에 가장 크게 영향을 미치는 문제로 선정하며, 사내외 고객 인터뷰 등을 활용한다.

② 가설 설정

이슈에 대해 자신의 직관, 경험 등에 의존하여 일시적인 결론을 예측하는 것이며, 설정된 가설은 관련자료 등을 통해 검증할 수 있어야 하고, 논리적이며 객관적이어야 한다.

③ 분석 결과 이미지 결정

가설검증계획에 따라 분석 결과를 미리 이미지화하는 것이다.

(3) 데이터 분석

① 데이터 수집 계획 수립

데이터 수집 시에는 목적에 따라 수집 범위를 정하고, 전체 자료의 일부인 표본을 추출하는 전통적인 통계학적 접근과 전체 데이터를 활용한 빅데이터 분석을 구분해야 한다. 이때, 객관적인 사실을 수집해야 하며 자료의 출처를 명확히 밝힐 수 있어야 한다.

② 데이터 정리 / 가공

　　데이터 수집 후에는 목적에 따라 수집된 정보를 항목별로 분류 정리하여야 한다.

③ 데이터 해석

　　정리된 데이터는 '무엇을', '왜', '어떻게' 측면에서 의미를 해석해야 한다.

CHECK POINT

원인결과 다이어그램
문제를 세분화 해가면서 문제의 원인과 대안을 찾을 수 있는 기법이다. 기법의 구조가 생선의 머리와 뼈처럼 보이기 때문에 Fish Bone Diagram으로 알려져 있으며, 품질관리 분야에 널리 이용되고 있다.

(4) 원인 파악

① 단순한 인과관계

　　원인과 결과를 분명하게 구분할 수 있는 경우로, 날씨가 더울 때 아이스크림 판매량이 증가하는 경우가 이에 해당한다.

② 닭과 계란의 인과관계

　　원인과 결과를 구분하기가 어려운 경우로, 브랜드의 향상이 매출확대로 이어지고, 매출확대가 다시 브랜드의 인지도 향상으로 이어져 원인과 결과를 쉽게 밝혀내기 어려운 상황이 이에 해당한다.

③ 복잡한 인과관계

　　단순한 인과관계와 닭과 계란의 인과관계의 유형이 복잡하게 서로 얽혀 있는 경우로, 대부분의 문제가 이에 해당한다.

| 04 | 해결안 개발

(1) 세부 절차

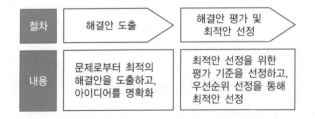

(2) 해결안 도출 과정

① 근본 원인으로 열거된 내용을 어떠한 방법으로 제거할 것인지를 명확히 한다.

② 독창적이고 혁신적인 방안을 도출한다.

③ 유사한 방법이나 목적을 갖는 내용을 군집화한다.

④ 최종 해결안을 정리한다.

(3) 해결안 평가 및 최적안 선정

문제(What), 원인(Why), 방법(How)를 고려해서 해결안을 평가하고 가장 효과적인 해결안을 선정해야 하며, 중요도와 실현가능성 등을 고려해서 종합적인 평가를 내리고, 채택 여부를 결정하는 과정이다.

| 05 | 실행 및 평가

(1) 세부 절차

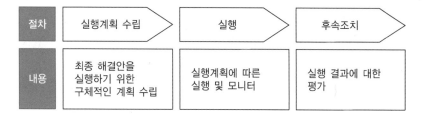

절차	실행계획 수립	실행	후속조치
내용	최종 해결안을 실행하기 위한 구체적인 계획 수립	실행계획에 따른 실행 및 모니터	실행 결과에 대한 평가

(2) 실행계획 수립

세부 실행내용의 난이도를 고려하여 가급적 구체적으로 세우는 것이 좋으며, 해결안별 실행계획서를 작성함으로써 실행의 목적과 과정별 진행내용을 일목요연하게 파악하도록 하는 것이 필요하다.

(3) 실행 및 후속조치

① 파일럿 테스트를 통해 문제점을 발견하고, 해결안을 보완한 후 대상 범위를 넓혀서 전면적으로 실시해야 한다. 그리고 실행상의 문제점 및 장애요인을 신속히 해결하기 위해서 모니터링 체제를 구축하는 것이 바람직하다.

② 모니터링 시 고려 사항

- 바람직한 상태가 달성되었는가?
- 문제가 재발하지 않을 것을 확신할 수 있는가?
- 사전에 목표한 기간 및 비용은 계획대로 지켜졌는가?
- 혹시 또 다른 문제를 발생시키지 않았는가?
- 해결책이 주는 영향은 무엇인가?

〈 핵심예제 〉

다음 중 문제해결 과정이 순서대로 바르게 나열된 것은?

ㄱ. 문제 인식	ㄴ. 실행 및 평가
ㄷ. 원인 분석	ㄹ. 문제 도출
ㅁ. 해결안 개발	

① ㄱ - ㄴ - ㄷ - ㄹ - ㅁ
② ㄱ - ㄹ - ㄷ - ㅁ - ㄴ
③ ㄴ - ㄷ - ㄹ - ㅁ - ㄱ
④ ㄹ - ㄱ - ㄷ - ㅁ - ㄴ

CHECK POINT

실행 및 후속조치
문제의 원인을 분석하고, 해결안을 개발한 후에는 실행계획을 수립하여 실제 실행하는 과정이 필요하다. 이를 통해서 실행 결과를 평가하고, 문제해결이 제대로 이루어졌는지를 확인할 수 있다.

예제풀이

문제해결 과정
문제 인식 → 문제 도출 → 원인 분석 → 해결안 개발 → 실행 및 평가

정답 ②

┌연속출제┐

다음 명제가 모두 참일 때, 반드시 참인 명제는?

풀이순서

> • 도보로 걷는 사람은 자가용을 타지 않는다.
> p $\sim q$
>
> • 자전거를 타는 사람은 자가용을 탄다.
> r q
>
> • 자전거를 타지 않는 사람은 버스를 탄다.
> $\sim r$ s

① 자가용을 타는 사람은 도보로 걷는다. $q \to p$

② 버스를 타지 않는 사람은 자전거를 타지 않는다. $\sim s \to \sim r$

③ 버스를 타는 사람은 도보로 걷는다. $s \to p$

☑ 도보로 걷는 사람은 버스를 탄다. $p \to s$

1) 질문의도
: 명제추리

2) 문장분석
: 기호화

3) 정답도출

📑 **유형** 분석   • 주어진 문장을 토대로 논리적으로 추론하여 참 또는 거짓을 구분하는 문제이다.

                    • 대체로 연역추론을 활용한 명제 문제가 출제되고 있다.

                    응용문제 : 자료를 제시하고 새로운 결과나 자료에 주어지지 않은 내용을 추론해 가는 형식의 문제가 출제된다.

📑 **풀이** 전략   각 문장에 있는 핵심단어 또는 문구를 기호화하여 정리한 뒤, 선택지와 비교하여 참 또는 거짓을 판단한다.

사고력 ②

┌연속출제┐

다음은 2019년 상반기 노동시장의 특징 및 주요 요인에 대한 자료이다. 다음 〈보기〉 중 자료에 대한 설명으로 옳지 않은 것을 모두 고른 것은?

풀이순서

1) 질문의도
: 유인 → 주요 득징
⇒ 피라미드 기법

2) 사고법 적용

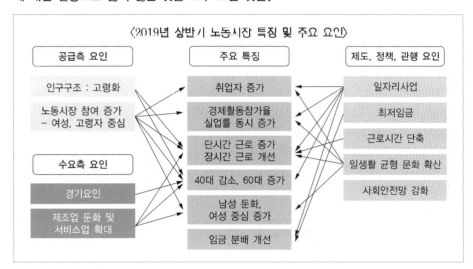

〈2019년 상반기 노동시장 특징 및 주요 요인〉

공급측 요인 / 주요 특징 / 제도, 정책, 관행 요인

인구구조 : 고령화
노동시장 참여 증가 – 여성, 고령자 중심

수요측 요인
경기요인
제조업 둔화 및 서비스업 확대

취업자 증가
경제활동참가율 실업률 동시 증가
단시간 근로 증가 장시간 근로 개선
40대 감소, 60대 증가
남성 둔화, 여성 중심 증가
임금 분배 개선

일자리사업
최저임금
근로시간 단축
일생활 균형 문화 확산
사회안전망 강화

보기

ㄱ. 정부의 일자리사업으로 60대 노동자가 증가하였다.
ㄴ. 제조업이 둔화함에 따라 남성 중심의 노동시장이 둔화하고 있다.
ㄷ. 정부의 최저임금 정책으로 단시간 근로자 수가 증가하였다.
ㄹ. 여성의 노동시장 참여가 늘어나면서 전체 취업자 수가 증가하였다.
ㅁ. 인구 고령화가 심화됨에 따라 경제활동참가율과 실업률이 동시에 증가하고 있다.

① ㄱ, ㄴ   ② ㄱ, ㄷ
③ ㄴ, ㄹ   ④ ㄴ, ㅁ
⑤ ㄷ, ㅁ

3) 정답도출

📋 **유형 분석** • 문제해결에 필요한 사고력을 평가하기 위한 문제이다.
• 주로 피라미드 구조 기법, 5Why 기법, So What 기법 등을 활용한 문제들이 출제되고 있다.

📋 **풀이 전략** 질문을 읽고 문제를 해결하기 위해 필요한 사고법을 선별한 뒤 적용하여 풀어 나간다.
• 피라미드 구조 기법 : 하위의 사실이나 현상으로부터 상위의 주장을 만들어 나가는 방법
• 5Why 기법 : 주어진 문제에 대해서 계속하여 이유를 물어 가장 근본이 되는 원인을 찾는 방법
• So What 기법 : '그래서 무엇이지?'라고 자문자답하며 눈앞에 있는 정보로부터 의미를 찾아내어 가치 있는 정보를 이끌어 내는 방법

┌연속출제┐

다음은 K공사가 추진 중인 '그린수소' 사업에 관한 보도 자료와 K공사에 대한 SWOT 분석 결과이다. [SWOT 분석] 결과를 참고할 때, '그린수소' 사업이 해당하는 전략은 무엇인가?

> K공사는 전라남도, 나주시와 '그린수소 사업 협력 MOU'를 체결하였다. 지난 5월 정부는 탄소 배출 없는 그린수소 생산을 위해 K공사를 사업자로 선정하였고, 재생에너지 잉여전력을 활용한 수전해(P2G) 기술을 통해 그린수소를 만들어 저장하는 사업을 정부 과제로 선정하여 추진하기로 하였다.
> 그린수소 사업은 정부의 '재생에너지 3020 계획'에 따라 계속 증가하는 재생에너지를 활용해 수소를 생산함으로써 재생에너지 잉여전력 문제를 해결할 것으로 예상된다.
> MOU 체결식에서 K공사 사장은 "K공사는 전라남도, 나주시와 지속적으로 협력하여 정부 에너지전환 정책에 부응하고, 사업에 필요한 기술개발을 위해 더욱 노력할 것"이라고 밝혔다.

〈SWOT 분석 결과〉

강점(Strength)	약점(Weakness)
• 적극적인 기술개발 의지 • 차별화된 환경기술 보유	• 해외시장 진출에 대한 두려움 • 경험 많은 기술 인력의 부족
기회(Opportunity)	위협(Threat)
• 발전설비를 동반한 환경설비 수출 유리 • 세계 전력 시장의 지속적 성장	• 재생에너지의 잉여전력 증가 • 친환경 기술 경쟁 심화

① SO전략
② ST전략 ✔
③ WO전략
④ WT전략
⑤ OT전략

풀이순서

1) 질문의도
   : SWOT 분석

2) 결과분석

3) 정답도출

📋 **유형 분석**　• 상황에 대한 환경 분석 결과를 통해 주요 과제를 도출하는 문제이다.
　　　　　　　　• 주로 3C 분석 또는 SWOT 분석을 활용한 문제들이 출제되고 있으므로 해당 분석도구에 대한 사전 학습이 요구된다.

📋 **풀이 전략**　문제에서 제시된 분석도구가 무엇인지 확인한 후, 분석 결과를 종합적으로 판단하여 각 선택지의 전략 과제와 일치하는지를 판단한다.

┌─연속출제─┐

K씨는 인터넷뱅킹 사이트에 가입하기 위해 가입절차에 따라 정보를 입력하는데 그중 패스워드 만드는 과정이 까다로워 계속 실패 중이다. 사이트 가입 시 패스워드 〈조건〉이 다음과 같을 때, 〈조건〉에 부합하는 패스워드는 무엇인가?

풀이순서

1) 질문의도
   : 패스워드 조합

┌─ 조건 ─
- 패스워드는 7자리이다. ❺
- 영어 대문자와 소문자, 숫자, 특수기호를 적어도 하나씩 포함해야 한다. ❹·❺
- 숫자 0은 다른 숫자와 연속해서 나열할 수 없다. ❶
- 영어 대문자는 다른 영어 대문자와 연속해서 나열할 수 없다. ❶·❺
- 특수기호를 첫 번째로 사용할 수 없다. ❸

2) 조건확인

① a?102CB   ⓥ 7!z0bT4
③ #38Yup0   ④ ssng99&
⑤ 6LI◇23

3) 정답도출

📋 **유형 분석**
- 주어진 상황과 정보를 종합적으로 활용하여 풀어 가는 문제이다.
- 비용, 시간, 순서, 해석 등 다양한 주제를 다루고 있어 문제유형을 한 가지로 단일화하기가 어렵다.
- 대체로 2문제 혹은 3문제가 묶여서 출제되고 있으며, 문제가 긴 경우가 많아 푸는 시간이 많이 걸린다.

📋 **풀이 전략**
먼저 문제에서 묻는 것을 파악한 후, 필요한 상황과 정보를 찾아 이를 활용하여 문제를 풀어 간다.

안심Touch

01 여행업체 가이드 A ~ D는 2019년부터 2021년까지 네덜란드, 독일, 영국, 프랑스에서 활동하였다. 〈조건〉을 참고하였을 때, 항상 참인 것은?

> **조건**
>
> - 독일에서 가이드를 하면 항상 전년도에 네덜란드에서 가이드를 한다.
> - 2020년에 B는 독일에서 가이드를 했다.
> - 2019년에 C는 프랑스에서 가이드를 했다.
> - 2019년에 프랑스에서 가이드를 한 사람은 2021년에 독일에서 가이드를 하지 않는다.
> - 2019년에 D가 가이드를 한 곳에서 B가 2019년에 가이드를 하였다.
> - 한 사람당 1년에 한 국가에서 가이드를 했으며, 한 번 가이드를 한 곳은 다시 가지 않았다.

① 2020년 A와 2019년 B는 다른 곳에서 가이드를 하였다.

② 2021년 B는 영국에서 가이드를 하였다.

③ 2019년 ~ 2021년 A와 D가 가이드를 한 곳은 동일하다.

④ 2022년에 C는 독일에서 가이드를 한다.

⑤ D는 프랑스에서 가이드를 한 적이 없다.

02 같은 해에 입사한 동기 A ~ E는 모두 S공사 소속으로 서로 다른 부서에서 일하고 있다. 이들이 근무하는 부서와 해당 부서의 성과급은 다음과 같다. 부서배치에 관한 조건, 휴가에 관한 조건을 참고했을 때 다음 중 항상 옳은 것은?

〈부서별 성과급〉

비서실	영업부	인사부	총무부	홍보부
60만 원	20만 원	40만 원	60만 원	60만 원

※ 각 사원은 모두 각 부서의 성과급을 동일하게 받는다.

〈부서배치 조건〉

• A는 성과급이 평균보다 적은 부서에서 일한다.
• B와 D의 성과급을 더하면 나머지 세 명의 성과급 합과 같다.
• C의 성과급은 총무부보다는 적지만 A보다는 많다.
• C와 D 중 한 사람은 비서실에서 일한다.
• E는 홍보부에서 일한다.

〈휴가 조건〉

• 영업부 직원은 비서실 직원보다 휴가를 더 늦게 가야 한다.
• 인사부 직원은 첫 번째 또는 제일 마지막으로 휴가를 가야 한다.
• B의 휴가 순서는 이들 중 세 번째이다.
• E는 휴가를 반납하고 성과급을 두 배로 받는다.

① A의 3개월 치 성과급은 C의 2개월 치 성과급보다 많다.
② C가 맨 먼저 휴가를 갈 경우, B가 맨 마지막으로 휴가를 가게 된다.
③ D가 C보다 성과급이 많다.
④ 휴가철이 끝난 직후, 급여명세서에 D와 E의 성과급 차이는 세 배이다.
⑤ B는 A보다 휴가를 먼저 출발한다.

〈사회통합프로그램 소개〉

Ⅰ. 과정 및 이수시간(2021년 6월)

구분	0단계	1단계	2단계	3단계	4단계	5단계
과정		한국어와 한국문화				한국사회의 이해
	기초	초급1	초급2	중급1	중급2	
이수시간	15시간	100시간	100시간	100시간	100시간	50시간
사전평가	구술 3점 미만 (지필점수 무관)	3 ~ 20점	21 ~ 40점	41 ~ 60점	61 ~ 80점	81 ~ 100점

Ⅱ. 사전평가

1. 평가 대상 : 사회통합프로그램 참여 신청자는 모두 응시해야 함
2. 평가 내용 : 한국어 능력 등 기본소양 정도
3. 평가 장소 : 관할 출입국에서 지정하는 별도 장소
4. 평가 방법 : 필기시험(45) 및 구술시험(5) 등 총 50문항
   가. 필기시험(45문항, 90점)
      - 문항 수는 총 45문항으로 객관식(43), 단답형 주관식(2)
      - 시험시간은 총 50분
      - 답안지는 OMR카드를 사용함
   나. 구술시험(5문항, 10점)
      - 문항 수는 총 5문항으로 읽기, 이해하기, 대화하기, 듣고 말하기 등으로 구성
      - 시험시간은 총 10분

※ 사전평가일로부터 6개월 이내에 교육에 참여하지 않은 경우 해당 평가는 무효가 되며, 다시 사전 평가에 응시하여 단계배정을 다시 받아야만 교육 참여 가능 → 이 경우에는 재시험 기회가 추가로 부여되지 않음(평가 결과에 불만이 있더라도 재시험을 신청할 수 없음)

※ 사회통합프로그램의 '0단계(한국어 기초)'부터 참여하기를 희망하는 경우에 한해 사전평가를 면제받을 수 있습니다. 사전평가를 면제받고자 할 경우에는 사회통합프로그램 참여신청 화면의 '사전평가 응시여부'에 '아니오'를 체크하셔야 합니다.

Ⅲ. 참여 시 참고사항

1. 참여 도중 출산, 치료, 가사 등 불가피한 사유로 30일 이상 계속 참여가 불가능할 경우 참여자는 사유발생일로부터 15일 이내에 사회통합정보망(마이페이지)을 통해 이수정지 신청을 해야 함 → 이 경우 사유 종료 후 계속해서 해당 과정에 참여하며, 과거 이수사항 및 이수시간을 계속 승계하며, 이수정지 후 2년 이상 재등록하지 않을 경우 직권제적 대상이 되므로, 계속 참여 의사가 있는 경우에는 2년 이내에 재등록해야 함
2. 참여 도중 30일 이상 무단으로 결석할 경우 제적 조치하고, 이 경우에는 해당단계에서 이미 이수한 사항은 모두 무효 처리함

03 A사원은 온라인 상담게시판에 올라와 있는 한 고객의 상담문의를 읽었다. 문의내용에 따른다면 고객이 다음 단계에 이수해야 할 과정과 이수시간을 올바르게 나열한 것은?

고객 상담 게시판	
[1 : 1 상담요청] 제목 : 이수 과목 관련 문의드립니다.	2021-06-01
안녕하세요. 2019년 12월에 한국어와 한국문화 초급2 과정을 수료한 후, 중급1 과정 30시간을 듣다가 출산 때문에 이수정지 신청을 했었습니다. 다음 달부터 다시 프로그램에 참여하고자 하는데, 어떤 과정을 몇 시간 더 들어야 하나요? 답변 부탁드립니다.	

	과정	이수시간
①	기초	15시간
②	초급2	70시간
③	초급2	100시간
④	중급1	70시간
⑤	중급1	100시간

04 다음 〈보기〉 중 2021년 6월에 같은 강의를 듣는 사람끼리 올바르게 짝지은 것은?

> **보기**
>
> ㄱ. 사전평가에서 구술 10점, 필기 30점을 받은 A씨
> ㄴ. 사전평가에서 구술 2점, 필기 40점을 받은 B씨
> ㄷ. 1년 전 초급1 과정을 30시간 들은 후 이수정지 신청을 한 후 재등록한 C씨
> ㄹ. 사전평가에 응시하지 않겠다고 의사를 표시한 후 참여를 신청한 D씨

① ㄱ, ㄴ ② ㄱ, ㄷ
③ ㄴ, ㄷ ④ ㄴ, ㄹ
⑤ ㄷ, ㄹ

※ 다음 자료를 보고 이어지는 질문에 답하시오. **[5~7]**

〈블랙박스 시리얼 번호 체계〉

개발사		제품		메모리 용량		제조년월				일련번호	PCB버전
값	의미	값	의미	값	의미	값	의미	값	의미	값	값
A	아리스	BD	블랙박스	1	4GB	A	2015년	1~9	1~9월	00001	1
S	성진	BL	LCD 블랙박스	2	8GB	B	2016년	O	10월	00002	2
B	백경	BP	IPS 블랙박스	3	16GB	C	2017년	N	11월	…	3
C	천호	BE	LED 블랙박스	4	32GB	D	2018년	D	12월	09999	
M	미강테크					E	2019년				

※ 예시 : ABD2B6000101 → 아리스 블랙박스, 8GB, 2016년 6월 생산, 10번째 모델, PCB 1번째 버전

〈A/S 접수 현황〉

분류1	분류2	분류3	분류4
ABD1A2001092	MBE2E3001243	SBP3CD012083	ABD4B3007042
BBD1DD000132	MBP2CO120202	CBE3C4000643	SBE4D5101483
SBD1D9000082	ABE2D0001063	BBD3B6000761	MBP4C6000263
ABE1C6100121	CBL2C3010213	ABP3D8010063	BBE4DN020473
CBP1C6001202	SBD2B9001501	CBL3S8005402	BBL4C5020163
CBL1BN000192	SBP2C5000843	SBD3B1004803	CBP4D6100023
MBD1A2012081	BBL2BO010012	MBE3E4010803	SBE4E4001613
MBE1DB001403	CBD2B3000183	MBL3C1010203	ABE4DO010843

05 당사의 제품을 구매한 고객이 A/S를 접수하면, 상담원은 제품 시리얼 번호를 확인하여 기록해 두고 있다. 제품 시리얼 번호는 특정 기준에 의해 분류하여 기록하고 있는데, 다음 중 그 기준은 무엇인가?

① 개발사 ② 제품
③ 메모리 용량 ④ 제조년월
⑤ PCB버전

06 A/S가 접수된 제품 중 2015 ~ 2016년 생산 제품에 대해 무상으로 블루투스 기능을 추가해 주는 이벤트를 진행하고 있다. A/S접수가 된 블랙박스 중에서 이벤트에 해당되는 제품은 모두 몇 개인가?

① 6개 ② 7개
③ 8개 ④ 9개
⑤ 10개

07 A/S가 접수되면 수리를 위해 각 제품을 해당 제조사로 전달한다. 그런데 제품 시리얼 번호를 확인하는 과정에서 조회되지 않는 번호가 있다는 것을 발견하였다. 총 몇 개의 시리얼 번호가 잘못 기록되었는가?

① 6개
② 7개
③ 8개
④ 9개
⑤ 10개

08 안전본부 사고분석 개선처에 근무하는 B대리는 혁신우수 연구대회에 출전하며 첨단장비를 활용한 차종별 보행자 사고 모형개발을 발표했으며, SWOT 분석을 통해 추진방향을 도출하기 위해 다음의 표를 작성했다. 주어진 분석 결과에 대응하는 전략과 그 내용이 틀리게 짝지어진 것은?

강점(Strength)	약점(Weakness)
10년 이상 지속적인 교육과 연구로 신기술 개발을 위한 인프라 구축	보행자사고 모형개발을 위한 예산 및 실차 실험을 위한 연구소 부재
기회(Opportunity)	위협(Threat)
첨단 과학장비(3D스캐너, MADYMO) 도입으로 정밀 시뮬레이션 분석 가능	교통사고에 대한 국민의 관심과 분석수준 향상으로 공단의 사고 분석 질적 제고 필요

① SO전략 : 과학장비를 통한 정밀 시뮬레이션 분석을 토대로 국내 차량의 전면부 형상을 취득하고 보행자사고를 분석해 신기술 개발에 도움
② WO전략 : 실차 실험 대신 과학장비를 통한 시뮬레이션 연구로 모형개발
③ ST전략 : 지속적 교육과 연구로 쌓아온 데이터를 바탕으로 사고분석 프로그램 신기술 개발을 통해 사고분석 질적 향상에 기여
④ WT전략 : 신기술 개발을 위한 연구대회를 개최해 인프라를 더욱 탄탄히 구축
⑤ OT전략 : 첨단 과학장비를 통해 사고분석 질적 향상을 도모

안심Touch

09 A기업에서 다음 면접방식으로 면접을 진행할 때, 심층면접을 할 수 있는 최대 인원수와 마지막 심층면접자의 기본면접 종료 시각을 옳게 짝지은 것은?

〈면접방식〉

- 면접은 기본면접과 심층면접으로 구분된다. 기본면접실과 심층면접실은 각 1개이고, 면접대상자는 1명씩 입실한다.
- 기본면접과 심층면접은 모두 개별면접의 방식을 취한다. 기본면접은 심층면접의 진행 상황에 관계없이 10분 단위로 계속되고, 심층면접은 기본면접의 진행 상황에 관계없이 15분 단위로 계속된다.
- 기본면접을 마친 면접대상자는 순서대로 심층면접에 들어간다.
- 첫 번째 기본면접은 오전 9시 정각에 실시되고, 첫 번째 심층면접은 첫 번째 기본면접이 종료된 시각에 시작된다.
- 기본면접과 심층면접 모두 낮 12시부터 오후 1시까지 점심 및 휴식 시간을 가진다.
- 각각의 면접 도중에 점심 및 휴식 시간을 가질 수 없고, 1인을 위한 기본면접 시간이나 심층면접 시간이 확보되지 않으면 새로운 면접을 시작하지 않는다.
- 기본면접과 심층면접 모두 오후 1시에 오후 면접 일정을 시작하고, 기본면접의 일정과 관련 없이 심층면접은 오후 5시 정각에는 종료되어야 한다.
※ 면접대상자의 이동 및 교체 시간 등 다른 조건은 고려하지 않는다.

	인원수	종료 시각
①	27명	오후 2시 30분
②	27명	오후 2시 40분
③	28명	오후 2시 30분
④	28명	오후 2시 40분
⑤	28명	오후 2시 50분

10 K씨는 진찰을 받기 위해 병원에 갔다. 진찰 대기자는 K씨를 포함하여 총 5명이 있다. 이들의 순서가 다음 〈조건〉을 모두 만족한다고 한다면, K씨는 몇 번째로 진찰을 받을 수 있는가?

조건
- A는 B의 바로 앞에 이웃하여 있다.
- A는 C보다 뒤에 있다.
- K는 A보다 앞에 있다.
- K와 D 사이에는 2명이 있다.

① 첫 번째 ② 두 번째
③ 세 번째 ④ 네 번째
⑤ 다섯 번째

11 전주국제영화제에 참석한 충원이는 A~F영화를 다음 〈조건〉에 맞춰 5월 1일부터 5월 6일까지 하루에 한 편씩 보려고 한다. 다음 중 항상 옳은 것은?

조건

- F영화는 3일과 4일 중 하루만 상영한다.
- D영화는 C영화가 상영된 날 이틀 후에 상영한다.
- B영화는 C, D영화보다 먼저 상영된다.
- 첫째 날 B영화를 볼 가능성이 가장 높다면 5일에 반드시 A영화를 본다.

① A영화는 C영화보다 먼저 상영될 수 없다.
② C영화는 E영화보다 먼저 상영된다.
③ D영화는 5일이나 폐막작으로 상영될 수 없다
④ B영화는 1일 또는 2일에 상영된다.
⑤ E영화는 개막작이나 폐막작으로 상영된다.

12 다음의 〈조건〉을 바탕으로 옳은 것은?

조건

- 분야별 인원 구성
  - A분야 : a(남자), b(남자), c(여자)
  - B분야 : 가(남자), 나(여자)
  - C분야 : 갑(남자), 을(여자), 병(여자)
- 4명씩 나누어 총 2팀(1팀, 2팀)으로 구성한다.
- 같은 분야의 같은 성별인 사람은 같은 팀에 들어갈 수 없다.
- 각 팀에는 분야별로 적어도 한 명 이상이 들어가야 한다.
- 한 분야의 모든 사람이 한 팀에 들어갈 수는 없다.

① 갑과 을이 한 팀이 된다면 가와 나도 한 팀이 될 수 있다.
② 4명으로 나뉜 두 팀에는 남녀가 각각 2명씩 들어간다.
③ a가 1팀으로 간다면 c는 2팀으로 가야 한다.
④ 가와 나는 한 팀이 될 수 없다.
⑤ c와 갑은 한 팀이 될 수 있다.

13 연경, 효진, 다솜, 지민, 지현 5명 중에 1명이 선생님의 책상에 있는 화병에 꽃을 꽂아두었다. 이 가운데 두 명의 이야기는 모두 거짓이지만 세 명의 이야기는 모두 참이라고 할 때, 선생님 책상에 꽃을 꽂아둔 사람은?

- 연경 : 화병에 꽃을 꽂아두는 것을 나와 지현이만 보았다. 효진이의 말은 모두 맞다.
- 효진 : 화병에 꽃을 꽂아둔 사람은 지민이다. 지민이가 그러는 것을 지현이가 보았다.
- 다솜 : 지민이는 꽃을 꽂아두지 않았다. 지현이의 말은 모두 맞다.
- 지민 : 화병에 꽃을 꽂아두는 것을 세 명이 보았다. 효진이는 꽃을 꽂아두지 않았다.
- 지현 : 나와 연경이는 꽃을 꽂아두지 않았다. 나는 누가 꽃을 꽂는지 보지 못했다.

① 연경
② 효진
③ 다솜
④ 지민
⑤ 지현

14 A ~ D가 키우는 동물의 종류에 대해서 다음 사실이 알려져 있다. 이를 추론한 내용으로 옳은 것은?

- A는 개, C는 고양이, D는 닭을 키운다.
- B는 토끼를 키우지 않는다.
- A가 키우는 동물은 B도 키운다.
- A와 C는 같은 동물을 키우지 않는다.
- A, B, C, D 각각은 2종류 이상의 동물을 키운다.
- A, B, C, D는 개, 고양이, 토끼, 닭 이외의 동물은 키우지 않는다.

① B는 개를 키우지 않는다.
② B와 C가 공통으로 키우는 동물이 있다.
③ C는 키우지 않지만 D가 키우는 동물이 있다.
④ 3명이 공통으로 키우는 동물은 없다.
⑤ 3가지 종류의 동물을 키우는 사람은 없다.

※ A건설회사에서는 B시에 건물을 신축하고 있다. 다음 자료를 보고 이어지는 질문에 답하시오. [15~16]

B시에서는 친환경 건축물 인증제도를 시행하고 있다. 이는 건축물의 설계, 시공 등의 건설과정이 쾌적한 거주환경과 자연환경에 미치는 영향을 점수로 평가하여 인증하는 제도로, 건축물에 다음과 같이 인증등급을 부여한다.

〈평가점수별 인증등급〉

평가점수	인증등급
80점 이상	최우수
70 ~ 80점 미만	우수
60 ~ 70점 미만	우량
50 ~ 60점 미만	일반

또한, 친환경 건축물 최우수, 우수 등급이면서 건축물 에너지효율 1등급 또는 2등급을 추가로 취득한 경우, 다음과 같이 취·등록세액 감면 혜택을 받게 된다.

〈취·등록세액 감면 비율〉

구분	최우수 등급	우수 등급
에너지효율 1등급	12%	8%
에너지효율 2등급	8%	4%

15 다음 상황에 근거할 때, 〈보기〉에서 옳은 것을 모두 고르면?

〈상황〉

• A건설회사가 신축하고 있는 건물의 예상되는 친환경 건축물 평가점수는 63점이고, 에너지효율은 3등급이다.
• 친환경 건축물 평가점수를 1점 높이기 위해서는 1,000만 원, 에너지효율을 한 등급 높이기 위해서는 2,000만 원의 추가 투자비용이 든다.
• 신축 건물의 감면 전 취·등록세 예상액은 총 20억 원이다.
• A건설회사는 경제적 이익을 극대화하고자 한다.
※ 경제적 이익 또는 손실 : (취·등록세 감면액)-(추가 투자액)
※ 기타 비용과 이익은 고려하지 않는다.

보기

ㄱ. 추가 투자함으로써 경제적 이익을 얻을 수 있는 최소 투자금액은 1억 1,000만 원이다.
ㄴ. 친환경 건축물 우수 등급, 에너지효율 1등급을 받기 위해 추가 투자할 경우 경제적 이익이 가장 크다.
ㄷ. 에너지효율 2등급을 받기 위해 추가 투자하는 것이 3등급을 받는 것보다 A건설회사에 경제적으로 더 이익이다.

① ㄱ
② ㄷ
③ ㄱ, ㄴ
④ ㄴ, ㄷ
⑤ ㄱ, ㄴ, ㄷ

16 A건설회사의 직원들이 신축 건물에 대해 이야기를 나누고 있다. 다음 중 옳지 않은 말을 하는 사람은?

① 갑 : 현재 우리회사 신축 건물의 등급은 '우량' 등급이야.

② 을 : 신축 건물 예상평가결과 취·등록세액 감면 혜택을 받을 수 있어.

③ 병 : 추가 투자를 해서 에너지효율을 높일 필요가 있어.

④ 정 : 얼마만큼의 투자가 필요한지 계획하는 것은 예산 관리의 일환이야.

⑤ 무 : 추가 투자에 예산을 배정하기에 앞서 우선순위를 결정해야 해.

17 다음은 휴대전화를 구입하기 위하여 작성한 자료이다. 다음 중 경제적 의사결정과 관련하여 옳은 설명은?(단, 만족도 1단위는 화폐 1만 원의 가치와 같다)

〈A ~ C상품의 만족도 조사〉

(단위 : 점)

상품	가격	광고의 호감도 (5)	디자인 (12)	카메라 기능 (8)	단말기 크기 (9)	A/S (6)
A	35만 원	5	10	6	8	5
B	28만 원	4	9	6	7	5
C	25만 원	3	7	5	6	4

※ (　) 안은 만족도의 만점임

① 합리적으로 선택한다면 상품 B를 구입할 것이다.

② 단말기 크기보다 카메라 기능을 더 중시하고 있다.

③ 만족도가 가장 큰 대안을 선택하는 것이 가장 합리적이다.

④ 예산이 25만 원으로 제한되면 휴대전화 구입을 포기할 것이다.

⑤ 구매 선택의 기준으로 휴대전화의 성능을 지나치게 중시하고 있다.

※ 자동차에 번호판을 부여하는 규칙이 다음과 같을 때, 이어지는 질문에 답하시오. **[18~19]**

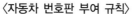

<자동차 번호판 부여 규칙>

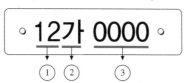

각 숫자는 다음의 사항을 나타낸다.
① 자동차의 종류
② 자동차의 용도
③ 자동차의 등록번호

▶ 자동차의 종류

구분	숫자 기호
승용차	01 ~ 69
승합차	70 ~ 79
화물차	80 ~ 97
특수차	98 ~ 99

▶ 자동차의 용도

구분		문자 기호
비사업용		가, 나, 다, 라, 마, 거, 너, 더, 러, 머, 서, 어, 저, 고, 노, 도, 로, 모, 보, 소, 오, 조, 구, 누, 두, 루, 무, 부, 수, 우, 주
사업용	택시	아, 바, 사, 자
	택배	배
	렌터카	하, 허, 호

▶ 자동차의 등록번호
: 차량의 고유번호로 임의로 부여

18 A씨는 이사를 하면서 회사와 거리가 멀어져 출퇴근을 위해 새 승용차를 구입하였다. A씨가 부여받을 수 있는 자동차 번호판으로 옳지 않은 것은?

① 23겨 4839
② 67거 3277
③ 42서 9961
④ 31주 5443
⑤ 12모 4839

19 다음 중 나머지 넷과 성격이 다른 자동차 번호판은?

① 80가 8425
② 84배 7895
③ 92보 1188
④ 81오 9845
⑤ 97주 4763

20 다음 설명을 읽고 제시된 분석결과에 가장 적절한 전략인 것은?

SWOT는 Strength(강점), Weakness(약점), Opportunity(기회), Threat(위협)의 머리글자를 따서 만든 단어로 경영 전략을 세우는 방법론이다. SWOT로 도출된 조직의 내·외부 환경을 분석하고, 이 결과를 통해 대응전략을 구상하는 분석방법론이다.

'SO(강점 – 기회)전략'은 기회를 활용하기 위해 강점을 사용하는 전략이고, 'WO(약점 – 기회)전략'은 약점을 보완 또는 극복하여 시장의 기회를 활용하는 전략이다. 'ST(강점 – 위협)전략'은 위협을 피하기 위해 강점을 활용하는 전략이며, 'WT(약점 – 위협)전략'은 위협요인을 피하기 위해 약점을 보완하는 전략이다.

외부＼내부	강점(Strength)	약점(Weakness)
기회(Opportunity)	SO(강점 – 기회)전략	WO(약점 – 기회)전략
위협(Threat)	ST(강점 – 위협)전략	WT(약점 – 위협)전략

〈S유기농 수제버거 전문점 환경 분석 결과〉

SWOT	환경 분석
강점(Strength)	• 주변 외식업 상권 내 독창적 아이템 • 커스터마이징 고객 주문 서비스 • 주문 즉시 조리 시작
약점(Weakness)	• 높은 재료 단가로 인한 비싼 상품 가격 • 대기업 버거 회사에 비해 긴 조리 과정
기회(Opportunity)	• 웰빙을 추구하는 소비 행태 확산 • 치즈 제품을 선호하는 여성들의 니즈 반영
위협(Threat)	• 제품 특성상 테이크 아웃 및 배달 서비스 불가

① SO전략 : 주변 상권의 프랜차이즈 샌드위치 전문업체의 제품을 벤치마킹해 샌드위치도 함께 판매한다.

② WO전략 : 유기농 채소와 유기농이 아닌 채소를 함께 사용하여 단가를 낮추고 가격을 내린다.

③ ST전략 : 손님들을 매장으로 유인할 수 있도록 사이드 메뉴를 서비스로 제공한다.

④ WT전략 : 조리 과정을 단축시키기 위해 커스터마이징 형식의 고객 주문 서비스 방식을 없애고, 미리 제작해놓은 버거를 배달 제품으로 판매한다.

⑤ ST전략 : 치즈의 종류를 다양하게 구성해 커스터마이징 주문 시 선택할 수 있도록 한다.

CHAPTER 04

자원관리능력

자원관리능력은 현재 많은 NCS 기반 채용을 진행하는 공사·공단에서 핵심영역으로 자리 잡아, 일부를 제외한 대부분의 시험에서 출제 영역으로 꼽히고 있다. 전체 문항수의 10 ~ 15% 비중으로 출제되고 있고, 난이도가 상당히 높기 때문에 NCS를 치를 수험생이라면 반드시 준비해야 할 필수 과목이다.

실제 시험 기출 키워드를 살펴보면 비용 계산, 해외파견 지원금 계산, 주문 제작 단가 계산, 일정 조율, 일정 선정, 행사 대여 장소 선정, 최단거리 구하기, 시차 계산, 소요시간 구하기, 해외파견 근무 기준에 부합한 또는 부합하지 않는 직원 고르기 등 크게 자원계산, 자원관리문제 유형이 출제된다. 대표유형문제를 바탕으로 응용되는 방식의 문제가 출제되고 있기 때문에 비슷한 유형을 계속해서 풀어보면서 감을 익히는 것이 중요하다.

01 시차를 먼저 계산하자!

시간자원관리문제의 대표유형 중 시차를 계산하여 일정에 맞는 항공권을 구입하거나 회의시간을 구하는 문제에서는 각각의 나라 시간을 한국 시간으로 전부 바꾸어 계산하는 것이 편리하다. 조건에 맞는 나라들의 시간을 전부 한국 시간으로 바꾸고 한국 시간과의 시차만 더하거나 빼주면 시간을 단축하여 풀수 있다.

02 보기를 활용하자!

예산자원관리문제의 대표유형에서는 계산을 해서 값을 요구하는 문제들이 있다. 이런 문제유형에서는 문제 보기를 먼저 본 후 자리 수가 몇 단위로 끝나는지 확인한다. 예를 들어 412,300원, 426,700원, 434,100원, 453,800원인 보기가 있다고 하자. 이 보기는 100원 단위로 끝나기 때문에 제시된 조건에서 100원 단위로 나올 수 있는 항목을 찾아 그 항목만 계산하여 시간을 단축시키는 방법이 있다.
또한, 일일이 계산하는 문제가 많은데 예를 들어 640,000원, 720,000원, 810,000원 등의 수를 이용해 푸는 문제가 있다고 하자. 만 원 단위를 절사하고 계산하여 64, 72, 81처럼 요약하여 적는 것도 시간을 단축하는 방법이다.

03 　최적의 값을 구하는 문제인지 파악하자!

물적자원관리문제의 대표유형에서는 제한된 자원 내에서 최대의 만족 또는 이익을 얻을 수 있는 방법을 강구하는 문제가 출제된다. 이때, 구하고자 하는 값을 x, y로 정하고 연립방정식을 이용해 x, y값을 구한다. 최소 비용으로 목표생산량을 달성하기 위한 업무 및 인력 할당, 정해진 시간 내에 최대 이윤을 낼 수 있는 업체 선정, 정해진 인력으로 효율적 업무 배치 등을 구하는 문제에서 사용되는 방법이다.

04 　각 평가항목을 비교해보자!

인적자원관리문제의 대표유형에서는 각 평가항목을 비교하여 기준에 적합한 인물을 고르거나, 저렴한 업체를 선정하거나, 총점이 높은 업체를 선정하는 문제가 출제된다. 이런 문제를 해결할 때는 평가항목에서 가격이나 점수 차이에 영향을 많이 미치는 항목을 찾아 지우면 1 ~ 2개의 보기를 삭제하고 3 ~ 4개의 보기만 계산하여 시간을 단축할 수 있다.

05 　문제의 단서를 이용하자!

자원관리능력은 계산문제가 많기 때문에, 복잡한 계산은 딱 떨어지게끔 조건을 제시하는 경우가 많다. 단서를 보고 보기에서 부합하지 않는 보기를 1 ~ 2개 먼저 소거한 뒤 계산을 하는 것도 시간을 단축하는 방법이다.

Ⅰ 자원관리능력

| 01 | 자원관리능력의 의의

(1) 자원이란?

사전적으로는 인간생활에 도움이 되는 자연계의 일부를 말하며, 이를 확장시켜 사람들이 가지고 있는 기본적인 자산을 물질적 자산(물적자원), 재정적 자산(돈), 인적 자산(인적자원)으로 나누기도 한다. 최근에는 여기에 시간도 중요한 자원 중 하나로 보고 있다.

(2) 자원의 유한성

주어진 시간은 제한되기 마련이어서 정해진 시간을 어떻게 활용하느냐가 중요하며, 돈과 물적자원 역시 제한적일 수밖에 없다. 또한 인적자원 역시 제한된 사람들을 알고 활용할 수밖에 없다. 이러한 자원의 유한성으로 인해 자원을 효과적으로 확보, 유지, 활용하는 자원관리는 매우 중요하다고 할 수 있다.

(3) 자원관리의 분류

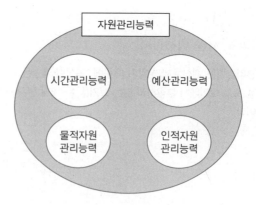

| 02 | 자원낭비의 요인

종류	내용
비계획적 행동	계획 없이 충동적이고 즉흥적으로 행동하여 자신이 활용할 수 있는 자원들을 낭비하게 되는 것
편리성 추구	자원을 활용하는 데 있어서 너무 편한 방향으로만 활용하는 것
자원에 대한 인식 부재	자신이 가지고 있는 중요한 자원을 인식하지 못하는 것
노하우 부족	자원관리의 중요성을 인식하면서도 효과적인 방법을 활용할 줄 모르는 것

CHECK POINT

전사적 자원관리
전사적 자원관리는 기업자원관리, ERP, 기업활동을 위해 사용되는 기업 내의 모든 인적·물적 자원을 효율적으로 관리하여 궁극적으로 기업의 경쟁력을 강화시켜 주는 역할을 하는 통합정보 시스템을 말한다.

| 03 | 자원관리의 과정

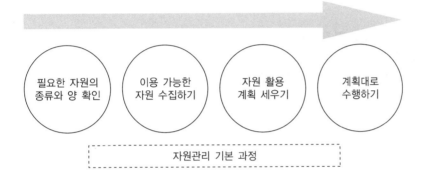

(1) 필요한 자원의 종류와 양 확인

업무를 추진하는 데 있어서 어떤 자원이 필요하며, 또 얼마만큼 필요한지를 파악하는 단계이다. 구체적으로 어떤 활동을 할 것이며, 이 활동에 어느 정도의 시간, 돈, 물적·인적자원이 필요한지를 파악한다.

(2) 이용 가능한 자원 수집하기

실제 준비나 활동을 하는 데 있어서 계획과 차이를 보이는 경우가 빈번하기 때문에 여유 있게 확보하는 것이 안전하다.

(3) 자원 활용 계획 세우기

자원을 실제 필요한 업무에 할당하여 계획을 세워야 하며, 최종적인 목적을 이루는 데 가장 핵심이 되는 것에 우선순위를 두고 계획을 세울 필요가 있다.

(4) 계획대로 수행하기

업무 추진의 단계로서 계획에 맞게 업무를 수행해야 하는 단계이다. 계획에 얽매일 필요는 없지만 최대한 계획대로 수행하는 것이 바람직하며, 불가피하게 수정해야 하는 경우에는 전체 계획에 미칠 수 있는 영향을 고려해야 한다.

〈 핵심예제 〉

다음 중 자원관리의 단계를 순서대로 나열한 것은?

ㄱ. 자원활용 계획 세우기
ㄴ. 필요한 자원의 종류와 양 확인
ㄷ. 이용 가능한 자원 수집하기
ㄹ. 계획대로 수행하기

① ㄱ - ㄴ - ㄷ - ㄹ　　　　② ㄱ - ㄷ - ㄹ - ㄴ
③ ㄴ - ㄱ - ㄷ - ㄹ　　　　④ ㄴ - ㄷ - ㄱ - ㄹ

Ⅱ 시간관리능력

| 01 | 시간관리능력의 의의

(1) 시간의 특성

- 시간은 매일 주어지는 기적이다.
- 시간은 똑같은 속도로 흐른다.
- 시간의 흐름은 멈추게 할 수 없다.
- 시간은 빌리거나 저축할 수 없다.
- 시간은 어떻게 사용하느냐에 따라 가치가 달라진다.
- 시간은 시기에 따라 밀도와 가치가 다르다.

(2) 시간관리의 효과

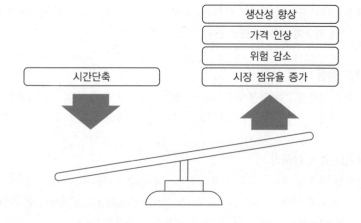

〈 핵심예제 〉

다음 중 시간자원의 특징으로 적절하지 않은 것은?

① 시간은 매일 주어진다.

② 시간의 흐름은 멈추게 할 수 없다.

③ 시간은 가치가 똑같다.

④ 시간은 똑같은 속도로 흐른다.

| 02 | 시간낭비

(1) 시간낭비의 요인

• 목적이 불명확하다.	• 우선순위가 없이 일한다.
• 여러 가지 일을 한번에 많이 다룬다.	• 장래의 일에 도움이 되지 않는 일을 한다.
• 하루의 계획이 구체적이지 않다.	• 책상 위가 항상 번잡하다.
• 서류정리를 하다가 서류를 숙독한다.	• 파일링시스템이 부적당하다.
• 메모 등을 찾는 시간이 걸리는 편이다.	• 일에 대한 의욕이 부족하다.
• 팀워크가 부족하다.	• 전화를 너무 많이 한다.
• 예정 외의 방문자가 많다.	• No라고 말하지 못한다.
• 불완전하거나 지연된 정보가 많다.	• 극기심이 결여되어 있다.
• 일을 끝내지 않고 남겨둔다.	• 주의가 산만하다.
• 회의 시간이 길다.	• 회의에 대한 준비가 불충분하다.
• 커뮤니케이션이 부족하다.	• 잡담이 많다.
• 통지문서가 많다.	• 메모 회람이 많다.
• 일을 느긋하게 처리하는 경향이 있다.	• 모든 것에 대해 사실을 알고 싶어 한다.
• 기다리는 시간이 많다.	• 초조하고 성질이 급하다.
• 권한위임을 충분히 하지 않는다.	• 권한위임한 업무에 대해 관리가 부족하다.

(2) 시간관리에 대한 오해

시간관리는 상식에 불과하다. 나는 회사에서 일을 잘하고 있기 때문에 시간관리도 잘한다고 말할 수 있다.

나는 시간에 쫓기면 일을 더 잘하는데, 시간을 관리하면 오히려 나의 이런 강점이 없어질지도 모른다.

시간관리에 대한 오해

나는 약속을 표시해둔 달력과 해야 할 일에 대한 목록만으로 충분하다.

시간관리 자체는 유용할지 모르나 창의적인 일을 하는 나에게는 잘 맞지 않는다. 나는 일상적인 업무에 얽매이는 것이 싫다.

점심시간은 직장에서의 시간낭비 요인이라 볼 수 없다. 점심시간은 당연히 할당되어야 하는 시간이며, 시간계획을 세우는 데 있어서도 반드시 포함되어야 하는 시간이다.

정답 ③

┌─ 핵심예제 ─┐

다음 중 직장에서의 시간낭비 요인으로 옳지 않은 것은?

① 불명확한 목적을 가진 긴 회의
② 많은 통지문서
③ 점심시간
④ 부적당한 파일링시스템

CHECK POINT

일 중독자의 특징
• 가장 생산성이 낮은 일을 가장 오래 하는 경향이 있다.
• 업무보다 가시적 업무에 전력을 다하는 경향이 있다.
• 자신이 할 수 있는 일은 다른 사람에게 맡기지 않는 경향이 있다.
• 위기 상황에 과잉 대처하면서 침소봉대하는 경향이 있다.

| 03 | 시간계획

(1) 시간계획의 의의

시간이라고 하는 자원을 최대한 활용하기 위하여 가장 많이 반복되는 일에 가장 많은 시간을 분배하고, 최단시간에 최선의 목표를 달성하는 것을 의미한다.

(2) 시간계획 작성의 순서

① 명확한 목표 설정
② 일의 우선순위 판단(Stephen R. Covey)

중요성	결과와 연관되는 사명과 가치관, 목표에 기여하는 정도
긴급성	즉각적인 처리가 요구되고 눈앞에 보이며, 심리적으로 압박감을 주는 정도

	긴급함	긴급하지 않음
중요함	**I 긴급하면서 중요한 일** • 위기상황 • 급박한 문제 • 기간이 정해진 프로젝트	**II 긴급하지 않지만 중요한 일** • 예방 생산 능력 활동 • 인간관계 구축 • 새로운 기회 발굴 • 중장기 계획, 오락
중요하지 않음	**III 긴급하지만 중요하지 않은 일** • 잠깐의 급한 질문 • 일부 보고서 및 회의 • 눈앞의 급박한 상황 • 인기 있는 활동 등	**IV 긴급하지도 중요하지도 않은 일** • 바쁜 일, 하찮은 일 • 우편물, 전화 • 시간낭비거리 • 즐거운 활동 등

③ 예상 소요시간 결정

모든 일마다 자세한 계산을 할 필요는 없으나, 규모가 크거나 힘든 일의 경우에는 정확한 소요 시간을 계산하여 결정하는 것이 효과적이다.

④ 시간 계획서 작성

해야 할 일의 우선순위와 소요 시간을 바탕으로 작성하며 간단한 서식, 일정관리 소프트웨어 등 다양한 도구를 활용할 수 있다.

(3) 60:40의 법칙

계획된 행동(60%)	계획 외의 행동(20%)	자발적 행동(20%)
←——————————————— 총 시간 ———————————————→		

(4) 시간계획 시 고려요소

① **행동과 시간 / 저해요인의 분석** : 어디에서 어떻게 시간을 사용하고 있는가를 점검
② **일·행동의 체계적인 목록** : 해당 기간에 예정된 행동을 모두 목록화
③ **규칙성 – 일관성** : 시간계획을 정기적, 체계적으로 체크하여 일관성 있게 일을 마칠 수 있게 해야 함
④ **현실적인 계획** : 무리한 계획을 세우지 않도록 해야 하며, 실현가능한 것만을 계획화해야 함
⑤ **유연성** : 머리를 유연하게 하여야 함. 시간계획이란 그 자체가 중요한 것이 아니고, 목표달성을 위해 필요함
⑥ **시간의 손실** : 발생된 시간 손실은 가능한 즉시 메워야 함. 밤을 새우더라도 미루지 않는 자세가 중요함
⑦ **기록** : 체크리스트나 스케줄표를 사용하여 계획을 반드시 기록하여 전체상황을 파악할 수 있게 하여야 함
⑧ **미완료된 일** : 꼭 해야만 할 일을 끝내지 못했을 경우, 차기 계획에 반영함
⑨ **성과** : 예정 행동만을 계획하는 것이 아니라 기대되는 성과나 행동의 목표도 기록
⑩ **시간프레임** : 적절한 시간프레임을 설정하고 특정의 일을 하는 데 소요되는 꼭 필요한 시간만을 계획에 삽입할 것
⑪ **우선순위** : 여러 일 중에서 어느 일을 가장 우선적으로 처리해야 할 것인가를 결정하여야 함
⑫ **권한위양** : 기업의 규모가 커질수록 그 업무활동은 점점 복잡해져서 관리자가 모든 것을 다스리기가 어려우므로, 자기의 사무를 분할하여 일부를 부하에게 위임하고 그 수행 책임을 지움. ① 조직을 탄력성 있게 운용할 수 있고, ② 조직을 구성하는 사람들의 근로의욕을 높여주는 등의 효과가 있음.
⑬ **시간의 낭비요인과 여유시간** : 예상 못한 방문객 접대, 전화 등의 사건으로 예정된 시간이 부족할 경우를 대비하여 여유 시간 확보
⑭ **여유 시간** : 자유롭게 된 시간(이동시간 또는 기다리는 시간)도 계획에 삽입하여 활용할 것
⑮ **정리 시간** : 중요한 일에는 좀 더 시간을 할애하고 중요도가 낮은 일에는 시간을 단축시켜 전체적인 계획을 정리
⑯ **시간 계획의 조정** : 자기 외 다른 사람(비서, 부하, 상사)의 시간 계획을 감안하여 계획수립

Ⅲ 예산관리능력

| 01 | 예산관리능력의 의의

(1) 예산이란?

필요한 비용을 미리 헤아려 계산하는 것이나 그 비용을 의미하며, 넓은 범위에서 민간기업·공공단체 및 기타 조직체는 물론이고 개인의 수입·지출에 관한 것도 포함된다.

(2) 예산관리의 필요성

예산관리란 이용 가능한 예산을 확인하고, 어떻게 사용할 것인지 계획하여 그 계획대로 사용하는 능력을 의미하며, 최소의 비용으로 최대의 효과를 얻기 위해 요구된다.

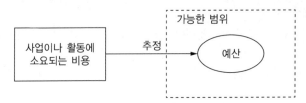

(3) 예산책정의 원칙

기업에서 제품 개발 시 책정 비용보다 실제 비용이 적을 경우 경쟁력을 잃게 되고, 반대로 클 경우 적자가 발생하게 된다. 따라서 책정 비용은 실제 비용과 가장 비슷하게 책정하는 것이 바람직하다.

(4) 예산관리

아무리 예산을 정확하게 수립하였다 하더라도 활동이나 사업을 진행하는 과정에서 계획에 따라 적절히 관리하지 않으면 아무런 효과가 없다. 따라서, 활동이나 사업에 드는 비용을 산정하고, 예산을 편성하는 것뿐만 아니라 예산을 통제하는 과정이 필요하며, 이 과정을 예산관리라 한다.

| 02 | 예산의 구성요소

(1) 직접비용

① 간접비용에 상대되는 용어로서, 제품 생산 또는 서비스를 창출하기 위해 직접 소비된 것으로 여겨지는 비용을 말한다.

② 직접비용의 구성

종류	내용
재료비	제품의 제조를 위하여 구매된 재료에 지출된 비용
원료와 장비	제품을 제조하는 과정에서 소모된 원료나 과제를 수행하는 데 필요한 장비에 지출된 비용. 이 비용에는 실제 구매된 비용이나 임대한 비용이 모두 포함
시설비	제품을 효과적으로 제조하기 위한 목적으로 건설되거나 구매된 시설에 지출한 비용
여행(출장)경비 및 잡비	제품 생산 또는 서비스를 창출하기 위해 출장이나 타 지역으로의 이동이 필요한 경우와 기타 과제 수행상에서 발생하는 다양한 비용을 포함
인건비	제품 생산 또는 서비스 창출을 위한 업무를 수행하는 사람들에게 지급되는 비용. 계약에 의해 고용된 외부 인력에 대한 비용도 인건비에 포함. 일반적으로 인건비는 전체 비용 중에서 가장 비중이 높은 항목

(2) 간접비용

① 제품을 생산하거나 서비스를 창출하기 위해 소비된 비용 중에서 직접비용을 제외한 비용으로 제품 생산에 직접 관련되지 않은 비용을 말한다.

② 보험료, 건물관리비, 광고비, 통신비, 사무비품비, 각종 공과금 등이 대표적인 예이다.

《 핵심예제 》

다음 중 직접비용으로만 짝지어진 것을 고르면?

ㄱ. 컴퓨터 구입비
ㄴ. 보험료
ㄷ. 건물관리비
ㄹ. 광고비
ㅁ. 통신비
ㅂ. 빔프로젝터 대여료
ㅅ. 인건비
ㅇ. 출장 교통비
ㅈ. 건물 임대료

① ㄱ, ㄷ, ㄹ, ㅁ, ㅇ
② ㄱ, ㅂ, ㅅ, ㅇ, ㅈ
③ ㄴ, ㄷ, ㅁ, ㅂ, ㅈ
④ ㄷ, ㅁ, ㅂ, ㅅ, ㅇ

예제풀이

• 직접비용 : 컴퓨터 구입비, 빔프로젝터 대여료, 인건비, 출장 교통비, 건물임대료
• 간접비용 : 보험료, 건물관리비, 광고비, 통신비

정답 ②

CHECK POINT

디지털 예산회계 시스템
예산편성 · 회계결산 · 성과
관리 등 재정활동 전 과정이
수행되고 그 결과 생성된 정
보가 관리되는 재정정보시
스템이다. 재정활동이 보다
짜임새 있게 수행되고, 쉽고
정확하게 현황을 파악할 수
있어 재정의 성과는 향상되
고, 예산낭비는 줄어드는 효
과를 기대할 수 있다.

| 03 | 예산수립

(1) 예산수립절차

과제를 추진하고자 하는 데 있어서 필요한 활동을 파악한 후, 이를 정확하게 예측한 다음 우선순위를 결정하고 비용을 적절히 배정하는 단계를 거친다.

(2) 필요한 과업 및 활동 규명 : 과업세부도

과제 및 활동의 계획을 수립하는 데 있어서 가장 기본적인 수단으로 활용되는 그래프로 필요한 모든 일을 중요한 범주에 따라 체계화시켜 구분해 놓은 그래프를 말한다. 아래 그림은 생일파티를 진행하기 위한 과업세부도의 예이다.

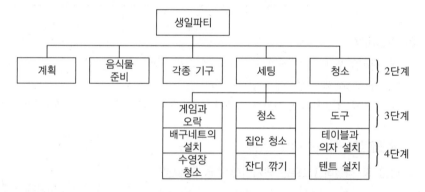

(3) 우선순위 결정

과제를 수행하기 위한 필요한 활동이나 과업을 모두 수행하기 어려울 수 있으며, 이런 경우 상대적인 중요도를 고려하여 우선순위를 반영하는 것이 효과적이다. 이때 과제를 핵심적인 활동과 부수적인 활동으로 구분한 후 핵심활동 위주로 예산을 편성하여야 할 것이다.

(4) 예산 배정

① 앞서의 단계에서 작성된 과업세부도와 예산을 서로 연결하여 배정하는 것이 효과적이다. 이는 과업세부도를 활용함으로써 과제에 필요한 활동이나 과업을 파악할 수 있고, 또한 이를 비용과 연결시켜 놓음으로써 어떤 항목에 얼마만큼의 비용이 소요되는지를 정확하게 파악할 수 있기 때문이다.
② 과제 수행에 필요한 예산 항목을 빠뜨리지 않고 확인할 수 있으며, 이러한 항목을 통해 전체 예산을 정확하게 분배할 수 있다는 장점이 있다.

③ 큰 단위의 예산을 수립하고자 할 때에는 해당 기관의 규정을 잘 확인하여야 한다. 기관마다 과제의 예산에 대한 규정을 수립하고 있는 경우가 있으므로, 이를 잘 파악하여 예산 수립에 반드시 반영하여야 할 것이다.

④ 예산 배정의 사례

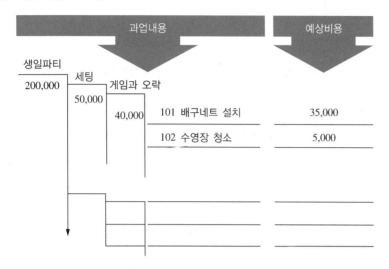

| 04 | 예산집행의 관리

(1) 예산집행의 필요성

효과적으로 예산을 관리하기 위해서는 예산 집행 과정에 대한 관리가 중요하다. 개인 차원에서는 가계부 등을 작성함으로 인해 관리할 수 있으며, 프로젝트나 과제와 같은 경우는 예산 집행 실적을 워크시트를 작성함으로써 효과적인 예산관리를 할 수 있다.

(2) 예산집행실적 워크시트의 사례

예산집행실적						
항목	배정액	당월 실적	누적 실적	잔액	사용률(%)	비고
합계						

| 01 | 물적자원관리의 의의

(1) 물적자원의 종류

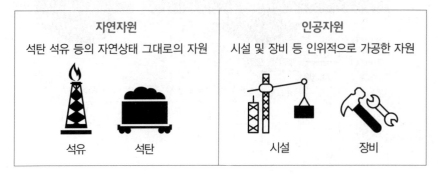

자연자원	인공자원
석탄 석유 등의 자연상태 그대로의 자원	시설 및 장비 등 인위적으로 가공한 자원
석유 석탄	시설 장비

(2) 물적자원관리의 중요성

물적자원을 효과적으로 관리하면 경쟁력 향상과 과제 및 사업의 성공이 가능하지만, 관리를 소홀히 하게 되면 경제적 손실과 더불어 과제 및 사업의 실패를 낳을 수 있다.

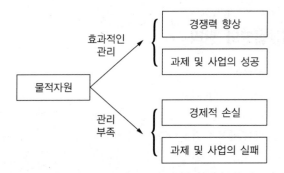

| 02 | 물적자원 활용의 방해요인

- 보관 장소를 파악하지 못하는 경우
- 훼손된 경우
- 분실한 경우
- 분명한 목적 없이 물건을 구입한 경우

핵심예제

다음 중 물적자원 활용의 방해요인으로 적절하지 않은 것은?

① 보관 장소를 파악하지 못하는 경우
② 목적 없이 물건을 구입한 경우
③ 과도하게 많이 구입한 경우
④ 분실한 경우

물적자원 활용의 방해요인
• 보관 장소를 파악하지 못하는 경우
• 훼손된 경우
• 분실한 경우
• 목적 없이 물건을 구입한 경우

정답 ③

| 03 | 효과적인 물적자원관리 과정

(1) 사용 물품과 보관 물품의 구분

해당 물품을 앞으로 계속 사용할 것인지, 그렇지 않은지를 구분하는 것이 필요하다. 그렇지 않을 경우 가까운 시일 내에 활용하게 될 물품을 다시 꺼내야 하는 경우가 발생하게 될 것이다.

(2) 동일 및 유사물품으로의 분류

같은 품종은 같은 장소에 보관한다는 동일성의 원칙과, 유사품은 인접한 장소에 보관한다는 유사성의 원칙에 의해 분류해야 한다. 이는 보관한 물품을 다시 활용하기 위해 보다 쉽고 빠르게 찾을 수 있도록 하기 위해서이다.

(3) 물품 특성에 맞는 보관 장소 선정

분류된 제품들을 일괄적으로 같은 장소에 보관하는 것이 아니라, 개별 물품의 특성을 고려하여 보관 장소를 선정하는 것이 중요하다. 예를 들어 유리의 경우는 쉽게 파손될 우려가 있기 때문에 따로 보관하는 것이 좋으며, 물품의 무게와 부피에 따라서도 차이를 두어야 한다.

| 사용 물품과 보관 물품의 구분 | • 물품활용의 편리성
• 반복 작업 방지 |

| 동일 및 유사 물품으로의 분류 | • 동일성의 원칙
• 유사성의 원칙 |

| 물품 특성에 맞는 보관 장소 선정 | • 물품의 형상
• 물품의 소재 |

| 04 | 물적자원관리 기법

(1) 바코드(Bar Code)와 QR코드(Quick Response Code)

① 바코드 : 컴퓨터가 쉽게 판독하고 데이터를 빠르게 입력하기 위하여 굵기가 다른 검은 막대와 하얀 막대를 조합시켜 문자나 숫자를 코드화한 것이다.

② QR코드 : 격자무늬 패턴으로 정보를 나타내는 매트릭스 형식의 바코드로, 기존 바코드가 용량 제한에 따라 가격과 상품명 등 한정된 정보만 담는 데 비해 QR코드는 넉넉한 용량을 강점으로 다양한 정보를 담을 수 있다.

◀◀ 핵심예제 ▶▶

다음 중 바코드(Bar Code)에 대한 설명으로 옳지 않은 것은?

① 흑백 격자무늬 패턴으로 정보를 나타내는 매트릭스 형식이다.

② 가격과 상품명 등 한정된 정보를 담는다.

③ 컴퓨터가 판독하기 쉽고 데이터를 빠르게 입력할 수 있다.

④ 굵기가 다른 검은 막대와 하얀 막대를 조합시켜 문자나 숫자를 코드화한 것이다.

(2) 기호화를 통한 물적자원관리

① 자신이 소유하고 있는 물품을 동일성의 원칙과 유사성의 원칙을 기반으로 하여 기호화할 경우 물품의 위치를 쉽게 파악할 수 있는 등 물품을 관리하는 데 효율성을 꾀할 수 있다.

② 목록을 작성하여야 하고, 물품에 대한 지속적인 확인을 통해 문서를 주기적으로 개정해야 한다는 단점이 있다.

(3) 물품관리 프로그램

개인보다는 기업이나 조직차원에서 물품관리를 보다 쉽고 체계적으로 수행할 수 있도록 하기 위하여 사용하며, 이를 통해 다량의 물품을 효과적으로 관리할 수 있다.

Ⅴ 인적자원관리능력

| 01 | 인적자원의 의의

(1) 인적자원관리란?

기업은 목적을 달성하기 위하여 필요한 인적자원을 조달, 확보, 유지, 개발하여 경영조직 내에서 구성원들이 능력을 최고로 발휘하게 해야 한다. 또한 근로자 스스로가 자기만족을 얻게 하는 동시에 경영 목적을 효율적으로 달성하게 하는 등 사용자와 근로자 간의 협력 체계가 이루어지도록 관리해야 하는데 이와 같은 관리 활동을 인적자원관리라고 한다.

(2) 효율적이고 합리적인 인사관리 원칙

① 적재적소 배치의 원리 : 해당 직무 수행에 가장 적합한 인재를 배치해야 한다.
② 공정 보상의 원칙 : 근로자의 인권을 존중하고 공헌도에 따라 노동의 대가를 공정하게 지급해야 한다.
③ 공정 인사의 원칙 : 직무 배당, 승진, 상벌, 근무 성적의 평가, 임금 등을 공정하게 처리해야 한다.
④ 종업원 안정의 원칙 : 직장에서 신분이 보장되고 계속해서 근무할 수 있다는 믿음을 갖게 하여 근로자가 안정된 회사 생활을 할 수 있도록 해야 한다.
⑤ 창의력 계발의 원칙 : 근로자가 창의력을 발휘할 수 있도록 새로운 제안, 건의 등의 기회를 마련하고, 적절한 보상을 하여 인센티브를 제공해야 한다.
⑥ 단결의 원칙 : 직장 내에서 구성원들이 소외감을 갖지 않도록 배려하고, 서로 유대감을 가지고 협동, 단결하는 체제를 이루도록 한다.

(3) 개인차원에서의 인적자원관리

① 인맥 : 사전적 의미로 정계, 재계, 학계 따위에서 형성된 사람들의 유대 관계라고 하지만 이에 국한하지 않고 모든 개인에게 적용되는 개념으로 자신이 알고 있거나 관계를 형성하고 있는 사람들, 일반적으로 가족이나 친구, 직장동료, 선후배, 동호회 등 다양한 사람들을 포함한다.
② 인맥의 분류

종류	내용
핵심인맥	자신과 직접적인 관계가 있는 사람들
파생인맥	핵심인맥으로부터 파생되어 자신과 연결된 사람들

③ 개인이 인맥을 활용할 경우 이를 통해 각종 정보와 정보의 소스를 획득하고, 참신한 아이디어와 해결책을 도출하며, 유사시 필요한 도움을 받을 수 있다는 장점이 있다.

(4) 조직차원에서의 인적자원관리

① 인적자원관리의 중요성

기업체의 경우 인적자원에 대한 관리가 조직의 성과에 큰 영향을 미치는데 이는 기업의 인적자원이 가지는 특성에서 비롯된다.

② 인적자원의 특성

종류	내용
능동성	물적자원으로부터의 성과는 자원 자체의 양과 질에 의해 지배되는 수동적인 특성을 지니고 있는 반면, 인적 자원의 경우는 욕구와 동기, 태도와 행동 그리고 만족감 여하에 따라 성과가 결정된다는 것이다.
개발가능성	인적자원은 자연적인 성장과 성숙, 그리고 교육 등을 통해 개발될 수 있는 잠재능력과 자질을 보유하고 있다는 것이다. 환경변화와 이에 따른 조직의 변화가 심할수록 중요성이 커지는 특성을 지닌다.
전략적 중요성	조직의 성과는 인적자원, 물적자원 등을 효과적이고 능률적으로 활용하는 데 달려있는데, 이러한 자원을 활용하는 것이 바로 사람이기 때문에 인적자원에 대한 중요성이 강조된다는 것이다.

예제풀이

효율적인 인사관리의 원칙
- 적재 적소 배치의 원리
- 공정 보상의 원칙
- 공정 인사의 원칙
- 종업원 안정의 원칙
- 창의력 계발의 원칙
- 단결의 원칙

정답 ④

《핵심예제》

다음 중 효율적인 인사관리의 원칙으로 적절하지 않은 것은?

① 공정 보상의 원칙

② 창의력 계발의 원칙

③ 종업원 안정의 원칙

④ 독립의 원칙

| 02 | 인맥관리방법

(1) 명함관리

① 명함의 가치

> - 자신의 신분을 증명한다.
> - 자신을 PR하는 도구로 사용할 수 있다.
> - 자신의 정보를 전달하고 상대방에 대한 정보를 얻을 수 있다.
> - 대화의 실마리를 제공할 수 있다.
> - 후속 교류를 위한 도구로 사용할 수 있다.

② 명함에 메모해두면 좋은 정보

> - 언제, 어디서, 무슨 일로 만났는지에 관한 내용
> - 소개자의 이름
> - 학력이나 경력
> - 상대의 업무내용이나 취미, 기타 독특한 점
> - 전근, 전직 등의 변동 사항
> - 가족사항
> - 거주지와 기타 연락처
> - 대화를 나누고 나서의 느낀 점이나 성향

(2) 인맥관리카드

① 자신의 주변에 있는 인맥을 관리카드를 작성하여 관리하는 문서를 말한다. 인맥관리카드에는 이름, 관계, 직장 및 부서, 학력, 출신지, 연락처, 친한 정도 등의 내용을 기입한다.

② 자신과 직접적인 관계를 가지는 '핵심인맥'과 핵심인력으로부터 파생된 '파생인맥'을 구분하여 각각 핵심인맥카드와 파생인맥카드를 작성하는 것이 좋다. 특히 파생인맥카드에는 어떤 관계에 의해 파생되었는지를 기록하는 것이 필요하다.

(3) 소셜네트워크(SNS)

① 초연결사회 : 정보통신기술 발달하면서 사람, 정보, 사물 등을 네트워크로 촘촘하게 연결한 사회를 말하는데, 초연결사회에서는 직접 대면하지 않고 시간과 공간을 초월하여 네트워크상에서 인맥을 형성하고 관리한다.

② 소셜네트워크 서비스(SNS; Social Network Service)와 더불어 인맥 구축과 채용에 도움이 되는 비즈니스 특화 인맥관리서비스(BNS; Business Social Network Service)로 관심이 증대되고 있다.

| 03 | 인력배치의 원리

(1) 인력배치의 3원칙

CHECK POINT

효과적인 인력배치의 3원칙
적재적소주의, 능력주의, 균형주의

① 적재적소주의

팀의 효율성을 높이기 위해 팀원의 능력이나 성격 등과 가장 적합한 위치에 배치하여 팀원 개개인의 능력을 최대로 발휘해 줄 것을 기대하는 것이다. 배치는 작업이나 직무가 요구하는 요건, 개인이 보유하고 있는 조건이 서로 균형 있고, 적합하게 대응되어야 성공할 수 있다.

② 능력주의

개인에게 능력을 발휘할 수 있는 기회와 장소를 부여하여, 그 성과를 바르게 평가하고, 평가된 능력과 실적에 대해 그에 상응하는 보상을 주는 원칙을 말하며, 적재적소주의 원칙의 상위개념이라고 할 수 있다.

③ 균형주의

모든 팀원에 대한 평등한 적재적소, 즉 팀 전체의 적재적소를 고려할 필요가 있다는 것이다. 팀 전체의 능력향상, 의식개혁, 사기양양 등을 도모하는 의미에서 전체와 개체가 균형을 이루어야 할 것이다.

(2) 배치의 3가지 유형

CHECK POINT

인력배치의 유형
• 양적 배치 : 소요인원을 결정하여 배치
• 질적 배치 : 적재적소의 배치
• 적성 배치 : 팀원의 적성 및 흥미에 따른 배치

종류	내용
양적 배치	부분의 작업량과 조업도, 여유 또는 부족 인원을 감안하여 소요인원을 결정하여 배치하는 것
질적 배치	적재적소주의와 동일한 개념
적성 배치	팀원의 적성 및 흥미에 따라 배치하는 것

(3) 과업세부도

할당된 과업에 따른 책임자와 참여자를 명시하여 관리함으로써 업무 추진에 차질이 생기는 것을 막기 위한 문서이다. 아래는 과업세부도의 예이다.

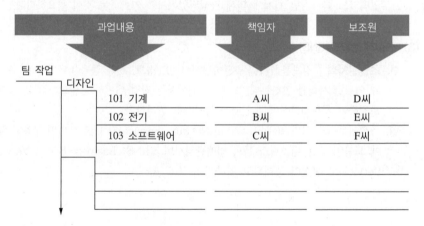

다음은 효과적인 인력배치의 유형이다. 다음 중 ⊙ ~ ⓒ에 들어갈 말이 적절하게 짝지어진 것은?

⊙	부문의 작업량과 조업도, 여유 또는 부족 인원을 감안하여 소요 인원을 결정하여 배치하는 것
ⓒ	적재적소의 배치
ⓔ	팀원의 적성 및 흥미에 따른 배치

	⊙	ⓒ	ⓔ
①	양적 배치	저성 배치	질적 배치
②	양적 배치	질적 배치	적성 배치
③	질적 배치	양적 배치	적성 배치
④	질적 배치	적성 배치	양적 배치

양적 배치	부문의 작업량과 조업도, 여유 또는 부족 인원을 감안 하여 소요 인원을 결정하여 배치하 는 것
질적 배치	적재적소의 배치
적성 배치	팀원의 적성 및 흥미에 따른 배치

정답 ②

PART 1

PART 2

PART 3

┌연속출제┐

Q회사는 해외지사와 <u>화상 회의</u> 1시간을 갖기로 하였다. 모든 지사의 <u>업무시간은 오전 9시부터 오후 6시까지</u>이며, 점심시간은 낮 12시부터 오후 1시까지이다. 〈조건〉이 다음과 같을 때, 회의가 가능한 시간은 언제인가?(단, 회의가 가능한 시간은 서울 기준이다)

조건

- 헝가리는 서울보다 7시간 느리고, 현지시간으로 오전 10시부터 2시간 외부출장이 있다.
- 호주는 서울보다 1시간 빠르고, 현지시간으로 오후 2시부터 3시간 동안 회의가 있다.
- 베이징은 서울보다 1시간 느리다.
- 헝가리와 호주는 서머타임 +1시간을 적용한다.

① 오전 10시 ~ 오전 11시
② 오전 11시 ~ 낮 12시
③ 오후 1시 ~ 오후 2시
④ 오후 2시 ~ 오후 3시
⑤ 오후 3시 ~ 오후 4시

풀이순서

1) 질문의도
  : 회의 시간

2) 조건확인
  (i) 업무시간 확인
  (ii) 시차 확인

3) 정답도출
  : ① 헝가리 근무시간
     아님, 호주 점심
    ② 헝가리 근무시간
     아님
    ③ 헝가리 근무시간
     아님, 호주 회의,
     베이징 점심
    ④ 헝가리 근무시간
     아님, 호주 회의

📋 **유형** 분석
- 시간자원과 관련된 다양한 정보를 활용하여 문제를 풀어가는 문제이다.
- 대체로 교통편 정보나 국가별 시차 정보가 제공되며, 이를 근거로 '현지 도착시간 또는 약속된 시간 내에 도착하기 위한 방안'을 고르는 문제가 출제된다.

📋 **풀이** 전략
먼저 문제에서 묻는 것을 정확히 파악한다. 특히 제한사항에 대해서는 빠짐없이 확인해 두어야 한다. 이후 제시된 정보(시차 등)에서 필요한 것을 선별하여 문제를 풀어간다.

┌연속출제┐

다음은 J공사에 근무하는 K사원의 급여명세서이다. K사원이 10월에 시간외근무를 10시간 했을 경우 시간외수당으로 받는 금액은 얼마인가?

풀이순서

1) 질문의도
  : 시간외수당 도출

<급여지급명세서>

사번	A26	성명	K
소속	회계팀	직급	사원

• 지급 내역

지급항목(원)		공제항목(원)	
기본급여	1,800,000	주민세	4,500
시간외수당	( )	고용보험	14,400
직책수당	0	건강보험	58,140
상여금	0	국민연금	81,000
특별수당	100,000	장기요양	49,470
교통비	150,000		
교육지원	0		
식대	100,000		
급여 총액	2,150,000	공제 총액	207,510

※ (시간외수당)=(기본급)×$\dfrac{(\text{시간외근무 시간})}{200}$×150%

2) 조건확인
  : 시간외수당 공식

☑ 135,000원   ② 148,000원
③ 167,000원   ④ 195,000원
⑤ 205,000원

3) 정답도출

$$1,800,000×\dfrac{10}{200}×1.5=135,000$$

📝 **유형 분석**   한정된 예산 내에서 수행할 수 있는 업무에 대해 묻는 문제이다.

📝 **풀이 전략**   제한사항인 예산을 고려하여 문제에서 묻는 것을 정확히 파악한 후 제시된 정보에서 필요한 것을 선별하여 문제를 풀어간다.

┌연속출제┐

K공사에 근무하는 L주임은 입사할 신입사원에게 지급할 볼펜과 스케줄러를 구매하기 위해 A, B, C 세 도매업체의 판매정보를 아래와 같이 정리하였다. 입사예정인 신입사원은 총 600명 이고, 신입사원 1명당 볼펜과 스케줄러를 각각 1개씩 증정한다고 할 때, 가장 저렴하게 구매할 수 있는 업체와 구매가격을 올바르게 나열한 것은?

<세 업체의 상품가격표>

업체명	품목	수량(1SET당)	가격(1SET당)
A도매업체	볼펜	150개	13만 원
	스케줄러	100권	25만 원
B도매업체	볼펜	200개	17만 원
	스케줄러	600권	135만 원
C도매업체	볼펜	100개	8만 원
	스케줄러	300권	65만 원

<세 업체의 특가상품 정보>

업체명	볼펜의 특가상품 구성	특가상품 구매 조건
A도매업체	300개 25.5만 원 or 350개 29만 원	스케줄러 150만 원 이상 구입
B도매업체	600개 48만 원 or 650개 50만 원	스케줄러 100만 원 이상 구입
C도매업체	300개 23.5만 원 or 350개 27만 원	스케줄러 120만 원 이상 구입

※ 각 물품은 묶음 단위로 판매가 가능하며, 개당 판매는 불가하다.
※ 업체별 특가상품은 둘 중 한 가지만 선택해 1회 구입 가능하다.

	도매업체	구매가격
①	A업체	183만 원
②	B업체	177.5만 원
③	B업체	183만 원
④	C업체	177.5만 원
⑤	C업체	183만 원

• A업체 : 150+51.5=201.5만 원
• B업체 : 135+48=183만 원
• C업체 : 130+47.5=177.5만 원

풀이순서

1) 질문의도
: 구매업체, 구매가격

2) 조건확인
(i) 볼펜과 스케줄러
(ii) 신입사원 600명

(iii) 특가상품 정보

3) 정답도출

📋 **유형** 분석 • 물적자원과 관련된 다양한 정보를 활용하여 풀어가는 문제이다.
• 주로 공정도·제품·시설 등에 대한 가격·특징·시간 정보가 제시되며, 이를 종합적으로 고려하는 문제가 출제된다.

📋 **풀이** 전략 문제에서 묻고자 하는 바를 정확히 파악하는 것이 중요하다. 문제에서 제시한 물적자원의 정보를 문제의 의도에 맞게 선별하면서 풀어간다.

┌연속출제┐

H공사에서 2019년도 하반기 신규 직원 채용시험을 3일 동안 시행하기로 하고 시험 감독관을 파견하였다. 직전 시험에 감독으로 파견된 사람은 다음 시험에 감독관을 할 수 없다고 할 때, 10월 19일 세 지역의 시험 감독관으로 가능한 최대 인원은 총 몇 명인가? ⓐ
ⓑ

풀이순서

1) 질문의도
   : 시험 감독관 파견

2) 조건확인
   : 직전 시험 감독 인원
     제외

〈시험 날짜별 감독관 인원〉

(단위 : 명)

구분	울산 본부	부산 본부	대구 본부
총 인력 인원	358	1,103	676
10월 05일	31	57	44
10월 12일	24	48	46
10월 19일			

① 1,887명
② 1,989명
✓ 2,019명
④ 2,049명
⑤ 2,174명

3) 정답도출

$(358+1,103+676)-(24+48+46)=2,137-118=2,019$명 ◀

📋 **유형** 분석
- 인적자원과 관련된 다양한 정보를 활용하여 문제를 풀어가는 문제이다.
- 주로 근무명단, 휴무일, 업무할당 등의 주제로 다양한 정보를 활용하여 종합적으로 풀어나가는 문제가 출제된다.

📋 **풀이** 전략
문제에서 근무자배정 혹은 인력배치 등의 주제가 출제될 경우에는 주어진 규정 혹은 규칙을 꼼꼼히 확인하여야 한다. 이를 근거로 각 선택지가 어긋나지 않는지 검토하며 문제를 풀어간다.

01 N공단에 근무하는 임직원은 7월 19일부터 7월 21일까지 2박 3일간 워크숍을 가려고 한다. 워크숍 장소 예약을 담당하게 된 K대리는 〈조건〉에 따라 호텔을 예약하려고 한다. 다음 중 K대리가 예약할 호텔로 가장 적절한 것은?

〈워크숍 장소 현황〉

(단위 : 실, 명, 개)

구분	총 객실 수	객실 예약완료 현황			세미나룸 현황			
		7월 19일	7월 20일	7월 21일	최대수용인원	빔프로젝터	4인용 테이블	의자
A호텔	88	20	26	38	70	○	26	74
B호텔	70	11	27	32	70	×	22	92
C호텔	76	10	18	49	100	○	30	86
D호텔	68	12	21	22	90	×	18	100
E호텔	84	18	23	19	90	○	15	70

※ 4인용 테이블 2개를 사용하면 8명이 앉을 수 있다.

〈N공단 임직원 현황〉

(단위 : 명)

구분	신사업기획처	신사업추진처	기술기획처	ICT융합기획처
처장	1	1	1	1
부장	3	4	2	3
과장	5	6	4	3
대리	6	6	5	4
주임	2	2	3	6
사원	3	4	3	2

조건

• 워크숍은 한 호텔에서 실시하며, 워크숍에 참여하는 모든 직원은 해당 호텔에서 숙박한다.
• 부장급 이상은 1인 1실을 이용하며, 나머지 임직원은 2인 1실을 이용한다.
• 워크숍에서는 빔프로젝터가 있어야 하며, 8인용 테이블과 의자는 참여하는 인원수만큼 필요하다.

---

① A호텔
② B호텔
③ C호텔
④ D호텔
⑤ E호텔

02 P회사에서는 업무효율을 높이기 위해 근무여건 개선방안에 대하여 논의하고자 한다. 귀하는 논의 자료를 위하여 전 직원의 야간근무 현황을 조사하였다. 다음 중 옳지 않은 것은?

〈야간근무 현황(주 단위)〉

(단위 : 일, 시간)

구분	임원	부장	과장	대리	사원
평균 야근 빈도	1.2	2.2	2.4	1.8	1.4
평균 야근 시간	1.8	3.3	4.8	6.3	4.2

※ 60분의 3분의 2 이상을 채울 시 1시간으로 야근수당을 계산한다.

① 과장은 한 주에 평균적으로 2.4일 정도 야간근무를 한다.
② 전 지원의 주 평균 야근 빈도는 1.8일이다.
③ 사원은 한 주 동안 평균 4시간 12분 정도 야간근무를 하고 있다.
④ 1회 야간근무 시 평균적으로 가장 긴 시간 동안 일하는 직원은 대리이다.
⑤ 야근수당이 시간당 10,000원이라면 과장은 주 평균 50,000원을 받는다.

03 신입사원 J씨는 A ~ E과제 중 어떤 과제를 먼저 수행하여야 하는지를 결정하기 위해 평가표를 작성하였다. 다음 자료를 근거로 할 때 가장 먼저 수행할 과제는?(단, 평가 항목 최종 합산 점수가 가장 높은 과제부터 수행한다)

〈과제별 평가표〉

(단위 : 점)

구분	A	B	C	D	E
중요도	84	82	95	90	94
긴급도	92	90	85	83	92
적용도	96	90	91	95	83

※ 각 과제별 다음과 같은 가중치를 별도 부여하여 계산한다.
   [(중요도)×0.3]+[(긴급도)×0.2]+[(적용도)×0.1]
※ 각 항목별 최하위 점수가 포함된 과제는 선정하지 않는다.

① A   ② B
③ C   ④ D
⑤ E

04 귀하는 S호텔에서 연회장 예약 일정을 관리하고 있다. 곧 연말이라 다양한 행사를 위해 연회장 예약문의가 빈번히 접수되고 있다. 다음과 같이 고객의 전화를 받았을 때, 귀하의 판단으로 옳지 않은 것은?

〈12월 연회장 예약 일정〉

*예약 : 연회장 이름(시작시간)

일	월	화	수	목	금	토
1 라벤더(13) 팬지(17)	2 팬지(15)	3 민트(14) 세이지(16)	4 세이지(14)	5 라벤더(11) 세이지(16)	6 민트(13) 세이지(18)	7 민트(11) 세이지(16)
8 민트(12) 라벤더(17)	9 민트(17)	10 세이지(15)	11 라벤더(13) 팬지(16)	12 라벤더(15) 세이지(16)	13 세이지(14) 팬지(15)	14 민트(11) 팬지(16)

〈호텔 연회장 현황〉

구분	수용 가능 인원	최소 투입인력	이용시간
민트	300명	35	3시간
라벤더	300명	30	2시간
팬지	250명	25	3시간
세이지	200명	20	2시간

※ 오전 10시부터 시작하여 오후 9시에 모든 업무를 종료함
※ 연회부의 동 시간대 투입인력은 총 50명을 넘을 수 없음
※ 연회시작 전, 후 1시간씩 연회장 세팅 및 정리

〈고객〉 저희 회사에서 연말을 맞이하여 12월 초에 송년회를 개최하려고 합니다. 그래서 연회장을 예약하려고 하는데, 가능한지 확인 부탁드립니다. 인원은 총 250명이고, 월, 화, 수요일은 피하고 싶습니다. 그리고 행사는 정오에서 저녁 7시 사이에 진행할 수 있도록 알아봐 주십시오.

① 12월 초에 행사를 진행하길 원하니까 최대한 첫 번째 주에 예약이 될 수 있도록 검토해야겠군.
② 송년회 참석인원을 고려했을 때, 세이지를 제외한 나머지 연회장은 모두 가능하겠군.
③ 저녁 7시 이전에 마칠 수 있는 시간대를 고려하여 일자를 확인해야 해.
④ 목요일부터 일요일까지 일정을 검토했을 때, 주말은 예약이 불가능해.
⑤ 만약 팬지가 가능하다면 최소 투입인력은 25명이 되어야겠어.

※ S공사 신성장기술본부에서 근무하는 K부장은 적도기니로 출장을 가려고 한다. 다음 자료를 참고하여 이어지는 질문에 답하시오. **[5~6]**

<table>
<tr><td colspan="2" align="center">〈경유지, 도착지 현지시각〉</td></tr>
<tr><td align="center">국가(도시)</td><td align="center">현지시각</td></tr>
<tr><td align="center">한국(인천)</td><td align="center">2021. 12. 05 AM 08:40</td></tr>
<tr><td align="center">중국(광저우)</td><td align="center">2021. 12. 05 AM 07:40</td></tr>
<tr><td align="center">에티오피아(아디스아바바)</td><td align="center">2021. 12. 05 AM 02:40</td></tr>
<tr><td align="center">적도기니(말라보)</td><td align="center">2021. 12. 05 AM 00:40</td></tr>
</table>

<table>
<tr><td colspan="2" align="center">〈경로별 비행시간〉</td></tr>
<tr><td align="center">비행경로</td><td align="center">비행시간</td></tr>
<tr><td align="center">인천 → 광저우</td><td align="center">3시간 50분</td></tr>
<tr><td align="center">광저우 → 아디스아바바</td><td align="center">11시간 10분</td></tr>
<tr><td align="center">아디스아바바 → 말라보</td><td align="center">5시간 55분</td></tr>
</table>

<table>
<tr><td colspan="2" align="center">〈경유지별 경유시간〉</td></tr>
<tr><td align="center">경유지</td><td align="center">경유시간</td></tr>
<tr><td align="center">광저우</td><td align="center">4시간 55분</td></tr>
<tr><td align="center">아디스아바바</td><td align="center">6시간 10분</td></tr>
</table>

05 K부장은 2021년 12월 5일 오전 8시 40분 인천에서 비행기를 타고 적도기니로 출장을 가려고 한다. K부장이 두 번째 경유지인 아디스아바바에 도착하는 현지 날짜 및 시각으로 옳은 것은?

① 2021. 12. 05 PM 10:35
② 2021. 12. 05 PM 11:35
③ 2021. 12. 06 AM 00:35
④ 2021. 12. 06 AM 01:35
⑤ 2021. 12. 06 AM 02:40

06 기상악화로 인하여 광저우에서 출발하는 아디스아바바행 비행기가 2시간 지연출발하였다고 한다. 총 소요시간과 적도기니에 도착하는 현지 날짜 및 시각으로 옳은 것은?

	총 소요시간	현지 날짜 및 시각
①	31시간	2021. 12. 06 AM 07:40
②	32시간	2021. 12. 06 AM 08:40
③	33시간	2021. 12. 06 AM 09:40
④	34시간	2021. 12. 06 AM 10:40
⑤	36시간	2021. 12. 06 AM 10:50

07 제시된 자료를 읽고 K사원이 2022년 1월 출장여비로 받을 수 있는 총액을 올바르게 구한 것은?

〈출장여비 계산기준〉

• 출장여비는 출장수당과 교통비의 합으로 계산한다.
• 출장수당의 경우 업무추진비 사용 시 1만 원을 차감하며, 교통비의 경우 관용차량 사용 시 1만 원을 차감한다.

〈출장지별 출장여비〉

출장지	출장수당	교통비
D시	10,000원	20,000원
D시 이외	20,000원	30,000원

※ D시 이외 지역으로 출장을 갈 경우 13시 이후 출장 시작 또는 15시 이전 출장 종료 시 출장수당에서 1만 원 차감된다.

〈K사원의 2022년 1월 출장내역〉

출장일	출장지	출장 시작 및 종료 시각	비고
1월 8일	D시	14 ~ 16시	관용차량 사용
1월 16일	S시	14 ~ 18시	–
1월 19일	B시	09 ~ 16시	업무추진비 사용

① 6만 원
② 7만 원
③ 8만 원
④ 9만 원
⑤ 10만 원

※ A회사는 1년에 15일의 연차를 제공하고, 매달 3일까지 연차를 쓸 수 있다. 이어지는 질문에 답하시오. **[8~9]**

〈A ~ E사원의 연차 사용 내역(1 ~ 9월)〉

1 ~ 2월	3 ~ 4월	5 ~ 6월	7 ~ 9월
• 1월 9일 : D, E사원	• 3월 3 ~ 4일 : A사원	• 5월 6일 ~ 8일 : E사원	• 7월 7일 : A사원
• 1월 18일 : C사원	• 3월 10 ~ 12일 : B, D사원	• 5월 12일 ~ 14일 : B, C사원	• 7월 18 ~ 20일 : C, D사원
• 1월 20 ~ 22일 : B사원	• 3월 23일 : C사원	• 5월 18일 ~ 20일 : A사원	• 7월 25일 ~ 26일 : E사원
• 1월 25일 : D사원	• 3월 25 ~ 26일 : E사원		• 9월 9일 : A, B사원
			• 9월 28일 : D사원

08 다음 중 연차를 가장 적게 쓴 사원은 누구인가?

① A사원
② B사원
③ C사원
④ D사원
⑤ E사원

09 A회사에서는 11월을 집중 근무 기간으로 정하여 연차를 포함한 휴가를 전면 금지할 것이라고 9월 30일 발표하였다. 이런 상황에서 휴가에 관한 손해를 보지 않는 사원을 모두 고르면?

① A, C사원　　　　　　　　　　② B, C사원
③ B, D사원　　　　　　　　　　④ C, D사원
⑤ D, E사원

10 기획팀 A사원은 다음 주 금요일에 열릴 세미나 장소를 섭외하라는 부장의 지시를 받았다. 세미나에 참여할 인원은 총 17명이며, 모든 인원이 앉을 수 있는 테이블과 의자, 발표에 사용할 빔프로젝터 1개가 필요하다. A사원은 모든 회의실의 잔여상황을 살펴보고 가장 적합한 대회의실을 선택하였고, 필요한 비품은 회의실과 창고에서 확보한 후 부족한 물건을 주문하였다. 주문한 비품이 도착한 후 물건을 확인했지만 수량을 착각해 빠트린 것이 있었다. A사원이 추가 주문할 물품 목록으로 알맞은 것은?

구분	대회의실	1회의실	2회의실	3회의실	4회의실
테이블(2인용)	1	1	2	–	–
의자	3	2	–	–	4
빔프로젝터	–	–	–	–	–
화이트보드	–	–	–	–	–
보드마카	2	3	1	–	2

구분	테이블(2인용)	의자	빔프로젝터	화이트보드	보드마카
창고	–	2	1	5	2

〈1차 주문서〉

2021년 1월 12일
1. 테이블 4개
2. 의자 1개
3. 화이트보드 1개
4. 보드마카 2개

① 빔프로젝터 : 1개, 의자 : 3개
② 빔프로젝터 : 1개, 테이블 : 1개
③ 테이블 : 1개, 의자 : 5개
④ 테이블 : 9개, 의자 : 6개
⑤ 테이블 : 9개, 의자 : 3개

11 S컨벤션에서 회의실 예약업무를 담당하고 있는 K씨는 2주 전 B기업으로부터 오전 10 ~ 12시에 35명, 오후 1 ~ 4시에 10명이 이용할 수 있는 회의실 예약문의를 받았다. K씨는 회의실 예약 설명서를 B기업으로 보냈고 B기업은 자료를 바탕으로 회의실을 선택하여 621,000원을 결제했다. 하지만 이용일 4일 전 B기업이 오후 회의실 사용을 취소했을 때, 〈조건〉에 따라 B기업에 주어야 할 환불금액은?(단, 회의에서는 노트북과 빔프로젝터를 이용하며, 부대장비 대여료도 환불규칙에 포함된다)

〈회의실 사용료(VAT 포함)〉

회의실	수용 인원(명)	면적(m²)	기본임대료(원)		추가임대료(원)	
			기본시간	임대료	추가시간	임대료
대회의실	90	184		240,000		120,000
별실	36	149		400,000		200,000
세미나 1	21	43	2시간	136,000	시간당	68,000
세미나 2						
세미나 3	10	19		74,000		37,000
세미나 4	16	36		110,000		55,000
세미나 5	8	15		62,000		31,000

〈부대장비 대여료(VAT 포함)〉

장비명	사용료(원)				
	1시간	2시간	3시간	4시간	5시간
노트북	10,000	10,000	20,000	20,000	30,000
빔프로젝터	30,000	30,000	50,000	50,000	70,000

조건
• 기본임대 시간은 2시간이며, 1시간 단위로 연장할 수 있습니다.
• 예약 시 최소 인원은 수용 인원의 과반수 이상이어야 합니다.
• 예약 가능한 회의실 중 비용이 저렴한 쪽을 선택해야 합니다.

〈환불규칙〉

• 결제완료 후 계약을 취소하시는 경우 다음과 같이 취소수수료가 발생합니다.
 – 이용일 기준 7일 이전 : 취소수수료 없음
 – 이용일 기준 6일 ~ 3일 이전 : 취소수수료 10%
 – 이용일 기준 2일 ~ 1일 이전 : 취소수수료 50%
 – 이용일 당일 : 환불 없음
• 회의실에는 음식물을 반입하실 수 없습니다.
• 이용일 7일 전까지(7일 이내 예약 시에는 예약신청일 중) 결제하셔야 합니다.
• 결제변경은 해당 회의실 이용시간 전까지 가능합니다.

① 162,900원
② 183,600원
③ 211,500원
④ 246,600원
⑤ 387,000원

※ 다음은 재료비 상승에 따른 분기별 국내 철강사 수익 변동을 조사하기 위해 수집한 자료이다. 이를 참고하여 이어지는 질문에 답하시오. [12~13]

<제품가격과 재료비에 따른 분기별 수익>

(천 원/톤)

구분	2020년	2021년			
	4분기	1분기	2분기	3분기	4분기
제품가격	627	597	687	578	559
재료비	178	177	191	190	268
수익	449	420	496	388	291

※ 제품가격은 재료비와 수익의 합으로 책정된다.

<제품 1톤당 소요되는 재료>

(단위 : 톤)

철광석	원료탄	철 스크랩
1.6	0.5	0.15

12 다음 중 자료에 대한 해석으로 옳은 것은?

① 수익은 지속해서 증가하고 있다.
② 모든 금액에서 2021년 4분기가 2020년 4분기보다 높다.
③ 재료비의 변화량과 수익의 변화량은 밀접한 관계가 있다.
④ 조사 기간에 수익이 가장 높을 때는 재료비가 가장 낮을 때이다.
⑤ 2021년 3분기에 이전 분기 대비 수익 변화량이 가장 큰 것으로 나타난다.

13 2022년 1분기에 재료당 단위가격이 철광석 70,000원, 원료탄 250,000원, 철 스크랩 200,000원으로 예상된다는 보고를 받았다. 2022년 1분기의 수익을 2021년 4분기와 같게 유지하기 위해 책정해야 할 제품가격은 얼마인가?

① 558,000원
② 559,000원
③ 560,000원
④ 578,000원
⑤ 597,000원

※ 다음 자료를 보고 이어지는 질문에 답하시오. [14~16]

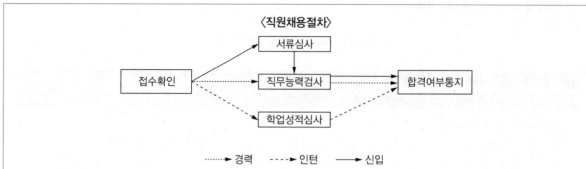

〈직원채용절차〉

접수확인 → 서류심사 → 직무능력검사 → 합격여부통지

…… 경력　---- 인턴　—— 신입

※ 직원채용절차에서 중도탈락자는 없음

〈지원유형별 접수건수〉

지원유형	신입	경력	인턴
접수(건)	20	18	16

※ 지원유형은 신입, 경력, 인턴의 세 가지 유형이 전부임

〈업무단계별 1건당 처리비용〉

업무단계	처리비용(원)
접수확인	500
서류심사	2,000
직무능력검사	1,000
학업성적심사	1,500
합격여부통지	400

※ 업무단계별 1건당 처리비용은 지원유형과 관계없이 같음

14 다음 중 직원채용에 관한 내용으로 옳지 않은 것은?

① 경력직의 직원채용절차에는 직무능력검사가 포함되어 있다.
② 직원채용절차에서 신입유형만이 유일하게 서류심사가 있다.
③ 접수건수가 제일 많은 지원유형의 직원채용절차에는 학업성적심사가 포함되어 있다.
④ 1건당 가장 많은 처리비용이 드는 업무단계는 서류심사이다.
⑤ 접수건수가 제일 적은 지원유형의 직원채용절차에는 서류심사가 포함되어 있지 않다.

15 A는 신입직원채용에, B는 경력직원채용에 접수하였다. 조건에 따른 내용으로 적절하지 않은 것은?

① A가 접수한 유형의 직원채용절차를 처리하기 위해서는 3,900원의 비용이 필요하다.
② B가 접수한 유형의 직원채용절차를 처리하기 위해서는 2,900원의 비용이 필요하다.
③ A가 접수한 유형의 직원채용절차에는 B가 접수한 유형의 직원채용절차에 없는 절차가 있다.
④ 만약 유형별 모집인원이 같다면 A가 접수한 유형의 경쟁률이 더 높다.
⑤ A와 B가 접수한 직원채용절차에는 학업성적심사가 포함되어 있지 않다.

16 접수자 중에 지원유형별로 신입직원 5명, 경력직원 3명, 인턴직원 2명을 선발한다고 할 때, 적절하지 않은 것은?

① 신입유형 지원자의 합격률은 25%이다.
② 인턴유형 지원자의 합격률은 신입유형 지원자 합격률의 절반이다.
③ 경력유형 지원자 중 불합격하는 사람의 비율은 6명 중 5명꼴이다.
④ 지원유형 중 가장 합격률이 낮은 유형은 경력유형이다.
⑤ 지원유형 중 가장 경쟁률이 높은 유형은 인턴유형이다.

PART 1

PART 2

PART 3

17 다음은 부서별로 핵심역량가치 중요도를 정리한 표와 신입사원들의 핵심역량평가 결과표이다. 결과표를 바탕으로 한 C사원과 E사원의 부서배치로 옳은 것은?(단, '-'는 중요도가 상관없다는 표시이다)

〈핵심역량가치 중요도〉

구분	창의성	혁신성	친화력	책임감	윤리성
영업팀	-	중	상	중	-
개발팀	상	상	하	중	상
지원팀	-	중	-	상	하

〈핵심역량평가 결과표〉

구분	창의성	혁신성	친화력	책임감	윤리성
A사원	상	하	중	상	상
B사원	중	중	하	중	상
C사원	하	상	상	중	하
D사원	하	하	상	하	중
E사원	상	중	중	상	하

```
      C사원      E사원
①    개발팀      지원팀
②    영업팀      지원팀
③    개발팀      영업팀
④    지원팀      개발팀
⑤    지원팀      영업팀
```

※ 다음 비품 가격표를 보고 이어지는 질문에 답하시오. [18~19]

<비품 가격표>

OO문구		
품명	수량(개)	단가(원)
라벨지 50mm(SET)	1	18,000
1단 받침대	1	24,000
블루투스 마우스	1	27,000
★특가★ 문서수동세단기(탁상용)	1	36,000
AAA건전지(SET)	1	4,000

※ 3단 받침대는 2,000원 추가
※ 라벨지 91mm 사이즈 변경 구매 시 SET당 5% 금액 추가
※ 블루투스 마우스 3개 이상 구매 시 건전지 3SET 무료 증정

18 A회사에서는 2분기 비품 구매를 하려고 한다. 다음 주문서대로 주문 시 총 주문 금액으로 옳은 것은?

<비품 가격표>

주문서			
라벨지 50mm	2SET	1단 받침대	1개
블루투스 마우스	5개	AAA건전지	5SET

① 148,000원
② 183,000원
③ 200,000원
④ 203,000원
⑤ 205,000원

19 비품 구매를 담당하는 A사원은 주문 수량을 잘못 기재해서 주문 내역을 수정하였다. 수정 내역대로 비품을 주문했을 때 총 주문 금액으로 옳은 것은?

주문서			
라벨지 91mm	4SET	3단 받침대	2개
블루투스 마우스	3개	AAA건전지	3SET
문서수동세단기	1개	-	-

① 151,000원
② 244,600원
③ 252,600원
④ 256,600원
⑤ 262,600원

20 M공사 인력지원실 인사부의 P사원은 직원들의 근무평정 업무를 수행하고 있다. 가점평정 기준표를 참고했을 때, P사원이 K과장에게 부여해야 할 가점은?

〈가점평정 기준표〉

구분		내용	가점	인정 범위	비고
근무경력		본부 근무 1개월 (본부, 연구원, 인재개발원 또는 정부부처 파견근무기간 포함)	0.03점 (최대 1.8점)	1.8점	동일 근무기간에 다른 근무경력 가점과 원거리, 장거리 및 특수지
		지역본부 근무 1개월 (지역본부 파견근무기간 포함)	0.015점 (최대 0.9점)	1.8점	가점이 중복될 경우, 원거리, 장거리 및 특수지 근무가점은 1/2만 인정
		원거리 근무 1개월	0.035점 (최대 0.84점)		
		장거리 근무 1개월	0.025점 (최대 0.6점)		
		특수지 근무 1개월	0.02점 (최대 0.48점)		
내부평가		내부평가결과 최상위 10%	월 0.012점	0.5점	현 직급에 누적됨 (승진 후 소멸)
		내부평가결과 차상위 10%	월 0.01점		
제안	제안상 결정 시	금상	0.25점	0.5점	수상 당시 직급에 한정함
		은상	0.15점		
		동상	0.1점		
	시행 결과평가	탁월	0.25점	0.5점	제안상 수상 당시 직급에 한정함
		우수	0.15점		

〈K과장 가점평정 사항〉

• 입사 후 36개월 동안 본부에서 연구원으로 근무
• 지역본부에서 24개월 근무
  – 지역본부에서 24개월 근무 중 특수지에서 12개월 동안 파견근무
• 본부로 복귀 후 현재까지 총 23개월 근무
• 팀장(직급 : 과장)으로 승진 후 현재까지
  – 내부평가결과 최상위 10% 총 12회
  – 내부평가결과 차상위 10% 총 6회
  – 금상 2회, 은상 1회, 동상 1회 수상
  – 시행결과평가 탁월 2회, 우수 1회

① 3.284점
② 3.454점
③ 3.604점
④ 3.854점
⑤ 3.974점

안심Touch

CHAPTER 05

정보능력

정보능력은 업무를 수행함에 있어 기본적인 컴퓨터를 활용하여 필요한 정보를 수집·분석·활용하는 능력을 의미한다. 또한, 업무와 관련된 정보를 수집하고, 이를 분석하여 의미있는 정보를 얻는 능력이다.

국가직무능력표준에 따르면 정보능력의 세부 유형은 컴퓨터활용능력·정보처리능력으로 나눌 수 있다. 정보능력은 NCS 기반 채용을 진행한 기업 중 52% 정도가 채택했으며, 문항 수는 전체에서 평균 6% 정도 출제되었다.

01 평소에 컴퓨터활용 스킬을 틈틈이 익히라!

윈도우(OS)에서 어떠한 설정을 할 수 있는지, 응용프로그램(엑셀 등)에서 어떠한 기능을 활용할 수 있는지를 평소에 직접 사용해 본다면 문제를 보다 수월하게 해결할 수 있다. 여건이 된다면 컴퓨터활용능력에 관련된 자격증 공부를 하는 것도 이론과 실무를 익히는 데 도움이 될 것이다.

02 문제의 규칙을 찾는 연습을 하라!

일반적으로 코드 체계나 시스템 논리 체계를 제공하고 이를 분석하여 문제를 해결하는 유형이 출제된다. 이러한 문제는 문제해결능력과 같은 맥락으로 규칙을 파악하여 접근하는 방식의 연습이 필요하다.

현재 보고 있는 그 문제에 집중하자!

정보능력의 모든 것을 공부하려고 한다면 양이 너무나 방대하다. 그렇기 때문에 수험서에서 본인이 현재 보고 있는 문제들을 집중적으로 공부하고 기억하려고 해야 한다. 그러나 엑셀의 함수 수식, 연산자 등 암기를 필요로 하는 부분들은 필수적으로 암기를 해서 출제가 되었을 때 오답률을 낮출 수 있도록 한다.

사진·그림을 기억하자!

컴퓨터의 활용능력을 파악하는 영역이다 보니 컴퓨터의 옵션, 기능, 설정 등의 사진·그림이 문제에 같이 나오는 경우들이 있다. 그런 부분들은 직접 컴퓨터를 통해서 하나하나 확인을 하면서 공부한다면 더 기억에 잘 남게 된다. 조금 귀찮더라도 한 번씩 클릭하면서 확인을 해보도록 한다.

모듈이론

Ⅰ 정보능력

| 01 | 정보능력의 의의

(1) 정보의 의의

① 정보능력의 의미

컴퓨터를 활용하여 필요한 정보를 수집·분석·활용하는 능력이다.

② 자료(Data), 정보(Information), 지식(Knowledge)

구분	일반적 정의	사례
자료	객관적 실체를 전달이 가능하게 기호화한 것	스마트폰 활용 횟수
정보	자료를 특정한 목적과 문제 해결에 도움이 되도록 가공한 것	20대의 스마트폰 활용 횟수
지식	정보를 체계화하여 보편성을 갖도록 한 것	스마트폰 디자인에 대한 20대의 취향

일반적으로 '자료⊇지식⊇정보'의 포함관계로 나타낼 수 있다.

예제풀이

ⓒ·ⓜ 음식과 색상에 대한 자료를 가구, 연령으로 특징지음으로써 자료를 특정한 목적으로 가공한 정보이다.

오답분석

ⓖ 특정 목적을 달성하기 위한 지식이다.

ⓒ·ⓔ 특정 목적이 없는 자료이다.

정답 ②

〈 핵심예제 〉

다음 중 정보의 사례로 옳은 것을 모두 고르면?

> ⓖ 남성용 화장품 개발
> ⓒ 1인 가구의 인기 음식
> ⓒ 라면 종류별 전체 판매량
> ⓔ 다큐멘터리와 예능 시청률
> ⓜ 5세 미만 아동들의 선호 색상

① ⓖ, ⓒ   ② ⓒ, ⓜ
③ ⓒ, ⓜ   ④ ⓒ, ⓔ
⑤ ⓔ, ⓜ

③ 정보의 핵심특성

　　㉠ 적시성 : 정보는 원하는 시간에 제공되어야 한다.

　　㉡ 독점성 : 정보는 공개가 되고 나면 정보가치가 급감하나(경쟁성), 정보획득에 필요한 비용이 줄어드는 효과도 있다(경제성).

구분	공개 정보	반(半)공개 정보	비(非)공개 정보
경쟁성	낮음	⟶	높음
경제성	높음	⟶	낮음

(2) 정보화 사회

① 정보화 사회의 의의

정보가 사회의 중심이 되는 사회로 IT기술을 활용해 필요한 정보가 창출되는 사회이다.

② 정보화 사회의 특징

> • 정보의 사회적 중요성이 요구되며, 정보 의존성이 강화됨
> • 전 세계를 하나의 공간으로 여기는 수평적 네트워크 커뮤니케이션이 가능해짐
> • 경제 활동의 중심이 유형화된 재화에서 정보, 서비스, 지식의 생산으로 옮겨감
> • 정보의 가치 생산을 중심으로 사회 전체가 움직이게 됨

〈핵심예제〉

다음 제시문이 설명하고 있는 사회는?

> 이 세상에서 필요로 하는 정보가 사회의 중심이 되는 사회로서, 컴퓨터 기술과 정보통신 기술을 활용해 사회 각 분야에서 필요로 하는 가치 있는 정보를 창출하고, 보다 유익하고 윤택한 생활을 영위하는 사회로 발전시켜 나가는 것을 뜻한다.

① 시민 사회　　　　　　　② 미래 사회
③ 정보화 사회　　　　　　④ 산업화 사회

예제풀이

➕ 정보화 사회는 경제 활동의 중심이 상품의 정보나 서비스, 지식의 생산으로 옮겨지는 사회이다. 즉, 지식·정보와 관련된 산업이 부가가치를 높일 수 있는 사회이다.

정답 ③

③ 미래 사회의 특징

> • 지식 및 정보 생산 요소에 의한 부가가치 창출
> • 세계화의 진전
> • 지식의 폭발적 증가

④ 정보화 사회의 필수 행위

정보 검색, 정보 관리, 정보 전파

(3) 컴퓨터의 활용 분야

① 기업 경영 분야

경영정보시스템(MIS), 의사결정지원시스템(DSS)	기업 경영에 필요한 정보를 효과적으로 활용하도록 지원해 경영자가 신속히 의사결정을 할 수 있게 함
전략정보시스템(SIS)	기업의 전략을 실현해 경쟁 우위를 확보하기 위한 목적으로 사용
사무자동화(OA)	문서 작성과 보관의 자동화, 전자 결재 시스템이 도입되어 업무 처리의 효율을 높여 줌
전자상거래(EC)	기업의 입장에서는 물류 비용을 절감할 수 있으며, 소비자는 값싸고 질 좋은 제품을 구매할 수 있게 함

② 행정 분야

행정 데이터베이스	민원 처리, 행정 통계 등의 행정 관련 정보의 데이터베이스 구축
행정 사무자동화	민원 서류의 전산 발급

③ 산업 분야

공업	컴퓨터를 이용한 공정 자동화와 산업용 로봇의 활용
상업	POS 시스템

예제풀이

전략정보시스템(SIS)은 기업의 전략을 실현해 경쟁 우위를 확보하기 위한 목적으로 사용되는 정보시스템으로, 기업의 궁극적 목표인 이익에 직접적인 영향을 끼치는 시장점유율 향상, 매출 신장, 신상품 전략, 경영 전략 등의 전략 계획에 도움을 준다.

정답 ②

《 핵심예제 》

다음 중 빈칸에 들어갈 용어로 가장 적절한 것은?

이것은 기업이 경쟁에서 우위를 확보하려고 구축·이용하는 것이다. 기존의 정보시스템이 기업 내 업무의 합리화·효율화에 역점을 두었던 것에 반해, 기업이 경쟁에서 승리해 살아남기 위한 필수적인 시스템이라는 뜻에서 _____ (이)라고 한다. 그 요건으로는 경쟁 우위의 확보, 신규 사업의 창출이나 상권의 확대, 업계 구조의 변혁 등을 들 수 있다. 실례로는 금융 기관의 대규모 온라인시스템, 체인점 등의 판매시점관리(POS)를 들 수 있다.

① 경영정보시스템(MIS)
② 전략정보시스템(SIS)
③ 전사적 자원관리(ERP)
④ 의사결정지원시스템(DSS)

(4) 정보 처리 과정

기획	→	수집	→	관리	→	활용

① 기획

정보 활동의 가장 첫 단계이며, 정보 관리의 가장 중요한 단계이다.

5W	What(무엇을)	정보의 입수대상을 명확히 한다.
	Where(어디에서)	정보의 소스를 파악한다.
	When(언제)	정보의 요구시점을 고려한다.
	Why(왜)	정보의 필요 목적을 염두에 둔다.
	Who(누가)	정보 활동의 주체를 확정한다.
2H	How(어떻게)	정부이 수집 방법을 검토한다.
	How much(얼마나)	정보 수집의 효용성을 중시한다.

② 수집

㉠ 다양한 정보원으로부터 목적에 적합한 정보를 입수하는 것이다.

㉡ 정보 수집의 최종적인 목적은 '예측'을 잘하기 위함이다.

③ 관리

㉠ 수집된 다양한 형태의 정보를 사용하기 쉬운 형태로 바꾸는 것이다.

㉡ 정보관리의 3원칙

목적성	사용 목적을 명확히 설명해야 한다.
용이성	쉽게 작업할 수 있어야 한다.
유용성	즉시 사용할 수 있어야 한다.

④ 활용

최신 정보기술을 통한 정보들을 당면한 문제에 활용하는 것이다.

〈 핵심예제 〉

다음 중 정보 관리의 3원칙이 아닌 것은?

① 목적성　　　　　② 용이성

③ 유용성　　　　　④ 상대성

예제풀이

정보 관리의 3원칙에는 목적성, 용이성, 유용성이 있다.

정답 ④

| 02 | 컴퓨터 활용능력

(1) 인터넷 서비스의 종류

① 전자우편

> • 인터넷을 이용하여 다른 이용자들과 정보를 주고받는 통신 방법을 말한다.
> • 포털, 회사, 학교 등에서 제공하는 전자우편 시스템에 계정을 만들어 이용가능하다.

② 웹하드

웹서버에 대용량의 저장 기능을 갖추고 사용자가 개인의 하드디스크와 같은 기능을 인터넷을 통해 이용할 수 있게 하는 서비스를 말한다.

③ 메신저

컴퓨터를 통해 실시간으로 메시지와 데이터를 주고받을 수 있는 서비스이며 응답이 즉시 이루어져 가장 보편적으로 사용되는 서비스이다.

④ 클라우드

> • 사용자들이 별도의 데이터 센터를 구축하지 않고도, 인터넷 서버를 활용해 정보를 보관하고 있다가 필요할 때 꺼내 쓰는 기술을 말한다.
> • 모바일 사회에서는 장소와 시간에 관계없이 다양한 단말기를 통해 사용가능하다.

⑤ SNS

온라인 인맥 구축을 목적으로 개설된 커뮤니티형 웹사이트를 말하며 트위터, 페이스북, 인스타그램과 같은 1인 미디어와 정보 공유 등을 포괄하는 개념이다.

⑥ 전자상거래

협의의 전자상거래	인터넷이라는 전자적인 매체를 통해 재화나 용역을 거래하는 것
광의의 전자상거래	소비자와의 거래 뿐만 아니라 관련된 모든 기관과의 행위를 포함

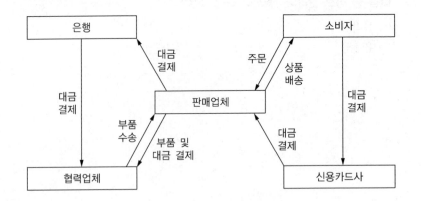

핵심예제

다음 중 전자상거래에 관한 설명으로 옳은 것을 모두 고르면?

> ㉠ 내가 겪은 경험담도 전자상거래 상품이 될 수 있다.
> ㉡ 인터넷 서점, 홈쇼핑, 홈뱅킹 등도 전자상거래 유형이다.
> ㉢ 팩스나 전자우편 등을 이용하면 전자상거래가 될 수 없다.
> ㉣ 개인이 아닌 공공기관이나 정부는 전자상거래를 할 수 없다.

① ㉠, ㉡　　　　　　　② ㉠, ㉢
③ ㉡, ㉢　　　　　　　④ ㉡, ㉣

(2) 검색 엔진의 유형

종류	내용
키워드 검색 방식	• 정보와 관련된 키워드를 직접 입력하여 정보를 찾는 방식 • 방법이 간단하나 키워드를 불명확하게 입력하면 검색이 어려움
주제별 검색 방식	• 주제별, 계층별로 문서들을 정리해 DB를 구축한 후 이용하는 방식 • 원하는 정보를 찾을 때까지 분류된 내용을 차례로 선택해 검색
자연어 검색 방식	문장 형태의 질의어를 형태소 분석을 거쳐 각 질문에 답이 들어 있는 사이트를 연결해 주는 방식
통합형 검색 방식	• 검색엔진 자신만의 DB를 구축하지 않음 • 검색어를 연계된 다른 검색 엔진에 보낸 후 검색 결과를 보여줌

(3) 업무용 소프트웨어

① 워드프로세서

㉠ 문서를 작성, 편집, 저장, 인쇄할 수 있는 프로그램을 말하며, 키보드 등으로 입력한 문서의 내용을 화면으로 확인하면서 쉽게 고칠 수 있어 편리하다.

㉡ 흔글과 MS−Word가 가장 대표적으로 활용되는 프로그램이다.

㉢ 워드프로세서의 주요 기능

종류	내용
입력	키보드나 마우스를 통해 문자, 그림 등을 입력할 수 있는 기능
표시	입력한 내용을 표시 장치를 통해 나타내주는 기능
저장	입력된 내용을 저장하여 필요할 때 사용할 수 있는 기능
편집	문서의 내용이나 형태 등을 변경해 새롭게 문서를 꾸미는 기능
인쇄	작성된 문서를 프린터로 출력하는 기능

PART 1
PART 2
PART 3

안심Touch

② 스프레드시트

    ㉠ 수치나 공식을 입력하여 그 값을 계산해내고, 결과를 차트로 표시할 수 있는 프로그램을 말하며, 다양한 함수를 이용해 복잡한 수식도 계산할 수 있다.

    ㉡ Excel이 가장 대표적으로 활용되는 프로그램이다.

    ㉢ 스프레드시트의 구성단위

    스프레드시트는 셀, 열, 행, 영역의 4가지 요소로 구성된다. 그중에서 셀은 가로 행과 세로열이 교차하면서 만들어지는 공간을 말하며, 이는 정보를 저장하는 기본단위이다.

《 핵심예제 》

다음은 스프레드시트로 작성한 워크시트이다. ㉠ ~ ㉣에 대한 설명으로 옳지 않은 것은?

	A	B	C	D	E	F	
1	참고서 구입 현황						← ㉠
2						[단위 : 명]	
3	종류	1학년	2학년	3학년	합계	순위	← ㉡
4	국어	67	98	102	267	3	
5	수학	68	87	128	283	1	
6	영어	24	110	115	249	4	← ㉢
7	사회	56	85	98	239	5	
8	과학	70	86	112	268	2	
9	합계	285	466	555	1306		

↑
㉣

① ㉠은 '셀 병합' 기능을 이용해 작성할 수 있다.

② ㉡은 '셀 서식'의 '채우기' 탭에서 색상을 변경할 수 있다.

③ ㉢은 셀 F4를 =RANK(F4, E4:E8)로 구한 후에 '자동 채우기' 기능으로 구할 수 있다.

④ ㉣은 '자동 합계' 기능을 사용해 구할 수 있다.

③ 프레젠테이션

    ㉠ 컴퓨터 등을 이용하여 그 속에 담겨 있는 각종 정보를 전달하는 행위를 프레젠테이션이라고 하며, 이를 위해 사용되는 프로그램 들을 프레젠테이션 프로그램이라고 한다.

    ㉡ 파워포인트가 가장 대표적으로 활용되는 프로그램이다.

(4) 데이터베이스

① 데이터베이스의 의의

여러 개의 서로 연관된 파일을 데이터베이스라 하며, 이 연관성으로 인해 사용자는 여러 개의 파일에 있는 정보를 한 번에 검색할 수 있다.

데이터베이스 관리시스템	데이터와 파일의 관계를 생성, 유지, 검색할 수 있게 하는 소프트웨어
파일 관리시스템	한 번에 한 개의 파일만 생성, 유지, 검색할 수 있는 소프트웨어

② 데이터베이스의 필요성

종류	내용
데이터 중복 감소	데이터를 한 곳에서만 갖고 있으므로 유지 비용이 절감된다.
데이터 무결성 증가	데이터가 변경될 경우 한 곳에서 수정하는 것만으로 해당 데이터를 이용하는 모든 프로그램에 반영된다.
검색의 용이	한 번에 여러 파일에서 데이터를 찾을 수 있다.
데이터 안정성 증가	사용자에 따라 보안등급의 차등을 둘 수 있다.

③ 데이터베이스의 기능

종류	내용
입력 기능	형식화된 폼을 사용해 내용을 편리하게 입력할 수 있다.
검색 기능	필터나 쿼리 기능을 이용해 데이터를 빠르게 검색하고 추출할 수 있다.
일괄 관리 기능	테이블을 사용해 데이터를 관리하기 쉽고, 많은 데이터를 종류별로 분류해 일괄적으로 관리할 수 있다.
보고서 기능	데이터를 이용해 청구서나 명세서 등의 문서를 쉽게 만들 수 있다.

〈 핵심예제 〉

다음 중 데이터베이스의 필요성에 관한 옳은 설명을 고르면?

ㄱ 데이터의 양이 많아 검색이 어려워진다.
ㄴ 데이터의 중복을 줄이고 안정성을 높인다.
ㄷ 프로그램의 개발이 쉽고 개발기간도 단축한다.
ㄹ 데이터가 한 곳에만 기록되어 있어 결함 없는 데이터를 유지하기 어려워진다.

① ㄱ, ㄴ   ② ㄱ, ㄷ
③ ㄴ, ㄷ   ④ ㄴ, ㄹ

CHECK POINT

➕ **데이터베이스의 작업 순서**
데이터베이스 만들기 → 자료 입력 → 저장 → 자료 검색 → 보고서 인쇄

예제풀이

➕ 오답분석
ㄱ 한 번에 여러 파일에서 데이터를 찾아내는 기능은 원하는 검색이나 보고서 작성 등을 쉽게 할 수 있게 해준다.
ㄹ 데이터가 중복되지 않고 한 곳에만 기록되어 있으므로 데이터의 무결성, 즉 결함 없는 데이터를 유지하는 것이 훨씬 쉬워진다.

정답 ③

| 03 | 정보처리능력

(1) 정보의 수집

① 1차 자료와 2차 자료

1차 자료	원래의 연구 성과가 기록된 자료
2차 자료	1차 자료를 효과적으로 찾아보기 위한 자료 혹은 1차 자료에 포함되어 있는 정보를 압축, 정리한 자료

② 인포메이션과 인텔리전스

인포메이션	하나하나의 개별적인 정보
인텔리전스	인포메이션 중에 몇 가지를 선별해 그것을 연결시켜 판단하기 쉽게 도와주는 하나의 정보 덩어리

③ 정보 수집을 잘하기 위한 방법
ㄱ 신뢰관계 수립 : 중요한 정보는 신뢰관계가 좋은 사람에게만 전해지므로 중요한 정보를 수집하려면 먼저 신뢰관계를 이루어야 한다.
ㄴ 선수필승(先手必勝) : 변화가 심한 시대에는 질이나 내용보다 빠른 정보 획득이 중요하다.
ㄷ 구조화 : 얻은 정보를 의식적으로 구조화하여 머릿속에 가상의 서랍을 만들어두자.
ㄹ 도구의 활용 : 기억력에는 한계가 있으므로 박스, 스크랩 등을 활용하여 정리하자.

CHECK POINT

정보분석의 이해(훌륭한 분석)
좋은 데이터(자료)가 있어도 훌륭한 분석이 되는 것은 아니다. 훌륭한 분석이랑 하나의 메커니즘을 그려낼 수 있고, 동향, 미래를 예측할 수 있는 것이어야 한다.

(2) 정보 분석

① 정보 분석의 정의
여러 정보를 상호관련지어 새로운 정보를 생성해내는 활동을 말한다.
② 정보 분석의 절차

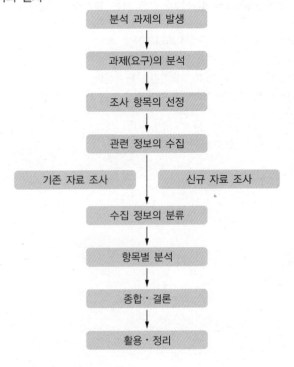

분석 과제의 발생

↓

과제(요구)의 분석

↓

조사 항목의 선정

↓

관련 정보의 수집

기존 자료 조사 　　　 신규 자료 조사

↓

수집 정보의 분류

↓

항목별 분석

↓

종합 · 결론

↓

활용 · 정리

③ 정보의 서열화와 구조화

　　㉠ 1차 정보가 포함하는 내용을 몇 개의 카테고리로 분석해 각각의 상관관계를 확
　　　정하고,

　　㉡ 1차 정보가 포함하는 주요 개념을 대표하는 용어(키워드)를 추출하여,

　　㉢ 이를 간결하게 서열화·구조화해야 한다.

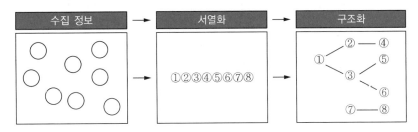

《 핵심예제 》

다음 중 정보 분석에 대한 설명으로 옳지 않은 것은?

① 좋은 자료는 항상 훌륭한 분석이 될 수 있다.

② 반드시 고도의 수학적 기법을 요구하는 것만은 아니다.

③ 한 개의 정보로써 불분명한 사항을 다른 정보로써 명백히 할 수 있다.

④ 서로 상반되거나 큰 차이가 있는 정보의 내용을 판단해서 새로운 해석을 할 수
　있다.

예제풀이

좋은 자료가 있다고 해서 항상 훌륭한 분석이 되는 것은 아니다. 좋은 자료가 있어도 그것을 평범한 것으로 바꾸는 것만으로는 훌륭한 분석이라고 할 수 없다. 훌륭한 분석이란 하나의 메커니즘을 그려낼 수 있고, 동향과 미래를 예측할 수 있는 것이어야 한다.

정답 ①

(3) 효율적인 정보 관리 방법

① 목록을 이용한 정보 관리

　정보에서 중요 항목을 찾아 기술한 후 정리해 목록을 만드는 것이며, 디지털 파일로
　저장해두면 특정 용어를 입력하는 것만으로 결과물을 쉽게 찾을 수 있다.

② 색인을 이용한 정보 관리

　㉠ 목록과 색인의 차이

목록	하나의 정보원에 하나의 목록이 대응된다.
색인	하나의 정보원에 여러 색인을 부여할 수 있다.

　㉡ 색인의 구성요소

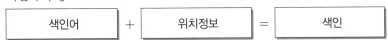

③ 분류를 이용한 정보 관리

　㉠ 유사한 정보를 하나로 모아 분류하여 정리하는 것은 신속한 정보 검색을 가능하
　　게 한다.

ⓛ 분류 기준 예시

기준	내용	예
시간적 기준	정보의 발생 시간별로 분류	2021년 봄, 7월 등
주제적 기준	정보의 내용에 따라 분류	역사, 스포츠 등
기능적 / 용도별 기준	정보의 용도나 기능에 따라 분류	참고자료용, 강의용, 보고서 작성용 등
유형적 기준	정보의 유형에 따라 분류	도서, 비디오, CD, 한글파일, 파워포인트 파일 등

《 핵심예제 》

다음 중 효율적인 정보 관리 방법에 대한 설명으로 옳지 않은 것은?

① 디지털 파일에 색인을 저장하면 추가·삭제·변경이 쉽다.
② 색인은 1개를 추출해 한 정보원에 1개의 색인어를 부여할 수 있다.
③ 정보 목록은 정보에서 중요 항목을 찾아 기술한 후 정리하면서 만들어진다.
④ 정보를 유사한 것끼리 모아 체계화해 정리하면 나중에 정보를 한번에 찾기가 가능하다.

(4) 인터넷의 역기능과 네티켓

① 인터넷의 역기능

- 불건전 정보의 유통
- 개인 정보 유출
- 사이버 성폭력
- 사이버 언어폭력
- 언어 훼손
- 인터넷 중독
- 불건전한 교제
- 저작권 침해

② 네티켓

네트워크(Network) + 에티켓(Etiquette) = 네티켓(Netiquettee)

상황	내용
전자우편 사용 시	• 메시지는 가능한 짧게 요점만 작성한다. • 메일을 보내기 전에 주소가 올바른지 확인한다. • 제목은 메시지 내용을 함축해 간략하게 쓴다. • 가능한 메시지 끝에 Signature(성명, 직위 등)를 포함시킨다.
온라인 대화 시	• 도중에 들어가면 지금까지 진행된 대화의 내용과 분위기를 익힌다. • 광고, 홍보 등을 목적으로 악용하지 않는다.
게시판 사용 시	• 글의 내용은 간결하게 요점만 작성한다. • 제목에는 내용을 파악할 수 있는 함축된 단어를 사용한다. • 글을 쓰기 전에 이미 같은 내용의 글이 있는지 확인한다.
공개자료실 이용 시	• 자료는 가급적 압축된 형식으로 등록한다. • 프로그램을 등록할 경우에는 바이러스 감염 여부를 점검한다. • 음란물, 상업용 S/W를 올리지 않는다.
인터넷 게임	• 온라인 게임은 온라인 상의 오락으로 끝나야 한다. • 게임 중에 일방적으로 퇴장하지 않는다.

(5) 개인정보 보호

① 개인정보의 의미

생존하는 개인에 관한 정보로서, 정보에 포함된 성명 등에 의해 개인을 식별할 수 있는 정보를 의미하며, 단일 정보뿐만 아니라 다른 정보와 결합해 식별할 수 있는 것도 이에 해당한다.

② 개인정보의 유출 방지

- 회원 가입 시 이용 약관 확인
- 이용 목적에 부합하는 정보를 요구하는지 확인
- 정기적인 비밀번호 교체
- 전체가 불분명한 시이트 접속 자제
- 가입 해지 시 정보 파기 여부 확인
- 생년월일, 전화번호 등 유추 가능한 비밀번호 사용 자제

‹‹핵심예제››

다음 중 개인정보의 유출을 방지할 수 있는 방법이 아닌 것은?

① 정체 불명의 사이트는 멀리한다.

② 비밀번호는 주기적으로 교체한다.

③ 회원 가입 시 이용약관을 읽는다.

④ 비밀번호는 기억하기 쉬운 전화번호를 사용한다.

예제풀이

➕ 생년월일이나 전화번호 등 남들이 쉽게 유추할 수 있는 비밀번호는 사용하지 말아야 한다.

정답 ④

컴퓨터활용

┌연속출제┐

2020년에 출시될 음료 제품의 블라인드 테스트를 진행한 설문 응답표를 엑셀 표로 정리하였다. 결과표를 만들고 싶을 때 필요한 엑셀의 함수는?

설문지

문항 1. 음료를 개봉했을 때, 냄새가 바로 느껴지는가?

    1. 매우 그렇다.   2. 그렇다.   3. 보통이다.   4. 아니다.   5. 매우 아니다.

문항 2. 음료를 마신 후, 이전에 먹어본 비슷한 음료가 생각나는가?

    1. 매우 그렇다.   2. 그렇다.   3. 보통이다.   4. 아니다.   5. 매우 아니다.
⋮

	A	B	C	D	E	F	G
1		〈설문 응답표〉					
2		설문자 A	설문자 B	설문자 C	설문자 D	설문자 E	…
3	문항 1	1	2	3	4	5	…
4	문항 2	5	4	3	2	1	…
5	문항 3	1	1	1	1	1	…
6	문항 4	2	2	2	3	3	…
7	문항 5	4	4	5	1	2	…
8	…	…	…	…	…	…	…

설문자 명단별

	A	B	C	D	E	F	G
1		〈결과표〉					
2		매우 그렇다(1)	그렇다(2)	보통(3)	아니다(4)	매우 아니다(5)	…
3	문항 1	1	1	1	1	1	…
4	문항 2	1	1	1	1	1	…
5	문항 3	5	0	0	0	0	…
6	문항 4	0	3	2	0	0	…
7	문항 5	1	1	0	2	1	…
8	…	…	…	…	…	…	…

응답번호별

풀이순서

1) 질문의도

  : 응답표 → 결과표

    = 엑셀함수

2) 자료비교

  : 조건＋개수세기

3) 정답도출

  : COUNTIF는 지정한 범위 내에서 조건에 맞는 셀의 개수를 구하는 함수

① COUNTIF
② COUNT
③ COUNTA
④ DSUM
⑤ SUMIF

📋 **유형** 분석 • 문제의 주어진 상황에서 사용할 적절한 엑셀함수가 무엇인지 묻는 문제이다.
    • 주로 업무 수행 중에 많이 활용되는 대표적인 엑셀함수가 출제된다.
    응용문제 : 엑셀시트를 제시하여 각 셀에 들어갈 함수식을 고르는 문제가 출제된다.

📋 **풀이** 전략 제시된 상황에서 사용할 엑셀함수가 무엇인지 파악한 후 선택지에서 적절한 함수식을 고른다. 사전에 대표적인 엑셀함수를 익혀두면 풀이시간을 줄일 수 있다.

┌연속출제┐

다음 프로그램의 실행 결과로 옳은 것은?

종류	연산자	설명
비트	~	비트를 반전시킨다.
	&	대응되는 비트가 모두 1일 때 1이다. (and)
	|	대응되는 비트가 모두 0일 때 0이다. (or)
	^	두 개의 비트가 다를 때 1이다.
논리	!	논리식의 진위를 반대로 만든다. (not)
	||	논리식 중 하나만 참이면 참이다.
관계	==	좌변과 우변이 같다.
	!=	좌변과 우변이 다르다
	>	좌변이 우변보다 크다.
	<	좌변이 우변보다 작다.
산술	%	두 연산자를 나눈 후 몫은 버리고 나머지 값만 취한다.

```c
#include <stdio.h>
void main( ) {
    int a = 9 % 6;
    int b = 20 % 7;
    if ( !(a == b) ) {
        printf("%d", a + b);
    } else {
        printf("%d", a * b);
    }
}
```

① 3
② 6
③ 9
④ 18
⑤ −6

풀이순서

1) 질문의도
   : C언어

2) 자료비교
   : 관련 조건 찾기
   → 연산자 %
   → 연산자 !
   → 연산자 ==

3) 정답도출
   : % 연산자 → 나머지를 구해주는 연산자
   • 9 % 6의 결과는 3
   • 20 % 7의 결과는 6
   a의 값과 b의 값을 비교하면 같지 않기 때문에 결과는 거짓이지만 결괏값에 !(역)를 취했기 때문에 if문은 참을 만족하게 되어 9가 실행 결과

PART 1
PART 2
PART 3

📋 **유형 분석**
- 문제에 주어진 정보를 통해 최종적으로 도출값이 무엇인지 묻는 문제이다.
- 주로 C언어 연산자를 적용하여 나오는 값을 구하는 문제가 출제된다.
  응용문제 : 정보를 제공하지 않고, 기본적인 C언어 지식을 통해 도출되는 C언어를 고르는 문제가 출제된다.

📋 **풀이.전략**
제시된 상황에 있는 C언어 연산자가 무엇이 있는지 파악한 후, 연산자를 적용하여 값을 구한다. C언어에 대한 기본적인 지식을 익혀 두면 도움이 된다.

안심Touch

01 엑셀에서 차트를 작성할 때 차트 마법사를 이용할 경우, 차트 작성 순서를 바르게 나열한 것은?

> ㉠ 작성할 차트 중 차트 종류를 선택하여 지정한다.
> ㉡ 데이터 범위와 계열을 지정한다.
> ㉢ 차트를 삽입할 위치를 지정한다.
> ㉣ 차트 옵션을 설정한다.

① ㉠ → ㉡ → ㉢ → ㉣
② ㉠ → ㉡ → ㉣ → ㉢
③ ㉠ → ㉢ → ㉡ → ㉣
④ ㉡ → ㉠ → ㉢ → ㉣
⑤ ㉡ → ㉢ → ㉣ → ㉠

02 다음 중 Windows 원격 지원에 관한 설명으로 옳지 않은 것은?

① 다른 사용자에게 도움을 주기 위해서는 먼저 원격 지원을 시작한 후 도움받을 사용자가 들어오는 연결을 기다려야 한다.

② 다른 사용자의 도움을 요청할 때에는 [간단한 연결]을 사용하거나 [도움 요청 파일]을 사용할 수 있다.

③ [간단한 연결]은 두 컴퓨터 모두 Windows 7을 실행하고 인터넷에 연결되어 있는 경우에 좋은 방법이다.

④ [도움 요청 파일]은 다른 사용자의 컴퓨터에 연결할 때 사용할 수 있는 특수한 유형의 원격 지원 파일이다.

⑤ Windows 방화벽을 사용하고 있으면 원격 지원을 위해 임시로 방화벽 포트를 열어야 한다.

03 다음 중 함수식에 대한 결과로 옳지 않은 것은?

① =TRIM("1/4분기 수익") → 1/4분기 수익

② =SEARCH("세","세금 명세서",3) → 5

③ =PROPER("republic of korea") → REPUBLIC OF KOREA

④ =LOWER("Republic of Korea") → republic of korea

⑤ =MOD(18,−4) → −2

04 다음 중 추세선을 추가할 수 있는 차트 종류는?

① 방사형　　　　　　　　　　　② 분산형
③ 원형　　　　　　　　　　　　④ 표면형
⑤ 도넛형

05 다음은 Y회사의 인사부에서 정리한 사원 목록이다. 다음의 목록을 보고 〈보기〉 중 옳은 것을 모두 고르면?

	A	B	C	D
1	사번	성명	직책	부서
2	869872	조재영	부장	경영팀
3	890531	정대현	대리	경영팀
4	854678	윤나리	사원	경영팀
5	812365	이민지	차장	기획팀
6	877775	송윤희	대리	기획팀
7	800123	김가을	사원	기획팀
8	856123	박슬기	부장	영업팀
9	827695	오종민	차장	영업팀
10	835987	나진원	사원	영업팀
11	854623	최윤희	부장	인사팀
12	847825	이경서	사원	인사팀
13	813456	박소미	대리	총무팀
14	856123	최영수	사원	총무팀

보기

㉠ 부서를 기준으로 내림차순으로 정렬되었다.
㉡ 직책은 사용자 지정 목록을 이용하여 부장, 차장, 대리, 사원 순으로 정렬되었다.
㉢ 부서를 우선 기준으로, 직책을 다음 기준으로 정렬하였다.
㉣ 성명을 기준으로 내림차순으로 정렬되었다.

① ㉠, ㉡　　　　　　　　　　② ㉠, ㉢
③ ㉠, ㉣　　　　　　　　　　④ ㉡, ㉢
⑤ ㉡, ㉣

06 엑셀에서 [데이터 유효성] 대화 상자의 [설정] 탭 중 제한 대상 목록에 해당하지 않는 것은?

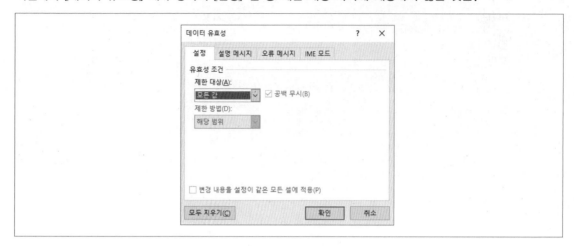

① 정수   ② 날짜

③ 시간   ④ 분수

⑤ 소수점

07 Q공사에 근무하고 있는 C사원은 우리나라 국경일을 CONCATENATE 함수를 이용하여 다음과 같이 입력하고자 한다. [C2] 셀에 입력해야 하는 함수식으로 알맞은 것은?

	A	B	C
1	국경일	날짜	우리나라 국경일
2	3·1절	매년 3월 1일	3·1절(매년 3월 1일)
3	제헌절	매년 7월 17일	제헌절(매년 7월 17일)
4	광복절	매년 8월 15일	광복절(매년 8월 15일)
5	개천절	매년 10월 3일	개천절(매년 10월 3일)
6	한글날	매년 10월 9일	한글날(매년 10월 9일)

① =CONCATENATE(A2,B2)

② =CONCATENATE(A2,(,B2,))

③ =CONCATENATE(B2,(,A2,))

④ =CONCATENATE(A2,"(",B2,")")

⑤ =CONCATENATE(B2,"(",A2,")")

08 다음은 K사 영업팀의 실적을 정리한 파일이다. 고급 필터의 조건 범위를 [E1:G3] 영역으로 지정한 후 고급필터를 실행했을 때 나타나는 데이터에 대한 설명으로 옳은 것은?(단, [G3] 셀에는 「＝C2＞＝AVERAGE($C$2:$C$8)」 이 입력되어 있다)

	A	B	C	D	E	F	G
1	부서	사원	실적		부서	사원	식
2	영업2팀	최지원	250,000		영업1팀	*수	
3	영업1팀	김창수	200,000		영업2팀		TRUE
4	영업1팀	김홍인	200,000				
5	영업2팀	홍상진	170,000				
6	영업1팀	홍상수	150,000				
7	영업1팀	김성민	120,000				
8	영업2팀	황준하	100,000				

① 부서가 '영업1팀'이고 이름이 '수'로 끝나거나, 부서가 '영업2팀'이고 실적이 실적의 평균 이상인 데이터
② 부서가 '영업1팀'이거나 이름이 '수'로 끝나고, 부서가 '영업2팀'이거나 실적이 실적의 평균 이상인 데이터
③ 부서가 '영업1팀'이고 이름이 '수'로 끝나거나, 부서가 '영업2팀'이고 실적의 평균이 250,000 이상인 데이터
④ 부서가 '영업1팀'이거나 이름이 '수'로 끝나고, 부서가 '영업2팀'이거나 실적의 평균이 250,000 이상인 데이터
⑤ 부서가 '영업1팀'이고 이름이 '수'로 끝나고, 부서가 '영업2팀'이고 실적의 평균이 250,000 이상인 데이터

09 각 워크시트에서 채우기 핸들을 [A3]로 끌었을 때 [A3] 셀에 입력되는 값으로 옳지 않은 것은?

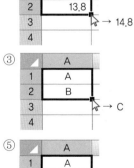

10 다음 차트에 대한 설명으로 옳지 않은 것은?

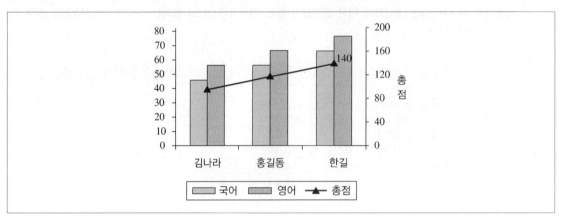

① [총점] 계열이 보조 축으로 표시된 이중 축 차트이다.

② 범례는 아래쪽에 배치되어 있다.

③ [영어] 계열의 [홍길동] 요소에 데이터 레이블이 있다.

④ 보조 세로(값) 축의 주 단위는 40이다.

⑤ 기본 축의 최댓값은 80이다.

11 H사에는 시각 장애를 가진 C사원이 있다. C사원의 원활한 컴퓨터 사용을 위해 동료 사원들이 도움을 주고자 대화를 나누었다. 다음 중 올바르게 설명한 사람은?

① A사원 : C사원은 Windows 제어판에서 접근성 센터의 기능에 도움을 받는 게 좋겠어.

② B사원 : 아니야. 동기화 센터의 기능을 활용해야지.

③ D사원 : 파일 탐색기 옵션을 활용하면 도움이 될 거야.

④ E사원 : 관리 도구의 기능이 좋을 것 같아.

⑤ F사원 : 프로그램 및 기능에서 도움을 받아야 하지 않을까?

12 다음 중 Windows 7에서 인터넷 익스플로러의 작업 내용과 바로가기의 연결이 옳지 않은 것은?

① 현재 창 닫기 : [Ctrl]+[Q]

② 홈 페이지로 이동 : [Alt]+[Home]

③ 현재 웹 페이지를 새로 고침 : [F5]

④ 브라우저 창의 기본 보기와 전체 화면 간 전환 : [F11]

⑤ 현재 창에서 단어나 문장 찾기 : [Ctrl]+[F]

13 다음 중 함수식에 대한 결과로 옳지 않은 것은?

① =ODD(12) → 13

② =EVEN(17) → 18

③ =MOD(40,−6) → −2

④ =POWER(6,3) → 18

⑤ =QUOTIENT(19,6) → 3

14 다음 차트에 대한 설명으로 옳지 않은 것은?

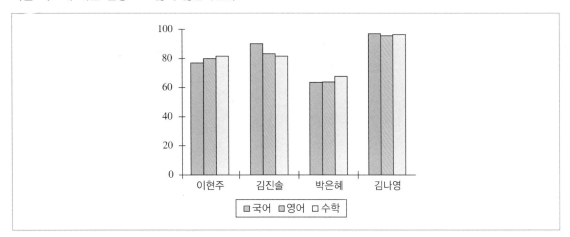

① 세로 축의 주 단위가 20으로 설정되어 있다.

② 데이터 계열은 4개로 구성되어 있다.

③ 범례의 위치는 아래쪽에 있다.

④ 주 단위의 가로 눈금선이 표시되어 있다.

⑤ 2차원 세로 막대형 그래프이다.

15 다음 중 파일 삭제 시 파일이 [휴지통]에 임시 보관되어 복원이 가능한 경우는?

① 바탕 화면에 있는 파일을 [휴지통]으로 드래그 앤 드롭하여 삭제한 경우

② USB 메모리에 저장되어 있는 파일을 [Delete]로 삭제한 경우

③ 네트워크 드라이브의 파일을 바로 가기 메뉴의 [삭제]를 클릭하여 삭제한 경우

④ [휴지통]의 크기를 0%로 설정한 후 [내 문서] 폴더 안의 파일을 삭제한 경우

⑤ [Shift]+[Delete]로 삭제한 경우

16 다음 중 컴퓨터 바이러스에 대한 설명으로 가장 적절하지 않은 것은?

① 사용자가 인지하지 못한 사이 자가 복제를 통해 다른 정상적인 프로그램을 감염시켜 해당 프로그램이나 다른 데이터 파일 등을 파괴한다.

② 보통 소프트웨어 형태로 감염되나, 메일이나 첨부파일은 감염의 확률이 매우 적다.

③ 인터넷의 공개 자료실에 있는 파일을 다운로드하여 설치할 때 감염될 수 있다.

④ 온라인 채팅이나 인스턴트 메신저 프로그램을 통해서 전파되기도 한다.

⑤ 소프트웨어뿐만 아니라 하드웨어의 성능에도 영향을 미칠 수 있다.

17 다음 차트에 대한 설명으로 옳지 않은 것은?

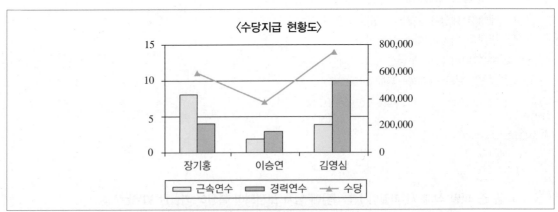

① 두 개의 차트 종류가 혼합되어 있으며, 값 축이 두 개로 설정된 이중 축 혼합형 차트이다.

② 막대그래프 계열 옵션의 계열 겹치기는 0%로 설정되었다.

③ 데이터 레이블이 표시되어 있는 차트이다.

④ 기본 가로 축 제목이 표시되어 있지 않은 차트이다.

⑤ 막대그래프는 왼쪽 세로 축 기준이다.

18 귀하는 최근 회사 내 업무용 개인 컴퓨터의 보안을 강화하기 위하여 다음과 같은 메일을 받았다. 메일 내용을 토대로 귀하가 취해야 할 행동으로 옳지 않은 것은?

발신 : 전산보안팀

수신 : 전 임직원

제목 : 업무용 개인 컴퓨터 보안대책 공유

내용 :
안녕하십니까. 전산팀장입니다.
최근 개인정보 유출 능 전산보안 사고가 자주 발생하고 있어 각별한 주의가 필요한 상황입니다. 이에 따라 자사에서도 업무상 주요 정보가 유출되지 않도록 보안프로그램을 업그레이드하는 등 전산보안을 더욱 강화하고 있습니다. 무엇보다 업무용 개인 컴퓨터를 사용하는 분들이 특히 신경을 많이 써주셔야 철저한 보안이 실천됩니다. 번거로우시더라도 아래와 같은 사항을 따라주시길 바랍니다.

• 인터넷 익스플로러를 종료할 때마다 검색기록이 삭제되도록 설정해 주세요.
• 외출 또는 외근으로 장시간 컴퓨터를 켜두어야 하는 경우에는 인터넷 검색기록을 직접 삭제해 주세요.
• 인터넷 검색기록 삭제 시, 기본 설정되어 있는 항목 외에도 '다운로드 기록', '양식 데이터', '암호', '추적방지, ActiveX 필터링 및 Do Not Track 데이터'를 모두 체크하여 삭제해 주세요(단, 즐겨찾기 웹 사이트 데이터 보존 부분은 체크 해제할 것).
• 인터넷 익스플로러에서 방문한 웹 사이트 목록을 저장하는 기간을 5일로 변경해 주세요.
• 자사에서 제공 중인 보안프로그램은 항시 업데이트하여 최신 상태로 유지하여 주세요.

위 사항을 적용하는 데 어려움이 있을 경우에는 아래 첨부파일에 이미지와 함께 친절하게 설명되어 있으니 참고바랍니다.

〈첨부〉 업무용 개인 컴퓨터 보안대책 적용 방법 설명(이미지).zip

① 인터넷 익스플로러에서 [도구(또는 톱니바퀴 모양)]를 클릭하여 [인터넷옵션]의 '일반' 카테고리에 있는 [종료할 때 검색 기록 삭제]를 체크한다.
② 장시간 외출할 경우에는 [인터넷옵션]의 '일반' 카테고리에 있는 [삭제]를 클릭해 직접 삭제한다.
③ 검색기록 삭제 시 [인터넷옵션]의 '일반' 카테고리에 있는 [삭제]를 클릭하여 기존에 설정되어 있는 항목을 포함한 모든 항목을 체크하여 삭제한다.
④ [인터넷옵션]의 '일반' 카테고리 중 검색기록 부분에서 [설정]을 클릭하고, '기록' 카테고리의 [페이지 보관일수]를 5일로 설정한다.
⑤ 자사의 보안프로그램을 실행하고 [설정]에서 업데이트를 실행한다.

19 G사 인사부에 근무하는 김 대리는 신입사원들의 교육점수를 다음과 같이 정리한 후 VLOOKUP 함수를 이용해 교육점수별 등급을 입력하려고 한다. [E2:F8]의 데이터 값을 이용해 (A) 셀에 함수식을 입력한 후 자동 채우기 핸들로 사원들의 교육점수별 등급을 입력할 때, (A) 셀에 입력해야 할 함수식으로 알맞은 것은?

	A	B	C	D	E	F
1	사원	교육점수	등급		교육점수	등급
2	최○○	100	(A)		100	A
3	이○○	95			95	B
4	김○○	95			90	C
5	장○○	70			85	D
6	정○○	75			80	E
7	소○○	90			75	F
8	신○○	85			70	G
9	구○○	80				

① =VLOOKUP(B2,E2:F8,2,1)

② =VLOOKUP(B2,E2:F8,2,0)

③ =VLOOKUP(B2,$E$2:$F$8,2,0)

④ =VLOOKUP(B2,$E$2:$F$8,1,0)

⑤ =VLOOKUP(B2,$E$2:$F$8,1,1)

20 다음 중 Windows 7의 [폴더 옵션]에서 설정할 수 있는 작업에 해당하지 않는 것은?

① 숨김 파일 및 폴더를 표시할 수 있다.

② 색인된 위치에서는 파일 이름뿐만 아니라 내용도 검색하도록 설정할 수 있다.

③ 숨김 파일 및 폴더의 숨김 속성을 일괄 해제할 수 있다.

④ 파일이나 폴더를 한 번 클릭해서 열 것인지, 두 번 클릭해서 열 것인지를 설정할 수 있다.

⑤ 파일 확장자명을 숨길 수 있다.

CHAPTER 06

조직이해능력

조직이해능력은 업무를 원활하게 수행하기 위해 조직의 체제와 경영을 이해하고 국제적인 추세를 이해하는 능력이다. 현재 많은 공사·공단에서 출제 비중을 높이고 있는 영역이기 때문에 미리 대비하는 것이 중요하다. 실제 업무 능력에서 조직이해능력을 요구하기 때문에 중요도는 점점 높아 질 것이다.

국가직무능력표준 홈페이지 자료에 따르면 조직이해능력의 세부 유형은 조직체제이해능력·경영이해능력·업무이해능력·국제감각으로 나눌 수 있다. 조직도를 제시하는 문제가 출제되거나 조직의 체계를 파악해 경영의 방향성을 예측하고, 업무의 우선순위를 파악하는 문제가 출제된다.

조직이해능력은 NCS 기반 채용을 진행한 기업 중 70% 정도가 다뤘으며, 문항 수는 전체에서 평균 5% 정도로 상대적으로 적게 출제되었다.

01 문제 속에 정답이 있다!

경력이 없는 경우 조직에 대한 이해가 낮을 수밖에 없다. 그러나 문제 자체가 실무적인 내용을 담고 있어도 문제 안에는 해결의 단서가 주어진다. 부담을 갖지 않고 접근하는 것이 중요하다.

02 경영·경제학원론 정도의 수준은 갖추도록 하라!

지원한 직군마다 차이는 있을 수 있으나, 경영·경제이론을 접목시킨 문제가 꾸준히 출제되고 있다. 따라서 기본적인 경영·경제이론은 익혀 둘 필요가 있다.

03 지원하는 공사·공단의 조직도를 파악하자!

출제되는 문제는 각 공사·공단의 세부내용일 경우가 많기 때문에 지원하는 공사·공단의 조직도를 파악해두어야 한다. 조직이 운영되는 방법과 전략을 이해하고, 조직을 구성하는 체제를 파악하고 간다면 조직이해능력영역에서 조직도가 나올 때 단기간에 문제를 풀 수 있을 것이다.

04 실제 업무에서도 요구되므로 이론을 익혀두자!

각 공사·공단의 직무 특성상 일부 영역에 중요도가 가중되는 경우가 있어서 많은 취업준비생들이 일부 영역에만 집중하지만. 실제 업무 능력에서 직업기초능력 10개 영역이 골고루 요구되는 경우가 많고, 현재는 필기시험에서도 조직이해능력을 출제하는 기관의 비중이 늘어나고 있기 때문에 미리 이론을 익혀 둔다면 모듈형 문제에서 고득점을 노릴 수 있다.

| 01 | 조직이해능력의 의의

(1) 조직과 조직이해능력

① 조직의 의의

두 사람 이상이 공동의 목표를 달성하기 위해 의식적으로 구성되며 상호작용과 조정을 행하는 행동의 집합체를 말한다.

② 조직의 기능

경제적 기능	재화나 서비스를 생산함
사회적 기능	조직구성원들에게 만족감을 주고 협동을 지속시킴

〈 **핵심예제** 〉

조직의 정의를 설명하는 다음 글에서 알 수 있는 조직의 사례로 적절하지 않은 것은?

조직은 두 사람 이상이 공동의 목표를 달성하기 위해 의식적으로 구성된 상호작용과 조정을 행하는 행동의 집합체이다. 그러나 단순히 사람들이 모였다고 해서 조직이라고 하지는 않는다. 조직은 목적을 가지고 있고, 구조가 있으며, 목적을 달성하기 위해 구성원들은 서로 협동적인 노력을 하고, 외부환경과도 긴밀한 관계를 이루고 있다. 조직은 일반적으로 재화나 서비스의 생산이라는 경제적 기능과 조직구성원들에게 만족감을 주고 협동을 지속시키는 사회적 기능을 갖는다.

① 편의점을 운영 중인 가족
② 백화점에 모여 있는 직원과 고객
③ 다문화 가정을 돕고 있는 종교단체
④ 병원에서 일하고 있는 의사와 간호사

③ 기업의 의의

- 직장생활을 하는 대표적인 조직으로서, 노동, 자본, 물자, 기술 등을 투입해 제품, 서비스를 산출하는 기관
- 최소의 비용으로 최대의 효과를 얻음으로써 이윤을 극대화하기 위해 만들어진 조직
- 고객에게 보다 좋은 상품과 서비스를 제공하고 마케팅을 통해 고객을 만족시키는 주체

④ 조직이해능력의 의의

자신이 속한 조직의 경영과 체제를 이해하고, 직장생활과 관련된 국제감각을 가지는 능력을 말한다.

⑤ 조직이해능력의 필요성

- 자신의 업무를 효과적으로 수행하기 위함
- 개인의 업무 성과를 높이고 조직 전체의 경영 효과를 높이기 위함

《 핵심예제 》

다음 중 조직이해능력이 필요한 이유로 옳지 않은 것은?

① 조직과 개인은 영향을 주고받는 관계이기 때문이다.
② 조직이 정해준 범위 내에서 업무를 효과적으로 수행하기 위해서이다.
③ 구성원 간의 정보를 공유하고 하나의 조직 목적을 달성하기 위해서이다.
④ 조직구성원을 아는 것이 조직의 실체를 완전히 이해하는 것이기 때문이다.

예제풀이

➕ 개개인을 안다고 조직의 실체를 완전히 알 수 있는 것은 아니다. 구성원들을 연결하는 조직의 목적, 구조, 환경 등을 알아야 조직을 제대로 이해할 수 있기 때문에 조직이해능력이 필요하다.

정답 ④

(2) 조직의 유형

① 공식성에 따른 분류

비공식조직으로부터 공식화가 진행되어 공식조직으로 발전되지만, 공식조직 내에서 인간관계를 지향하면서 비공식조직이 새롭게 생성되기도 한다.

공식조직	조직의 구조, 기능, 규정 등이 조직화되어 있는 조직
비공식조직	개인들의 협동과 상호작용에 따라 형성된 자발적인 집단 조직

② 영리성에 따른 분류

영리조직	기업과 같이 이윤을 목적으로 하는 조직
비영리조직	정부조직을 비롯해 공익을 추구하는 조직

③ 조직 규모에 따른 분류

소규모조직	가족 소유의 상점과 같이 규모가 작은 조직
대규모조직	대기업과 같이 규모가 큰 조직, 최근에는 동시에 둘 이상의 국가에서 법인을 설립하고 경영 활동을 벌이는 다국적 기업이 증가하고 있음

《 핵심예제 》

다음 조직의 유형에 대한 설명이 맞으면 ○를, 틀리면 ✕를 표시하시오.

㉠ 기업은 대표적인 영리조직이다. 　　　　　　　　　　　　　　　(　)

㉡ 병원, 대학은 비영리조직에 해당한다. 　　　　　　　　　　　　(　)

㉢ 최근 다국적 기업과 같은 대규모조직이 증가하고 있다. 　　　　(　)

㉣ 공식조직 내에서 비공식조직들이 새롭게 생성되기도 한다. 　　(　)

㉤ 공직이 발달해온 역사를 보면 공식조직에서 자유로운 비공식조직으로 발전해 왔다. 　　　　　　　　　　　　　　　　　　　　　　　(　)

(3) 조직 체제의 구성 요소

① 체제이해능력

조직은 하나의 체제(System)이며, 체제는 특정한 방식이나 양식으로 서로 결합된 부분들의 총체를 의미한다. 따라서 조직의 구성원은 자신이 속한 조직의 체제를 이해할 수 있어야 한다.

② 체제(System)의 구성

- 인풋(Input) : 시스템에 유입되는 것
- 업무 프로세스(Process) : 시스템의 연결망, 즉 조직의 구조를 통해서 인풋이 아웃풋으로 전환되는 과정
- 아웃풋(Output) : 업무 프로세스를 통해 창출된 시스템의 결과물

③ 조직의 목표

- 조직이 달성하려는 장래의 상태로, 조직이 존재하는 정당성, 합법성을 제공
- 전체 조직의 성과, 자원, 시장, 인력개발, 혁신과 변화, 생산성에 대한 목표를 포함

④ 조직의 구조

기계적 조직	구성원들의 업무나 권한이 분명하게 정의된 조직
유기적 조직	의사결정권이 하부에 위임되고 업무가 고정적이지 않은 조직

> **《 핵심예제 》**
>
> **조직의 체제를 구성하는 요소에 대한 다음 설명이 맞으면 ○를, 틀리면 ×를 표시하시오.**
>
> ㉠ 조직의 목표는 조직이 달성하려는 장래의 상태이다.　　　　　　　　（　　　）
>
> ㉡ 조직의 규칙과 규정은 조직구성원들의 행동 범위를 정하고 일관성을 부여하는 역할을 한다.　　　　　　　　　　　　　　　　　　　　　　　　（　　　）
>
> ㉢ 조직의 구조는 조직 내의 부문 사이에 형성된 관계로, 조직구성원들의 공유된 생활양식이나 가치이다.　　　　　　　　　　　　　　　　　　　（　　　）
>
> ㉣ 조직도는 조직 내적인 구조뿐만 아니라 구성원들의 임무, 수행 과업, 일하는 장소들을 알아보는 데 유용하다.　　　　　　　　　　　　　　　　（　　　）

＋ 오답분석

㉢ 조직문화는 조직구성원들의 공유된 생활양식이나 가치를 뜻한다.

㉣ 조직도로는 조직 내적인 구조를 파악할 수 없다.

정답 ㉠－○

　　　㉡－○

　　　㉢－×

　　　㉣－×

⑤ 조직의 문화

> • 조직구성원들의 사고, 행동에 영향을 주며, 일체감, 정체성을 부여하고 조직이 안정적으로 유지되게 함
> • 조직문화를 긍정적인 방향으로 조성하기 위한 경영층의 노력이 강조

⑥ 조직의 규칙

> • 조직의 목표나 전략에 따라 수립되어 조직구성원들의 활동 범위를 제약, 일관성 부여
> • 공식화 정도에 따라 조직의 구조가 결정되기도 함

> **《 핵심예제 》**
>
> **다음 빈칸에 공통으로 들어갈 용어를 쓰시오.**
>
> ＿＿＿은/는 조직구성원들의 사고와 행동에 영향을 미치며 일체감과 정체성을 부여하고 조직이 안정적으로 유지되게 한다. 이에 따라 최근 ＿＿＿에 대한 중요성이 부각되면서 ＿＿＿를 긍정적인 방향으로 조성하기 위한 경영층의 노력이 강조되고 있다.

＋ 조직문화는 조직구성원들의 사고와 행동에 영향을 끼치며, 일체감과 정체성을 부여하고 조직이 안정적으로 유지되게 한다. 이에 따라 최근 조직문화에 대한 중요성이 부각되면서 조직문화를 긍정적인 방향으로 조성하기 위한 경영층의 노력이 강조되고 있다.

정답 조직문화

(4) 조직의 변화

① 조직 변화의 의의
급변하는 환경에 맞춰 조직이 생존하려면 조직은 새로운 아이디어와 행동을 받아들이는 조직 변화에 적극적이어야 한다.

② 조직 변화의 과정

환경 변화 인지	환경 변화 중에 해당 조직에 영향을 미치는 변화를 인식하는 것
조직 변화 방향 수립	체계적으로 구체적인 추진 전략을 수립하고 추진 전략별 우선순위를 마련함
조직 변화 실행	수립된 조직 변화 방향에 따라 조직을 변화시킴
변화 결과 평가	조직 개혁의 진행 사항과 성과를 평가함

③ 조직 변화의 유형

제품, 서비스의 변화	기존 제품, 서비스의 문제점을 인식하고 고객의 요구에 부응하기 위한 것
전략, 구조의 변화	조직의 목적 달성과 효율성 제고를 위해 조직 구조, 경영방식, 각종 시스템 등을 개선함
기술 변화	새로운 기술을 도입하는 것으로, 신기술이 발명되었을 때나 생산성을 높이기 위한 변화
문화의 변화	구성원들의 사고방식, 가치체계를 변화시키는 것으로, 조직의 목적과 일치시키기 위해 문화를 유도함

CHECK POINT

경영혁신 프로그램(변화관리 경영) ➕
- 6Sigma
- TQC(Total Quality Control : 전사적 종합품질 관리)
- TPM(total productive maintenance : 전사적 생산보전)
- ERP(Enterprise Resource Planning : 전사적 자원관리 시스템)
- 동아리 활동
- 개선제안

예제풀이

오답분석
ⓛ 조직 변화는 조직의 목적을 달성하고 효율성을 높이기 위해 기존의 조직 구조, 경영방식 등을 개선하는 것이다.

정답 ㉠ - ○
　　　 ⓛ - ✕
　　　 ㉢ - ○

> **〈 핵심예제 〉**
>
> **조직 변화의 유형에 대한 다음 설명이 맞으면 ○를, 틀리면 ✕를 표시하시오.**
>
> ㉠ 조직의 목적과 일치시키기 위해 문화를 변화시키기도 한다. 　　　　(　　)
> ⓛ 조직 변화는 기존의 조직 구조나 경영방식하에서 환경 변화에 따라 제품이나 기술을 변화시키는 것이다. 　　　　(　　)
> ㉢ 조직 변화는 환경 변화에 따른 것으로, 어떤 환경 변화가 있느냐는 어떻게 조직을 변화시킬 것인가에 지대한 영향을 미친다. 　　　　(　　)

| 02 | 경영이해능력의 의의

(1) 경영의 의의

① 경영이란?

조직의 목적을 달성하기 위한 전략, 관리, 운영 활동을 의미하며, 조직은 목적을 달성하기 위해 지속적인 관리와 운영이 요구된다.

② 경영의 4요소

경영 목적	조직의 목적을 어떤 과정과 방법을 통해 수행할 것인가를 제시함
조직구성원	조직에서 일하고 있는 임직원들로, 이들이 어떠한 역량을 가지고 어떻게 직무를 수행하는 지에 따라 경영 성과가 달라짐
자금	경영 활동에 사용할 수 있는 돈으로, 이윤 추구를 목적으로 하는 사기업에서 자금은 새로운 이윤을 창출하는 기초가 됨
경영 전략	기업 내 모든 인적, 물적 자원을 경영 목적을 달성하기 위해 조직화하고, 이를 실행에 옮겨 경쟁우위를 달성하는 일련의 방침 및 활동

〈핵심예제〉

조직 경영과 관련한 다음 설명의 ㉠~㉡에 들어갈 용어를 쓰시오.

> 경영이란 조직의 목적을 달성하기 위한 ___㉠___, 관리, 운영 활동이다. 조직은 다양한 유형이 있기 때문에 모든 조직에 공통적인 경영 원리를 적용하는 것은 어렵다. 그러나 특정 조직에 적합한 특수경영 외에 ___㉡___ 은/는 조직의 특성에 관계없이 공통적으로 적용할 수 있는 개념이다.

예제풀이

➕ 경영이란 조직의 목적을 달성하기 위한 전략, 관리, 운영 활동이다. 조직 경영에는 특정 조직에게 적합한 특수경영과 조직의 특성에 관계없이 적용할 수 있는 일반경영이 있다.

정답 ㉠ 전략
　　　㉡ 일반경영

③ 경영의 과정

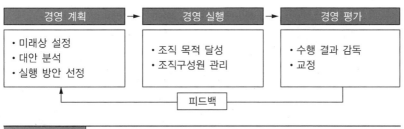

경영 계획	조직의 미래상을 결정하고 이를 달성하기 위한 대안을 분석하고 목표를 수립하며 실행 방안을 선정하는 과정
경영 실행	조직 목적을 달성하기 위한 활동들과 조직구성원을 관리
경영 평가	경영 실행에 대한 평가로, 수행 결과를 감독하고 교정해 다시 피드백

경영의 과정은 계획·실행·평가로 구분된다. 경영의 계획 단계에서 조직의 미래상 결정, 대안 분석, 실행 방안을 선정한다. 실행 단계에서는 계획 단계에서 수립된 실행 방안에 따라 조직 목적 달성을 위한 관리활동이 이루어진다.

정답 ③

핵심예제

경영의 과정에 대한 설명으로 옳지 않은 것은?

① 경영의 과정은 경영 계획, 경영 실행, 경영 평가의 단계로 이루어진다.
② 경영 계획 단계에서는 조직의 미래상을 결정하고 목표를 수립한다.
③ 경영 실행 단계에서는 구체적인 실행 방안을 선정하고 조직구성원을 관리한다.
④ 경영 평가 단계에서는 수행 결과를 감독하고 교정한다.

④ 경영 활동의 유형

외부 경영 활동	조직 외부에서 조직의 효과성을 높이기 위해 이루어지는 활동, 즉 외적 이윤 추구 활동을 말하며, 마케팅 활동이 이에 해당
내부 경영 활동	조직 내부에서 자원 및 기술을 관리하는 것을 말하며 인사, 재무, 생산 관리가 이에 해당

(2) 의사결정과정

① 확인단계 : 의사결정이 필요한 문제를 인식하는 단계

- 문제의 중요도나 긴급도에 따라서 체계적으로 이루어지기도 하며 비공식적으로 이루어지기도 함
- 문제를 신속히 해결할 필요가 있는 경우에는 진단 시간을 줄이고 즉각 대응해야 함
- 일반적으로는 다양한 문제를 리스트한 후 주요 문제를 선별하거나, 혹은 문제의 증상을 리스트한 후 그러한 증상이 나타나는 근본원인을 찾아야 함

② 개발단계 : 확인된 문제의 해결 방안을 모색하는 단계

탐색	• 조직 내의 기존 해결 방법 중에서 새로운 문제의 해결 방법을 찾는 과정 • 조직 내 관련자와의 대화나 공식적인 문서 등을 참고
설계	• 이전에 없었던 새로운 문제의 경우 이에 대한 해결안을 설계 • 시행착오적 과정을 거치면서 적합한 해결 방법 모색

③ 선택단계 : 실행 가능한 해결안을 선택하는 단계

판단	한 사람의 의사결정권자의 판단에 의한 선택
분석	경영과학 기법과 같은 분석에 의한 선택
교섭	이해관계 집단의 토의와 교섭에 의한 선택
승인	해결 방안의 선택 후에 조직 내에서 공식적인 승인 절차를 거친 다음 실행

CHECK POINT

잘못된 의사결정에 빠지는 5가지 함정
• 눈으로 보는 것만이 현실이다.
• 결정한 것은 끝까지 성공시켜야 한다.
• 과거 자료나 추세만을 중시한다.
• 늘 하던 대로 자신에게 편한 방식을 고수한다.
• 나의 능력을 믿는다.

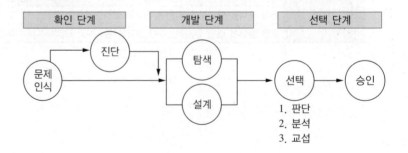

조직 내 의사결정 과정에 대한 설명으로 옳지 않은 것은?

① 진단 단계는 문제의 심각성에 따라서 체계적 혹은 비공식적으로 이루어진다.
② 개발 단계에서는 확인된 문제에 대해 해결 방안을 모색한다.
③ 설계 단계에서는 조직 내의 기존 해결 방법을 검토한다.
④ 실행 가능한 해결안의 선택은 의사결정권자의 판단, 분석적 방법 활용, 토의와 교섭으로 이루어질 수 있다.

예제풀이

조직 내 의사결정의 과정은 대부분의 경우 조직에서 이루어진 기존 해결 방법 중에서 새로운 문제의 해결 방법을 탐색하는 과정이 있다. 이는 문제를 확인하고 난 후 개발 단계 중 구체적인 설계가 이루어지기 전 탐색 단계에서 이루어지게 된다.

정답 ③

CHECK POINT

성공적 의사결정을 위한 포인트
• 서로 다른 유형의 사람을 옆에 두어라.
• 현실을 냉철하게 직시하라.
• 가치 있는 실수는 과감히 포용하라.
• 현장에서 정보를 얻어라.
• 자신에게 솔직해야 한다.

(3) 집단의사결정

① 집단의사결정의 특징

• 한 사람보다 집단이 가지고 있는 지식과 정보다 더 많으므로 집단의 의사결정이 더 효과적이다.
• 다양한 집단구성원아 각자 다른 시각에서 문제를 바라보므로 다양한 견해를 가지고 접근할 수 있다.
• 의견이 불일치하는 경우 의사결정을 내리는 데 시간이 많이 소요된다.
• 특정 구성원에 의해 의사결정이 독점될 가능성이 있다.

② 브레인스토밍의 의의
여러 명이 한 가지의 문제를 놓고 아이디어를 비판 없이 제시해 그 중에서 최선책을 찾아내는 방법을 말한다.

③ 브레인스토밍의 규칙

• 다른 사람이 아이디어를 제시할 때에는 비판하지 않는다.
• 문제에 대한 제안은 자유롭게 이루어질 수 있다.
• 아이디어는 많이 나올수록 좋다.
• 모든 아이디어들이 제안되고 나면 이를 결합하여 해결책을 마련한다.

④ 브레인라이팅(Brain Writing)
구두로 의견을 교환하는 브레인스토밍과 달리 포스트잇 같은 메모지에 의견을 적은 다음 메모된 내용을 차례대로 공유하는 방법을 말한다.

예제풀이

브레인스토밍에서는 어떠한 내용의 발언이라도 그것에 대한 비판을 할 수 없다는 규칙이 있다.

정답 ④

핵심예제

다음을 읽고 브레인스토밍에 대한 설명으로 옳지 않은 것을 고르면?

> 집단에서 의사결정을 하는 대표적인 방법으로 브레인스토밍이 있다. 브레인스토밍은 일정한 테마에 관하여 회의 형식을 채택하고, 구성원의 자유로운 발언을 통해 아이디어의 제시를 요구해 발상을 찾아내려는 방법으로 볼 수 있다.

① 문제에 대한 제안은 자유롭게 이루어질 수 있다.
② 아이디어는 적게 나오는 것보다는 많이 나올수록 좋다.
③ 모든 아이디어들이 제안되고 나면 이를 결합하고 해결책을 마련한다.
④ 다른 사람이 아이디어를 제시할 때, 비판을 통해 새로운 아이디어를 창출한다.

(4) 경영 전략

① 경영 전략의 개념
조직이 환경에 적응해 목표를 달성할 수 있도록 경영 활동을 체계화하는 수단을 말한다.

② SWOT 분석
조직의 내·외부환경을 분석해 전략 대안들을 수립하고 실행, 통제하는 것을 말한다.

예제풀이

조직의 환경을 분석하는 데 이용되는 SWOT 분석에서 조직 내부환경은 조직이 우위를 점할 수 있는 장점, 조직의 효과적인 성과를 방해하는 자원·기술·능력 면에서의 약점으로 구분된다. 또한 조직의 외부환경으로는 조직 활동에 이점을 주는 기회 요인, 조직 활동에 불이익을 미치는 위협 요인으로 구분된다.

정답 ㉠ 장점
　　　 ㉡ 약점
　　　 ㉢ 기회
　　　 ㉣ 위협

핵심예제

SWOT 분석에 대한 다음 설명의 ㉠ ~ ㉣에 들어갈 적절한 용어는 무엇인가?

> SWOT 분석에서 조직 내부환경으로는 조직이 우위를 점할 수 있는 ___㉠___ 와/과 조직의 효과적인 성과를 방해하는 자원·기술·능력 면에서의 ___㉡___ 이/가 있다. 조직의 외부환경으로 ___㉢___ 은/는 조직 활동에 이점을 주는 환경 요인이고, ___㉣___ 은/는 조직 활동에 불이익을 미치는 환경 요인이다.

③ 본원적 경쟁 전략(Michael E. Porter)

원가우위 전략	• 원가를 절감해 해당 산업에서 우위를 점하는 전략 • 대량생산을 통해 원가를 낮추거나 새로운 생산 기술을 개발해야 함
차별화 전략	• 생산품과 서비스를 차별화해 고객에게 가치있게 인식되도록 하는 전략 • 연구, 개발, 광고를 통해 기술, 품질, 서비스, 브랜드 이미지를 개선해야 함
집중화 전략	• 특정 시장과 고객에게 한정된 전략 • 경쟁 조직들이 소홀히 하고 있는 시장을 집중적으로 공략함

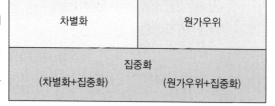

전략적 우위 요소

고객들이 인식하는 제품의 특성 / 원가우위

신입 선체 | 차별화 | 원가우위

전략적 목표

산업의 특정 부문 | 집중화
(차별화+집중화) | (원가우위+집중화)

핵심예제

전략의 각 유형과 그것에 대한 설명을 연결하시오.

ㄱ 차별화 전략
ㄴ 원가우위 전략
ㄷ 집중화 전략

ⓐ 대량생산, 새로운 생산 기술 개발
ⓑ 생산품이나 서비스 차별화
ⓒ 산업의 특정 부문 대상

예제풀이

➕

ㄱ 조직이 생산품·서비스를 차별화해 고객에게 가치 있고 독특하게 인식되도록 하는 전략
ㄴ 원가 절감을 통해 해당 산업에서 우위를 점하는 전략
ㄷ 특정 시장·고객에게 한정해 특정 산업을 대상으로 하는 전략

정답 ㄱ – ⓑ
ㄴ – ⓐ
ㄷ – ⓒ

안심Touch

(1) 조직 목표

① 조직 목표의 개념

조직이 달성하려는 장래의 상태로, 미래지향적이지만 현재 조직 행동의 방향을 결정하는 역할을 한다.

② 조직 목표의 기능

- 조직이 존재하는 정당성과 합법성 제공
- 조직이 나아갈 방향 제시
- 조직구성원 의사결정의 기준
- 조직구성원 행동 수행의 동기유발
- 수행평가의 기준
- 조직설계의 기준

③ 조직 목표의 특징

- 공식적 목표와 실제적 목표가 다를 수 있음
- 다수의 조직 목표 추구 가능
- 조직 목표간 위계적 상호관계가 있음
- 가변적 속성
- 조직의 구성요소와 상호관계를 가짐

④ 목표에 영향을 미치는 요인

내적 요인	조직 리더의 결단이나 태도 변화, 조직 내 권력 구조의 변화 등
외적 요인	경쟁업체의 변화, 자원의 변화, 경제 정책의 변화 등

⑤ 조직목표의 분류(R. L. Daft)

전체 성과	영리조직의 경우 수익성, 사회복지기관은 서비스 제공량
자원	조직에 필요한 재료와 재무자원을 획득하는 것
시장	시장점유율, 시장에서의 지위 향상 등의 조직 목표
인력 개발	조직구성원에 대한 교육, 훈련, 승진, 성장 등과 관련된 목표
혁신과 변화	불확실한 환경 변화에 대한 적응 가능성, 내부의 유연성 향상
생산성	투입된 자원에 대비한 산출량을 높이기 위한 목표

《 핵심예제 》

조직 목표의 개념 및 특징에 대한 다음 설명이 맞으면 ○를, 틀리면 ×를 표시하시오.

㉠ 조직은 한 가지의 목표를 추구한다. ( )

㉡ 조직 목표는 조직구성원들의 의사결정 기준이 된다. ( )

㉢ 조직 목표는 환경이나 조직 내의 다양한 원인들에 의해 변동되거나 없어지기도 한다. ( )

㉣ 조직 목표 중 공식적인 목표인 사명은 측정 가능한 형태로 기술되는 단기적인 목표이다. ( )

㉤ 조직구성원들이 자신의 업무를 성실하게 수행하면 전체 조직 목표는 자연스럽게 달성된다. ( )

오답분석

㉠ 조직은 다수의 목표를 추구할 수 있다.

㉣ 사명은 공식적이고 장기적인 목표이다.

㉤ 조직구성원들은 자신의 업무를 성실하게 수행해도 전체 조직 목표에 부합되지 않으면 조직 목표가 달성될 수 없다.

정답 ㉠ - ×
㉡ - ○
㉢ - ○
㉣ - ×
㉤ - ×

(2) 조직 구조

① 조직 구조의 이해

- 조직의 한 구성원으로 조직 내의 다른 사람들과 상호작용해야 함
- 자신이 속한 조직 구조의 특징을 모르면, 자신의 업무와 권한의 범위는 물론 필요한 정보를 누구에게서 어떤 방식으로 얻어야 하는지 알 수 없게 됨

② 조직 구조의 유형

기계적 조직	• 구성원들의 업무가 분명하게 정의 • 다수의 규칙과 규제가 존재 • 상하간 의사소통이 공식적인 경로를 통해 이루어짐 • 위계질서가 엄격함
유기적 조직	• 의사결정권한이 하부 구성원들에게 많이 위임 • 업무가 고정되지 않고 공유 가능 • 비공식적인 의사소통이 원활함 • 규제나 통제의 정도가 낮음

《 핵심예제 》

조직 구조의 유형과 이와 관련된 특징을 서로 연결하시오.

㉠ 기계적 조직
㉡ 유기적 조직

ⓐ 구성원들의 업무가 분명하게 규정
ⓑ 비공식적인 상호 의사소통
ⓒ 엄격한 상하간 위계질서
ⓓ 급변하는 환경에 적합한 조직
ⓔ 다수의 규칙과 규정 존재

㉠ 기계적 조직은 구성원들의 업무가 분명하게 정의되고 많은 규칙과 규제들이 있으며, 상하 간 의사소통이 공식적인 경로를 통해 이루어지고 엄격한 위계질서가 있다.

㉡ 유기적 조직은 비공식적인 상호 의사소통이 원활히 이루어지며, 환경 변화에 따라 쉽게 변할 수 있다.

정답 ㉠ - ⓐ, ⓒ, ⓔ
㉡ - ⓑ, ⓓ

③ 조직 구조의 결정 요인

전략	• 조직의 목적을 달성하기 위해 수립한 계획 • 조직이 자원을 배분하고 경쟁적 우위를 달성하기 위한 주요 방침
규모	• 대규모 조직은 소규모 조직에 비해 업무가 전문화, 분화되어 있고 많은 규칙과 규정이 존재함
기술	• 조직이 투입 요소를 산출물로 전환시키는 지식, 절차 등을 의미 • 소량생산 기술은 유기적 조직, 대량생산 기술은 기계적 조직과 연결
환경	• 안정적이고 확실한 환경에서는 기계적 조직 • 급변하는 환경에서는 유기적 조직이 적합

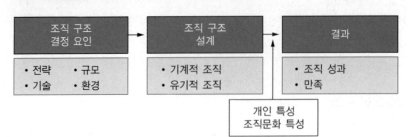

CHECK POINT

매트릭스 조직
기존의 기능부서 상태를 유지하면서 특정한 프로젝트를 위해 서로 다른 부서의 인력이 함께 일하는 현대적인 조직설계방식

(3) 조직 구조의 형태

① 기능적 조직 구조

> • 조직의 최상층에 최고경영자(CEO)가 위치하고, 구성원들이 단계적으로 배열되는 구조
> • 환경이 안정되었거나 일상적인 기술을 사용하는 경우에 유리함
> • 기업의 규모가 작을 때 업무의 내용이 유사한 것들을 결합하여 조직을 구성함

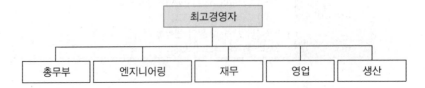

② 사업별 조직 구조

- 급변하는 환경에 대응하고 제품, 지역, 고객별 차이에 신속하게 대응하기 위함
- 의사결정이 분권화되어 이루어짐
- 개별 제품, 서비스, 프로젝트 등에 따라 조직화됨

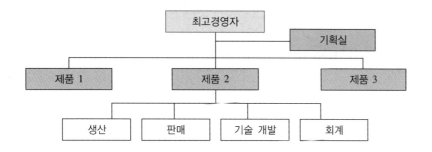

<핵심예제>

다음 중 조직 구조의 형태를 비교해 이해한 것으로 옳지 않은 것은?

① 기능적 조직 구조는 사업별 조직 구조보다 분권화된 의사결정이 가능하다.
② 기능적 조직 구조와 사업별 조직 구조 모두 조직의 CEO가 최상층에 있다.
③ 사업별 조직 구조는 기능적 조직 구조보다 제품별 차이에 신속하게 적응하기 위한 것이다.
④ 사업별 조직 구조는 기능적 조직 구조보다 급변하는 환경 변화에 효과적으로 대응할 수 있다.

예제풀이

사업별 조직 구조는 기능적 조직 구조보다 분권화된 의사결정이 가능하다.

정답 ①

PART 1

PART 2

PART 3

(4) 조직 내 집단

① 집단의 유형

공식적인 집단	• 조직의 공식적인 목표를 추구하기 위해 의도적으로 만든 집단 • 목표, 임무가 명확하게 규정 • 참여하는 구성원들도 인위적으로 결정 • 각종 위원회, 임무 수행을 위한 태스크포스 팀
비공식적인 집단	• 조직구성원들의 요구에 따라 자발적으로 형성된 집단 • 공식적인 업무 수행 이외의 다양한 요구에 의해 이루어짐 • 스터디 모임, 봉사활동 동아리, 각종 친목회

예제풀이

㉠ 공식적 집단의 사례로는 각종 상설·임시위원회, 임무 수행을 위한 작업팀 등이 있다.
㉡ 비공식적 집단의 사례로는 업무 수행 능력 향상을 위해 자발적으로 형성된 스터디 모임, 봉사활동 동아리, 각종 친목회 등이 있다.

정답 ㉠ - ⓐ, ⓑ
㉡ - ⓒ

《 핵심예제 》

다음 조직 구조의 유형과 관련된 특징을 서로 연결하시오.

㉠ 공식적 집단 ㉡ 비공식적 집단	ⓐ 조직에서 의식적으로 만듦 ⓑ 집단의 목표, 임무가 명확하게 규정됨 ⓒ 조직구성원들의 요구에 따라 자발적으로 형성됨

② 집단 간 경쟁

조직 내의 한정된 자원을 더 많이 가지려 하거나 서로 상반되는 목표를 추구하기 때문에 발생하게 된다.

순기능	집단 내부에서는 응집성이 강화되고, 집단의 활동이 더욱 조직화됨
역기능	경쟁이 과열되면 자원의 낭비, 업무 방해, 비능률 등의 문제가 발생

CHECK POINT

팀제 조직
조직 간의 수직적 장벽을 허물고 보다 자율적인 환경 속에서 경영자원의 효율성을 극대화하기 위해 내부운영에 유연성을 부여한 조직

③ 팀

• 구성원들이 공동의 목표를 이루기 위해 기술을 공유하고 공동으로 책임을 지는 집단 • 상호 공동 책임을 중요시 하나 자율성을 가지고 스스로 관리하는 경향이 강함 • 생산성을 높이고 의사를 신속하게 결정하며 창의성 향상을 도모하기 위해 구성 • 조직구성원들의 협력과 관리자층의 지지가 필수적임

예제풀이

팀은 생산성을 높이고 의사결정을 신속하게 하며 구성원들의 다양한 창의성 향상을 위해 조직된다.

정답 ②

《 핵심예제 》

다음 중 조직 내의 팀에 대한 설명으로 옳지 않은 것은?

① 팀은 구성원 간 서로 기술을 공유한다.
② 팀은 의사결정을 지연시키는 문제가 있다.
③ 팀은 개인적 책임뿐만 아니라 공동의 책임을 강조한다.
④ 팀이 성공적으로 운영되려면 관리자층의 지지가 요구된다.

| 04 | 업무이해능력의 의의

(1) 업무의 의의와 특성

① 업무의 의의

상품이나 서비스를 창출하기 위한 생산적인 활동으로서, 조직의 목적 달성을 위한 근거가 된다.

② 업무의 특성

공통된 목적 지향	업무는 조직 목적의 효과적 달성을 위해 세분화된 것이므로 궁극적으로 같은 목적을 지향한다.
적은 재량권	개인이 선호하는 업무를 임의로 선택할 수 있는 재량권이 적다.
다른 업무와의 관련성	업무는 서로 독립적으로 이루어지지만 업무 간에는 서열이 있어서 순차적으로 이루어지기도 하며, 서로 정보를 주고 받기도 한다.
업무권한	구성원들이 업무를 공적으로 수행할 수 있는 힘을 말하며, 구성원들은 이에 따라 자신이 수행한 일에 대한 책임도 부여받는다.

〈 핵심예제 〉

다음 중 업무에 대한 설명으로 옳지 않은 것은?

① 업무는 조직의 목적 아래 통합된다.

② 직업인들은 자신의 업무를 자유롭게 선택할 수 있다.

③ 업무에 따라 다른 업무와의 독립성의 정도가 다르다.

④ 업무는 상품이나 서비스를 창출하기 위한 생산적인 활동이다.

예제풀이

업무는 조직에 의해 직업인들에게 부여되며, 개인이 선호하는 업무를 임의로 선택할 수 있는 재량권이 매우 적다.

정답 ②

(2) 업무 수행 계획 수립의 절차

① 업무 지침 확인

- 개인이 임의로 업무를 수행하지 않고 조직의 목적에 부합될 수 있도록 안내함
- 업무 지침을 토대로 작성하는 개인의 업무 지침은 업무 수행의 준거가 됨
- 개인의 업무 지침 작성 시에는 조직의 업무 지침, 장단기 목표, 경영 전략 등을 고려
- 개인의 업무 지침은 3개월에 한번 정도로 지속적인 개정이 필요

② 활용 자원 확인

- 물적 자원과 인적 자원 등의 업무 관련 자원을 확인
- 자원은 무한정하지 않으므로 효과적인 활용이 필요함
- 업무 수행에 필요한 지식, 기술이 부족하면 이를 함양하기 위한 계획의 수립이 필요

CHECK POINT

업무효율화 도구 5가지

- WBS(Work Breakdown Structure) : 목표를 이루는 데 필요한 업무를 경정할 때 이용하는 도구
- 책임분석표 : 업무책임을 명확히 할 때 이용하는 도구
- PERT / Critical Path : 일의 순서와 소요기간을 결정할 때 이용하는 도구
- 간트 차트(Gantt Chart) : 일의 시작일과 완료일을 결정할 때 이용하는 도구
- SWOT 분석표 : 기업 내부환경의 강점과 약점, 외부환경의 기회와 위협을 분석하는 도구

③ 업무 수행 시트의 작성

- 구체적인 업무 수행 계획을 수립하여 가시적으로 나타냄
- 주어진 시간 내에 일을 끝낼 수 있게 동기부여
- 단계별로 협조를 구해야 할 사항과 처리해야 할 일을 체계적으로 알 수 있음
- 문제 발생 시 발생 지점을 정확히 파악할 수 있음

업무 지침 확인	→	활용 자원 확인	→	업무 수행 시트 작성
• 조직의 업무 지침 • 나의 업무 지침		• 시간 • 예산 • 기술 • 인간관계		• 간트 차트 • 워크 플로 차트 • 체크리스트

《 핵심예제 》

다음 중 업무 수행 계획 수립과 관련된 설명으로 옳지 않은 것은?

① 개인의 업무 지침은 제한 없이 자유롭게 작성한다.
② 업무 수행 시트는 업무를 단계별로 구분해 작성한다.
③ 조직에는 다양한 업무가 있으며, 이것의 수행 절차는 다르다.
④ 업무 수행 시 활용 가능한 자원으로는 시간, 예산, 기술, 인적자원 등이 있다.

(3) 업무 수행 시트의 종류

① 간트 차트

단계별로 업무를 시작해서 끝내는 데 걸리는 시간을 바 형식으로 표시한다. 전체 일정을 한 눈에 볼 수 있고, 단계별로 소요되는 시간과 각 업무활동 사이의 관계를 파악할 수 있다.

업무		6월	7월	8월	9월
설계	자료수집	■			
	기본 설계		■		
	타당성 조사 및 실시 설계			■	
시공	시공			■	
	결과 보고				■

② 워크 플로 차트

일의 흐름을 동적으로 보여주는 데 효과적이며, 사용되는 도형을 다르게 표현함으로써 각각의 작업의 특성을 구분하여 표현할 수 있다.

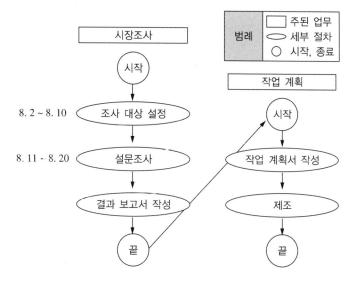

③ 체크리스트

업무의 각 단계를 효과적으로 수행했는지 자가 점검해볼 수 있으며 각 활동별로 기대되는 수행 수준을 달성했는지를 확인하는 데 효과적이다. 단, 시간의 흐름을 표현하기는 어렵다.

업무		체크	
		YES	NO
고객관리	고객 대장을 정비하였는가?		
	3개월에 한 번씩 고객 구매 데이터를 분석하였는가?		
	고객의 청구 내용 문의에 정확하게 응대하였는가?		
	고객 데이터를 분석하여 판매 촉진 기획에 활용하였는가?		

◁ 핵심예제 ▷

업무 수행 시트의 설명으로 옳은 것을 연결하시오.

㉠ 간트 차트
㉡ 워크 플로 차트
㉢ 체크리스트

ⓐ 수행 수준 달성을 자가 점검
ⓑ 일의 흐름을 동적으로 보여줌
ⓒ 단계별로 업무의 시작과 끝 시간을 바 형식으로 표현

예제풀이

➕ ㉠ 전체 일정을 한눈에 볼 수 있고, 단계별로 업무의 시작과 끝을 알려준다.
㉡ 도형과 선으로 일의 흐름을 동적으로 보여준다.
㉢ 업무의 각 단계를 구분하고 각 활동별로 수행 수준을 달성했는지를 자가 점검할 수 있게 한다.

정답 ㉠-ⓒ
ⓛ-ⓑ
㉢-ⓐ

| 05 | 국제감각의 의의

(1) 국제감각이란

① 국제감각의 의의

업무를 하는 중에 다른 나라의 문화를 이해하고 국제적인 동향을 이해하는 능력을 말한다.

② 글로벌화의 의의

활동 범위가 세계로 확대되는 것으로, 경제나 산업 등의 측면에서 벗어나 문화나 정치 등 다른 영역까지 확대되는 개념을 말한다.

③ 글로벌화에 따른 변화

세계적인 경제통합	• 신기술을 확보한 기업이 국경을 넘어 확장 • 다국적 기업의 증가에 따른 국가간 경제 통합 강화
FTA 체결	무역장벽을 없애기 위한 노력

④ 국제적 식견

> • 세계를 하나의 공동체로 인식하고, 문화적 배경이 다른 사람과의 커뮤니케이션을 위해 각 국가의 문화적 특징 등에 적응할 수 있는 능력
> • 특히 자신의 업무와 관련한 국제동향을 파악하고 이를 적용할 수 있는 능력

(2) 외국인과의 커뮤니케이션

① 문화충격(Culture Shock)

> • 한 문화권에 속한 사람이 다른 문화를 접하게 되었을 때 체험하는 충격
> • 상대문화를 이질적으로 대하게 되고 위화감, 심리적 부적응 상태를 경험
> • 문화충격에 대비하려면 다른 문화에 대해 개방적인 태도를 견지해야 함
> • 자신의 기준으로 다른 문화를 평가하지 않되, 자신의 정체성은 유지해야 함

② 이문화(Intercultural) 커뮤니케이션

언어적 커뮤니케이션	• 언어를 통해 의사소통하는 것으로 상대방에게 의사를 전달할 때 직접적으로 이용되는 것이다. • 외국어 사용능력과 직결된다.
비언어적 커뮤니케이션	• 생활양식, 행동규범 등을 통해 상대방과 의사소통 하는 것 • 외국어 능력이 유창해도 문화적 배경을 잘 모르면 언어에 내포된 의미를 오해하거나 수용하지 못할 수 있다.

◁ 핵심예제 ▷

다른 나라의 문화를 이해하는 것과 관련한 설명으로 옳지 않은 것은?

① 외국의 문화를 이해하는 것은 많은 시간과 노력이 요구된다.

② 상이한 문화 간 커뮤니케이션을 이문화 커뮤니케이션이라고 한다.

③ 문화충격에 대비해서 가장 중요한 것은 자신이 속한 문화를 기준으로 다른 문화를 주관적으로 평가하는 것이다.

④ 한 문화권에 속하는 사람이 다른 문화를 접할 때 겪는 불일치, 위화감, 심리적 부적응 상태를 문화충격이라고 한다.

문화충격에 대비해서 중요한 것은 자신이 속한 문화를 기준으로 다른 문화를 평가하지 말고, 자신의 정체성은 유지하되 다른 문화를 경험하는 데 개방적·적극적 자세를 취하는 것이다.

정답 ③

PART 1

PART 2

PART 3

┌연속출제┐

직장생활을 하면 해외 바이어를 만날 일이 생기기도 한다. 이를 대비해 알아두어야 할 국제매너로 옳지 않은 것은?

① 악수를 한 후 명함을 건네는 것이 순서이다.

② 러시아, 라틴아메리카 사람들은 포옹으로 인사를 하는 경우도 많다.

③ 이라크 사람들은 상대방이 약속시간이 지나도 기다려 줄 것으로 생각한다.

④ 미국인들과 악수를 할 때에는 손끝만 살짝 잡아서 해야 한다.

풀이순서

1) 질문의도
   : 국제매너

2) 정답도출
   : 손끝만 ×
   → 잠시 힘주어
   잡아야 함

📑 **유형 분석**
- 국제 예절에 대한 이해를 묻는 문제이다.
- 문제에서 별다른 단서가 주어지지 않고 국제 예절을 알고 있는지 직접적으로 묻기 때문에 정확한 정리가 필수이다.

  응용문제 : 국제 공통 예절과 국가별 예절을 구분해서 알아야 하고, 특히 식사예절은 필수로 알아두어야 한다.

📑 **풀이 전략**
질문에서 무엇을 묻고 있는지(옳은, 옳지 않은)를 분명히 표시해 놓고 선택지를 읽어야 한다.

조직 경영

┌연속출제┐

다음 중 경영의 4요소에 대한 설명으로 적절한 것을 모두 고르면?

풀이순서

ㄱ. 조직의 목적을 달성하기 위해 경영자가 수립하는 것으로 더욱 구체적인 방법과 과정이 담겨 있다. ——→ 경영목적

ㄴ. 조직에서 일하는 구성원으로 경영은 이들의 직무수행에 기초하여 이루어지기 때문에 이 것의 배치 및 활용이 중요하다. ——→ 인적자원

ㄷ. 생산자가 상품 또는 서비스를 소비자에게 유통하는 데 관련된 모든 체계적 경영 활동이다.

ㄹ. 특정의 경제적 실체에 관하여 이해관계를 이루는 사람들에게 합리적인 경제적 의사결정을 하는 데 유용한 재무적 정보를 제공하기 위한 일련의 과정 또는 체계이다.

ㅁ. 경영하는 데 사용할 수 있는 돈으로 이것이 충분히 확보되는 정도에 따라 경영의 방향과 범위가 정해지게 된다. ——→ 운영자금

ㅂ. 조직이 변화하는 환경에 적응하기 위하여 경영활동을 체계화하는 것으로, 목표달성을 위한 수단이다. ——→ 경영전략

1) 질문의도
   : 경영의 4요소

2) 선택지 분석

① ㄱ, ㄴ, ㄷ, ㄹ
② ㄱ, ㄴ, ㄷ, ㅁ
③ ㄱ, ㄴ, ㅁ, ㅂ
④ ㄷ, ㄹ, ㅁ, ㅂ
⑤ ㄴ, ㄷ, ㅁ, ㅂ

3) 정답도출

📋 **유형** 분석
• 경영을 구성하는 요소에 대한 이해를 묻는 문제이다.
• 지식이 없으면 어려운 문제이다. 조직의 유지에는 경영이 필수이기 때문에 이 영역(조직이해)에서 경영 이론에 대한 기본적인 내용은 정리해두어야 한다.

응용문제 : 경영 단계와 그 특징에 관한 문제가 출제된다.

📋 **풀이** 전략
문제를 읽어 질문을 확인한 뒤 지문을 읽는다. 지문은 묻는 질문에 대한 진술과 아닌 진술이 섞여 있는 형태이므로 키워드를 표시하면서 걸러내야 한다.

01 귀하의 회사는 몇 년째 실적 부진으로 골머리를 앓고 있다. 문제를 해결하기 위해 귀하를 비롯한 회사의 임직원들이 모여 회사의 문제점을 파악하고 구체적인 해결책을 마련해보는 시간을 가졌다. 각 사원이 말한 문제점과 해결책으로 가장 적절하지 않은 것은?

① A사원 : 우리 회사의 문제점은 자신이 소속된 부서 이외에는 별로 관심이 없다는 것입니다. 이번 기회로 부서들끼리 자주 소통하는 자리를 마련해 다른 부서의 업무를 파악하는 데 주의를 기울일 필요가 있을 것 같습니다.

② B사원 : 각 부서의 목표가 너무 상이합니다. 분기별로 회의를 통해 하나의 목표를 설정한 뒤 모든 부서가 그 목표를 달성하기 위해 힘을 모으는 것이 좋겠습니다.

③ C사원 : 직원들의 업무 독립성이 좀 더 뚜렷해질 필요도 있습니다. 예를 들어 A라는 업무는 A사원이 담당해 처음부터 끝까지 모든 과정을 책임지는 거죠. 지금은 업무과정이 너무 유기적이에요.

④ D사원 : 직원들의 성과급이 너무 적어서 업무 만족도나 의욕 등이 점점 낮아지고 있다고 생각해요. 성과가 있을 때마다 회사에서 그에 합당한 보상을 확실히 해준다면 직원들의 업무 의욕도 점점 커질 것입니다.

⑤ E사원 : 분기별로 업무 계획을 확실히 세우고 매일매일 그것을 확인해가는 방식으로 일을 해보는 것은 어떨까요? 우리 회사는 구체적인 계획을 세우기보다 즉흥적으로 일을 해나가는 점이 문제인 것 같아서요.

02 직업인은 조직의 구성원으로서 조직체제의 구성요소를 이해하는 체제이해능력이 요구된다. 조직체제의 구성요소가 다음과 같을 때, 이에 대한 설명으로 옳지 않은 것은?

① 조직의 규칙과 규정은 조직구성원들의 자유로운 활동범위를 보장하는 기능을 가진다.

② 조직구조에서는 의사결정권이 하부구성원들에게 많이 위임되는 유기적 조직도 볼 수 있다.

③ 조직의 목표는 조직이 달성하려는 장래의 상태로, 조직이 존재하는 정당성과 합법성을 제공한다.

④ 조직문화는 조직구성원들의 사고와 행동에 영향을 미치며, 일체감과 정체성을 부여한다.

⑤ 조직구조는 의사결정권의 집중정도, 명령계통, 최고경영자의 통제 등에 따라 달라진다.

03 다음 글의 밑줄 친 법칙에 부합하는 사례로 올바른 것은?

> 돈이 되는 20%의 고객이나 상품만 있으면 80%의 수익이 보장된다는 파레토 법칙이 그간 진리로 여겨졌다. 그런데 최근 <u>롱테일(Long tail) 법칙</u>이라는 새로운 개념이 자리를 잡고 있다. 이는 하위 80%가 상위 20%보다 더 많은 수익을 낸다는 법칙이다. 한마디로 '티끌 모아 태산'이 가능하다는 것이다.

① A은행은 VIP전용 창구를 확대하였다.
② B기업은 생산량을 늘려 단위당 생산비를 낮추었다.
③ C인터넷 서점은 극소량만 팔리는 책이라도 진열한다.
④ D극장은 주말 요금을 평일 요금보다 20% 인상하였다.
⑤ E학원은 인기가 없는 과목은 더는 강의를 열지 않도록 했다.

04 다음은 경영전략 추진과정을 나타낸 내용이다. (A) 부분에 대한 사례 중 그 성격이 다른 것은?

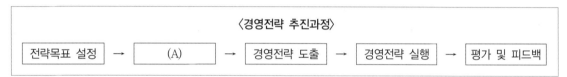

〈경영전략 추진과정〉

전략목표 설정 → (A) → 경영전략 도출 → 경영전략 실행 → 평가 및 피드백

① 제품 개발을 위해 우리가 가진 예산의 현황을 파악해야 해.
② 우리 제품의 시장 개척을 위해 법적으로 문제가 없는지 확인해 봐야겠군.
③ 이번에 발표된 정부의 정책으로 우리 제품이 어떠한 영향을 받을 수 있는지 확인해 볼 필요가 있어.
④ 신제품 출시를 위해 경쟁사들의 동향을 파악해 봐야겠어.
⑤ 우리가 공급받고 있는 원재료들의 원가를 확인해 보자.

05 다음 중 국제문화에 대해 적절하지 않은 말을 한 사람은?

> 철수 : 오늘 뉴스를 보니까 엔화가 계속해서 하락하고 있다고 하더라.
> 만수 : 환율이 많이 떨어져서 일본으로 여행가기에는 정말 좋겠다.
> 영수 : 요즘 100엔에 900원 정도 밖에 안 하지?
> 희수 : 나는 여름휴가로 미국을 가려고 했는데 전자여권으로 ESTA를 신청해야 하더라.
> 병수 : 엇, 아니야! 미국은 무조건 비자를 받아서 가야 하지 않아?

① 철수   ② 만수
③ 희수   ④ 병수
⑤ 없음

06 다음과 같은 상황에서 A과장이 취할 수 있는 가장 좋은 행동(Best)과 가장 좋지 않은 행동(Worst)을 바르게 묶은 것은?

> A과장은 동료 직원과 공동으로 맡은 프로젝트가 있다. 프로젝트의 업무 보고서를 내일까지 E차장에게 작성해서 제출해야 한다. 또한, A과장은 오늘 점심식사 후에 있을 회의 자료도 준비해야 한다. 회의 시작까지 남은 시간은 3시간이고, 프로젝트 업무 보고서 제출기한은 내일 오전 중이다.

구분	행동
㉠	동료 직원과 업무 보고서에 관해 논의한 뒤 분담해 작성한다.
㉡	동료 직원의 업무 진행상황을 묻고 우선순위를 논의한 뒤 회의 자료를 준비한다.
㉢	다른 팀 사원에게 상황을 설명하고 도움을 요청한 뒤 회의 자료를 준비한다.
㉣	회의 자료를 준비한 후 동료와 업무 진행 상황을 논의해 우선순위를 정하고 업무 보고서를 작성한다.

① Best : ㉠, Worst : ㉢
② Best : ㉡, Worst : ㉣
③ Best : ㉢, Worst : ㉠
④ Best : ㉣, Worst : ㉠
⑤ Best : ㉢, Worst : ㉡

07 W사의 인사담당자인 귀하는 채용설명회에 사용할 포스터를 만들려고 한다. 다음 인재상을 실제 업무환경과 관련지어 포스터에 문구를 삽입하려고 할 때, 올바른 문구가 아닌 것은?

인재상	업무환경
1. 책임감	1. 격주 토요일 근무
2. 고객지향	2. 자유로운 분위기
3. 열정	3. 잦은 출장
4. 목표의식	4. 고객과 직접 대면하는 업무
5. 글로벌인재	5. 해외지사와 업무협조

① 고객을 최우선으로 생각하고 행동하는 인재
② 자신의 일을 사랑하고 책임질 수 있는 인재
③ 어느 환경에서도 잘 적응할 수 있는 인재
④ 중압적인 분위기를 잘 이겨낼 수 있는 열정적인 인재
⑤ 글로벌화에 발맞춰 소통으로 회사의 미래를 만드는 인재

08 조직의 목적이나 규모에 따라 업무는 다양하게 구성될 수 있다. 조직 내의 업무 종류에 대한 설명으로 올바르지 않은 것은?

① 총무부 : 주주총회 및 이사회개최 관련 업무, 의전 및 비서업무, 집기비품 및 소모품의 구매와 관리, 사무실 임차 및 관리 등
② 인사부 : 조직기구의 개편 및 조정, 업무분장 및 조정, 인력수급계획 및 관리, 직무 및 정원의 조정 종합, 노사관리 등
③ 기획부 : 교육체계 수립 및 관리, 임금제도, 복리후생제도 및 지원업무, 복무 관리, 퇴직 관리 등
④ 회계부 : 재무상태 및 경영실적 보고, 결산 관련 업무, 재무제표 분석 및 보고 등
⑤ 영업부 : 판매계획, 판매예산의 편성, 시장조사, 광고·선전, 견적 및 계약 등

09 다음은 경쟁사의 매출이 나날이 오르는 것에 경각심을 느낀 S회사의 신제품 개발 회의 내용의 일부이다. 효과적인 회의의 5가지 원칙에 기반을 두어 가장 효과적으로 회의에 임한 사람은?

〈효과적인 회의의 5가지 원칙〉

1. 긍정적인 어법으로 말하라.
2. 창의적인 사고를 할 수 있게 분위기를 조성하라.
3. 목표를 공유하라.
4. 적극적으로 참여하라.
5. 주제를 벗어나지 마라.

팀장 : 매운맛 하면 역시 우리 회사 라면이 가장 잘 팔렸는데 최근 너도나도 매운맛을 만들다 보니 우리 회사 제품의 매출이 상대적으로 줄어든 것 같아서 신제품 개발을 위해 오늘 회의를 진행하게 되었습니다. 아주 중요한 회의이니만큼 각자 좋은 의견을 내주시기 바랍니다.
A사원 : 저는 사실 저희 라면이 그렇게 매출이 좋았던 것도 아닌데 괜한 걱정을 하는 것이라고 생각해요. 그냥 전 이랑 비슷한 라면에 이름만 바꿔서 출시하면 안 됩니까?
B사원 : 하지만 그렇게 했다간 입소문이 안 좋아져서 회사가 문을 닫게 될지도 모릅니다.
C사원 : 그나저나 이번에 타사에서 출시된 까불면이 아주 맛있던데요?
E사원 : 까불면도 물론 맛있긴 하지만, 팀장님 말씀대로 매운맛 하면 저희 회사 제품이 가장 잘 팔린 것으로 알고 있습니다. 더 다양한 소비자층을 끌기 위해 조금 더 매운맛과 덜 매운맛까지 3가지 맛을 출시하면 매출성장에 도움이 될 것 같습니다.
C사원 : D씨는 어때요? 의견이 없으신가요?
D사원 : 어…. 그…. 저는…. 그, 글쎄요…. 매, 매운 음식을 잘…. 못 먹어서….

① A사원 　　　　　　　　　　② B사원
③ C사원 　　　　　　　　　　④ D사원
⑤ E사원

10 새로운 조직 개편 기준에 따라 다음에 제시된 조직도 (가)를 조직도 (나)로 변경하려 한다. 조직도 (나)의 빈칸에 들어갈 팀으로 옳지 않은 것은?

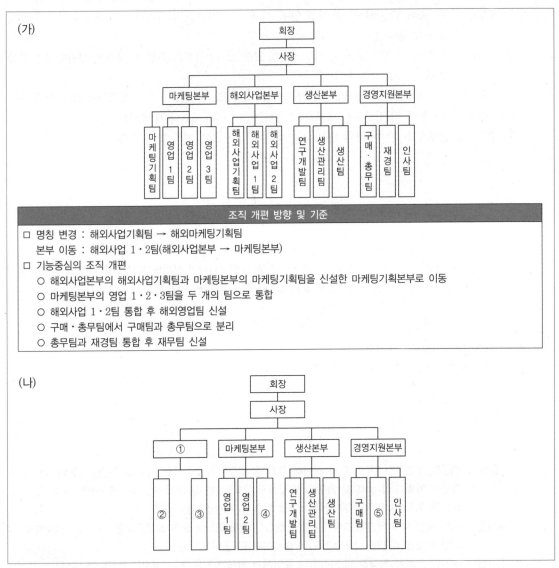

(가)

조직 개편 방향 및 기준

□ 명칭 변경 : 해외사업기획팀 → 해외마케팅기획팀
 본부 이동 : 해외사업 1·2팀(해외사업본부 → 마케팅본부)
□ 기능중심의 조직 개편
 ○ 해외사업본부의 해외사업기획팀과 마케팅본부의 마케팅기획팀을 신설한 마케팅기획본부로 이동
 ○ 마케팅본부의 영업 1·2·3팀을 두 개의 팀으로 통합
 ○ 해외사업 1·2팀 통합 후 해외영업팀 신설
 ○ 구매·총무팀에서 구매팀과 총무팀으로 분리
 ○ 총무팀과 재경팀 통합 후 재무팀 신설

(나)

① 마케팅기획본부 ② 해외마케팅기획팀
③ 영업 3팀 ④ 해외영업팀
⑤ 재무팀

11 다음은 업무 수행 과정에서 발생하는 문제의 유형 3가지를 소개한 자료이다. 자료에서 설명하는 문제의 유형에 대하여 〈보기〉의 사례가 적절하게 연결된 것은?

<표>
〈문제의 유형〉

발생형 문제	현재 직면한 문제로, 어떤 기준에 대하여 일탈 또는 미달함으로써 발생하는 문제이다.
탐색형 문제	탐색하지 않으면 나타나지 않는 문제로, 현재 상황을 개선하거나 효율을 더 높이기 위해 발생하는 문제이다.
설정형 문제	미래지향적인 새로운 과제 또는 목표를 설정하면서 발생하는 문제이다.

보기

(가) A회사는 초콜릿 과자에서 애벌레로 보이는 곤충 사체가 발견되어 과자 제조과정에 대해 고민하고 있다.

(나) B회사는 점차 다가오는 초고령사회에 대비하여 노인들을 위한 애플리케이션을 개발하기로 했다.

(다) C회사는 현재의 충전지보다 더 많은 전압을 회복시킬 수 있는 충전지를 연구하고 있다.

(라) D회사는 발전하고 있는 드론시대를 위해 드론센터를 건립하기로 결정했다.

(마) E회사는 업무 효율을 높이기 위해 근로시간을 단축하기로 결정했다.

(바) F회사는 올해 개발한 침대에 방사능이 검출되어 안전기준에 부적합 판정을 받았다.

	발생형 문제	탐색형 문제	설정형 문제
①	(가), (바)	(다), (마)	(나), (라)
②	(가), (마)	(나), (라)	(다), (바)
③	(가), (나)	(다), (바)	(라), (마)
④	(가), (나)	(마), (바)	(다), (라)
⑤	(가), (바)	(나), (다)	(라), (마)

12 다음은 발명 기법인 SCAMPER 발상법의 7단계이다. 〈보기〉와 같은 사례는 어느 단계에 속하는가?

〈SCAMPER〉

S	C	A	M	P	E	R
대체하기	결합하기	조절하기	수정·확대·축소하기	용도 바꾸기	제거하기	역발상·재정리하기

보기

㉠ 짚신 → 고무신 → 구두

㉡ (스마트폰)=(컴퓨터)+(휴대폰)+(카메라)

㉢ 화약 : 폭죽 → 총

	㉠	㉡	㉢
①	A	E	E
②	S	C	P
③	M	C	C
④	A	P	P
⑤	S	R	S

13 C사원은 베트남에서의 국내 자동차 판매량에 대해 조사를 하던 중 한 가지 특징을 발견했다. 베트남 사람들은 간접적인 방법을 통해 구매하는 것보다 매장에 직접 방문해 구매하는 것을 더 선호한다는 사실이다. 이를 참고하여 C사원이 기획한 신사업 전략으로 적절하지 않은 것은?

① 인터넷과 TV광고 등 비대면채널 홍보를 활성화한다.

② 쾌적하고 깔끔한 매장 환경을 조성한다.

③ 언제 손님이 방문할지 모르므로 매장에 항상 영업사원을 배치한다.

④ 매장 곳곳에 홍보물을 많이 비치해둔다.

⑤ 정확한 설명을 위해 사원들에게 신차에 대한 정보를 숙지하게 한다.

14 다음 글의 밑줄 친 마케팅 기법에 대한 타당한 것을 〈보기〉에서 모두 고르면?

> 기업들이 신제품을 출시하면서 한정된 수량만 제작 판매하는 한정판 제품을 잇따라 내놓고 있다. 이번 기회가 아니면 더 이상 구입할 수 없다는 메시지를 끊임없이 던지며 소비자의 호기심을 자극하는 <u>마케팅 기법</u>이다. ○○자동차 회사는 가죽 시트와 일부 외형이 기존 제품과 다른 모델을 8,000대 한정 판매하였는데, 단기간에 매진을 기록하였다.

보기

ㄱ. 소비자의 충동 구매를 유발하기 쉽다.
ㄴ. 이윤 증대를 위한 경영 혁신의 한 사례이다.
ㄷ. 의도적으로 공급의 가격탄력성을 크게 하는 방법이다.
ㄹ. 소장 가치가 높은 상품을 대상으로 하면 더 효과적이다.

① ㄱ, ㄴ
② ㄱ, ㄷ
③ ㄴ, ㄹ
④ ㄱ, ㄴ, ㄹ
⑤ ㄴ, ㄷ, ㄹ

15 같은 말이나 행동도 나라에 따라서 다르게 받아들여질 수 있기 때문에 직업인은 국제 매너를 갖춰야 한다. 국제 매너와 관련된 〈보기〉 중 옳은 것을 모두 고르면?

보기

ㄱ. 미국 바이어와 악수를 할 때는 눈이나 얼굴을 보면서 손끝만 살짝 잡거나 왼손으로 상대방의 왼손을 힘주어서 잡았다가 놓아야 한다.
ㄴ. 이라크 사람들은 시간을 돈과 같이 생각해서 시간엄수를 중요하게 생각하므로 약속 시간에 늦지 않게 주의해야 한다.
ㄷ. 러시아와 라틴아메리카 사람들은 친밀함의 표시로 포옹을 한다.
ㄹ. 명함은 받으면 구기거나 계속 만지지 않고, 한 번 보고 나서 탁자 위에 보이는 채로 대화를 하거나 명함집에 넣는다.
ㅁ. 수프는 바깥쪽에서 몸 쪽으로 숟가락을 사용한다.
ㅂ. 생선요리는 뒤집어 먹지 않는다.
ㅅ. 빵은 아무 때나 먹어도 관계없다.

① ㄱ, ㄷ, ㄹ, ㅁ
② ㄴ, ㄷ, ㄹ, ㅂ
③ ㄷ, ㄹ, ㅂ
④ ㄹ, ㅁ, ㅂ
⑤ ㄴ, ㄹ, ㅂ

16 K공사의 사보에서는 최근 업무를 통해 쉽게 발생할 수 있는 논리적 오류를 조심하자는 의미로 다음과 같이 3가지의 논리적 오류를 소개하였다. 다음 중 3가지 논리적 오류에 해당하지 않는 것은?

> ▸ 권위에 호소하는 오류
> 　– 논지와 직접적인 관련이 없는 권위자의 견해를 신뢰할 때 발생하는 오류
> ▸ 인신공격의 오류
> 　– 주장이나 반박을 할 때 관련된 내용을 근거로 제시하지 않고, 성격이나 지적 수준, 사상, 인종 등과 같이 주장과 무관한 내용을 근거로 사용할 때 발생하는 오류
> ▸ 대중에 호소하는 오류
> 　– 많은 사람들이 생각하거나 선택했다는 이유로 자신의 결론이 옳다고 주장할 때 발생하는 오류

① 우리 회사의 세탁기는 최근 조사 결과, 소비자의 80%가 사용하고 있다는 점에서 성능이 매우 뛰어나다는 것을 알 수 있습니다. 주저하지 마시고 우리 회사 세탁기를 구매해주시기 바랍니다.

② 인사부 최 부장님께 의견을 여쭤보았는데, 우리 다음 도서의 디자인은 A안으로 가는 것이 좋겠어.

③ 최근 일본의 예법을 주제로 한 자료를 보면 알 수 있듯이, 일본인들 대부분은 예의가 바르다고 할 수 있습니다. 따라서 우리 회사의 효도상품을 일본 시장에 진출시킬 필요가 있겠습니다.

④ K사원이 제시한 기획서 내용은 잘못되었다고 생각해. K사원은 평소에 이해심이 없기로 유명하거든.

⑤ 최근 많은 사람들이 의학용 대마초가 허용되는 것에 찬성하고 있어. 따라서 우리 회사도 대마초와 관련된 의약개발에 투자를 해야 할 것으로 생각돼.

17 A팀장은 급하게 해외 출장을 떠나면서 B대리에게 다음과 같은 메모를 남겨두었다. B대리가 가장 먼저 처리해야 할 일은 무엇인가?

> B대리, 지금 급하게 해외 출장을 가야 해서 오늘 처리해야 하는 것들 메모 남겨요.
> 오후 2시에 거래처와 미팅 있는 거 알고 있죠? 오전 내로 거래처에 전화해서 다음 주 중으로 다시 미팅날짜 잡아줘요. 그리고 오늘 신입사원들과 점심 식사하기로 한 거 난 참석하지 못하니까 다른 직원들이 참석해서 신입사원들 고충도 좀 들어주고 해요. 식당은 지난번 갔었던 한정식집이 좋겠네요. 점심 시간에 많이 붐비니까 오전 10시까지 예약전화하는 것도 잊지 말아요. 식비는 법인카드로 처리하도록 하고. 오후 5시에 진행할 회의 PPT는 거의 다 준비되었다고 알고 있는데 바로 나한테 메일로 보내줘요. 확인하고 피드백할게요. 아, 그 전에 내가 중요한 자료를 안 가지고 왔어요. 그것부터 메일로 보내줘요. 고마워요.

① 거래처에 미팅일자 변경 전화를 한다.
② 점심 예약전화를 한다.
③ 회의 자료를 준비한다.
④ 메일로 회의 PPT를 보낸다.
⑤ 메일로 A팀장이 요청한 자료를 보낸다.

18 업무상 미국인 C씨와 만나야 하는 B대리가 알아두어야 할 예절로 적절하지 않은 것은?

> A부장 : B대리, M기업 C씨를 만날 준비는 다 되었습니까?
> B대리 : 네, 부장님. 필요한 자료는 다 준비했습니다.
> A부장 : 그래요. 우리 회사는 해외 진출이 경쟁사에 비해 많이 늦었는데 M기업과 파트너만 된다면 큰 도움이 될 겁니다. 아, 그런데 업무 관련 자료도 중요하지만 우리랑 문화가 다르니까 실수하지 않도록 준비 잘하세요.
> B대리 : 네, 알겠습니다.

① 무슨 일이 있어도 시간은 꼭 지켜야 한다.
② 악수를 할 때 눈을 똑바로 보는 것은 실례이다.
③ 어떻게 부를 것인지 상대방에게 미리 물어봐야 한다.
④ 명함은 악수를 한 후 교환한다.
⑤ 인사하거나 이야기할 때 어느 정도의 거리(공간)를 두어야 한다.

19 다음 중 국제매너로 적절하지 않은 것은?

① 미국에서 택시 탑승 시에는 가급적 운전자 옆자리에 앉지 않는다.
② 라틴아메리카 사람들은 약속시간보다 조금 늦게 도착하는 것이 예의라고 생각한다.
③ 인도에서도 악수가 보편화되어 남녀 상관없이 악수를 청할 수 있다.
④ 아프리카에서 상대방의 눈을 바라보며 대화하는 것은 예의에 어긋난다.
⑤ 미국 사람들은 시간 약속을 매우 중요하게 생각한다.

20 다음 지시사항과 일치하지 않는 것은?

> 은경 씨, 금요일 오후 2시부터 10명의 인·적성검사 합격자의 1차 면접이 진행될 예정입니다. 5층 회의실 사용 예약을 지금 미팅이 끝난 직후 해주시고, 2명씩 5개 조로 구성하여 10분씩 면접을 진행하니 지금 드리는 지원 서류를 참고하시어 수요일 오전까지 다섯 조를 구성한 보고서를 저에게 주십시오. 그리고 2명의 면접 위원님께 목요일 오전에 면접 진행에 대해 말씀드려 미리 일정 조정을 완료해주시기 바랍니다.

① 면접은 10분씩 진행된다.
② 은경 씨는 수요일 오전까지 보고서를 제출해야 한다.
③ 면접은 금요일 오후에 10명을 대상으로 실시된다.
④ 인·적성검사 합격자는 본인이 몇 조인지 알 수 있다.
⑤ 은경 씨는 면접 위원님께 면접 진행에 대해 알려야 한다.

CHAPTER 07

기술능력

합격 CHEAT KEY

기술능력은 업무를 수행함에 있어 도구, 장치 등을 포함하여 필요한 기술에 어떠한 것들이 있는지 이해하고, 실제 업무를 수행함에 있어 적절한 기술을 선택하여 적용하는 능력이다. 사무직을 제외한 특수 직렬을 지원하는 수험생이 라면 전공을 포함하여 반드시 준비해야 하는 영역이다.

국가직무능력표준에 따르면 기술능력의 세부 유형은 기술이해능력·기술선택능력·기술적용능력으로 나눌 수 있다. 제품설명서나 상황별 매뉴얼을 제시하는 문제 또는 명령어를 제시하고 규칙을 대입할 수 있는지 묻는 문제가 출제되 기 때문에 이런 유형들을 공략할 수 있는 전략을 세워야 한다. 기술능력은 NCS 기반 채용을 진행한 기업 중 50% 정도가 채택했으며, 문항 수는 전체에서 평균 2% 정도 출제되었다.

01 긴 지문이 출제될 때는 보기의 내용을 미리 보자!

기술능력에서 자주 출제되는 제품설명서나 상황별 매뉴얼을 제시하는 문제에서는 기술을 이해하고, 상황에 알맞은 원인 및 해결방안을 고르는 문제가 출제된다. 실제 시험장에서 문제를 풀 때는 시간적 여유가 없기 때문에 보기를 먼저 읽고, 그 다음 긴 지문을 보면서 동시에 보기와 일치하는 내용이 나오면 확인해 가면서 푸는 것이 좋다.

02 모듈형에 대비하라!

모듈형 문제의 비중이 늘어나는 추세이므로 공기업을 준비하는 취업준비생이라면 모듈형 문제에 대비해야 한다. 기술능력의 모듈형 이론 부분을 학습하고 모듈형 문제를 풀어보고 여러 번 읽으며 이론을 확실히 익혀두면 실제 시험장에서 이론을 묻는 문제가 나왔을 때 단번에 답을 고를 수 있다.

03　전공 이론도 익혀두자!

지원하는 직렬의 전공 이론이 기술능력으로 출제되는 경우가 많기 때문에 전공 이론을 익혀두는 것이 좋다. 깊이 있는 지식을 묻는 문제가 아니더라도 출제되는 문제의 소재가 전공과 관련된 내용일 가능성이 크기 때문에 최소한 지원하는 직렬의 전공 용어는 확실히 익혀두어야 한다.

04　포기하지 말자!

직업기초능력에서 주요 영역이 아니면 소홀한 경우가 많다. 시험장에서 기술능력을 읽어보지도 않고 포기하는 경우가 많은데 차근차근 읽어보면 지문만 잘 읽어도 풀 수 있는 문제들이 출제되는 경우가 있다. 이론을 모르더라도 풀 수 있는 문제인지 파악해보자.

| 01 | 기술능력의 의의

(1) 기술의 의의

① 기술의 의미

지적인 도구를 특정한 목적에 사용하는 지식 체계를 말하며 제품이나 용역을 생산하는 원료, 생산 공정 등에 관한 지식의 집합체를 의미한다.

② 노하우(Know-how)와 노와이(Know-why)

원래 노하우의 개념이 강하였으나 시대가 지남에 따라 노하우와 노와이가 결합하는 모습을 보이고 있다.

노하우	• 특허권을 수반하지 않는 엔지니어 등이 가지고 있는 체화된 기술 • 경험적, 반복적인 행위를 통해 얻게 됨
노와이	• 어떻게 기술이 성립하고 작용하는가에 관한 원리적 측면 • 이론적인 지식으로서, 과학적인 탐구를 통해 얻게 됨

③ 기술의 특징

> • 하드웨어나 인간에 의해 만들어진 비자연적인 대상 혹은 그 이상이다.
> • 기술을 설계, 생산, 사용하기 위해서는 노하우가 필요하므로 기술은 노하우를 포함한다.
> • 하드웨어를 생산하는 과정이다.
> • 인간의 능력을 확장시키기 위한 하드웨어와 그것의 활용이다.
> • 정의 가능한 문제를 해결하기 위해 순서화되고 이해 가능한 노력이다.

〈 핵심예제 〉

기술의 특징에 대한 다음 설명이 맞으면 ○를, 틀리면 ✕를 괄호 안에 표시하시오.

㉠ 기술은 소프트웨어를 생산하는 과정이다. ( )

㉡ 기술은 인간의 능력을 확장시키기 위한 하드웨어와 그것의 활용이다. ( )

㉢ 모든 직업 세계에서 필요로 하는 기술적 요소들로 이루어지는 것은 기술의 광의의 개념이다. ( )

④ 광의의 기술과 협의의 기술

광의의 기술	직업 세계에서 필요로 하는 기술적 요소
협의의 기술	구체적 직무 수행 능력

<핵심예제>

다음 중 지속 가능한 기술의 특징으로 옳지 않은 것은?

① 이용 가능한 자원과 에너지를 고려하는 기술이다.

② 자원이 생산적인 방식으로 사용되는가에 주의를 기울이는 기술이다.

③ 자원이 사용되고 그것이 재생산되는 비율의 조화를 추구하는 기술이다.

④ 석탄에너지와 같이 고갈되는 자연 에너지를 활용하며, 낭비적인 소비 형태를 지양하고, 기술적 효용만을 추구한다.

예제풀이

➕ 지속 가능한 기술은 태양에너지처럼 고갈되지 않는 자연 에너지를 활용하기 때문에 ④에서 석탄에너지와 같이 고갈되는 자연 에너지를 활용한다는 것은 옳지 않다.

정답 ④

(2) 기술능력의 의의

① 기술교양과 기술능력

기술교양	기술의 특성 등에 대해 일정 수준의 지식을 갖추는 것
기술능력	일상적으로 요구되는 수단, 도구, 조작 등에 관한 기술적인 요소들을 이해하고, 적절한 기술을 선택, 적용하는 능력. 기술교양의 개념을 구체화시킨 개념

<핵심예제>

다음 글에 나타난 K씨가 선반 작업과 관련해 지닌 기술능력은 무엇인가?

K씨는 자신의 선반 작업에 관한 관련 기술의 특성, 기술적 행동, 기술의 결과에 대해 어느 정도 지식을 가지고 있다. 그리고 선반 작업에 관련한 문제 발생을 해결할 수 있는 생산력, 체계, 환경을 설계하고 개발해야 할 때 비판적 사고를 갖고 있다. 즉, 그는 선반 작업에 관한 기술을 사용하고 운영하고 이해하는 능력을 지니고 있다.

① 기술교양   ② 기술지능

③ 전문기술   ④ 기술상식

예제풀이

➕ 기술교양을 갖춘 사람들은 기술학의 특성과 역할을 이해하고, 기술 관련 이익을 가치화하고 위험을 평가할 수 있으며, 기술과 관련한 윤리적 딜레마에 합리적으로 반응할 수 있는 특징이 있다.

정답 ①

② 기술능력이 뛰어난 사람의 특징

- 기술적 해결이 아닌 실질적 해결을 필요로 하는 문제를 인식한다.
- 인식된 문제를 위한 다양한 해결책을 개발, 평가한다.
- 실제적 문제를 해결하기 위해 지식 등을 선택해 최적화시켜 적용한다.
- 주어진 한계속에서 제한된 자원을 가지고 일한다.
- 기술적 해결에 대한 효용성을 평가한다.

기술능력이 뛰어난 사람은
기술적 해결에 대한 문제점
이 아니라 기술적 해결에 대
한 효과성을 평가한다.

정답 ①

〈 핵심예제 〉

다음 중 기술능력이 뛰어난 사람의 특징으로 옳지 않은 것은?

① 기술적 해결에 대한 문제점을 평가한다.

② 실질적 해결을 필요로 하는 문제를 인식한다.

③ 부과된 한계 속에서 제한된 자원을 가지고 일한다.

④ 실제적 문제를 해결하기 위해 지식이나 기타 자원을 선택해 최적화시키며 적용한다.

③ 기술능력을 향상시키는 방법

전문 연수원	• 연수 분야의 노하우를 통한 체계적인 교육이 가능하다. • 최신 실습장비, 전산 시설 등을 활용할 수 있다. • 자체교육에 비해 교육비가 저렴하며, 고용보험 환급도 가능하다.
E-Learning	• 원하는 시간과 장소에서 학습이 가능하다. • 새로운 내용을 커리큘럼에 반영하기가 수월하다. • 의사소통과 상호작용이 자유롭게 이루어질 수 있다.
상급학교 진학	• 실무 중심의 교육이 가능하며, 인적 네트워크 형성이 가능하다. • 경쟁을 통해 학습 효과를 향상시킬 수 있다.
OJT	• 시간 낭비가 적고 조직의 필요에 부합하는 교육이 가능하다. • 교육자와 피교육자 사이에 친밀감이 조성된다.

E-learning은 컴퓨터만 연
결돼 있다면 원하는 시간·
장소에서 학습이 가능하므
로 시간적·공간적으로 독
립적이다. 또한 비디오·사
진·텍스트·소리·동영상
등 멀티미디어를 이용한 학
습이 가능하고, 이메일·토
론방·자료실 등을 통해 의
사교환과 상호작용이 자유
롭게 이루어질 수 있다.

정답 ④

〈 핵심예제 〉

다음 글에 나타난 중견사원 K씨는 전산 관련 자기계발을 고려 중이다. K씨가 선택할 수 있는 가장 적절한 학습 방법은?

• K씨는 야간과 주말에 학습 시간을 확보할 수 있고 주변에 컴퓨터가 잘 연결돼 있지만 근무지가 시외로 도시 외곽에 있다.

• 학습의 효과를 높일 수 있는 비디오, 사진, 텍스트, 소리, 동영상 등 멀티미디어를 이용한 학습을 이용하기를 원한다.

① OJT　　　　　　　② 야간대학
③ 사내연수원　　　　④ E-learning

(3) 산업재해

① 산업재해의 의미

산업 활동 중의 사고로 인해 사망, 부상을 당하거나 유해 물질에 의한 중독 등으로 직업성 질환, 신체적 장애를 가져오는 것

《 핵심예제 》

다음 중 산업재해로 볼 수 없는 것은?

① 선반 작업 시 근로자의 손이 절단된 경우
② 근로자가 휴가 중 교통사고에 의해 부상당한 경우
③ 산업 현장에서 근로자가 시설물에 의해 넘어져 부상당한 경우
④ 아파트 건축 현장에서 근로자가 먼지에 의해 질병에 걸린 경우

예제풀이

산업안전보건법에서는 노무를 제공하는 사람이 업무에 관계되는 건설물·설비·원재료·가스·증기·분진 등에 의하거나 작업 또는 그 밖의 업무로 인하여 사망 또는 부상하거나 질병에 걸리는 것을 산업재해로 정의한다.

정답 ②

② 산업재해의 원인

교육적 원인	안전지식의 불충분, 안전수칙의 오해, 훈련의 불충분 등
기술적 원인	기계 장치의 설계불량, 구조물의 불안정, 생산 공정의 부적당 등
작업 관리상 원인	안전관리 조직의 결함, 작업 준비 불충분, 인원 배치의 부적당 등

《 핵심예제 》

산업재해의 기본적인 원인 중 다음 〈보기〉의 예에 해당하는 것은?

> **보기**
> • 건물·기계 장치의 설계 불량
> • 구조·재료의 부적합
> • 생산 공정의 부적당
> • 점검·정비·보존의 불량

① 교육적 원인　　　　　　　② 기술적 원인
③ 작업 관리상 원인　　　　　④ 불안전한 상태

예제풀이

산업재해의 기본적 원인 중에서 기술적 원인은 물적 요소들의 관리 소홀 때문에 발생한다.

정답 ②

③ 산업재해 예방 대책 5단계

안전관리 조직	• 경영자 : 사업장의 안전 목표 설정, 안전관리 책임자 선정 • 안전관리 책임자 : 안전계획 수립, 시행, 감독
사실의 발견	사고 조사, 현장 분석, 관찰 및 보고서 연구, 면담 등
원인 분석	발생 장소, 재해 형태, 재해 정도, 공구 및 장비의 상태 등
시정책의 선정	기술적 개선, 인사 조정 및 교체, 공학적 조치 등
시정책의 적용	안전에 대한 교육 및 훈련 실시, 결함 개선 등

산업재해의 예방 대책은 '안
전관리 조직 → 사실의 발견
→ 원인 분석 → 시정책의 선
정 → 시정책 적용 및 뒤처리'
의 5단계로 이루어진다.

정답 ②

《 핵심예제 》

다음의 산업재해의 예방 대책 5단계를 차례대로 나열한 것은?

㉠ 안전관리 조직	㉡ 시정책의 선정
㉢ 사실의 발견	㉣ 원인 분석
㉤ 시정책의 적용 및 뒤처리	

① ㉠ - ㉡ - ㉢ - ㉣ - ㉤   ② ㉠ - ㉢ - ㉣ - ㉡ - ㉤

③ ㉡ - ㉣ - ㉢ - ㉤ - ㉠   ④ ㉢ - ㉣ - ㉡ - ㉤ - ㉠

④ 불안전한 행동과 상태의 제거

불안전한 행동 제거	안전수칙 제정, 상호간 불안전한 행동 지적, 쾌적한 작업 환경 등
불안전한 상태 제거	안전성이 보장된 설비제작, 사고 요인의 사전 제거

| 02 | 기술이해능력과 기술선택능력

(1) 기술이해능력

① 기술 시스템의 의의

개별 기술들이 네트워크로 결합하여 새로운 기술이 만들어지는 것을 말한다.

《 핵심예제 》

다음은 기술 시스템의 정의를 설명한 글이다. 빈칸에 알맞은 단어를 쓰시오.

기술 시스템은 인공물의 집합체만이 아니라 회사, 투자회사, 법적 제도, 정치, 과학,
자연자원을 모두 포함하는 것이기 때문에 기술 시스템에는 ___㉠___ 인 것과 ___㉡___ 인
것이 결합·공존한다. 이러한 의미에서 기술 시스템은 ___㉢___ (이)라고 불리기도 한다.

② 기술 시스템 발전의 4단계

1단계	• 발명, 개발, 혁신의 단계 • 기술 시스템이 탄생하고 성장하며, 기술자의 역할이 중요
2단계	• 이전의 단계 • 성공적인 기술이 다른 지역으로 이동하며, 기술자의 역할이 중요
3단계	• 성장의 단계 • 기술 시스템 사이의 경쟁이 이루어지며 기업가의 역할이 중요
4단계	• 공고화 단계 • 경쟁에서 승리한 기술 시스템이 관성화되며 자문 엔지니어의 역할이 중요

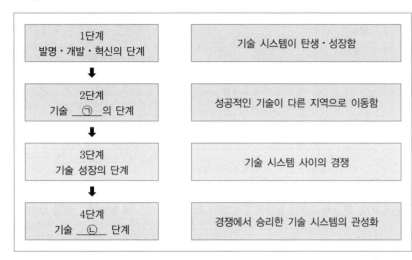

《 핵심예제 》

다음은 기술 시스템의 발전 단계를 도식화한 것이다. ㉠ ～ ㉡에 알맞은 단어를 쓰시오.

1단계 발명·개발·혁신의 단계	기술 시스템이 탄생·성장함
2단계 기술 ㉠ 의 단계	성공적인 기술이 다른 지역으로 이동함
3단계 기술 성장의 단계	기술 시스템 사이의 경쟁
4단계 기술 ㉡ 단계	경쟁에서 승리한 기술 시스템의 관성화

기술 이전의 단계는 성공적인 기술이 다른 지역으로 이동하는 단계로, 기술자들의 역할이 중요하다. 기술 공고화 단계는 경쟁에서 승리한 기술 시스템이 관성화된다.

정답 ㉠ 이전
㉡ 공고화

③ 기술 혁신의 특성

- 과정 자체가 매우 불확실하고 장기간의 시간을 필요로 한다.
- 지식 집약적인 활동이며, 조직의 경계를 넘나드는 특성이 있다.
- 혁신과정의 불확실성, 모호함은 기업 내에서 많은 논쟁과 갈등을 유발할 수 있다.
- 기술 혁신은 조직의 경계를 넘나드는 특성을 갖고 있다.

《 핵심예제 》

기술 혁신의 특성으로 옳지 않은 것은?

① 기술 혁신은 노동 집약적인 활동이다.
② 기술 혁신은 조직의 경계를 넘나드는 특성이 있다.
③ 기술 혁신은 그 과정 자체가 매우 불확실하고 장기간의 시간을 필요로 한다.
④ 혁신 과정의 불확실성과 모호함은 기업 내에서 많은 논쟁과 갈등을 유발할 수 있다.

기술 혁신은 지식 집약적인 활동이다. 인간의 개별적인 지능과 창의성, 상호 학습을 통해 새로운 지식과 경험은 빠르게 축적되고 학습되지만, 기술 개발에 참가한 엔지니어의 지식은 문서화되기 어렵기 때문에 다른 사람들에게 쉽게 전파될 수 없다.

정답 ①

④ 기술 혁신의 과정과 역할

과정	혁신 활동	필요한 자질
아이디어 창안	• 아이디어를 창출하고 가능성을 검증 • 일을 수행하는 새로운 방법 고안	• 각 분야의 전문지식 • 추상화와 개념화 능력
챔피언	• 아이디어의 전파 • 혁신을 위한 자원 확보	• 정력적이고 위험을 감수 • 아이디어의 응용
프로젝트 관리	• 리더십 발휘 • 프로젝트의 기획 및 조직	• 의사결정능력 • 업무수행방법에 대한 지식
정보 수문장	• 조직 외부의 정보를 내부에 전달 • 조직 내 정보원 기능	• 높은 수준의 기술적 역량 • 원만한 대인관계능력
후원	• 혁신에 대한 격려와 안내 • 불필요한 제약에서 프로젝트 보호	조직의 주요 의사결정에 대한 영향력

예제풀이

아이디어 단계부터 상업화 단계에 이르기까지 기술 혁신의 전 과정이 성공적으로 수행되기 위해서는 다섯 가지 핵심적인 역할이 혁신에 참여하는 핵심 인력들에 의해 수행되어야 한다. 그 역할은 아이디어 창안, 챔피언, 프로젝트 관리, 정보 수문장, 후원 등이다.

정답 ㉠ 챔피언
㉡ 정보 수문장

《 핵심예제 》

다음은 기술 혁신의 과정과 활동을 도식화한 것이다. ㉠~㉡에 알맞은 단어를 쓰시오.

기술 혁신 과정	혁신 활동
1. 아이디어 창안	아이디어를 창출하고 가능성을 검증
2. ㉠	아이디어의 전파, 혁신을 위한 자원 확보
3. 프로젝트 관리	리더십 발휘, 프로젝트의 기획 및 조직
4. ㉡	조직 내 정보원 기능
5. 후원	혁신에 대한 격려와 안내

(2) 기술선택능력

① 기술선택의 의의

기업이 어떤 기술을 외부로부터 도입할 것인지 자체 개발할 것인지를 결정하는 것이다.

예제풀이

상향식 기술선택은 기술 개발 실무를 담당하는 기술자들의 흥미를 유발하고, 그들의 창의적인 아이디어를 활용할 수 있다.

정답 상향식

《 핵심예제 》

다음 빈칸에 적절한 단어는 무엇인지 쓰시오.

_____ 기술선택은 기업 전체 차원에서 필요한 기술에 대한 체계적인 분석이나 검토를 생략하고, 연구자나 엔지니어들이 자율적으로 기술을 선택하는 방법을 뜻한다.

② 의사결정 방법

상향식 기술선택	• 연구자나 엔지니어들이 자율적으로 기술을 선택한다. • 고객의 니즈와 동떨어진 기술이 선택될 수 있다.
하향식 기술선택	• 경영진과 기획담당자들에 의한 체계적인 분석이 이루어진다. • 내부역량과 외부환경 분석, 전략수립을 통해 우선순위를 결정한다.

《 핵심예제 》

다음 빈칸에 적절한 단어는 무엇인지 쓰시오.

_____ 기술선택은 기술경영진과 기술기획 기획담당자들에 의한 체계적인 분석을 통해 기업이 획득해야 하는 대상 기술과 목표 기술 수준을 결정하는 방법을 뜻한다.

예제풀이

하향식 기술선택은 기업이 직면하고 있는 외부환경과 기업의 보유 자원에 대한 분석을 통해 기업의 중장기적인 사업목표를 설정하고, 이를 달성하기 위해 확보해야 하는 핵심 고객층과 그들에게 제공하고자 하는 제품과 서비스를 결정하는 방법이다.

정답 하향식

③ 기술선택 시 우선순위

• 제품의 성능이나 원가에 미치는 영향력이 큰 기술
• 매출과 이익 창출 잠재력이 큰 기술
• 기업 간에 모방이 어려운 기술
• 기업이 생산하는 제품에 보다 광범위하게 활용할 수 있는 기술
• 최신 기술로 인해 진부화될 가능성이 적은 기술

④ 기술선택 절차

외부환경 분석 → 중장기 사업목표 설정 → 내부 역량 분석
↓
사전 전략 수립
↓
요구 기술 분석
↓
기술 전략 수립
↓
핵심 기술 선택

예제풀이

⊙ 요구 기술 분석은 제품 설계·디자인 기술, 제품 생산공정, 원재료·부품 제조기술 등을 분석하는 것이다.
ⓒ 기술 전략 수립은 기술 획득 방법을 결정하는 것이다.

정답 ⊙ 요구 기술
ⓒ 기술 전략

핵심예제

다음 빈칸에 적절한 단어는 무엇인지 쓰시오.

외부환경 분석 → 중장기 사업목표 설정 → 내부 역량 분석
↓
사전 전략 수립
↓
___⊙___ 분석
↓
___ⓒ___ 수립
↓
핵심 기술 선택

---

(3) 벤치마킹

① 벤치마킹의 의의

특정 분야에서 뛰어난 기술 등을 배워 합법적으로 응용하는 것으로, 단순한 모방이 아니라 자사의 환경에 맞추어 재창조하는 것을 말한다.

예제풀이

벤치마킹은 단순한 모방과 달리 우수한 기업이나 성공한 상품, 기술, 경영방식 등의 장점을 충분히 배우고 익힌 후 자사의 환경에 맞추어 재창조하는 것이다.

정답 벤치마킹

핵심예제

다음 빈칸에 적절한 단어는 무엇인지 쓰시오.

_____은/는 특정 분야에서 뛰어난 업체나 상품, 기술, 경영방식 등을 배워 합법적으로 응용하는 것을 뜻하는 말이다. 단순한 모방과는 달리 우수한 기업이나 성공한 상품, 기술, 경영방식 등의 장점을 충분히 배우고 익힌 후 자사의 환경에 맞추어 재창조하는 것이다. 쉽게 아이디어를 얻어 신상품을 개발하거나 조직 개선을 위한 새로운 출발점의 기법으로 많이 이용된다.

② 벤치마킹의 종류

비교 대상에 따른 분류	내부 벤치마킹	• 대상 : 같은 기업 내의 유사한 활용 • 자료수집이 용이하고 다각화된 기업의 경우 효과가 크나, 관점이 제한적일 수 있다.
	경쟁적 벤치마킹	• 대상 : 동일 업종에서 고객을 공유하는 경쟁기업 • 기술에 대한 비교가 가능하지만, 대상의 적대적인 태도로 인해 자료수집이 어렵다.
	비경쟁적 벤치마킹	• 대상 : 우수한 성과를 거둔 비경쟁 기업 • 혁신적인 아이디어의 창출 가능성이 높으나, 환경이 상이하다는 것을 감안하지 않으면 효과가 없다.
	글로벌 벤치마킹	• 대상 : 최고로 우수한 동일 업종의 비경쟁적 기업 • 자료수집이 용이하나, 문화, 제도적인 차이로 인한 차이를 감안하지 않으면 효과가 없다.
수행 방식에 따른 분류	직접적 벤치마킹	• 직접 접촉하여 조사하기 때문에 정확도가 높으며 지속가능하다. • 대상선정이 어렵고 비용·시간이 과다하게 소요된다.
	간접적 벤치마킹	• 인터넷 및 문서 형태의 자료를 통해서 수행한다. • 비용과 시간이 절약되나 벤치마킹 결과가 피상적이며 핵심 자료의 수집이 어렵다.

《 핵심예제 》

다음 중 간접적 벤치마킹의 특징으로 적절하지 않은 것은?

① 벤치마킹 대상의 수에 제한이 없고 다양하다.

② 벤치마킹 대상을 직접 방문해 수행하는 방법이다.

③ 비용 또는 시간적 측면에서 상대적으로 많이 절감된다.

④ 벤치마킹 결과가 피상적이며 정확한 자료의 확보가 어렵다.

예제풀이

벤치마킹 대상을 직접적으로 방문해 수행하는 방법은 직접적 벤치마킹에 해당하는 방법이다.

정답 ②

(4) 매뉴얼

① 매뉴얼의 의의

기술선택과 적용, 활용에 있어 가장 종합적이고 기본적인 안내서를 말한다.

② 매뉴얼의 종류

제품 매뉴얼	• 제품의 특징이나 기능 설명, 사용방법, 유지보수, A/S, 폐기까지의 제품에 관련된 정보를 소비자에게 제공하는 것 • 사용 능력 및 사용자의 오작동까지 고려해 만들어야 함
업무 매뉴얼	• 어떤 일의 진행방식, 규칙, 관리 상의 절차 등을 일관성 있게 여러 사람이 보고 따라할 수 있도록 표준화해 설명하는 지침서 • 프랜차이즈 점포의 경우 '편의점 운영 매뉴얼', '제품 진열 매뉴얼', 기업의 경우 '부서 운영 매뉴얼', '품질경영 매뉴얼' 등이 대표적임

예제풀이

제품 매뉴얼은 제품의 의도된 안전한 사용과 사용 중 해야 할 일 또는 하지 말아야 할 일까지 정의해야 한다.

정답 제품 매뉴얼

《 핵심예제 》

다음 빈칸에 적절한 단어는 무엇인지 쓰시오.

> _____은/는 사용자를 위해 제품의 특징이나 기능 설명, 사용방법과 고장 조치 방법, 유지보수 및 A/S, 폐기까지 제품에 관련된 모든 서비스에 대해 소비자가 알아야 할 모든 정보를 제공하는 것을 말한다.

③ 매뉴얼 작성 방법

> • 내용이 정확해야 한다.
>   추측성 기능 설명은 사용자에게 사고를 유발할 수 있으므로 절대 금물이다.
> • 사용자가 이해하기 쉬운 문장으로 작성해야 한다.
>   하나의 문장에는 하나의 명령 또는 밀접하게 관련된 소수의 명령만을 포함해야 하며, 수동태 보다는 능동태를, 추상적 명사보다는 행위 동사를 사용한다.
> • 사용자를 위한 심리적 배려가 있어야 한다.
>   사용자의 질문들을 예상하고 사용자에게 답을 제공한다.
> • 사용자가 찾고자 하는 정보를 쉽게 찾을 수 있어야 한다.
>   짧고 의미 있는 제목을 사용하여 원하는 정보의 위치를 파악하는 데 도움이 된다.
> • 사용하기 쉬워야 한다.
>   사용자가 보기 불편하게 크거나, 구조가 복잡해 찾아보기 힘들다면 아무 소용이 없다.

예제풀이

매뉴얼은 제품 특징이나 기능 설명, 사용방법과 고장 조치 방법, 유지보수 및 A/S, 폐기까지 제품에 관련된 모든 서비스에 대해 기본적으로 알아야 할 모든 정보를 담고 있다. 그리고 작업장에서 적용하고자 하는 기술에 대한 활용방법 또는 조작 방법에 대해서도 설명하고 있다.

정답 ③

《 핵심예제 》

다음의 상황에서 총무과장 K씨가 참고해야 할 자료로 가장 적절한 것은?

> 총무과장 K씨는 자사에게 생산되는 ○○ 제품에 대한 특징이나 기능 설명, 사용방법과 고장 조치 방법, 유지보수 및 A/S, 폐기까지 제품에 관련된 모든 서비스에 대해 기본적으로 알아야 할 모든 정보를 신입사원에게 교육하고자 한다. 그리고 신입사원이 작업장에서 적용하고자 하는 기술에 대한 활용방법 또는 조작 방법에 대해서도 설명하고자 한다.

① 정관   ② 약관
③ 매뉴얼   ④ 작업지시서

(5) 지식재산권

① 지식재산권의 의의

인간의 창조적 활동 또는 경험 등을 통해 창출되거나 발견한 지식, 정보, 기술이나 표현, 표시, 그 밖에 무형적인 것으로서, 재산적 가치가 실현될 수 있는 지적 창작물에 부여된 권리를 말한다.

② 지식재산권의 체계

산업재산권	특허 : 기술적 창작인 원천 핵심 기술(대발명)
	실용신안 : Life Cycle이 짧고 실용적인 주변 개량 기술(소발명)
	의장 : 심미감을 느낄 수 있는 물품의 형상, 모양
	상표 : 다른 상품과 식별할 수 있는 기호, 문자, 도형
저작권	협의저작권 : 문학, 예술 분야 창작물
	저작인접권 : 실연, 음반제작자, 방송사업자 권리
신지식재산권	첨단산업저작권 : 반도체 집적회로 배치설계, 생명공학, 식물 신품종
	산업저작권 : 컴퓨터 프로그램, 인공지능, 데이터베이스
	정보재산권 : 영업 비밀, 멀티미디어, 뉴미디어 등

⟨ 핵심예제 ⟩

다음은 신지식재산권의 종류들이다. 명칭이 바르게 연결된 것은?

┌───┐
│ ㉠ 반도체 집적회로 배치설계권, 생명공학기술권 │
│ ㉡ 컴퓨터 프로그램과 인공지능, 소프트웨어권 │
│ ㉢ 영업비밀보호권, 데이터베이스권, 뉴미디어권, 소프트웨어권 │
└───┘

① ㉠ 첨단산업재산권, ㉡ 산업저작권, ㉢ 정보재산권
② ㉠ 첨단산업재산권, ㉡ 정보재산권, ㉢ 산업저작권
③ ㉠ 산업저작권, ㉡ 정보재산권, ㉢ 첨단산업재산권
④ ㉠ 정보재산권, ㉡ 산업저작권, ㉢ 첨단산업재산권

예제풀이

㉠ 첨단산업재산권은 반도체 집적회로 배치설계권, 생명공학기술권 등이 있다.
㉡ 산업저작권은 컴퓨터 프로그램과 인공지능, 소프트웨어권 등이 있다.
㉢ 정보재산권 영업비밀보호권, 데이터베이스권, 뉴미디어권, 소프트웨어권 등이 있다.

정답 ①

③ 지식재산권의 특징

- 국가 산업 발전 및 경쟁력을 결정짓는 산업자본이다.
- 눈에 보이지 않는 무형의 재산이다.
- 지식재산권을 활용한 다국적 기업화가 이루어지고 있다.
- 타인에게 사용권을 설정하거나 권리 자체를 양도해 판매수입 등을 얻을 수 있다.

〈 핵심예제 〉

다음 중 지식재산권의 특징으로 적절하지 않은 것은?

① 물체가 아니고 실체가 없는 기술상품이다.
② 국가 산업 발전 및 경쟁력을 결정짓는 '산업자본'이다.
③ 지식재산권을 활용한 다국적 기업화가 이루어지고 있다.
④ 타인에게 사용권을 설정하거나 권리 자체를 양도할 수는 없다.

| 03 | 기술적용능력

(1) 기술적용능력과 기술경영

① 기술적용능력의 의의
직장생활에 필요한 기술을 실제로 적용하고 결과를 확인하는 능력을 말한다.

② 기술적용의 형태

기술을 그대로 적용	• 시간과 비용의 절감 • 기술이 적합하지 않을 경우 실패할 가능성 높음
기술은 그대로 적용하되, 불필요한 기술은 버리고 적용	• 시간과 비용의 절감, 프로세스의 효율성 • 버린 기술이 과연 불필요한가에 대한 문제제기
기술을 분석하고 가공	• 시간과 비용의 소요 • 업무환경에 맞는 프로세스를 구축할 수 있음

〈 핵심예제 〉

다음 중 기술을 적용하는 모습으로 가장 적절한 행동을 한 사람은?

① 현진 : 항상 앞서가는 동료가 선택한 기술은 다 좋을 것이므로 따라서 선택한다.
② 재호 : 기술을 적용할 때 불필요한 부분이 있을 수 있지만 검증된 기술이라면 그대로 받아들인다.
③ 상기 : 지금 내가 하고 있는 기술이 가장 좋은 기술이기 때문에 다른 기술은 굳이 받아들일 필요가 없다.
④ 지헌 : 자신의 업무환경, 발전 가능성, 업무의 효율성 증가, 성과향상 등에 도움을 줄 수 있는 기술인지 판단해 선택한다.

③ 기술적용 시 고려사항

- 기술적용에 따른 비용이 많이 드는가?
- 기술의 수명주기는 어떻게 되는가?
- 기술의 전략적 중요도는 어떻게 되는가?
- 잠재적으로 응용 가능성이 있는가?

〈핵심예제〉

다음 ㉠ ~ ㉣ 중에 A회사가 기술적용 시 고려해야 할 사항으로 옳은 것을 모두 고르면?

A회사는 기계가공 제품을 생산한다. 최근 새로운 가공 기술이 개발되어 구입해 적용하고 싶지만, 소규모 주문자 맞춤형 제품 위주로 생산하는 관계로 신기술의 도입이 적절하지 않다고 판단했다. 또한 이 기술을 익숙하게 활용할 수 있도록 적응하는 데에도 일정한 시간이 요구되는데, 단기간에 기술이 진보하거나 변화할 것이라고 예상되고 있다.
㉠ 비용
㉡ 수명주기
㉢ 전략적 중요도
㉣ 잠재적 응용 가능성

① ㉠, ㉡   ② ㉠, ㉡, ㉢
③ ㉡, ㉢, ㉣   ④ ㉠, ㉡, ㉢, ㉣

예제풀이

기술적용 시 고려할 사항에는 비용, 수명주기, 전략적 중요도, 잠재적 응용 가능성 등이 있다.

정답 ④

④ 기술경영자의 일반적 요건

- 기술 개발이 결과 지향적으로 수행되도록 유도하는 능력
- 기술 개발 과제의 세부사항까지 파악하는 치밀함
- 기술 개발 과제의 전 과정을 전체적으로 조망하는 능력

⑤ 기술경영자에게 요구되는 행정능력

- 기술을 기업의 전반적인 전략 목표에 통합시키는 능력
- 새로운 기술을 습득하고 기존의 기술에서 탈피하는 능력
- 기술을 효과적으로 평가할 수 있는 능력
- 기술 이전을 효과적으로 할 수 있는 능력
- 새로운 제품개발 시간을 단축할 수 있는 능력
- 서로 다른 분야에 걸쳐있는 프로젝트를 수행할 수 있는 능력
- 기술 전문 인력을 운용할 수 있는 능력

《 핵심예제 》

다음 중 기술경영자에게 요구되는 능력이 아닌 것은?

① 기술을 효과적으로 평가할 수 있는 능력

② 기술 이전을 효과적으로 할 수 있는 능력

③ 새로운 제품개발 시간을 연장할 수 있는 능력

④ 빠르고 효과적으로 새로운 기술을 습득하고 기존의 기술에서 탈피하는 능력

(2) 네트워크 혁명과 융합기술

① 네트워크 혁명의 의의

사람과 사람을 연결하는 방법, 정보를 교환하는 방법 등 대상 간의 연결 방법에 혁명적인 변화가 생기고 있는 현상을 말하며, 인터넷이 상용화된 1990년대 이후에 촉발되었다.

② 네트워크 혁명의 특징

- 정보통신 네트워크의 전 지구성에 따라 네트워크 혁명도 진 지구적이다.
- 상호 영향이 보편화되면서 사회의 위험과 개인의 불안이 증가한다.
- '이타적 개인주의'라는 공동체 철학이 부각된다.

《 핵심예제 》

다음 내용이 설명하고 있는 '이러한 사회'가 가능하게 된 것은 무엇 때문인가?

이러한 사회에서는 '이타적 개인주의'라는 새로운 공동체 철학의 의미가 부각된다. 원자화된 개인주의나 협동을 배제한 경쟁만으로는 성공을 꿈꾸기 힘들기 때문이다. 기업과 기업 사이에, 개인과 공동체 사이에, 노동자와 기업가 사이에 새로운 창조적인 긴장 관계가 이루어지는 것이다.

① 산업 혁명　　　　　　　② 자원 혁명

③ 민주화 혁명　　　　　　④ 네트워크 혁명

③ 네트워크 혁명의 3가지 법칙

무어의 법칙	컴퓨터의 파워가 18개월마다 2배씩 증가
메트칼피의 법칙	네트워크의 가치는 사용자 수의 제곱에 비례
카오의 법칙	창조성은 네트워크가 가진 다양성이 비례

예제풀이

《 핵심예제 》

네트워크 혁명과 관련한 다음 용어와 그것에 해당하는 설명을 연결하시오.

ⓐ 창조성은 네트워크에 접속되어 있는 다양한 지수함수로 비례한다는 법칙

ⓑ 네트워크의 가치는 사용자 수의 제곱에 비례한다는 법칙

ⓒ 컴퓨터의 파워가 18개월마다 2배씩 증가한다는 법칙

㉠ 무어의 법칙
㉡ 메트칼피의 법칙
㉢ 카오의 법칙

정답 ㉠ - ⓒ
㉡ - ⓑ
㉢ - ⓐ

④ 네트워크 혁명의 역기능

- 사례 : 디지털 격차(Digital Divide), 정보화에 따른 실업, 게임 중독, 반사회적 사이트 활성화, 정보기술을 이용한 감시
- 문제점 : 네트워크의 역기능과 순기능은 잘 분리가 되지 않아 해결책을 찾기 어려움
- 해결방안 : 법적 – 제도적 기반 구축, 사회 전반에 걸친 정보화 윤리의식 강화, 시스템 보안–관리 제품의 개발

⑤ 융합기술의 의의

나노기술(NT), 생명공학기술(BT), 정보기술(IT), 인지과학(CS)의 4대 핵심기술(NBIC)이 상호 의존적으로 결합되는 것을 의미한다.

┌─연속출제─┐

귀하는 반도체 회사의 기술연구팀에서 연구원으로 근무하고 있다. 하루는 인사팀에서 기술 능력이 뛰어난 신입사원 한 명을 추천해달라는 요청을 받았다. 귀하는 추천에 앞서 먼저 해당 추천서에 필요한 평가 항목을 정하려 한다. 다음 중 추천서의 평가 항목으로 적절하지 않은 것은 무엇인가?

① 문제를 해결하기 위해 다양한 해결책을 개발하고 평가하려는 사람인가?
② 실질적 문제해결을 위해 필요한 지식이나 자원을 선택하고 적용할 줄 아는 사람인가?
❸ 아무런 제약이 없다면 자신의 능력을 최대한 발휘할 수 있는 사람인가?
④ 처리하는 기술적 문제 사항이 실제 업무에 효용성이 있는가?
⑤ 해결에 필요한 문제를 예리하게 간파할 줄 아는 사람인가?

풀이순서

1) 질문의도
: 뛰어난 기술능력
→ 평가항목

2) 정답도출
: 제약하에서 최대
능력 발휘

📝 **유형** 분석
- NCS e-Book [기술능력]에서 설명하고 있는 이론을 토대로 출제된 문제이다.
- 특히 기술능력이 뛰어난 사람의 특징, 지속가능한 기술, 친환경 기술 등의 주제로 자주 출제되고 있다.

📝 **풀이** 전략
문제에서 묻고자 하는 바를 이해하고 선택지에서 정답을 고른다. 사전에 NCS e-book [기술능력]을 미리 학습해두면 풀이시간을 줄일 수 있다.

─연속출제─

※ P회사에서는 화장실의 청결을 위해 비데를 구매하고 화장실과 가까운 곳에 위치한 귀하의 팀원들에게 비데를 설치하도록 지시하였다. 다음 내용은 비데를 설치하기 위해 참고할 제품 설명서의 일부 내용이다. 이어지는 질문에 답하시오.

풀이순서

<A/S 신청 전 확인 사항>

현상	원인	조치방법
물이 나오지 않을 경우	급수밸브가 잠김	매뉴얼을 참고하여 급수밸브를 열어 주세요.
	정수필터가 막힘	매뉴얼을 참고하여 정수필터를 교체하여 주세요 (A/S상담실로 문의하세요).
	본체 급수호스 등이 동결	더운물에 적신 천으로 급수호스 등의 동결부위를 녹여 주세요.
기능 작동이 되지 않을 경우	ⓐ 수도필터가 막힘	흐르는 물에 수도필터를 닦아 주세요.
	ⓑ 착좌센서 오류	착좌센서에서 의류, 물방울, 이물질 등을 치워 주세요.
수압이 약할 경우	수도필터에 이물질이 낌	흐르는 물에 수도필터를 닦아 주세요.
	본체의 호스가 꺾임	호스의 꺾인 부분을 펴 주세요.
노즐이 나오지 않을 경우	착좌센서 오류	착좌센서에서 의류, 물방울, 이물질을 치워 주세요.
본체가 흔들릴 경우	고정 볼트가 느슨해짐	고정 볼트를 다시 조여 주세요.
비데가 작동하지 않을 경우	급수밸브가 잠김	매뉴얼을 참고하여 급수밸브를 열어 주세요.
	급수호스의 연결문제	급수호스의 연결상태를 확인해 주세요. 계속 작동하지 않는다면 A/S상담실로 문의하세요.
변기의 물이 샐 경우	급수호스가 느슨해짐	급수호스 연결부분을 조여 주세요. 계속 샐 경우 급수밸브를 잠근 후 A/S상담실로 문의하세요.

3) 원인확인
   : ⓐ ~ ⓑ

귀하는 지시에 따라 비데를 설치하였다. 일주일이 지난 뒤, 동료 K사원으로부터 비데의 기능이 작동하지 않는다는 사실을 접수하였다. 다음 중 귀하가 해당 문제점에 대한 원인을 파악하기 위해 확인해야 할 사항 으로 적절한 것은?

① 급수밸브의 잠김 여부
③ 정수필터의 청결 상태
⑤ 비데의 고정 여부
② 수도필터의 청결 상태
④ 급수밸브의 연결 상태

1) 질문의도
   : 원인 → 확인사항

2) 상황확인
   : 비데 기능 작동 ×

4) 정답도출

📋 **유형** 분석
- 제품설명서 등을 읽고 제시된 문제 상황에 적절한 해결책을 찾는 문제이다.
- 흔히 기업에서 사용하고 있는 제품이나 기계들의 설명서가 제시된다.
- 문제에서 제시하는 정보가 많고 길이가 긴 경우가 많아 실수를 하기 쉽다.

📋 **풀이** 전략
문제에서 의도한 바(문제원인, 조치사항 등)를 확인한 후, 이를 해결할 수 있는 정보를 찾아 문제를 풀어간다.

01 다음 중 기술능력에 대한 설명으로 옳지 않은 것은?

① 직업인으로서 요구되는 기술적인 요소들을 이해하고, 적절한 기술을 선택하여 적용하는 능력을 말한다.

② 기술능력이 뛰어난 사람은 주어진 한계 속에서 제한된 자원을 가지고 일한다.

③ 기술능력이 부족한 사람은 기술적 해결에 대한 효용성을 평가한다.

④ 기술능력을 향상시키기 위해 전문연수원, OJT, 상급학교 진학 등이 있다.

⑤ 기술교양은 기술을 사용하고 운영하고 이해하는 능력이다.

02 K공사는 10대 핵심전략기술을 선정하여 신기술 개발과 사업화에 역량을 집중하고 있다. 〈보기〉에 대한 설명으로 옳지 않은 것은?

> 보기
>
> 〈K공사 선정 2022년 10대 핵심전략기술 중 일부〉
>
> (가) CCUS(탄소포집 저장 활용)
> (나) Micro Grid
> (다) Smart Grid
> (라) ESS(에너지저장장치)
> (마) ICT 융복합

① CCUS : 이산화탄소를 고순도로 포집하여 압축, 저장, 활용하는 기술

② ESS : 전력에너지를 필요시 저장, 공급하여 에너지 효율을 향상시키는 시스템

③ Smart Grid : 기존 전력망에 ICT를 접목, 에너지 효율을 최적화, 전력사용 절감을 유도하는 전력망

④ Micro Grid : 전력설비 안전성 강화 및 효율 증대 원천기술 및 공정 신소재 개발(자기치유, 슈퍼커패시터, 3D프린팅 등)

⑤ ICT 융복합 : 사물인터넷(IoT), 빅데이터, 보안 등 최신 ICT 기술을 활용, 전력분야 신사업 기반 창출

※ 귀하가 근무하는 기술자격팀에서 작년부터 연구해 온 데이터의 흐름도가 완성되었다. 다음 자료와 〈조건〉을 보고 이어지는 질문에 답하시오. **[3~4]**

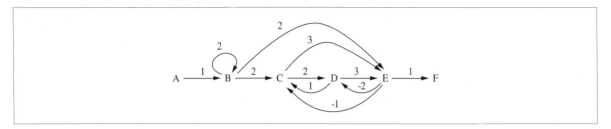

조건
- 데이터는 화살표 방향으로만 이동할 수 있으며, 같은 경로를 여러 번 반복해서 이동할 수 있다.
- 화살표 위의 숫자는 그 경로를 통해 데이터가 1회 이동할 때마다 데이터에 곱해지는 수치를 의미한다.
- 각 경로를 따라 데이터가 이동할 때, 1회 이동 시간은 1시간이며, 데이터의 총 이동 시간은 10시간을 초과할 수 없다.
- 데이터의 대소 관계는 [음수<0<양수]의 원칙에 따른다.

03 A에서 1이 입력되었을 때 F에서의 결과가 가장 크게 되는 값은?

① 256　　　　　　　　　　　② 384

③ 432　　　　　　　　　　　④ 864

⑤ 1,296

04 A에 100이 입력되었을 때 F에서의 결과가 가장 작은 경로는?

① A – B – B – E – D – C – E – C – E – F

② A – B – C – D – E – D – C – D – E – F

③ A – B – E – D – C – E – C – D – E – F

④ A – B – C – D – E – D – E – D – E – F

⑤ A – B – B – C – E – D – E – D – E – F

안심Touch

※ 다음 자료를 참고하여 이어지는 질문에 답하시오. **[5~7]**

스위치	기능
○	1번과 2번 기계를 시계 방향으로 90° 회전함
●	1번과 4번 기계를 시계 방향으로 90° 회전함
□	2번과 3번 기계를 시계 방향으로 90° 회전함
■	1번과 3번 기계를 시계 반대 방향으로 90° 회전함
◑	2번과 4번 기계를 시계 반대 방향으로 90° 회전함
◐	3번과 4번 기계를 시계 반대 방향으로 90° 회전함

05 처음 상태에서 스위치를 두 번 눌렀더니 화살표의 오른쪽과 같은 상태로 바뀌었다. 어떤 스위치를 눌렀는가?

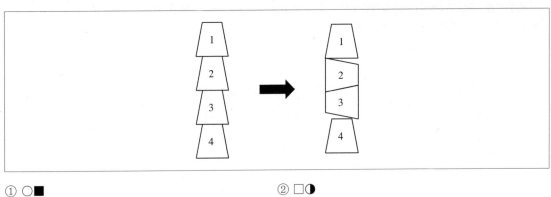

① ○■ ② □◑

③ ●■ ④ □◐

⑤ ●□

06 처음 상태에서 스위치를 두 번 눌렀더니 화살표의 오른쪽과 같은 상태로 바뀌었다. 어떤 스위치를 눌렀는가?

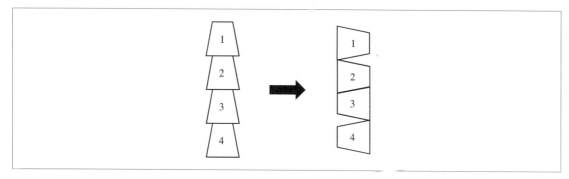

① ●◐

② ◐◑

③ ●□

④ ○◐

⑤ ■●

07 처음 상태에서 스위치를 세 번 눌렀더니 화살표의 오른쪽과 같은 상태로 바뀌었다. 어떤 스위치를 눌렀는가?

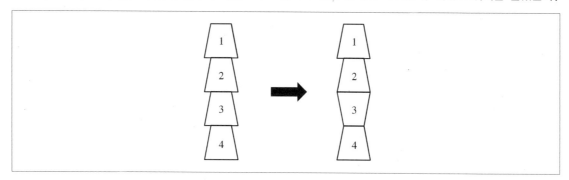

① ○□●

② □◐○

③ ◐■●

④ ■○□

⑤ ■○●

※ 논리연산자를 다음과 같이 정의할 때, 이어지는 질문에 답하시오. [8~9]

- AND(논리곱) : 둘 다 참일 때만 참, 나머지는 모두 거짓
- OR(논리합) : 둘 다 거짓일 때만 거짓, 나머지는 모두 참
- NAND(부정논리곱) : 둘 다 참일 때만 거짓, 나머지는 모두 참
- NOR(부정논리합) : 둘 다 거짓일 때만 참, 나머지는 모두 거짓
- XOR(배타적 논리합) : 둘의 참 / 거짓이 다르면 참, 같으면 거짓

08 다음과 같은 입력 패턴 A, B를 〈조건〉에 따라 원하는 출력 패턴으로 합성하고자 한다. (가)에 들어갈 논리 연산자로 옳은 것은?

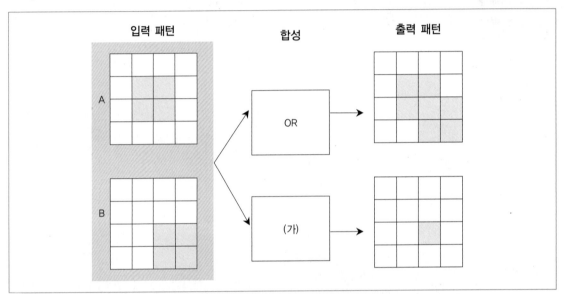

조건
- ▨은 패턴값 '1'로, ☐은 패턴값 '0'으로 변환하여 합성에 필요한 논리 연산을 한 후, '1'은 ▨으로 '0'은 ☐으로 표시한다.
- 합성은 두 개의 입력 패턴 A, B를 겹쳐서 1 : 1로 대응되는 위치의 패턴값끼리 논리 연산을 수행하여 이루어진다.
- 입력 패턴 A, B와 출력 패턴의 회전은 없다.

① AND　　　　　　　　　　　　② NOR
③ XOR　　　　　　　　　　　　④ NAND
⑤ XNOR

09 다음과 같은 패턴 A, B를 〈조건〉에 따라 합성하였을 때, 결과로 옳은 것은?

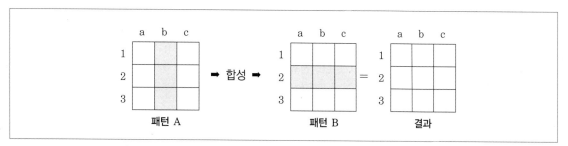

- ☐는 1, ☐는 0이다.
- 패턴 A, B의 회전은 없다.
- 패턴 A, B에서 대응되는 행과 열은 1 : 1로 각각 겹쳐 합성한다.
  예 패턴 A(1, b)의 ☐는 패턴 B(1, b)의 ☐에 대응된다.
- 패턴 A와 B의 합성은 NOR 연산으로 처리한다.

①   ②

③   ④

⑤

※ P회사에서는 화장실의 청결을 위해 비데를 구매하고 귀하에게 비데를 설치하도록 지시하였다. 다음은 비데를 설치하기 위해 참고할 제품 설명서의 일부 내용이다. 이어지는 질문에 답하시오. [10~11]

〈설치방법〉

1) 비데 본체의 변좌와 변기의 앞면이 일치되도록 전후로 고정하십시오.
2) 비데용 급수호스를 정수필터와 비데 본체에 연결한 후 급수밸브를 열어 주십시오.
3) 전원을 연결하십시오(반드시 전용 콘센트를 사용하십시오).
4) 비데가 작동하는 소리가 들린다면 설치가 완료된 것입니다.

〈주의사항〉

• 전원은 반드시 AC220V에 연결하십시오(반드시 전용 콘센트를 사용하십시오).
• 변좌에 걸터앉지 말고 항상 중앙에 앉고, 변좌 위에 어떠한 것도 놓지 마십시오(착좌센서가 동작하지 않을 수도 있습니다).
• 정기적으로 수도필터와 정수필터를 청소 또는 교환해 주십시오.
• 급수밸브를 꼭 열어 주십시오.

〈A/S 신청 전 확인 사항〉

현상	원인	조치방법
물이 나오지 않을 경우	급수 밸브가 잠김	매뉴얼을 참고하여 급수밸브를 열어 주세요.
	정수필터가 막힘	매뉴얼을 참고하여 정수필터를 교체하여 주세요(A/S상담실로 문의하세요).
	본체 급수호스 등이 동결	더운물에 적신 천으로 급수호스 등의 동결부위를 녹여 주세요.
기능 작동이 되지 않을 경우	수도필터가 막힘	흐르는 물에 수도필터를 닦아 주세요.
	착좌센서 오류	착좌센서에서 의류, 물방울, 이물질 등을 치워 주세요.
수압이 약할 경우	수도필터에 이물질이 낌	흐르는 물에 수도필터를 닦아 주세요.
	본체의 호스가 꺾임	호스의 꺾인 부분을 펴 주세요.
노즐이 나오지 않을 경우	착좌센서 오류	착좌센서에서 의류, 물방울, 이물질 등을 치워 주세요.
본체가 흔들릴 경우	고정 볼트가 느슨해짐	고정 볼트를 다시 조여 주세요.
비데가 작동하지 않을 경우	급수밸브가 잠김	매뉴얼을 참고하여 급수밸브를 열어 주세요.
	급수호스의 연결문제	급수호스의 연결상태를 확인해 주세요. 계속 작동하지 않는다면 A/S상담실로 문의하세요.
변기의 물이 샐 경우	급수호스가 느슨해짐	급수호스 연결부분을 조여 주세요. 계속 샐 경우 급수 밸브를 잠근 후 A/S상담실로 문의하세요.

10 귀하는 지시에 따라 비데를 설치하였다. 일주일이 지난 뒤, 동료 K사원으로부터 비데의 기능이 작동하지 않는다는 사실을 접수하였다. 다음 중 해당 문제점에 대한 원인을 파악하기 위해 확인해야 할 사항으로 옳은 것은?

① 급수밸브의 잠김 여부
② 수도필터의 청결 상태
③ 정수필터의 청결 상태
④ 급수밸브의 연결 상태
⑤ 비데의 고정 여부

11 10번 문제에서 확인한 사항이 추가로 다른 문제를 일으킬 수 있는지 미리 점검하고자 한다면, 다음 중 적절한 행동은?

① 수압이 약해졌는지 확인한다.
② 물이 나오지 않는지 확인한다.
③ 본체가 흔들리는지 확인한다.
④ 노즐이 나오지 않는지 확인한다.
⑤ 변기의 물이 새는지 확인한다.

※ 다음은 그래프 구성 명령어 실행 예시이다. 이를 참고하여 이어지는 질문에 답하시오. [12~13]

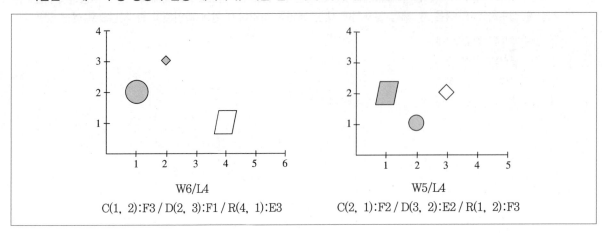

W6/L4
C(1, 2):F3 / D(2, 3):F1 / R(4, 1):E3

W5/L4
C(2, 1):F2 / D(3, 2):E2 / R(1, 2):F3

12 W6/L2 C(1, 1):F1 / D(3, 2):F2 / R(4, 1):F2의 그래프를 산출할 때, 오류가 발생하여 아래와 같은 그래프가 산출되었다. 다음 중 오류가 발생한 값은?

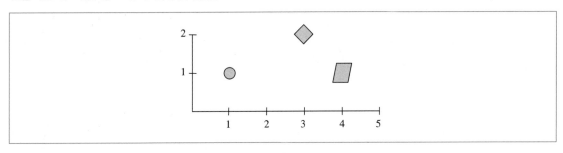

① W6/L2   ② C(1, 1):F1
③ D(3, 2):F2   ④ R(4, 1):F2
⑤ 알 수 없음

13 다음의 그래프에 알맞은 명령어는 무엇인가?

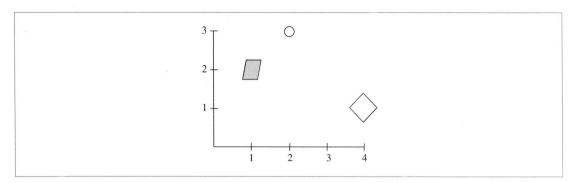

① W4/L3

  C(2, 3):E1 / D(4, 1):E2 / R(1, 2):F3

② W4/L3

  C(2, 3):F1 / D(4, 1):F3 / R(1, 2):E2

③ W4/L3

  C(2, 3):E1 / D(4, 1):E3 / R(1, 2):F2

④ W4/L3

  C(3, 2):E1 / D(1, 4):E3 / R(2, 1):F2

⑤ W4/L3

  C(2, 3):E1 / D(4, 1):F3 / R(1, 2):E2

※ P회사는 직원휴게실에 휴식용 안마의자를 설치할 계획에 있으며, 안마의자 관리자는 귀하로 지정되었다. 다음 자료를 보고 이어지는 질문에 답하시오. [14~15]

〈안마의자 사용설명서〉

■ 설치 시 알아두기

- 바닥이 단단하고 수평인 장소에 제품을 설치해 주세요.
- 등받이와 다리부를 조절할 경우를 대비하여 제품의 전방 50cm, 후방 10cm 이상 여유 공간을 비워 두세요.
- 바닥이 손상될 수 있으므로 제품 아래에 매트 등을 깔 것을 추천합니다.
- 직사광선에 장시간 노출되는 곳이나 난방기구 근처 등 고온의 장소는 피하여 설치해 주세요. 커버 변색 또는 변질의 원인이 됩니다.

■ 안전을 위한 주의사항

> ⚠ 경고 : 지시 사항을 위반할 경우 심각한 상해나 사망에 이를 가능성이 있는 경우를 나타냅니다.
>
> ⓘ 주의 : 지시 사항을 위반할 경우 경미한 상해나 제품 손상의 가능성이 있는 경우를 나타냅니다.

ⓘ 제품 사용 시간은 1일 40분 또는 1회 20분 이내로 하고, 동일한 부위에 연속 사용은 5분 이내로 하십시오.

⚠ 제품을 사용하기 전에 등 패드를 올려서 커버와 그 외 다른 부분에 손상된 곳이 없는지 확인하고, 찢어졌거나 조그만 손상이 있으면 사용을 중단하고 서비스 센터로 연락하십시오(감전 위험).

ⓘ 엉덩이와 허벅지를 마사지할 때는 바지 주머니에 딱딱한 것을 넣은 채로 사용하지 마십시오(안전사고, 상해 위험).

⚠ 팔을 마사지할 때는 시계, 장식품 등 딱딱한 것을 몸에 지닌 채 사용하지 마십시오(부상 위험).

⚠ 등받이나 다리부를 움직일 때는 제품 외부에 사람, 애완동물, 물건 등이 없는지 확인하십시오(안전사고, 부상, 제품 손상 위험).

ⓘ 제품 안쪽에 휴대폰, TV리모컨 등 물건을 빠뜨리지 않도록 주의하십시오(고장 위험).

⚠ 등받이나 다리부를 상하로 작동 시에는 움직이는 부위에 손가락을 넣지 않도록 하십시오(안전사고, 상해, 부상 위험).

⚠ 혈전증, 중도의 동맥류, 급성 정맥류, 각종 피부염, 피부 감염증 등의 질환을 가지고 있는 사람은 사용하지 마십시오.

ⓘ 고령으로 근육이 쇠약해진 사람, 요통이 있는 사람, 멀미가 심한 사람 등은 반드시 의사와 상담한 후 사용하십시오.

ⓘ 제품을 사용하면서 다른 치료기를 동시에 사용하지 마십시오.

ⓘ 사용 중에 잠들지 마십시오(상해 위험).

⚠ 난로 등의 화기 가까이에서 사용하거나 흡연을 하면서 사용하지 마십시오(화재 위험).

ⓘ 제품을 사용하는 중에 음료나 음식을 섭취하지 마십시오(고장 위험).

ⓘ 음주 후 사용하지 마십시오(부상 위험).

■ 고장 신고 전 확인 사항

제품 사용 중 아래의 증상이 나타나면 다시 한 번 확인해 주세요. 고장이 아닐 수 있습니다.

증상	원인	해결책
안마 강도가 약합니다.	안마의자에 몸을 밀착하였습니까?	안마의자에 깊숙이 들여 앉아서 몸을 등받이에 밀착시키거나 등받이를 눕혀서 사용해 보세요.
	등 패드 또는 베개 쿠션을 사용하고 있습니까?	등 패드 또는 베개 쿠션을 빼고 사용해 보세요.
	안마 강도를 조절하였습니까?	안마 강도를 조절해서 사용해 보세요.
다리부에 다리가 잘 맞지 않습니다.	다리부의 각도를 조절하였습니까?	사용자의 신체에 맞게 다리 부의 각도를 조절해 주세요. 다리올림 버튼 또는 다리내림 버튼으로 다리부의 각도를 조절할 수 있습니다.
좌우 안마 강도 또는 안마 볼 위치가 다르게 느껴집니다.	더 기분 좋은 안마를 위해 안마 볼이 좌우 교대로 작동하는 기구를 사용하고 있습니다. 좌우 안마 강도 또는 안마 볼 위치가 다르게 작동하는 경우가 있을 수 있습니다. 고장이 아니므로 안심하고 사용해 주세요.	
소리가 납니다.	제품의 구조로 인해 들리는 소리입니다. 고장이 아니므로 안심하고 사용해 주세요(제품 수명 등의 영향은 없습니다). – 안마 볼 상·하 이동 시 '달그락' 거리는 소리 – 안마 작동 시 기어 모터의 소리 – 안마 볼과 커버가 스치는 소리(특히 주무르기 작동 시) – 두드리기, 물결 마사지 작동 시 '덜덜' 거리는 소리(특히 어깨에서 등으로 이동 시) – 속도 조절에 의한 소리의 차이	

14 직원휴게실에 안마의자가 배송되었다. 귀하는 제품설명서를 참고하여 적절한 장소에 설치하고자 한다. 다음 중 장소 선정 시 고려해야 할 사항으로 적절하지 않은 것은?

① 직사광선에 오랫동안 노출되지 않는 장소인지 확인한다.

② 근처에 난방기구가 설치된 장소인지 확인한다.

③ 전방에는 50cm 이상의 공간을 확보할 수 있고 후방을 벽면에 밀착할 수 있는 장소인지 확인한다.

④ 새로운 장소가 안마의자의 무게를 지탱할 수 있는 단단한 바닥인지 확인한다.

⑤ 바닥이 긁히거나 흠집이 날 수 있는 재질로 되어 있다면 매트 등을 까는 것을 고려한다.

15 귀하는 직원들이 안전하게 안마의자를 사용할 수 있도록 '안마의자 사용안내서'를 작성하여 안마의자 근처에 비치하고자 한다. 안내서에 있는 그림 중 '경고' 수준의 주의가 필요한 것은 '별표' 표시를 추가하여 더욱 강조되어 보이도록 할 예정이다. 다음 중 '별표' 표시를 해야 할 그림은 무엇인가?

①

②

③

④

⑤

16 다음 중 D씨가 하고 있는 것을 무엇이라 하는가?

> D씨는 하이베드 딸기 재배 기법을 배우기 위해 네덜란드 PTC+에서 교육을 받았다. 한국에 돌아온 D씨는 네덜란드 PTC+에서 배워온 딸기 재배 기법을 단순 적용한 것이 아니라 우리나라 실정에 맞게 재배 기법을 변형하여 실시함으로써 고수익을 올릴 수 있었다. D씨는 수개월간의 시행착오 끝에 네덜란드의 기후, 토양의 질 등과는 다른 우리나라 환경에 적합한 딸기를 재배하기 위해 배양액의 농도, 토질, 조도시간, 생육기간과 당도까지 최적의 기술을 연구함으로써 국내 최고의 질을 자랑하는 딸기를 출하할 수 있게 되었다.

① 벤치마크 ② 벤치마킹
③ 표절   ④ 모방
⑤ 차용

17 최근 국내 전기설비 안전규격에 문제가 있다는 주장이 제기되고 있다. 일부 전기안전 전문가들은 차단기의 국내 전기설비 규격이 선진국에 비해 너무 낮다고 주장한다. 세계 각국의 표준 규격과 차단기를 비교하였을 때, 표준 규격 나라와 차단기의 연결이 옳지 않은 것은?

〈차단기 종류〉

구분	EBS 103Fb	AN 13D	32 GRhc	AF 50	ABE 103AF	AN 20E
정격전압(V)	220, 380	690	220	220	460	690
정격전류(A)	60, 70, 100	1250	15, 20, 30	30, 40, 50	60, 75, 100	1250, 1600
정격차단전류(kA)	5	50	1.5	2.5	2.5	65

〈국가 표준 규격〉

구분	ANSI	CSA	GOST	JIS	DVGW
국가	미국	캐나다	러시아	일본	독일
정격전압(V)	380, 460	220	460, 690	220	380
정격전류(A)	50 ~ 110	15 ~ 35	1000 ~ 1500	30 ~ 60	50 ~ 110
정격차단전류(kA)	2 ~ 5	1 ~ 5	50 ~ 70	2 ~ 3	5 ~ 10

① 미국 – ABE 103AF ② 독일 – EBS 103Fb
③ 일본 – AF 50   ④ 캐나다 – 32 GRhc
⑤ 러시아 – AN 20E

※ 다음은 산업재해의 원인을 설명하는 4M의 내용이다. 이어지는 질문에 답하시오. [18~19]

<table>
<tr><td colspan="2">〈산업재해의 원인을 설명하는 4M〉</td></tr>
<tr><td>Man
(사람)</td><td>① 심리적 요인 : 억측 판단, 착오, 생략 행위, 무의식 행동, 망각 등
② 생리적 요인 : 수면 부족, 질병, 고령 등
③ 사회적 요인 : 사업장 내 인간관계, 리더십, 팀워크, 소통 등의 문제</td></tr>
<tr><td>Machine
(기계, 설비)</td><td>① 기계, 설비의 설계상 결함
② 점검, 정비의 결함
③ 구조 불량
④ 위험방호 불량 등</td></tr>
<tr><td>Media
(작업정보, 방법, 환경)</td><td>① 작업계획, 작업절차 부적절
② 정보 부적절
③ 보호구 사용 부적절
④ 작업 공간 불량
⑤ 작업 자세, 작업 동작의 결함 등</td></tr>
<tr><td>Management
(관리)</td><td>① 관리조직의 결함
② 건강관리의 불량
③ 배치의 불충분
④ 안전보건교육 부족
⑤ 규정, 매뉴얼 불철저
⑥ 자율안전보건활동 추진 불량 등</td></tr>
</table>

18 다음 중 4M을 이해한 내용으로 적절하지 않은 것은?

① 개인의 단순한 부주의로 일어난 사고는 4M 중 Man에 해당된다고 볼 수 있어.

② 좁은 공간에서 일하면서 일어난 사고는 4M 중 Media에 속하겠구나.

③ 기계 점검을 충실히 하지 않아 일어난 사고는 4M 중 Machine에 해당되겠지?

④ 개인별 당직근무 배치가 원활하지 않아 일어난 사고는 4M 중 Man에 해당된다고 볼 수 있어.

⑤ 충분한 안전교육이 이루어지지 않아 일어난 사고는 4M 중 Management에 속해.

19 다음 (A), (B)의 사례는 4M 중 각각 어느 유형에 속하는가?

> (A) 유해가스 중독으로 작업자 2명이 사망하는 사고가 발생했다. 작업자 1명이 하수관 정비공사 현장에서 오수 맨홀 내부로 들어갔다가 유해가스를 마셔 의식을 잃고 추락했으며, 작업자를 구출하기 위해 다른 작업자가 맨홀 내부로 들어가 구조하여 나오던 중 같이 의식을 잃고 추락해 두 작업자 모두 사망한 것이다. 작업공간이 밀폐된 공간이어서 산소결핍이나 유해가스 등의 우려가 있었기 때문에 구명밧줄이나 공기 호흡기 등을 준비해야 했지만 준비가 이루어지지 않아 일어난 안타까운 사고였다.
>
> (B) 플라스틱 용기 성형 작업장에서 작업자가 가동 중인 블로우 성형기의 이물질 제거 작업 중 좌우로 움직이는 금형 고정대인 조방 사이에 머리가 끼여 사망하는 사고가 발생했다. 당시 블로우 성형기 전면에 안전장치가 설치되어 있었으나, 안전장치가 제대로 작동하지 않아서 발생한 사고였다.

	(A)	(B)
①	Media	Man
②	Management	Media
③	Media	Management
④	Management	Man
⑤	Media	Machine

20 다음 중 산업재해에 대한 원인으로 옳지 않은 것은?

> 전선 제조 사업장에서 고장난 변압기 교체를 위해 K전력 작업자가 변전실에서 작업 준비하던 중 특고압 배전반 내 충전부 COS 1차 홀더에 접촉 감전되어 치료 도중 사망하였다. 증언에 따르면 변전실 TR − 5 패널의 내부는 협소하고, 피재해자의 키에 비하여 경첩의 높이가 높아 문턱 위에 서서 불안전한 작업자세로 작업을 실시하였다고 한다. 또한, 피재해자는 전기 관련 자격이 없었으며, 복장은 일반 안전화, 면장갑, 패딩점퍼를 착용한 상태였다.

① 불안전한 행동   ② 불안전한 상태
③ 작업 관리상 원인   ④ 기술적 원인
⑤ 작업 준비 불충분

PART 2
최종점검 모의고사

제1회
모의고사

※ 한전KPS 최종점검 모의고사는 채용공고를 기준으로 구성한 것으로 실제 시험과 다를 수 있습니다.

※ 응시 직렬에 맞추어 해당 문항을 학습하시기 바랍니다.

※ 모바일 OMR 답안채점 / 성적분석 서비스

법정 · 상경

전산

발전설비운영

취약영역 분석

번호	O/×	영역	번호	O/×	영역	번호	O/×	영역
1			26			51		
2			27		문제해결능력	52		
3			28			53		
4			29			54		
5		의사소통능력	30			55		조직이해능력
6			31			56		
7			32			57		
8			33			58		
9			34			59		
10			35		자원관리능력	60		
11			36			61		
12			37			62		
13			38			63		
14			39			64		
15		수리능력	40			65		기술능력
16			41			66		
17			42			67		
18			43			68		
19			44			69		
20			45			70		
21			46		정보능력			
22			47					
23		문제해결능력	48					
24			49					
25			50					

평가 문항	50문항	평가 시간	65분
시작시간	:	종료시간	:
취약 영역			

🕐 응시시간 : 65분 　 📋 문항 수 : 50문항 　　　　　　　　　　　　 정답 및 해설 p.34

| 01 | 의사소통능력(공통)

※ 다음 글을 읽고 이어지는 질문에 답하시오. [1~2]

신문이나 잡지는 대부분 유료로 판매된다. 반면에 인터넷 뉴스 사이트는 신문이나 잡지의 기사와 같거나 비슷한 내용을 무료로 제공한다. 왜 이런 현상이 발생하는 것일까?

이 현상 속에는 경제학적 배경이 숨어 있다. 대체로 상품의 가격은 그 상품을 생산하는 데 드는 비용의 언저리에서 결정된다. 생산 비용이 많이 들수록 상품의 가격이 상승하는 것이다. 그런데 인터넷에 게재되는 기사를 생산하는 데 드는 비용은 0원에 가깝다. 기자가 컴퓨터로 작성한 기사를 신문사 편집실로 보내 종이 신문에 게재하고, 그 기사를 그대로 재활용하여 인터넷 뉴스 사이트에 올리기 때문이다. 또한, 인터넷 뉴스 사이트 방문자 수가 증가하면 사이트에 걸어 놓은 광고에 대한 수입도 증가하게 된다. 이러한 이유로 신문사들은 경쟁적으로 인터넷 뉴스 사이트를 개설하여 무료로 운영했던 것이다.

그런데 이렇게 무료로 인터넷 뉴스 사이트를 이용하는 사람들이 폭발적으로 늘어나면서 돈을 지불하고 신문이나 잡지를 구독하는 사람들이 점점 줄어들기 시작했다. 그 결과 언론사들의 수익률이 감소하여 재정이 악화되었다. 문제는 여기서 그치지 않는다. 언론사들의 재정적 악화는 깊이 있고 정확한 뉴스를 생산하는 그들의 능력을 저하시키거나 사라지게 할 수도 있다. 결국 그로 인한 피해는 뉴스를 이용하는 소비자에게로 되돌아올 것이다.

그래서 점차 언론사들, 특히 신문사들의 재정악화 개선을 위해 인터넷 뉴스를 유료화해야 한다는 의견이 나타나고 있다. 하지만 그러한 주장을 현실화하는 것은 그리 간단하지 않다. 소비자들은 어떤 상품을 구매할 때 그 상품의 가격이 얼마 정도면 구입할 것이고, 얼마 이상이면 구입하지 않겠다는 마음의 선을 긋는다. 이 선의 최대치가 바로 최대 지불의사(Willingness to Pay)이다. 소비자들의 머릿속에 한번 각인된 최대 지불의사는 좀처럼 변하지 않는 특성이 있다. 인터넷 뉴스의 경우 오랫동안 소비자에게 무료로 제공되었고, 그러는 사이 인터넷 뉴스에 대한 소비자들의 최대 지불의사도 0원으로 굳어진 것이다. 그런데 이제 와서 무료로 이용하던 정보를 유료화한다면 소비자들은 여러 이유를 들어 불만을 토로할 것이다.

해외 신문 중 일부 경제 전문지는 이러한 문제를 성공적으로 해결했다. 그들은 매우 전문화되고 깊이 있는 기사를 작성하여 소비자에게 제공하는 대신 인터넷 뉴스 사이트를 유료화했다. 그럼에도 불구하고 많은 소비자들이 기꺼이 돈을 지불하고 이들 사이트의 기사를 이용하고 있다. 전문화되고 맞춤화된 뉴스일수록 유료화 잠재력이 높은 것이다. 이처럼 제대로 된 뉴스를 만드는 공급자와 정당한 값을 내고 제대로 된 뉴스를 소비하는 수요자가 만나는 순간 문제해결의 실마리를 찾을 수 있을 것이다.

01　다음 중 윗글의 내용에 바탕이 되는 경제관으로 적절하지 않은 것은?

① 경제적 이해관계는 사회현상의 변화를 초래한다.
② 상품의 가격이 상승할수록 소비자의 수요가 증가한다.
③ 소비자들의 최대 지불의사는 상품의 구매 결정과 밀접한 관련이 있다.
④ 일반적으로 상품의 가격은 상품 생산의 비용과 가까운 수준에서 결정된다.
⑤ 적정 수준의 상품가격이 형성될 때 소비자의 권익과 생산자의 이익이 보장된다.

02 다음 중 윗글을 읽은 사람들의 반응으로 적절하지 않은 것은?

① 정보를 이용할 때 정보의 가치에 상응하는 이용료를 지불하는 것은 당연한 거라고 생각해.

② 현재 무료인 인터넷 뉴스 사이트를 유료화하려면 먼저 전문적이고 깊이 있는 기사를 제공해야만 해.

③ 인터넷 뉴스가 광고를 통해 수익을 내는 경우도 있으니, 신문사의 재정을 악화시키는 것만은 아니야.

④ 인터넷 뉴스 사이트 유료화가 정확하고 공정한 기사를 양산하는 결과에 직결되는 것은 아니라고 생각해.

⑤ 인터넷 뉴스만 보는 독자들의 행위가 품질이 나쁜 뉴스를 생산하게 만드는 근본적인 원인이므로 종이 신문을 많이 구독해야겠어.

PART 1

PART 2

PART 3

03 다음 중 〈보기〉의 문장이 들어갈 위치로 가장 적절한 것은?

> 탄수화물은 사람을 비롯한 동물이 생존하는 데 필수적인 에너지원이다. (가) 탄수화물은 섬유소와 비섬유소로 구분된다. 사람은 체내에서 합성한 효소를 이용하여 곡류의 녹말과 같은 비섬유소를 포도당으로 분해하고 이를 소장에서 흡수하여 에너지원으로 이용한다. (나) 소, 양, 사슴과 같은 반추 동물도 섬유소를 분해하는 효소를 합성하지 못하는 것은 마찬가지이지만, 비섬유소와 섬유소를 모두 에너지원으로 이용하며 살아간다. (다) 위(胃)가 넷으로 나누어진 반추 동물의 첫째 위인 반추위에는 여러 종류의 미생물이 서식하고 있다. 반추 동물의 반추위에는 산소가 없는데, 이 환경에서 왕성하게 생장하는 반추위 미생물들은 다양한 생리적 특성이 있다. (라) 식물체에서 셀룰로스는 그것을 둘러싼 다른 물질과 복잡하게 얽혀 있는데, F가 가진 효소 복합체는 이 구조를 끊어 셀룰로스를 노출시킨 후 이를 포도당으로 분해한다. F는 이 포도당을 자신의 세포 내에서 대사 과정을 거쳐 에너지원으로 이용하여 생존을 유지하고 개체 수를 늘림으로써 생장한다. (마) 이런 대사 과정에서 아세트산, 숙신산 등이 대사산물로 발생하고 이를 자신의 세포 외부로 배출한다. 반추위에서 미생물들이 생성한 아세트산은 반추 동물의 세포로 직접 흡수되어 생존에 필요한 에너지를 생성하는 데 주로 이용되고 체지방을 합성하는 데도 쓰인다. (바)

보기

> ㉠ 반면, 사람은 풀이나 채소의 주성분인 셀룰로스와 같은 섬유소를 포도당으로 분해하는 효소를 합성하지 못하므로 섬유소를 소장에서 이용하지 못한다.
> ㉡ 그중 피브로박터 숙시노젠(F)은 섬유소를 분해하는 대표적인 미생물이다.

	㉠	㉡		㉠	㉡
①	(가)	(라)	②	(가)	(마)
③	(나)	(라)	④	(나)	(마)
⑤	(다)	(바)			

※ 다음은 한전KPS 사보에 게시된 내용 중 일부이다. 다음 글을 읽고 이어지는 질문에 답하시오. [4~5]

(가)

리더에게 있어 선입견은 독과 같다. 많은 리더들이 구성원들의 역량에 대해 의심의 눈초리를 가지고 바라보지만 그들이 성과를 내도록 만들기 위해서는 먼저 그들을 신뢰하지 않으면 안 된다.

1980년대 초반에 심리학자 도브 이든(Dov Eden)은 한 가지 실험을 했다. 그는 1,000명의 이스라엘 병사들을 대상으로 적성검사 점수와 기초 훈련 성적, 전임 지휘관의 추천 등을 바탕으로 훈련이 끝난 후 뛰어난 병사가 될 잠재력이 있는 훈련병들을 가려냈다. 이후 병사들은 11주에 걸쳐 전투 전술과 독도법, 작전 규정 등에 관한 훈련을 받았으며 훈련이 다 끝난 후에는 전문지식과 무기를 다루는 능력을 평가하는 시험을 치렀다. 시험 결과 훈련 전에 뛰어난 잠재력을 가지고 있다고 평가받은 훈련병들이 동료들보다 훨씬 뛰어난 성적을 거두었다. 전문지식 분야에서는 평균 9%, 무기 숙련도 분야에서는 10%나 더 높은 점수를 받은 것이다. 이 실험 결과는 뛰어난 인재는 미리 정해져 있다는 것을 증명한다. 따라서 조직에서 성과를 내기 위해서는 뛰어난 인재를 영입하여 그들에게 권한을 부여하고 성과를 내도록 환경을 조성해주는 것이 중요하다는 것을 알 수 있다.

하지만 사실 이 실험의 목적은 그것이 아니었다. 도브 이든의 실험은 '자기충족적 예언(Self-fulfillment Prophecy)', 즉 타인에 대한 기대가 그 사람의 성취에 크게 영향을 미친다는 이론을 검증하기 위해 정교하게 고안된 것이다. 지휘관들이 사전에 잠재력이 있다고 분류된 훈련병들을 믿으면 어떤 결과가 나타나는지 알아보기 위해 무작위로 뽑은 사람들에게 잠재력이 있다고 분류한 후 그 결과를 지휘관들에게 알려주었고, 일정 시간이 지나자 실제로 뛰어난 성적을 거둔 것이다.

지휘관들이 병사들을 뛰어난 잠재력을 가진 존재라고 믿으면 그들에게 더 큰 관심을 기울이고 격려해 자신감을 갖게 하며, 학습과 발전을 이끌었다. 그뿐만 아니라 더 따뜻하게 대화하고 더 어려운 과제를 내줌으로써 보다 높은 경지에 도전할 수 있도록 유도했다. 자신이 맡은 훈련병들의 잠재력을 끌어내기 위해 더 열심히 지도하고 꼼꼼하게 피드백하며, 실수하더라도 능력이 부족하다고 여기지 않고 그것을 가르침과 배움의 기회로 삼도록 했다. 훈련병들도 이러한 배려를 바탕으로 자신감을 갖게 되었으며 더욱 노력하고 실력을 쌓아 큰 성취를 이룰 수 있었다.

리더십 강의를 하다 보면 많은 리더가 구성원들로 인해 어려움을 겪는다고 말한다. 하지만 리더들은 구성원들의 역량을 개발하기 위해 그들을 신뢰했으며 역량을 발휘할 수 있도록 노력했는지 반문할 필요가 있다. 일방적으로 지시하고 구성원들이 어떻게 문제를 풀어나가야 할지 모를 때에도 자기 일은 스스로 해결해야 한다며 못 본 척하지는 않았는지, 그들이 어떤 고민을 하고 어떠한 어려움에 처해있는지 알기보다는 무관심으로 일관하지는 않았는지, 그러면서도 그들에게 늘 성과만 다그치지는 않았는지 가슴에 손을 얹고 되돌아볼 필요가 있다.

처음부터 뛰어난 인재는 없다. _____이 리더가 첫 번째 할 일이다. 그 후에는 그들의 역량을 최대한 끌어낼 수 있도록 내적인 동기를 부여하고 그들이 더 높은 곳으로 오를 수 있도록 이끌어주며 지쳐 포기하지 않도록 힘을 북돋아 주는 것이 필요하다. 그렇게 되기 위해서는 스스로 끊임없이 발전하려는 노력을 하지 않으면 안 된다.

04 다음 중 윗글의 빈칸에 들어갈 내용으로 가장 적절한 것은?

① 잠재력 있는 인재를 선발해내는 것

② 능력 있는 구성원을 적재적시에 배치하는 것

③ 모든 구성원의 잠재력 수준에 맞는 교육을 시키는 것

④ 모든 구성원을 차별하지 않고 그들의 잠재력을 믿는 것

⑤ 구성원들이 성장할 수 있게 뒤에서 지켜보는 것

05 다음 중 윗글의 제목 (가)로 적절하지 않은 것은?

① 리더의 기대, 구성원의 성장을 돕다

② 리더의 관심, 성과의 상승률을 높이다

③ 구성원의 잠재력, 관심에 따라 달라지다

④ 기대와 격려, 성장의 날개를 달다

⑤ 잠재력 있는 인재, 세상을 이끌다

안심Touch

다음은 한전KPS 사보에 게시된 내용 중 일부이다. '뉴로리더십'에 대한 설명으로 옳지 않은 것은?

> 미래학자인 다니엘 핑크(Daniel Pink)는 앞으로 인류가 마주할 세상은 하이콘셉트(High-Concept), 하이터치(High-Touch)의 시대가 될 것이라고 했다. 하이콘셉트는 예술적, 감성적 아름다움을 창조하는 능력을 말하며, 하이터치는 공감을 이끌어내는 능력을 말한다. 즉, 미래에는 뇌를 쓰는 방식이 달라져야 함을 의미한다.
>
> 지금까지의 세계는 체계화된 정보를 바탕으로 품질 좋은 제품을 대량생산하여 규모의 경제를 이루고, 시장을 개척해 부지런히 노력하면 어느 정도는 성공할 수 있는 경쟁체제였다. 경쟁사보다 논리적이고 체계적으로 정보를 분석해 소비자의 니즈를 만족시킬 수 있도록 하는 좌뇌형 사회였다고 할 수 있다.
>
> 하지만 세상은 빠르게 변하고 있다. 정보를 많이 가지고 있는 것보다는 그 정보를 이용해 어떤 새로운 아이디어를 도출해 내느냐가 더욱 중요한 시대가 된 것이다. 동일한 정보를 가지고 남들이 미처 생각하지 못했던 아이디어를 떠올리고 숨겨진 고객의 니즈를 이끌어냄으로써 시장을 주도할 수 있는 통찰력과 창의력이 중요한 성공 포인트가 되고 있다.
>
> 하지만 4차 산업혁명이 강조되고 있는 오늘날, 우리나라에서는 안타깝게도 창의적인 아이디어를 바탕으로 혁신적인 비즈니스 모델을 만들어낸 기업은 거의 보이지 않는 것 같다. 최근 기술분석 잡지인〈MIT Technology Review〉의 발표에 따르면 세계 50대 혁신기업 중에 우리나라 기업은 단 하나도 들지 못했다.
>
> 창의적인 아이디어가 중요한 4차 산업혁명 시대에는 경영의 패러다임도 그에 맞춰 변화해야 한다. 무엇보다 큰 틀에서 세상의 변화를 바라보고 그것을 선도할 수 있는 통찰력이 필요하다. 그러나 아쉽게도 우리나라 기업은 여전히 '일' 중심의 관리문화가 굳건하게 자리잡고 있어 '나무는 보되 숲은 보지 못하는' 근시안적 자세에서 벗어나지 못하고 있다. 아무리 시스템이 잘 갖춰져 있고 관리체계가 뛰어나도 사람이라는 자원이 투입되지 않고서는 좋은 아이디어가 도출될 수 없다. 창의적인 아이디어란 결국 사람의 머리를 거치지 않고서는 나올 수 없기 때문이다.
>
> 결국 관리의 중심축이 '일'에서 '사람'으로 바뀌지 않으면 안 된다. '일' 중심의 관리문화에서는 초점이 '효율'과 '생산성'에 맞춰져 있으며 사람은 그것을 보조하는 일개 수단에 지나지 않는다. 반면, '사람' 중심의 관리문화에서는 '창조성'과 '가치'에 초점이 맞춰져 있다. 효율과 생산성을 높이기 위한 수단에 불과했던 사람 그 자체가 관리의 중심이 된다. 사람이 관리의 중심이 되기 위해서는 인간이 가진 두뇌의 특성을 이해해야 한다. 두뇌의 작동 메커니즘과 생물학적인 특성이 이해되어야만 그것이 가진 잠재력과 가치를 최대한으로 활용할 수 있다. 이러한 관점에서 인간의 두뇌 특성을 이해하고 모든 조직 구성원이 최대한 창의적으로 뇌를 활용할 수 있게 함으로써 미래의 경영 환경에서 살아남을 수 있도록 만들어주는 혁신적인 툴이 뉴로리더십이라 하겠다.

① 구성원들이 최대한 창의적으로 뇌를 활용할 수 있게 하는 것이다.
② 창조성과 가치가 관리의 중심축이라고 말할 수 있다.
③ 일보다 사람을 우선시하는 관리문화를 말한다.
④ 인간이 가진 두뇌의 특성을 이해하는 것을 바탕으로 한다.
⑤ 근시안적인 자세를 가지고 행동하는 리더십을 말한다.

07 다음은 한전KPS 사보에 게시된 내용 중 일부이다. 이를 참고하였을 때, '어당팔'의 예로 옳지 않은 것은?

타임지의 전망대로 개인 미디어의 확산으로 생산성과 혁신이 폭발했다. 2009년 당시 전 세계 시가 총액 10대 기업 중 IT기업은 마이크로소프트 하나였다. 지금은 10대 기업 중 7개가 IT기업이다. 현재 세계 상장 기업 가운데 시가 총액 1위는 애플이며, 알파벳(구글)·마이크로소프트·아마존이 2~4위를 차지했다. 모두 온라인을 기반으로 한 테크 기업이다.

소비자도 스마트하게 변했다. 새로운 기종의 스마트폰으로 무장해 세상과 소통한다. 사람 대신 스마트폰에게 묻고, 카톡이나 문자로 대화한다. 필요한 정보를 스마트폰으로 적시에 제공받는다. 소비자가 가는 곳을 어떻게 아는지 알쓸신잡(알아두면 쓸데없는 신비한 잡학 사전)보다 더 스마트하게 정보를 제공한다. 친구가 부근에 있다고 알려주며, 백화점의 할인 쿠폰을 보내준다. 그 대가로 기계값과 통신비와 상품 구입비는 시나브로 늘어난다. 스마트폰과 소통하는 시간은 점점 길어진다. 내가 스마트폰인지, 스마트폰이 나인지 모를 정도이다.

성공 사례를 설명할 때 사람들은 '인디언 기우제' 사례를 많이 든다. 인디언들이 기도하면 반드시 비가 온다고 한다. 왜 그런가? 인디언들은 기우제를 지내면 비가 올 때까지 멈추지 않기 때문이라는 것이다. 기업은 이러한 예화도 놓치지 않는다. 플랫폼과 유통망을 독점하려고 죽기 살기로 돈을 퍼붓는다.

기업이 소비자를 위한다는 말은 '천만의 말씀, 만만의 콩떡'이다. 경쟁 없이 편하게, 이윤을 극대화하기 위한 전략이다. 소비자는 어당팔(어수룩해 보여도 당수가 팔단이라는 뜻)로 기업의 마케팅에 대응해야 호갱(어수룩하여 이용하기 좋은 사람을 비유적으로 이르는 말)이 되지 않는다.

동네에 프랜차이즈 빵집이 새로 생겨 두 집이 경쟁한다면 상생하게 하는 전략이 필요하다. 한 곳에서 싸게 판다고 그곳만 이용하면 한 곳은 망하고 자본이 많은 곳이 독점하게 된다. 한 곳이 망하면 그동안 출혈 경쟁으로 손해 본 것을 만회하려고 슬그머니 값을 올린다. 두 집이 경쟁할 때보다 빵 종류가 다양하지 못할 것은 불을 보듯 뻔하다. 동네 빵집과 프랜차이즈 빵집이 공존하는 다양한 상권을 유지하려면 기업의 마케팅 전략보다 좀 더 멀리 보는 안목이 필요하다. 사소한 이익만을 좇다보면 호갱으로 비싼 대가를 치르게 된다. 소비자들이 스마트해져야 하는 이유이다. 개인화된 사회성의 등장과 1인 체제가 보편화될 것으로 전망되는 앞으로는 소비자들이 더 현명해져야 한다. 개의 꼬리로 여겨졌던 소비자가 개의 몸통을 흔드는, 소비자가 세상을 바꾸는 '왝 더 독' 시대가 왔기 때문이다. 기업도 제품의 품질은 물론 진정성과 공정성으로 무장해야 팔리는 시대라는 것을 명심해야 할 것이다.

① 환경을 생각해 재생용지로 케이스를 만드는 기업의 제품을 구입하였다.
② 브랜드를 따지지 않고 질 좋은 중소기업의 제품을 구입하였다.
③ 합리적인 소비와 관련된 강의를 듣고, 들은 내용을 실천했다.
④ 수익금으로 사회공헌활동을 하는 개인사업자의 제품을 구입하였다.
⑤ 4만 원대 메인메뉴를 시키면 8,000원인 사이드 메뉴를 100원에 먹을 수 있는 이벤트 쿠폰을 구매해 사용했다.

1896년『독립신문』창간을 계기로 여러 가지의 애국가 가사가 신문에 게재되기 시작했는데, 어떤 곡조에 따라 이 가사들을 노래로 불렀는지는 명확하지 않다. 다만, 대한제국이 서구식 군악대를 조직해 1902년 '대한제국 애국가'라는 이름의 국가(國歌)를 만들어 나라의 주요 행사에 사용했다는 기록은 남아 있다. 오늘날 우리가 부르는 애국가의 노랫말은 외세의 침략으로 나라가 위기에 처해 있던 1907년을 전후하여 조국애와 충성심을 북돋우기 위하여 만들어졌다.

1935년 해외에서 활동 중이던 안익태는 오늘날 우리가 부르고 있는 국가를 작곡하였다. 대한민국 임시정부는 이 곡을 애국가로 채택해 사용했으나, 이는 해외에서만 퍼져나갔을 뿐 국내에서는 광복 이후 정부수립 무렵까지 애국가 노랫말을 스코틀랜드 민요에 맞춰 부르고 있었다. 그러다가 1948년 대한민국 정부가 수립된 이후 현재의 노랫말과 함께 안익태가 작곡한 곡조의 애국가가 정부의 공식 행사에 사용되고 각급 학교 교과서에도 실리면서 전국적으로 애창되기 시작하였다.

애국가가 국가로 공식화되면서 1950년대에는 대한뉴스 등을 통해 적극적으로 홍보가 이루어졌다. 그리고「국기게양 및 애국가 제창 시의 예의에 관한 지시(1966)」등에 의해 점차 국가의례의 하나로 간주되었다.

1970년대 초에는 공연장에서 본공연 전에 애국가가 상영되기 시작하였다. 이후 1980년대 중반까지 주요 방송국에서 국기강하식에 맞춰 애국가를 방송하였다. 주요 방송국의 국기강하식 방송, 극장에서의 애국가 상영 등은 1980년대 후반 중지되었으며 음악회와 같은 공연 시 애국가 연주도 이때 자율화되었다.

오늘날 주요 행사 등에서 애국가를 제창하는 경우에는 부득이한 경우를 제외하고 4절까지 제창하여야 한다. 애국가는 모두 함께 부르는 경우에는 전주곡을 연주한다. 다만, 약식 절차로 국민의례를 행할 때 애국가를 부르지 않고 연주만 하는 의전행사(외국에서 하는 경우 포함)나 시상식·공연 등에서는 전주곡을 연주해서는 안 된다.

① 1940년에 해외에서는 안익태가 만든 애국가 곡조를 들을 수 없었다.
② 1990년대 초반에는 국기강하식 방송과 극장에서의 애국가 상영이 의무화되었다.
③ 오늘날 우리가 부르는 애국가의 노랫말은 1896년『독립신문』에 게재되지 않았다.
④ 시상식에서 애국가를 부르지 않고 연주만 하는 경우에는 전주곡을 연주할 수 있다.
⑤ 안익태가 애국가 곡조를 작곡한 해로부터 대한민국 정부 공식 행사에 사용될 때까지 10년이 채 걸리지 않았다.

09 다음 A ~ C의 주장에 대한 평가로 적절한 것을 〈보기〉에서 모두 고르면?

A : 정당에 대한 충성도와 공헌도를 공직자 임용 기준으로 삼아야 한다. 이는 전쟁에서 전리품은 승자에게 속한다는 국제법의 규정에 비유할 수 있다. 즉, 주기적으로 실시되는 대통령 선거에서 승리한 정당이 공직자 임용의 권한을 가져야 한다는 것이다. 이러한 임용 방식은 공무원에 대한 정치 지도자의 지배력을 강화해 지도자가 구상한 정책 실현을 용이하게 할 수 있다.

B : 공직자 임용 기준은 개인의 능력·자격·적성에 두어야 하며 공개경쟁 시험을 통해서 공무원을 선발하는 것이 좋다. 그러면 신규 채용 과정에서 공개와 경쟁의 원칙이 준수되기 때문에 정실 개입의 여지가 줄어든다. 공개경쟁 시험은 무엇보다 공직자 임용에서 기회균등을 보장하여 우수한 인재를 임용함으로써 행정의 능률을 높일 수 있고 공무원의 정치적 중립을 통하여 행정의 공정성이 확보될 수 있다는 장점이 있다. 또한, 공무원의 신분 보장으로 행정의 연속성과 직업적 안정성도 강화될 수 있다.

C : 사회를 구성하는 모든 지역 및 계층으로부터 인구 비례에 따라 공무원을 선발하고, 그들을 정부 조직 내의 각 직급에 비례적으로 배치함으로써 정부 조직이 사회의 모든 지역과 계층에 가능한 한 공평하게 대응하도록 구성되어야 한다. 공무원들은 가치중립적인 존재가 아니다. 그들은 자신의 출신 집단의 영향을 받은 가치관과 신념을 가지고 정책 결정과 집행에 깊숙이 개입하고 있으며, 이 과정에서 자신의 견해나 가치를 반영하고자 노력한다.

보기

ㄱ. 공직자 임용의 정치적 중립성을 보장할 필요성이 대두된다면, A의 주장은 설득력을 얻는다.
ㄴ. 공직자 임용과정의 공정성을 높일 필요성이 부각된다면, B의 주장은 설득력을 얻는다.
ㄷ. 인구의 절반을 차지하는 비수도권 출신 공무원의 비율이 1/4에 그쳐 지역 편향성을 완화할 필요성이 제기된다면, C의 주장은 설득력을 얻는다.

① ㄱ
② ㄴ
③ ㄷ
④ ㄱ, ㄷ
⑤ ㄴ, ㄷ

10 에너지 정책에 관한 다음 글의 주제로 가장 적절한 것은?

정부는 탈원전 · 탈석탄 공약에 발맞춰 2030년까지 전체 국가 발전량의 20%를 신재생에너지로 채운다는 정책 목표를 수립하였다. 목표를 달성하기 위해 신재생에너지에 대한 송 · 변전 계획을 제8차 전력수급기본계획에 처음으로 수립하겠다는 게 정부의 방침이다.

정부는 기존의 수급계획이 수급안정과 경제성을 중점적으로 수립된 것에 반해, 8차 계획은 환경성과 안전성을 중점으로 하였다고 밝히고 있으며, 신규 발전설비는 원전, 석탄화력발전에서 친환경, 분산형 재생에너지와 LNG 발전을 우선시하는 방향으로 수요관리를 통합 합리적 목표수용 결정에 주안점을 두었다고 밝혔다.

그동안 많은 NGO 단체에서 에너지 분산에 관한 다양한 제안을 해왔지만 정부 차원에서 고려하거나 논의가 활발히 진행된 적은 거의 없었으며 명목상으로 포함하는 수준이었다. 그러나 이번 정부에서는 탈원전 · 탈석탄 공약을 제시하는 등 중앙집중형 에너지 생산시스템에서 분산형 에너지 생산시스템으로 정책의 방향을 전환하고자 한다. 이 기조에 발맞춰 분산형 에너지 생산시스템은 지방선거에서도 해당 지역에 대한 다양한 선거공약으로 제시될 가능성이 높다.

중앙집중형 에너지 생산시스템은 환경오염, 송전선 문제, 지역 에너지 불균형 문제 등 다양한 사회적인 문제를 야기하였다. 하지만 그동안은 값싼 전기인 기저전력을 편리하게 사용할 수 있는 환경을 조성하고자 하는 기존 에너지계획과 전력수급계획에 밀려 중앙집중형 발전원 확대가 꾸준히 진행되었다. 그러나 현재 대통령은 중앙집중형 에너지 정책에서 분산형 에너지정책으로 전환되어야 한다는 것을 대선 공약사항으로 밝혀 왔으며, 현재 분산형 에너지정책으로 전환을 모색하기 위한 다각도의 노력을 하고 있다. 이러한 정부의 정책변화와 아울러 석탄화력발전소가 국내 미세먼지에 주는 영향과 일본 후쿠시마 원자력 발전소 문제, 국내 경주 대지진 및 최근 포항 지진 문제 등으로 인한 원자력에 대한 의구심 또한 커지고 있다.

제8차 전력수급계획(안)에 의하면, 우리나라의 에너지 정책은 격변기를 맞고 있다. 우리나라는 현재 중앙집중형 에너지 생산시스템이 대부분이며, 분산형 전원 시스템은 그 설비용량이 극히 적은 상태이다. 또한, 우리나라의 발전설비는 2016년 말 105GW이며, 2014년도 최대 전력치를 보면 80GW 수준이므로, 25GW 정도의 여유가 있는 상태이다. 25GW라는 여유는 원자력발전소 약 25기 정도의 전력생산 설비가 여유가 있는 상황이라고 볼 수 있다. 또한, 제7차 전력수급기본계획의 2015 ~ 2016년 전기수요 증가율을 4.3 ~ 4.7%라고 예상하였으나 실제 증가율은 1.3 ~ 2.8% 수준에 그쳤다는 점은 우리나라의 전력 소비량 증가량이 둔화하고 있는 상태라는 것을 나타내고 있다.

① 중앙집중형 에너지 생산시스템의 발전 과정
② 에너지 분권의 필요성과 방향
③ 전력 소비량과 에너지 공급량의 문제점
④ 중앙집중형 에너지 정책의 한계점
⑤ 전력수급기본계획의 내용과 수정 방안 모색

11 다음은 연령별 3 ~ 4월 코로나 신규 확진자 수 현황을 지역별로 조사한 자료이다. 이에 대한 설명으로 옳은 것은? (단, 비율은 소수점 둘째 자리에서 반올림한다)

〈연령별 코로나 신규 확진자 수 현황〉

(단위 : 명)

구분		10대 미만	10대	20대	30대	40대	50대	60대	70대 이상	전체
지역	기간									
A	3월	7	29	34	41	33	19	28	35	226
A	4월	5	18	16	23	21	2	22	14	121
B	3월	6	20	22	33	22	35	12	27	177
B	4월	1	5	10	12	18	14	5	13	78
C	3월	2	26	28	25	17	55	46	29	228
C	4월	2	14	22	19	2	15	26	22	122
D	3월	3	11	22	20	9	21	54	19	159
D	4월	1	2	21	11	5	2	41	12	95
E	3월	4	58	30	37	27	41	22	57	276
E	4월	2	14	15	21	13	22	11	44	142
F	3월	9	39	38	59	44	45	54	32	320
F	4월	2	29	33	31	22	31	36	12	196
G	3월	0	8	10	29	48	22	29	39	185
G	4월	0	3	2	22	11	8	2	13	61
H	3월	4	15	11	52	21	31	34	48	216
H	4월	3	9	4	14	9	20	12	22	93
I	3월	2	11	18	35	4	33	21	19	143
I	4월	0	4	4	12	4	21	7	2	54

① 각 지역의 10대 미만 4월 신규 확진자 수는 전월 대비 감소하였다.

② 20대 신규 확진자 수가 10대 신규 확진자 수보다 적은 지역 수는 3월과 4월이 동일하다.

③ 3월 신규 확진자 수가 세 번째로 많은 지역의 4월 신규 확진자 수가 가장 많은 연령대는 20대이다.

④ H지역의 4월 신규 확진자 수가 4월 전체 지역의 신규 확진자 수에서 차지하는 비율은 10% 이상이다.

⑤ 3월 대비 4월 신규 확진자 수의 비율은 F지역이 G지역의 2배 이상이다.

12 다음은 청소년의 경제의식에 대한 설문조사 결과이다. 자료에 대한 설명으로 옳은 것은?

〈경제의식에 대한 설문조사 결과〉

(단위 : %)

설문 내용	구분	전체	성별		학교별	
			남	여	중학교	고등학교
용돈을 받는지 여부	예	84.2	82.9	85.4	87.6	80.8
	아니오	15.8	17.1	14.6	12.4	19.2
월간 용돈 금액	5만 원 미만	75.2	73.9	76.5	89.4	60
	5만 원 이상	24.8	26.1	23.5	10.6	40
금전출납부 기록 여부	기록한다.	30	22.8	35.8	31	27.5
	기록 안 한다.	70	77.2	64.2	69.0	72.5

① 용돈을 받는 남학생의 비율이 용돈을 받는 여학생의 비율보다 높다.
② 월간 용돈을 5만 원 미만으로 받는 비율은 중학생이 고등학생보다 높다.
③ 고등학생 전체 인원을 100명이라 한다면, 월간 용돈을 5만 원 이상 받는 학생은 40명이다.
④ 금전출납부는 기록하는 비율이 기록 안 하는 비율보다 높다.
⑤ 용돈을 받지 않는 중학생 비율이 용돈을 받지 않는 고등학생 비율보다 높다.

13 귀하는 각 생산부서의 사업평가 자료를 취합하였는데 커피를 흘려 자료의 일부가 훼손되었다. 다음 중 (가) ~ (라)에 들어갈 수치로 가장 적절한 것은?(단, 인건비와 재료비 이외의 투입요소는 없다)

〈사업평가 자료〉

구분	목표량	인건비	재료비	산출량	효과성 순위	효율성 순위
A부서	(가)	200	50	500	3	2
B부서	1,000	(나)	200	1,500	2	1
C부서	1,500	1,200	(다)	3,000	1	3
D부서	1,000	300	500	(라)	4	4

※ (효과성)=(산출량)÷(목표량)
※ (효율성)=(산출량)÷(투입량)

	(가)	(나)	(다)	(라)		(가)	(나)	(다)	(라)
①	300	500	800	800	②	500	800	300	800
③	800	500	300	300	④	500	300	800	800
⑤	800	800	300	500					

14 다음은 A국에서 채용된 공무원 인원에 관한 자료이다. 이에 대한 〈보기〉 중 옳은 것을 모두 고르면?

〈A국의 2020년 공무원 채용 인원〉

(단위 : 명)

구분	공개경쟁채용	경력경쟁채용	합계
고위공무원	–	73	73
3급	–	17	17
4급	–	99	99
5급	296	205	501
6급	–	193	193
7급	639	509	1,148
8급	–	481	481
9급	3,000	1,466	4,466
연구직	17	357	374
지도직	–	3	3
우정직	–	599	599
전문경력관	–	104	104
전문임기제	–	241	241
한시임기제	–	743	743
합계	3,952	5,090	9,042

※ 채용방식은 공개경쟁채용과 경력경쟁채용으로만 이루어짐
※ 공무원 구분은 자료에 제시된 것으로 한정됨

보기

㉠ 2020년에 공개경쟁채용을 통해 채용이 이루어진 공무원 구분은 총 4개이다.
㉡ 2020년 우정직 채용 인원은 7급 채용 인원의 절반보다 많다.
㉢ 2020년에 공개경쟁채용을 통해 채용이 이루어진 직책은 공개경쟁채용 인원이 경력경쟁채용 인원보다 많다.
㉣ 2021년부터 공무원 채용 인원 중 9급 공개경쟁채용 인원만을 해마다 전년 대비 10%씩 늘리고 그 외 나머지 채용 인원을 2020년과 동일하게 유지하여 채용한다면, 2022년 전체 공무원 채용 인원 중 9급 공개경쟁채용 인원의 비중은 40% 이하이다.

① ㉠, ㉡
② ㉠, ㉢
③ ㉢, ㉣
④ ㉠, ㉡, ㉣
⑤ ㉡, ㉢, ㉣

15 이탈리안 음식전문점인 B레스토랑에서는 두 가지 음식을 묶어 런치세트를 구성해 판매한다. 런치세트메뉴와 금액이 다음과 같을 때, 아라비아따의 할인 전 가격은?

〈런치세트메뉴〉

세트메뉴	구성 음식	금액(원)
A세트	까르보나라, 알리오올리오	24,000
B세트	마르게리따피자, 아라비아따	31,000
C세트	까르보나라, 고르곤졸라피자	31,000
D세트	마르게리따피자, 알리오올리오	28,000
E세트	고르곤졸라피자, 아라비아따	32,000

※ 런치세트메뉴의 가격은 파스타는 500원, 피자는 1,000원을 할인한 뒤 합하여 책정한다.
※ 파스타 : 까르보나라, 알리오올리오, 아라비아따
※ 피자 : 마르게리따피자, 고르곤졸라피자

① 13,000원 ② 13,500원
③ 14,000원 ④ 14,500원
⑤ 15,000원

16 다음은 2021년 우리나라의 LPCD(Liter Per Capita Day)에 관한 자료이다. 1인 1일 사용량에서 영업용 사용량이 차지하는 비중과 1인 1일 가정용 사용량의 하위 두 항목이 차지하는 비중을 순서대로 나열한 것은?(단, 소수점 셋째 자리에서 반올림한다)

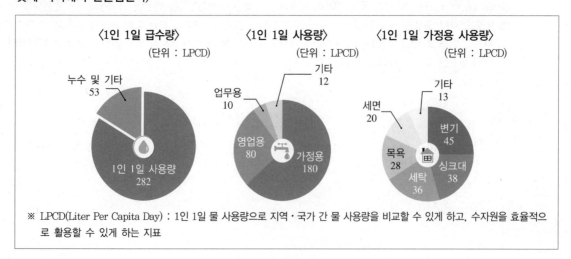

※ LPCD(Liter Per Capita Day) : 1인 1일 물 사용량으로 지역·국가 간 물 사용량을 비교할 수 있게 하고, 수자원을 효율적으로 활용할 수 있게 하는 지표

① 27.57%, 16.25% ② 27.57%, 19.24%
③ 28.37%, 18.33% ④ 28.37%, 19.24%
⑤ 30.56%, 20.78%

17 다음은 지하수 관측현황과 연도별 지하수 주요 관측지표에 관한 자료이다. 이에 대한 〈보기〉 중 옳은 것을 모두 고르면?

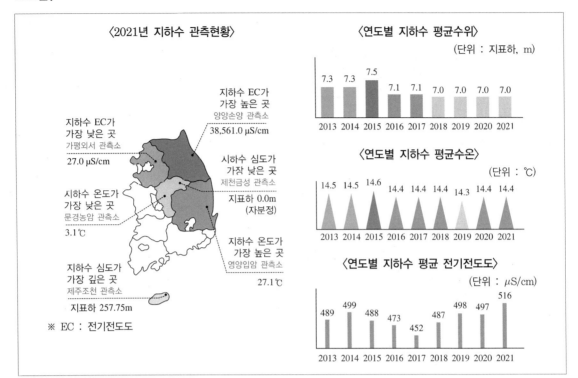

<보기>

㉠ 지하수 평균수위는 2018년부터 2021년까지 변동이 없었다.

㉡ 2021년 지하수 온도가 가장 높은 곳의 지하수 온도와 평균수온의 차이는 12.7℃이다.

㉢ 2021년 지하수 전기전도도가 가장 높은 곳의 지하수 전기전도도는 평균 전기전도도의 76배 이상이다.

① ㉠

② ㉠, ㉡

③ ㉠, ㉢

④ ㉡, ㉢

⑤ ㉠, ㉡, ㉢

18 다음은 지역별 마약류 단속에 관한 자료이다. 이에 대한 설명으로 옳은 것은?

〈지역별 마약류 단속 건수〉

(단위 : 건, %)

구분	대마	코카인	향정신성의약품	합계	비중
서울	49	18	323	390	22.1
인천·경기	55	24	552	631	35.8
부산	6	6	166	178	10.1
울산·경남	13	4	129	146	8.3
대구·경북	8	1	138	147	8.3
대전·충남	20	4	101	125	7.1
강원	13	0	35	48	2.7
전북	1	4	25	30	1.7
광주·전남	2	4	38	44	2.5
충북	0	0	21	21	1.2
제주	0	0	4	4	0.2
전체	167	65	1,532	1,764	100.0

※ 수도권은 서울과 인천·경기를 합한 지역임
※ 마약류는 대마, 코카인, 향정신성의약품으로만 구성됨

① 대마 단속 전체 건수는 코카인 단속 전체 건수의 3배 이상이다.
② 수도권의 마약류 단속 건수는 마약류 단속 전체 건수의 50% 이상이다.
③ 코카인 단속 건수가 없는 지역은 5곳이다.
④ 향정신성의약품 단속 건수는 대구·경북 지역이 광주·전남 지역의 4배 이상이다.
⑤ 강원 지역은 향정신성의약품 단속 건수가 대마 단속 건수의 3배 이상이다.

19 다음은 A국 농·임업 생산액과 부가가치 현황에 대한 자료이다. 이에 대한 〈보기〉 중 옳은 것을 모두 고르면?

〈농·임업 생산액 현황〉

(단위 : 10억 원, %)

구분		2016년	2017년	2018년	2019년	2020년	2021년
농·임업 생산액		39,663	42,995	43,523	43,214	46,357	46,648
분야별 비중	곡물	23.6	20.2	15.6	18.5	17.5	18.3
	화훼	28.0	27.7	29.4	30.1	31.7	32.1
	과수	34.3	38.3	40.2	34.7	34.6	34.8

※ 분야별 비중은 해당 분야의 농·임업 생산액 대비 생산액 비중임
※ 곡물, 화훼, 과수는 농·임업 일부 분야임

〈농·임업 부가가치 현황〉

(단위 : 10억 원, %)

구분		2016년	2017년	2018년	2019년	2020년	2021년
농·임업 부가가치		22,587	23,540	24,872	26,721	27,359	27,376
GDP 대비 비중	농업	2.1	2.1	2.0	2.1	2.0	2.0
	임업	0.1	0.1	0.2	0.1	0.2	0.2

※ GDP 대비 비중은 해당 분야의 GDP 대비 부가가치 비중임
※ 농·임업은 농업과 임업으로만 구성됨

보기

㉠ 농·임업 생산액이 전년보다 적은 해에는 농·임업 부가가치도 전년보다 적다.
㉡ 화훼 생산액은 매년 증가한다.
㉢ 매년 곡물 생산액은 과수 생산액의 50% 이상이다.
㉣ 매년 농업 부가가치는 농·임업 부가가치의 85% 이상이다.

① ㉠, ㉡ 　　　　　② ㉠, ㉢
③ ㉡, ㉢ 　　　　　④ ㉡, ㉣
⑤ ㉢, ㉣

20 다음은 2021년 G시 5개 구 주민의 돼지고기 소비량에 관한 자료이다. 〈조건〉을 이용하여 변동계수가 3번째로 큰 구를 고르면?

〈5개 구 주민의 돼지고기 소비량 통계〉

(단위 : kg)

구분	평균(1인당 소비량)	표준편차
A	( )	5.0
B	( )	4.0
C	30	6.0
D	12	4.0
E	( )	8.0

※ (변동계수)$=\dfrac{(표준편차)}{(평균)}\times100$

조건
• A구의 1인당 소비량과 B구의 1인당 소비량을 합하면 C구의 1인당 소비량과 같다.
• A구의 1인당 소비량과 D구의 1인당 소비량을 합하면 E구 1인당 소비량의 2배와 같다.
• E구의 1인당 소비량은 B구의 1인당 소비량보다 6.0kg 더 많다.

① A구 ② B구
③ C구 ④ D구
⑤ E구

※ 다음은 P회사의 인재 채용 조건과 입사 지원자 A~E에 대한 자료이다. 이를 보고 이어지는 질문에 답하시오. [21~22]

〈인재 채용 조건〉

• 직원의 평균 연령대를 고려하여 35세 미만의 지원자만 채용한다(1986년 이후 출생자).
• 경영·경제·회계·세무학 전공자이면서 2년 이상의 경력을 지닌 지원자만 채용한다.
• 지원자의 예상 출퇴근 소요시간을 10분당 1점, 희망연봉을 100만 원당 1점으로 계산하여 총 평가 점수가 낮은 사람 순서로 채용을 고려한다.

〈A~E지원자의 상세 정보〉

구분	A	B	C	D	E
출생연도	1988년	1982년	1993년	1990년	1994년
전공학과	경제학과	경영학과	회계학과	영문학과	세무학과
경력	5년	8년	2년	3년	1년
예상 출퇴근 소요시간	1시간	40분	1시간 30분	20분	30분
희망연봉	3,800만 원	4,200만 원	3,600만 원	3,000만 원	3,200만 원

21 A~E지원자 중 단 1명을 채용한다고 할 때, 다음 중 P회사가 채용할 사람은?

① A
② B
③ C
④ D
⑤ E

22 인재 채용 조건이 다음과 같이 변경되어 A~E지원자 중 단 1명을 채용한다고 할 때, 다음 중 P회사가 채용할 사람은?

〈인재 채용 조건〉

• 직원들과의 관계를 고려하여 30세 미만의 지원자만 채용한다(1991년 이후 출생자).
• 2년 이상의 경력자라면 전공과 상관없이 채용한다(단, 2년 미만의 경력자는 경영·경제·회계·세무학을 전공해야만 한다).
• 지원자의 예상 출퇴근 소요시간을 10분당 3점, 희망연봉을 100만 원당 2점으로 계산하여 평가한다. 이때, 경력 1년당 5점을 차감하며, 경영·경제·회계·세무학 전공자의 경우 30점을 차감한다. 총 평가 점수가 낮은 사람 순서로 채용을 고려한다.

① A
② B
③ C
④ D
⑤ E

※ 다음은 임대주택 수선비 부담 기준에 관련된 계약서이다. 이어지는 질문에 답하시오. **[23~24]**

제11조(수선비 산정)

① 임차인에게 부과하는 수선비는 실제 소요되는 실비를 기준으로 산정하며, 최종 부과비용은 시설물 경과연수에 따른 감가상각률을 적용하여 산출한다. 이 경우 감가상각률을 산정하기 위한 각 시설물의 내용연수(수선주기)는 〈별표 3〉에 따른다.

② 시설물 전체가 아닌 부분을 보수하는 경우에는 감가상각률을 적용하지 않고 수선비용 전체를 부과한다.

> (임차인 부담비용)=(수선비용)−[(시설물경과연수)÷(수선주기)]×(수선비용)
>
> ※ 부분 보수의 경우 (임차인 부담비용)=(수선비용 전액)
>
> 　예 주방가구 중 문짝 1개만을 교체하는 경우 등
>
> ※ 시설물경과연수는 해당 시설물의 최초 설치 시점부터 산정한 시설물의 전체 경과연수로서 임차인의 거주기간과 다를 수 있음

③ 빌트인 제품에 대해 임차인 부담 사유가 발생하는 경우에는 아래의 산식을 이용하여 임차인 부담비용을 산정한다.

> • 물품 수리 시 : (수리액)−[(사용연수)÷(내용연수)]×(수리액)
>
> • 신품 교체 시 : (신규 구입가)−[(사용연수)÷(내용연수)]×(신규 구입가)

〈별표 3〉 주요 품목 및 빌트인 제품 내용연수(수선주기)

• 주요 품목
 − 도배, 장판 : 10년
 − 주방가구, 신발장, 반침장 : 20년
 − 수도계량기 : 15년
 − 보일러 : 8년
 − 스위치, 콘센트 : 15년

• 빌트인 제품
 − TV, 냉장고, 에어컨, 전자레인지, 정수기 : 7년
 − 가스쿡탑(레인지), 전기(가스)오븐, 비데 : 6년
 − 식기건조기, 식기세척기, 세탁기, 음식물탈수기, 인덕션, 기타 가전류 : 5년
 − 책상, 침대 : 8년

---

23 다음 중 계약내용을 바르게 이해한 것은?

① 시설물 전체를 교체하는 경우 감가상각률에 따라 임차인 부담비용을 산출한다.

② 임차인에게 부과하는 수선비는 제품 구입가를 기준으로 산정한다.

③ 시설물의 일부분을 보수하는 경우 감가상각률을 적용하여 수선비용을 부과한다.

④ 빌트인 제품은 기본으로 제공하는 제품이므로 임차인이 부담할 필요가 없다.

⑤ 시설물경과연수는 임차인의 거주기간과 동일하다.

24 제시된 계약 조건에 따라 다음과 같이 계산하였을 때 옳지 않은 것은?(단, 2021년 12월 31일을 기준으로 하며, 최초설치일과 입주일 모두 1월 1일로 계산한다)

	품목	최초설치일	입주일	처리 결과	소요가격	임차인부과금액
①	신발장	2019년	2020년	부분 보수	50,000원	50,000원
②	보일러	2017년	2021년	수리	180,000원	67,500원
③	냉장고	2019년	2021년	구입	700,000원	400,000원
④	인덕션	2020년	2020년	수리	145,000원	87,000원
⑤	침대	2018년	2022년	구입	420,000원	190,000원

25 K회사는 2022년 신입사원 채용을 진행하고 있다. 최종 관문인 면접평가는 다대다 면접으로 A∼E면접자를 포함하여 총 8명이 입장하여 의자에 앉았다. D면접자가 2번 의자에 앉았다면, 다음 중 항상 옳은 것은?(단, 면접실 의자는 순서대로 1번부터 8번까지 번호가 매겨져 있다)

- C면접자와 D면접자는 이웃해 앉지 않고, D면접자와 E면접자는 이웃해 앉는다.
- A면접자와 C면접자 사이에는 2명이 앉는다.
- A면접자는 양 끝(1번, 8번)에 앉지 않는다.
- B면접자는 6번 또는 7번 의자에 앉고, E면접자는 3번 의자에 앉는다.

① A면접자는 4번에 앉는다.
② C면접자는 1번에 앉는다.
③ A면접자와 B면접자가 서로 이웃해 앉는다면 C면접자는 4번 또는 8번에 앉는다.
④ B면접자가 7번에 앉으면, A면접자와 B면접자 사이에 2명이 앉는다.
⑤ C면접자가 8번에 앉으면, B면접자는 6번에 앉는다.

※ 다음은 K회사의 직원채용절차에 대한 자료이다. 이어지는 질문에 답하시오. [26~27]

■ 직원채용절차

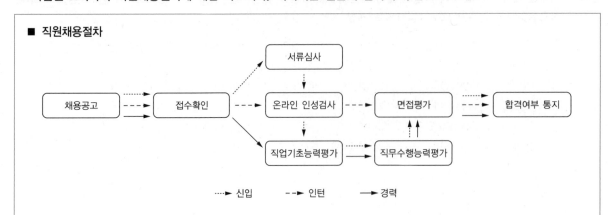

■ 채용단계별 처리비용

채용단계	1건당 처리비용	채용단계	1건당 처리비용
접수확인	500원	서류심사	1,500원
온라인 인성검사	1,000원	직업기초능력평가	3,000원
직무수행능력평가	2,500원	면접평가	3,000원
합격여부 통지	500원	–	–

※ 단계별 1건당 처리비용은 지원유형에 관계없이 동일함

■ 2022년 상반기 지원현황

지원유형	신입	인턴	경력
접수	20건	24건	16건

26 K회사는 신입·인턴·경력직원을 채용하는 과정에서 드는 비용을 예산을 넘지 않는 수준에서 최대한 사용하려고 하였으나, 실제로 초과되었다. 예산이 50만 원이라면, 다음 중 어떤 단계를 생략했어야 하는가?(단, 접수확인 및 합격여부 통지는 생략할 수 없다)

① 신입 – 온라인 인성검사
② 경력 – 직업기초능력평가
③ 인턴 – 면접평가
④ 신입 – 직무수행능력평가
⑤ 경력 – 면접평가

27 K회사의 인사부장은 채용절차를 축소하는 것보다 전형별 합불제를 도입하는 것이 예산 안에서 더 많은 지원자를 수용할 수 있다는 의견을 밝혔다. 이를 검토하기 위해 다음과 같은 〈조건〉을 세워 시뮬레이션을 하였다면, 예산 안에서 최대 몇 명의 지원자를 수용할 수 있는가?

조건	
Input	• 대상 : 경력사원 채용절차 • 예산 : 220,000원
Condition	• 전형별 합격률

전형	서류심사	온라인 인성검사	직업기초 능력평가	직무수행 능력평가	면접평가
합격률	80%	50%	50%	40%	50%

	• 접수확인 및 합격여부 통지 비용을 함께 고려함(단, 합격여부 통지는 면접평가자에 한함)
Output	• 지원자 수 : ? • 합격자 수 : ?

① 10명
② 20명
③ 30명
④ 40명
⑤ 50명

28 K회사에 근무하는 귀하는 부하직원 5명(A ~ E)을 대상으로 마케팅 전략에 대한 의견을 물었다. 이에 대해 직원 5명은 찬성과 반대 둘 중 하나의 의견을 제시했다. 다음 〈조건〉이 모두 참일 때 옳은 것은?

조건
• A 또는 D 둘 중 적어도 하나가 반대하면 C는 찬성하고 E는 반대한다.
• B가 반대하면 A는 찬성하고 D는 반대한다.
• D가 반대하면 C도 반대한다.
• E가 반대하면 B도 반대한다.
• 적어도 한 사람은 반대한다.

① A는 찬성하고 B는 반대한다.
② A는 찬성하고 E는 반대한다.
③ B와 D는 반대한다.
④ C는 반대하고 D는 찬성한다.
⑤ C와 E는 찬성한다.

※ 다음은 A마트의 배송이용약관이다. 이를 참고하여 이어지는 질문에 답하시오. [29~30]

〈배송이용약관〉

▲ **배송기간**
① 당일배송상품은 오전 주문 시 상품 당일 오후 배송(단, 당일 배송 주문마감 시간은 지점마다 상이함)
② 일반배송상품은 전국 택배점 상품은 상품 결제 완료 후 평균 2 ~ 4일 이내 배송완료
③ 일반배송상품은 택배사를 이용해 배송되므로 주말, 공휴일, 연휴에는 배송되지 않음
④ 당일배송의 경우 각 지점에 따라 배송정책이 상이하므로 이용매장에 직접 확인해야 함
⑤ 꽃 배송은 전국 어디서나 3시간 내에 배달 가능(단, 도서 산간지역 등 일부 지역 제외, 근무시간 내 주문접수되어야 함)

▲ **배송비**
① A클럽(A마트 점포배송)을 제외한 상품은 무료배송이 원칙(단, 일부 상품의 경우 상품가격에 배송비가 포함될 수 있으며, 도서지역의 경우 도선료, 항공료 등이 추가될 수 있음)
② A클럽 상품은 지점별로 배송비 적용 정책이 상이함(해당점 이용안내 확인 필요)
③ 도서상품은 배송비 무료
④ CD / DVD 상품은 39,000원 미만 주문 시 배송비 3,000원 부과
⑤ 화장품 상품은 30,000원 미만 주문 시 배송비 3,000원 부과
⑥ 기타 별도의 배송비 또는 설치비가 부과되는 경우에는 해당 상품의 구매페이지에 게재함

▲ **배송확인**
① [나의 e쇼핑>나의 쇼핑정보>주문 / 배송현황]에서 배송현황의 배송조회 버튼을 클릭하여 확인할 수 있음
② 주문은 [주문완료]>[결제완료]>[상품준비 중]>[배송 중]>[배송완료] 순으로 진행
  • [주문완료] : 상품대금의 입금 미확인 또는 결제가 미완료된 접수 상태
  • [결제완료] : 대금결제가 완료되이 주문을 확정한 상태
  • [상품준비 중] : 공급처가 주문내역을 확인 후 상품을 준비하여 택배사에 발송을 의뢰한 상태
  • [배송 중] : 공급처에 배송지시를 내린 상태(공급처가 상품을 발송한 상태)
  • [배송완료] : 배송이 완료되어 고객님이 상품을 인수한 상태
  ※ 배송주소가 2곳 이상인 경우 주문할 상품의 상세페이지에서 [대량주문하기] 버튼을 클릭하면 여러 배송지로 상품 보내기 가능
  (배송주소를 여러 곳 설정할 때는 직접 입력 또는 엑셀파일로 작성 후 파일업로드 2가지 방식 이용)

29 서울 R대학의 기숙사 룸메이트인 갑과 을은 A마트에서 각각 물건을 구매했다. 두 명 모두 일반배송상품을 이용하였으며, 갑은 화장품 세트를, 을은 책 3권을 구매하였다. 이 경우 각각 물건을 구매하는 데 배송비를 포함하여 얼마가 들었는가?(단, 갑이 구매한 화장품 세트는 29,900원이며, 을이 구매한 책은 각각 10,000원이다)

	갑	을
①	29,900원	30,000원
②	29,900원	33,000원
③	30,900원	33,000원
④	32,900원	33,000원
⑤	32,900원	30,000원

30 서울에 사는 병은 A마트에서 해운대에 사시는 부모님께 보내드릴 사과 한 박스를 주문했다. 사과는 A마트 일반배송상품으로 가격은 32,000원인데 현재 25% 할인을 하고 있다. 배송비를 포함하여 상품을 구매하는 데 총 얼마가 들었으며, 상품은 부모님 댁에 늦어도 언제까지 배송될 예정인가?

일	월	화	수	목	금	토
1	2	3	4	5	6 상품 결제완료	7
8	9	10	11	12	13	14

	총가격	배송 완료일
①	24,000원	9일 월요일
②	24,000원	12일 목요일
③	27,000원	10일 화요일
④	32,000원	12일 목요일
⑤	32,000원	13일 금요일

31 다음 글을 근거로 판단할 때, 〈보기〉에서 옳은 것을 모두 고르면?

- A국의 1일 통관 물량은 1,000건이며, 모조품은 1일 통관 물량 중 1%의 확률로 존재한다.
- 검수율은 전체 통관 물량 중 검수대상을 무작위로 선정해 실제로 조사하는 비율을 뜻하는데, 현재 검수율은 10%로 전문 조사 인력은 매일 10명을 투입한다.
- 검수율을 추가로 10%p 상승시킬 때마다 전문 조사 인력은 1일당 20명이 추가로 필요하다.
- 인건비는 1인당 1일 기준 30만 원이다.
- 모조품 적발 시 부과되는 벌금은 건당 1,000만 원이며, 이 중 인건비를 차감한 나머지를 세관의 '수입'으로 한다.

※ 검수대상에 포함된 모조품은 모두 적발되고, 부과된 벌금은 모두 징수된다.

> **보기**
>
> ㄱ. 1일 평균 수입은 700만 원이다.
> ㄴ. 모든 통관 물량을 전수조사한다면 수입보다 인건비가 더 클 것이다.
> ㄷ. 검수율이 40%면 1일 평균 수입은 현재의 4배 이상일 것이다.
> ㄹ. 검수율을 30%로 하는 방안과 검수율을 10%로 유지한 채 벌금을 2배로 인상하는 방안을 비교하면 벌금을 인상하는 방안의 1일 평균 수입이 더 많을 것이다.

① ㄱ, ㄴ
② ㄴ, ㄷ
③ ㄱ, ㄴ, ㄹ
④ ㄱ, ㄷ, ㄹ
⑤ ㄴ, ㄷ, ㄹ

32 A공단은 신규 사업을 위해 협력업체를 선정하려고 한다. 협력업체 후보 갑~병 중 총점이 가장 높은 업체를 선정할 것이다. 업체 평가 기준과 지원업체 정보를 근거로 회의를 하고 있는 A공단의 직원 중 잘못된 내용을 말하고 있는 사람은?

〈업체 평가 기준〉

• 평가항목과 배점비율

평가항목	품질	가격	직원규모	합계
배점비율	50%	40%	10%	100%

• 가격 점수

가격(만 원)	500 미만	500 ~ 549	550 ~ 599	600 ~ 649	650 ~ 699	700 이상
점수	100	98	96	94	92	90

• 직원규모 점수

직원규모(명)	100 초과	100 ~ 91	90 ~ 81	80 ~ 71	70 ~ 61	60 이하
점수	100	97	94	91	88	85

〈지원업체 정보〉

업체	품질 점수	가격(만 원)	직원규모(명)
갑	88	575	93
을	85	450	95
병	87	580	85

※ 품질 점수의 만점은 100점으로 한다.

김 대리 : 총점이 가장 높은 업체는 을이고, 가장 낮은 업체는 병이네요.

최 부장 : 갑과 을의 직원규모는 달라도 같은 점수를 얻었구만.

박 과장 : 갑이 현재보다 가격을 30만 원 더 낮게 제시한다면, 을보다 더 높은 총점을 얻을 수 있을 것 같은데.

정 대리 : 병이 현재보다 직원규모를 10명 더 늘린다면, 갑보다 더 높은 총점을 받을 수 있겠네요.

① 김 대리   ② 최 부장
③ 박 과장   ④ 정 대리
⑤ 없음

※ A씨는 사내 워크숍 진행을 담당하고 있다. 다음 자료를 토대로 이어지는 질문에 답하시오. **[33~34]**

〈K연수원 예약 안내〉

■ **예약절차 : 견적 요청 ⇨ 견적서 발송 ⇨ 계약금 입금 ⇨ 예약 확정**

　　※ 계약금 : 견적금액의 10%

■ **이용요금 안내**

• 교육시설사용료

위치	품목	1일 시설사용료	최대 수용인원	기본요금
신관	대강당		150명	1,500,000원
	1강의실		80명	800,000원
본관	2강의실	15,000원/인당	70명	700,000원
	3강의실		50명	500,000원
	1세미나		30명	300,000원
	2세미나		20명	200,000원
	3세미나		10명	100,000원

※ 숙박 시 시설사용료는 기본요금으로 책정한다.

• 숙박시설

위치	품목	타입	기본인원	최대인원	기본금액	1인 추가요금
본관	13평형	온돌	4인	5인	100,000원	10,000원/인 공통
	25평형	온돌	7인	8인	150,000원	
신관	30평형	침대	10인	12인	240,000원	

• 식사

품목	제공메뉴	기본금액	장소
자율식	오늘의 메뉴	8,000원	실내식당
차림식	오늘의 메뉴	15,000원	

■ **예약취소 안내**

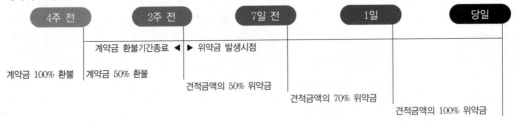

33 A씨는 다음과 같은 부서장의 지시에 따라 워크숍 장소를 예약하였다. 그리고 사전예약 이벤트로 10%의 할인을 받았다. 이때 K연수원에 내야 할 계약금은 얼마인가?

> 부서장 : A씨, 올해 워크숍은 하루 동안 진행하기로 결정이 되었어요. 매년 진행하던 ○○연수원에서 진행할 것이니 미리 예약해 주세요. 그리고 참석인원은 총 50명이고, 식사는 점심, 저녁 2회 실시할 예정입니다. 숙박인원은 없으니까 별도로 예약할 필요는 없어요. 이번 워크숍에 배정된 예산이 2백만 원인데, 여유가 된다면 저녁은 차림식으로 하죠. 참, 교육은 두 가지 프로그램으로 진행할 예정이에요. 두 곳에서 인원을 대략 절반으로 나눠 로테이션 방식으로 진행할 겁니다. 강의실 예약 시 참고해 주세요.

① 139,500원
② 148,500원
③ 171,000원
④ 190,000원
⑤ 220,500원

34 회사의 부득이한 사정으로 워크숍을 진행하기로 했던 날의 10일 전에 취소를 하였다. 이때 예약취소로 인해 입은 손해는 얼마인가?

① 0원
② 85,500원
③ 95,000원
④ 855,000원
⑤ 1,197,000원

35 청원경찰은 6층 회사건물을 각 층마다 모두 순찰한 후에 퇴근한다. 다음 〈조건〉에 따라 1층에서 출발하여 순찰을 완료하고 1층으로 돌아오기까지 소요되는 최소 시간은?(단, 다른 요인은 고려하지 않는다)

> **조건**
> • 층간 이동은 엘리베이터로만 해야 하며 엘리베이터가 한 개 층을 이동하는 데는 1분이 소요된다.
> • 엘리베이터는 한 번에 최대 세 개 층(예 1층 → 4층)을 이동할 수 있다.
> • 엘리베이터는 한 번 위로 올라갔으면, 그 다음에는 아래 방향으로 내려오고, 그 다음에는 다시 위 방향으로 올라가야 한다.
> • 하나의 층을 순찰하는 데는 10분이 소요된다.

① 1시간
② 1시간 10분
③ 1시간 16분
④ 1시간 22분
⑤ 1시간 30분

※ 특허출원 수수료는 다음과 같은 계산식에 의하여 결정되고, 다음은 계산식에 의하여 산출된 세 가지 사례를 나타낸 자료이다. 이어지는 질문에 답하시오. [36~38]

〈계산식〉

• (특허출원 수수료)=(출원료)+(심사청구료)
• (출원료)=(기본료)+[(면당 추가료)×(전체 면수)]
• (심사청구료)=(청구항당 심사청구료)×(청구항수)
※ 특허출원 수수료는 개인은 70%가 감면되고, 중소기업은 50%가 감면되지만, 대기업은 감면되지 않음

〈특허출원 수수료 사례〉

구분	사례 A 대기업	사례 B 중소기업	사례 C 개인
전체 면수(장)	20	20	40
청구항수(개)	2	3	2
감면 후 수수료(원)	70,000	45,000	27,000

36 다음 중 사례를 토대로 계산한 청구항당 심사청구료로 옳은 것은?

① 10,000원
② 15,000원
③ 20,000원
④ 25,000원
⑤ 30,000원

37 다음 중 사례를 토대로 계산한 면당 추가료로 옳은 것은?

① 1,000원
② 1,500원
③ 2,000원
④ 2,500원
⑤ 3,000원

38 다음 중 사례를 토대로 계산한 출원 시 기본료로 옳은 것은?

① 10,000원
② 12,000원
③ 15,000원
④ 18,000원
⑤ 20,000원

39 A대리는 오늘 굉장히 바쁜 하루를 보낼 예정이다. 평소보다 빨리 출근하여 회사에 들렀다가, 오전 중에는 신도림 지점을 방문해야 한다. 신도림 지점장과 점심 식사를 한 후 오후에는 종로 지점을 방문하여 영업 실적을 확인하고, 다시 회사로 돌아와 보고서를 작성해야 한다. A대리의 일정을 고려하였을 때, 교통수단별 교통비로 옳은 것은? (단, 하루종일 같은 교통수단을 이용한다)

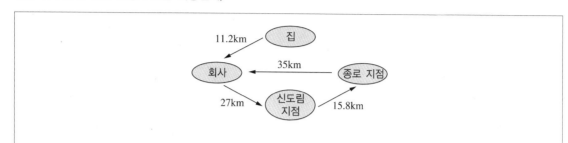

구분	택시	버스	자가용
기본요금	2,800원(5km까지)	1,000원	없음
추가요금	500원/km	없음	1,000원/km

① 택시 46,750원　　　　　　② 택시 45,700원
③ 자가용 89,100원　　　　　④ 자가용 88,100원
⑤ 버스 5,000원

40 다음은 H공단 인사팀의 하계 휴가 스케줄이다. A사원은 휴가를 신청하기 위해 하계 휴가 스케줄을 확인하였다. 인사팀 팀장인 P부장은 25 ~ 28일은 하계 워크숍 기간이므로 휴가 신청이 불가능하며, 하루에 6명 이상은 사무실에 반드시 있어야 한다고 팀원들에게 공지했다. A사원이 휴가를 쓸 수 있는 기간으로 옳은 것은?

구분	8월 휴가																			
	3	4	5	6	7	10	11	12	13	14	17	18	19	20	21	24	25	26	27	28
	월	화	수	목	금	월	화	수	목	금	월	화	수	목	금	월	화	수	목	금
P부장	■	■	■																	
K차장								■	■											
J과장	■	■	■	■	■															
H대리									■	■	■									
A주임														■	■	■				
B주임										■	■	■								
A사원																				
B사원						■	■	■												

※ A사원은 4일 이상 휴가를 사용해야 한다(토, 일 제외).

① 8월 7 ~ 11일　　　　　　② 8월 6 ~ 11일
③ 8월 11 ~ 16일　　　　　④ 8월 13 ~ 18일
⑤ 8월 19 ~ 24일

41 다음의 [C2:C3] 셀처럼 수식을 작성한 셀에 결괏값 대신 수식 자체가 표시되도록 하는 방법으로 옳은 것은?

◢	A	B	C
1	국어	국사	총점
2	93	94	=SUM(A2:B2)
3	92	88	=SUM(A3:B3)

① [수식] 탭 – [수식 분석] 그룹 – [수식 표시] 클릭

② [보기] 탭 – [표시 / 숨기기] 그룹 – [수식 입력줄] 클릭

③ [셀 서식] – [표시 형식] 탭 – [수식] 선택

④ [셀 서식] – [표시 형식] 탭 – [계산식] 선택

⑤ [수식] 탭 – [수식 분석] 그룹 – [수식 계산] 클릭

42 다음 B사원의 답변에서 빈칸 (A), (B)에 들어갈 단축키로 적절한 것은?

A대리 : B씨, 혹시 파워포인트에서 도형 높이와 너비를 미세하게 조절하고 싶은데 어떻게 해야 하는지 알아요?
이거 도형 크기 조절하기가 쉽지 않네.

B사원 : 네, 대리님. __(A)__ 버튼과 __(B)__ 버튼을 같이 누르신 후, 화살표 버튼을 누르시면서 크기를 조절하시면
됩니다.

① (A) – [Ctrl], (B) – [Shift]　　　　　② (A) – [Ctrl], (B) – [Alt]

③ (A) – [Ctrl], (B) – [Tab]　　　　　④ (A) – [Alt], (B) – [Tab]

⑤ (A) – [Alt], (B) – [Shift]

43 다음 워크시트와 같이 평점이 3.0 미만인 행 전체에 셀 배경색을 지정하고자 한다. 이를 위해 조건부 서식 설정에서 사용할 수식으로 옳은 것은?

◢	A	B	C	D
1	학번	학년	이름	평점
2	20959446	2	강혜민	3.38
3	21159458	1	김경식	2.60
4	21059466	2	김병찬	3.67
5	21159514	1	장현정	1.29
6	20959476	2	박동현	3.50
7	21159467	1	이승현	3.75
8	20859447	4	이병훈	2.93
9	20859461	3	강수빈	3.84

① =$D2<3
② =$D&2<3
⑤ =D2>3
③ =D2<3
④ =D$2<3

44 다음 중 데이터 입력에 대한 설명으로 옳지 않은 것은?

① 셀 안에서 줄 바꿈을 하려면 [Alt]+[Enter]를 누른다.
② 한 행을 블록 설정한 상태에서 [Enter]를 누르면 블록 내의 셀이 오른쪽 방향으로 순차적으로 선택되어 행 단위로 데이터를 쉽게 입력할 수 있다.
③ 여러 셀에 숫자나 문자 데이터를 한 번에 입력하려면 여러 셀이 선택된 상태에서 데이터를 입력한 후 바로 [Shift]+[Enter]를 누른다.
④ 열의 너비가 좁아 입력된 날짜 데이터 전체를 표시하지 못하는 경우 셀의 너비에 맞춰 '#'이 반복 표시된다.
⑤ [Ctrl]+세미콜론(;)을 누르면 오늘 날짜, [Ctrl]+[Shift]+세미콜론(;)을 누르면 현재 시간이 입력된다.

45 다음 대화에서 S사원이 답변할 내용으로 가장 적절하지 않은 것은?

> P과장 : 자네, 마우스도 거의 만지지 않고 윈도를 사용하다니 신기하군. 방금 윈도 바탕화면에 있는 창들이 모두 사라졌는데 어떤 단축키를 눌렀나?
> S사원 : 네, 과장님. [윈도]와 [D]를 함께 누르면 바탕화면에 펼쳐진 모든 창들이 최소화됩니다. 이렇게 주요한 단축키를 알아두면 업무에 많은 도움이 됩니다.
> P과장 : 그렇군. 나도 자네에게 몇 가지를 배워서 활용해 봐야겠어.
> S사원 : 우선 윈도에서 자주 사용하는 단축키를 알려드리겠습니다.
> 첫 번째로 _____

① [윈도]+[E]를 누르면 윈도 탐색기를 열 수 있습니다.

② [윈도]+[Home]을 누르면 현재 보고 있는 창을 제외한 나머지 창들이 최소화됩니다.

③ 잠시 자리를 비울 때 [윈도]+[L]을 누르면 잠금화면으로 전환시킬 수 있습니다.

④ 창을 여러 개 열어 놓고 작업할 때 [Alt]+[Tab]을 누르면 이전에 사용했던 창으로 쉽게 옮겨갈 수 있습니다.

⑤ [Alt]+[W]를 누르면 현재 사용하고 있는 창을 닫을 수 있습니다.

46 다음은 J사의 일일판매내역이다. (가) 셀에 〈보기〉와 같은 함수를 입력했을 때 나타나는 값으로 옳은 것은?

	A	B	C	D
1				(가)
2				
3	제품이름	단가	수량	할인적용
4	J소스	200	5	90%
5	J아이스크림	100	3	90%
6	J맥주	150	2	90%
7	J커피	300	1	90%
8	J캔디	200	2	90%
9	J조림	100	3	90%
10	J과자	50	6	90%

> **보기**
>
> =SUMPRODUCT(B4:B10,C4:C10,D4:D10)

① 2,610

② 2,700

③ 2,710

④ 2,900

⑤ 2,910

47 다음 워크시트를 참조하여 작성한 수식 「=VLOOKUP(SMALL(A2:A10,3),A2:E10,4,0)」의 결과로 옳은 것은?

	A	B	C	D	E
1	번호	억양	발표	시간	자료준비
2	1	80	84	91	90
3	2	89	92	86	74
4	3	72	88	82	100
5	4	81	74	89	93
6	5	84	95	90	88
7	6	83	87	72	85
8	7	76	86	83	87
9	8	87	85	97	94
10	9	98	78	96	81

① 82   ② 83

③ 86   ④ 87

⑤ 88

48 신입사원인 귀하는 선배로부터 엑셀을 활용하여 자료를 정리하는 일이 많다고 들었다. 그래서 귀하는 업무능률을 향상시키기 위해서 기초적인 함수부터 익히고자 한다. 다음에 제시된 함수식의 결괏값으로 적절하지 않은 것은?

	A	B	C	D	E	F
1						
2		120	200	20	60	
3		10	60	40	80	
4		50	60	70	100	
5						
6		함수식			결괏값	
7		=MAX(B2:E4)			A	
8		=MODE(B2:E4)			B	
9		=LARGE(B2:E4,4)			C	
10		=COUNTIF(B2:E4,E4)			D	
11		=ROUND(B2,−1)			E	
12						

① A=200   ② B=60

③ C=80   ④ D=1

⑤ E=100

49 다음 대화에서 K사원이 안내할 엑셀함수로 가장 적절한 것은?

> P과장 : K씨, 제품 일련번호가 짝수인 것과 홀수인 것을 구분하고 싶은데, 일일이 찾아 분류하자니 데이터가 너무 많아 번거로울 것 같아. 엑셀로 분류할 수 있는 방법이 없을까?
>
> K사원 : 네, 과장님. _____ 함수를 사용하면 편하게 분류할 수 있습니다. 이 함수는 지정한 숫자를 특정 숫자로 나눈 나머지를 알려줍니다. 만약 제품 일련번호를 2로 나누면 나머지가 0 또는 1이 나오는데, 여기서 나머지가 0이 나오는 것은 짝수이고 나머지가 1이 나오는 것은 홀수이기 때문에 분류가 빠르고 쉽게 됩니다. 분류하실 때는 필터기능을 함께 사용하면 더욱 간단해집니다.
>
> P과장 : 그렇게 하면 간단히 처리할 수 있겠어. 정말 큰 도움이 되었네.

① SUMIF   ② MOD
③ INT   ④ NOW
⑤ VLOOKUP

50 다음 중 왼쪽 워크시트 [A1:C8] 영역에 오른쪽과 같이 규칙의 조건부 서식을 적용하는 경우 지정된 서식이 적용되는 셀의 개수는?(단, 조건부 서식 규칙에서 규칙 유형 선택을 '고유 또는 중복 값만 서식 지정'으로 설정한다)

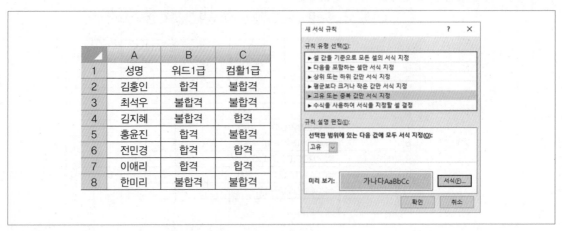

① 2개   ② 7개
③ 10개   ④ 12개
⑤ 24개

51 다음의 대화를 읽고 조직 목표의 기능과 특징으로 적절하지 않은 것은?

> 이 대리 : 박 부장님께서 우리 회사의 목표가 무엇인지 생각해 본 적 있냐고 하셨을 때 당황했어. 평소에 딱히 생각
> 하고 지내지 않았던 것 같아.
> 김 대리 : 응, 그러기 쉽지. 개인에게 목표가 있어야 그것을 위해서 무언가를 하는 것처럼 당연히 조직에도 목표가
> 있어야 하는데 조직에 속해 있으면 당연히 알아두어야 한다고 생각해.

① 조직이 존재하는 정당성을 제공한다.
② 의사 결정을 할 때뿐만이 아니라 하고 나서의 기준으로도 작용한다.
③ 공식적 목표와 실제 목표는 다를 수 있다.
④ 동시에 여러 개를 추구하는 것보다 하나씩 순차적으로 처리해야 한다.
⑤ 목표 간에는 위계 관계와 상호 관계가 공존한다.

52 김 팀장은 박 대리에게 다음과 같은 업무지시를 내렸다. 다음 중 박 대리가 가장 먼저 처리해야 할 일은?

> 김 팀장 : 박 대리, 지난주에 요청했던 사업계획서는 문제없이 진행되고 있나요? 이번 주 금요일까지 완료해서 부장
> 님께 제출해 주세요. 그리고 오늘 오후 5시에는 본사에서 진행되는 금년도 사업현황보고 회의에 함께 참
> 석해야 합니다. 따라서 금일 업무 보고는 오후 6시가 아닌 오후 4시에 받도록 하겠습니다. 오후 4시까지
> 금일 업무 보고서를 작성해서 전달해 주세요. 참! 이틀 전 박 대리가 예약한 회의실이 본사 2층의 대회의
> 실이었나요? 혹시 모를 상황에 대비하여 적어도 회의 시작 3시간 전에 사내 인트라넷의 회의실 예약 현황
> 을 확인하고, 변동사항이 있다면 저에게 알려 주세요.

① 금일 업무 보고서 작성
② 본사 사업현황보고 회의 참석
③ 본사 대회의실 사용 신청
④ 부장님께 사업계획서 제출
⑤ 회의실 예약 현황 확인

※ 다음은 어떤 기관에서 공지한 교육 홍보물의 내용 중 일부를 발췌한 자료이다. 이어지는 질문에 답하시오. [53~55]

─ 상략 ─

▶ 신청 자격 : 중소기업 재직자, 중소기업 관련 협회·단체 재직자
   – 성공적인 기술 연구개발을 통해 기술 경쟁력을 강화하고자 하는 중소기업
   – 정부의 중소기업 지원 정책을 파악하고 국가 연구개발 사업에 신청하고자 하는 중소기업

▶ 교육비용 : 100% 무료교육(교재 및 중식 제공)

▶ 교육일자 : 모든 교육과정은 2일 16시간 과정, 선착순 60명 마감

과정명	교육내용	교육일자	교육장소	접수마감
정규(일반)	연구개발의 성공을 보장하는 R&D 기획서 작성	5. 19(목) ~ 20(금)	B대학교	5. 18(수)
정규(종합)	R&D 기획서 작성 및 사업화 연계	5. 28(토) ~ 29(일)	A센터	5. 23(월)

※ 선착순 모집으로 접수마감일 전 정원 초과 시 조기 마감될 수 있습니다.

본 교육과 관련하여 보다 자세한 정보를 원하시면 ___ ㉠ ___ K사원(123-4567)에게 문의하여 주시기 바랍니다.

53 다음 중 K사원이 속해 있을 부서에서 수행하고 있을 업무로 가장 적절하지 않은 것은?

① 중소기업 R&D 지원 사업 기획 및 평가·관리
② R&D 교육 관련 전문 강사진 관리
③ 연구개발 기획 역량 개발 지원 사업 기획·평가·관리
④ R&D 관련 장비 활용 지원 사업 기획 및 평가·관리
⑤ R&D 사업화 연계·지원 관리

54 교육 홍보물에 공지한 교육과 관련된 고객의 질문에 대해 K사원이 대답하기 가장 어려운 질문은?

① 교육 과정을 신청할 때 한 기업에서 참여할 수 있는 인원수 제한이 있습니까?
② 본 교육의 내용을 바탕으로 기획서를 작성한다면 저희 기업도 개발 지원이 가능합니까?
③ 접수 마감일인 18일 현재 신청이 마감되었습니까? 혹시 추가 접수도 가능합니까?
④ 이전 차수에서 동일한 교육 과정을 이수했을 경우 이번 교육은 참여가 불가능합니까?
⑤ 일반과 종합과정을 모두 신청하는 것도 가능합니까?

55 K사원은 상사로부터 위와 같은 교육 사업을 발전시키기 위해 세울 수 있는 목표와 그에 해당하는 과제를 발표하라는 과업을 받았다. 다음 중 교육 사업과 직접적인 관련성이 가장 낮은 발언은?

① 중소기업의 혁신 수준별 기술경쟁력을 강화하자는 목표를 바탕으로 R&D를 기획하고 개발하는 역량을 강화할 수 있도록 돕고, 지속적으로 성과를 창출할 수 있는 능력을 향상시켜주어야 합니다. 또한, 국내뿐만이 아닌 국외로도 진출할 수 있는 글로벌 기술혁신 역량을 제고할 수 있도록 지원해야 합니다.

② 중소기업의 기술사업화 성과를 높이자는 목표를 바탕으로 중소기업들이 보유하고 있는 창의적 아이디어를 꾸준히 발굴해야 합니다. 또한, 시장지향적인 R&D 지원 확대를 통해 중소기업이 자체적인 R&D에서 끝나지 않고 사업화에 연계할 수 있도록 하여 중소기업의 직접적인 성장을 도와야 합니다.

③ 중소기업의 지속적인 발전을 위한 성장 동력 강화를 목표로 잡고, 혁신과 성장을 도울 수 있는 우리 조직의 역량을 강화해야 합니다. 또한, 사회적 책임을 항상 생각하고 고객에게는 신뢰를 주는 조직이 될 수 있도록 소통과 협업을 통해 창조적인 조직문화를 구축해야 합니다.

④ 중소기업의 기술 혁신을 위한 교육 지원 체계를 혁신화하기 위해 중소기업 R&D와 관련 있는 정책연구를 강화하고, 중소기업을 위한 맞춤형 평가체계도 구축해야 할 것입니다. 또한, 기술 혁신을 필요로 하는 대상을 중심으로 하는 기술 혁신 지원 서비스의 강화도 필요할 것입니다.

⑤ 중소기업이 R&D를 효과적으로 하기 위한 성공사례와 이에 대한 보상 등을 조사하고 체계화하여 중소기업의 동기를 강화하고, 단발성이 아닌 지속적 연구가 이루어지기 위한 지원과 정보를 제공해야 합니다.

56 다음 중 민츠버그가 정의한 경영자의 역할에 대한 설명으로 옳지 않은 것은?

① 올바른 정보를 수집하는 것은 대인적 역할에 해당한다.
② 대인적 역할은 크게 세 가지로 구분할 수 있다.
③ 정보적 역할에는 대변인으로서의 역할이 포함된다.
④ 수집된 정보를 통해 최종 결정을 내리는 것은 의사결정적 역할이다.
⑤ 청취적 역할도 리더로서 중요한 역할 중 하나이다.

57 다음 중 밑줄 친 부분에 대한 설명으로 가장 적절한 것은?

> 산업민주주의의 발달과 함께 근로자 또는 노동조합을 경영의 파트너로 인정하는 협력적 노사관계가 중시됨에 따라 이들을 조직의 경영의사결정 과정에 참여시키는 <u>경영참가제도</u>가 논의되고 있다. 특히 최근에는 국제경쟁의 가속화와 저성장, 급격한 기술발전과 같은 환경변화에 따라 대립적인 노사관계만으로는 한계가 있다고 지적되면서 점차 경영참가의 중요성이 커지고 있다.

① 경영자의 고유한 권리인 경영권이 강화될 수 있다.
② 모든 근로자의 참여로 보다 합리적인 의사결정이 가능하다.
③ 분배문제를 해결함으로써 노동조합의 단체교섭 기능이 강화된다.
④ 가장 큰 목적은 경영의 민주성을 제고하는 것이다.
⑤ 경영자의 일방적인 의사결정보다 빠른 의사결정이 가능하다.

58 다음 중 탁월한 조직을 만드는 원칙을 통해 유추할 수 있는 내용으로 옳지 않은 것은?

> 〈탁월한 조직을 만드는 원칙〉
>
> • 리더의 단결을 구축하고 유지하라.
> • 조직의 비전을 명확히 하라.
> • 조직의 비전에 대해 자주 의사소통하라.
> • 인력시스템 구축으로 조직의 비전을 강화하라.

① 조직의 비전에 관한 내용을 직원들에게 전달할 경우 세부적으로 자세하게 설명해야 한다.
② 조직 구성원 모두에게 필요하다고 판단될 때는 채용되고, 관리되고, 보수를 받고, 해고될 수 있다는 사실을 분명히 밝혀야 한다.
③ '어떤 차별화된 전략으로 사업에 임하고 있는가?'와 같은 질문에 대답할 수 있어야 한다.
④ 비전이 명확한 조직은 구성원들이 회사의 가치관, 목표와 전략 등에 대해 같은 입장을 취한다.
⑤ 리더의 단결을 위해서는 조직 내 정치적 행동이 없어져야 한다.

※ 다음은 K공사 연구소의 주요 사업별 연락처이다. 자료를 보고 이어지는 질문에 답하시오. [59~60]

<표>

〈주요 사업별 연락처〉

주요 사업	담당부서	연락처
고객 지원	고객지원팀	033-739-7001
감사, 부패방지 및 지도 점검	감사실	033-739-7011
국제협력, 경영 평가, 예산 기획, 규정, 이사회	전략기획팀	033-739-7023
인재 개발, 성과 평가, 교육, 인사, ODA사업	인재개발팀	033-739-7031
복무노무, 회계 관리, 계약 및 시설	경영지원팀	033-739-7048
품질 평가 관리, 품질 평가 관련 민원	평가관리팀	033-739-7062
가공품 유통 전반(실태조사, 유통정보), 컨설팅	유통정보팀	033-739-7072
대국민 교육, 기관 마케팅, 홍보 관리, CS, 브랜드 인증	고객홍보팀	033-739-7082
이력 관리, 역학조사 지원	이력관리팀	033-739-7102
유전자 분석, 동일성 검사	유전자분석팀	033-739-7111
연구사업 관리, 기준 개발 및 보완, 시장 조사	연구개발팀	033-739-7133
정부3.0, 홈페이지 운영, 대외자료 제공, 정보 보호	정보사업팀	033-739-7000

59 K공사 연구소의 주요 사업별 연락처를 본 채용 지원자의 반응으로 옳지 않은 것은?

① K공사 연구소는 1개의 실과 11개의 팀으로 이루어져 있구나.
② 예산 기획과 경영 평가는 같은 팀에서 종합적으로 관리하는구나.
③ 평가업무라 하더라도 평가 특성에 따라 담당하는 팀이 달라지는구나.
④ 홈페이지 운영은 고객홍보팀에서 마케팅과 함께 하는구나.
⑤ 부패방지를 위한 부서를 따로 두었구나.

60 다음 민원인의 요청을 듣고 난 후 민원을 해결하기 위해 연결해 주어야 할 부서로 적절한 것은?

민원인	얼마 전 신제품 품질 평가 등급 신청을 했습니다. 신제품 품질에 대한 등급에 대해 이의가 있습니다. 관련 건으로 담당자분과 통화하고 싶습니다.
상담직원	불편을 드려서 죄송합니다. ( ) 연결해 드리겠습니다. 잠시만 기다려 주십시오.

① 지도 점검 업무를 담당하고 있는 감사실로
② 연구사업을 관리하고 있는 연구개발팀으로
③ 기관의 홈페이지 운영을 전담하고 있는 정보사업팀으로
④ 이력 관리 업무를 담당하고 있는 이력관리팀으로
⑤ 품질 평가를 관리하는 평가관리팀으로

※ E유치원에서는 유아 교육자료 제작을 위해 코팅기를 구입하였다. 다음 설명서를 참고하여 이어지는 질문에 답하시오. [61~63]

■ **사용방법**
1) 앞면에 있는 스위치를 'ON'으로 돌리면 파란불이 들어오며 예열을 시작합니다.
2) 3~5분 정도의 예열이 끝나면 예열표시등이 빨간불로 바뀌고 코팅을 할 수 있습니다.
3) 코팅할 서류를 코팅지에 넣어 주시고, 봉합된 변까지 밀어 넣습니다.
   - 각 변에 최소 3~5mm 여유 공간을 남겨 주십시오.
   - 두께가 160micron 이상이거나 100micron 이하인 코팅지를 사용하지 마십시오.
4) 서류를 넣은 코팅지는 봉합된 부분부터 평행으로 코팅 투입구에 넣어 주십시오.
5) 코팅지는 코팅기를 통과하며 기기 뒷면 코팅 배출구에서 나옵니다.
   - 임의로 코팅지를 잡아당기면 안 됩니다.
6) 코팅지가 전부 나온 후 기기에서 분리해 주십시오.
7) 사용 완료 후 스위치를 'OFF'로 돌려 주십시오.
   - 사용 후 1~2시간 정도 열을 식혀 주십시오.

■ **코팅지 걸림 발생 시**
1) 코팅지가 기기에 걸렸을 경우 앞면의 스위치를 'OFF'로 돌린 다음 기기 전원을 차단시킵니다.
2) 기기 뒷면에 있는 'REMOVE' 스위치를 화살표 방향으로 밀면서 코팅 서류를 조심스럽게 당겨 뽑아 주십시오.

■ **주의사항**
   - 기기가 작동 중일 때 표면이 매우 뜨거우므로 손으로 만지지 마십시오.
   - 기기를 사용한 후, 기계 플러그를 뽑고 열이 충분히 식은 후에 이동 및 보관을 합니다.
   - 기기 위에 무겁거나 날카로운 물건을 두지 마십시오.
   - 기기의 내부에 물을 떨어뜨리지 마십시오.
   - 기기에 다른 물질을 넣지 마십시오.
   - 전문가의 도움 없이 절대 분해하거나 재조립 또는 수리하지 마십시오.
   - 기기를 장시간 사용하지 않을 경우 전원 코드를 뽑아 주십시오.
   - 사용 중 기기가 과열되거나 이상한 냄새가 나거나 종이 걸림이 있을 경우 신속히 전원을 끕니다.

■ **문제해결**

고장	원인	해결
코팅 중에 코팅물이 나오지 않을 때	• 필름을 잘라서 사용했을 경우 • 두께를 초과하는 용지로 코팅했을 경우 • 과도하게 용지를 투입했을 경우 • 코팅지가 롤러에 말린 경우	• 전원을 끄고 'REMOVE' 스위치를 화살표 방향으로 밀면서 말린 필름을 제거합니다.
필름을 투입했지만, 필름이 들어가지 않고 멈춰있을 때	• 투입 불량으로 접착액이 다량으로 붙어 있는 경우	• 전원을 끄고 냉각시킨 다음 다시 시도해 봅니다.
전원 지시등이 켜지지 않을 때	• 기기 전원 스위치가 접속되어 있지 않은 경우	• 전원코드 및 기기 스위치가 'ON'으로 되어 있는지 확인합니다.

61 A교사는 연구수업에 쓰일 교육자료 제작을 위해 코팅기를 사용하였다. 다음 중 A교사의 행동으로 적절한 것은?

① 코팅기기 앞면의 스위치를 'ON'으로 놓자마자 코팅지를 투입하였다.
② 코팅지를 평행으로 놓고, 봉합된 부분의 반대 방향부터 투입구에 넣었다.
③ 120micron 코팅지에 코팅할 서류를 넣었다.
④ 코팅기를 통과하면서 나오는 코팅지를 뒷면에서 잡아당겼다.
⑤ 사용 완료 후 기기 전원을 끄고 바로 보관함 상자에 넣었다.

62 B원장은 기기 관리를 위해 교사들에게 코팅기 사용 시 주의사항에 대해 안내하고자 한다. 다음 중 코팅기 사용 시 주의해야 할 사항으로 적절하지 않은 것은?

① 기기 사용 중에는 표면이 많이 뜨거우므로 아이들의 손이 닿지 않도록 주의하세요.
② 기기 위에 무거운 물건이나 날카로운 물건을 올리지 마세요.
③ 사용 후에는 스위치를 'OFF'로 돌려놓고, 퇴근 시에는 전원코드를 뽑아 주세요.
④ 사용 중 이상한 냄새가 날 경우 신속히 전원을 끄도록 합니다.
⑤ 사용 중 기기에 코팅지가 걸릴 경우 기기 앞면에서 코팅 서류를 조심스럽게 꺼냅니다.

63 C교사가 코팅기를 사용하는데 코팅물이 나오지 않았다. 다음 중 문제의 원인으로 적절하지 않은 것은?

① 코팅 필름을 잘라서 코팅기기에 넣었다.
② 두꺼운 코팅 필름을 사용해 코팅기기에 넣었다.
③ 코팅물이 빠져나오지 않은 상태에서 새로운 코팅물을 넣었다.
④ 코팅지가 롤러 사이에 말려 있었다.
⑤ 접착액이 코팅지 주변으로 붙어 있었다.

64 기술개발팀에서 근무하는 귀하는 차세대 로봇에 사용할 주행 알고리즘을 개발하고 있다. 주행 알고리즘과 예시를 참고하였을 때 이동한 로봇의 경로로 옳은 것은?

〈주행 알고리즘〉

회전과 전진만이 가능한 로봇이 미로에서 목적지까지 길을 찾아가도록 구성하였다. 미로는 (4단위)×(4단위)의 정방형 단위구역(Cell) 16개로 구성되며 미로 중앙부에는 1단위구역 크기의 도착지점이 있다. 도착지점에 이르기 전 로봇은 각 단위구역과 단위구역 사이를 이동할 때 벽의 유무를 탐지하여 벽이 없음이 감지되는 방향으로 주행한다. 로봇은 주명령을 수행하고, 이에 따라 주행할 수 없을 때만 보조명령을 따른다.

• 주명령 : 로봇은 현재 단위구역(Cell)에서 왼쪽, 앞쪽, 오른쪽 순서로 벽의 유무를 탐지하여 벽이 없음이 감지되는 방향의 단위구역을 과거에 주행한 기록이 없다면 해당 방향으로 한 단위구역만큼 주행한다.
• 보조명령 : 로봇이 현재 단위구역에서 왼쪽, 앞쪽, 오른쪽, 뒤쪽 순서로 벽의 유무를 탐지하여 벽이 없음이 감지되는 방향의 단위구역에 벽이 없음이 감지되는 방향과 반대 방향의 주행기록이 있을 때만, 그 방향으로 한 단위구역만큼 주행한다.

〈예시〉

로봇이 A → B → C → B → A로 이동한다고 가정할 때, A에서 C로의 이동은 주명령에 의한 것이고 C에서 A로의 이동은 보조명령에 의한 것이다.

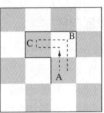

①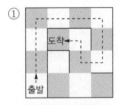

②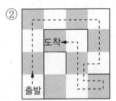

③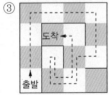

④

⑤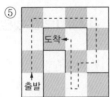

65 D사에는 직원들의 편의를 위해 휴게실에 전자레인지가 구비되어 있다. E사원은 회사의 기기를 관리하는 업무를 맡고 있다. 어느 날, 동료 사원들로부터 전자레인지를 사용할 때 가끔씩 불꽃이 튀고 음식이 잘 데워지지 않는다는 이야기를 들었다. 다음의 제품설명서를 토대로 서비스를 접수하기 전에 점검할 사항이 아닌 것은?

증상	원인	조치 방법
전자레인지가 작동하지 않는다.	• 전원 플러그가 콘센트에 바르게 꽂혀 있습니까? • 문이 확실히 닫혀 있습니까? • 배전판 퓨즈나 차단기가 끊어지지 않습니까? • 조리방법을 제대로 선택하셨습니까? • 혹시 정전은 아닙니까?	• 전원 플러그를 바로 꽂아 주십시오. • 문을 다시 닫아 주십시오. • 끊어졌으면 교체하고 연결시켜 주십시오. • 취소를 누르고 다시 시작하십시오.
동작 시 불꽃이 튄다.	• 조리실 내벽에 금속 제품 등이 닿지 않았습니까? • 금선이나 은선으로 장식된 그릇을 사용하고 계십니까? • 조리실 내에 찌꺼기가 있습니까?	• 벽에 닿지 않도록 하십시오. • 금선이나 은선으로 장식된 그릇은 사용하지 마십시오. • 깨끗이 청소해 주십시오.
조리 상태가 나쁘다.	• 조리 순서, 시간 등 사용 방법을 잘 선택하셨습니까?	• 요리책을 다시 확인하고 사용해 주십시오.
회전 접시가 불균일하게 돌거나 돌지 않는다.	• 회전 접시와 회전 링이 바르게 놓여 있습니까?	• 각각을 정확한 위치에 놓아 주십시오.
불의 밝기나 동작 소리가 불균일하다.	• 출력의 변화에 따라 일어난 현상이니 안심하고 사용하셔도 됩니다.	

① 조리실 내 위생 상태 점검　　　　② 사용 가능 용기 확인
③ 사무실, 전자레인지 전압 확인　　④ 조리실 내벽 확인
⑤ 조리 순서, 시간 확인

66 다음 글에서 설명하고 있는 것은?

> 농부는 농기계와 화학비료를 써서 밀을 재배하고 수확한다. 이렇게 생산된 밀은 보관업자, 운송업자, 제분회사, 제빵 공장을 거쳐 시장으로 판매된다. 보다 높은 생산성을 위해 화학비료를 연구하고, 공장을 가동하기 위해 공작기계와 전기를 생산한다. 보다 빠른 운송을 위해 트럭이나 기차, 배가 개발되었고, 보다 효과적인 운송수단과 농기계를 운용하기 위해 증기기관에서 석유에너지로 발전하였다. 이렇듯 우리의 식탁에 올라오는 빵은 여러 기술이 네트워크로 결합하여 시너지를 내고 있다.

① 기술시스템　　　　② 기술혁신
③ 기술경영　　　　　④ 기술이전
⑤ 기술경쟁

67 B사원은 최근 S전자의 빔프로젝터를 구입하였으며, 빔프로젝터 고장 신고 전 확인사항 자료를 확인하였다. 빔프로젝터의 증상과 그에 따른 확인 및 조치사항이 옳은 것은?

〈빔프로젝터 고장 신고 전 확인사항〉

분류	증상	확인 및 조치사항
설치 및 연결	전원이 들어오지 않음	• 제품 배터리의 충전 상태를 확인하세요. • 만약 그래도 제품이 전혀 동작하지 않는다면 제품 옆면의 'Reset' 버튼을 1초간 누르시기 바랍니다.
	전원이 자동으로 꺼짐	• 본 제품은 약 20시간 지속 사용 시 제품의 시스템 보호를 위해 전원이 자동 차단될 수 있습니다.
	외부기기가 선택되지 않음	• 외부기기 연결선이 신호 단자에 맞게 연결되었는지 확인하고, 연결 상태를 점검해 주시기 바랍니다.
메뉴 및 리모컨	리모컨이 작동하지 않음	• 리모컨의 건전지 상태 및 건전지가 권장 사이즈에 부합하는지 확인해 주세요. • 리모컨 각도와 거리가(10m 이하) 적당한지, 제품과 리모컨 사이에 장애물이 없는지 확인해 주세요.
	메뉴가 선택되지 않음	• 메뉴의 글자가 회색으로 나와 있지 않은지 확인해 주세요. 회색의 글자 메뉴는 선택되지 않습니다.
화면 및 소리	영상이 희미함	• 리모컨 메뉴창의 초점 조절 기능을 이용하여 초점을 조절해 주세요. • 투사거리가 초점에서 너무 가깝거나 멀리 떨어져 있지 않은지 확인해 주세요 (권장거리 1~3m).
	제품에서 이상한 소리가 남	• 이상한 소리가 계속해서 발생할 경우 사용을 중지하고 서비스 센터로 문의해 주시기 바랍니다.
	화면이 안 나옴	• 제품 배터리의 충전 상태를 확인해 주세요. • 본체의 발열이 심할 경우 화면이 나오지 않을 수 있습니다.
	화면에 줄, 잔상, 경계선 등이 나타남	• 일정시간 정지된 영상을 지속적으로 표시하면 부분적으로 잔상이 발생합니다. • 영상의 상·하·좌·우의 경계선이 고정되어 있거나 빛의 투과량이 서로 상이한 영상을 장시간 시청 시 경계선에 자국이 발생할 수 있습니다.

① 영화를 보는 중에 갑자기 전원이 꺼진 것은 본체의 발열이 심해서 그런 것이므로 약 20시간 동안 사용을 중지하였다.

② 메뉴가 선택되지 않아 외부기기와 연결선이 제대로 연결되었는지 확인하였다.

③ 일주일째 이상한 소리가 나 제품 배터리가 충분히 충전된 상태인지 살펴보았다.

④ 언젠가부터 화면에 잔상이 나타나 제품과 리모콘 배터리의 충전 상태를 확인하였다.

⑤ 영상이 너무 희미해 초점과 투사거리를 확인하여 조절하였다.

68 K정보통신회사에 입사한 귀하는 시스템 모니터링 및 관리 업무를 담당하게 되었다. 다음 내용을 참고할 때, 〈보기〉의 빈칸에 들어갈 알맞은 코드는?

다음 모니터에 나타나는 정보를 이해하고 시스템 상태를 판독하여 적절한 코드를 입력하는 방식을 파악하시오.

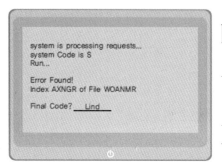

항목	세부사항
Index ◇◇◇ of File ◇◇◇	• 오류 문자 : Index 뒤에 나타나는 문자 • 오류 발생 위치 : File 뒤에 나타나는 문자
Error Value	• 오류 문자와 오류 발생 위치를 의미하는 문자에 사용된 알파벳을 비교하여 일치하는 알파벳의 개수를 확인
Final Code	• Error Value를 통하여 시스템 상태 판단

판단 기준	Final Code
일치하는 알파벳의 개수＝0	Svem
0＜일치하는 알파벳의 개수≤1	Atur
1＜일치하는 알파벳의 개수≤3	Lind
3＜일치하는 알파벳의 개수≤5	Nugre
일치하는 알파벳의 개수＞5	Qutom

보기

```
system is processing requests...
system Code is S
Run...

Error Found!
Index SOPENTY of File ATONEMP

Final Code?_____
```

① Svem   ② Atur
③ Lind   ④ Nugre
⑤ Qutom

69 다음은 벤치마킹의 절차를 나타낸 내용이다. 이 절차에 대한 설명으로 옳지 않은 것은?

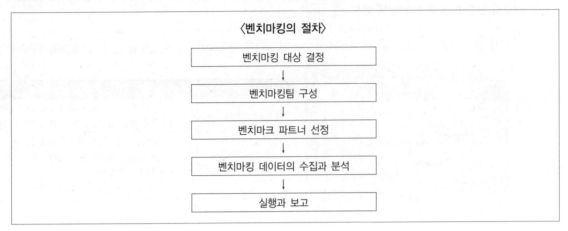

① 벤치마킹팀의 경우 관계자 모두에게 벤치마킹이 명확하게 할당되고 중심 프로젝트가 정해지는 것을 돕기 위한 프로젝트 관리 기구가 필요하다.
② 벤치마킹 대상이 결정되면 대상을 조사하기 위해 필요한 정보와 자원이 무엇인지 파악해야 한다.
③ 벤치마크 파트너 선정은 벤치마크 정보를 수집하는 데 이용될 정보의 원천을 확인하는 단계이다.
④ 벤치마킹팀 구성 시 구성원들 간의 의사소통이 원활하기 위한 네트워크 환경이 요구된다.
⑤ 벤치마킹 데이터를 수집·분석할 경우 문서 편집 시스템보다는 수기로 작업하는 것이 좋다.

70 다음은 산업재해를 예방하기 위해 제시되고 있는 하인리히의 법칙이다. 이에 의거하여 보았을 때, 산업재해의 예방을 위해 조치를 취해야 하는 단계는 무엇인가?

> 1931년 미국의 한 보험회사에서 근무하던 하인리히는 회사에서 접한 수많은 사고를 분석하여 하나의 통계적 법칙을 발견하였다. '1 : 29 : 300 법칙'이라고도 부르는 이 법칙은 큰 사고로 인해 산업재해가 발생하면 이 사고가 발생하기 이전에 같은 원인으로 발생한 작은 사고 29번, 잠재적 사고 징후가 300번이 있었다는 것을 나타낸다.
> 하인리히는 이처럼 심각한 산업재해의 발생 전에 여러 단계의 사건이 도미노처럼 발생하기 때문에 앞 단계에서 적절히 대처한다면 산업재해를 예방할 수 있다고 주장했다.

① 사회 환경적 문제가 발생한 단계
② 개인 능력의 부족이 보이는 단계
③ 기술적 결함이 나타난 단계
④ 불안전한 행동 및 상태가 나타난 단계
⑤ 작업 관리상 문제가 나타난 단계

제2회
모의고사

※ 한전KPS 최종점검 모의고사는 채용공고를 기준으로 구성한 것으로
  실제 시험과 다를 수 있습니다.
※ 응시 직렬에 맞추어 해당 문항을 학습하시기 바랍니다.

※ 모바일 OMR 답안채점 / 성적분석 서비스

법정·상경

전산

발전설비운영

취약영역 분석

번호	O/×	영역	번호	O/×	영역	번호	O/×	영역
1		의사소통능력	26		문제해결능력	51		조직이해능력
2			27			52		
3			28			53		
4			29			54		
5			30			55		
6			31		자원관리능력	56		
7			32			57		
8			33			58		
9			34			59		
10			35			60		
11		수리능력	36			61		
12			37			62		
13			38			63		
14			39			64		
15			40			65		기술능력
16			41		정보능력	66		
17			42			67		
18			43			68		
19			44			69		
20			45			70		
21		문제해결능력	46					
22			47					
23			48					
24			49					
25			50					

평가 문항	50문항	평가 시간	65분
시작시간	:	종료시간	:
취약 영역			

| 01 | 의사소통능력(공통)

01 다음 글을 읽고 이해한 내용으로 적절하지 않은 것은?

> 신혼부부 가구의 주거안정을 위해서는 우선적으로 육아·보육지원 정책의 확대·강화가 필요한 것으로 나타났다. 그들은 주택 마련 지원 정책보다 육아수당, 육아보조금, 탁아시설 확충과 같은 육아·보육지원 정책의 확대·강화가 더 필요하다고 생각하고 있으며 특히, 믿고 안심할 수 있는 육아·탁아시설의 확대가 필요한 것으로 나타났다. 이는 최근 부각된 보육기관에서의 아동학대문제 등 사회적 분위기의 영향과 맞벌이 가구의 경우, 안정적인 자녀 보육환경이 전제되어야만 안심하고 경제활동을 할 수 있기 때문인 것으로 보인다.
> 신혼부부 가구 중 아내의 경제활동 비율은 평균 38.3%이며 맞벌이 비율은 평균 37.2%로 나타났으나, 일반적으로 자녀 출산 시기로 볼 수 있는 혼인 3년 차에서의 맞벌이 비율은 30% 수준까지 낮아지는 경향을 보이는데 자녀의 육아환경 때문으로 판단된다. 또한, 외벌이 가구의 81.5%가 자녀의 육아·보육을 위해 맞벌이를 하지 않는다고 하였으며, 이는 결혼 여성의 경제활동 지원을 위해서는 무엇보다 육아를 위한 보육시설의 확대가 필요하다는 것을 시사한다. 맞벌이의 주된 목적이 주택비용 마련임을 고려할 때, 보육시설의 확대는 결혼 여성에게 경제활동의 기회를 제공하여 신혼부부 가구의 경제력을 높이고, 내 집 마련 시기를 앞당길 수 있다는 점에서 중요성을 갖는다. 특히, 신혼부부 가구가 계획하고 있는 총 자녀의 수는 1.83명이나 자녀 양육 환경문제 등으로 추가적인 자녀계획을 포기하는 경우가 나타날 수 있으므로 실제 이보다 낮은 자녀 수를 보일 것으로 예상된다. 따라서 출산장려를 위해서도 결혼 여성의 경제활동을 지원하도록 강화된 국가적 차원의 배려와 관심이 필요하다고 할 수 있다.

① 육아·보육지원은 신혼부부의 주거안정을 위한 정책이다.
② 신혼부부들은 육아수당, 육아보조금 등이 주택 마련 지원보다 더 필요하다고 생각한다.
③ 자녀의 보육환경이 개선되면 맞벌이 비율이 상승할 것이다.
④ 경제활동에 참여하는 여성이 많아질수록 출산율은 낮아질 것이다.
⑤ 보육환경의 개선은 신혼부부 가구가 내 집 마련을 보다 이른 시기에 할 수 있게 해 준다.

02 다음 중 (가) ~ (마) 문단의 주제로 적절하지 않은 것은?

> (가) 한 아이가 길을 가다가 골목에서 갑자기 튀어나온 큰 개에게 발목을 물렸다. 아이는 이 일을 겪은 뒤 개에 대한 극심한 불안에 시달렸다. 멀리 있는 강아지만 봐도 몸이 경직되고 호흡 곤란을 느꼈으며 심할 경우 응급실을 찾기도 하였다. 이것은 한 번의 부정적인 경험이 공포증으로 이어진 경우라고 할 수 있다.
>
> (나) '공포증'이란 위의 경우에서 보듯이 특정 대상에 대한 과도한 두려움으로 그 대상을 계속해서 피하게 되는 증세를 말한다. 특정한 동물, 높은 곳, 비행기나 엘리베이터 등이 공포증을 유발하는 대상이 될 수 있다. 물론 일반적인 사람들도 이런 대상을 접하여 부정적인 경험을 할 수 있지만 공포증으로까지 이어지는 경우는 드물다.
>
> (다) 심리학자 와이너는 부정적인 경험을 한 상황을 어떻게 해석하느냐에 따라 이러한 공포증이 생길 수도 있고 그렇지 않을 수도 있으며, 공포증이 지속될 수도 있고 극복될 수도 있다고 했다. 그는 상황을 해석하는 방식을 설명하기 위해 상황의 원인을 어디에서 찾느냐, 상황의 변화 가능성에 대해 어떻게 인식하느냐의 두 가지 기준을 제시했다. 상황의 원인을 자신에게서 찾으면 '내부적'으로 해석한 것이고, 자신이 아닌 다른 것에서 찾으면 '외부적'으로 해석한 것이다. 또 상황이 바뀔 가능성이 전혀 없다고 생각하면 '고정적'으로 인식한 것이고, 상황이 충분히 바뀔 수 있다고 생각하면 '가변적'으로 인식한 것이다.
>
> (라) 와이너에 의하면, 큰 개에게 물렸지만 공포증에 시달리지 않는 사람들은 개에게 물린 상황에 대해 '내 대처 방식이 잘못되었어.'라며 내부적이고 가변적으로 해석한다. 이것은 나의 대처 방식에 따라 상황이 충분히 바뀔 수 있다고 생각하는 것이므로 이들은 개와 마주치는 상황을 굳이 피하지 않는다. 그 후 개에게 물리지 않는 상황이 반복되면 '나도 어떤 경우라도 개를 감당할 수 있어.'라며 내부적이고 고정적으로 해석하는 단계로 나아가게 된다.
>
> (마) 반면에 공포증을 겪는 사람들은 개에 물린 상황에 대해 '나는 약해서 개를 감당하지 못해.'라며 내부적이고 고정적으로 해석하거나 '개는 위험한 동물이야.'라며 외부적이고 고정적으로 해석한다. 자신의 힘이 개보다 약하다고 생각하거나 개를 맹수로 여기는 것이므로 이들은 자신이 개에게 물린 것을 당연한 일로 받아들인다. 하지만 공포증에 시달리지 않는 사람들처럼 상황을 해석하고 개를 피하지 않는 노력을 기울이면 공포증에서 벗어날 수 있다.

① (가) : 공포증이 생긴 구체적 상황
② (나) : 공포증의 개념과 공포증을 유발하는 대상
③ (다) : 와이너가 제시한 상황 해석의 기준
④ (라) : 공포증을 겪지 않는 사람들의 상황 해석 방식
⑤ (마) : 공포증을 겪는 사람들의 행동 유형

광고 권하는 사회
우리 사는 세상은 거대한 광고판

광고는 세상에 널리 알림 또는 그런 일을 뜻한다. 상품이나 서비스 정보를 소비자에게 널리 알리는 의도적인 활동이다. 미국 마케팅협회는 1963년 '광고란 누구인지를 확인할 수 있는 광고주가 하는 일체의 유료 형태에 의한 아이디어, 상품 또는 서비스의 비대개인적(非對個人的) 정보 제공 또는 판촉 활동이다.'라고 정의한 바 있다.

(A) 정의한 바와 같이 광고는 비용을 내고 알리는 행위이다. 광고주가 비용을 지급하므로 효과를 얻으려고 하는 것은 당연하다. 이때, 정직하게 알리는 경우도 있지만 허위·과장 요소도 스며든다. 상품을 잘 팔기 위해 상품의 기능을 부풀리기도 하는데, 이런 경우가 과장 광고이다. 사실에 해당하지 않는 자료나 정보를 사용하는 광고는 허위 광고이다. 이처럼 광고는 허위·과장 가능성이 있어 소비자는 광고 보는 눈을 키워야 한다. 허위·과장 광고에 속으면 피해가 발생한다.

(B) 시민의 발로 불리는 지하철의 광고 또한 많은 것을 시사한다. 초창기에는 지하철 전동차 내부에 인쇄물 광고가 슬금슬금 붙더니 차차 차량 외벽은 물론 출입문 유리에도 광고로 도배되기 시작했다. 지하철 승강장 게이트 회전 바에도 광고가 빙글빙글 돌아간다. 전동차 내부의 광고 종류도 다양하다. 인쇄물 광고는 물론이고 전동차 안팎의 안내 모니터에도 광고가 쉴 새 없이 상영돼 지하철은 거대한 광고판으로 바뀐 지 오래이다. 눈을 돌리면 광고 천지인, 우리가 사는 이 세상은 이미 거대한 광고판이다.

(C) 예전에는 프로그램과 광고가 분리돼 프로그램 시작 전이나 끝난 뒤에 광고가 나왔다. 요즘 인기 TV 프로그램의 상당수는 '이 프로그램은 간접 광고 및 가상 광고를 포함하고 있습니다.'라는 안내 문구가 따라붙는다. PPL 광고(Product Placement, 특정 기업의 협찬을 대가로 영화나 드라마에서 해당 기업의 상품이나 브랜드 이미지를 끼워 넣는 광고기법)의 등장으로 프로그램인지 광고인지 분간하지 못할 정도이다. 광고가 프로그램을 좌지우지할 정도로 영향력이 큰 경우도 있다.

(D) 즉, 현대 자본주의 시대에는 광고가 세상을 지배한다. 소비자는 광고 보는 눈을 높여 광고에 유혹되지 않아야 한다. 수억 원대는 보통인 모델의 몸값은 결국 소비자가 낸다. 모델의 몸값은 그 제품을 사는 소비자가 십시일반(十匙一飯)으로 내는 것이다. 광고는 광고일 뿐 광고가 품질을 보장하는 것은 아니다. 광고에 돈을 쏟아붓는 기업보다는 제품의 본질에 투자하는 기업을 선택하는 것이 소비자의 권리이자 책임 중 하나이다.

03 다음 중 윗글의 내용을 올바른 순서로 나열한 것은?

① (A) – (B) – (C) – (D)   ② (A) – (C) – (B) – (D)

③ (A) – (C) – (D) – (B)   ④ (B) – (A) – (C) – (D)

⑤ (C) – (A) – (B) – (D)

PART 1

PART 2

PART 3

04 다음 중 허위 · 과장 광고 사례로 옳지 않은 것은?

① 홍보하는 용량과 달리 실제 내용물은 홍보 용량보다 더 적었던 음료판매점

② 그래픽만으로 사진 성형을 하여 홍보물을 제작한 성형외과

③ 협회가 인증한 범위보다 더 넓은 범위에 인증 표시를 사용한 의료기기 제작회사

④ 중학생 때 다니다가 학원을 끊은 학생이 들어간 대학교를 현수막에 걸어놓은 학원

⑤ 해당 연예인이 사용한 제품이 아니지만 연예인을 모델로 해 홍보한 다이어트 보조제회사

05 다음 중 ㉠~㉣에 대한 설명으로 적절하지 않은 것은?

뇌 안에서 어떤 일이 일어나고 있는지를 어떻게 알 수 있을까? 뇌를 연구하는 과학자들조차 뇌 안에서 일어나고 있는 활동을 육안으로 볼 수는 없다. 성능 좋은 현미경으로도 볼 수 없는 살아있는 인간의 뇌 활동을 들여다보는 기술이 바로 뇌 영상 기술이다. 1970년대에 개발된 CT를 시초로 하여 PET, MRI, fMRI 등 다양한 뇌 영상 기술이 연달아 등장하였다.

㉠ CT(컴퓨터 단층 촬영)는 인체 내부 장기마다 X선을 투과하는 양이 다르다는 성질을 이용하여 인체 내부 단면을 촬영하는 장치이다. CT는 X선 발생 장치가 설치된 도넛형의 기계가 돌아가면서 X-ray를 여러 번 찍은 후 그 영상들을 조합하여 컴퓨터상에 인체의 횡단면에 해당하는 하나의 영상을 만들어 낸다. 15초 정도면 영상 자료를 얻을 수 있기 때문에 응급 환자의 진단을 위해 주로 활용한다. 또 X선을 통해 혈액 등을 구별할 수 있기 때문에 뇌출혈 등의 진단에도 활용할 수 있다. 하지만 뇌가 어떻게 작용하고 있는지는 볼 수 없다.

CT 이후 방사성 의약품을 이용해 인체의 생화학적 상태를 3차원 영상으로 나타낼 수 있는 ㉡ PET(양전자단층 촬영술)가 등장하였다. 방사성 포도당은 특수 카메라나 스캐너로 볼 수 있는 양전자를 방사하기 때문에 소량의 방사성 포도당을 환자의 몸에 주입한 후 뇌의 뉴런들이 포도당을 이용하는 상황을 PET로 찍는다. 이 기술은 우리 뇌가 포도당과 산소를 원료로 이용한다는 것을 고려한 것으로, 뇌 활동이 활발한 곳은 붉은 색으로, 별로 활발하지 않은 곳은 파란색으로 나타난다. PET는 신체의 생화학적 변화를 탐지할 수 있기 때문에 뇌종양, 뇌 신경계 질환 등의 조기 진단에 활용되고, 암세포가 정상 세포보다 포도당을 많이 흡수하는 성질을 이용하여 방사성 포도당이 많이 모인 곳을 찾음으로써 암의 위치를 발견하는 데도 쓰인다.

CT와 PET가 방사선을 이용한 기술이라는 점과 달리 ㉢ MRI(자기공명 영상 장치)는 고주파에 의해 몸속의 특정 원소인 수소 원자핵을 공명시켜 각 조직에서 나오는 신호를 디지털 정보로 변환하여 영상을 구현하는 장치이다. MRI는 엄청난 자력을 이용하여 환자의 몸 주변에 자기장을 만들고, 전자파를 환자에게 발사한다. 작은 자석처럼 활동하는 몸의 원자들이 MRI 전자파에 부딪혀 자체의 파동을 생성하면 MRI는 그 파동을 측정하고 컴퓨터를 통해 이를 사진으로 변환한다. 이 장치는 좁은 터널에 들어가야 하므로 폐소공포증이 있는 환자에게는 사용할 수 없지만, 해상도가 뛰어나기 때문에 뇌 신경계 질환을 진단하기에 효율적이다.

MRI는 CT와 달리 횡단면, 종단면, 측면, 사면 등 3차원 영상을 제공한다. 하지만 자기장을 사용하는 기술이므로 심장 박동기나 치아 보철물 등 자기장을 형성할 수 있는 인공 장치가 몸에 있는 사람은 이용할 수가 없다.

기능성 MRI인 ㉣ fMRI는 뇌가 활동이 많은 부위일수록 많은 산소가 필요하다는 것을 활용하여 뇌 혈류 속의 산소 수준을 반복 측정하여 뇌의 기능적 활성화 부위를 표시하는 방식으로 뇌 영상을 구현한다. 환자에게 어떤 이미지를 제시한 후 인지 과제를 수행할 때의 뇌 활성과 그렇지 않을 때의 뇌 활성을 비교함으로써 특정한 행위나 의식과 연관된 뇌 부위를 찾아 이를 뇌 단면의 해부 구조를 나타내는 영상 위에 색채로 표시해 주는 방식이다.

지난 20여 년 동안 급격히 발전해 온 뇌 영상 기술은 인간에게 뇌에 대한 풍부한 정보를 제공해주었을 뿐만 아니라 뇌출혈, 뇌경색, 뇌종양 등 그간 속수무책이었던 질병을 치료할 수 있게 해주었다. 또 인지과학이나 심리학의 영역에서는 최근의 뇌 영상 기술이 전통적인 방법보다 인간의 마음과 행동을 이해하는 좀 더 정확한 방법으로 인정되고 있다. 법학 분야에서는 뇌 영상 자료가 법정에서 증거 능력이 있는 것으로 여겨져야 한다는 주장이 활발하게 제기되고 있다. 기존의 거짓말 탐지기보다 훨씬 정확한 결과를 보증하기 때문이다.

① ㉢과 달리 ㉠, ㉡은 방사선을 이용한 기술이다.
② ㉡과 ㉢은 뇌에 대한 3차원적 영상을 제공한다.
③ ㉠보다 ㉡, ㉢은 뇌신경질환 진단에 효율적이다.
④ ㉡과 ㉣은 뇌의 활동 부위를 색채로 표시해 주는 방식이다.
⑤ ㉠과 ㉡은 환자에게 의약품을 투여하여야 영상을 얻을 수 있다.

06 다음 제시된 단락을 읽고, 이어질 내용을 논리적 순서대로 올바르게 나열한 것은?

DNA는 이미 1896년에 스위스의 생물학자 프리드리히 미셔가 발견했지만, 대다수의 과학자는 1952년까지는 DNA에 별로 관심을 보이지 않았다. 미셔는 고름이 배인 붕대에 끈적끈적한 회색 물질이 남을 때까지 알코올과 돼지 위액을 쏟아 부은 끝에 DNA를 발견했다. 그것을 시험한 미셔는 DNA는 생물학에서 아주 중요한 물질로 밝혀질 것이라고 선언했다. 그러나 불행하게도 화학 분석 결과, 그 물질 속에 인이 다량 함유된 것으로 드러났다. 그 당시 생화학 분야에서는 오로지 단백질에만 관심을 보였는데, 단백질에는 인이 전혀 포함돼 있지 않으므로 DNA는 분자 세계의 충수처럼 일종의 퇴화 물질로 간주되었다.

(A) 그래서 유전학자인 알프레드 허시와 마사 체이스는 방사성 동위원소 추적자를 사용해 바이러스에서 인이 풍부한 DNA의 인과 황이 풍부한 단백질의 황을 추적해 보았다. 이 방법으로 바이러스가 침투한 세포들을 조사한 결과, 빙사성 인은 세포에 주입되어 전달된 반면 황이 포함된 단백질은 그렇지 않은 것으로 드러났다.
(B) 그러나 그 유전 정보가 바이러스의 DNA에 들어 있는지 단백질에 들어 있는지는 아무도 몰랐다.
(C) 따라서 유전 정보의 전달자는 단백질이 될 수 없으며 전달자는 DNA인 것으로 밝혀졌다.
(D) 1952년에 바이러스를 대상으로 한 극적인 실험이 그러한 편견을 바꾸어 놓았다. 바이러스는 다른 세포에 무임 승차하여 피를 빠는 모기와는 반대로 세포 속에 악당 유전 정보를 주입한다.

① (A) − (C) − (B) − (D)
② (A) − (D) − (B) − (C)
③ (B) − (A) − (C) − (D)
④ (B) − (C) − (A) − (D)
⑤ (D) − (B) − (A) − (C)

지구와 태양 사이의 거리와 지구가 태양 주위를 도는 방식은 인간의 생존에 유리한 여러 특징을 지니고 있다. 인간을 비롯한 생명이 생존하려면 행성은 액체 상태의 물을 포함하면서 너무 뜨겁거나 차갑지 않아야 한다. 이를 위해 행성은 태양과 같은 별에서 적당히 떨어져 있어야 한다. 이 적당한 영역을 '골디락스 영역'이라고 한다. 또한, 지구가 태양의 중력장 주위를 도는 타원 궤도는 충분히 원에 가깝다. 따라서 연중 태양에서 오는 열에너지가 비교적 일정하게 유지될 수 있는 것이다. 만약 태양과의 거리가 일정하지 않았다면 지구는 여름에는 바다가 모두 끓어 넘치고 겨울에는 거대한 얼음덩어리가 되는 불모의 행성이었을 것이다.

우주에 작용하는 근본적인 힘의 세기나 물리법칙도 인간을 비롯한 생명의 탄생에 유리하도록 미세하게 조정되어 있다. 예를 들어 근본적인 힘인 강한 핵력이나 전기력의 크기가 현재 값에서 조금만 달랐다면, 별의 내부에서 탄소처럼 무거운 원소는 만들어질 수 없었고 행성도 만들어질 수 없었을 것이다. 최근 들어 물리학자들은 이들 힘을 지배하는 법칙이 현재와 다르다면 우주는 구체적으로 어떤 모습이 될지 컴퓨터 모형으로 계산했다. 그 결과, 강한 핵력의 강도가 겨우 0.5% 다르거나 전기력의 강도가 겨우 4% 다를 경우에도 탄소나 산소는 우주에서 합성되지 않는다. 따라서 생명 탄생의 가능성도 사라진다. 결국 강한 핵력이나 전기력을 지배하는 법칙들을 조금이라도 건드리면 우리가 존재할 가능성은 사라지는 것이다.

결론적으로 지구 주위 환경뿐만 아니라 보편적 자연법칙까지도 인류와 같은 생명이 진화해 살아가기에 알맞은 범위 안에 제한되어 있다고 할 수 있다. 만일 그러한 제한이 없었다면 태양계나 지구가 탄생할 수 없었을 뿐만 아니라 생명 또한 진화할 수 없었을 것이다. 우리가 아는 행성이나 생명이 탄생할 가능성을 열어두면서 물리법칙을 변경할 수 있는 폭은 매우 좁다.

① 탄소가 없는 상황에서도 생명은 자연적으로 진화할 수 있다.
② 중력법칙이 현재와 조금만 달라도 지구는 태양으로 빨려 들어간다.
③ 원자핵의 질량이 현재보다 조금 더 크다면 우리 몸을 이루는 원소는 합성되지 않는다.
④ 별 주위의 '골디락스 영역'에 행성이 위치할 확률은 매우 낮지만 지구는 그 영역에 위치한다.
⑤ 핵력의 강도가 현재와 약간만 달라도 별의 내부에서 무거운 원소가 거의 전부 사라진다.

08 다음 글에서 글쓴이가 설명하는 핵심 내용을 가장 적절하게 추론한 것은?

지구상에서는 매년 약 10만 명 중 한 명이 목에 걸린 음식물 때문에 질식사하고 있다. 이러한 현상은 인간의 호흡 기관(기도)과 소화 기관(식도)이 목구멍 부위에서 교차하는 구조로 되어 있기 때문에 발생한다. 인간과 달리, 곤충이나 연체동물 같은 무척추동물은 교차 구조가 아니어서 음식물로 인한 질식의 위험이 없다. 인간의 호흡 기관이 이렇게 불합리한 구조를 갖게 된 원인은 무엇일까?

바다 속에 서식했던 척추동물의 조상형 동물들은 체와 같은 구조를 이용하여 물속의 미생물을 걸러 먹었다. 이들은 몸집이 아주 작아서 물 속에 녹아 있는 산소가 몸 깊숙한 곳까지 자유로이 넘나들 수 있었기 때문에 별도의 호흡계가 필요하지 않았다. 그런데 몸집이 커지면서 먹이를 거르던 체와 같은 구조가 호흡 기능까지 갖게 되어 마침내 아가미 형태로 변형되었다. 즉, 소화계의 일부가 호흡 기능을 담당하게 된 것이다. 그 후 호흡계의 일부가 변형되어 허파로 발달하고, 그 허파는 위장으로 이어지는 식도 아래쪽으로 뻗어 l 갔다. 한편, 공기가 드나드는 통로는 콧구멍에서 입천장을 뚫고 들어가 입과 아가미 사이에 자리 잡게 되었다. 이러한 진화 과정을 보여 주는 것이 폐어(肺魚) 단계의 호흡계 구조이다.

이후 진화 과정이 거듭되면서 호흡계와 소화계가 접하는 지점이 콧구멍 바로 아래로부터 목 깊숙한 곳으로 이동하였다. 그 결과 머리와 목구멍의 구조가 변형되지 않는 범위 내에서 호흡계와 소화계가 점차 분리되었다. 즉, 처음에는 길게 이어져 있던 호흡계와 소화계의 겹친 부위가 점차 짧아졌고, 마침내 하나의 교차점으로만 남게 된 것이다. 이것이 인간을 포함한 고등 척추동물에서 볼 수 있는 호흡계의 기본 구조이다. 따라서 음식물로 인한 인간의 질식 현상은 척추동물 조상형 단계를 지나 자리 잡게 된 허파의 위치(당시에는 최선의 선택이었을) 때문에 생겨난 진화의 결과라 할 수 있다.

이처럼 진화는 반드시 이상적이고 완벽한 구조를 창출해 내는 방향으로만 이루어지는 것은 아니다. 진화 과정에서는 새로운 환경에 적응하기 위한 최선의 구조가 선택되지만, 그 구조는 기존의 구조를 허물고 처음부터 다시 만들어 낸 최상의 구조와는 차이가 있다. 그래서 진화는 불가피하게 타협적인 구조를 선택하는 방향으로 이루어지며, 순간 순간의 필요에 대응한 결과가 축적되는 과정이라고 할 수 있다. 질식의 원인이 되는 교차된 기도와 식도의 경우처럼, 진화의 산물이 우리가 보기에는 납득할 수 없는 불합리한 구조를 지니게 되는 이유가 바로 여기에 있다.

① 인간이 진화 과정을 통하여 얻은 이익과 손해는 무엇인가?
② 무척추동물과 척추동물의 호흡계 구조에는 어떤 차이가 있는가?
③ 인간의 호흡계와 소화계가 지니고 있는 근본적인 결함은 무엇인가?
④ 질식사에 대한 인간의 불안감을 해소시킬 방안에는 어떤 것이 있는가?
⑤ 진화 과정에서 인간의 호흡계와 같은 불합리한 구조가 발생하는 이유는 무엇인가?

09 다음 글을 바탕으로 한 편의 글을 쓴다고 할 때, 이어질 내용의 주제로 가장 적절한 것은?

> 바다거북은 모래사장 아래 25 ~ 90cm 되는 곳에 알을 낳는다. 새끼 거북들이 모래 틈을 헤집고 통로를 내기란 어려운 일이라서 땅 위로 올라왔을 때는 체질량의 20%를 잃는다. 이때에는 곧장 수분을 섭취해야 하며 그러지 못하면 탈수 증상으로 죽기도 한다. 그러나 무엇보다도 그러한 갈증이 뜨거운 해변의 모래를 가로질러 바다로 향해 가게 하는 힘이 된다.

① 가혹한 현실은 이상의 실현에 큰 장애가 된다.
② 장애 요인이 목표 달성의 원동력이 될 수도 있다.
③ 주어진 현실에 상관없이 꿈을 향해 매진해야 한다.
④ 무조건 높은 꿈보다 실현 가능한 꿈을 꾸어야 한다.
⑤ 태생적인 한계를 극복하기 위해 최선을 다해야 한다.

10 다음 글의 빈칸에 들어갈 내용으로 가장 적절한 것은?

> 발전은 항상 변화를 내포하고 있다. 그러나 모든 형태의 변화가 전부 발전에 해당하는 것은 아니다. 이를테면 교통 신호등이 빨강에서 파랑으로, 파랑에서 빨강으로 바뀌는 변화를 발전으로 생각할 수는 없다. 즉, _____ 좀 더 구체적으로 말해, 사태의 진전 과정에서 나중에 나타나는 것은 적어도 그 이전 단계에 내재적으로나마 존재했던 것의 전개에 해당한다는 것이다. 이렇게 볼 때, 발전은 선적(線的)인 특성을 가지고 있다. 순전한 반복의 과정으로 보이는 것을 발전이라고 규정하지 않는 이유는 그 때문이다. 반복과정에서는 최후에 명백히 나타나는 것이 처음에 존재했던 것과 거의 다르지 않다. 그러나 또 한편으로 우리는 비록 반복의 경우라도 때때로 그 과정 중의 특정 단계를 따로 떼 그것을 발견이라고 생각하기도 한다. 즉, 전체 과정에서 어떤 종류의 질이 그 시기에 특정의 수준까지 진전된 경우이다.

① 발전은 어떤 특정한 방향으로 일어나는 변화라는 의미를 내포하고 있다.
② 변화는 특정한 방향으로 발전하는 것을 의미한다.
③ 발전은 불특정 방향으로 일어나는 변모라는 의미이다.
④ 발전은 어떤 특정한 반복으로 일어나는 변화라는 의미로 사용된다.
⑤ 변화는 어떤 특정한 방향으로 일어나는 발전이라는 의미로 사용된다.

11 다음은 우리나라의 10대 수출 품목이 전체 수출 품목에서 차지하는 비중에 대한 자료이다. 이에 대한 내용으로 옳지 않은 것은?

〈우리나라의 10대 수출 품목과 비중〉

(단위 : %)

순위	2017년		2018년		2019년		2020년		2021년	
	품목	비중	품목	비중	품목	비중	품목	비중	품목	비중
1	반도체	10.8	선박류	10.2	석유제품	10.2	반도체	10.2	반도체	10.9
2	선박류	10.5	석유제품	9.3	반도체	9.2	석유제품	9.4	석유제품	8.9
3	자동차	7.6	반도체	9.0	자동차	8.6	자동차	8.7	자동차	8.5
4	평판 디스플레이	7.0	자동차	8.2	선박류	7.3	선박류	6.6	선박류	7.0
5	석유제품	6.8	평판 디스플레이	5.6	평판 디스플레이	5.7	평판 디스플레이	5.1	무선 통신기기	5.2
6	무선 통신기기	5.9	무선 통신기기	4.9	자동차부품	4.5	무선 통신기기	4.9	자동차부품	4.7
7	자동차부품	4.1	자동차부품	4.2	무선 통신기기	4.2	자동차부품	4.7	평판 디스플레이	4.6
8	합성수지	3.7	철강판	3.8	철강판	3.6	합성수지	3.8	합성수지	3.8
9	철강판	3.6	합성수지	3.5	합성수지	3.6	철강판	3.1	철강판	3.3
10	컴퓨터	2.0	컴퓨터	1.6	전자 응용기기	1.6	전자 응용기기	1.9	전자 응용기기	1.7
계		61.8		60.3		58.4		58.6		58.6

① 전 기간에 걸쳐 10대 수출 품목은 전체 수출 품목의 절반 이상을 차지했다.
② 상위 3개 품목의 비중이 10대 품목 비중의 절반 이상을 차지한 해는 없다.
③ 컴퓨터는 2018년 이후 합성수지에 밀려 10대 품목에서 제외되었다.
④ 전 기간에 걸쳐 순위 변동이 가장 적은 품목은 자동차이다.
⑤ 반도체의 비중이 가장 큰 해에는 철강판이 두 번째로 적은 비중을 차지했다.

12 다음은 민간 분야 사이버 침해사고 발생현황에 관한 자료이다. 이에 대한 설명으로 〈보기〉에서 옳지 않은 것을 모두 고르면?

〈민간 분야 사이버 침해사고 발생현황〉

(단위 : 건)

구분	2018년	2019년	2020년	2021년
홈페이지 변조	6,490	10,148	5,216	3,727
스팸릴레이	1,163	988	731	365
기타 해킹	3,175	2,743	4,126	2,961
단순침입시도	2,908	3,031	3,019	2,783
피싱 경유지	2,204	4,320	3,043	1,854
전체	15,940	21,230	16,135	11,690

보기

ㄱ. 단순침입시도 분야의 침해사고는 매년 스팸릴레이 분야의 침해사고 건수의 두 배 이상이다.

ㄴ. 2018년 대비 2021년 침해사고 건수가 50% 이상 감소한 분야는 2개 분야이다.

ㄷ. 2020년 홈페이지 변조 분야의 침해사고 건수가 차지하는 비중은 35% 이하이다.

ㄹ. 2019년 대비 2021년은 모든 분야의 침해사고 건수가 감소하였다.

① ㄱ, ㄴ
② ㄱ, ㄹ
③ ㄴ, ㄷ
④ ㄴ, ㄹ
⑤ ㄷ, ㄹ

13 어느 문구점에서 연필 2자루의 가격과 지우개 1개의 가격을 더하면 공책 1권의 가격과 같고, 지우개 1개의 가격과 공책 1권의 가격을 더하면 연필 5자루의 가격과 같다. 이 문구점에서 연필 10자루의 가격과 공책 4권의 가격을 더하면 지우개 몇 개의 가격과 같은가?(단, 이 문구점에서 동일한 종류의 문구 가격은 같은 것으로 한다)

① 15개
② 16개
③ 17개
④ 18개
⑤ 20개

14 다음은 어느 해 개최된 올림픽에 참가한 6개국의 성적을 나타낸 자료이다. 이에 대한 내용으로 옳지 않은 것은?

국가	참가선수(명)	금메달	은메달	동메달	메달 합계
A	240	4	28	57	89
B	261	2	35	68	105
C	323	0	41	108	149
D	274	1	37	74	112
E	248	3	32	64	99
F	229	5	19	60	84

① 획득한 금메달 수가 많은 국가일수록 은메달 수는 적었다.
② 금메달을 획득하지 못한 국가가 가장 많은 메달을 획득했다.
③ 참가선수의 수가 많은 국가일수록 획득한 동메달 수도 많았다.
④ 획득한 메달의 합계가 큰 국가일수록 참가선수의 수도 많았다.
⑤ 참가선수가 가장 적은 국가의 메달 합계는 전체 6위이다.

15 다음은 세계 주요 터널 화재 사고 A ~ F에 관한 자료이다. 이에 대한 설명으로 옳은 것은?

〈세계 주요 터널 화재 사고 통계〉

사고	터널길이(km)	화재규모(MW)	복구비용(억 원)	복구기간(개월)	사망자(명)
A	50.5	350	4,200	6	1
B	11.6	40	3,276	36	39
C	6.4	120	72	3	12
D	16.9	150	312	2	11
E	0.2	100	570	10	192
F	1.0	20	18	8	0

※ (사고비용)=(복구비용)+[(사망자 수)×5억 원]

① 터널길이가 길수록 사망자가 많다.
② 화재규모가 클수록 복구기간이 길다.
③ 사고 A를 제외하면 복구기간이 길수록 복구비용이 많다.
④ 사망자가 가장 많은 사고 E는 사고비용도 가장 많다.
⑤ 사망자가 30명 이상인 사고를 제외하면 화재규모가 클수록 복구비용이 많다.

16 다음은 어느 학원의 강사 A~E의 시급과 수강생 만족도에 관한 자료이다. 이에 대한 설명으로 옳은 것은?

〈강사의 시급 및 수강생 만족도〉

(단위 : 원, 점)

구분	2020년		2021년	
	시급	수강생 만족도	시급	수강생 만족도
강사 A	50,000	4.6	55,000	4.1
강사 B	45,000	3.5	45,000	4.2
강사 C	52,000	( )	54,600	4.8
강사 D	54,000	4.9	59,400	4.4
강사 E	48,000	3.2	( )	3.5

〈수강생 만족도 점수별 시급 인상률〉

수강생 만족도	인상률
4.5점 이상	10% 인상
4.0점 이상 4.5점 미만	5% 인상
3.0점 이상 4.0점 미만	동결
3.0점 미만	5% 인하

※ 당해 연도 시급 대비 다음 연도 시급의 인상률은 당해 연도 수강생 만족도에 따라 결정된다.
※ 강사가 받을 수 있는 시급은 최대 60,000원이다.

① 강사 E의 2021년 시급은 45,600원이다.
② 2022년 시급은 강사 D가 강사 C보다 높다.
③ 2021년과 2022년 시급 차이가 가장 큰 강사는 C이다.
④ 강사 C의 2020년 수강생 만족도 점수는 4.5점 이상이다.
⑤ 2022년 강사 A와 강사 B의 시급 차이는 10,000원이다.

17 다음은 도시폐기물량 상위 10개국의 도시폐기물량지수와 한국의 도시폐기물량을 나타낸 자료이다. 이에 대한 〈보기〉 중 옳은 것을 모두 고르면?

〈도시폐기물량 상위 10개국의 도시폐기물량지수〉

순위	2018년		2019년		2020년		2021년	
	국가	지수	국가	지수	국가	지수	국가	지수
1	미국	12.05	미국	11.94	미국	12.72	미국	12.73
2	러시아	3.40	러시아	3.60	러시아	3.87	러시아	4.51
3	독일	2.54	브라질	2.85	브라질	2.97	브라질	3.24
4	일본	2.53	독일	2.61	독일	2.81	독일	2.78
5	멕시코	1.98	일본	2.49	일본	2.54	일본	2.53
6	프랑스	1.83	멕시코	2.06	멕시코	2.30	멕시코	2.35
7	영국	1.76	프랑스	1.86	프랑스	1.96	프랑스	1.91
8	이탈리아	1.71	영국	1.75	이탈리아	1.76	터키	1.72
9	터키	1.50	이탈리아	1.73	영국	1.74	영국	1.70
10	스페인	1.33	터키	1.63	터키	1.73	이탈리아	1.40

 ※ (도시폐기물량지수)= (해당 연도 해당 국가의 도시폐기물량) / (해당 연도 한국의 도시폐기물량)

〈한국의 도시폐기물량〉

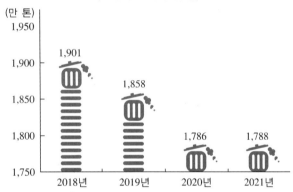

보기

㉠ 2021년 도시폐기물량은 미국이 일본의 4배 이상이다.
㉡ 2020년 러시아의 도시폐기물량은 8,000만 톤 이상이다.
㉢ 2021년 스페인의 도시폐기물량은 2018년에 비해 감소하였다.
㉣ 영국의 도시폐기물량은 터키의 도시폐기물량보다 매년 많다.

① ㉠, ㉢
② ㉠, ㉣
③ ㉡, ㉢
④ ㉠, ㉡, ㉣
⑤ ㉡, ㉣

※ 다음은 H씨가 8월까지 사용한 지출 내역이다. 이어지는 질문에 답하시오. [18~19]

〈8월까지 사용한 지출 내역〉

종류	내역
신용카드	2,500,000원
체크카드	3,500,000원
현금영수증	-

※ 연봉의 25%를 초과한 금액에 한해 신용카드 15% 및 현금영수증·체크카드 30% 공제
※ 공제는 초과한 금액에 대해 공제율이 높은 종류를 우선 적용

18 H씨의 예상 연봉 금액이 35,000,000원일 때, 연말정산에 대비하기 위한 전략 또는 위 자료에 대한 설명으로 적절하지 않은 것은?

① 신용카드와 체크카드 사용금액이 연봉의 25%를 넘어야 공제가 가능하다.

② 2,750,000원보다 더 사용해야 소득공제가 가능하다.

③ 만약 체크카드를 5,000,000원 더 사용한다면, 2,250,000원이 소득공제금액에 포함되고 공제액은 675,000원이다.

④ 만약 신용카드를 5,750,000원 더 사용한다면, 3,000,000원이 소득공제금액에 포함되고 공제액은 900,000원이다.

⑤ 신용카드 사용금액이 더 적기 때문에 체크카드보다 신용카드를 많이 사용하는 것이 공제에 유리하다.

19 H씨는 8월 이후로 신용카드를 4,000,000원 더 사용했고, 현금영수증 금액을 확인해보니 5,000,000원이었다. 또한, 연봉이 40,000,000원으로 상승하였다. 다음의 세율 표를 적용하여 신용카드, 현금영수증 등 소득공제금액에 대한 세금은?

과표	세율
연봉 1,200만 원 이하	6%
연봉 4,600만 원 이하	15%
연봉 8,800만 원 이하	24%
연봉 15,000만 원 이하	35%
연봉 15,000만 원 초과	38%

① 90,000원

② 225,000원

③ 247,500원

④ 450,000원

⑤ 1,500,000원

20 다음은 P공장에서 근무하는 근로자들의 임금 수준 분포를 나타낸 자료이다. 근로자 전체에게 지급된 임금(월 급여)의 총액이 2억 원일 때, 〈보기〉 중 옳은 것을 모두 고르면?

〈공장 근로자의 임금 수준 분포〉

임금 수준(만 원)	근로자 수(명)
월 300 이상	4
월 270 이상 300 미만	8
월 240 이상 270 미만	12
월 210 이상 240 미만	26
월 180 이상 210 미만	30
월 150 이상 180 미만	6
월 150 미만	4
합계	90

보기

㉠ 근로자당 평균 월 급여액은 230만 원 이하이다.
㉡ 절반 이상의 근로자들이 월 210만 원 이상의 급여를 받고 있다.
㉢ 월 180만 원 미만의 급여를 받는 근로자의 비율은 약 14%이다.
㉣ 적어도 15명 이상의 근로자가 월 250만 원 이상의 급여를 받고 있다.

① ㉠
② ㉠, ㉡
③ ㉠, ㉡, ㉣
④ ㉡, ㉢, ㉣
⑤ ㉠, ㉡, ㉢, ㉣

21 Z회사는 최근 새로운 건물로 이사하면서 팀별 층 배치를 변경하기로 하였다. 층 배치 변경 사항과 현재 층 배치도가 다음과 같을 때, 이사 후 층 배치에 대한 설명으로 옳지 않은 것은?

〈층 배치 변경 사항〉

- 인사팀과 생산팀이 위치한 층 사이에 한 팀을 배치합니다.
- 연구팀과 영업팀은 기존 층보다 아래층으로 배치합니다.
- 총무팀은 6층에 배치합니다.
- 탕비실은 4층에 배치합니다.
- 생산팀은 연구팀보다 높은 층에 배치합니다.
- 전산팀은 2층에 배치합니다.

〈현재 층 배치도〉

층수	부서
7층	전산팀
6층	영업팀
5층	연구팀
4층	탕비실
3층	생산팀
2층	인사팀
1층	총무팀

① 생산팀은 7층에 배치될 수 있다.
② 인사팀은 5층에 배치될 수 있다.
③ 영업팀은 3층에 배치될 수 있다.
④ 생산팀은 3층에 배치될 수 있다.
⑤ 연구팀은 1층에 배치될 수 있다.

22 다음은 W구청의 민원사무처리규정의 일부이다. 이를 참고하여 A ~ C가 요청한 민원이 처리 · 완료되는 시점을 각각 구하면?

■ 민원사무처리기본표(일부)

소관별	민원명	처리기간(일)	수수료(원)
공통	진정, 단순질의, 건의	7	없음
	법정질의	14	없음
주민복지	가족, 종중, 법인묘지설치허가	7 ~ 30	없음
	개인묘지설치(변경)신고	5	없음
	납골시설(납골묘, 납골탑)설치신고	7 ~ 21	없음
종합민원실	토지(임야)대장등본	즉시	500
	지적(임야)도등본	즉시	700
	토지이용계획확인서	1	1,000
	등록사항 정정	3	없음
	토지거래계약허가	15	없음
	부동산중개사무소 등록	7	개인 : 20,000 / 법인 : 3,000
	토지(임야)분할측량	7	별도

■ 민원사무처리기간 산정방식(1일 근무시간은 8근무시간으로 한다)
- 민원사무처리기간을 "즉시"로 정한 경우
  - 정당한 사유가 없으면 접수 후 3근무시간 내에 처리하여야 한다.
- 민원사무처리기간을 "5일" 이하로 정한 경우
  - 민원 접수 시각부터 "시간" 단위로 계산한다.
  - 토요일과 공휴일은 산입하지 않는다.
- 민원사무처리기간을 "6일" 이상으로 정한 경우
  - 초일을 산입하여 "일" 단위로 계산한다.
  - 토요일은 산입하되, 공휴일은 산입하지 않는다.
- 신청서의 보완이 필요한 기간은 처리기간에 포함되지 않는다.

[4월 29일(금) 민원실 민원접수 현황]
01. 오전 10시 / A씨 / 부동산중개사무소 개점으로 인한 등록신청서 제출
02. 오후 12시 / B씨 / 토지의 소유권을 이전하는 계약을 체결하고자 허가서 제출
03. 오후 14시 / C씨 / 토지대장에서 잘못된 부분이 있어 정정요청서 제출
※ 공휴일 : 5/5 어린이날, 5/6 임시공휴일, 5/14 석가탄신일

	A씨	B씨	C씨		A씨	B씨	C씨
①	5/9(월)	5/19(목)	5/4(수) 10시	②	5/9(월)	5/19(목)	5/4(수) 14시
③	5/9(월)	5/23(월)	5/10(월) 14시	④	5/10(화)	5/19(목)	5/3(화) 14시
⑤	5/10(화)	5/23(월)	5/4(수) 14시				

※ H회사는 물품을 효과적으로 관리하기 위해 매년 회사 내 물품 목록을 작성하고, 물품별로 코드를 생성하여 관리하고 있다. 다음 자료를 보고 이어지는 질문에 답하시오. **[23~25]**

〈2020년도 사내 보유 물품 현황〉

구분	책임 부서 및 책임자	구매연도	구매가격	유효기간	처분 시 감가 비율	중고 여부
A	고객팀 이 대리	2020년	55만 원	11년	40%	×
B	총무팀 김 사원	2018년	30만 원	7년	20%	×
C	영업팀 최 사원	2017년	35만 원	10년	50%	×
D	생산팀 강 부장	2015년	80만 원	12년	25%	○
E	인사팀 이 과장	2019년	16만 원	8년	25%	○

※ 물품의 유효기간은 목록을 작성한 연도를 기준으로 한다.
※ 처분 시 감가 비율은 물품 구매가격을 기준으로 한다.

〈코드 생성 방법〉

• 구분에 따른 생성 코드

구분		코드
책임 부서	총무팀	GAT
	영업팀	SLT
	생산팀	PDT
	고객팀	CTT
	인사팀	PST
책임자 직급	사원	E
	대리	A
	과장	S
	부장	H
중고 여부	새 제품	1
	중고 제품	0

• 코드 순서 : 책임 부서 – 책임자 직급 – 구매연도(2자리) – 유효기간(2자리) – 중고 여부
(예 GAT – A – 14 – 02 – 1)

23 다음 중 2020년도 사내 보유 물품인 A ~ E물품의 코드로 옳지 않은 것은?

① CTT – A – 20 – 11 – 1
② GAT – E – 18 – 07 – 1
③ SLT – E – 17 – 10 – 0
④ PDT – H – 15 – 12 – 0
⑤ PST – S – 19 – 08 – 0

24 다음 중 A ~ E물품을 모두 처분한다고 할 때, 받을 수 있는 총금액은?(단, 중고 제품의 경우 처분 금액의 50%만 받을 수 있으며, 만 원 이하는 버린다)

① 88만 원

② 98만 원

③ 110만 원

④ 120만 원

⑤ 131만 원

25 제휴 업체를 통해 유효기간이 10년 이상 남은 물품을 처분할 경우 구매가격의 80%를 받을 수 있다고 한다. 다음 중 유효기간이 10년 이상 남은 물품을 모두 처분한다고 할 때, 제휴 업체로부터 받을 수 있는 총금액은?

① 108만 원

② 112만 원

③ 122만 원

④ 132만 원

⑤ 136만 원

26 8개의 좌석이 있는 원탁에 수민, 성찬, 진모, 성표, 영래, 현석 6명이 앉아 있다. 앉아 있는 〈조건〉이 다음과 같다고 할 때 항상 옳은 것은?

> **조건**
> • 수민이와 현석이는 서로 옆자리이다.
> • 성표의 맞은편에는 진모가, 현석이의 맞은편에는 영래가 앉아 있다.
> • 영래와 수민이는 둘 다 한쪽 옆자리만 비어 있다.
> • 진모의 양 옆자리에는 항상 누군가가 앉아 있다.

① 성표는 어떤 경우에도 빈자리 옆이 아니다.

② 성찬이는 어떤 경우에도 빈자리 옆이 아니다.

③ 영래의 오른쪽에는 성표가 앉는다.

④ 현석이의 왼쪽에는 항상 진모가 앉는다.

⑤ 진모와 수민이는 한 명을 사이에 두고 앉는다.

※ K회사 직원인 정민, 혜정, 진선, 기영, 보람, 민영, 선호 7명은 오후 2시에 시작될 회의에 참석하기 위해 대중교통을 이용하여 거래처 내 회의장에 가고자 한다. 다음 〈조건〉을 참고하여 이어지는 질문에 답하시오. **[27~29]**

조건

- 이용가능한 대중교통은 버스, 지하철, 택시만 있다.
- 이용가능한 모든 대중교통의 K회사에서부터 거래처까지의 노선은 A, B, C, D지점을 거치는 직선노선이다.
- K회사에서 대중교통을 기다리는 시간은 고려하지 않는다.
- 택시의 기본 요금은 2,000원이다.
- 택시는 2km마다 100원씩 추가요금이 발생하며, 2km를 1분에 간다.
- 버스는 2km를 3분에 가고, 지하철은 2km를 2분에 간다.
- 버스와 지하철은 K회사, A, B, C, D 각 지점, 그리고 거래처에 있는 버스정류장 및 지하철역을 경유한다.
- 버스 요금은 500원, 지하철 요금은 700원이며, 추가요금은 없다.
- 버스와 지하철 간에는 무료 환승이 가능하다.
- 환승할 경우 소요시간은 2분이다.
- 환승할 때 느끼는 번거로움 등을 비용으로 환산하면 1분당 400원이다.
- 거래처에 도착하여 회의장까지 가는 데는 2분이 소요된다.
- 회의가 시작되기 전에 먼저 회의장에 도착하여 대기하는 동안의 긴장감 등을 비용으로 환산하면 1분당 200원이다.
- 회의에 지각할 경우 회사로부터 당하는 불이익 등을 비용으로 환산하면 1분당 10,000원이다.

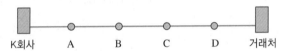

※ 각 구간의 거리는 모두 2km이다.

27 거래처에 도착한 이후의 비용을 고려하지 않을 때, K회사에서부터 거래처까지 최단시간으로 가는 방법과 최소비용으로 가는 방법 간의 비용 차는 얼마인가?

① 1,900원
② 2,000원
③ 2,100원
④ 2,200원
⑤ 2,300원

28 정민이는 K회사에서부터 B지점까지 버스를 탄 후, 택시로 환승하여 거래처의 회의장에 도착하고자 한다. 어느 시각에 출발하는 것이 비용을 최소화할 수 있는가?

① 오후 1시 42분
② 오후 1시 45분
③ 오후 1시 47분
④ 오후 1시 50분
⑤ 오후 1시 52분

29 혜정이는 1시 36분에 K회사에서 출발하여 B지점까지 버스를 탄 후, 지하철로 환승하여 거래처에 도착했다. 그리고 진선이는 혜정이가 출발한 8분 뒤에 K회사에서 출발하여 C지점까지 택시를 탄 후, 거래처까지의 나머지 거리는 버스를 이용했다. 혜정이와 진선이의 비용 차는 얼마인가?

① 1,200원 ② 1,300원
③ 1,400원 ④ 1,500원
⑤ 1,600원

30 다음을 근거로 판단할 때, 색칠된 사물함에 들어있는 돈의 총액으로 가능한 것은?

- 다음과 같이 생긴 25개의 각 사물함에는 200원이 들어있거나 300원이 들어있거나 돈이 아예 들어있지 않다.
- 그림의 우측과 아래에 쓰인 숫자는 그 줄의 사물함에 든 돈의 액수를 모두 합한 금액이다. 예를 들어 1번, 2번, 3번, 4번, 5번 사물함에 든 돈의 액수를 모두 합하면 900원이다.
- 11번 사물함에는 200원이 들어있고, 25번 사물함에는 300원이 들어있으며, 전체 사물함 중 200원이 든 사물함은 4개뿐이다.

1	2	3	4	5	900
6	7	8	9	10	700
11	12	13	14	15	500
16	17	18	19	20	300
21	22	23	24	25	500
500	400	900	600	500	

① 600원 ② 900원
③ 1,000원 ④ 1,200원
⑤ 1,400원

| 04 | 자원관리능력(법정 · 상경 / 발전설비운영)

※ S공단의 투자지원본부는 올해 7월 중에 신규투자할 중소기업을 선정하고자 한다. 다음 자료를 보고 이어지는 질문에 답하시오. [31~32]

<상황>

- A대리는 신규투자처 선정 일정에 지장이 가지 않는 범위 내에서 연차 2일을 사용해 아내와 베트남으로 여행을 가기로 했다. 신규투자처 선정은 <조건>에 따라 진행된다.

조건

- 신규투자처 선정은 '작년투자현황 조사 → 잠재력 심층조사 → 선정위원회 1차 심사 → 선정위원회 2차 심사 → 선정위원회 최종결정 → 선정결과 발표' 단계로 진행된다.
- 신규투자처 선정은 3월 1일부터 시작한다.
- 작년투자현황 조사와 잠재력 심층조사는 근무일 2일씩, 선정위원회의 각 심사는 근무일 3일씩, 선정위원회 최종결정과 발표는 근무일 1일씩 소요된다.
- 신규투자처 선정의 각 단계는 최소 1일 이상의 간격을 두고 진행해야 한다.
- 투자지원본부장은 신규투자처 선정결과 발표를 7월 26일까지 완료하고자 한다.

2022년 7월 달력						
일요일	월요일	화요일	수요일	목요일	금요일	토요일
					1	2
3	4	5	6	7	8	9
10	11	12	13	14	15	16
17	18	19	20	21	22	23
24	25	26	27	28	29	30
31						

※ 투자지원본부는 주중에만 근무한다.
※ 주말은 휴일이므로 연차는 주중에 사용한다.

31 다음 날짜 중 A대리가 연차를 사용할 수 없는 날짜는?

① 7월 5 ~ 6일

② 7월 7 ~ 8일

③ 7월 11 ~ 12일

④ 7월 19 ~ 20일

⑤ 7월 20 ~ 21일

32 S공단의 상황에 따라 선정위원회 2차 심사가 7월 19일까지 완료되어야 한다고 한다. 이를 고려하였을 때, 다음 중 A대리가 연차를 사용가능한 날짜로 적절한 것은?

① 7월 7 ~ 8일

② 7월 11 ~ 12일

③ 7월 13 ~ 14일

④ 7월 19 ~ 20일

⑤ 7월 20 ~ 21일

33 K회사 B과장이 내년에 해외근무 신청을 위해서는 의무 교육이수 기준을 만족해야 한다. B과장이 지금까지 글로벌 경영교육 17시간, 해외사무영어교육 50시간, 국제회계교육 24시간을 이수하였다며, 의무 교육이수 기준에 미달인 과목과 그 과목의 부족한 점수는 몇 점인가?

〈의무 교육이수 기준〉

(단위 : 점)

구분	글로벌 경영	해외사무영어	국제회계
이수 완료 점수	15	60	20
시간당 점수	1	1	2

※ 초과 이수 시간은 시간당 0.2점으로 환산하여 해외사무영어 점수에 통합한다.

	과목	점수		과목	점수
①	해외사무영어	6.8점	②	해외사무영어	7.0점
③	글로벌 경영	7.0점	④	국제회계	6.8점
⑤	국제회계	5.8점			

34 A과장은 월요일에 사천연수원에서 진행될 세미나에 참석해야 한다. 세미나는 월요일 오후 12시부터 시작이며, 수요일 오후 6시까지 진행된다. 갈 때는 세미나에 늦지 않게만 도착하면 되지만, 올 때는 목요일 회의 준비를 위해 최대한 일찍 서울로 올라와야 한다. 교통비는 회사에 청구하지만 가능한 적은 비용으로 세미나 참석을 원할 때, 교통비는 얼마가 들겠는가?

〈KTX〉

구분	월요일		수요일		가격
서울 – 사천	08:00 ~ 11:00	09:00 ~ 12:00	08:00 ~ 11:00	09:00 ~ 12:00	65,200원
사천 – 서울	16:00 ~ 19:00	20:00 ~ 23:00	16:00 ~ 19:00	20:00 ~ 23:00	66,200원 (10% 할인 가능)

※ 사천역에서 사천연수원까지 택시비는 22,200원이며, 30분이 걸린다.

〈비행기〉

구분	월요일		수요일		가격
서울 – 사천	08:00 ~ 09:00	09:00 ~ 10:00	08:00 ~ 09:00	09:00 ~ 10:00	105,200원
사천 – 서울	19:00 ~ 20:00	20:00 ~ 21:00	19:00 ~ 20:00	20:00 ~ 21:00	93,200원 (10% 할인 가능)

※ 사천공항에서 사천연수원까지 택시비는 21,500원이며, 30분이 걸린다.

① 168,280원
② 178,580원
③ 192,780원
④ 215,380원
⑤ 232,080원

35 사원 A ~ D가 받은 성과급이 다음과 같을 때, 총 성과급은?

- A는 총 성과급의 3분의 1에 20만 원을 더 받았다.
- B는 그 나머지 성과급의 2분의 1에 10만 원을 더 받았다.
- C는 그 나머지 성과급의 3분의 1에 60만 원을 더 받았다.
- D는 그 나머지 성과급의 2분의 1에 70만 원을 더 받았다.

① 840만 원
② 900만 원
③ 960만 원
④ 1,020만 원
⑤ 1,080만 원

36 H은행 A지점은 Q구의 신규 입주아파트 분양업자와 협약체결을 통하여 분양 중도금 관련 집단대출을 전담하게 되었다. A지점에 근무하는 귀하는 한 입주예정자로부터 평일에는 개인사정으로 인해 영업시간 내에 방문하지 못한다는 문의에 근처 다른 지점에 방문하여 대출신청을 진행할 수 있도록 안내하였다. 다음의 〈조건〉을 토대로 입주예정자의 대출신청을 완료하는 데까지 걸리는 최소시간은 얼마인가?[단, 각 지점 간 숫자는 두 영업점 간의 거리(km)를 의미한다]

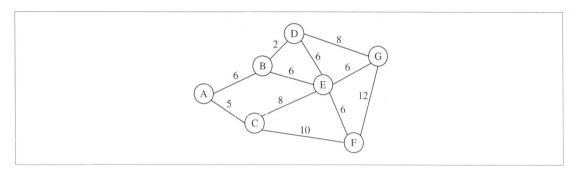

조건
- 입주예정자는 G지점 근처에서 거주하고 있어, 영업시간 내에 언제든지 방문 가능함
- 대출과 관련한 서류는 A지점에서 G지점까지 행낭을 통해 전달함
- 은행 영업점 간 행낭 배송은 시속 60km로 운행하며 요청에 따라 배송지 순서는 변경(생략)할 수 있음(단, 연결된 구간으로만 운행 가능함)
- 대출신청서 등 대출 관련 서류는 입주예정자 본인 또는 대리인(대리인증명서 필요)이 작성하여야 함(단, 작성하는 시간은 총 30분이 소요됨)
- 대출신청 완료는 A지점에 입주예정자가 작성한 신청서류가 도착했을 때를 기준으로 함

① 46분
② 49분
③ 57분
④ 1시간 2분
⑤ 1시간 5분

※ 다음은 수발실에서 근무하는 직원들에 대한 근무평정 자료이다. 이어지는 질문에 답하시오. [37~38]

〈정보〉

- 수발실은 공단으로 수신되거나 공단에서 발송하는 문서를 분류, 배부하는 업무를 한다. 문서 수발이 중요한 업무인 만큼, 공단은 매분기 수발실 직원별로 사고 건수를 조사하여 다음의 벌점 산정 방식에 따라 벌점을 부과한다.
- 공단은 이번 2분기 수발실 직원들에 대해 벌점을 부과한 후, 이를 반영하여 성과급을 지급하고자 한다.

〈벌점 산정방식〉

- 분기 벌점은 사고 유형별 건수와 유형별 벌점의 곱의 총합으로 계산한다.
- 전분기 무사고였던 직원의 경우, 해당분기 벌점에서 5점을 차감하는 혜택을 부여받는다.
- 전분기에 무사고였더라도, 해당분기 발신사고 건수가 4건 이상인 경우 벌점차감 혜택을 적용받지 못한다.

〈사고 건수당 벌점〉

(단위 : 점)

사고 종류	수신사고		발신사고	
	수신물 오분류	수신물 분실	미발송	발신물 분실
벌점	2	4	4	6

〈2분기 직원별 오류발생 현황〉

(단위 : 건)

직원	수신물 오분류	수신물 분실	미발송	발신물 분실	전분기 총사고 건수
A	–	2	–	4	2
B	2	3	3	–	–
C	2	–	3	1	4
D	–	2	2	2	8
E	1	–	3	2	–

37 벌점 산정방식에 따를 때, 수발실 직원 중 두 번째로 높은 벌점을 부여받는 직원은?

① A직원
② B직원
③ C직원
④ D직원
⑤ E직원

38 공단은 수발실 직원들의 등수에 따라 2분기 성과급을 지급하고자 한다. 수발실 직원들의 경우 해당 분기 벌점이 적을수록 부서 내 등수가 높다고 할 때, 다음 중 B직원과 E직원이 지급받을 성과급 총액은 얼마인가?

〈성과급 지급 기준〉

• (성과급)=(부서별 성과급 기준액)×(등수별 지급비율)
• 수발실 성과급 기준액 : 100만 원
• 등수별 성과급 지급비율

등수	1등	2~3등	4~5등
지급비율	100%	90%	80%

※ 분기당 벌점이 30점을 초과하는 경우 등수와 무관하게 성과급 기준액의 50%만 지급한다.

① 100만 원
② 160만 원
③ 180만 원
④ 190만 원
⑤ 200만 원

※ K베이커리 사장은 새로운 직원을 채용하기 위해 아르바이트 공고문을 게재하였고, 지원자 명단은 다음과 같다. 이어지는 질문에 답하시오. [39~40]

■ 아르바이트 공고문
- 업체명 : K베이커리
- 업무내용 : 고객응대 및 매장관리
- 지원자격 : 경력, 성별, 학력 무관 / 나이 : 20 ~ 40세
- 근무조건 : 6개월 / 월 ~ 금 / 08:00 ~ 20:00(협의 가능)
- 급여 : 희망 임금
- 연락처 : 010-1234-1234

■ 아르바이트 지원자 명단

성명	성별	나이	근무가능시간	희망 임금	기타
김갑주	여	28	08:00 ~ 16:00	시 8,000원	
강을미	여	29	15:00 ~ 20:00	시 7,000원	
조병수	남	25	12:00 ~ 20:00	시 7,500원	• 1일 1회 출근만 가능함
박정현	여	36	08:00 ~ 14:00	시 8,500원	• 최소 2시간 이상 연속 근무하여야 함
최강현	남	28	14:00 ~ 20:00	시 8,500원	
채미나	여	24	16:00 ~ 20:00	시 7,500원	
한수미	여	25	10:00 ~ 16:00	시 8,000원	

※ 근무시간은 지원자가 희망하는 근무시간대 내에서 조절 가능함

39 K베이커리 사장은 최소비용으로 가능한 최대인원을 채용하고자 한다. 매장에는 항상 2명의 직원이 상주하고 있어야 하며, 기존 직원 1명은 오전 8시부터 오후 3시까지 근무를 하고 있다. 위 지원자 명단을 참고하였을 때, 누구를 채용하겠는가?(단, 최소비용으로 최대인원을 채용하는 것을 목적으로 하며, 최소 2시간 이상 근무가 가능하면 채용한다)

① 김갑주, 강을미, 조병수
② 김갑주, 강을미, 박정현, 채미나
③ 김갑주, 강을미, 조병수, 채미나, 한수미
④ 강을미, 조병수, 박정현, 최강현, 채미나
⑤ 강을미, 조병수, 박정현, 최강현, 채미나, 한수미

40 39번 문제에서 결정한 인원을 채용했을 때, 급여를 한 주 단위로 지급한다면 사장이 지급해야 하는 임금은?(단, 기존 직원의 시급은 8,000원으로 계산한다)

① 805,000원
② 855,000원
③ 890,000원
④ 915,000원
⑤ 1,000,000원

41 귀하는 회사 내의 자원봉사활동으로 H보육원에서 워드프로세서 강의를 맡게 되었다. H보육원에서 강의하는 내용 중 삽입, 삭제, 수정에 대해 옳지 않은 것은?

① 삽입 상태에서 삽입할 위치에 커서를 두고 새로운 내용을 입력하면 원래의 내용은 뒤로 밀려나며 내용이 입력됩니다.

② 임의의 내용을 블록(영역) 지정한 후 [Delete]를 누르면 영역을 지정한 곳의 내용은 모두 삭제됩니다.

③ [Delete]는 커서를 움직이지 않고 오른쪽 문자열을 하나씩 삭제합니다.

④ [Space Bar]는 삽입 상태에서 커서를 오른쪽으로 이동시키면서 한 문자씩 삭제합니다.

⑤ [Insert]를 누르면 삽입이나 수정이 가능합니다.

42 다음의 워크시트를 참고할 때, 수식 「=INDEX(A3:E9,MATCH(SMALL(B3:B9,2),B3:B9,0),5)」의 결괏값은?

▲	A	B	C	D	E
1				(단위 : 개, 원)	
2	상품명	판매수량	단가	판매금액	원산지
3	참외	5	2,000	10,000	대구
4	바나나	12	1,000	12,000	서울
5	감	10	1,500	15,000	부산
6	포도	7	3,000	21,000	대전
7	사과	20	800	16,000	광주
8	오렌지	9	1,200	10,800	전주
9	수박	8	10,000	80,000	춘천

① 21,000
② 대전
③ 15,000
④ 광주
⑤ 사과

43 G기업은 출근 시스템 단말기에 직원들이 카드로 출근 체크를 하면 엑셀 워크시트에 실제 출근시간(B4:B10) 데이터가 자동으로 전송되어 입력된다. 총무부에서 근무하는 귀하는 데이터에 따라 직원들의 근태상황을 체크하려고 할 때, [C8] 셀에 입력할 함수는?(단, 9시까지는 출근으로 인정한다)

〈출근시간 워크시트〉

	A	B	C	D
1			날짜	2022.01.11
2		〈직원별 출근 현황〉		
3	이름	체크시간	근태상황	비고
4	이청용	7:55		
5	이하이	8:15		
6	구자철	8:38		
7	박지민	8:59		
8	손흥민	9:00		
9	박지성	9:01		
10	홍정호	9:07		

① =IF(B8>=TIME(9,1,0),"지각","출근")

② =IF(B8>=TIME(9,1,0),"출근","지각")

③ =IF(HOUR(B8)>=9,"지각","출근")

④ =IF(HOUR(B8)>9,"출근","지각")

⑤ =IF(B8>=TIME(9,0,0),"지각","출근")

44 다음 중 디지털 컴퓨터와 아날로그 컴퓨터의 차이점에 관한 설명으로 옳은 것은?

① 디지털 컴퓨터는 전류, 전압, 온도 등 다양한 입력 값을 처리하며, 아날로그 컴퓨터는 숫자 데이터만을 처리한다.

② 디지털 컴퓨터는 증폭 회로로 구성되며, 아날로그 컴퓨터는 논리 회로로 구성된다.

③ 아날로그 컴퓨터는 미분이나 적분 연산을 주로 하며, 디지털 컴퓨터는 산술이나 논리 연산을 주로 한다.

④ 아날로그 컴퓨터는 범용으로 많이 사용되며, 디지털 컴퓨터는 특수 목적용으로 많이 사용된다.

⑤ 디지털 컴퓨터는 연산속도가 빠르지만, 아날로그 컴퓨터는 느리다.

45 다음 중 스프레드 시트의 [창] – [틀 고정]에 대한 설명으로 옳지 않은 것은?

① 셀 포인터의 이동에 상관없이 항상 제목 행이나 제목 열을 표시하고자 할 때 설정한다.

② 제목 행으로 설정된 행은 셀 포인터를 화면의 아래쪽으로 이동시켜도 항상 화면에 표시된다.

③ 제목 열로 설정된 열은 셀 포인터를 화면의 오른쪽으로 이동시켜도 항상 화면에 표시된다.

④ 틀 고정을 취소할 때는 반드시 셀 포인터를 틀 고정된 우측 하단에 위치시키고 [창] – [틀 고정 취소]를 클릭해야 한다.

⑤ 틀 고정은 첫 행만을 고정하도록 설정할 수 있다.

46 S공사의 K사원이 윈도 10의 바탕화면에서 마우스 오른쪽 버튼을 클릭하였더니 그림과 같은 설정 창이 나타났다. 다음 설정 창에서 볼 수 있는 기능이 아닌 것은?

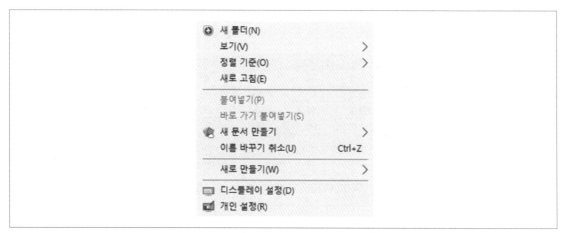

① 디스플레이 설정에 들어가서 야간 모드를 설정할 수 있다.

② 디스플레이 설정에 들어가서 잠금 화면을 설정할 수 있다.

③ 개인 설정에 들어가서 배경화면 색을 바꿀 수 있다.

④ 개인 설정에 들어가서 작업표시줄 기능을 바꿀 수 있다.

⑤ 개인 설정에 들어가서 윈도 테마를 바꿀 수 있다.

47 다음 빈칸에 들어갈 단어로 가장 적절한 것은?

> _____는 센서 네트워크와 외부 네트워크(인터넷)를 연결하는 게이트웨이 역할을 하며, 센서 노드에게 임무를 부여하고, 센서 노드에서 감지된 모든 이벤트를 수집한다.

① 풀 노드(Full Node)

② 싱크 노드(Sink Node)

③ 라이트 노드(Light Node)

④ 마스터 노드(Master Node)

⑤ 슈퍼 노드(Super Node)

48 T사 인사팀에 근무하는 L주임은 다음과 같이 상반기 공채 지원자들의 PT면접 점수를 입력한 후 면접 결과를 정리하고자 한다. 이를 위해 [F3] 셀에 〈보기〉와 같은 함수를 입력하고, 채우기 핸들을 이용하여 [F6] 셀까지 드래그했을 때, [F3] ~ [F6] 셀에 나타나는 결괏값으로 옳은 것은?

◢	A	B	C	D	E	F
1						(단위 : 점)
2	이름	발표내용	발표시간	억양	자료준비	결과
3	조재영	85	92	75	80	
4	박슬기	93	83	82	90	
5	김현진	92	95	86	91	
6	최승호	95	93	92	90	

보기

=IF(AVERAGE(B3:E3)>=90, "합격", "불합격")

	[F3]	[F4]	[F5]	[F6]
①	불합격	불합격	합격	합격
②	합격	합격	불합격	불합격
③	합격	불합격	합격	불합격
④	불합격	합격	불합격	합격
⑤	불합격	불합격	불합격	합격

49 S공사에서 근무하고 있는 K사원은 2021년 12월 발전소별 생산실적을 엑셀로 정리하려고 한다. 다음 (A) ~ (E) 셀에 K사원이 입력해야 할 함수로 옳지 않은 것은?

	A	B	C	D	E	F	G
1							
2				2021년 12월 발전소별 생산실적			
3							
4		구분	열용량(Gcal)	전기용량(MW)	열생산량(Gcal)	발전량(MWH)	발전량의 순위
5		파주	404	516	144,600	288,111	(B)
6		판교	172	146	94,657	86,382	
7		광교	138	145	27,551	17	
8		수원	71	43	42,353	321,519	
9		화성	407	512	141,139	6,496	
10		청주	105	61	32,510	4,598	
11		대구	71	44	46,477	753	
12		삼송	103	99	2,792	4,321	
13		평균		(A)	(E)		
14							
15					열용량의 최댓값(Gcal)	열생산량 중 세 번째로 높은 값 (Gcal)	
16					(C)	(D)	

① (A) : =AVERAGE(D5:D12)
② (B) : =RANK(F5,$F$5:$F$12,1)
③ (C) : =MAX(C5:C12)
④ (D) : =LARGE(E5:E12,3)
⑤ (E) : =AVERAGE(E5:E12)

50 다음 중 Windows에서 [표준 사용자 계정]의 사용자가 할 수 있는 작업으로 옳지 않은 것은?

① 사용자 자신의 암호를 변경할 수 있다.
② 마우스 포인터의 모양을 변경할 수 있다.
③ 관리자가 설정해 놓은 프린터를 프린터 목록에서 제거할 수 있다.
④ 사용자의 사진으로 자신만의 바탕 화면을 설정할 수 있다.
⑤ 사용자만의 고유한 파일 및 설정을 가질 수 있다.

51 귀하는 팀장의 업무지시를 받고 업무스케줄을 작성하였다. 다음 중 적절하지 않은 것은?

> 팀장 : ○○ 씨, 제가 한 시간 뒤에 출장을 가야 하니까 금일 업무에 대해서 미리 전달할게요. 우선 제가 10시에 나가기 전에 거래처에게 보여줄 샘플상품을 준비해 주세요. 그리고 제가 출장 간 후에 작성한 업무보고서는 점심시간 전까지 부서장님께 전달해 주세요. 오후에는 3시에 있을 프로젝트 회의를 준비해 주세요. 마이크, 노트북 등 프레젠테이션을 할 수 있도록 세팅을 부탁해요. 참! 점심 때 인사부 박 부장님께서 오시기로 했어요. 만약 제가 늦는다면 약속장소에 대해 안내해 드리고 저에게 연락해 줘요. 바로 약속장소로 갈 테니까요. 그리고 오늘까지 지난 출장 때 사용했던 경비에 대해 지출결의서를 총무부에 제출해야 돼요. 업무처리를 위해서 퇴근하기 1시간 전까지는 직접 전달해 주세요. 그리고 관리부에 들러서 프로젝트 회의에 사용할 노트북도 대여해 주세요.

	시간	업무 내용	구분
①	09:00 ~ 10:00	• 팀장님 업무지시 수령 • 거래처 샘플상품 준비	업무 시간
②	10:00 ~ 11:00	• 부서장님께 업무보고서 전달	
	11:00 ~ 12:00		
③	12:00 ~ 13:00	• 인사부 박 부장님 마중 (팀장님 부재 시 연락 및 약속장소 안내)	점심 시간
	13:00 ~ 14:00		
④	14:00 ~ 15:00	• 노트북 대여(관리부) • 프로젝트 회의 준비(마이크, 노트북 등 세팅)	업무 시간
	15:00 ~ 16:00		
	16:00 ~ 17:00		
⑤	17:00 ~ 18:00	• 지출결의서 제출(총무부)	
	－		퇴근

52 다음 중 업무수행 성과를 높이기 위한 행동전략을 잘못 사용하고 있는 사람은?

> 사원 A : 저는 해야 할 일이 생기면 미루지 않고, 그 즉시 바로 처리하려고 노력합니다.
> 사원 B : 저는 여러 가지 일이 생기면 비슷한 업무끼리 묶어서 한 번에 처리하곤 합니다.
> 대리 C : 저는 다른 사람이 일하는 방식과 다른 방식으로 생각하여 더 좋은 해결책을 발견하기도 합니다.
> 대리 D : 저도 C대리의 의견과 비슷합니다. 저는 저희 팀의 업무 지침이 마음에 들지 않아 저만의 방식을 찾고자 합니다.
> 인턴 E : 저는 저희 팀에서 가장 일을 잘한다고 평가받는 김 부장님을 제 역할모델로 삼았습니다.

① 사원 A
② 사원 B
③ 대리 C
④ 대리 D
⑤ 인턴 E

53 다음 글에서 알 수 있는 조직의 사례로 적절하지 않은 것은?

> 조직은 두 사람 이상이 공동의 목표를 달성하기 위해 의식적으로 구성된 상호작용과 조정을 행하는 행동의 집합체이다. 그러나 단순히 사람들이 모였다고 해서 조직이라고 하지는 않는다. 조직은 목적과 구조가 있으며, 목적을 달성하기 위해 구성원들은 서로 협동적인 노력을 하고, 외부 환경과도 긴밀한 관계를 맺고 있다. 조직은 일반적으로 재화나 서비스의 생산이라는 경제적 기능과 구성원들에게 만족감을 주고 협동을 지속시키는 사회적 기능을 갖는다.

① 병원에서 일하고 있는 의사와 간호사
② 유기견을 구조하고 보호하는 시민단체
③ 백화점에 모여 있는 직원과 고객
④ 편의점을 운영 중인 가족
⑤ 다문화 가정을 돕고 있는 종교단체

54 다음과 같은 비즈니스 에티켓 특징을 가지고 있는 국가는?

> • 인사 : 중국계의 경우 악수로 시작하는 일반적인 비즈니스 문화를 가지고 있으며, 말레이계의 경우 이성과 악수를 하지 않는 것이 일반적이다. 인도계 역시 이성끼리 악수를 하지 않고 목례를 한다.
> • 약속 : 약속 없이 방문하는 것은 실례이므로 업무상 필수적으로 방문해야 하는 경우에는 약속을 미리 잡아 일정 등에 대한 확답을 받은 후 방문한다. 미팅에서는 부수적인 이야기를 거의 하지 않으며 바로 업무에 관한 이야기를 한다. 이때, 상대방의 말을 끝까지 경청해야 한다. 명함을 받을 때도 두 손으로 받는 것이 일반적이다.

① 미국
② 싱가포르
③ 인도네시아
④ 필리핀
⑤ 태국

55 다음 글을 읽고 근로자가 선택할 행동으로 옳은 것을 〈보기〉에서 모두 고르면?

> 담합은 경제에 미치는 악영향도 크고 워낙 은밀하게 이뤄지는 탓에 경쟁 당국 입장에서는 적발하기 어렵다는 현실적인 문제가 있다. 독과점 사업자는 시장에서 어느 정도 드러나기 때문에 부당행위에 대한 감시·감독을 할 수 있지만, 담합은 그 속성상 증거가 없으면 존재 여부를 가늠하기 힘들기 때문이다.

보기

ㄱ. 신고를 통해 개인의 이익을 얻고 사회적으로 문제 해결을 한다.
ㄴ. 내부에서 먼저 합리적인 절차에 따라 문제 해결을 하고자 노력한다.
ㄷ. 근로자 개인이 받는 피해가 클지라도 기업 활동의 해악이 심각하면 이를 신고한다.

① ㄱ   ② ㄴ
③ ㄱ, ㄷ   ④ ㄴ, ㄷ
⑤ ㄱ, ㄴ, ㄷ

56 어떤 것에 대해 결정을 내릴 때 혼자 하는 것 못지않게 여럿이 함께 하는 상황도 적지 않다. 주변에서 예를 찾아보면 팀·조직 안에서 의사결정을 하는 것이 해당된다. 다음 중 집단의사결정의 특징이 아닌 것은?

① 한 사람이 가진 지식보다 집단의 지식과 정보가 더 많기 때문에 보다 효과적인 결정을 할 확률이 높다.
② 의사를 결정하는 과정에서 구성원 간의 갈등은 불가피하다.
③ 여럿의 의견을 일련의 과정을 거쳐 모은 것이기 때문에 결과는 얻을 수 있는 것 중 최선이다.
④ 구성원 각자의 시각으로 문제를 바라보기 때문에 다양한 견해를 가지고 접근할 수 있다.
⑤ 의견이 불일치하는 경우 오히려 특정 구성원에 의해 의사결정이 독점될 가능성이 있다.

57 다음과 같은 제품 개발 프로세스 모델에 대한 설명으로 적절하지 않은 것은?

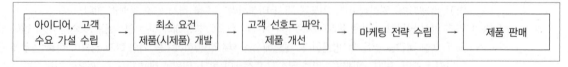

① 일본 도요타자동차의 린 제조 방식에서 차용하였다.
② 만들기, 측정, 학습의 과정을 반복하면서 꾸준히 혁신한다.
③ 제품 생산의 전 프로세스에서 낭비를 줄이고 최대 효율을 내는 방식이다.
④ 제품 개발이 끝날 때까지 전 과정을 비밀로 한다.
⑤ 고객의 생애가치나 획득 비용 등을 측정한다.

58 경영참가제도는 근로자를 경영과정에 참가하게 하여 공동으로 문제를 해결하고 이를 통해 노사 간의 균형을 이루며, 상호신뢰로 경영의 효율을 향상시키는 제도이다. 경영참가제도의 유형은 자본참가, 성과참가, 의사결정참가로 구분되는데, 다음 중 자본참가에 해당하는 사례는?

① 임직원들에게 저렴한 가격으로 일정 수량의 주식을 매입할 수 있게 권리를 부여한다.

② 위원회제도를 활용하여 근로자의 경영참여와 개선된 생산의 판매가치를 기초로 성과를 배분한다.

③ 부가가치의 증대를 목표로 하여 이를 노사협력체제를 통해 달성하고, 이에 따라 증가된 생산성 향상분을 노사 간에 배분한다.

④ 천재지변의 대응, 생산성 하락, 경영성과 전달 등과 같이 단체교섭에서 결정되지 않은 사항에 대하여 노사가 서로 협력할 수 있도록 한다.

⑤ 노동자 또는 노동조합의 대표가 기업의 최고결정기관에 직접 참가해서 기업경영의 여러 문제를 노사 공동으로 결정한다.

59 다음은 조직목표의 특징을 나타낸 내용이다. 주어진 5가지의 특징 중 옳지 않은 내용은 총 몇 가지인가?

〈조직목표의 특징〉

• 공식적 목표와 실제적 목표가 다를 수 있다.

• 다수의 조직목표를 추구할 수 있다.

• 조직목표 간에는 수평적 상호관계가 있다.

• 불변적 속성을 가진다.

• 조직의 구성요소와 상호관계를 가진다.

① 1가지   ② 2가지
③ 3가지   ④ 4가지
⑤ 5가지

60 다음 중 ㉠, ㉡에 대한 설명으로 옳은 것은?

조직구조는 조직마다 다양하게 이루어지며, 조직목표의 효과적 달성에 영향을 미친다. 조직구조에 대한 많은 연구를 통해 조직구조에 영향을 미치는 요인으로는 조직의 전략, 규모, 기술, 환경 등이 있음을 확인할 수 있다. 이에 따라 ㉠ 기계적 조직 혹은 ㉡ 유기적 조직으로 설계된다.

① ㉠은 의사결정 권한이 조직의 하부구성원들에게 많이 위임되어 있다.

② ㉡은 상하 간의 의사소통이 공식적인 경로를 통해 이루어진다.

③ ㉠은 규제나 통제의 정도가 낮아 의사소통 결정이 쉽게 변할 수 있다.

④ ㉡은 구성원들의 업무가 분명하게 정의된다.

⑤ 안정적이고 확실한 환경에서는 ㉠이, 급변하는 환경에서는 ㉡이 적합하다.

| 07 | 기술능력(발전설비운영)

※ H호텔에서는 편의시설로 코인세탁실을 설치하고자 한다. 다음 코인세탁기 설명서를 보고 이어지는 질문에 답하시오.
　　[61~62]

〈코인세탁기 설명서〉

■ **설치 시 주의사항**
- 전원은 교류 220V / 60Hz 콘센트를 제품 단독으로 사용하세요.
- 전원코드를 임의로 연장하지 마세요.
- 열에 약한 물건 근처나 습기, 기름, 직사광선 및 물이 닿는 곳이나 가스가 샐 가능성이 있는 곳에 설치하지 마세요.
- 안전을 위해서 반드시 접지하도록 하며 가스관, 플라스틱 수도관, 전화선 등에는 접지하지 마세요.
- 제품을 설치할 때는 전원코드를 빼기 쉬운 곳에 설치하세요.
- 바닥이 튼튼하고 수평인 곳에 설치하세요.
- 세탁기와 벽면과는 10cm 이상 거리를 두어 설치하세요.
- 물이 새는 곳이 있으면 설치하지 마세요.
- 온수 단독으로 연결하지 마세요.
- 냉수와 온수 호스의 연결이 바뀌지 않도록 주의하세요.

■ **문제해결방법**

증상	확인	해결
동작이 되지 않아요.	세탁기의 전원이 꺼져 있는 것은 아닌가요?	세탁기의 전원버튼을 눌러 주세요.
	문이 열려있는 건 아닌가요?	문을 닫고 동작 버튼을 눌러 주세요.
	물을 받고 있는 중은 아닌가요?	물이 설정된 높이까지 채워질 때까지 기다려 주세요.
	수도꼭지가 잠겨 있는 것은 아닌가요?	수도꼭지를 열어 주세요.
세탁 중 멈추고 급수를 해요.	옷감의 종류에 따라 물을 흡수하는 세탁물이 있어 물의 양을 보충하기 위해 급수하는 것입니다.	이상이 없으니 별도의 조치가 필요 없어요.
	거품이 많이 발생하는 세제를 권장량보다 과다 투입 시 거품 제거를 위해 배수 후 재급수하는 것입니다.	이상이 없으니 별도의 조치가 필요 없어요.
세제 넣는 곳 앞으로 물이 흘러 넘쳐요.	세제를 너무 많이 사용한 것은 아닌가요?	적정량의 세제를 넣어 주세요.
	물이 지나치게 뜨거운 것은 아닌가요?	50℃ 이상의 온수를 단독으로 사용하면 세제 투입 시 거품이 발생하여 넘칠 수 있습니다.
	세제 넣는 곳이 더럽거나 열려 있는 것은 아닌가요?	세제 넣는 곳을 청소해 주세요.
겨울에 진동이 심해요.	세탁기가 언 것은 아닌가요?	세제 넣는 곳이나 세탁조에 60℃ 정도의 뜨거운 물 10L 정도 넣어 세탁기를 녹여 주세요.
급수가 안 돼요.	거름망에 이물질이 끼어 있는 것은 아닌가요?	급수호수 연결부에 있는 거름망을 청소해 주세요.
탈수 시 세탁기가 흔들리거나 움직여요.	세탁기를 앞뒤 또는 옆으로 흔들었을 때 흔들리나요?	세탁기 또는 받침대를 다시 설치해 주세요.
	세탁기를 나무나 고무판 위에 설치하셨나요?	바닥이 평평한 곳에 설치하세요.
문이 열리지 않아요.	세탁기 내부온도가 높나요?	세탁기 내부온도가 70℃ 이상이거나 물 온도가 50℃ 이상인 경우 문이 열리지 않습니다. 내부온도가 내려갈 때까지 잠시 기다리세요.
	세탁조에 물이 남아 있나요?	탈수를 선택하여 물을 배수하세요.

61 다음 중 세탁기를 놓을 장소 선정 시 고려해야 할 사항으로 적절하지 않은 것은?

① 세탁기와 수도꼭지와의 거리를 확인한다.

② 220V / 60Hz 콘센트인지 확인한다.

③ 물이 새는 곳이 있는지 확인한다.

④ 바닥이 튼튼하고 수평인지 확인한다.

⑤ 전원코드를 임의로 연장하지 않도록 콘센트가 가까운 곳에 있는지 확인한다.

PART 1 PART 2 PART 3

62 호텔 투숙객이 세탁기 이용 도중 세탁기 문이 열리지 않고, 진동이 심하다며 불편사항을 접수하였다. 다음 중 투숙객의 불편사항에 대한 해결방법으로 적절한 것은?

① 세탁조에 물이 남아있는 것을 확인하고 급수를 선택하여 물을 급수하도록 안내한다.

② 세탁기 내부온도가 높으므로 세탁조에 차가운 물을 넣도록 안내한다.

③ 세탁기의 받침대를 다시 설치하여 세탁기의 흔들림을 최소화시켜야 한다.

④ 세탁기 내부온도가 높으므로 내부온도가 내려갈 때까지 기다려달라고 안내한다.

⑤ 세탁기가 얼었을 수 있으므로 세제 넣는 곳이나 세탁조에 미온수를 넣어서 녹이도록 안내한다.

※ 다음은 정수기 사용 설명서이다. 이어지는 질문에 답하시오. [63~65]

〈제품규격〉

모델명	SDWP – 8820
전원	AC 220V / 60Hz
외형치수	260(W)×360(D)×1100(H)(단위 : mm)

〈설치 시 주의사항〉

- 낙수, 우수, 목욕탕, 샤워실, 옥외 등 제품에 물이 닿거나 습기가 많은 장소에는 설치하지 마십시오.
- 급수호스가 꼬이거나 꺾이게 하지 마십시오.
- 화기나 직사광선은 피하십시오.
- 단단하고 평평한 곳에 설치하십시오.
- 제품은 반드시 냉수배관에 연결하십시오.
- 설치 위치는 벽면에서 20cm 이상 띄워 설치하십시오.

〈필터 종류 및 교환시기〉

구분	1단계	2단계	3단계	4단계
필터	세디멘트	프리카본	UF중공사막	실버블록카본
교환시기	약 4개월	약 8개월	약 20개월	약 12개월

〈청소〉

세척 부분	횟수	세척방법
외부	7일 1회	플라스틱 선용 세제제 및 젖은 헝겊으로 닦습니다(신나 및 벤젠은 제품의 변색이나 표면이 상할 우려가 있으므로 사용하지 마십시오).
물받이통	수시	중성세제로 닦습니다.
취수구	1일 1회	히든코크를 시계 반대 방향으로 돌려서 분리하고 취수구를 멸균 면봉을 사용하여 닦습니다. 히든코크는 젖은 헝겊을 사용하여 닦습니다.
피팅(연결구)	2년 1회 이상	필터 교환 시 피팅 또는 튜빙을 점검하고 필요 시 교환합니다.
튜빙(배관)		

〈제품 이상 시 조치방법〉

현상	예상원인	조치방법
온수 온도가 낮음	공급 전원 낮음	공급 전원이 220V인지 확인하고 아니면 전원을 220V로 맞춰 주십시오.
	온수 램프 확인	온수 램프에 전원이 들어오는지 확인하고 제품 뒷면의 온수 스위치가 켜져 있는지 확인하십시오.
냉수가 안 됨	공급 전원 낮음	공급 전원이 220V인지 확인하고 아니면 전원을 220V로 맞춰 주십시오.
	냉수 램프 확인	냉수 램프에 전원이 들어오는지 확인하고 제품 뒷면의 냉수 스위치가 켜져 있는지 확인하십시오.
물이 나오지 않음	필터 수명 종료	필터 교환 시기를 확인하고 서비스센터에 연락하십시오.
	연결 호스 꺾임	연결 호스가 꺾인 부분이 있으면 그 부분을 펴 주십시오.
냉수는 나오는데 온수 안 됨	온도 조절기 차단	제품 뒷면의 온수 스위치를 끄고 서비스센터에 연락하십시오.
	히터 불량	

정수물이 너무 느리게 채워짐	필터 수명 종료	서비스센터에 연락하고 필터를 교환받으십시오.
제품에서 누수 발생	조립 부위 불량	원수밸브를 잠근 후 작동을 중지시키고 서비스센터에 연락하십시오.
불쾌한 맛이나 냄새 발생	냉수 탱크 세척 불량	냉수 탱크를 세척하여 주십시오.

63 위 설명서를 기준으로 판단할 때 정수기에 대한 설명으로 옳지 않은 것은?

① 정수기 청소는 하루에 최소 2곳을 해야 한다.
② 불쾌한 맛이나 냄새가 발생하면 냉수 탱크를 세척하면 된다.
③ 적정 시기에 필터를 교환하지 않으면 발생할 수 있는 문제는 2가지이다.
④ 정수기의 크기는 가로 26cm, 깊이 36cm, 높이 110cm이다.
⑤ 습기가 많은 곳에는 설치하면 안 된다.

64 제품에 문제가 발생했을 때, 서비스센터에 연락해야만 해결이 가능한 현상이 아닌 것은?

① 정수물이 너무 느리게 채워진다.
② 필터의 수명이 다해 물이 나오지 않는다.
③ 제품에서 누수가 발생한다.
④ 냉수는 나오는데 온수가 나오지 않는다.
⑤ 연결 호스가 꺾여 물이 나오지 않는다.

65 위 설명서를 기준으로 판단할 때, 〈보기〉 중 정수기에 대한 설명으로 옳은 것을 모두 고르면?

> **보기**
> ㄱ. 정수기에 사용되는 필터는 총 4개이다.
> ㄴ. 급한 경우에는 신나 및 벤젠을 사용하여 정수기 외부를 청소해도 된다.
> ㄷ. 3년 사용할 경우 프리카본 필터는 3번 교환해야 한다.
> ㄹ. 벽면과의 간격을 10cm로 하여 정수기를 설치하면 문제가 발생할 수 있다.

① ㄱ, ㄴ
② ㄱ, ㄷ
③ ㄱ, ㄹ
④ ㄴ, ㄷ
⑤ ㄷ, ㄹ

※ 다음은 TV 제품설명서의 일부이다. 이어지는 질문에 답하시오. [66~70]

〈제품설명서〉

■ 설치관련 주의사항
- 제품을 들어 운반할 때에는 화면 표시부를 만지지 않고 2명 이상이 안전하게 운반하세요. 제품이 떨어지면 다치거나 고장이 날 수 있습니다.
- 전원코드는 다른 제품을 사용하지 말고 정품만 사용하세요. 감전 및 화재의 원인이 될 수 있습니다.
- 스탠드는 반드시 평평한 바닥 위에 설치하세요. 울퉁불퉁한 장소는 제품이 떨어져 고장이 나거나 상해를 입을 수 있습니다.
- 제품 설치 시 벽과 일정 거리를 두어 통풍이 잘 되게 하세요. 내부 온도 상승으로 인한 화재의 원인이 될 수 있습니다.
- 고온 다습한 곳이나 제품의 무게를 견디지 못하는 벽에는 설치하지 마세요. 제품이 고장이 나거나 떨어질 수 있습니다.
- 벽걸이 부착 공사는 전문업체에 맡기세요. 비전문가에 의한 공사로 상해를 입을 수 있습니다.
- 책장이나 벽장 등 통풍이 안 되는 좁은 공간에 설치하지 마세요. 내부 온도 상승으로 인한 화재의 원인이 될 수 있습니다.
- 불을 사용하거나 열이 발생하는 제품 및 장소와 가까운 곳에 설치하지 마세요. 화재의 위험이 있습니다.
- 장식장 또는 선반 위에 설치 시 제품 밑면이 밖으로 나오지 않게 하세요. 제품이 떨어져 고장이 나거나 상해를 입을 수 있습니다.
- 직사광선에 장기간 노출되지 않도록 주의해 주세요. 패널 표면의 변색이 발생할 수 있습니다.
- 테이블보나 커튼 등으로 통풍구가 막히지 않도록 하세요. 내부 온도 상승으로 인한 화재의 원인이 될 수 있습니다.

■ 문제해결
※ 다음과 같은 증상 및 원인 이외에 다른 문제가 있다면 즉시 서비스센터에 문의하여 주시길 바랍니다. 또한, 절대 소비자 임의로 수리를 하지 마시기 바랍니다.

증상	원인	조치사항
화면이 전혀 나오지 않아요.	전원 콘센트의 스위치가 꺼져 있음	TV 선년의 전원 램프에 불이 들어와 있는지 확인하고 꺼져 있다면 전원 스위치를 켜 주세요.
	전원코드가 빠져 있음	전원코드를 연결해 주세요.
	TV가 외부입력 모드로 선택되어 있음	[TV / 외부입력] 버튼을 누르고 TV를 선택하세요.
	안테나 케이블의 연결 상태가 불량함	안테나 케이블 커넥터가 TV의 안테나 입력 단자에 바르게 삽입되어 있는지 확인해 주세요.
외부기기와 연결하였는데 화면이 나오지 않아요.	TV가 외부입력 모드로 변환되지 않았거나 설정이 잘못됨	[TV / 외부입력] 버튼을 누르고 해당 외부 기기가 연결된 단자를 선택하세요.
	TV와 해당 기기의 연결 상태가 불량함	TV와 해당 기기의 연결 상태를 확인해 주세요.
리모컨 작동이 안 돼요.	건전지의 수명이 다하여 작동이 안 됨	새 건전지로 교환해 보세요.
	리모컨 수신부를 향하지 않았거나 정상적인 수신 각도에서 벗어나 조작함	
제품에서 뚝뚝 소리가 나요.	TV 외관의 기구적 수축, 팽창에 의해 발생됨	'뚝뚝' 소리는 열에 의해 기구물이 수축·팽창하면서 나타나는 증상으로 제품의 고장이 아니니 안심하고 사용하세요.
제품이 뜨거워요.	장시간 시청 시 패널에서 열이 발생함	장시간 사용 시 제품 상단이 뜨거워질 수 있습니다. 제품의 결함이나 작동 사용상의 문제가 되는 것이 아니므로 안심하고 사용하세요.
제품에서 계속 소리가 나요.	화면 밝기의 변화에 따라 소음의 변화가 있으며, 일정 수준의 소음이 발생함	일정 수준의 소음은 TV 자체의 특성이며 교환 및 환불의 대상이 아님을 양지하여 주시길 바랍니다.

66 귀하는 새롭게 구매한 TV로 호텔 광고를 할 계획을 하고 있다. 그래서 많은 고객에게 노출될 수 있도록 적절한 장소를 찾다가 로비 중앙에 TV를 설치하는 것이 가장 좋다고 판단하였다. 다음과 같은 가구를 구매하여 TV를 설치했을 때의 문제점으로 옳은 것은?

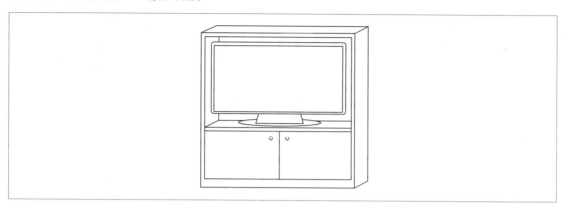

① 화재가 발생할 가능성이 있다.
② 패널 표면이 변색할 가능성이 있다.
③ 바닥이 울퉁불퉁하여 TV가 떨어져 고장이 날 위험이 있다.
④ 제품 밑면이 밖으로 나와 TV가 떨어질 위험이 있다.
⑤ 아무런 문제가 없다.

67 호텔은 많은 사람이 이용하는 장소인 만큼 화재 예방을 철저히 해야한다. 귀하는 TV를 설치하기 전 화재와 관련된 주의사항을 체크하고자 한다. 다음 중 화재 위험과 관련성이 가장 먼 것은?

① 전원코드는 반드시 생산업체의 정품 제품만을 사용한다.
② TV를 벽면으로부터 일정 거리를 두어 통풍이 잘 되도록 한다.
③ 햇빛에 장시간 노출되는 장소는 피하도록 한다.
④ 테이블보나 커튼 등으로 통풍구가 막히지 않도록 한다.
⑤ 난로나 화로와 같은 열이 발생하는 제품 주변에 TV를 설치하지 않는다.

68 귀하는 여러 가지 조건을 고려하여 가장 최적의 장소에 TV를 설치하였다. 또한, 호텔 광고가 켜질 수 있도록 USB를 연결하였지만 설치를 완료한 후 화면이 전혀 나오지 않는 것을 발견했다. 다음 중 가장 적절하지 않은 조치방법은?

① 전원코드를 연결한다.
② 리모컨의 건전지를 새것으로 교체한다.
③ 외부입력 모드를 조작한다.
④ TV 전원 스위치를 켠다.
⑤ USB를 연결 단자에 바르게 삽입했는지 확인한다.

69 귀하는 앞 문제를 모두 해결한 뒤 TV를 작동했다. 그러나 반나절을 사용하고 나자 제품에서 뜨거운 열이 발생한다는 것을 알게 되었다. 다음 중 가장 적절한 조치방법은?

① 별다른 조치 없이 사용한다.
② A/S 수리를 요청한다.
③ 교환 및 환불을 요청한다.
④ 다습한 장소로 옮긴다.
⑤ 분해하여 열이 나는 부품을 교체한다.

70 귀하는 결국 TV에 문제가 있어 서비스센터에 문의하여 수리를 요청하였다. 다음 중 귀하가 문의한 증상으로 적절하지 않은 것은?

① 연기 또는 타는 냄새가 난다.
② 내부에 이물질이 들어가 전원이 안 켜진다.
③ 화면이 잘려서 나온다.
④ 지지직, 파박 등 이상한 소리가 주기적으로 난다.
⑤ 리모컨 작동이 원활하지 않다.

PART 3

채용 가이드

| 01 | 블라인드 채용

1. 블라인드 채용이란?

채용 과정에서 편견이 개입되어 불합리한 차별을 야기할 수 있는 출신지, 가족관계, 학력, 외모 등의 편견요인은 제외하고, 직무능력만을 평가하여 인재를 채용하는 방식입니다.

2. 블라인드 채용의 필요성

- 채용의 공정성에 대한 사회적 요구
  - 누구에게나 직무능력만으로 경쟁할 수 있는 균등한 고용기회를 제공해야 하나 아직도 채용의 공정성에 대한 불신이 존재
  - 채용상 차별금지에 대한 법적 요건이 권고적 성격에서 처벌을 동반한 의무적 성격으로 강화되는 추세
  - 시민의식과 지원자의 권리의식 성숙으로 차별에 대한 법적 대응 가능성 증가
- 우수 인재 채용을 통한 기업의 경쟁력 강화 필요
  - 직무능력과 무관한 학벌, 외모 위주의 선발로 우수인재 선발기회 상실 및 기업경쟁력 약화
  - 채용 과정에서 차별 없이 직무능력중심으로 선발한 우수인재 확보 필요
- 공정한 채용을 통한 사회적 비용 감소 필요
  - 편견에 의한 차별적 채용은 우수인재 선발을 저해하고 외모·학벌 지상주의 등의 심화로 불필요한 사회적 비용 증가
  - 채용에서의 공정성을 높여 사회의 신뢰수준 제고

3. 블라인드 채용의 특징

편견 요인을 요구하지 않는 대신 직무능력을 평가합니다.

블라인드 채용 = 편견유발 요인제외 + 직무능력 중심평가

※ 직무능력중심 채용이란?
　기업의 역량기반 채용, NCS기반 능력중심 채용과 같이 직무수행에 필요한 능력과 역량을 평가하여 선발하는 채용방식을 통칭합니다.

4. 블라인드 채용의 평가요소

직무수행에 필요한 지식, 기술, 태도 등을 과학적인 선발기법을 통해 평가합니다.

평가기준 = 직무수행에 필요한 직무능력

※ 과학적 선발기법이란?
직무분석을 통해 도출된 평가요소를 서류, 필기, 면접 등을 통해 체계적으로 평가하는 방법으로 입사지원서, 자기소개서, 직무수행능력 평가, 구조화 면접 등이 해당됩니다.

5. 블라인드 채용 주요 도입 내용

- 입사지원서에 인적사항 요구 금지
  - 인적사항에는 출신지역, 가족관계, 결혼여부, 재산, 취미 및 특기, 종교, 생년월일(연령), 성별, 신장 및 체중, 사진, 전공, 학교명, 학점, 외국어 점수, 추천인 등이 해당
  - 채용 직무를 수행하는 데 있어 반드시 필요하다고 인정될 경우는 제외
    예 특수경비직 채용 시 : 시력, 건강한 신체 요구
      연구직 채용 시 : 논문, 학위 요구 등
- 블라인드 면접 실시
  - 면접관에게 응시자의 출신지역, 가족관계, 학교명 등 인적사항 정보 제공 금지
  - 면접관은 응시자의 인적사항에 대한 질문 금지

6. 블라인드 채용 도입의 효과성

- 구성원의 다양성과 창의성이 높아져 기업 경쟁력 강화
  - 편견을 없애고 직무능력 중심으로 선발하므로 다양한 직원 구성 가능
  - 다양한 생각과 의견을 통하여 기업의 창의성이 높아져 기업경쟁력 강화
- 직무에 적합한 인재선발을 통한 이직률 감소 및 만족도 제고
  - 사전에 지원자들에게 구체적이고 상세한 직무요건을 제시함으로써 허수 지원이 낮아지고, 직무에 적합한 지원자 모집 가능
  - 직무에 적합한 인재가 선발되어 직무이해도가 높아져 업무효율 증대 및 만족도 제고
- 채용의 공정성과 기업이미지 제고
  - 블라인드 채용은 사회적 편견을 줄인 선발 방법으로 기업에 대한 사회적 인식 제고
  - 채용과정에서 불합리한 차별을 받지 않고 실력에 의해 공정하게 평가를 받을 것이라는 믿음을 제공하고, 지원자들은 평등한 기회와 공정한 선발과정 경험

| 01 | 채용공고문

1. 채용공고문의 변화

기존 채용공고문	변화된 채용공고문
• 취업준비생에게 불충분하고 불친절한 측면 존재 • 모집분야에 대한 명확한 직무관련 정보 및 평가기준 부재 • 해당분야에 지원하기 위한 취업준비생의 무분별한 스펙 쌓기 현상 발생	• NCS 직무분석에 기반한 채용공고를 토대로 채용전형 진행 • 지원자가 입사 후 수행하게 될 업무에 대한 자세한 정보 공지 • 직무수행내용, 직무수행 시 필요한 능력, 관련된 자격, 직업기초능력 제시 • 지원자가 해당 직무에 필요한 스펙만을 준비할 수 있도록 안내
• 모집 부문 및 응시자격 • 지원서 접수 • 전형절차 • 채용조건 및 처우 • 기타사항	• 채용절차 • 채용유형별 선발분야 및 예정인원 • 전형방법 • 선발분야별 직무기술서 • 우대사항

2. 지원 유의사항 및 지원요건 확인

채용 직무에 따른 세부사항을 공고문에 명시하여 지원자에게 적격한 지원 기회를 부여함과 동시에 채용과정에서의 공정성과 신뢰성을 확보합니다.

구성	내용	확인사항
모집분야 및 규모	고용형태(인턴 계약직 등), 모집분야, 인원, 근무지역 등	채용직무가 여러 개일 경우 본인이 해당되는 직무의 채용규모 확인
응시자격	기본 자격사항, 지원조건	지원을 위한 최소자격요건을 확인하여 불필요한 지원을 예방
우대조건	법정·특별·자격증 가점	본인의 가점 여부를 검토하여 가점 획득을 위한 사항을 사실대로 기재
근무조건 및 보수	고용형태 및 고용기간, 보수, 근무지	본인이 생각하는 기대수준에 부합하는지 확인하여 불필요한 지원을 예방
시험방법	서류·필기·면접전형 등의 활용방안	전형방법 및 세부 평가기법 등을 확인하여 지원전략 준비
전형일정	접수기간, 각 전형 단계별 심사 및 합격자 발표일 등	본인의 지원 스케줄을 검토하여 차질이 없도록 준비
제출서류	입사지원서(경력·경험기술서 등), 각종 증명서 및 자격증 사본 등	지원요건 부합 여부 및 자격 증빙서류 사전에 준비
유의사항	임용취소 등의 규정	임용취소 관련 법적 또는 기관 내부 규정을 검토하여 해당여부 확인

| 02 | 직무기술서

직무기술서란 직무수행의 내용과 필요한 능력, 관련 자격, 직업기초능력 등을 상세히 기재한 것으로 입사 후 수행하게 될 업무에 대한 정보가 수록되어 있는 자료입니다.

1. 채용분야

설명

NCS 직무분류 체계에 따라 직무에 대한 「대분류 – 중분류 – 소분류 – 세분류」 체계를 확인할 수 있습니다.
채용직무에 대한 모든 직무기술서를 첨부하게 되며 실제 수행 업무를 기준으로 세부적인 분류정보를 제공합니다.

채용분야	분류체계			
사무행정	대분류	중분류	소분류	세분류
분류코드	02. 경영 · 회계 · 사무	03. 재무 · 회계	01. 재무	01. 예산
				02. 자금
			02. 회계	01. 회계감사
				02. 세무

2. 능력단위

설명

직무분류 체계의 세분류 하위능력단위 중 실질적으로 수행할 업무의 능력만 구체적으로 파악할 수 있습니다.

능력단위	(예산)	03. 연간종합예산수립 05. 확정예산 운영	04. 추정재무제표 작성 06. 예산실적 관리	
	(자금)	04. 자금운용		
	(회계감사)	02. 자금관리 06. 재무분석	04. 결산관리 07. 회계감사	05. 회계정보시스템 운용
	(세무)	02. 결산관리	05. 부가가치세 신고	07. 법인세 신고

3. 직무수행내용

설명

세분류 영역의 기본정의를 통해 직무수행내용을 확인할 수 있습니다. 입사 후 수행할 직무내용을 구체적으로 확인할 수 있으며, 이를 통해 입사서류 작성부터 면접까지 직무에 대한 명확한 이해를 바탕으로 자신의 희망직무인지 아닌지, 해당 직무가 자신이 알고 있던 직무가 맞는지 확인할 수 있습니다.

직무수행내용	(예산) 일정기간 예상되는 수익과 비용을 편성, 집행하며 통제하는 일
	(자금) 자금의 계획 수립, 조달, 운용을 하고 발생 가능한 위험 관리 및 성과평가
	(회계감사) 기업 및 조직 내 · 외부에 있는 의사결정자들이 효율적인 의사결정을 할 수 있도록 유용한 정보를 제공, 제공된 회계정보의 적정성을 파악하는 일
	(세무) 세무는 기업의 활동을 위하여 주어진 세법범위 내에서 조세부담을 최소화시키는 조세전략을 포함하고 정확한 과세소득과 과세표준 및 세액을 산출하여 과세당국에 신고 · 납부하는 일

4. 직무기술서 예시

태도	(예산) 정확성, 분석적 태도, 논리적 태도, 타 부서와의 협조적 태도, 설득력
	(자금) 분석적 사고력
	(회계 감사) 합리적 태도, 전략적 사고, 정확성, 적극적 협업 태도, 법률준수 태도, 분석적 태도, 신속성, 책임감, 정확한 판단력
	(세무) 규정 준수 의지, 수리적 정확성, 주의 깊은 태도
우대 자격증	공인회계사, 세무사, 컴퓨터활용능력, 변호사, 워드프로세서, 전산회계운용사, 사회조사분석사, 재경관리사, 회계관리 등
직업기초능력	의사소통능력, 문제해결능력, 자원관리능력, 대인관계능력, 정보능력, 조직이해능력

5. 직무기술서 내용별 확인사항

항목	확인사항
모집부문	해당 채용에서 선발하는 부문(분야)명 확인 예 사무행정, 전산, 전기
분류체계	지원하려는 분야의 세부직무군 확인
주요기능 및 역할	지원하려는 기업의 전사적인 기능과 역할, 산업군 확인
능력단위	지원분야의 직무수행에 관련되는 세부업무사항 확인
직무수행내용	지원분야의 직무군에 대한 상세사항 확인
전형방법	지원하려는 기업의 신입사원 선발전형 절차 확인
일반요건	교육사항을 제외한 지원 요건 확인(자격요건, 특수한 경우 연령)
교육요건	교육사항에 대한 지원요건 확인(대졸 / 초대졸 / 고졸 / 전공 요건)
필요지식	지원분야의 업무수행을 위해 요구되는 지식 관련 세부항목 확인
필요기술	지원분야의 업무수행을 위해 요구되는 기술 관련 세부항목 확인
직무수행태도	지원분야의 업무수행을 위해 요구되는 태도 관련 세부항목 확인
직업기초능력	지원분야 또는 지원기업의 조직원으로서 근무하기 위해 필요한 일반적인 능력사항 확인

| 03 | 입사지원서

1. 입사지원서의 변화

기존지원서		능력중심 채용 입사지원서
직무와 관련 없는 학점, 개인신상, 어학점수, 자격, 수상경력 등을 나열하도록 구성	VS	해당 직무수행에 꼭 필요한 정보들을 제시할 수 있도록 구성

직무기술서	
직무수행내용	
요구지식 / 기술	
관련 자격증	
사전직무경험	

인적사항	성명, 연락처, 지원분야 등 작성(평가 미반영)
교육사항	직무지식과 관련된 학교교육 및 직업교육 작성
자격사항	직무관련 국가공인 또는 민간자격 작성
경력 및 경험사항	조직에 소속되어 일정한 임금을 받거나(경력) 임금 없이(경험) 직무와 관련된 활동 내용 작성

2. 교육사항

• 지원분야 직무와 관련된 학교 교육이나 직업교육 혹은 기타교육 등 직무에 대한 지원자의 학습 여부를 평가하기 위한 항목입니다.
• 지원하고자 하는 직무의 학교 전공교육 이외에 직업교육, 기타교육 등을 기입할 수 있기 때문에 전공 제한 없이 직업교육과 기타교육을 이수하여 지원이 가능하도록 기회를 제공합니다.
(기타교육 : 학교 이외의 기관에서 개인이 이수한 교육과정 중 지원직무와 관련이 있다고 생각되는 교육내용)

구분	교육과정(과목)명	교육내용	과업(능력단위)

3. 자격사항

- 채용공고 및 직무기술서에 제시되어 있는 자격 현황을 토대로 지원자가 해당 직무를 수행하는 데 필요한 능력을 가지고 있는지를 평가하기 위한 항목입니다.
- 채용공고 및 직무기술서에 기재된 직무관련 필수 또는 우대자격 항목을 확인하여 본인이 보유하고 있는 자격사항을 기재합니다.

자격유형	자격증명	발급기관	취득일자	자격증번호

4. 경력 및 경험사항

- 직무와 관련된 경력이나 경험 여부를 표현하도록 하여 직무와 관련한 능력을 갖추었는지를 평가하기 위한 항목입니다.
- 해당 기업에서 직무를 수행함에 있어 필요한 사항만을 기록하게 되어 있기 때문에 직무와 무관한 스펙을 갖추지 않아도 됩니다.
- 경력 : 금전적 보수를 받고 일정기간 동안 일했던 경우
- 경험 : 금전적 보수를 받지 않고 수행한 활동

※ 기업에 따라 경력 / 경험 관련 증빙자료 요구 가능

구분	조직명	직위 / 역할	활동기간(년 / 월)	주요과업 / 활동내용

Tip

입사지원서 작성 방법

○ 경력 및 경험사항 작성
- 직무기술서에 제시된 지식, 기술, 태도와 지원자의 교육사항, 경력(경험)사항, 자격사항과 연계하여 개인의 직무역량에 대해 스스로 판단 가능

○ 인적사항 최소화
- 개인의 인적사항, 학교명, 가족관계 등을 노출하지 않도록 유의

부적절한 입사지원서 작성 사례
- 학교 이메일을 기입하여 학교명 노출
- 거주지 주소에 학교 기숙사 주소를 기입하여 학교명 노출
- 자기소개서에 부모님이 재직 중인 기업명, 직위, 직업을 기입하여 가족관계 노출
- 자기소개서에 석·박사 과정에 대한 이야기를 언급하여 학력 노출
- 동아리 활동에 대한 내용을 학교명과 더불어 언급하여 학교명 노출

| 04 | 자기소개서

1. 자기소개서의 변화

- 기존의 자기소개서는 지원자의 일대기나 관심 분야, 성격의 장·단점 등 개괄적인 사항을 묻는 질문으로 구성되어 지원자가 자신의 직무능력을 제대로 표출하지 못합니다.
- 능력중심 채용의 자기소개서는 직무기술서에 제시된 직업기초능력(또는 직무수행능력)에 대한 지원자의 과거 경험을 기술하게 함으로써 평가 타당도의 확보가 가능합니다.

1. 우리 회사와 해당 지원 직무분야에 지원한 동기에 대해 기술해 주세요.
2. 자신이 경험한 다양한 사회활동에 관해 기술해 주세요.
3. 지원 직무에 대한 전문성을 키우기 위해 받은 교육과 경험 및 경력사항에 대해 기술해 주세요.
4. 인사업무 또는 팀 과제 수행 중 발생한 갈등을 원만하게 해결해 본 경험이 있습니까? 당시 상황에 대한 설명과 갈등의 대상이 되었던 상대방을 설득한 과정 및 방법을 하단에 기술해 주세요.
5. 과거에 있었던 일 중 가장 어려웠던(힘들었던) 상황을 고르고, 어떤 방법으로 그 상황을 해결했는지를 하단에 기술해 주세요.

자기소개서 작성 방법

① 자기소개서 문항이 묻고 있는 평가 역량 추측하기

예시

- 팀 활동을 하면서 갈등 상황 시 상대방의 니즈나 의도를 명확히 파악하고 해결하여 목표 달성에 기여했던 경험에 대해서 작성해 주시기 바랍니다.
- 다른 사람이 생각해내지 못했던 문제점을 찾고 이를 해결한 경험에 대해 작성해 주시기 바랍니다.

② 해당 역량을 보여줄 수 있는 소재 찾기(시간×역량 매트릭스)

예시

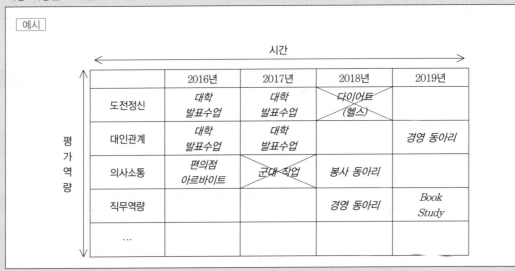

③ 자기소개서 작성 Skill 익히기
- 두괄식으로 작성하기
- 구체적 사례를 사용하기
- '나'를 중심으로 작성하기
- 직무역량 강조하기
- 경험 사례의 차별성 강조하기

CHAPTER 03 인성검사 소개 및 모의테스트

| 01 | 인성검사 유형

인성검사는 지원자의 성격특성을 객관적으로 파악하고 그것이 각 기업에서 필요로 하는 인재상과 가치에 부합하는가를 평가하기 위한 검사입니다. 인성검사는 KPDI(한국인재개발진흥원), K-SAD(한국사회적성개발원), KIRBS(한국행동과학연구소), SHR(에스에이치일) 등의 전문기관을 통해 각 기업의 특성에 맞는 검사를 선택하여 실시합니다. 대표적인 인성검사의 유형에는 크게 다음과 같은 세 가지가 있으며, 채용 대행업체에 따라 달라집니다.

1. KPDI 검사

조직적응성과 직무적합성을 알아보기 위한 검사로, 인성검사, 인성역량검사, 인적성검사, 직종별 인적성검사 등의 다양한 검사 도구를 구현합니다. KPDI는 성격을 파악하고 정신건강 상태 등을 측정하고, 직무검사는 해당 직무를 수행하기 위해 기본적으로 갖추어야 할 인지적 능력을 측정합니다. 역량검사는 특정 직무 역할을 효과적으로 수행하는 데 직접적으로 관련 있는 개인의 행동, 지식, 스킬, 가치관 등을 측정합니다.

2. KAD(Korea Aptitude Development) 검사

K-SAD(한국사회적성개발원)에서 실시하는 적성검사 프로그램입니다. 개인의 성향, 지적 능력, 기호, 관심, 흥미도를 종합적으로 분석하여 적성에 맞는 업무가 무엇인가 파악하고, 직무수행에 있어서 요구되는 기초능력과 실무능력을 분석합니다.

3. SHR 직무적성검사

직무수행에 필요한 종합적인 사고 능력을 다양한 적성검사(Paper and Pencil Test)로 평가합니다. SHR의 모든 직무능력검사는 표준화 검사입니다. 표준화 검사는 표본집단의 점수를 기초로 규준이 만들어진 검사이므로 개인의 점수를 규준에 맞추어 해석·비교하는 것이 가능합니다. S(Standardized Tests), H(Hundreds of Version), R(Reliable Norm Data)을 특징으로 하며, 직군·직급별 특성과 선발 수준에 맞추어 검사를 적용할 수 있습니다.

| 02 | 인성검사와 면접

인성검사는 특히 면접질문과 관련성이 높습니다. 면접관은 지원자의 인성검사 결과를 토대로 질문을 하기 때문입니다. 일관적이고 이상적인 답변을 하는 것이 가장 좋지만, 실제 시험은 매우 복잡하여 전문가라 해도 일정 성격을 유지하면서 답변을 하는 것이 힘듭니다. 또한, 인성검사에는 라이 스케일(Lie Scale) 설문이 전체 설문 속에 교묘하게 섞여 들어가 있으므로 겉치레적인 답을 하게 되면 회답태도의 허위성이 그대로 드러나게 됩니다. 예를 들어 '거짓말을 한 적이 한 번도 없다.'에 '예'로 답하고, '때로는 거짓말을 하기도 한다.'에 '예'라고 답하여 라이 스케일의 득점이 올라가게 되면 모든 회답의 신빙성이 사라지고 '자신을 돋보이게 하려는 사람'이라는 평가를 받을 수 있으므로 주의해야 합니다. 따라서 모의테스트를 통해 인성검사의 유형과 실제 시험 시 어떻게 문제를 풀어야 하는지 연습해 보고 체크한 부분 중 자신의 단점과 연결되는 부분은 면접에서 질문이 들어왔을 때 어떻게 대처해야 하는지 생각해 보는 것이 좋습니다.

| 03 | 유의사항

1. 기업의 인재상을 파악하라!

인성검사를 통해 개인의 성격 특성을 파악하고 그것이 기업의 인재상과 가치에 부합하는지를 평가하는 시험이기 때문에 해당 기업의 인재상을 먼저 파악하고 시험에 임하는 것이 좋습니다. 모의테스트에서 인재상에 맞는 가상의 인물을 설정하고 문제에 답해 보는 것도 많은 도움이 됩니다.

2. 일관성 있는 대답을 하라!

짧은 시간 안에 다양한 질문에 답을 해야 하는데, 그 안에는 중복되는 질문이 여러 번 나옵니다. 이때 앞서 자신이 체크했던 대답을 잘 기억해뒀다가 일관성 있는 답을 하는 것이 중요합니다.

3. 모든 문항에 대답하라!

많은 문제를 짧은 시간 안에 풀려다 보니 다 못 푸는 경우도 종종 생깁니다. 하지만 대답을 누락하거나 끝까지 다 못했을 경우 좋지 않은 결과를 가져올 수도 있으니 최대한 주어진 시간 안에 모든 문항에 답할 수 있도록 해야 합니다.

| 04 | KPDI 모의테스트

※ 모의테스트는 질문 및 답변 유형 연습을 위한 것으로 실제 시험과 다를 수 있습니다.

번호	내용	예	아니오
001	나는 솔직한 편이다.	☐	☐
002	나는 리드하는 것을 좋아한다.	☐	☐
003	법을 어겨서 말썽이 된 적이 한 번도 없다.	☐	☐
004	거짓말을 한 번도 한 적이 없다.	☐	☐
005	나는 눈치가 빠르다.	☐	☐
006	나는 일을 주도하기보다는 뒤에서 지원하는 것을 선호한다.	☐	☐
007	앞일은 알 수 없기 때문에 계획은 필요하지 않다.	☐	☐
008	거짓말도 때로는 방편이라고 생각한다.	☐	☐
009	사람이 많은 술자리를 좋아한다.	☐	☐
010	걱정이 지나치게 많다.	☐	☐
011	일을 시작하기 전 재고하는 경향이 있다.	☐	☐
012	불의를 참지 못한다.	☐	☐
013	처음 만나는 사람과도 이야기를 잘 한다.	☐	☐
014	때로는 변화가 두렵다.	☐	☐
015	나는 모든 사람에게 친절하다.	☐	☐
016	힘든 일이 있을 때 술은 위로가 되지 않는다.	☐	☐
017	결정을 빨리 내리지 못해 손해를 본 경험이 있다.	☐	☐
018	기회를 잡을 준비가 되어 있다.	☐	☐
019	때로는 내가 정말 쓸모없는 사람이라고 느낀다.	☐	☐
020	누군가 나를 챙겨주는 것이 좋다.	☐	☐
021	자주 가슴이 답답하다.	☐	☐
022	나는 내가 자랑스럽다.	☐	☐
023	경험이 중요하다고 생각한다.	☐	☐
024	전자기기를 분해하고 다시 조립하는 것을 좋아한다.	☐	☐
025	감시받고 있다는 느낌이 든다.	☐	☐

026	난처한 상황에 놓이면 그 순간을 피하고 싶다.	☐	☐
027	세상엔 믿을 사람이 없다.	☐	☐
028	잘못을 빨리 인정하는 편이다.	☐	☐
029	지도를 보고 길을 잘 찾아간다.	☐	☐
030	귓속말을 하는 사람을 보면 날 비난하고 있는 것 같다.	☐	☐
031	막무가내라는 말을 들을 때가 있다.	☐	☐
032	장래의 일을 생각하면 불안하다.	☐	☐
033	결과보다 과정이 중요하다고 생각한다.	☐	☐
034	운동은 그다지 할 필요가 없다고 생각한다.	☐	☐
035	새로운 일을 시작할 때 좀처럼 한 발을 떼지 못한다.	☐	☐
036	기분 상하는 일이 있더라도 참는 편이다.	☐	☐
037	업무능력은 성과로 평가받아야 한다고 생각한다.	☐	☐
038	머리가 맑지 못하고 무거운 느낌이 든다.	☐	☐
039	가끔 이상한 소리가 들린다.	☐	☐
040	타인이 내게 자주 고민상담을 하는 편이다.	☐	☐

| 05 | SHR 모의테스트

※ 모의테스트는 질문 및 답변 유형 연습을 위한 것으로 실제 시험과 다를 수 있습니다.

※ 이 성격검사의 각 문항에는 서로 다른 행동을 나타내는 네 개의 문장이 제시되어 있습니다. 이 문장들을 비교하여,
  자신의 평소 행동과 가장 가까운 문장을 'ㄱ'열에 표기하고, 가장 먼 문장을 'ㅁ'열에 표기하십시오.

01   나는 _____

	ㄱ	ㅁ
A. 실용적인 해결책을 찾는다.	☐	☐
B. 다른 사람을 돕는 것을 좋아한다.	☐	☐
C. 세부 사항을 잘 챙긴다.	☐	☐
D. 상대의 주장에서 허점을 잘 찾는다.	☐	☐

02   나는 _____

	ㄱ	ㅁ
A. 매사에 적극적으로 임한다.	☐	☐
B. 즉흥적인 편이다.	☐	☐
C. 관찰력이 있다.	☐	☐
D. 임기응변에 강하다.	☐	☐

03   나는 _____

	ㄱ	ㅁ
A. 무서운 영화를 잘 본다.	☐	☐
B. 조용한 곳이 좋다.	☐	☐
C. 가끔 울고 싶다.	☐	☐
D. 집중력이 좋다.	☐	☐

04   나는 _____

	ㄱ	ㅁ
A. 기계를 조립하는 것을 좋아한다.	☐	☐
B. 집단에서 리드하는 역할을 맡는다.	☐	☐
C. 호기심이 많다.	☐	☐
D. 음악을 듣는 것을 좋아한다.	☐	☐

05   나는 _____

	ㄱ	ㅁ
A. 타인을 늘 배려한다.	☐	☐
B. 감수성이 예민하다.	☐	☐
C. 즐겨하는 운동이 있다.	☐	☐
D. 일을 시작하기 전에 계획을 세운다.	☐	☐

06   나는 _____

	ㄱ	ㅁ
A. 타인에게 설명하는 것을 좋아한다.	☐	☐
B. 여행을 좋아한다.	☐	☐
C. 정적인 것이 좋다.	☐	☐
D. 남을 돕는 것에 보람을 느낀다.	☐	☐

07   나는 _____

	ㄱ	ㅁ
A. 기계를 능숙하게 다룬다.	☐	☐
B. 밤에 잠이 잘 오지 않는다.	☐	☐
C. 한 번 간 길을 잘 기억한다.	☐	☐
D. 불의를 보면 참을 수 없다.	☐	☐

08   나는 _____

	ㄱ	ㅁ
A. 종일 말을 하지 않을 때가 있다.	☐	☐
B. 사람이 많은 곳을 좋아한다.	☐	☐
C. 술을 좋아한다.	☐	☐
D. 휴양지에서 편하게 쉬고 싶다.	☐	☐

09 나는 _____

	ㄱ	ㅁ
A. 뉴스보다는 드라마를 좋아한다.	☐	☐
B. 길을 잘 찾는다.	☐	☐
C. 주말엔 집에서 쉬는 것이 좋다.	☐	☐
D. 아침에 일어나는 것이 힘들다.	☐	☐

10 나는 _____

	ㄱ	ㅁ
A. 이성적이다.	☐	☐
B. 할 일을 종종 미룬다.	☐	☐
C. 어른을 대하는 게 힘들다.	☐	☐
D. 불을 보면 매혹을 느낀다.	☐	☐

11 나는 _____

	ㄱ	ㅁ
A. 상상력이 풍부하다.	☐	☐
B. 예의 바르다는 소리를 자주 듣는다.	☐	☐
C. 사람들 앞에 서면 긴장한다.	☐	☐
D. 친구를 자주 만난다.	☐	☐

12 나는 _____

	ㄱ	ㅁ
A. 나만의 스트레스 해소 방법이 있다.	☐	☐
B. 친구가 많다.	☐	☐
C. 책을 자주 읽는다.	☐	☐
D. 활동적이다.	☐	☐

면접전형 가이드

| 01 | 면접유형 파악

1. 면접전형의 변화

기존 면접전형에서는 일상적이고 단편적인 대화나 지원자의 첫인상 및 면접관의 주관적인 판단 등에 의해서 입사결정 여부를 판단하는 경우가 많았습니다. 이러한 면접전형은 면접 내용의 일관성이 결여되거나 직무 관련 타당성이 부족하였고, 면접에 대한 신뢰도에 영향을 주었습니다.

기존 면접(전통적 면접)		능력중심 채용 면접(구조화 면접)

• 일상적이고 단편적인 대화
• 인상, 외모 등 외부 요소의 영향
• 주관적인 판단에 의존한 총점 부여
 	
⇩
 	
• 면접 내용의 일관성 결여
• 직무관련 타당성 부족
• 주관적이 채점으로 신뢰도 저하
	VS	• 일관성
		  – 직무관련 역량에 초점을 둔 구체적 질문 목록
		  – 지원자별 동일 질문 적용
		• 구조화
		  – 면접 진행 및 평가 절차를 일정한 체계에 의해 구성
		• 표준화
		  – 평가 타당도 제고를 위한 평가 Matrix 구성
		  – 척도에 따라 항목별 채점, 개인 간 비교
		• 신뢰성
		  – 면접진행 매뉴얼에 따라 면접위원 교육 및 실습

2. 능력중심 채용의 면접 유형

① 경험 면접
  • 목적 : 선발하고자 하는 직무 능력이 필요한 과거 경험을 질문합니다.
  • 평가요소 : 직업기초능력과 인성 및 태도적 요소를 평가합니다.

② 상황 면접
  • 목적 : 특정 상황을 제시하고 지원자의 행동을 관찰함으로써 실제 상황의 행동을 예상합니다.
  • 평가요소 : 직업기초능력과 인성 및 태도적 요소를 평가합니다.

③ 발표 면접
  • 목적 : 특정 주제와 관련된 지원자의 발표와 질의응답을 통해 지원자 역량을 평가합니다.
  • 평가요소 : 직무수행능력과 인지적 역량(문제해결능력)을 평가합니다.

④ 토론 면접
  • 목적 : 토의과제에 대한 의견수렴 과정에서 지원자의 역량과 상호작용능력을 평가합니다.
  • 평가요소 : 직무수행능력과 팀워크를 평가합니다.

| 02 | 면접유형별 준비 방법

1. 경험 면접

① 경험 면접의 특징

• 주로 직업기초능력에 관련된 지원자의 과거 경험을 심층 질문하여 검증하는 면접입니다.

> • 능력요소, 정의, 심사 기준
>   – 평가하고자 하는 능력요소, 정의, 심사기준을 확인하여 면접위원이 해당 능력요소 관련 질문을 제시합니다.
> • Opening Question
>   – 능력요소에 관련된 과거 경험을 유도하기 위한 시작 질문을 합니다.
> • Follow-up Question
>   – 지원자의 경험 수준을 구체적으로 검증하기 위한 질문입니다.
>   – 경험 수준 검증을 위한 상황(Situation), 임무(Task), 역할 및 노력(Action), 결과(Result) 등으로 질문을 구분합니다.

경험 면접의 형태

[면접관 1] [면접관 2] [면접관 3]   [면접관 1] [면접관 2] [면접관 3]

[지원자]   [지원자 1] [지원자 2] [지원자 3]

〈일대다 면접〉   〈다대다 면접〉

• 직무능력과 관련된 과거 경험을 평가하기 위해 심층 질문을 하며, 이 질문은 지원자의 답변에 대하여 '꼬리에 꼬리를 무는 형식'으로 진행됩니다.

② 경험 면접의 구조

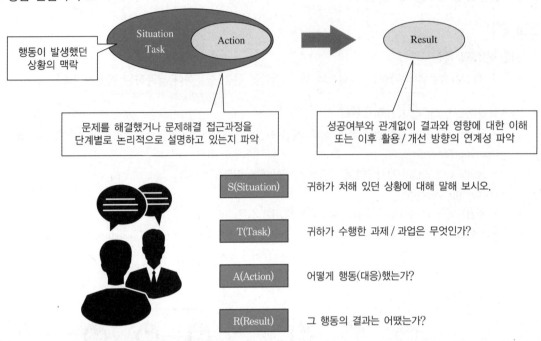

행동이 발생했던
상황의 맥락

문제를 해결했거나 문제해결 접근과정을
단계별로 논리적으로 설명하고 있는지 파악

성공여부와 관계없이 결과와 영향에 대한 이해
또는 이후 활용 / 개선 방향의 연계성 파악

S(Situation)   귀하가 처해 있던 상황에 대해 말해 보시오.

T(Task)   귀하가 수행한 과제 / 과업은 무엇인가?

A(Action)   어떻게 행동(대응)했는가?

R(Result)   그 행동의 결과는 어땠는가?

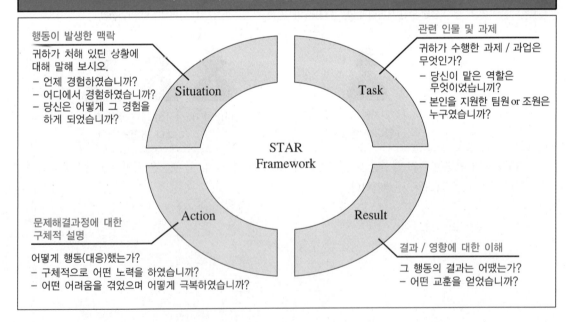

(   )에 관한 과거 경험에 대하여 말해 보시오.

행동이 발생한 맥락
귀하가 처해 있던 상황에
대해 말해 보시오.
– 언제 경험하였습니까?
– 어디에서 경험하였습니까?
– 당신은 어떻게 그 경험을
  하게 되었습니까?

관련 인물 및 과제
귀하가 수행한 과제 / 과업은
무엇인가?
– 당신이 맡은 역할은
  무엇이었습니까?
– 본인을 지원한 팀원 or 조원은
  누구였습니까?

Situation

Task

STAR
Framework

Action

Result

문제해결과정에 대한
구체적 설명
어떻게 행동(대응)했는가?
– 구체적으로 어떤 노력을 하였습니까?
– 어떤 어려움을 겪었으며 어떻게 극복하였습니까?

결과 / 영향에 대한 이해
그 행동의 결과는 어땠는가?
– 어떤 교훈을 얻었습니까?

③ 경험 면접 질문 예시(직업윤리)

		시작 질문	
1	남들이 신경 쓰지 않는 부분까지 고려하여 절차대로 업무(연구)를 수행하여 성과를 낸 경험을 구체적으로 말해 보시오.		
2	조직의 원칙과 절차를 철저히 준수하며 업무(연구)를 수행한 것 중 성과를 향상시킨 경험에 대해 구체적으로 말해 보시오.		
3	세부적인 절차와 규칙에 주의를 기울여 실수 없이 업무(연구)를 마무리한 경험을 구체적으로 말해 보시오.		
4	조직의 규칙이나 원칙을 고려하여 성실하게 일했던 경험을 구체적으로 말해 보시오.		
5	타인의 실수를 바로잡고 원칙과 절차대로 수행하여 성공적으로 업무를 마무리하였던 경험에 대해 말해 보시오.		

		후속 질문
상황 (Situation)	상황	구체적으로 언제, 어디에서 경험한 일인가?
		어떤 상황이었는가?
	조직	어떤 조직에 속해 있었는가?
		그 조직의 특성은 무엇이었는가?
		몇 명으로 구성된 조직이었는가?
	기간	해당 조직에서 얼마나 일했는가?
		해당 업무는 몇 개월 동안 지속되었는가?
	조직규칙	조직의 원칙이나 규칙은 무엇이었는가?
임무 (Task)	과제	과제의 목표는 무엇이었는가?
		과제에 적용되는 조직의 원칙은 무엇이었는가?
		그 규칙을 지켜야 하는 이유는 무엇이었는가?
	역할	당신이 조직에서 맡은 역할은 무엇이었는가?
		과제에서 맡은 역할은 무엇이었는가?
	문제의식	규칙을 지키지 않을 경우 생기는 문제점 / 불편함은 무엇인가?
		해당 규칙이 왜 중요하다고 생각하였는가?
역할 및 노력 (Action)	행동	업무 과정의 어떤 장면에서 규칙을 철저히 준수하였는가?
		어떻게 규정을 적용시켜 업무를 수행하였는가?
		규정은 준수하는 데 어려움은 없었는가?
	노력	그 규칙을 지키기 위해 스스로 어떤 노력을 기울였는가?
		본인의 생각이나 태도에 어떤 변화가 있었는가?
		다른 사람들은 어떤 노력을 기울였는가?
	동료관계	동료들은 규칙을 철저히 준수하고 있었는가?
		팀원들은 해당 규칙에 대해 어떻게 반응하였는가?
		규칙에 대한 태도를 개선하기 위해 어떤 노력을 하였는가?
		팀원들의 태도는 당신에게 어떤 자극을 주었는가?
	업무추진	주어진 업무를 추진하는 데 규칙이 방해되진 않았는가?
		업무수행 과정에서 규정을 어떻게 적용하였는가?
		업무 시 규정을 준수해야 한다고 생각한 이유는 무엇인가?

결과 (Result)	평가	규칙을 어느 정도나 준수하였는가?
		그렇게 준수할 수 있었던 이유는 무엇이었는가?
		업무의 성과는 어느 정도였는가?
		성과에 만족하였는가?
		비슷한 상황이 온다면 어떻게 할 것인가?
	피드백	주변 사람들로부터 어떤 평가를 받았는가?
		그러한 평가에 만족하는가?
		다른 사람에게 본인의 행동이 영향을 주었다고 생각하는가?
	교훈	업무수행 과정에서 중요한 점은 무엇이라고 생각하는가?
		이 경험을 통해 느낀 바는 무엇인가?

2. 상황 면접

① 상황 면접의 특징

직무 관련 상황을 가정하여 제시하고 이에 대한 대응능력을 직무관련성 측면에서 평가하는 면접입니다.

> • 상황 면접 과제의 구성은 크게 2가지로 구분
>   – 상황 제시(Description) / 문제 제시(Question or Problem)
> • 현장의 실제 업무 상황을 반영하여 과제를 제시하므로 직무분석이나 직무전문가 워크숍 등을 거쳐 현장성을 높임
> • 문제는 상황에 대한 기본적인 이해능력(이론적 지식)과 함께 실질적 대응이나 변수 고려능력(실천적 능력) 등을 고르게 질문해야 함

상황 면접의 형태

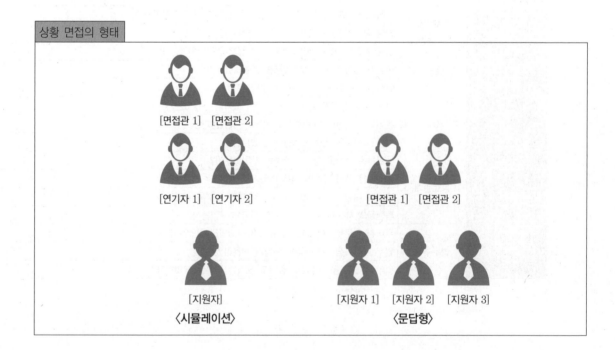

② 상황 면접 예시

상황 제시	인천공항 여객터미널 내에는 다양한 용도의 시설(사무실, 통신실, 식당, 전산실, 창고 면세점 등)이 설치되어 있습니다.	실제 업무 상황에 기반함
	금년에 소방배관의 누수가 잦아 메인 배관을 교체하는 공사를 추진하고 있으며, 당신은 이번 공사의 담당자입니다.	배경 정보
	주간에는 공항 운영이 이루어져 주로 야간에만 배관 교체 공사를 수행하던 중, 시공하는 기능공의 실수로 배관 연결 부위를 잘못 건드려 고압배관의 소화수가 누출되는 사고가 발생하였으며, 이로 인해 인근 시설물에 누수에 의한 피해가 발생하였습니다.	구체적인 문제 상황
문제 제시	일반적인 소방배관의 배관연결(이음)방식과 배관의 이탈(누수)이 발생하는 원인에 대해 설명해 보시오.	문제 상황 해결을 위한 기본 지식 문항
	담당자로서 본 사고를 현장에서 긴급히 처리하는 프로세스를 제시하고, 보수완료 후 사후적 조치가 필요한 부분 및 재발방지 방안에 대해 설명해 보시오.	문제 상황 해결을 위한 추가 대응 문항

3. 발표 면접

① 발표 면접의 특징

- 직무관련 주제에 대한 지원자의 생각을 정리하여 의견을 제시하고, 발표 및 질의응답을 통해 지원자의 직무 능력을 평가하는 면접입니다.
- 발표 주제는 직무와 관련된 자료로 제공되며, 일정 시간 후 지원자가 보유한 지식 및 방안에 대한 발표 및 후속 질문을 통해 직무적합성을 평가합니다.

> - 주요 평가요소
>   - 설득적 말하기 / 발표능력 / 문제해결능력 / 직무관련 전문성
> - 이미 언론을 통해 공론화된 시사 이슈보다는 해당 직무분야에 관련된 주제가 발표면접의 과제로 선정되는 경우가 최근 들어 늘어나고 있음
> - 짧은 시간 동안 주어진 과제를 빠른 속도로 분석하여 발표문을 작성하고 제한된 시간 안에 면접관에게 효과적인 발표를 진행하는 것이 핵심

발표 면접의 형태

[면접관 1] [면접관 2]   [면접관 1] [면접관 2]

[지원자]   [지원자 1] [지원자 2] [지원자 3]

〈개별과제 발표〉   〈팀 과제 발표〉

※ 면접관에게 시각적 효과를 사용하여 메시지를 전달하는 쌍방향 커뮤니케이션 방식

※ 심층면접을 보완하기 위한 방안으로 최근 많은 기업에서 적극 도입하는 추세

② 발표 면접 예시

1. 지시문

당신은 현재 A사에서 직원들의 성과평가를 담당하고 있는 팀원이다. 인사팀은 지난주부터 사내 조직문화관련 인터뷰를 하던 도중 성과평가제도에 관련된 개선 니즈가 제일 많다는 것을 알게 되었다. 이에 팀장님은 인터뷰 결과를 종합하려 성과평가제도 개선 아이디어를 A4용지에 정리하여 신속 보고할 것을 지시하셨다. 당신에게 남은 시간은 1시간이다. 자료를 준비하는 대로 당신은 팀원들이 모인 회의실에서 5분 간 발표할 것이며, 이후 질의응답을 진행할 것이다.

2. 배경자료

〈성과평가제도 개선에 대한 인터뷰〉

최근 A사는 회사 사세의 급성장으로 인해 작년보다 매출이 두 배 성장하였고, 직원 수 또한 두 배로 증가하였다. 회사의 성장은 임금, 복지에 대한 상승 등 긍정적인 영향을 주었으나 업무의 불균형 및 성과보상의 불평등 문제가 발생하였다. 또한 수시로 입사하는 신입직원과 경력직원, 퇴사하는 직원들까지 인원들의 잦은 변동으로 인해 평가해야 할 대상이 변경되어 현재의 성과평가제도로는 공정한 평가가 어려운 상황이다.

[생산부서 김상호]
우리 팀은 지난 1년 동안 생산량이 급증했기 때문에 수십 명의 신규인력이 급하게 채용되었습니다. 이 때문에 저희 팀장님은 신규 입사자들의 이름조차 기억 못할 때가 많이 있습니다. 성과평가를 제대로 하고 있는지 의문이 듭니다.

[마케팅 부서 김흥민]
개인의 성과평가의 취지는 충분히 이해합니다. 그러나 현재 평가는 실적기반이나 정성적인 평가가 많이 포함되어 있어 객관성과 공정성에는 의문이 드는 것이 사실입니다. 이러한 상황에서 평가제도를 재수립하지 않고, 인센티브에 계속 반영한다면, 평가제도에 대한 반감이 커질 것이 분명합니다.

[교육부서 홍경민]
현재 교육부서는 인사팀과 밀접하게 일하고 있습니다. 그럼에도 인사팀에서 실시하는 성과평가제도에 대한 이해가 부족한 것 같습니다.

[기획부서 김경호 차장]
저는 저의 평가자 중 하나가 연구부서의 팀장님인데, 일 년에 몇 번 같이 일하지 않는데 어떻게 저를 평가할 수 있을까요? 특히 연구팀은 저희가 예산을 배정하는데, 저에게는 좋지만….

4. 토론 면접

① 토론 면접의 특징

- 다수의 지원자가 조를 편성해 과제에 대한 토론(토의)을 통해 결론을 도출해가는 면접입니다.
- 의사소통능력, 팀워크, 종합인성 등의 평가에 용이합니다.

---

1. 주요 평가요소
   - 설득적 말하기, 경청능력, 팀워크, 종합인성
2. 의견 대립이 명확한 주제 또는 채용분야의 직무 관련 주요 현안을 주제로 과제 구성
3. 제한된 시간 내 토론을 진행해야 하므로 적극적으로 자신 있게 토론에 임하고 본인의 의견을 개진할 수 있어야 함

토론 면접의 형태

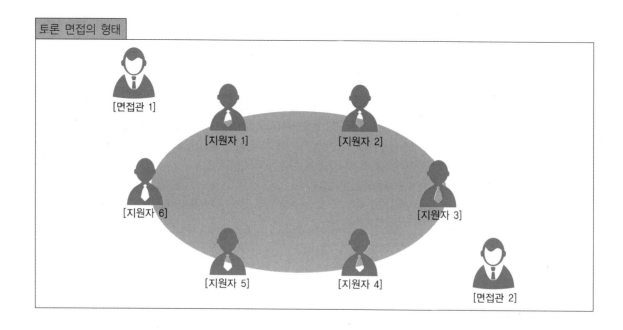

② 토론 면접 예시

고객 불만 고충처리

1. 들어가며

최근 우리 상품에 대한 고객 불만의 증가로 고객고충처리 TF가 만들어졌고 당신은 여기에 지원해 배치받았다. 당신의 업무는 불만을 가진 고객을 만나서 애로사항을 듣고 처리해 주는 일이다. 주된 업무로는 고객의 니즈를 파악해 방향성을 제시해 주고 그 해결책을 마련하는 일이다. 하지만 경우에 따라서 고객의 주관적인 의견으로 인해 제대로 된 방향으로 의사결정을 하지 못할 때가 있다. 이럴 경우 설득이나 논쟁을 해서라도 의견을 관철시키는 것이 좋을지 아니면 고객의 의견대로 진행하는 것이 좋을지 결정해야 할 때가 있다. 만약 당신이라면 이러한 상황에서 어떤 결정을 내릴 것인지 여부를 자유롭게 토론해 보시오.

2. 1분 자유 발언 시 준비사항

- 당신은 의견을 자유롭게 개진할 수 있으며 이에 따른 불이익은 없습니다.
- 토론의 방향성을 이해하고, 내용의 장점과 단점이 무엇인지 문제를 명확히 말해야 합니다.
- 합리적인 근거에 기초하여 개선방안을 명확히 제시해야 합니다.
- 제시한 방안을 실행 시 예상되는 긍정적 · 부정적 영향요인도 동시에 고려할 필요가 있습니다.

3. 토론 시 유의사항

- 토론 주제문과 제공해드린 메모지, 볼펜만 가지고 토론장에 입장할 수 있습니다.
- 사회자의 지정 또는 발표자가 손을 들어 발언권을 획득할 수 있으며, 사회자의 통제에 따릅니다.
- 토론회가 시작되면, 팀의 의견과 논거를 정리하여 1분간의 자유발언을 할 수 있습니다. 순서는 사회자가 지정합니다. 이후에는 자유롭게 상대방에게 질문하거나 답변을 하실 수 있습니다.
- 핸드폰, 서적 등 외부 매체는 사용하실 수 없습니다.
- 논제에 벗어나는 발언이나 지나치게 공격적인 발언을 할 경우, 위에서 제시한 유의사항을 지키지 않을 경우 불이익을 받을 수 있습니다.

| 03 | 면접 Role Play

1. 면접 Role Play 편성

- 교육생끼리 조를 편성하여 면접관과 지원자 역할을 교대로 진행합니다.
- 지원자 입장과 면접관 입장을 모두 경험해 보면서 면접에 대한 적응력을 높일 수 있습니다.

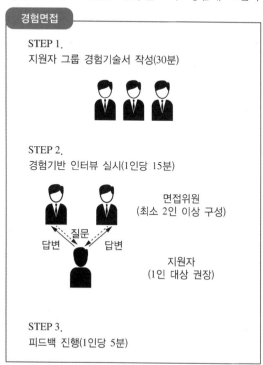

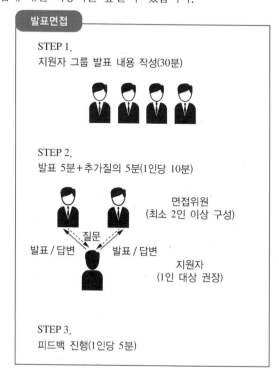

Tip

면접 준비하기

1. 면접 유형 확인 필수
   - 기업마다 면접 유형이 상이하기 때문에 해당 기업의 면접 유형을 확인하는 것이 좋음
   - 일반적으로 실무진 면접, 임원면접 2차례를 거쳐 면접을 실시하는 기업이 많고 실무진 면접과 임원 면접에서 평가 요소가 다르기 때문에 유형에 맞는 준비방법이 필요
2. 후속 질문에 대한 사전 점검
   - 블라인드 채용 면접에서는 주요 질문과 함께 후속 질문을 통해 지원자의 직무능력을 판단
     → STAR 기법을 통한 후속 질문을 미리 대비하는 것이 필요

한전KPS 면접 기출질문

한전KPS의 면접전형은 역량면접으로, 필기시험에서 3배수 또는 5배수를 선발하여 진행된다. G4등급의 경우 개별면접 및 토론면접의 방식으로 진행되며, G3 · G2등급의 경우 개별면접의 방식으로 진행된다.

1. 2021년 기출질문

기출 엿보기

- 1년 이상의 기간 동안 꾸준히 노력하여 성과를 이뤄낸 경험이 있다면 말해 보시오. [하반기]
- 단체 생활에서 생긴 갈등을 해결한 경험이 있다면 말해 보시오. [하반기]
- 업무에 갑작스러운 변화가 발생할 경우 어떻게 대처할 것인가? [하반기]
- 사회생활을 하면서 부당한 지시에 대처한 경험이 있다면 말해 보시오. [하반기]
- 한전KPS에 지원하게 된 동기를 말해 보시오. [하반기]
- 목표를 설정하고 달성한 경험이 있다면 말해 보시오. [하반기]
- 한전KPS가 본인에게 어떠한 의미를 가지고 있는가? [하반기]
- 원칙을 준수한 경험이 있다면 말해 보시오. [하반기]
- 입사 후 해보고 싶은 직무가 무엇인가? [하반기]
- 상대방의 니즈를 파악하기 위한 본인만의 방법이 있다면 말해 보시오. [하반기]
- 한전KPS를 알게 된 계기를 말해 보시오.
- 목표를 달성하기 위해 팀을 이루어 수행한 경험이 있다면 말해 보시오.
- 입사 후 회사에 어떻게 기여할 것인가?
- 전공이 지원한 분야와 맞지 않는데 지원한 이유는 무엇인가?
- 본인만의 경쟁력을 말해 보시오.
- 본인의 취미를 소개해 보시오.
- 본인의 꿈이나 비전은 무엇인가?
- 인생에서 가장 중요하게 여기는 것은 무엇인가?
- 성취감을 느낀 경험이 있다면 말해 보시오.
- 갈등을 해결한 경험이 있다면 말해 보시오.
- 본인의 단점을 말해 보시오.

2. 2020년 기출질문

PART 1
PART 2
PART 3

기출 엿보기

- 어려운 부탁을 받았을 때 대처한 경험이 있다면 말해 보시오.
- 사람들과 잘 지내기 위해 노력한 경험이 있다면 말해 보시오.
- 격오지 근무를 하게 된다면 어떻게 지낼 것인가?
- 봉사활동 경험이 있다면 말해 보시오.
- 상사에게 지적받은 경험이 있는가?
- 본인이 부당한 일을 겪게 되었을 때 어떻게 행동할 것인가?
- 두 개의 일을 동시에 맡는다면 어떻게 할 것인가?
- 남들이 본인을 험담하는 말을 듣게 된다면 어떻게 행동할 것인가?

3. 2019년 기출질문

기출 엿보기

- 국민 여론과 상충된 의견이 있을 때 어떻게 대처할 것인가?
- 공동의 목표 달성 시 본인이 주도적으로 했던 경험이 있다면 말해 보시오.
- 화합과 개인의 책임감 중 더 중요한 것은 무엇인가?
- 님비지역 주민을 어떻게 설득하겠는가?
- 본인의 어떠한 목표를 달성하지 못한 경험이 있다면 말해 보시오.
- 제한된 시간을 극복한 경험이 있다면 말해 보시오.
- 주인의식이란 무엇이라고 생각하는가?
- 본인에게 고객이란 무엇인가?
- 인생에서 가장 힘들었던 일이 무엇인가?
- 협업했던 경험이 있다면 말해 보시오.
- 출퇴근을 하는 데 지장이 없는가?
- 본인의 성격이 어떻다고 생각하는가?
- 한글이나 엑셀 프로그램을 다룰 줄 아는가?
- 한전KPS를 위해 어떤 일을 할 수 있겠는가?

4. 2018년 기출질문

- 힘든 상황에서 끝까지 노력했던 경험이 있다면 말해 보시오.
- 한전KPS 입사를 위해 준비한 것이 무엇인가?
- 입사 후 직원들과 갈등이 생겼을 때 어떻게 대처할 것인가?
- 책임감을 가지고 진행한 일에 대해 말해 보시오.
- 요구받은 일을 수행한 경험이 있다면 말해 보시오.
- 목표를 달성한 경험이 있다면 말해 보시오.
- 어느 부서에서 일하고 싶은가?
- 본인이 남들보다 잘하는 것은 무엇인가?
- 서비스 정신을 발휘한 사례가 있는가?
- 업무 또는 학업에 있어 힘들었던 사례에 대해 말해 보시오.

5. 2017년 기출질문

- 인생의 좌우명이 무엇인가?
- 본인만의 직업관이 있다면 말해 보시오.
- 가정의 행복을 위해 가장 중요한 것은 무엇인가?
- 최근에 본 영화나 책이 있는가?
- 좋아하는 가수가 있는가?
- 노사관계에 대한 본인의 의견을 말해 보시오.
- 발전회사에 대한 본인의 의견을 말해 보시오.
- 관리자와 엔지니어 중 무엇이 되고 싶은가?
- 고객감동 경영이 무엇인가?
- 윤리경영은 무엇인지 설명하고, 그에 대한 본인의 생각을 말해 보시오.
- 기러기 아빠에 대해 어떻게 생각하는가?
- 공기업 경영혁신에 대해 말해 보시오.
- 공기업의 민영화에 대한 본인의 생각을 말해 보시오.
- 노동조합의 경영참여에 대한 본인의 생각을 말해 보시오.
- 살면서 가장 성공적으로 해낸 일이 무엇인가?
- 새로운 것을 창출해 본 경험이 있는가?
- 가장 창의적인 능력을 발휘했던 경험이 있다면 말해 보시오.
- 주말에 쉬고 있는데 시스템 장애가 발생했다면 어떻게 대처할 것인가?

- 본인 거주지역과 인접한 근무지에서 근무를 했을 경우의 단점을 말해 보시오.
- 지역 주민과 발전소의 관계에 대해 말해 보시오.
- 최근 지진이 발생했는데 원자력 발전소는 안전할 것인지 말해 보시오.
- ICT를 활용하여 한전KPS에 기여할 수 있는 사업은 무엇이 있는가?
- 고객과 정부 간의 마찰이 생긴다면 어느 편에 서야 하는가?
- 원자력 발전이 어떻게 이루어지는가?
- 갑을 관계에서 갈등 해결방안에 대해 말해 보시오.
- 극한 상황에서 작업을 할 수 있는데 극복할 수 있는가?
- 캐비테이션 발생 원리와 해결방법에 대해 말해 보시오.

6. 2016년 기출질문

기출 엿보기

- 기업별로 회사의 분위기나 느낌이 다르다. 본인이 가고 싶은 분위기의 회사에 대해 말해 보시오.
- 필리핀에서 화력발전소를 고치는데 필리핀 인부들이 일을 하기 싫어한다. 이때, 어떻게 설득할 것인지 말해 보시오.
- 이전 직장에서 가장 힘들었던 점이 무엇이었고 이를 어떻게 극복하였는가?
- 해외 경험이 있다면 말해 보시오.

7. 2015년 기출질문

기출 엿보기

- 현지 사람과 갈등이 있을 때 어떻게 해결할 것인가?
- 가리는 음식이 있는가?
- 결혼을 한다면 직장은 어떻게 할 것인가?
- 무거운 걸 옮겨야 할 때 어떻게 할 것인가?
- 요즘 젊은이들이 왜 창업을 안 하려는 것 같은가?
- 학교 외 활동 중에서 단체 활동을 했던 경험이 있다면 말해 보시오.
- 학교생활 중 팀별 활동을 했던 경험이 있다면 말해 보시오.

현재 나의 실력을 객관적으로 파악해 보자!

모바일 OMR
답안채점 / 성적분석 서비스

도서에 수록된 모의고사에 대한 객관적인 결과(정답률, 순위)를 종합적으로 분석하여 제공합니다.

OMR 입력

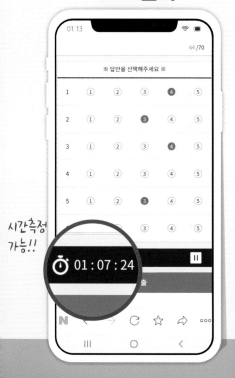

시간측정 가능!!

성적분석

채점결과

※OMR 답안채점 / 성적분석 서비스는 등록 후 30일간 사용 가능합니다.

참여 방법

 도서 내 모의고사 우측 상단에 위치한 QR코드 찍기

➡ 로그인 하기

➡ '시작하기' 클릭

➡ '응시하기' 클릭

➡ 나의 답안을 모바일 OMR 카드에 입력

➡ '성적분석 & 채점결과' 클릭

➡ 현재 내 실력 확인하기

(주)시대고시기획

공기업 취업을 위한 NCS
직업기초능력평가 시리즈

NCS 모듈부터 실전까지 "기본서" 시리즈

공기업 취업의 기초부터 차근차근! 취업의 문을 여는 Master Key!

NCS 영역별 체계적 학습 "합격노트" 시리즈

암기용
셀로판지로
다회독!

영역별 핵심이론부터 모의고사까지! 단계별 학습을 통한 Only Way!

2022 · All New 100% 전면 개정

합격의 공식 | 시대에듀

NCS 한전 KPS

NCS + 최종점검 모의고사 6회

+ 무료NCS특강

정답 및 해설

SD에듀
(주)시대고시기획

Add+

2021년 주요 공기업
NCS 기출복원문제

정답 및 해설

도서 관련 최신 정보 및 정오사항이 있는지
우측 QR을 통해 확인해 보세요!

01	02	03	04	05	06	07	08	09	10
④	①	④	③	②	②	⑤	②	②	⑤
11	12	13	14	15	16	17	18	19	20
①	③	⑤	②	④	②	④	④	⑤	④
21	22	23	24	25	26	27	28	29	30
③	⑤	③	③	④	①	②	④	④	②
31	32	33	34	35	36	37	38	39	40
①	②	④	②	①	③	③	⑤	⑤	④
41	42	43	44	45	46	47	48	49	50
③	①	③	②	⑤	④	⑤	②	④	④

01 　　　　　　　　　　　[정답] ④

직접적인 대화보다 눈치를 중요시하고 있으므로 '말하지 않아도 아는 문화'에 안주하고 있어 의사소통에 대한 잘못된 선입견을 갖고 있다.

의사소통을 저해하는 요소
- '일방적으로 말하고', '일방적으로 듣는' 무책임한 마음 → 의사소통 과정에서의 상호작용 부족
- '그래서 하고 싶은 말이 정확히 뭐야?' 분명하지 않은 메시지 → 복잡한 메시지, 경쟁적인 메시지
- '말하지 않아도 아는 문화'에 안주하는 마음 → 의사소통에 대한 잘못된 선입견

02 　　　　　　　　　　　[정답] ①

명함은 악수를 한 이후에 건네주어야 한다.

03 　　　　　　　　　　　[정답] ④

하향식 기술선택은 중장기적인 목표를 설정하고, 이를 달성하기 위해 핵심고객층 등에 제공하는 제품 및 서비스를 결정한다.

04 　　　　　　　　　　　[정답] ③

노하우는 경험적이고 반복적인 행위에 의해 얻어지는 것이며, 이러한 성격의 지식을 흔히 Technique 혹은 Art라고 부른다.

오답분석
① 노하우에 대한 설명이다.
② 노와이에 대한 설명이다.
④ 기술은 원래 노하우의 개념이 강했으나, 시간이 지나면서 노와이와 노하우가 결합하게 되었다.
⑤ 노하우에 대한 설명이다.

05 　　　　　　　　　　　[정답] ②

동일 및 유사 물품의 분류는 보관의 원칙 중 동일성의 원칙과 유사성의 원칙에 따른 것이다. 동일성의 원칙은 '같은 품종은 같은 장소'에 보관한다는 것이며, 유사성의 원칙은 '유사품은 인접한 장소'에 보관한다는 것을 말한다.

06 　　　　　　　　　　　[정답] ②

가위바위보를 해서 이기는 경우는 다음과 같다.

승자	갑	을	병	정	무
갑		갑	갑	갑	갑
을	갑		을	을	을
병	갑	을		병	병
정	갑	을	병		정
무	갑	을	병	정	

갑 ~ 무의 점수를 구하면 다음과 같다.
- 갑 : 2+2+2+2=8
- 을 : 2+2+2+0=6점
- 병 : 2+2+0+0=4점
- 정 : 2+0+0+0=2점
- 무 : 0+0+0+0=0점
따라서 갑 ~ 무의 점수를 모두 합하면 8+6+4+2+0=20점이다.

07 　　　　　　　　　　　[정답] ⑤

10번째 판에서 결과가 결정된다.

08

정답 ②

무지에 호소하는 오류는 어떤 주장에 대해 증명할 수 없거나 결코 알수 없음을 들어 거짓이라고 반박하는 오류로, 귀신이 없다는 것을 증명할 수 없으니 귀신이 있다는 주장은 무지에 호소하는 오류이다.

오답분석

① 성급한 일반화의 오류 : 제한된 정보, 부적합한 증거, 대표성을 결여한 사례를 근거로 일반화하는 오류이다.
③ 거짓 딜레마의 오류 : 어떠한 문제 상황에서 제3의 선택지가 있음에도 두 가지 선택지가 있는 것처럼 상대에게 둘 중 하나를 강요하는 오류이다.
④ 대중에 호소하는 오류 : 많은 사람이 그렇게 행동하거나 생각한다는 것을 내세워 군중심리를 자극하는 오류이다.
⑤ 인신공격의 오류 : 주장을 제시한 자의 비일관성이나 도덕성의 문제를 이유로 제시된 주장을 잘못이라고 판단하는 오류이다.

09

정답 ②

가 대리와 마 대리의 진술이 서로 모순이므로, 둘 중 한 사람은 거짓을 말하고 있다.

ⅰ) 가 대리의 진술이 거짓인 경우
가 대리의 말이 거짓이라면 나 사원의 말도 거짓이 되고, 라 사원의 말도 거짓이 되므로 모순이 된다.
ⅱ) 가 대리의 진술이 참인 경우
가 대리, 나 사원, 라 사원의 말이 참이 되고, 다 사원과 마 대리의 말이 거짓이 된다.

진실

가 대리 : 가 대리ㆍ마 대리 출근, 결근 사유 모름
나 사원 : 다 사원 출근, 가 대리 진술은 진실
라 사원 : 나 사원 진술은 진실

거짓

다 사원 : 라 사원 결근 → 라 사원 출근
마 대리 : 라 사원 결근, 라 사원이 가 대리님께 결근 사유 전함 →라 사원 출근, 가 대리는 결근 사유 듣지 못함
따라서 나 사원이 출근하지 않았다.

10

정답 ⑤

구분	A	B	C	D	E
가	○	○	×	?	?
나	?	?	○	○	?
다	○	○	?	?	×
라	×	○	?	×	?
마	○	×	?	○	×

먼저 '나'는 병이 치료되지 않았기 때문에 C와 D는 성공한 신약이 아니므로 제외하고 나머지를 확인한다.

• A가 성공한 경우

구분	A(성공)	B	C	D	E
가	○	○	×	?	?
나	×	?	○	○	×
다	○	○	?	?	×
라	×	○	?	×	?
마	○	×	?	○	×

세 명이 치료되므로 성공한 신약이 될 수 없다.

• B가 성공한 경우

구분	A	B(성공)	C	D	E
가	○	○	×	?	?
나	?	×	○	○	×
다	○	○	?	?	×
라	×	○	?	×	?
마	○	×	?	○	×

세 명이 치료되므로 성공한 신약이 될 수 없다.

• E가 성공한 경우

구분	A	B	C	D	E(성공)
가	○	○	×	?	?
나	?	?	○	○	×
다	○	○	?	?	×
라	×	○	?	×	?
마	○	×	?	○	×

가와 라 두 명이 치료될 수 있으므로 성공한 신약이 될 수 있다.

11

정답 ①

1인당 1일 폐기물 배출량을 정리하면 다음과 같다.

구분	1일 폐기물 배출량(톤)	인구수(명)	1인당 1일 폐기물 배출량
용산구	305.2	132,259	2.31kg/일
중구	413.7	394,679	1.05kg/일
종로구	339.9	240,665	1.41kg/일
서대문구	240.1	155,106	1.55kg/일
마포구	477.5	295,767	1.61kg/일

따라서 1인당 1일 폐기물 배출량이 가장 큰 구인 용산구(2.31kg/일)에폐기물 처리장을 만들어야 한다.

12

정답 ③

폐기물 처리장이 설치되는 용산구에서 출발하여 1인당 1일 폐기물 배출량이 많은 지역을 순서대로 나열하면 용산구 → 마포구 → 서대문구→ 종로구 → 중구 → 용산구 순서이다. 따라서 폐기물 수집에 걸리는최소시간은 100＋80＋50＋60＋50＝340＝5시간 40분이다.

13

구분	월요일	화요일	수요일	목요일	금요일	토요일	일요일
낮	가, 나, 마	나, 다	다, 마	아, 자	바, 자	라, 사, 차	바
야간	라	마, 바, 아, 자	가, 나, 라, 바, 사	가, 사, 차	나, 다, 아	마, 자	다, 차

일정표를 보면 일요일 낮에 한 명, 월요일 야간에 한 명이 필요하고, 수요일 야간에 한 명이 빠져야 한다. 따라서 가, 나, 라, 바, 사 중 한 명이 일정을 옮겨야 하는데, 이때 세 번째 당직 근무 규칙에 따라 같은 날에 낮과 야간 당직 근무는 함께 설 수 없으므로 월요일에 근무하는 '가, 나, 라, 마'와 일요일에 근무하는 '다, 바, 차'는 제외된다. 따라서 일정을 변경해야 하는 사람은 '사'이다.

14

- 예상수입 : $40,000 \times 50 = 2,000,000$원
- 공연 준비비 : $500,000$원
- 공연장 대여비 : $6 \times 200,000 \times 0.9 = 1,080,000$원
- 소품 대여비 : $50,000 \times 3 \times 0.96 = 144,000$원
- 보조진행요원 고용비 : $50,000 \times 4 \times 0.88 = 176,000$원
- 총비용 : $500,000 + 1,080,000 + 144,000 + 176,000 = 1,900,000$원

총비용이 150만 원 이상이므로 공연 준비비에서 10%가 할인되어 50,000원이 할인된다. 따라서 할인이 적용된 비용은 $1,900,000 - 50,000 = 1,850,000$원이다.

15

제시문의 두 번째 문단에서 전기자동차 산업이 확충되고 있음을 언급하면서 구리와 같은 산업금속이 전기자동차의 배터리를 만드는 데 핵심 재료임을 설명하고 있기 때문에 전기자동차 산업 확충에 따른 산업금속 수요의 증가 상황이 글의 핵심 내용으로 적절하다.

오답분석

① · ⑤ 제시문에서 언급하고 있는 내용이나 핵심 내용으로 보기는 어렵다.

② 제시문에서 '그린 열풍'을 언급하고 있으나 그 이유는 제시되어 있지 않다.

③ 제시문에서 산업금속 공급난이 우려된다고 언급하고 있으나, 그로 인한 문제가 제시되어 있지는 않다.

16

치안 불안 해소를 위해 CCTV를 설치하는 것은 정부가 사회간접자본인 치안 서비스를 제공하는 것이지, 공공재·공공자원 실패의 해결책이라고 보기는 어렵다.

오답분석

① · ② 공공재·공공자원 실패의 해결책 중에서 사용 할당을 위한 정책이라고 볼 수 있다.

④ · ⑤ 공공재·공공자원 실패의 해결책 중에서 사용 제한을 위한 정책이라고 볼 수 있다.

17

제시문에서는 천재가 선천적인 재능뿐만 아니라 후천적인 노력에 의해서 만들어지는 존재라는 주장을 하고 있기 때문에 ①은 옳지 않다.

오답분석

② · ③ · ④ 제시문에서 언급된 절충적 천재(선천적 재능과 후천적 노력이 결합한 천재)에 대한 내용이다.

⑤ 영감을 가져다주는 것은 신적인 힘보다도 연습이라는 논지이므로 제시문과 같은 입장이다.

18

글의 내용상 (라)의 빈칸에 보편화된 언어 사용은 적절하지 않다.

오답분석

① 표준어를 사용하는 이유에 대한 상세한 설명이 들어가야 하므로 적절하다.

② · ③ 지문에서 개정안에 대한 부정적인 입장을 취하고 있으므로 적절하다.

⑤ '다만' 이후로 언론이 지양해야 할 방향을 제시하는 것이 자연스러우므로 적절하다.

19

(마) 문단은 앞으로 ASMR 콘텐츠들이 공감각인 콘텐츠로 대체될 것이라는 내용을 담고 있다.

오답분석

① ASMR을 자주 접하는 사람들에 대한 내용은 찾을 수 없다.

② 트리거로 작용하는 소리는 사람에 따라 다를 수 있다.

③ 청각적 혹은 인지적 자극에 반응한 뇌가 신체 뒷부분에 분포하는 자율 신경계에 신경 전달 물질을 촉진하며 심리적 안정감을 느끼게 된다.

④ 연예인이 일반인보다 ASMR을 많이 하는지는 제시문에서 알 수 없다.

20

장피에르 교수 외 고대 그리스 수학자들의 학문에 대한 공통적 입장은 새로운 진리를 찾는 기쁨이라는 것이다.

오답분석

①·③ 제시문과 반대되는 내용이므로 옳지 않다.
②·⑤ 제시문에 언급되어 있지 않아 알 수 없다.

21

정답 ③

오전 9시에 B과 진료를 본다면 10시에 진료가 끝나고, 셔틀을 타고 이동하면 10시 30분이 된다. 이후 C과 진료를 이어보면 12시 30분이 되고, 점심시간 이후 바로 A과 진료를 본다면 오후 2시에 진료를 다 받을 수 있다. 따라서 가장 빠른 경로는 B - C - A이다.

22

정답 ⑤

기타를 제외한 통합시청점유율과 기존시청점유율의 차이는 C방송사가 20.5%로 가장 크다. A방송사는 17%이다.

오답분석

① B는 2위, J는 10위, K는 11위로 순위가 같다.
② 기존시청점유율은 D가 20%로 가장 높다.
③ F의 기존시청점유율은 10.5%로 다섯 번째로 높다.
④ G의 차이는 6%로, 기타를 제외하면 차이가 가장 작다.

23

정답 ③

N스크린 영향력의 범위에 해당하는 방송국을 정리하면 다음과 같다.

방송사	A	B	C	D	E	F	G
N스크린 영향력	1.1	0.9	2.7	0.4	1.6	1.2	0.4
구분	다	나	마	가	라	다	가

방송사	H	I	J	K	L	기타
N스크린 영향력	0.8	0.7	1.7	1.6	4.3	1.8
구분	나	나	라	라	마	라

따라서 옳게 짝지어진 것은 (다)=F이다.

24

정답 ③

• 일비 : 2만×3=6만 원
• 항공운임 : 100만×2=200만 원
• 철도운임 : 7만×2=14만 원
• 자가용승용차운임 : 20만×3=60만 원
• 숙박비 : 15만×2=30만 원
• 식비 : 2.5만×3=7.5만 원
따라서 A부장이 받을 수 있는 최대 여비는 6+200+14+60+30+7.5=317.5만 원이다.

25

정답 ④

• 가군
  - 일비 : 2만×2=4만
    - 항공운임 : 100만×1=100만 원
    - 선박운임 : 50만×1=50만 원
    - 철도운임 : 7만×2=14만 원
  - 버스운임 : 1,500×2=3,000
    - 자가용승용차운임 : 20만×2=40만 원
  - 숙박비 : 15만×1=15만
    - 식비 : 2.5만 원×2=5만 원
  그러므로 4+100+50+14+0.3+40+15+5=228만 3천 원이다.
• 나군
  - 일비 : 2만×2=4만 원
    - 항공운임 : 50만×1=50만 원
  - 선박운임 : 20만×1=20만
    - 철도운임 : 7만×2=14만 원
  - 버스운임 : 1,500×2=3,000
    - 자가용승용차운임 : 20만×2=40만 원
  - 숙박비 : 7만×1=7만
    - 식비 : 2만×2=4만 원
  그러므로 4+50+20+14+0.3+40+7+4=139만 3천 원이다.
• 다군
  - 일비 : 2만×2=4만
    - 항공운임 : 50만×1=50만 원
  - 선박운임 : 20만×1=20만
    - 철도운임 : 3만×2=6만 원
  - 버스운임 : 1,500×2=3,000
    - 자가용승용차운임 : 20만×2=40만 원
  - 숙박비 : 6만×1=6만
    - 식비 : 2만×2=4만 원
  그러므로 4+50+20+6+0.3+40+6+4=130만 3천 원이다.
따라서 총 여비는 228.3+139.3+130.3=497만 9천 원이다.

26

정답 ①

가. 뇌혈관은 중증질환에 해당되고, 소득수준도 조건에 해당되기 때문에 이 사업의 지원금을 받을 수 있다.
나. 기준중위소득 50% 이하는 160만 원 초과 시 지원할 수 있다.

오답분석

다. 기준중위소득 200%는 연소득 대비 의료비부담비율을 고려해 개별심사 후 지원받을 수 있다. 이때 재산 과표 5.4억 원을 초과하는 고액재산보유자는 지원이 제외되므로 재산이 5.4억 원인 다의 어머니는 심사에 지원할 수 있다.
라. 통원 치료는 대상질환에 해당하지 않는다.

27
정답 ②

감사실은 이사장 직속 부서가 아니라 따로 분리된 독립 부서이다.

오답분석
① 각 상임이사는 모두 3개의 부서를 가지고 있다.
③ 급여보장실과 급여관리실은 급여상임이사 소속이다.
④ 자격부과실과 고객지원실은 징수상임이사 소속으로, 징수상임이사를 통해 보고한다.

28
정답 ④

안전관리실이 안전관리본부로 새롭게 개편되므로 총무상임이사 소속 부서는 인력지원실, 경영지원실이다.

오답분석
① 급여상임이사 소속 부서는 급여지원실(급여보장실, 급여관리실 통합), 약가관리실, 의료기관지원실, 건강관리실, 보장지원실로 총 5개로 개편될 것이다.
② 개편기준에 징수상임이사 소속 부서는 포함되지 않는다.
③ 개편기준에 따라 이사장 직속 부서였던 기획조정실이 기획상임이사 소속으로 추가되었다.

29
정답 ④

ⅰ) 총 원화금액 : $(4 \times 1,000)+(3 \times 1,120)+(2 \times 1,180)=9,720$원
ⅱ) 평균환율 : $\dfrac{9,720}{9}=1,080$원/달러

30
정답 ②

$200 \times 1,080=216,000$원

31
정답 ①

입구와 출구가 같고, 둘레의 길이가 456m인 타원 모양의 호수 둘레를 따라 4m 간격으로 일정하게 심어져 있는 가로수는 $456 \div 4=114$그루이며, 입구에 심어져 있는 가로수를 기준으로 6m 간격으로 가로수를 옮겨 심으려고 할 때, 4m와 6m의 최소공배수인 12m 간격의 가로수 $456 \div 12=38$그루는 그 자리를 유지하게 된다. 이때 호수 둘레를 따라 6m 간격으로 일정하게 가로수를 심을 때, 필요한 가로수는 $456 \div 6=76$그루이므로 그대로 두는 가로수 38그루를 제외한 $76-38=38$그루를 새롭게 옮겨 심어야 한다.

32
정답 ③

• A : 매 회계연도에 300만 원을 초과하는 금품 등을 받거나 요구 또는 약속해서는 아니 된다.
• D : 임직원의 친족이 제공하는 금품 등은 금품 등의 수수 금지에 해당되지 않는다.

오답분석
• B : 제25조 4항에 따라 소속기관의 장에게 신고하여야 한다.
• C : 동일인으로부터 1회에 100만 원을 초과하는 금품 등을 받거나 요구 또는 약속해서는 아니 된다.

33
정답 ④

본사와 지사가 있는 사업장은 신청할 수 없다는 내용은 찾을 수 없다.

오답분석
① 한국산업인력공단 일학습병행 운영규칙 제2조 제4항
② 한국산업인력공단 일학습병행 운영규칙 제2조 제5항
③ 한국산업인력공단 일학습병행 운영규칙 제2조 제7항
⑤ 한국산업인력공단 일학습병행 운영규칙 제2조 제2항

34
정답 ②

교육훈련을 통해 로열티를 지급하는 관행을 깰 수 있으므로 로열티를 지급해야 훈련을 받을 수 있다는 것은 옳지 않다.

오답분석
① 직업 및 교육훈련으로 이직률이 감소하였다.
③ 교육훈련 등을 통해 현장기반 실무를 향상시킬 수 있다.
④ 직무별, 수준별 교육으로 신입들의 업무적응력이 향상되었다.
⑤ 현장과 교육, 자격이 미스매치가 되는 경우가 줄어들었다.

35
정답 ①

제시문에서 중장년층의 일자리와 관련된 내용은 찾을 수 없다.

오답분석
② 당장 소득이 없어 생계가 불안정한 취약계층에게 지원금을 주기 위해 이들에 대한 조사가 필요하다.
③ 코로나19 장기화로 고용유지에 어려움을 겪고 있는 사업주를 지원하기 위해 피해 규모 등을 파악해야 한다.
④ 실업자 등 취약계층 보호를 위해 공공·민간부문 일자리사업과 직업훈련을 속도감 있게 추진하기 위해 이들을 위한 맞춤 훈련 프로그램을 기획해야 한다.
⑤ 저소득, 청년 등 고용충격 집중계층의 고용안전망 강화도 차질 없이 추진하기 위해서 도움이 되는 일자리를 마련해야 한다.

36

정답 ④

• 기간제 : $(6 \times 365) \div 365$일$\times 15 = 90$일
• 시간제 : $(8 \times 30 \times 6) \div 365 ≒ 4$일
따라서 $90 + 4 = 94$일이다.

37

정답 ③

본사에서 출발하여 B지점과 D지점의 물건을 수거하고, 본사로 돌아와 물건을 하차하는 시간이 가장 짧은 루트는 다음과 같다.
본사 → (10분) A지점 → (15분) B지점(수거 10분) → (15분) C지점 → (10분) D지점(수거 10분) → (10분) C지점 → (15분) F지점 → (10분) A지점 → (10분) 본사(하차 10분)
따라서 $10 + 15 + 10 + 15 + 10 + 10 + 10 + 15 + 10 + 10 + 10 = 125$분 → 2시간 5분이다.

38

정답 ⑤

노트북	가격	속도	모니터	메모리	제조년도	합계
TR-103	3점	2점	1점	3점	5점	14점
EY-305	1점	3점	3점	5점	4점	16점
WS-508	5점	1점	2점	2점	1점	11점
YG-912	2점	4점	5점	4점	2점	17점
NJ-648	4점	5점	5점	1점	4점	19점

따라서 A사원이 구입할 노트북은 NJ-648이다.

39

정답 ⑤

노트북	TR-103	EY-305	WS-508	YG-912	NJ-648
가격	3점	1점	5점	2점	4점
속도	2점	3점	1점	4점	5점
메모리	3점	5점	2점	4점	1점
제조년도	5점	4점	1점	2점	4점
무게	4점	2점	1점	5점	3점
합계	17점	15점	10점	17점	17점
할인가격	10% (675만 원)	없음 (1,000만 원)	10% (495만 원)	10% (720만 원)	30% (455만 원)

TR-103, YG-912, NJ-648의 평가점수는 모두 17점으로 동일하지만, YG-912와 TR-103가 각각 720만 원, 675만 원으로 예산인 600만 원을 초과한다. 따라서 한국산업인력공단에서 구입할 노트북은 NJ-648이다.

40

정답 ④

제시문에서는 신재생에너지를 통한 이산화탄소 감축 등 환경 보호를 더 중요한 목표로 본다. 따라서 산업 규모 성장을 우선 목표로 해야 한다는 주장은 제시문의 주장에 부합하지 않는다.

오답분석

① 신재생에너지가 이산화탄소 감축 목표 달성을 위해 필요하다고 하였다.
② 친환경 산업 구조의 변화를 살펴보고 인력을 양성을 해야 한다고 언급하였다.
③ 시멘트 산업을 예시로 들며, 에너지 다소비 산업에 대한 정부 지원 교육사업이 활성화되어야 한다고 언급하였다.

41

정답 ③

공장의 연기 형태가 환상형을 이룰 때는 대기가 불안정할 때이다.

오답분석

① 대기오염물질은 기상이나 지형 조건에 의해 다른 지역으로 이동·확산되거나 한 지역에 농축된다.
② 마지막 문단에 따르면 굴뚝이 건물보다 높을 때와 높지 않을 때에 따라 이동 양상이 달라질 수 있다고 하였다.
④ 아래쪽이 차갑고, 위쪽이 뜨거우면 공기의 대류가 발생하지 않아, 오염물질이 모여 스모그가 생기기 쉽다.

42

정답 ①

연료전지 1호 사업은 경기도 파주시에 유치하였다.

오답분석

② 미래 희망에너지 타운은 신재생에너지 등 친환경적인 지방 도시 건설을 목적으로 하는 사업이다.
③ 1단계로 태양광을 이용한 '햇빛상생 발전사업'을 기획하고 있으므로, 태양광이 가장 먼저 활용된다고 할 수 있다.
④ 산지가 많은 울주군의 특성을 고려하여 자연환경을 보전할 것이라고 언급하였다.

43

정답 ③

조력발전소가 설치되면서 해수유통을 통해 시화호의 수질이 회복될 수 있었다.

오답분석

① 조력발전소는 밀물의 힘으로 발전기를 돌려 전기를 생산하며, 글의 도입부에 조력발전이 주목을 받고 있다고 언급하였다.
② 시화호 발전소의 연간 생산량이 40만 ~ 50만 도시의 소비량과 맞먹는다고 하였으므로, 1년 동안 전기 공급이 가능하다.
④ 글에서 우리나라에 위치한 시화호 발전소가 세계 최대 규모임을 밝혔다.

안심Touch

44

정답 ②

- 앞 두 자리 : ㅎ, ㅈ → N, I
- 세 번째, 네 번째 자리 : 1, 3
- 다섯 번째, 여섯 번째 자리 : Q, L
- 마지막 자리 : 01

따라서 생성할 비밀번호는 'NI13QL01'이다.

45

정답 ⑤

황희찬 부장(4월 8일생)의 비밀번호는 'NJ08QM03'이다.

46

정답 ④

조건에 따라 점수를 산정하면 다음과 같다.

업체명	1차	2차	최종
A	4+7+9=20	4+7+18=29	-
B	5+4+8=17	-	-
C	6+10+3=19	-	-
D	9+6+7=22	9+6+14=29	선정
E	7+5+8=20	7+5+16=28	-

따라서 A업체와 D업체 중 가격 점수가 높은 D업체가 선정된다.

47

정답 ⑤

조건에 따라 점수를 산정하면 다음과 같다.

업체명	1차	2차	최종
A	4+7+9+6=26	-	-
B	5+4+8+7=24	-	-
C	6+10+3+9=28	6+10+6+9=31	-
D	9+6+7+5=27	9+6+14+5=34	-
E	7+5+8+8=28	7+5+16+8=36	선정

따라서 최종적으로 선정될 업체는 E업체이다.

48

정답 ②

〈9월 달력〉

일요일	월요일	화요일	수요일	목요일	금요일	토요일
			1	2	3	4
5	6	7	8	9	10	11
12	13	14	15	16	17	18
19	20	21	22	23	24	25
26	27	28	29	30		

첫째 주와 주말, 매주 월요일, 추석 다음날인 23일은 연차를 사용할 수 없다. 또한, 프로젝트를 둘째 주에 2일, 셋째 주에 1일, 넷째 주에 1일 동안 작업하므로 연차를 쓸 수 있는 날은 셋째 주(프로젝트 작업 없는 날)와 마지막 주에 가능하다. 따라서 가능한 날짜는 14 ~ 16일이다.

49

정답 ④

ⅰ) 연봉 3,600만 원인 O사원의 월 수령액을 구하면 3,600만÷12= 3,000,000원이다.
월평균 근무시간은 200시간이므로 시급은 300만÷200=15,000 원/시간이다.
ⅱ) 야근 수당
O사원이 평일에 야근한 시간은 2+3+1+3+2=11시간이므로 야근 수당은 15,000×11×1.2=198,000원이다.
ⅲ) 특근 수당
O사원이 주말에 특근한 시간은 2+3=5시간이므로 특근 수당은 15,000×5×1.5=112,500원이다.

식대는 야근·특근 수당에 포함되지 않으므로 O사원의 이번 달 야근·특근 근무 수당의 총액은 198,000+112,500=310,500원이다.

50

정답 ④

수술이 필요한 경우 지역에 위치한 안과와 연계하는 것이지 무조건 서울에 위치한 병원에서 수술받아야 하는 것은 아니다.

오답분석

① 노인층을 사업의 대상으로 한다고 하였다.
② 저시력 위험군에 선정되면 개안 수술과 재활 훈련을 지원해 준다.
③ 정기적인 검진을 받기 힘든 계층의 안구 질환 조기 발견과 적기 치료가 목적이다.
⑤ 보건소가 재단에 신청하는 것이며, 개별 신청은 받지 않는다.

PART 1

직업기초능력
정답 및 해설

01	02	03	04	05	06	07	08	09	10
⑤	④	⑤	③	④	③	③	③	④	③
11	12	13	14	15	16	17	18	19	20
③	①	②	③	④	②	③	②	⑤	②

01
정답 ⑤

시민 단체들은 농부와 노동자들이 스스로 조합을 만들어 환경친화적으로 농산물을 생산하도록 교육하고 이에 필요한 자금을 지원하는 역할을 했을 뿐, 이들이 농산물을 직접 생산하고 판매한 것은 아니다.

02
정답 ④

마케팅 수신동의를 한 고객을 대상으로 홍보 메일을 발송한 것은 개인정보 유출이 아니기 때문에 신고 대상으로 적절하지 않다.

오답분석
① 거래처 사람에게 금팔찌를 받은 것은 부당이득 수수행위에 해당한다.
② 새 프로젝트를 동종업계에 종사하는 타인에게 말한 것은 회사기밀을 유출한 것으로 정보, 보안관련 위반행위에 해당한다.
③ 업무추진비를 개인적으로 사용하는 것은 금품수수 사례에 해당한다.
⑤ 직장 내 성희롱으로 건전한 조직문화 저해행위에 해당한다.

03
정답 ⑤

제시문의 핵심 내용은 일반 사업자(에너지 프로슈머)들의 분산형 전원 사용을 더욱 확대하려는 방안에 관한 것이다. 따라서 중앙집중형 전력 공급 방법인 한전의 생산 효율성과 생산 기술의 우수성 홍보는 이어지는 글의 내용으로 적절하지 않다.

오답분석
① ESS(Energy Storage System)의 공급 및 설치에 관련된 한전의 육성방안 소개
　→ 에너지 저장장치는 태양광 설치를 통한 잉여전력 보관 및 판매에 필수적인 설비이므로 태양광 전력 거래 유인을 위해 필요한 내용으로 볼 수 있다.
② 태양광 발전 설비의 필요성과 지원책에 대한 구체적 사례 제시
　→ 태양광 발전이 왜 필요한지와 그에 대한 정부나 한전 차원의 육성책은 무엇이 있는지를 언급하는 것은 태양광 전력 거래 유인을 위한 유용한 자료가 될 수 있다.

③ 태양광 설비의 보급률과 그에 따른 가계 소득구조 변화에 대한 통계 자료 제시
　→ 전력의 자급자족과 활발한 거래를 진행하고 있으면 가계 소득구조의 변화를 구체적인 통계자료로 제시하는 것 역시 효과적인 유인책으로 볼 수 있다.
④ 중앙집중형, 분산전원형 전력 공급 시 각 전력 사용료의 차이 소개
　→ 태양광 전력 거래 시의 에너지 프로슈머의 공급가가 이를 구매한 사람들에게 일반 전력을 사용하는 것보다 얼마나 가격경쟁력이 있는지를 소개하는 것은 전력 거래 활성화를 위한 가장 기본적인 조건이 될 것이므로 중요한 유인책이 될 수 있다.

04
정답 ③

제시문은 테레민이라는 악기를 두 손을 이용해 어떻게 연주하는가에 대한 내용이다. 두 번째 문단에서 '오른손으로는 수직 안테나와의 거리에 따라 음고를 조절하고, 왼손으로는 수평 안테나와의 거리에 따라 음량을 조절한다.'라고 하였고, 마지막 문단에서는 이에 따라 오른손으로 음고를 조절하는 방법에 대해 설명하고 있다. 따라서 뒤에 이어질 내용은 왼손으로 음량을 조절하는 방법이 나오는 것이 적절하다.

05
정답 ④

지진 대피장소를 찾을 때는 공터나 운동장 등으로 가되, 신속히 움직여야 하기 때문에 이 차장의 반응은 적절하지 않다.

06
정답 ③

제시된 '태풍 발생 시 행동요령'에서는 모래주머니 등 도구를 이용한 침수 대비를 안내하고 산사태 위험 지역에 대해서 경고하고 있다. 재난 상황별 행동요령이 다 다르니 무조건 빠르게 대피한다는 김 대리의 반응은 부적절하다.

07
정답 ③

제시문에서는 법조문과 관련된 '반대 해석'과 '확장 해석'의 개념을 일상의 사례를 들어 설명하고 있다.

08

정답 ③

패시브 하우스는 남쪽으로 크고 작은 창을 많이 내며, 실내의 열을 보존하기 위하여 3중 유리창을 설치한다.

09

정답 ④

기존의 화석연료를 변환시켜 이용하는 것도 액티브 기술에 포함된다.

오답분석

① 패시브 기술은 능동적으로 에너지를 끌어다 쓰는 액티브 기술과 달리 수동적이다. 따라서 자연채광을 많이 받기 위해 남향, 남동향으로 배치하며 단열에 신경 쓴다.
② 패시브 기술은 다양한 단열 방식을 사용한다.
③ 액티브 기술을 사용한 예로는 태양광 발전, 태양열 급탕, 지열 냉난방, 수소연료전지, 풍력발전시스템, 목재 펠릿보일러 등이 있다.
⑤ 제시된 자료를 통해 확인할 수 있다.

10

정답 ③

상대방의 이야기를 들을 때 자신의 경험과 연결 지어 생각해보면 이해와 집중에 더 도움이 된다.

11

정답 ③

남성적인 사고는 사고 대상 전체를 구성요소 부분으로 분해한 후 그들 각각을 개별화시키고 이를 다시 재조합하는 과정으로 진행되며, 여성적인 사고는 분해되지 않은 전체 이미지를 통해서 의미를 이해하는 특징을 가진다고 하였다. 따라서 글쓴이는 남성들은 표음문자를, 여성들은 그림문자를 이해하는 데 유리하므로, 표음문자 체계의 보편화는 여성의 사회적 권력을 약화시키는 결과를 낳았다고 주장하고 있다. 이 결론이 나오기 위해서는 '글을 읽고 이해하는 능력은 사회적 권력에 영향을 미친다.'라는 전제가 필요하다.

오답분석

ㄱ. 그림문자를 쓰는 사회에서는 여성적인 사고를 필요로 하기 때문에 여성들의 사회적 권력이 남성보다 우월하였을 것이라고 추측할 수 있다.
ㄴ. 표음문자 체계가 기능적으로 복잡한 의사소통을 가능하게 하였는지는 제시되어 있지 않다.

12

정답 ①

사카린은 설탕보다 당도가 약 500배 정도 높고, 아스파탐의 당도는 설탕보다 약 200배 정도 높다. 따라서 사카린과 아스파탐 모두 설탕보다 당도가 높고, 사카린은 아스파탐보다 당도가 높다.

오답분석

② 사카린은 화학물질의 산화반응을 연구하던 중에, 아스파탐은 위궤양 치료제를 개발하던 중에 우연히 발견되었다.

③ 사카린은 무해성이 입증되어 미국 FDA의 인증을 받았지만, 아스파탐은 이탈리아의 한 과학자에 의해 발암성 논란이 일고 있다.
④ 2009년 미국의 설탕, 옥수수 시럽, 기타 천연당의 1인당 연평균 소비량인 140파운드는 중국보다 9배 많은 수치이므로, 2009년 중국의 소비량은 약 14파운드였을 것이다.
⑤ 아스파탐은 미국암협회가 안전하다고 발표했지만, 이탈리아의 과학자가 쥐를 대상으로 한 실험에서 아스파탐이 암을 유발한다고 내린 결론 때문에 논란이 끊이지 않고 있다.

13

정답 ②

보기는 우리나라 작물의 낮은 자급률을 보여주는 구체적인 수치이다. 따라서 우리나라 작물의 낮은 자급률을 이야기하는 '하지만 실상은 벼, 보리, 배추 등을 제외한 많은 작물의 종자를 수입하고 있어 그 자급률이 매우 낮다고 한다.'의 뒤인 (나)에 위치하는 것이 적절하다.

14

정답 ④

'해독'이라는 표현은 질병을 진단·치료·경감·처치 또는 예방, 의학적 효능·효과와 관련된 것으로 금지 표현으로 지정되어 있다.

15

정답 ④

오답분석

①·② 인체적용 시험자료 또는 인체 외 시험자료로 입증한다.
③·⑤ 기능성화장품에서 해당 기능을 실증한 자료로 입증한다.

16

정답 ②

A기술의 특징은 전송된 하나의 신호가 다중 경로를 통해 안테나에 수신될 때, 전송된 신호들의 크기가 다르더라도 그중 신호의 크기가 큰 것을 선택하여 안정적인 송수신을 이루는 것이다. 따라서 한 종류의 액체는 전송된 하나의 신호가 되고, 빨리 나오는 배수관은 다중 경로 중 크기가 큰 신호가 전송되는 경로이다.

17

정답 ③

보에티우스의 건강을 회복할 수 있는 방법은 병의 원인이 되는 잘못된 생각을 바로 잡아 주는 것이다. 그것은 첫째, 만물의 궁극적인 목적이 선을 지향하는 데 있다는 것을 모르고 있다는 것이다. 둘째, 세상은 결국에는 불의가 아닌 정의에 의해 다스려지게 된다는 것이다. 따라서 적절한 것은 ㄱ, ㄴ이다.

오답분석

ㄷ. 두 번째 문단에서 보에티우스가 모든 소유물들을 박탈당했다고 생각하는 것은 운명의 본모습을 모르기 때문이라고 말하고 있다.

18

권위를 제한적으로 사용한다면 구성원들의 자발적인 복종을 가져올 수 있다. 권위를 전혀 사용하지 않는 것은 적절하지 않다.

오답분석

① 리더가 덕을 바탕으로 행동하면 구성원들은 마음을 열고 리더의 편이 된다.

③ 리더의 강압적인 행동이나 욕설은 구성원들의 '침묵 효과'나 무엇을 해도 소용이 없을 것이라 여겨 저항 없이 시키는 일만 하는 '학습된 무기력'의 증상을 야기할 수 있다.

④ 덕으로 조직을 이끄는 것은 구성원들의 행동에 긍정적인 효과를 미친다.

⑤ 조직에서 성과를 끌어내기 위한 가장 좋은 방법은 구성원들 스스로 맡은 일에 전념하게 하는 것이다. 지속적으로 권위적인 행동을 하는 것은 권위 없이 움직일 수 없는 비효율적인 집단이 되게 하므로 적절하지 않다.

19

출품 규격을 보면 mpeg 파일은 출품 가능하다고 되어 있으므로 확장자를 바꾸지 않아도 된다.

20

능허대는 백제가 당나라와 교역했던 사실을 말해주는 대표적인 유적으로, 국내 교역이 아닌 외국과의 교역의 증거물이다.

CHAPTER
02

수리능력

기출예상문제 정답 및 해설

01	02	03	04	05	06	07	08	09	10	11	12	13	14	15	16	17	18	19	20
②	③	③	②	③	④	④	①	③	②	④	④	②	④	③	⑤	①	①	⑤	①

01

정답 ②

5명이 노란색 원피스 2벌, 파란색 원피스 2벌, 초록색 원피스 1벌 중 한 벌씩 선택하여 사는 경우의 수를 구하기 위해 5명을 2명, 2명, 1명으로 이루어진 3개의 팀으로 나누어 구하면 $_5C_2 \times _3C_2 \times _1C_1 \times \dfrac{1}{2!} = \dfrac{5 \times 4}{2} \times 3 \times 1 \times \dfrac{1}{2} = 15$가지이다.

원피스 색깔 중 2벌인 색은 노란색과 파란색 2가지이므로 선택할 수 있는 경우의 수는 모두 $15 \times 2 = 30$가지이다.

02

정답 ③

1) 현찰매입률(은행이 고객으로부터 외화를 살 때 적용하는 환율) 산출

구분	매매기준율(KRW)	스프레드(%)	현찰매입률
EUR	1,305	2	$1,305 \times (1-0.02) = 1,278.9$
AED	320	4	$320 \times (1-0.04) = 307.2$
THB	35	6	$35 \times (1-0.06) = 32.9$

2) 원화로 환전
   - EUR : $100 \times 1,278.9 = 127,890$원
   - AED : $4,000 \times 307.2 = 1,228,800$원
   - THB : $1,500 \times 32.9 = 49,350$원
   ∴ (총액)$= 1,406,040$원

3) 현찰매도율(은행이 고객으로부터 외화를 팔 때 적용하는 환율) 산출
   - $1,160 \times (1+0.015) = 1,177.4$

4) 달러로 환전
   - $1,406,040 \div 1,177.4 ≒ 1,194.19$

따라서 USD 1,194.19를 환전할 수 있다.

03

정답 ③

쓰레기 1kg당 처리비용은 400원으로 동결 상태이다. 오히려 쓰레기 종량제 봉투 가격이 인상될수록 A신도시의 쓰레기 발생량과 쓰레기 관련 예산 적자가 급격히 감소하는 것을 볼 수 있다.

04

설비를 설치했을 때 변동 금액을 정리하면 다음과 같다.

구분	소비전력	전기 사용량	전기 사용료	연료비	설치비
A회사 기계	5,000W	1,200kWh	84만 원	100만 원	–
C회사 설비	–	–	–	75만 원	1,000만 원
F회사 설비	3,500W	840kWh	63만 원	–	5,000만 원

C회사의 설비를 설치하면 전기 사용료는 변화가 없으므로 연료비만 비교한다.

사용하는 달을 x개월이라고 하면,

100만$\times x =$ (75만$\times x$)+1,000만 원

→ 25만$\times x =$ 1,000만 원

→ $x=40$

따라서 3년 4개월을 사용하면 C회사의 설비를 설치하는 데 드는 비용과 연료비 절감료가 같아진다.

05

A국가 하층 비율의 증가폭은 59-26=33%p이고, B국가의 증가폭은 66-55=11%p이다.

오답분석

① A국가의 상층 비율은 11%p 증가하였다.

② 중층 비율은 A국가가 44%p, B국가가 17%p 감소하였다.

④ B국가는 2001년에 하층 비율이 가장 높고, 2021년에도 하층 비율이 가장 높다.

⑤ 2021년 B국가 하층 비율의 2001년 대비 증가율 : $\dfrac{66-55}{55}\times100=20\%$

06

• ○○문구

비품가격은 32,000+31,900+2,500=66,400원이다. 20%를 할인받을 수 있는 쿠폰을 사용하면 총주문금액은 66,400×0.8=53,120원이다. 배송료를 더하면 53,120+4,000=57,120원이므로 견적금액은 57,100원이다(∵ 백 원 미만 절사).

• △△문구

비품가격은 25,000+22,800+1,800=49,600원이다. 4만 원 이상 구매 시 판매가의 7%를 할인받으므로 총주문금액은 49,600×0.93=46,128원이다. 배송료를 더하면 46,128+2,500=48,628원이므로 견적금액은 48,600원이다(∵ 백 원 미만 절사).

• □□문구

문서 파일을 제외한 비품가격은 24,100+28,000=52,100원이다. 5만 원 이상 구매 시 문서 파일 1개를 무료 증정하므로 문서 파일은 따로 살 필요가 없다. 즉, 견적금액은 52,100-4,000(∵ 첫 구매 적립금)=48,100원이다. 배송료를 더하면 48,100+4,500=52,600원이다.

07

남성 인구 10만 명당 사망자 수가 가장 많은 해는 2012년이다.

2012년 남성 사망자 수의 전년 대비 증가율은 $\dfrac{4,674-4,400}{4,400}\times100 ≒ 6.23\%$이다.

오답분석

① • 2018년 전체 사망자 수 : 4,111+424=4,535명

 • 2020년 전체 사망자 수 : 4,075+474=4,549명

 따라서 2018년과 2020년의 전체 사망자 수는 같지 않다.

② 제시된 자료를 보면 2014년과 2020년 여성 사망자 수는 전년보다 감소했다.

14 • NCS 한전KPS

③ 2019년, 2021년 남성 인구 10만 명당 사망자 수는 각각 15.9명, 15.6명이고, 여성 인구 10만 명당 사망자 수는 각각 2.0명, 2.1명이다. 15.9<2×8=16, 15.6<2.1×8=16.8이므로 옳지 않은 설명이다.

⑤ ・2009년 전체 사망자 수의 전년 대비 증가율 : $\dfrac{3,069-2,698}{2,698}\times100≒13.75\%$

・2011년 전체 사망자 수의 전년 대비 증가율 : $\dfrac{4,740-4,106}{4,106}\times100≒15.44\%$

08

정답 ①

・S전자 : 8대 구매 시 2대를 무료로 증정하기 때문에 32대를 사면 8개를 무료로 증정 받아 32대 가격으로 총 40대를 살 수 있다. 32대의 가격은 80,000×32=2,560,000원이다. 그리고 구매 금액 100만 원당 2만 원이 할인되므로 구매가격은 2,560,000-40,000=2,520,000원이다.

・B마트 : 40대 구매 금액인 90,000×40=3,600,000원에서 40대 이상 구매 시 7% 할인혜택을 적용하면 3,600,000×0.93=3,348,000원이다. 1,000원 단위 이하는 절사하므로 구매가격은 3,340,000원이다.

따라서 B마트에 비해 S전자가 82만 원 저렴하다.

09

정답 ③

상품별 고객 만족도 1점당 비용을 구하면 다음과 같다.
・차량용 방향제 : 7,000원÷5점=1,400원
・식용유 세트 : 10,000원÷4점=2,500원
・유리용기 세트 : 6,000원÷6점=1,000원
・32GB USB : 5,000원÷4점=1,250원
・머그컵 세트 : 10,000원÷5점=2,000원
・육아 관련 도서 : 8,800원÷4점=2,200원
・핸드폰 충전기 : 7,500원÷3점=2,500원
할인받은 예산을 고려하며 고객 만족도 1점당 비용이 가장 낮은 상품부터 구매비용을 구하면 다음과 같다.
・유리용기 세트 : 6,000×200=1,200,000원
 → 남은 예산 : 5,000,000-1,200,000=3,800,000원
・32GB USB : 5,000×180=900,000원
 → 남은 예산 : 3,800,000-900,000=2,900,000원
・차량용 방향제 : 7,000×300=2,100,000원
 → 남은 예산 : 2,900,000-2,100,000=800,000원
・머그컵 세트 : 10,000×80=800,000원
 → 남은 예산 : 800,000-800,000=0원
즉, 확보 가능한 상품의 개수는 200+180+300+80=760개이다.
따라서 나누어 줄 수 있는 고객의 수는 760÷2=380명이다.

10

정답 ②

음식점까지의 거리를 $x$km라 하면
역에서 음식점까지 왕복하는 데 걸리는 시간과 음식을 포장하는 데 걸리는 시간이 1시간 30분 이내여야 하므로
$$\dfrac{x}{3}+\dfrac{15}{60}+\dfrac{x}{3}\leq\dfrac{3}{2}$$
양변에 60을 곱하면
$$20x+15+20x\leq90 \rightarrow 40x\leq75 \rightarrow x\leq\dfrac{75}{40}=1.875$$
즉, 역과 음식점 사이 거리는 1.875km 이내여야 하므로 갈 수 있는 음식점은 'B도시락'과 'N버거'이다.
따라서 K사원이 구입할 수 있는 음식은 도시락과 햄버거이다.

11

- (가)안 : 2·3분기 자재구매 비용은 $7,000\times40+10,000\times40=680,000$원이다. 2분기에 재고가 10개가 남으므로 재고관리비는 $10\times1,000=10,000$원이다. 따라서 자재구매·관리 비용은 $680,000+10,000=690,000$원이다.
- (나)안 : 2·3분기 자재구매 비용은 $7,000\times60+10,000\times20=620,000$원이다. 2분기에 재고가 30개가 남으므로 재고관리비는 $30\times1,000=30,000$원이다. 따라서 자재구매 비용은 $620,000+30,000=650,000$원이다.

따라서 (가)안과 (나)안의 비용 차이는 $690,000-650,000=40,000$원이다.

12

- 아이스크림 1개당 정가 : $a\left(1+\dfrac{20}{100}\right)=1.2a$원
- 아이스크림 1개당 판매가 : $(1.2a-500)$원
- 아이스크림 1개당 이익 : $(1.2a-500)-a=700 \rightarrow 0.2a=1,200$

$\therefore a=6,000$원

13

처음 참석한 사람의 수를 x명이라 하면

ⅰ) $8x<17\times10 \rightarrow x<\dfrac{170}{8}≒21.3$

ⅱ) $9x>17\times10 \rightarrow x>\dfrac{170}{9}≒18.9$

ⅲ) $8(x+9)<10\times(17+6) \rightarrow x<\dfrac{230}{8}-9≒19.75$

세 식을 모두 만족해야 하므로 처음의 참석자 수는 19명이다.

14

주어진 조건에 의하여 모델 S의 연비는 $\dfrac{a}{3}=\dfrac{b}{5}\cdots\text{⊙}$, 모델 E의 연비는 $\dfrac{c}{3}=\dfrac{d}{5} \rightarrow d=\dfrac{5}{3}c\cdots\text{ⓛ}$이다.

3L로 시험했을 때 두 자동차의 주행거리 합은 48km이므로
$a+c=48\cdots\text{ⓒ}$
모델 E가 달린 주행거리의 합은 56km이므로 $c+d=56\cdots\text{ⓔ}$

ⓛ과 ⓔ을 연립하면 $c+\dfrac{5}{3}c=56 \rightarrow c=21$

c를 ⓒ에 대입하면 $a+21=48 \rightarrow a=27$

즉, 모델 S의 연비는 $\dfrac{27}{3}=9$이고, 모델 E의 연비는 $\dfrac{21}{3}=7$이다.

따라서 두 자동차 연비의 곱은 $9\times7=63$이다.

15

삶의 만족도가 한국보다 낮은 국가는 에스토니아, 포르투갈, 헝가리이다. 세 국가의 장시간 근로자 비율 산술평균은 $\dfrac{3.6+9.3+2.7}{3}=5.2\%$이다. 이탈리아의 장시간 근로자 비율은 5.4%이므로 옳지 않은 설명이다.

오답분석

① 삶의 만족도가 가장 높은 국가는 덴마크이며, 덴마크의 장시간 근로자 비율이 가장 낮음을 자료에서 확인할 수 있다.

② 삶의 만족도가 가장 낮은 국가는 헝가리이며, 헝가리의 장시간 근로자 비율은 2.7%이다.

　 $2.7 \times 10 = 27 < 28.1$이므로 한국의 장시간 근로자 비율은 헝가리의 장시간 근로자 비율의 10배 이상이다.

④ ・여가・개인 돌봄시간이 가장 긴 국가 : 덴마크

　 ・여가・개인 돌봄시간이 가장 짧은 국가 : 멕시코

　 ∴ 두 국가의 삶의 만족도 차이 : $7.6 - 7.4 = 0.2$점

⑤ 장시간 근로자 비율이 미국보다 낮은 국가는 덴마크, 프랑스, 이탈리아, 에스토니아, 포르투갈, 헝가리이며, 이들 국가의 여가・개인 돌봄시간은 모두 미국의 여가・개인 돌봄시간보다 길다.

16 〔정답〕 ⑤

ⓒ B국의 대미무역수지와 GDP 대비 경상수지 비중은 각각 742억 달러, 8.5%로 X요건과 Y요건을 충족한다.

ⓒ 세 가지 요건 중 두 가지 요건만 충족하면 관찰대상국으로 지정된다.

　 ・X요건과 Y요건을 충족하는 국가 : A, B, C, E

　 ・X요건과 Z요건을 충족하는 국가 : C

　 ・Y요건과 Z요건을 충족하는 국가 : C, J

　 C국가는 X, Y, Z요건을 모두 충족한다.

　 따라서 관찰대상국으로 지정되는 국가는 A, B, E, J로 4개이다.

ⓔ X요건의 판단기준을 '대미무역수지 150억 달러 초과'로 변경할 때, 새로 X요건을 충족하는 국가는 H국이다. 그러나 H국은 Y요건과 Z요건을 모두 충족하지 않으므로 환율조작국이나 관찰대상국으로 지정될 수 없다. 따라서 옳은 설명이다.

〔오답분석〕

ⓐ X, Y, Z요건을 모두 충족하면 환율조작국으로 지정된다. 각 요건을 충족하는 국가를 나열하면 다음과 같다.

　 ・X요건을 충족하는 국가 : A, B, C, D, E, F, G

　 ・Y요건을 충족하는 국가 : A, B, C, E, J

　 ・Z요건을 충족하는 국가 : C, J

　 따라서 환율조작국으로 지정되는 국가는 C국가이다.

17 〔정답〕 ①

・주말 입장료 : $11{,}000 + 15{,}000 + 20{,}000 \times 2 + 20{,}000 \times \dfrac{1}{2} = 76{,}000$원

・주중 입장료 : $10{,}000 + 13{,}000 + 18{,}000 \times 2 + 18{,}000 \times \dfrac{1}{2} = 68{,}000$원

따라서 요금 차이는 $76{,}000 - 68{,}000 = 8{,}000$원이다.

18 〔정답〕 ①

800g 소포의 개수를 x개, 2.4kg 소포의 개수를 y개라고 하면

$800x + 2{,}400y \leq 16{,}000 \rightarrow x + 3y \leq 20 \cdots$ ㉠

B회사는 동일지역, C회사는 타지역이므로

$4{,}000x + 6{,}000y = 60{,}000 \rightarrow 2x + 3y = 30 \rightarrow 3y = 30 - 2x \cdots$ ㉡

㉡을 ㉠에 대입하면

$x + 30 - 2x \leq 20 \rightarrow x \geq 10 \cdots$ ㉢

따라서 ㉡, ㉢을 동시에 만족하는 값은 $x = 12$, $y = 2$이다.

19

2021년 10월 전체 자동차 월매출 총액을 x억 원이라 하자.

J자동차의 10월 매출액과 시장점유율을 이용해 10월 전체 자동차 월매출 총액을 구하면

$$\frac{27}{x} \times 100 = 0.8 \rightarrow x = 2,700 \div 0.8 = 3,375$$

따라서 2021년 10월 A국의 전체 자동차 매출액 총액은 4,000억 원 미만이다.

오답분석

① 2021년 C자동차의 9월 매출액을 a억 원(단, $a \neq 0$)이라고 하자.

2021년 C자동차의 10월 매출액은 285억 원이고, 전월 대비 증가율은 50%이므로 $a(1+0.5)=285$

∴ $a=190$

즉, 2021년 9월 C자동차의 매출액은 200억 원 미만이다.

② 2021년 10월 매출액 상위 6개 자동차의 9월 매출액을 구하면 다음과 같다.

- A자동차 : $1,139 \div (1+0.6) \fallingdotseq 711.88$억 원
- B자동차 : $1,097 \div (1+0.4) \fallingdotseq 783.57$억 원
- C자동차 : $285 \div (1+0.5) = 190$억 원
- D자동차 : $196 \div (1+0.5) \fallingdotseq 130.67$억 원
- E자동차 : $154 \div (1+0.4) = 110$억 원
- F자동차 : $149 \div (1+0.2) \fallingdotseq 124.17$억 원

즉, 2021년 9월 매출액 상위 5개 자동차의 순위는 'B자동차 – A자동차 – C자동차 – D자동차 – F자동차 – E자동차'이다. 따라서 옳지 않은 설명이다.

③ 2021년 I자동차 누적매출액 자료를 살펴보면 I자동차의 1월부터 5월까지 누적매출액을 알 수 없으므로 6월 매출액은 정확히 구할 수 없다. 다만, 6월 누적매출액을 살펴보았을 때, 6월 매출액의 범위는 0원≤(6월 매출액)≤5억 원임을 알 수 있다.

2021년 I자동차의 7 ~ 9월 월매출액을 구하면 다음과 같다.

- 7월 월매출액 : $9-5=4$억 원
- 8월 월매출액 : $24-9=15$억 원
- 9월 월매출액 : $36-24=12$억 원

따라서 2021년 6 ~ 9월 중 I자동차의 월매출액이 가장 큰 달은 8월이다.

④ 2021년 10월 매출액 상위 5개 사동차의 10월 매출액 기준 시장점유율을 합하면 $34.3+33.0+8.6+5.9+4.6=86.4\%$이다.

20

㉠ • 1시간 미만 운동하는 3학년 남학생 수 : 87명
   • 4시간 이상 운동하는 1학년 여학생 수 : 46명

따라서 옳은 설명이다.

㉡ 제시된 자료에서 남학생 중 1시간 미만 운동하는 남학생의 비율이 여학생 중 1시간 미만 운동하는 여학생의 비율보다 각 학년에서 모두 낮음을 확인할 수 있다.

오답분석

㉢ 남학생과 여학생 모두 학년이 높아질수록 3시간 이상 4시간 미만 운동하는 학생의 비율은 낮아진다. 그러나 남학생과 여학생 모두 학년이 높아질수록 4시간 이상 운동하는 학생의 비율은 높아지므로 옳지 않은 설명이다.

㉣ 3학년 남학생의 경우 3시간 이상 4시간 미만 운동하는 학생의 비율은 4시간 이상 운동하는 학생의 비율보다 낮다.

CHAPTER 03

문제해결능력

기출예상문제 정답 및 해설

01	02	03	04	05	06	07	08	09	10
④	③	④	④	③	④	②	④	①	②
11	12	13	14	15	16	17	18	19	20
④	④	③	③	③	②	①	①	②	③

01
정답 ④

주어진 조건에 따라 표로 정리하면 다음과 같다.

구분	2019년	2020년	2021년
A	영국	네덜란드	독일
B	네덜란드	독일	프랑스
C	프랑스	영국	네덜란드
D	독일	프랑스	영국

따라서 2021년에 네덜란드에서 가이드를 한 C는 첫 번째 조건에 의해 2022년 독일에서 가이드를 한다.

오답분석

① 2020년 A와 2019년 B는 네덜란드에서 가이드를 하였으므로 옳지 않다.
② 2021년 B는 프랑스에서 가이드를 하였다.
③ 2019 ~ 2021년 A는 영국, 네덜란드, 독일에서 가이드를 하였고, D는 독일, 프랑스, 영국에서 가이드를 하였으므로 옳지 않다.
⑤ D는 2020년에 프랑스에서 가이드를 하였다.

02
정답 ③

부서배치
• 성과급 평균은 48만 원이므로, A는 영업부 또는 인사부에서 일한다.
• B와 D는 비서실, 총무부, 홍보부 중에서 일한다.
• C는 인사부에서 일한다.
• D는 비서실에서 일한다.
따라서 A – 영업부, B – 총무부, C – 인사부, D – 비서실, E – 홍보부에서 일한다.

휴가
A는 D보다 휴가를 늦게 간다.
따라서 C – D – B – A 또는 D – A – B – C 순으로 휴가를 간다.

오답분석

① A : 20×3=60만 원, C : 40×2=80만 원

03
정답 ④

불가피한 사유(출산)로 이수정지 신청을 한 경우, 이수정지 후 2년 이내에 재등록하면 과거 이수사항 및 이수시간이 계속 승계되어 해당 과정에 참여할 수 있다.

04
정답 ④

ㄴ. B씨의 사전평가 총점은 42점이지만 구술이 3점 미만이므로 기초과정에 배정된다.
ㄹ. 사전평가에 응시하지 않으면 자동 면제 처리되어 기초과정부터 참여해야 한다.

오답분석

ㄱ. A씨의 사전평가 총점은 40점이므로 초급2 과정에 배정된다.
ㄷ. 이수정지 신청 후 2년 이내에 재등록했기 때문에 과거 이수사항이 승계되어 초급1 과정에 참여할 수 있다.

05
정답 ③

A/S 접수 현황에 제품 시리얼 번호를 보면 네 번째 자리의 숫자가 분류1에는 '1', 분류2에는 '2', 분류3에는 '3', 분류4에는 '4'로 나눠져 있음을 알 수 있다. 따라서 네 번째 자리가 의미하는 메모리 용량이 시리얼 번호를 분류하는 기준이다.

06
정답 ④

제조연도는 시리얼 번호 중 앞에서 다섯 번째 알파벳으로 알 수 있다. 2015년은 'A', 2016년은 'B'로 표기되어 있으며, A/S 접수 현황에서 찾아보면 총 9개이다.

② C가 제일 먼저 휴가를 갈 경우, A가 제일 마지막으로 휴가를 가게 된다.
④ 휴가를 가지 않은 E는 두 배의 성과급을 받기 때문에 총 120만 원의 성과급을 받게 되고, D의 성과급은 60만 원이기 때문에 두 사람의 성과급 차이는 두 배이다.
⑤ C가 제일 마지막에 휴가를 갈 경우, B는 A보다 늦게 출발한다.

07

정답 ②

A/S 접수 현황에서 잘못 기록된 일련번호는 총 7개이다.

분류1	• ABE1C6<u>100121</u> → 일련번호가 09999 이상인 것은 없음 • MBE1D<u>B</u>001403 → 제조월 표기기호 중 'B'는 없음
분류2	• MBP2CO<u>120202</u> → 일련번호가 09999 이상인 것은 없음 • ABE<u>2</u>D0001063 → 제조월 표기기호 중 '0'은 없음
분류3	• CBL3<u>S</u>8005402 → 제조년도 표기기호 중 'S'는 없음
분류4	• SBE4D5<u>101483</u> → 일련번호가 09999 이상인 것은 없음 • CBP4D6<u>100023</u> → 일련번호가 09999 이상인 것은 없음

08

정답 ④

WT전략은 외부 환경의 위협 요인을 회피하고 약점을 보완하는 전략을 적용해야 한다. ④는 강점인 'S'를 강화하는 방법에 대해 이야기하고 있다.

오답분석

① SO전략은 기회를 활용하면서 강점을 더욱 강화시키는 전략이므로 옳다.
② WO전략은 외부의 기회를 사용해 약점을 보완하는 전략이므로 옳다.
③ ST전략은 외부 환경의 위협을 회피하며 강점을 적극 활용하는 전략이므로 옳다.
⑤ OT전략은 외부의 기회를 사용해 외부 환경의 위협을 회피하는 전략이므로 옳다.

09

정답 ①

오전 심층면접은 9시 10분에 시작하므로 12시까지 170분의 시간이 있다. 이 시간에 한 명당 15분씩 면접을 볼 때, 가능한 면접 인원은 $170 \div 15 ≒ 11$명이다. 오후 심층면접은 1시부터 바로 진행할 수 있으므로 종료시간까지 240분의 시간이 있다. 이 시간에 한 명당 15분씩 면접을 볼 때 가능한 인원은 $240 \div 15 = 16$명이다. 즉, 심층면접을 할 수 있는 최대 인원수는 $11 + 16 = 27$명이다. 27번째 면접자의 기본면접이 끝나기까지 소요되는 시간은 $10 \times 27 + 60$(점심·휴식 시간)$ = 330$분이다. 따라서 마지막 심층면접자의 기본면접 종료 시각은 오전 9시$+330$분 $=$오후 2시 30분이다.

10

정답 ②

주어진 조건을 고려하면 C−K−A−B 또는 K−C−A−B 순으로 대기하고 있다는 것을 알 수 있다. 그중 K−C−A−B의 경우에는 마지막 조건을 만족시킬 수 없으므로 대기자 5명은 C−K−A−B−D 순으로 대기하고 있다. 따라서 K씨는 두 번째로 진찰을 받을 수 있다.

11

정답 ④

주어진 조건을 정리하면 다음과 같다.

구분	1일	2일	3일	4일	5일	6일
경우 1	B	E	F	C	A	D
경우 2	B	C	F	D	A	E
경우 3	A	B	F	C	E	D
경우 4	A	B	C	F	D	E
경우 5	E	B	C	F	D	A
경우 6	E	B	F	C	A	D

따라서 B영화는 어떠한 경우에도 1일 또는 2일에 상영된다.

오답분석

① 경우 3 또는 4에서 A영화는 C영화보다 먼저 상영된다.
② 경우 1 또는 5, 6에서 C영화는 E보다 늦게 상영된다.
③ 경우 1 또는 3, 6에서 폐막작으로, 경우 4 또는 5에서 5일에 상영된다.
⑤ 경우 1 또는 3에서 E영화는 개막작이나 폐막작으로 상영되지 않는다.

12

정답 ④

한 분야의 모든 사람이 한 팀에 들어갈 수는 없으므로 가와 나는 한 팀이 될 수 없다.

오답분석

① 갑과 을이 한 팀이 되는 것과 상관없이 가와 나는 같은 분야의 사람이기 때문에 반드시 다른 팀이어야 한다.
② 두 팀에 남녀가 각각 2명씩 들어갈 수도 있지만, (남자 셋, 여자 하나), (여자 셋, 남자 하나)의 경우도 있다.
③ a와 c는 성별이 다르기 때문에 같은 팀에 들어갈 수 있다.
⑤ 주어진 조건에 따라 배치하면, c와 갑이 한 팀이 되면 한 팀의 인원이 5명이 된다.

13

정답 ③

연경, 효진, 다솜, 지민, 지현의 증언을 차례대로 검토하면서 모순 여부를 찾아내면 쉽게 문제를 해결할 수 있다.
1) 먼저 연경이의 증언이 참이라면, 효진이의 증언도 참이다. 그런데 효진이의 증언이 참이라면 지현이의 증언은 거짓이 된다.
2) 지현이의 증언이 거짓이라면, '나와 연경이는 꽃을 꽂아두지 않았다.'라는 말 역시 거짓이 되어 연경이와 지현 중 적어도 한 명은 꽃을 꽂아두었다고 봐야 한다. 그런데 효진이의 증언은 지민이를 지적하고 있으므로 역시 모순이다. 결국 연경이와 효진이의 증언은 거짓이다.

따라서 다솜, 지민, 지현이의 증언이 참이 되며, 이들이 언급하지 않은 다솜이가 꽃을 꽂아두었다.

14 정답 ③

네 번째, 다섯 번째 명제에 의해 A와 C는 각각 2종류의 동물을 키운다. 또한, 첫 번째, 두 번째, 세 번째 명제에 의해 A는 토끼를 키우지 않는다. 따라서 A는 개와 닭, C는 고양이와 토끼를 키운다. 첫 번째 명제에 의해 D는 닭을 키우므로 C는 키우지 않지만 D가 키우는 동물은 닭이다.

① 세 번째 명제에 의해 B는 개를 키운다.
② B는 토끼를 키우지 않지만, 고양이는 키울 수도 있다.
④ A, B, D 또는 B, C, D가 같은 동물을 키울 수 있다.
⑤ B 또는 D, 아니면 B와 D는 3가지 종류의 동물을 키울 수 있다.

15 정답 ③

제시된 자료와 상황을 바탕으로 투자액에 따른 득실을 정리하면 다음과 같다.

구분	투자액	감면액	득실
1등급 - 최우수	2억 1천만 원	2억 4천만 원	+3,000만 원
1등급 - 우수	1억 1천만 원	1억 6천만 원	+5,000만 원
2등급 - 최우수	1억 9천만 원	1억 6천만 원	-3,000만 원
2등급 - 우수	9천만 원	8천만 원	-1,000만 원

따라서 옳은 것은 ㄱ, ㄴ이다.

ㄷ. 2등급을 받기 위해 투자했을 경우는 최소 1,000만 원 최대 3,000만 원의 손해가 난다.

16 정답 ②

예상되는 평가점수는 63점이고, 에너지효율이 3등급이기 때문에 취·등록세액 감면 혜택을 얻을 수 없다. 추가 투자를 통해서 평가점수와 에너지효율을 높여야 취·등록세액 감면 혜택을 얻게 된다.

① 현재 신축 건물의 예상되는 친환경 건축물 평가점수는 63점으로 '우량' 등급이다.
③ 친환경 건축물 우수 등급, 에너지효율 1등급을 받는 것이 경제적 이익을 극대화시킨다.
④·⑤ 예산 관리는 활동이나 사업에 소요되는 비용을 산정하고, 예산을 편성하는 것뿐만 아니라 예산을 통제하는 것 모두를 포함한다고 할 수 있다.

17 정답 ①

경제적 의사결정을 위해 상품별 만족도 총합을 계산하면 다음과 같다.
(단위 : 점)

상품 \ 만족도 \ 가격	광고의 호감도 (5)	디자인 (12)	카메라 기능 (8)	단말기 크기 (9)	A/S (6)	만족도 합계
A	35만 원	5	10	6	8	5	34
B	28만 원	4	9	6	7	5	31
C	25만 원	3	7	5	6	4	25

이때, 각 상품의 가격 대비 만족도를 계산하면, 단위 금액 당 만족도가 가장 높은 상품 $B(=\frac{31}{28})$를 구입하는 것이 가장 합리적이다.

② 단말기 크기의 만족도 만점 점수는 9점으로 카메라 기능보다 높기 때문에 단말기 크기를 더 중시하고 있음을 알 수 있다.
③ 세 상품 중 상품 A의 만족도가 가장 크지만, 비용을 고려해야 하기 때문에 상품 A를 구입하는 것은 합리적인 선택으로 볼 수 없다.
④ 예산을 25만 원으로 제한할 경우 상품 C를 선택할 것이다.
⑤ 만족도 점수 항목 중 휴대전화의 성능과 관련된 항목은 카메라 기능 뿐이므로 지나치게 중시하고 있다고 볼 수 없다.

18 정답 ①

자동차의 용도별 구분을 보면 비사업용 자동차에 사용할 수 있는 문자기호는 'ㅏ, ㅓ, ㅗ, ㅜ' 뿐이다. 따라서 '겨'라고 한 ①은 옳지 않다.

19 정답 ②

84배 7895는 사업용인 택배차량이다.

①·③·④·⑤는 비사업용 화물차량이다.

20
정답) ③

제품 특성상 테이크 아웃이 불가능했던 위협 요소를 피하기 위해 무료로 사이드 메뉴를 제공하는 것은 독창적인 아이템을 활용하면서도 위협 요소를 보완하는 전략으로 적절하다.

오답분석

① 해당 상점의 강점은 주변 외식업 상권과 차별화된 아이템 선정이다. 그러므로 주변 상권에서 이미 판매하고 있는 상품을 벤치마킹해 판매하는 것은 강점을 활용하는 전략으로 적절하지 않다.

② 높은 단가 재료를 낮추기 위해 유기농 채소와 유기농이 아닌 채소를 함께 사용하는 것은 웰빙을 추구하는 소비 행태가 확산되고 있는 기회를 활용하지 못하는 전략이므로 적절하지 않다.

④ 커스터마이징 형식의 고객 주문 서비스 및 주문 즉시 조리하는 방식은 해당 상점의 강점이다. 약점을 보완하기 위해 강점을 모두 활용하지 못하는 전략이므로 적절하지 않다.

⑤ 커스터마이징 주문 시 치즈의 종류를 다양하게 선택할 수 있게 하는 것은 커스터마이징 주문이라는 강점으로 '치즈 제품을 선호하는 여성 고객들의 니즈'라는 기회를 활용하는 방법이므로 SO전략이다.

기출예상문제 정답 및 해설

01	02	03	04	05	06	07	08	09	10
③	②	③	④	①	④	⑤	①	③	③
11	12	13	14	15	16	17	18	19	20
①	⑤	①	③	②	④	①	④	②	②

01

정답 ③

1) 예약가능 객실 수 파악

7월 19일부터 2박 3일간 워크숍을 진행한다고 했으므로 19일, 20일에 객실 예약이 가능한지를 확인하여야 한다. 호텔별 잔여객실 수를 파악하면 다음과 같다.

(단위 : 실)

구분	A호텔	B호텔	C호텔	D호텔	E호텔
7/19	88-20 =68	70-11 =59	76-10 =66	68-12 =56	84-18 =66
7/20	88-26 =62	70-27 =43	76-18 =58	68-21 =47	84-23 =61

2) 필요 객실 수 파악

N공단의 전체 임직원 수는 총 80명이다. 조건에 따르면 부장급 이상은 1인 1실을 이용하므로 4(처장)+12(부장)=16명, 즉 16실이 필요하다. 나머지 직원 80-16=64명은 2인 1실을 사용하므로 총 64÷2=32실이 필요하다. 따라서 이틀간 48실이 필요하다.

따라서 A호텔, C호텔, E호텔이 워크숍 장소로 적합하다.

3) 세미나룸 현황 파악

총 임직원이 80명인 것을 고려할 때, A호텔의 세미나룸은 최대수용인원이 70명이므로 제외한다. E호텔은 테이블(4인용)을 총 15개 보유하고 있어 부족하므로 제외된다.

따라서 모든 조건을 충족하는 C호텔이 가장 적절하다.

02

정답 ②

전 직원의 주 평균 야근 빈도는 직급별 사원 수를 알아야 구할 수 있는 값이다. 단순히 직급별 주 평균 야근 빈도를 모두 더하여 평균을 구하는 것은 적절하지 않다.

오답분석

③ 0.2시간은 60분×0.2=12분이다. 따라서 4.2시간은 4시간 12분이다.

④ 대리는 주 평균 1.8일 야근을 하고 주 평균 6.3시간을 야간 근무하므로, 야근 1회 시 6.3÷1.8=3.5시간 근무로 가장 긴 시간 동안 일한다.

03

정답 ③

각 과제의 최종 점수를 구하기 전에, 항목당 최하위 점수가 부여된 과제는 제외하므로, 중요도에서 최하위 점수가 부여된 B, 긴급도에서 최하위 점수가 부여된 D, 적용도에서 최하위 점수가 부여된 E를 제외한다. 나머지 두 과제에 대하여 주어진 조건에 의해 각 과제의 최종 평가 점수를 구해보면 다음과 같다. 가중치는 별도로 부여되므로 추가 계산한다.

• A : (84×0.3)+(92×0.2)+(96×0.1)=53.2점
• C : (95×0.3)+(85×0.2)+(91×0.1)=54.6점

따라서 C를 가장 먼저 수행해야 한다.

04

정답 ④

주말 예약 현황과 고객의 조건을 서로 비교하여 가능한 날이 있는지 판단하면 된다. 7일(토)의 경우에는 16시에 세이지 연회장이 예약되어 있지만, 동시간대 인력이 30명이 남기 때문에 라벤더 연회장을 함께 사용할 수 있다. 라벤더 연회장은 수용인원이 300명까지이고, 세팅 및 정리시간을 포함하여 이용시간을 고려했을 때 저녁 7시 전까지 행사를 진행할 수 있으므로 고객의 요구사항에 모두 부합한다. 반면, 1일(일), 8일(일), 14일(토)은 동시간대 사용가능한 연회장이 없으므로 예약이 불가하다.

오답분석

① 고객이 12월 초에 예약할 수 있기를 원하므로 최대한 첫 번째 주에 예약을 할 수 있도록 돕는 것은 적절한 판단이다.

② 고객이 250명을 수용할 수 있는 연회장을 요구하였으므로, 세이지를 제외한 나머지 연회장이 가능하다는 판단은 옳다.

③ 고객이 정오부터 저녁 7시 사이에 행사가 진행되길 원하므로 적절한 판단이다.

⑤ 팬지를 기준으로 했을 때 수용 가능 인원인 250명에는 최소 투입인력 25명이 필요하므로 적절한 판단이다.

05 [정답] ①

- 인천에서 아디스아바바까지 소요시간
  (인천 → 광저우)   3시간 50분
  (광저우 경유시간)   +4시간 55분
  (광저우 → 아디스아바바)   +11시간 10분
                           =19시간 55분

- 아디스아바바에 도착한 현지 날짜 및 시각
  한국시간   12월 5일 오전 8시 40분
  소요시간   +19시간 55분
  시차   −6시간
                 =12월 5일 오후 10시 35분

06 [정답] ④

- 인천에서 말라보까지 소요시간
  (인천 → 광저우)   3시간 50분
  (광저우 경유시간)   +4시간 55분
  (지연출발)   +2시간
  (광저우 → 아디스아바바)   +11시간 10분
  (아디스아바바 경유시간)   +6시간 10분
  (아디스아바바 → 말라보)   +5시간 55분
                             =34시간

- 말라보에 도착한 현지 날짜 및 시각
  한국시간   12월 5일 오전 8시 40분
  소요시간   +34시간
  시차   −8시간
                    =12월 6일 오전 10시 40분

07 [정답] ⑤

- 1월 8일
  출장지는 D시이므로 출장수당은 10,000원이고, 교통비는 20,000원이다. 그러나 관용차량을 사용했으므로 교통비에서 10,000원이 차감된다.
  즉, 1월 8일의 출장여비는 10,000+(20,000−10,000)=20,000원이다.
- 1월 16일
  출장지는 S시이므로 출장수당은 20,000원이고, 교통비는 30,000원이다. 그러나 출장 시작 시각이 14시이므로 10,000원이 차감된다.
  즉, 1월 16일의 출장여비는 (20,000−10,000)+30,000=40,000원이다.
- 1월 19일
  출장지는 B시이므로 출장비는 20,000원이고, 교통비는 30,000원이다. 출장 시작 및 종료 시각이 차감대상은 아니지만 업무추진비를 사용했으므로 10,000원이 차감된다.
  즉, 1월 19일의 출장여비는 (20,000−10,000)+30,000=40,000원이다.
따라서 K사원이 1월 출장여비로 받을 수 있는 금액은 20,000+40,000+40,000=100,000원이다.

08 [정답] ①

- A사원 : 7일(3월 2일, 5월 3일, 7월 1일, 9월 1일)
- B사원 : 10일(1월 3일, 3월 3일, 5월 3일, 9월 1일)
- C사원 : 8일(1월 1일, 3월 1일, 5월 3일, 7월 3일)
- D사원 : 9일(1월 2일, 3월 3일, 7월 3일, 9월 1일)
- E사원 : 8일(1월 1일, 3월 2일, 5월 3일, 7월 2일)
따라서 A사원이 총 7일로 연차를 가장 적게 썼다.

09 [정답] ③

A회사에서는 연차를 한 달에 3일로 제한하고 있으므로, 11월에 휴가를 쓸 수 없다면 앞으로 총 6일(10월 3일, 12월 3일)의 연차를 쓸 수 있다. 휴가에 관해서 손해를 보지 않으려면 이미 9일 이상의 연차를 썼어야 한다. 이에 해당하는 사원은 B와 D이다.

10 [정답] ③

회의실에 2인용 테이블이 4개 있었고 첫 번째 주문 후 2인용 테이블 4개가 더 생겨 총 8개지만 16명만 앉을 수 있기 때문에 테이블 하나를 추가로 주문해야 한다. 의자는 회의실에 9개, 창고에 2개, 주문한 1개를 더하면 총 12개로 5개를 더 주문해야 한다.

11 [정답] ①

35명의 수용 인원과 최소 인원을 모두 충족하는 회의실은 별실이다. 따라서 오전 사용료는 400,000+10,000+30,000=440,000원이다. 10명이 수용 인원과 최소 인원을 모두 충족하는 회의실은 세미나 3·4 회의실이며, 예약 가능한 회의실 중 비용이 저렴한 쪽을 선택해야 하므로 세미나 3 회의실을 선택한다. 따라서 오후 사용료는 74,000+37,000+20,000+50,000=181,000원이다.
B기업이 이용일 4일 전 오후 회의실을 취소하였으므로 181,000원에서 10%를 차감한 162,900원을 환불해줘야 한다.

12 [정답] ⑤

2021년 3분기의 이전 분기 대비 수익 변화량(−108)이 가장 크다.

오답분석

① 수익의 증가는 2021년 2분기에 유일하게 관찰된다.
② 재료비를 제외한 금액은 2021년 4분기가 2020년 4분기보다 낮다.
③ 수익의 변화량은 제품가격의 변화량과 밀접한 관계가 있다.
④ 조사 기간에 수익이 가장 높을 때는 2021년 2분기이고, 재료비가 가장 낮을 때는 2021년 1분기이다.

13

2022년 1분기의 재료비는 $(1.6×70,000)+(0.5×250,000)+(0.15×200,000)=267,000$원이다. 2022년 1분기의 제품가격은 (2022년 1분기의 수익)+(2022년 1분기의 재료비)이며, 2022년 1분기의 수익은 2021년 4분기와 같게 유지된다고 하였으므로 291,000원이다. 따라서 $291,000+267,000=558,000$원이므로 책정해야 할 제품가격은 558,000원이다.

14

정답 ③

접수건수가 제일 높은 지원유형은 신입유형으로, 직원채용절차에 학업성적심사가 포함되어 있지 않다.

15

정답 ②

경력직원채용 절차 처리비용은 500(접수확인)+1,000(직무능력검사)+400(합격여부통지)=1,900원이다.

16

정답 ④

지원유형 중 가장 합격률이 낮은 유형은 인턴유형으로 합격률이 12.5%이다. 경력유형의 합격률은 약 16.67%이다.

17

정답 ②

C사원은 혁신성, 친화력, 책임감이 '상 – 상 – 중'으로 영업팀의 핵심역량가치에 부합하며 창의성과 윤리성은 '하'이지만, 영업팀에서 중요하게 생각하지 않는 역량이기에 영업팀으로의 부서배치가 적절하다. E사원은 혁신성, 책임감, 윤리성이 '중 – 상 – 하'로 지원팀의 핵심역량가치에 부합하므로 지원팀으로의 부서배치가 적절하다.

18

정답 ④

라벨지와 1단 받침대, 블루투스 마우스를 차례대로 계산하면 $18,000×2+24,000+27,000×5=195,000$원이다. 그리고 블루투스 마우스를 3개 이상 구매 시 건전지 3SET를 무료 증정하기 때문에 AAA건전지는 2개만 더 구매하면 된다.

따라서 총금액은 $195,000+4,000×2=203,000$원이다.

19

정답 ②

라벨지는 91mm로 변경 시 각 SET당 5%를 가산하기 때문에 $(18,000×1.05)×4=75,600$원, 3단 받침대는 1단 받침대에 2,000원씩을 추가하므로 $26,000×2=52,000$원이다. 그리고 블루투스 마우스는 $27,000×3=81,000$원이고 마우스를 3개 이상 구매 시 AAA건전지 3SET가 사은품으로 오기 때문에 따로 주문하지 않는다. 마지막으로 문서수동세단기 36,000원을 더하면 $75,600+52,000+81,000+36,000=244,600$원이다.

20

정답 ②

• 본부에서 36개월 동안 연구원으로 근무 → $0.03×36=1.08$점
• 지역본부에서 24개월 근무 → $0.015×24=0.36$점
• 특수지에서 12개월 동안 파견근무(지역본부 근무경력과 중복되어 절반만 인정) → $0.02×12÷2=0.12$점
• 본부로 복귀 후 현재까지 총 23개월 근무 → $0.03×23=0.69$점
• 현재 팀장(과장) 업무 수행 중
  – 내부평가결과 최상위 10% 총 12회 → $0.012×12=0.144$점
  – 내부평가결과 차상위 10% 총 6회 → $0.01×6=0.06$점
  – 금상 2회, 은상 1회, 동상 1회 수상
    → $(0.25×2)+(0.15×1)+(0.1×1)=0.75$점
    → 0.5점(∵ 인정범위 조절)
  – 시행결과평가 탁월 2회, 우수 1회
    → $(0.25×2)+(0.15×1)=0.65$점
    → 0.5점(∵ 인정범위 조절)
따라서 K과장에게 부여할 가점은 3.454점이다.

01	02	03	04	05	06	07	08	09	10
②	①	③	②	④	④	④	①	③	③
11	12	13	14	15	16	17	18	19	20
①	①	④	②	①	②	③	③	③	③

01 　정답 ②

차트 작성 순서
1단계 : 차트 종류 설정
2단계 : 차트 범위와 계열 설정
3단계 : 차트의 각종 옵션(제목, 범례, 레이블 등) 설정
4단계 : 작성된 차트의 위치 설정

02 　정답 ①

사용자가 먼저 허락하여야 원격으로 사용자 컴퓨터를 조작하고 작동시킬 수 있다.

03 　정답 ③

PROPER 함수는 단어 앞의 첫 글자만 대문자로 나타내고 나머지는 소문자로 나타내주는 함수이다. 따라서 'Republic Of Korea'로 나와야 한다.

04 　정답 ②

3차원 대부분의 차트와 원형, 도넛형, 표면형, 방사형과 같은 항목축과 값축의 구분이 명확치 않은 차트 종류는 추세선을 추가할 수 없다.

05 　정답 ④

ⓒ 직책은 부장, 차장, 대리, 사원 순으로 사용자 지정 목록을 이용하여 정렬되었다.
ⓒ 부서를 오름차순으로 우선 기준을, 다음으로 직책 순으로 정렬되었다.

오답분석
ⓐ 부서를 기준으로 오름차순으로 정렬되었다.
ⓐ 성명을 기준으로 정렬되지 않았다.

06 　정답 ④

데이터 유효성 조건에서 제한 대상 목록은 정수, 소수점, 목록, 날짜, 시간, 텍스트 길이, 사용자 지정이다.

07 　정답 ④

CONCATENATE 함수는 텍스트와 텍스트를 연결시켜주는 함수이다. [C2] 셀의 값인 '3·1절(매년 3월 1일)'은 [A2], '(', [B2], ')'와 같이 4가지의 텍스트가 연결되어야 한다. 그리고 '(', ')'와 같은 값을 나타내기 위해서는 " "를 이용하여 입력해야 한다. 따라서 입력해야 하는 함수식은 =CONCATENATE(A2,"(",B2,")")이다.

08 　정답 ①

엑셀 고급필터 조건 범위의 해석법은 다음과 같다. 우선 같은 행의 값은 '이고'로 해석한다(AND 연산 처리). 다음으로 다른 행의 값은 '거나'로 해석한다(OR 연산 처리). 그리고 엑셀에서는 AND 연산이 OR 연산에 우선한다(행우선).
그리고 [G3] 셀의 「=C2>=AVERAGE($C$2:$C$8)」은 [C2] ~ [C8]의 실적이 [C2:C8]의 실적 평균과 비교 되이 그 이상이 되면 TRUE(참)를 반환하고, 미만이라면 FALSE(거짓)를 반환하게 된다.
따라서 부서가 '영업1팀'이고 이름이 '수'로 끝나거나, 부서가 '영업2팀'이고 실적이 실적의 평균 이상인 데이터가 나타난다.

09 　정답 ③

문자는 숫자와 달리 두 개의 셀을 드래그한 뒤 채우기를 했을 때 선택한 값이 반복되어 나타나므로 A가 입력된다.

10 　정답 ③

[총점] 계열의 [한길] 요소에 데이터 레이블이 있다.

11 　정답 ①

Windows 제어판에서 접근성 센터에는 돋보기, 내레이터, 화상 키보드, 고대비 설정과 같은 시각 장애에 도움을 줄 수 있는 기능이 포함되어 있다.

12

정답 ①

현재 창 닫기 : [Ctrl]+[W]

13

정답 ④

POWER 함수는 밑수를 지정한 만큼 거듭제곱한 결과를 나타내는 함수이다. 따라서 $6^3=216$이 적절하다.

오답분석

① ODD 함수는 주어진 수에서 가장 가까운 홀수로 변환해주는 함수이며, 양수인 경우 올림하고 음수인 경우 내림한다.
② EVEN 함수는 주어진 수에서 가장 가까운 짝수로 변환해주는 함수이며, 양수인 경우 올림하고 음수인 경우 내림한다.
③ MOD 함수는 나눗셈의 나머지를 구하는 함수이다. 40을 -6으로 나눈 나머지는 -2이다.
⑤ QUOTIENT 함수는 나눗셈 몫의 정수 부분을 반환하는 함수이다. 19를 6으로 나눈 몫의 정수는 3이다.

14

정답 ②

데이터 계열은 3개(국어, 영어, 수학)로 구성되어 있다.

15

정답 ①

[휴지통]에 들어 있는 자료는 언제든지 복원 가능하다. 단, [휴지통] 크기를 0%로 설정한 후 파일을 삭제하면 복원이 불가능하다.

16

정답 ②

바이러스에 감염되는 경로로는 불법 무단 복제, 다른 사람들과 공동으로 사용하는 컴퓨터, 인터넷, 전자우편의 첨부파일 등이 있으며, 바이러스를 예방할 수 있는 방법은 다음과 같다.

• 다운로드한 파일이나 외부에서 가져온 파일은 반드시 바이러스 검사를 수행한 후에 사용한다.
• 전자우편을 통해 감염될 수 있으므로 발신자가 불분명한 전자우편은 열어보지 않고 삭제한다.
• 중요한 자료는 정기적으로 백업한다.
• 바이러스 예방 프로그램을 램(RAM)에 상주시킨다.
• 백신 프로그램의 시스템 감시 및 인터넷 감시 기능을 이용해서 바이러스를 사전에 검색한다.
• 백신 프로그램의 업데이트를 통해 주기적으로 바이러스 검사를 수행한다.

17

정답 ③

데이터 레이블이 표시되어 있지 않다. 데이터 레이블이 표시되어 있다면, 정확한 수치가 그래프 위에 나타난다.

18

정답 ③

주어진 메일 내용에서 검색기록 삭제 시, 기존에 체크되어 있는 항목 외에도 모든 항목을 체크하라고 되어 있으나, 괄호 안에 '즐겨찾기 웹 사이트 데이터 보존 부분은 체크 해제할 것'이라고 명시되어 있으므로 모든 항목을 체크하는 행동은 적절하지 못하다.

19

정답 ③

VLOOKUP 함수는 「=VLOOKUP(첫 번째 열에서 찾으려는 값, 찾을 값과 결과로 추출할 값들이 포함된 데이터 범위, 값이 입력된 열의 열 번호, 일치 기준)」로 구성된다. 찾으려는 값은 [B2]가 되어야 하며, 추출할 값들이 포함된 데이터 범위는 [E2:F8]이고, 자동 채우기 핸들을 이용하여 사원들의 교육점수를 구해야 하므로 '[$E$2:$F$8]'와 같이 절대참조가 되어야 한다. 그리고 값이 입력된 열의 열 번호는 [E2:F8] 범위에서 2번째 열이 값이 입력된 열이므로 '2'가 되어야 하며, 정확히 일치해야 하는 값을 찾아야 하므로 FALSE 또는 '0'이 들어가야 한다.

20

정답 ③

[폴더 옵션]에서는 파일 및 폴더의 숨김 표시 여부를 설정할 수 있다. 하지만 속성 일괄 해제는 폴더창에서 직접해야 한다.

안심Touch

01	02	03	04	05	06	07	08	09	10
③	①	③	①	④	④	④	③	⑤	③
11	12	13	14	15	16	17	18	19	20
①	②	①	④	③	③	⑤	②	③	④

01
정답 ③

직장에 소속된 개인은 회사의 이윤창출 등 회사 공동의 목표를 위해 동료와 상호작용을 해나가는 구성원으로, 조직의 구성원은 서로 협력하여 공동의 목표를 향해 노력해야 한다. 그러므로 업무를 뚜렷하게 나눠 독립적으로 일을 처리하기보다는 유기적으로 소통하고 부족한 부분을 채워가며 업무를 진행하는 것이 조직의 성격과 어울린다고 볼 수 있다. 따라서 ③이 가장 적절하지 않다.

02
정답 ①

조직의 규칙과 규정은 조직의 목표나 전략에 따라 수립되어 조직구성원들이 활동범위를 제약하고 일관성을 부여하는 기능을 한다. 예를 들어 인사규정, 총무규정, 회계규정 등이 있다.

03
정답 ③

일 년에 한두 권밖에 안 팔리는 책일지라도 이러한 책들의 매출이 모이고 모이면 베스트셀러 못지않은 수익을 낼 수 있다.

04
정답 ①

(A)는 경영전략 추진과정 중 환경분석이며, 이는 외부 환경분석과 내부 환경분석으로 구분된다. 외부 환경으로는 기업을 둘러싸고 있는 경쟁자, 공급자, 소비자, 법과 규제, 정치적 환경, 경제적 환경 등을 볼 수 있으며, 내부 환경은 기업구조, 기업문화, 기업자원 등이 해당된다. ①에서 설명하는 예산은 기업자원으로서 내부 환경분석의 성격을 가지며, 다른 사례들은 모두 외부 환경분석의 성격을 가짐을 알 수 있다.

05
정답 ④

미국 정부의 전자여행허가제(ESTA)
대한민국 국민으로서 관광 및 상용 목적으로 90일 이내의 기간 동안 미국을 방문하고자 하는 경우, 2008년 11월 17일부터 원칙적으로 비자 없이 미국 입국 가능하지만, 미 정부의 전자여행허가제에 따라 승인을 받아야만 한다.

06
정답 ④

중요도와 긴급성에 따라 우선순위를 둔다면 1순위는 회의 자료 준비이다. 업무 보고서는 내일 오전까지 시간이 있으므로 회의 자료를 먼저 준비하는 것이 옳다. 그러므로 ㉣이 가장 좋은 행동이라 할 수 있다. 반면, ㉠은 첫 번째 우선순위로 놓아야 할 회의 자료 작성을 전혀 고려하지 않고 있으므로 가장 적절하지 않은 행동이라 할 수 있다.

07
정답 ④

업무환경에 '자유로운 분위기'라고 명시되어 있으므로 '중압적인 분위기를 잘 이겨낼 수 있다.'라는 문구는 올바르지 않다.

08
정답 ③

③은 인사부의 담당 업무이다. 기획부는 경영계획 및 전략 수립, 전사 기획업무 종합 및 조정, 중·장기 사업계획의 종합 및 조정 등을 한다.

09
정답 ⑤

효과적인 회의의 5가지 원칙 중 E사원은 매출성장이라는 목표를 공유하여 긍정적 어법으로 회의에 임하였다. 또한, 주제를 벗어나지 않고 적극적으로 임하였으므로 가장 효과적으로 회의에 임한 사람은 E사원이다.

오답분석
① 부정적인 어법을 사용하고 있다.
② 적극적인 참여가 부족하다.
③ 주제와 벗어난 이야기를 하고, 좋지 못한 분위기를 조성하고 있다.
④ 적극적인 참여를 하지 못하고, 회의 안건을 미리 준비하지 않았다.

10
정답 ③

마케팅기획본부는 해외마케팅기획팀과 마케팅기획팀으로 구성된다고 했으므로 옳지 않다.

오답분석
① · ② 마케팅본부의 마케팅기획팀과 해외사업본부의 해외마케팅기획팀을 통합해 마케팅기획본부가 신설된다고 했으므로 옳다.
④ 해외사업본부의 해외사업 1팀과 해외사업 2팀을 해외영업팀으로 통합하고 마케팅본부로 이동한다고 했으므로 옳다.
⑤ 구매 · 총무팀에서 구매팀과 총무팀이 분리되고 총무팀과 재경팀을 통합해 재무팀이 신설된다고 했으므로 옳다.

11
정답 ①

• (가), (바) : 곤충 사체 발견, 방사능 검출은 현재 직면한 문제로서 발생형 문제로 적절하다.
• (다), (마) : 더 많은 전압을 회복시킬 수 있는 충전지, 근로시간 단축은 현재 상황보다 효율을 더 높이기 위한 문제로서 탐색형 문제로 적절하다.
• (나), (라) : 초고령사회와 드론시대를 대비하여 미래지향적인 과제를 설정하는 것은 설정형 문제로 적절하다.

12
정답 ②

㉠은 다른 재료로 대체한 S에 해당되고, ㉡은 서로 다른 물건이나 아이디어를 결합한 C에 해당되고, ㉢은 형태, 모양 등을 다른 용도로 사용한 P에 해당된다.
A에는 우엉씨 → 벨크로(찍찍이), M에는 둥근 지우개 → 네모 지우개, E에는 자동차 → 오픈카, R에는 스캐너 → 양면 스캐너 등이 있다.

13
정답 ①

베트남 사람들은 매장에 직접 방문해서 구입하는 것을 더 선호하므로 인터넷, TV광고와 같은 간접적인 방법의 홍보를 활성화하는 것은 신사업 전략으로 적절하지 않다.

14
정답 ④

'한정 판매 마케팅 기법'은 한정판 제품의 공급을 통해 의도적으로 공급의 가격탄력성을 0에 가깝게 조정한 것이다. 이 기법은 판매 기업의 입장에서는 이윤 증대를 위한 경영 혁신이지만, 소비자의 합리적 소비를 저해할 수 있다.

15
정답 ③

오답분석
㉠ 미국 바이어와 악수할 때 눈이나 얼굴을 보는 것은 좋은 행동이지만, 손끝만 살짝 잡아서는 안 되며, 오른손으로 상대방의 오른손을 잠시 힘주어서 잡아야 한다.

㉡ 이라크 사람들은 시간약속을 할 때 정각에 나오는 법이 없으며, 상대방이 으레 기다려 줄 것으로 생각하므로 좀 더 여유를 가지고 기다리는 인내심이 필요하다.
㉢ 수프를 먹을 때는 몸 쪽에서 바깥쪽으로 숟가락을 사용한다.
㉣ 빵은 수프를 먹고 난 후부터 디저트를 먹을 때까지 먹는다.

16
정답 ③

③은 제한된 증거를 가지고 결론을 도출하는 '성급한 일반화의 오류'의 사례로 볼 수 있다.

오답분석
① 대중에 호소하는 오류로 볼 수 있다. 소비자의 80%가 사용하고 있다는 점과 세탁기의 성능은 논리적으로 연결되지 않는다.
② 권위에 호소하는 오류로 볼 수 있다. 도서 디자인과 무관한 인사부 최 부장님의 견해를 신뢰하여 발생하는 오류로 볼 수 있다.
④ 인신공격의 오류로 볼 수 있다. 기획서 내용을 반박하면서 이와 무관한 K사원의 성격을 근거로 사용하여 발생하는 오류로 볼 수 있다.
⑤ 대중에 호소하는 오류로 볼 수 있다. 대마초 허용에 많은 사람들이 찬성했다는 이유만으로 대마초와 관련된 의약개발 투자를 주장하여 발생하는 오류로 볼 수 있다.

17
정답 ⑤

A팀장이 요청한 중요 자료를 먼저 전송하고, PPT 자료를 전송한다. 점심 예약전화는 오전 10시 이전에 처리해야 하고, 오전 내에 거래처 미팅일자 변경 전화를 해야 한다.

18
정답 ②

미국에서는 악수를 할 때 상대의 눈이나 얼굴을 봐야 한다. 눈을 피하는 태도를 진실하지 않은 것으로 보기 때문이다. 상대방과 시선을 마주보며 대화하는 것을 실례라고 생각하는 나라는 아프리카이다.

19
정답 ③

인도의 전통적인 인사법은 턱 아래에 두 손을 모으고 고개를 숙이는 것으로, 이외에도 보편적인 악수를 통해 인사할 수 있다. 그러나 여성의 경우 먼저 악수를 청할 시에만 악수할 수 있으므로 유의해야 한다. 인도인의 대부분이 힌두교도이며, 힌두교는 남녀의 공공연한 접촉을 금지하고 있기 때문이다.

20
정답 ④

인 · 적성검사 합격자의 조 구성은 은경 씨가 하지만, 합격자에게 몇 조인지를 미리 공지하는지는 알 수 없다.

CHAPTER

07

기술능력

기출예상문제 정답 및 해설

01	02	03	04	05	06	07	08	09	10
③	④	④	②	①	④	③	①	④	②
11	12	13	14	15	16	17	18	19	20
①	①	③	③	④	②	⑤	④	⑤	④

01
정답 ③

기술능력이 뛰어난 사람은 기술적 해결에 대한 효용성을 평가한다.

기술능력이 뛰어난 사람의 특징
• 실질적 해결을 필요로 하는 문제를 인식한다.
• 인식된 문제를 위해 다양한 해결책을 개발하고 평가한다.
• 실제적 문제를 해결하기 위해 지식이나 기타 자원을 선택, 최적화시키며, 적용한다.
• 주어진 한계 속에서 제한된 자원을 가지고 일한다.
• 기술적 해결에 대한 효용성을 평가한다.
• 여러 상황 속에서 기술의 체계와 도구를 사용하고 배울 수 있다.

02
정답 ④

Micro Grid란 소규모 지역 내에서 분산자원의 최적조합을 통해 전력을 생산, 저장, 소비하는 On-Site형 전력공급 시스템이다. ④는 K공사의 10대 핵심전략기술 중 전력신소재에 대한 설명이다.

03
정답 ④

결과가 가장 큰 값을 구해야 하므로 최대한 큰 수가 있는 구간으로 이동해야 하며, 세 번째 조건에 따라 총 10번의 이동이 가능하다. 반복 이동으로 가장 커질 수 있는 구간은 D－E구간이지만 음수가 있으므로 왕복 2번을 이동하여 값을 양수로 만들어야 한다. D－E구간에서 4번 이동하고 마지막에 E－F구간 1번 이동하는 것을 제외하면 출발점인 A에서 D－E구간을 왕복하기 전까지 총 5번을 이동할 수 있다. D－E구간으로 가기 전 가장 큰 값은 C에서 E로 가는 것이므로 C－E－D－E－D－E－F로 이동한다. 또한, 출발점인 A에서 C까지 4번 이동하려면 A－B－B－B－C밖에 없다.
따라서 A－B－B－B－C－E－D－E－D－E－F 순서로 이동한다.
∴ $1×2×2×2×3×(-2)×3×(-2)×3×1=864$

04
정답 ②

A－B－C－D－E－D－C－D－E－F : $100×1×2×2×3×(-2)$
$×1×2×3×1=-14,400$

오답분석

① A－B－B－E－D－C－E－C－E－F
  : $100×1×2×2×(-2)×1×3×(-1)×3×1=7,200$
③ A－B－E－D－C－E－C－D－E－F
  : $100×1×2×(-2)×1×3×(-1)×2×3×1=7,200$
④ A－B－C－D－E－D－E－D－E－F
  : $100×1×2×2×3×(-2)×3×(-2)×3×1=43,200$
⑤ A－B－B－C－E－D－E－D－E－F
  : $100×1×2×2×3×(-2)×3×(-2)×3×1=43,200$

05
정답 ①

처음 상태와 바뀐 상태를 비교하면, 1번과 4번은 모양이 바뀌지 않고, 2번 기계는 시계 방향으로 90°, 3번 기계는 시계 반대 방향으로 90° 회전했다. 우선 2번 기계가 시계 방향으로 90° 회전하려면 '○' 또는 '□'스위치를 눌러야 한다. 이때, '□'스위치를 누를 경우, 결과가 같아지려면 3번 기계가 180° 회전해야 한다. 즉, 스위치를 추가로 2번 눌러야 한다. 그러므로 '□'스위치를 누르면 안 된다. 결국 '○'와 '■'스위치를 누르면 주어진 결과와 같은 형태가 된다.

06
정답 ④

처음 상태와 바뀐 상태를 비교하면, 1번과 2번 기계는 시계 방향으로 90°, 3번과 4번 기계는 시계 반대 방향으로 90° 회전했다. 우선 1번 기계가 시계 방향으로 90° 회전하려면 '○' 또는 '●'스위치를 눌러야 한다. 이때, '●'스위치를 누를 경우, 결과가 같아지려면 4번 기계가 180° 회전해야 한다. 즉, 스위치를 추가로 2번 눌러야 한다. 그러므로 '●'스위치를 누르면 안 된다. 결국 '○'와 '◑'스위치를 누르면 주어진 결과와 같은 형태가 된다.

07

정답 ③

처음 상태와 바뀐 상태를 비교하면, 3번 기계만 180° 회전했다. 우선 3번 기계가 180° 회전하려면 '◑'와 '■'스위치를 반드시 눌러야 한다. 그러면 1번과 4번 기계는 각각 시계 반대 방향으로 90° 회전한 상태가 되고, 추가로 스위치를 한 번 눌러 원상태로 돌려야 한다. 따라서 추가로 누를 스위치는 '●'이다.

08

정답 ①

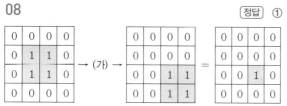

A패턴, B패턴 모두 1인 경우에만 결괏값이 1이 되므로 AND 연산자가 사용되었다.

09

정답 ④

NOR(부정논리합) : 둘 다 거짓일 때에만 참, 나머지 모두 거짓

	a	b	c
1	0	1	0
2	0	1	0
3	0	1	0

패턴 A

→ 합성 →

	a	b	c
1	0	0	0
2	1	1	1
3	0	0	0

패턴 B

=

	a	b	c
1	1	0	1
2	0	0	0
3	1	0	1

결과

10

정답 ②

제품설명서 중 A/S 신청 전 확인 사항을 살펴보면, 비데 기능이 작동하지 않을 경우 수도필터가 막혔거나 착좌센서 오류가 원인이라고 제시되어 있다. 따라서 K사원으로부터 접수받은 현상(문제점)의 원인을 파악하려면 수도필터의 청결상태를 확인하거나 비데의 착좌센서의 오류 여부를 확인해야 한다. 따라서 ②가 가장 적절하다.

11

정답 ①

10번 문제에서 확인한 사항(원인)은 수도필터의 청결 상태이다. 즉, 수도필터의 청결 상태가 원인이 되는 또 다른 현상(문제점)으로는 수압이 약할 경우이다. 따라서 ①이 적절하다.

[12~13]

W□/L○는 가로축이 □까지, 세로축이 ○까지 있음을 나타낸다. 괄호 앞의 각 문자는 도형의 모양을 의미한다. 즉, C는 원, D는 마름모, R은 사다리꼴이다. 괄호 안의 숫자는 도형의 위치를 나타낸다. 즉, (1, 2)는 가로축에서 1과 세로축에서 2가 만나는 위치이다. 또한, 쌍점(:) 뒤에 위치한 문자와 숫자는 도형의 색상과 크기를 알려준다. 즉, F는 도형의 안쪽이 검은색, E는 도형의 안쪽이 흰색이다. 그리고 1은 도형이 가장 작은 형태, 2는 중간 형태, 3은 가장 큰 형태이다.

12

정답 ①

W6/L2은 가로축으로 6까지, 세로축이 2까지 있음을 나타낸다. 그러나 산출된 그래프에서는 가로축이 5까지만 나타나 있다.

13

정답 ③

- 가로축이 4까지, 세로축이 3까지 있다. → W4/L3
- 원은 가로축 2와 세로축 3이 만나는 위치이고, 도형의 안쪽이 흰색이다. 또한, 크기가 가장 작은 형태이다. → C(2, 3):E1
- 마름모는 가로축 4와 세로축 1이 만나는 위치이고, 도형의 안쪽이 흰색이다. 또한, 크기가 가장 큰 형태이다. → D(4, 1):E3
- 사다리꼴은 가로축 1과 세로축 2가 만나는 위치이고, 도형의 안쪽이 검은색이다. 또한, 크기가 중간 형태이다. → R(1, 2):F2

14

정답 ③

안마의자 사용설명서에서 설치 시에 등받이와 다리부를 조절할 경우를 대비하여 제품의 전방 50cm, 후방 10cm 이상 여유 공간을 두라고 설명하고 있다. 따라서 후방을 벽면에 밀착할 수 있는 장소를 고려하는 것은 적절하지 못하다.

15

정답 ④

④는 안마의자의 움직이는 부위에 손가락이 끼어 다칠 수 있다는 내용을 담고 있다. 제품설명서의 '안전을 위한 주의사항'에서 7번째 사항을 보면 같은 내용이 있으며, '삼각형 느낌표 표시가 되어 있어 해당 내용이 '경고' 수준의 주의를 필요로 한다는 것을 알 수 있다.

오답분석

① 사용 중에 잠들지 말라는 의미를 가진 그림이다. 이는 '주의' 수준에 해당한다.
② 사용 중에 음료나 음식을 섭취하지 말라는 의미를 가진 그림이다. 이는 '주의' 수준에 해당한다.
③ 사용 시간은 1회 20분을 권장한다는 의미를 가진 그림이다. 이는 '주의' 수준에 해당한다.
⑤ 제품 안쪽에 휴대폰 등의 물건을 빠뜨리지 않도록 주의하라는 의미를 가진 그림이다. 이는 '주의' 수준에 해당한다.

16

정답 ②

벤치마킹은 경쟁력을 제고하기 위한 방법의 일환으로 타사에서 배워오는 혁신 기법이다. 그러나 복제나 모방과는 다른 개념이다. 벤치마킹은 단순히 경쟁 기업이나 선도 기업의 제품을 복제하는 수준이 아니라 장·단점을 분석해 자사의 제품을 한층 더 업그레이드해 시장 경쟁력을 높이고자 하는 개념이다.

오답분석

① 벤치마크 : 기준이 되는 점, 측정기준으로 비교평가 대상으로 볼 수 있다.
③ 표절 : 다른 사람의 저작물의 일부 또는 전부를 몰래 따다 쓰는 행위를 의미한다.
④ 모방 : 다른 것을 본떠서 흉내 내는 행위를 말한다.
⑤ 차용 : 돈이나 물건 따위를 빌려서 쓰는 행위를 말한다.

17

정답 ⑤

러시아는 AN 13D 제품이 적절하다. 이는 AN 20E 제품의 정격전류가 러시아 표준 규격의 정격전류 범위보다 높기 때문이다.

18

정답 ④

당직근무 배치가 원활하지 않아 일어난 사고는 배치의 불충분으로 일어난 산업재해의 경우로, 4M 중 Management(관리)에 해당된다고 볼 수 있다.

오답분석

① 개인의 부주의에 따른 개인의 심리적 요인은 4M 중 Man에 해당된다.
② 작업 공간 불량은 4M 중 Media에 해당된다.
③ 점검, 정비의 결함은 4M 중 Machine에 해당된다.
⑤ 안전보건교육 부족은 4M 중 Management에 해당된다.

19

정답 ⑤

(A) 사례의 경우 구명밧줄이나 공기 호흡기 등을 준비하지 않아 사고가 발생했음을 알 수 있다. 따라서 보호구 사용 부적절로 4M 중 Media(작업정보, 방법, 환경)의 사례로 적절하다. (B) 사례의 경우 안전장치가 제대로 작동하지 않았음을 볼 때, Machine(기계, 설비)의 사례로 적절하다.

20

정답 ④

'피재해자는 전기 관련 자격이 없었으며, 복장은 일반 안전화, 면장갑, 패딩점퍼를 착용한 상태였다.'라는 문장에서 불안전한 행동·상태, 작업 관리상 원인, 작업 준비 불충분이란 것을 확인할 수 있다. 그러나 기술적 원인은 제시문에서 찾을 수 없다.

오답분석

① 불안전한 행동 : 위험 장소 접근, 안전장치 기능 제거, 보호 장비의 미착용 및 잘못 사용, 운전 중인 기계의 속도 조작, 기계·기구의 잘못된 사용, 위험물 취급 부주의, 불안전한 상태 방치, 불안전한 자세와 동작, 감독 및 연락 잘못 등
② 불안전한 상태 : 시설물 자체 결함, 전기 시설물의 누전, 구조물의 불안정, 소방기구의 미확보, 안전 보호 장치 결함, 복장·보호구의 결함, 시설물의 배치 및 장소 불량, 작업 환경 결함, 생산 공정의 결함, 경계 표시 설비의 결함 등
③ 작업 관리상 원인 : 안전 관리 조직의 결함, 안전 수칙 미제정, 작업 준비 불충분, 인원 배치 및 작업 지시 부적당 등
⑤ 작업 준비 불충분 : 작업 관리상 원인의 하나이며, 피재해자는 경첩 외 높이가 높음에도 불구하고 작업 준비에 필요한 자재를 준비하지 않은 채 불안전한 자세로 일을 시작함

최종점검 모의고사
정답 및 해설

모의고사 정답 및 해설

| 01 | 의사소통능력(공통)

01	02	03	04	05	06	07	08	09	10
②	⑤	③	④	⑤	⑤	⑤	③	⑤	②

01
정답 ②

제시문에 따르면 인터넷 뉴스를 유료화하면 인터넷 뉴스를 보는 사람의 수는 줄어들 것이므로 ②는 적절하지 않다.

02
정답 ⑤

뉴스의 품질이 떨어지는 원인이 근본적으로 독자에게 있다거나, 그 해결 방안이 종이 신문 구독이라는 반응은 제시문의 내용을 올바로 이해했다고 보기 어렵다.

03
정답 ③

• ㉠의 '사람은 섬유소를 분해하는 효소를 합성하지 못한다.'라는 내용과 (나) 바로 뒤의 문장의 '반추 동물도 섬유소를 분해하는 효소를 합성하지 못하는 것은 마찬가지'로 보아 ㉠의 적절한 위치는 (나)임을 알 수 있다.
• ㉡은 대표적인 섬유소 분해 미생물인 피브로박터 숙시노젠(F)을 소개하고 있으므로 계속해서 피브로박터 숙시노젠을 설명하는 (라) 뒤의 문장보다 앞에 위치해야 한다.

04
정답 ④

제시문에서는 뛰어난 잠재력이 있는 인재만이 좋은 인재로 성장하는 것이 아니라, 리더의 기대와 격려, 관심에 따라 인재가 성장하는 것이라고 말하고 있다. 따라서 모든 구성원을 차별하지 말고 잠재력을 믿자는 내용의 ④가 빈칸에 적절하다.

05
정답 ⑤

제시문은 타인에 대한 기대가 그 사람의 성취에 크게 영향을 미친다는 실험 결과를 통해 리더의 역할을 말하고 있다. 따라서 잠재력 있는 인재가 더 성장한다는 내용보다는, 리더의 역할에 따라 구성원의 역량이 발휘된다는 내용이 나와야 하므로 ⑤는 적절하지 않음을 알 수 있다.

06
정답 ⑤

근시안적인 자세를 가지고 행동하는 것, 즉 '나무는 보되 숲은 보지 못하는' 관점의 관리문화는 현재 우리나라의 관리문화를 말하고 있는 것이다. 따라서 ⑤가 옳지 않음을 알 수 있다.

07
정답 ⑤

8,000원인 메뉴를 100원에 먹기 위해 4만 원대 메인메뉴를 시키는 것은 사소한 이익을 얻기 위해 더 큰 지출을 하는 상황이므로 현명한 소비를 하는 '어당팔'의 사례로 적절하지 않다.

오답분석

① 환경오염을 고려해 친환경 케이스를 사용한 기업의 제품을 구매하는 것이므로 현명한 소비이다.
② 브랜드를 따지지 않고 제품의 질을 최우선으로 해 질 좋은 중소기업의 제품을 구입하였으므로 현명한 소비이다.
③ 합리적인 소비를 할 수 있도록 관련 강의를 듣고, 그것을 실천했으므로 현명한 소비이다.
④ 제품의 신성성과 만드는 이의 '가치'에 중점을 두고 구매하였으므로 현명한 소비이다.

08
정답 ③

두 번째 문단에서 1948년 대한민국 정부가 수립된 이후 애국가가 현재의 노랫말과 함께 공식 행사에 사용되었다고 하였으므로 『독립신문』에 현재의 노랫말이 게재되지 않았다.

오답분석

① 두 번째 문단에서 1935년 해외에서 활동 중이던 안익태가 오늘날 우리가 부르고 있는 국가를 작곡하였고 이 곡은 해외에서만 퍼져나갔다고 하였으므로 1940년에 해외에서 애국가 곡조를 들을 수 있었다.
② 네 번째 문단에서 국기강하식 방송, 극장에서의 애국가 상영 등은 1980년대 후반 중지되었다고 하였으므로 1990년대 초반까지 애국가 상영이 의무화되었다는 말은 적절하지 않다.
④ 마지막 문단에서 연주만 하는 의전행사나 시상식·공연 등에서는 전주곡을 연주해서는 안 된다고 하였으므로 적절하지 않다.
⑤ 두 번째 문단을 통해 안익태가 애국가를 작곡한 때는 1935년, 대한민국 정부 공식 행사에 사용된 해는 1948년이므로 13년이 걸렸다.

09

ㄴ. B는 공직자의 임용 기준을 개인의 능력·자격·적성에 두고 공개
   경쟁 시험을 통해 공무원을 선발한다면, 정실 개입의 여지가 줄어
   든다고 주장하고 있다. 따라서 공직자 임용과정의 공정성을 높일
   필요성이 부각된다면, B의 주장은 설득력을 얻는다.
ㄷ. C는 사회를 구성하는 모든 지역 및 계층으로부터 인구 비례에 따
   라 공무원을 선발해야 한다고 주장하고 있으므로 지역 편향성을
   완화할 필요성이 제기된다면, C의 주장은 설득력을 얻는다.

오답분석

ㄱ. A는 대통령 선거에서 승리한 정당이 공직자 임용의 권한을 가져야
   한다고 주장하였다. 이는 정치적 중립성이 보장되지 않는 것이므
   로 A의 주장을 설득력을 잃는다.

10
정답 ②

제시문은 '탈원전·탈석탄 공약에 맞는 제8차 전력공급기본계획(안)
수립 → 분산형 에너지 생산시스템으로의 정책 방향 전환 → 분산형
에너지 생산시스템에 대한 대통령의 강한 의지 → 중앙집중형 에너지
생산시스템의 문제점 노출 → 중앙집중형 에너지 생산시스템의 비효율
성'의 내용으로 전개되고 있다. 따라서 제시문은 일관되게 '에너지 분
권의 필요성과 나아갈 방향을 모색해야 한다.'라는 점을 말하고 있다.

오답분석

①·③ 제시문에서 언급되지 않았다.
④ 다양한 사회적 문제점들과 기후, 천재지변 등에 의한 문제점들을
   언급하고 있으나 글의 주제를 뒷받침하기 위한 이슈이므로 글 전체
   의 주제로 보기는 어렵다.
⑤ 전력수급기본계획의 수정 방안을 제시하고 있지는 않다.

| 02 | 수리능력(공통)

11	12	13	14	15	16	17	18	19	20
②	②	④	④	④	③	②	②	④	④

11
정답 ②

20대 신규 확진자 수가 10대 신규 확진자 수보다 적은 지역은 3월에
E, F, H지역, 4월은 A, G, H지역으로 각각 3개 지역이다.

오답분석

① C, G지역의 3월과 4월의 10대 미만 신규 확진자 수는 각각 동일하다.
③ 3월 신규 확진자 수가 세 번째로 많은 지역은 C지역(228명)으로, C
   지역의 4월 신규 확진자 수가 가장 많은 연령대는 60대(26명)이다.
④ H지역의 4월 신규 확진자 수는 93명으로 4월 전체 신규 확진자 수
   인 $121+78+122+95+142+196+61+93+54=962$명에서 차

   지하는 비율은 $\frac{93}{962}\times100 = 9.7\%$로 10% 미만이다. 또한, 4월 전

   체 신규 확진자 수의 10%는 $962\times0.1=96.2$명으로, H지역의 4월
   신규 확진자 수인 93명보다 많다.
⑤ 3월 대비 4월 신규 확진자 수의 비율은 F지역이 $\frac{196}{320}\times100 =$

   61.3%, G지역이 $\frac{61}{185}\times100 = 33\%$이다. 따라서 G지역 비율의 2

   배는 $33\times2=66\%$로 F지역보다 높다.

12
정답 ②

월간 용돈을 5만 원 미만으로 받는 비율은 중학생 89.4%, 고등학생
60%로 중학생이 고등학생보다 높다.

오답분석

① 용돈을 받는 남학생과 여학생의 비율은 각각 82.9%, 85.4%이다.
   따라서 여학생이 더 높다.
③ 고등학교 전체 인원을 100명이라 한다면 그 중에 용돈을 받는 학생
   은 약 80.8명이다. 80.8명 중에 용돈을 5만 원 이상 받는 학생의
   비율은 40%이므로 $80.8\times0.4 = 32.3$명이다.
④ 전체에서 금전출납부의 기록, 미기록 비율은 각각 30%, 70%이다.
   따라서 기록하는 비율이 더 낮다.
⑤ 용돈을 받지 않는 중학생과 고등학생 비율은 각각 12.4%, 19.2%이
   다. 따라서 용돈을 받지 않는 고등학생 비율이 더 높다.

13

정확한 값을 계산하기보다 우선 자료에서 해결 실마리를 찾아, 적절하지 않은 선택지를 제거하는 방식으로 접근하는 것이 좋다.

먼저 효과성을 기준으로 살펴보면, 1순위인 C부서의 효과성은 $3,000 \div 1,500 = 2$이고, 2순위인 B부서의 효과성은 $1,500 \div 1,000 = 1.5$이다. 따라서 3순위 A부서의 효과성은 1.5보다 낮아야 한다는 것을 알 수 있다. 그러므로 A부서의 목표량 (가)는 $500 \div$ (가) $< 1.5 \rightarrow$ (가) $> 333.3\cdots$으로 적어도 333보다는 커야 한다. 따라서 (가)가 300인 ①은 제외된다.

효율성을 기준으로 살펴보면, 2순위인 A부서의 효율성은 $500/(200 + 50) = 2$이다. 따라서 1순위인 B부서의 효율성은 2보다 커야 한다는 것을 알 수 있다. 그러므로 B부서의 인건비 (나)는 $1,500 \div ($나$) + 200) > 2 \rightarrow ($나$) < 550$으로 적어도 550보다는 작아야 한다. 따라서 (나)가 800인 ②·⑤는 제외된다.

남은 것은 ③과 ④인데, 먼저 ③부터 대입해보면 C의 효율성이 $3,000 \div (1,200 + 300) = 2$로 2순위인 A부서의 효율성과 같다. 따라서 정답은 ④이다.

14

㉠ 제시된 자료를 보면 2020년에 공개경쟁채용을 통해 채용이 이루어진 공무원 구분은 5급, 7급, 9급, 연구직으로 총 4개이다.

㉡ • 2020년 우정직 채용 인원 : 599명
• 2020년 7급 채용 인원 : 1,148명
$1,148 \div 2 = 574 < 599$이므로 옳은 설명이다.

㉣ • 2021년 9급 공개경쟁채용 인원 : $3,000(1 + 0.1) = 3,300$명
• 2022년 9급 공개경쟁채용 인원 : $3,300(1 + 0.1) = 3,630$명
• 2022년 9급 공개경쟁채용 인원의 2020년 대비 증가폭
 : $3,630 - 3,000 = 630$명
나머지 채용 인원은 2020년과 동일하게 유지하여 채용한다고 하였으므로, 2022년 전체 공무원 채용 인원은 $9,042 + 630 = 9,672$명이다.
따라서 2022년 전체 공무원 채용 인원 중 9급 공개경쟁채용 인원의 비중은 $\dfrac{3,630}{9,672} \times 100 ≒ 37.53\%$이다.

㉢ 5급, 7급, 9급의 경우 공개경쟁채용 인원이 경력경쟁채용 인원보다 많다. 그러나 연구직의 경우 공개경쟁채용 인원은 경력경쟁채용 인원보다 적다.

15

까르보나라, 알리오올리오, 마르게리따피자, 아라비아따, 고르곤졸라피자의 할인 후 금액을 각각 a원, b원, c원, d원, e원이라 하자.
• $a + b = 24,000 \cdots$ ㉠
• $c + d = 31,000 \cdots$ ㉡
• $a + e = 31,000 \cdots$ ㉢
• $c + b = 28,000 \cdots$ ㉣

• $e + d = 32,000 \cdots$ ㉤
㉠ ~ ㉤식의 좌변과 우변을 모두 더하면
$2(a + b + c + d + e) = 146,000$
$a + b + c + d + e = 73,000 \cdots$ ㉥
㉥식에 ㉢식과 ㉣을 대입하면
$a + b + c + d + e = (a + e) + (c + b) + d = 31,000 + 28,000 + d$
$= 73,000$
즉, $d = 73,000 - 59,000 = 14,000$
따라서 아라비아따의 할인 전 금액은 $14,000 + 500 = 14,500$원이다.

16

• 1인 1일 사용량에서 영업용 사용량이 차지하는 비중
 : $\dfrac{80}{282} \times 100 ≒ 28.37\%$

• 1인 1일 가정용 사용량의 하위 두 항목이 차지하는 비중
 : $\dfrac{20 + 13}{180} \times 100 ≒ 18.33\%$

17

㉠ 연도별 지하수 평균수위 자료를 통해 확인할 수 있다.
㉡ 2021년 지하수 온도가 가장 높은 곳은 영양입암 관측소이고 온도는 27.1℃이다. 따라서 2021년 지하수 평균수온과의 차이는 27.1 $- 14.4 = 12.7$℃이다.

㉢ 2021년 지하수 전기전도도가 가장 높은 곳은 양양손양 관측소이고 전기전도도는 38,561.0μS/cm이다.
$38,561.0 \div 516 ≒ 74.730$이므로 2021년 지하수 전기전도도가 가장 높은 곳의 지하수 전기전도도는 평균 전기전도도의 76배 미만이다.

18

제시된 자료에 의하면 수도권은 서울과 인천·경기를 합한 지역을 의미한다. 따라서 전체 마약류 단속 건수 중 수도권의 마약류 단속 건수의 비중은 $22.1 + 35.8 = 57.9\%$이다.

① • 대마 단속 전체 건수 : 167건
• 코카인 단속 전체 건수 : 65건
$65 \times 3 = 195 > 167$이므로 옳지 않은 설명이다.
③ 코카인 단속 건수가 없는 지역은 강원, 충북, 제주로 3곳이다.
④ • 대구·경북 지역의 향정신성의약품 단속 건수 : 138건
• 광주·전남 지역의 향정신성의약품 단속 건수 : 38건
$38 \times 4 = 152 > 138$이므로 옳지 않은 설명이다.
⑤ • 강원 지역의 향정신성의약품 단속 건수 : 35건
• 강원 지역의 대마 단속 건수 : 13건
$13 \times 3 = 39 > 35$이므로 옳지 않은 설명이다.

19

ⓒ 2020년과 2021년은 농·임업 생산액과 화훼 생산액 비중이 전년 대비 모두 증가했으므로 화훼 생산액 또한 증가했음을 알 수 있다. 나머지 2016~2019년의 화훼 생산액을 구하면 다음과 같다.

- 2016년 : $39,663 \times 0.28 = 11,105.64$십억 원
- 2017년 : $42,995 \times 0.277 ≒ 11,909.62$십억 원
- 2018년 : $43,523 \times 0.294 ≒ 12,795.76$십억 원
- 2019년 : $43,214 \times 0.301 ≒ 13,007.41$십억 원

따라서 화훼 생산액은 매년 증가한다.

ⓔ 2016의 GDP를 a억 원, 농업과 임업의 부가가치를 각각 x억 원, y억 원이라고 하자.

- 2016년 농업 부가가치의 GDP 대비 비중

  : $\dfrac{x}{a} \times 100 = 2.1\% \rightarrow x = 2.1 \times \dfrac{a}{100}$

- 2016년 임업 부가가치의 GDP 대비 비중

  : $\dfrac{y}{a} \times 100 = 0.1\% \rightarrow y = 0.1 \times \dfrac{a}{100}$

2016년 농업 부가가치와 임업 부가가치의 비는

$x : y = 2.1 \times \dfrac{a}{100} : 0.1 \times \dfrac{a}{100} = 2.1 : 0.1$이다.

즉, 매년 농업 부가가치와 임업 부가가치의 비는 GDP 대비 비중의 비로 나타낼 수 있다.

농·임업 부가가치 현황 자료를 살펴보면 2016년, 2017년, 2019년과 2018년, 2020년, 2021년 GDP 대비 비중이 같음을 확인할 수 있다. 비례배분을 이용해 매년 농·임업 부가가치에서 농업 부가가치가 차지하는 비중을 구하면 다음과 같다.

- 2016년, 2017년, 2019년 : $\dfrac{2.1}{2.1+0.1} \times 100 ≒ 95.45\%$

- 2018년, 2020년, 2021년 : $\dfrac{2.0}{2.0+0.2} \times 100 ≒ 90.91\%$

따라서 옳은 설명이다.

오답분석

ⓐ 농·임업 생산액이 전년보다 적은 해는 2019년이다. 그러나 2019년 농·임업 부가가치는 전년보다 많다.

ⓒ 같은 해의 곡물 생산액과 과수 생산액은 비중을 이용해 비교할 수 있다.

2018년의 곡물 생산액 비중은 15.6%, 과수 생산액 비중은 40.2%이고 $40.2 \times 0.5 = 20.1 > 15.6$이므로 옳지 않은 설명이다.

20

A, B, E구의 1인당 소비량을 각각 a, b, e라고 하자.
제시된 조건을 식으로 나타내면 다음과 같다.

- 첫 번째 조건 : $a + b = 30 \cdots$ ㉠
- 두 번째 조건 : $a + 12 = 2e \cdots$ ㉡
- 세 번째 조건 : $e = b + 6 \cdots$ ㉢

㉢을 ㉡에 대입하여 식을 정리하면,

$a + 12 = 2(b+6) \rightarrow a - 2b = 0 \cdots$ ㉣

㉠－㉣을 하면 $3b = 30 \rightarrow b = 10$, $a = 20$, $e = 16$

A~E구의 변동계수를 구하면 다음과 같다.

- A구 : $\dfrac{5}{20} \times 100 = 25\%$

- B구 : $\dfrac{4}{10} \times 100 = 40\%$

- C구 : $\dfrac{6}{30} \times 100 = 20\%$

- D구 : $\dfrac{4}{12} \times 100 ≒ 33.33\%$

- E구 : $\dfrac{8}{16} \times 100 = 50\%$

따라서 변동계수가 3번째로 큰 구는 D구이다.

21
정답 ①

첫 번째 조건에 따라 1982년생인 B는 채용에서 제외되며, 두 번째 조건에 따라 영문학과 출신의 D와 1년의 경력을 지닌 E도 채용에서 제외된다.
세 번째 조건에 따라 A와 C의 평가 점수를 계산하면 다음과 같다.

(단위 : 점)

구분	A	C
예상 출퇴근 소요시간 점수	6	9
희망연봉 점수	38	36
총 평가 점수	44	45

총 평가 점수가 낮은 사람의 순으로 채용을 고려하므로 점수가 더 낮은 A를 채용한다.

22
정답 ⑤

첫 번째 조건에 따라 1988년생인 A와 1982년생인 B, 1990년생인 D가 채용에서 제외된다.
세 번째 조건에 따라 C와 E의 평가 점수를 계산하면 다음과 같다.

(단위 : 점)

구분	C	E
예상 출퇴근 소요시간 점수	27	9
희망연봉 점수	72	64
경력 점수	−10	−5
전공 점수	−30	−30
총 평가 점수	59	38

총 평가 점수가 낮은 사람 순서로 채용을 고려하므로 점수가 더 낮은 E를 채용한다.

23
정답 ①

시설물 전체를 교체하는 경우, 최종 부과비용은 시설물 경과연수에 따른 감가상각률을 적용하여 산출한다.

오답분석

② 임차인에게 부과하는 수선비는 실제 소요되는 실비를 기준으로 산정한다.
③ 시설물의 일부분을 보수하는 경우 감가상각률을 적용하지 않고 수선비용 전액을 부과한다.

④ 빌트인 제품에 대해서도 임차인 부담 사유가 발생하는 경우가 있다.
⑤ 시설물경과연수는 해당 시설물의 최초 설치 시점부터 산정한 시설물의 전체 경과연수로서 임차인의 거주기간과 다를 수 있다.

24
정답 ⑤

침대는 빌트인 제품에 포함되는 항목이며, 신규 구입을 하였으므로 계산식을 세워 임차인부과금액을 산정하면 $420,000원 - \frac{4}{8} \times 420,000$원 $= 210,000$원이다.

25
정답 ③

주어진 조건에 의하면 D면접자와 E면접자는 2번, 3번 의자에 앉아 있고, A면접자는 1번과 8번 의자에 앉을 수 없다. B면접자는 6번 또는 7번 의자에 앉을 수 있다는 점과 A면접자와 C면접자 사이에는 2명이 앉지 않는다는 조건까지 모두 고려하면 A면접자와 B면접자가 서로 이웃해 있을 때, 다음과 같은 두 가지 경우를 확인할 수 있다.

• B면접자가 6번에 앉을 경우

구분	1	2	3	4	5	6	7	8
경우 1		D	E		A	B		C
경우 2		D	E	C		B	A	
경우 3		D	E	A		B	C	
조건	A(×) C(×)							A(×)

• B면접자가 7번에 앉을 경우

구분	1	2	3	4	5	6	7	8
경우 1		D	E	C(×)		A	B	
경우 2		D	E			A	B	C(×)
경우 3		D	E		A		B	C
조건	A(×) C(×)							A(×)

→ B면접자가 7번에 앉는 경우 1과 경우 2에서는 A면접자와 C면접자 사이에 2명이 앉지 않는다는 조건이 성립되지 않는다.

따라서 A면접자와 B면접자가 서로 이웃해 앉는다면 C면접자는 4번 또는 8번 의자에 앉을 수 있다.

오답분석

① 주어진 조건을 살펴보면 A면접자는 1번, 8번 의자에 앉지 않는다고 하였고 2번과 3번 의자는 D면접자와 E면접자로 확정되어 있다. 그리고 C면접자와의 조건 때문에 6번 의자에도 앉을 수 없다. 따라서 A면접자는 4번, 5번, 7번 의자에 앉을 수 있다. 따라서 A면접자가 4번에 앉는 것이 항상 옳다고 볼 수 없다.
② 주어진 조건에서 C면접자는 D면접자와 이웃해 앉지 않는다고 하였다. D면접자는 2번 의자로 확정되어 있으므로 C면접자는 1번 의자에 앉을 수 없다.

④ B면접자가 7번 의자에 앉고 A면접자와 B면접자 사이에 2명이 앉도록 하면, A면접자는 4번 의자에 앉아야 한다. 그런데 A면접자와 C면접자 사이에 2명이 앉아 있다는 조건이 성립되려면 C면접자는 1번 의자에 앉아야 하는데, C면접자는 D면접자와 이웃해 있지 않다고 하였으므로 옳지 않다.

⑤ C면접자가 8번에 앉는 것과는 상관없이 B면접자는 6번 또는 7번 의자에 앉을 수 있다. 따라서 B면접자가 6번에 앉는다는 것은 항상 옳다고 볼 수 없다.

26 　　　　　　　　　　　　　　　　　 정답 ①

지원유형별 채용단계를 파악한 후 처리비용을 산출하면 다음과 같다.

구분	신입(20건)	인턴(24건)	경력(16건)	합계
접수확인	500×20 =10,000원	500×24 =12,000원	500×16 =8,000원	30,000원
서류심사	1,500×20 =30,000원	–	–	30,000원
온라인 인성검사	1,000×20 =20,000원	1,000×24 =24,000원	–	44,000원
직업기초 능력평가	3,000×20 =60,000원	–	3,000×16 =48,000원	108,000원
직무수행 능력평가	2,500×20 =50,000원	–	2,500×16 =40,000원	90,000원
면접평가	3,000×20 =60,000원	3,000×24 =72,000원	3,000×16 =48,000원	180,000원
합격여부 통지	500×20 =10,000원	500×24 =12,000원	500×16 =8,000원	30,000원
합계	240,000원	120,000원	152,000원	512,000원

채용절차에서 발생하는 총비용은 512,000원으로 예산 50만 원보다 12,000원이 초과되었다. 예산 수준에서 최대한 사용하는 것이 목적이었으므로 각 단계 중 비용이 가장 적은 것을 생략으로 한다. 따라서 접수확인 및 합격여부 통지 단계를 제외하면, 신입의 온라인 인성검사(20,000원)를 생략하는 것이 가장 적절하다.

27 　　　　　　　　　　　　　　　　　 정답 ④

주어진 조건을 살펴보면 채용단계마다 합격률에 의해 지원자 수가 점차 감소한다는 것을 알 수 있다. 따라서 단계마다 발생하는 처리비용은 단계별 합격인원에 따라 달라진다. 주어진 예산 안에서 수용할 수 있는 최대 지원자 수를 알기 위해서는 지원자 수를 임의로 대입하여 검증하거나 역으로 합격자 수를 임의로 대입하여 검증하는 방법으로 추산할 수 있다. 해당 문제의 경우에는 합격자 수를 정하여 검증하는 방법이 더욱 간편하다. 다음은 합격자 수가 1명일 경우의 처리비용과 지원자 수를 구하여 판단하는 과정을 정리한 것이다.

구분	합격인원	채용단계별 처리비용
접수확인	10명	500원×10명=5,000원
직업기초능력평가	5명÷0.5=10명	3,000원×10명=30,000원
직무수행능력평가	2명÷0.4=5명	2,500원×5명=12,500원
합격여부 통지	1명÷0.5=2명	500원×2명=1,000원
면접평가		3,000원×2명=6,000원
최종합격자	1명	–
합계	–	54,500원

※ '경력'은 서류심사와 온라인 인성검사 절차가 없음

따라서 총 10명의 지원자가 있으면 1명의 합격자가 발생한다. 또한, 그 비용은 54,500원이다. 그러므로 22만 원의 예산 내에서 최대 지원자 수는 220,000÷54,500×10≒40명이다.

28 　　　　　　　　　　　　　　　　　 정답 ④

주어진 조건에서 적어도 한 사람은 반대를 한다고 하였으므로, 한 명씩 반대한다고 가정하고 접근한다.
• A가 반대한다고 가정하는 경우
　첫 번째 조건에 의해 C는 찬성하고 E는 반대한다. 네 번째 조건에 의해 E가 반대하면 B도 반대한다. 이때, 두 번째 조건에서 B가 반대하면 A가 찬성하므로 모순이 발생한다. 따라서 A는 찬성이다.
• B가 반대한다고 가정하는 경우
　두 번째 조건에 의해 A는 찬성하고 D는 반대한다. 세 번째 조건에 의해 D가 반대하면 C도 반대한다. 이때, 첫 번째 조건의 대우에 의해 C가 반대하면 D가 찬성하므로 모순이 발생한다. 따라서 B는 찬성이다.
위의 두 경우에서 도출한 결론과 네 번째 조건의 대우를 함께 고려해보면 B가 찬성하면 E가 찬성하고 첫 번째 조건의 대우에 의해 D도 찬성이다. 따라서 A, B, D, E 모두 찬성이다. 그러므로 마지막 조건에 의해 적어도 한 사람은 반대하므로 나머지 C가 반대임을 알 수 있다.

29 　　　　　　　　　　　　　　　　　 정답 ⑤

• 갑이 화장품 세트를 구매하는 데 든 비용
　– 화장품 세트 : 29,900원
　– 배송비 : 3,000원(일반배송상품이지만 화장품 상품은 30,000원 미만 주문 시 배송비 3,000원 부담)
• 을이 책 3권을 구매하는 데 든 비용
　– 책 3권 : 30,000원(각각 10,000원)
　– 배송비 : 무료(일반배송상품＋도서상품은 배송비 무료)
따라서 갑은 32,900원, 을은 30,000원이다.

30 　　　　　　　　　　　　　　　　　 정답 ②

• 사과 한 박스의 가격 : 32,000×0.75(25% 할인)=24,000원
• 배송비 : 무료(일반배송상품, 도서지역에 해당되지 않음)
• 최대 배송 날짜 : 일반배송상품은 결제완료 후 평균 2~4일 이내 배송되므로(공휴일 및 연휴 제외) 금요일 결제 완료 후 토요일, 일요일을 제외하고 늦어도 목요일까지 배송될 예정이다.

31	32	33	34	35	36	37	38	39	40
③	④	③	④	③	③	①	①	②	②

31

정답 ③

ㄱ. • 검수대상 : $1,000 \times 0.1 = 100$건($\because$ 검수율 10%)
   • 모조품의 적발개수 : $100 \times 0.01 = 1$건
   • 평균 벌금 : $1,000 \times 1 = 1,000$만 원
   • 인건비 : $30 \times 10 = 300$만 원
   ∴ (평균 수입)$= 1,000 - 300 = 700$만 원

ㄴ. • 전수조사 시 검수율 : 100%
   • 조사인력 : $10 + (20 \times 9) = 190$명
   • 인건비 : $30 \times 190 = 5,700$만 원
   • 모조품의 적발개수 : $1,000 \times 0.01 = 10$건
   • 벌금 : $1,000 \times 10 = 1$억 원
   • 수입 : $1 - 5,700 = 4,300$만 원
   따라서 전수조사를 할 때 수입보다 인건비가 더 크다.

ㄹ. • 검수율이 30%일 때
   − 조사인력 : $10 + (20 \times 2) = 50$명
   − 인건비 : $30 \times 50 = 1,500$만 원
   − 검수대상 : $1,000 \times 0.3 = 300$건
   − 모조품의 적발개수 : $300 \times 0.01 = 3$건
   − 벌금 : $1,000 \times 3 = 3,000$만 원
   − 수입 : $3,000 - 1,500 = 1,500$만 원
   • 검수율을 10%로 유지한 채 벌금을 2배 인상하는 방안
   − 검수대상 : $1,000 \times 0.1 = 100$건
   − 모조품의 적발개수 : $100 \times 0.01 = 1$건
   − 벌금(2배) : $1,000 \times 2 \times 1 = 2,000$만 원
   − 인건비 : $30 \times 10 = 300$만 원
   − 수입 : $2,000 - 300 = 1,700$만 원
   따라서 벌금을 인상하는 방안의 1일 평균 수입이 더 많다.

오답분석

ㄷ. • 검수율이 40%일 때
   • 조사인력 : $10 + (20 \times 3) = 70$명
   • 인건비 : $30 \times 70 = 2,100$만 원
   • 검수대상 : $1,000 \times 0.4 = 400$건
   • 모조품의 기대개수 : $400 \times 0.01 = 4$건
   • 벌금 : $1,000 \times 4 = 4,000$만 원
   • 수입 : $4,000 - 2,100 = 1,900$만 원
   현재 수입은 700만 원이므로 검수율이 40%일 때 1일 평균 수입은 현재의 $1,900 \div 700 = 2.71$배이다.

32

정답 ④

제시된 자료를 이용해 총점과 순위를 구하면 다음과 같다.

업체	총점(순위)	품질 점수	가격 점수	직원규모 점수
갑	92.1(2위)	44	38.4	9.7
을	92.2(1위)	42.5	40	9.7
병	91.3(3위)	43.5	38.4	9.4

병이 현재보다 직원규모를 10명 더 늘릴 때 직원규모 점수가 0.3점 올라가 갑과 가격 점수, 직원규모 점수가 동일하지만 품질 점수에서 0.5점이 뒤처지므로 불가능하다.

오답분석

② 직원규모 점수가 9.7점으로 같다.
③ 가격 점수가 0.8점 올라가므로 올바른 판단이다.

33

정답 ③

• K연수원 견적금액 산출
  − 교육은 두 곳에서 진행된다. 인원은 총 50명이므로 세미나 1, 2호실에서 진행하는 것이 적절하며, 숙박은 하지 않으므로 인당 15,000원의 이용료가 발생한다.
    $15,000 \times 50 = 750,000$원(강의실 기본요금은 인당 1만 원 기준으로 계산되어 있으므로 별도로 고려할 필요가 없다)
  − 예산이 가능하다면 저녁은 차림식으로 한다는 점을 고려한다.
    경우 1) 두 끼 식사가 자율식일 경우
      : $8,000 \times 50 \times 2 = 800,000$원
    경우 2) 자율식 한 끼, 차림식 한 끼일 경우
      : $8,000 \times 50 + 15,000 \times 50 = 1,150,000$원
    → 예산이 2백만 원이므로 경우 2가 가능하다.
  ∴ K연수원 견적금액 : $750,000 + 1,150,000 = 1,900,000$원
• 사전예약 10% 할인 적용
  $1,900,000 \times (1 - 0.1) = 1,710,000$원
• 계약금 계산(견적금액의 10%)
  $1,710,000 \times 0.1 = 171,000$원

34

정답 ④

워크숍을 진행하기 10일 전에 취소하였으므로 위약금이 발생되며, 견적금액의 50%가 위약금이 된다.
따라서 위약금은 $1,710,000 \times 0.5 = 855,000$원이다.

35

정답 ③

엘리베이터는 한 번에 최대 세 개 층을 이동할 수 있으며, 올라간 다음에는 반드시 내려와야 한다는 조건에 따라 청원경찰이 최소 시간으로 6층을 순찰하고, 1층으로 돌아올 수 있는 방법은 다음과 같다.
• 1층 → 3층 → 2층 → 5층 → 4층 → 6층 → 3층 → 4층 → 1층
이때, 이동에만 소요되는 시간은 총 $2+1+3+1+2+3+1+3=16$분이다.
따라서 청원경찰이 6층을 모두 순찰하고 1층으로 돌아오기까지 소요되는 시간은 총 $60(10분 \times 6층)+16=76$분$=1$시간 16분이다.

36

정답 ③

면당 추가료를 x원, 청구항당 심사청구료를 y원이라고 하자.
• 대기업 : (기본료)$+20x+2y=70,000$ …… ㉠
• 중소기업 : (기본료)$+20x+3y=90,000$ …… ㉡
 ($\because$ 중소기업은 50% 감면 후 수수료가 45,000원)
㉡$-$㉠에서 $y=20,000$원이다.

37

정답 ①

면당 추가료를 x원, 청구항당 심사청구료를 y원이라고 하자.
• 대기업 : (기본료)$+20x+2y=70,000$ …… ㉠
• 개인 : (기본료)$+40x+2y=90,000$ …… ㉡
 ($\because$ 개인은 70% 감면 후 수수료가 27,000원)
㉡$-$㉠에서 $20x=20,000$이므로 $x=1,000$원이다.

38

정답 ①

면당 추가료는 1,000원, 청구항당 심사청구료는 20,000원이다.
대기업 특허출원 수수료는 70,000원으로 (기본료)$+20 \times 1,000+2 \times 20,000$이므로 기본료는 10,000원이다.

39

정답 ②

ⅰ) 택시를 이용했을 때 5km가 초과되면 1km당 500원, 0.1km당 50원으로 계산한다.
 • 집 → 회사 : 2,800원$+6.2$km$\times 500$원$/$km$=5,900$원
 • 회사 → 신도림 지점 : 2,800원$+22$km$\times 500$원$/$km$=13,800$원
 • 신도림 지점 → 종로 지점 : 2,800원$+10.8$km$\times 500$원$/$km$=8,200$원
 • 종로 지점 → 회사 : 2,800원$+30$km$\times 500$원$/$km$=17,800$원
 $\therefore 5,900$원$+13,800$원$+8,200$원$+17,800$원$=45,700$원
ⅱ) 버스를 이용하면 별도의 추가요금이 없으므로 1,000원씩 4번만 내면 된다.
 $\therefore 4,000$원
ⅲ) 자가용을 이용했을 때는 총 이동 거리가 89km이다.
 89km$\times 1,000$원$/$km$=89,000$원
 $\therefore 89,000$원

40

정답 ②

하루에 6명 이상 근무해야 하기 때문에 2명까지만 휴가를 중복으로 쓸 수 있다. A사원이 4일 동안 휴가를 쓰면서 최대 휴가 인원이 2명만 중복되게 하려면 6 ~ 11일만 가능하다.

오답분석
① A사원은 4일 이상 휴가를 사용해야 하기 때문에 3일인 7 ~ 11일은 불가능하다.
③ · ④ · ⑤ 4일 이상 휴가를 사용하지만 하루에 6명 미만의 인원이 근무하게 되어 불가능하다.

41	42	43	44	45	46	47	48	49	50
①	①	①	③	⑤	①	①	⑤	②	③

41 　　　　　　　　　　　정답 ①

[수식] 탭 – [수식 분석] 그룹 – [수식 표시]를 클릭하면 결괏값이 아닌 수식 자체가 표시된다.

42 　　　　　　　　　　　정답 ①

[Ctrl] 버튼과 [Shift] 버튼을 누른 후 화살표를 누르면 도형의 높이와 너비를 미세하게 조절할 수 있다.

43 　　　　　　　　　　　정답 ①

원하는 행 전체에 서식을 넣고 싶다면 [열 고정] 형태로 조건부 서식을 넣어야 한다. [A2:D9]까지 영역을 잡고 조건부 서식 → 새 규칙 → 수식을 사용하여 서식을 지정할 셀 결정까지 들어간 다음 「=$D2<3」 식을 넣고 서식을 넣으면 적용된다.

44 　　　　　　　　　　　정답 ③

숫자, 문자 데이터 등을 한 번에 입력하려면 여러 셀이 선택되어 있는 상태에서 [Ctrl]+[Enter]를 눌러서 입력해야 한다.

45 　　　　　　　　　　　정답 ⑤

윈도에서 현재 사용하고 있는 창을 닫을 때는 [Ctrl]+[W]를 눌러야 한다.

46 　　　　　　　　　　　정답 ①

(가)의 SUMPRODUCT 함수는 배열 또는 범위의 대응되는 값끼리 곱해서 그 합을 구하는 함수이다.
「=SUMPRODUCT(B4:B10,C4:C10,D4:D10)」은 (B4×C4×D4)+(B5×C5×D5) …… +(B10×C10×D10)의 값으로 나타난다. 따라서 (가) 셀에 나타나는 값은 2,610이다.

47 　　　　　　　　　　　정답 ①

「=VLOOKUP(SMALL(A2:A10,3),A2:E10,4,0)」 함수를 해석해보면, 우선 SMALL(A2:A10,3)의 함수는 [A2:A10]의 범위에서 3번째로 작은 숫자이므로 그 값은 '3'이 된다. VLOOKUP 함수는 VLOOKUP(첫 번째 열에서 찾으려는 값, 찾을 값과 결과로 추출할 값들이 포함된 데이터 범위, 값이 입력된 열의 열 번호, 일치 기준)로 구성되므로 VLOOKUP (3,A2:E10,4,0) 함수는 A열에서 값이 3인 4번째 행, 그리고 4번째 열에 위치한 '82'가 적절하다.

48 　　　　　　　　　　　정답 ⑤

ROUND 함수는 지정한 자릿수를 반올림하는 함수이다. 함수식에서 '−1'의 의미는 일의 자리를 뜻하며 '−2'는 십의 자리를 뜻한다. 여기서 '−' 기호를 빼면 소수점 자리로 인식한다. 실무에서 금액과 관련된 데이터를 처리할 때 유용하게 활용된다. 따라서 일의 자리를 반올림하기 때문에 결괏값은 120이다.

오답분석
① MAX 함수는 지정된 범위 내에서 최댓값을 찾는 함수이므로 결괏값은 200이다.
② MODE 함수는 지정된 범위 내에서 최빈값을 찾는 함수이므로 결괏값은 60이다.
③ LARGE 함수는 지정된 범위 내에서 몇 번째 큰 값을 찾는 함수이므로 결괏값은 800이다.
④ COUNTIF 함수는 특정 값이 몇 개가 있는지 세어주는 함수이므로 결괏값은 1이다.

49 　　　　　　　　　　　정답 ②

MOD 함수는 어떤 숫자를 특정 숫자로 나누었을 때 나오는 나머지를 알려주는 함수로, 짝수 혹은 홀수를 구분할 때에도 사용할 수 있는 함수이다.

오답분석
① SUMIF 함수는 조건에 맞는 셀의 값들의 합을 알려주는 함수이다.
③ INT 함수는 실수의 소숫점을 제거하고 정수로 변경할 때 사용하는 함수이다.
④ NOW 함수는 현재의 날짜와 시간을 알려주는 함수이며, 인수는 필요로 하지 않는다.
⑤ VLOOKUP 함수는 특정 범위의 첫 번째 열에 입력된 값을 이용하여 다른 열에 있는 값을 찾을 때 사용하는 함수이다.

50 　　　　　　　　　　　정답 ③

오른쪽에 조건부 서식을 살펴보면 중복되지 않은 고유한 값에 서식이 지정되도록 설정되어 있다. 따라서 서식이 적용되는 값은 성명, 워드1급, 컴활1급, 김홍인, 최석우, 김지혜, 홍윤진, 전민경, 이애리, 한미리로 총 10개의 셀에 서식이 적용된다.

51	52	53	54	55	56	57	58	59	60
④	⑤	④	②	③	①	④	①	④	⑤

51 　　　　　　　　　　　정답 ④

조직 목표는 층위 및 내용 등에 따라 우선순위가 있을 수는 있지만 하나씩 순차적으로 처리해야 하는 것은 아니다. 즉, 조직의 목표는 동시에 여러 개가 추구될 수 있다.

52 　　　　　　　　　　　정답 ⑤

김 팀장의 지시에 따른 박 대리의 업무 리스트를 우선순위에 따라 작성하면 다음과 같다.

업무 리스트	업무 우선순위
1. 부장님께 사업계획서 제출(이번 주 금요일)	1. 회의실 예약 현황 확인
2. 본사 사업현황보고 회의 참석(오늘 오후 5시)	2. 금일 업무 보고서 작성
3. 금일 업무 보고서 작성(오늘 오후 4시까지)	3. 본사 사업현황보고 회의 참석
4. 회의실 예약 현황 확인(오늘 오후 2시까지)	4. 부장님께 사업계획서 제출

따라서 박 대리가 가장 먼저 처리해야 할 일은 회의실 예약 현황을 확인하는 것이다.

53 　　　　　　　　　　　정답 ④

교육 홍보물의 교육내용은 '연구개발의 성공을 보장하는 R&D 기획서 작성'과 'R&D 기획서 작성 및 사업화 연계'이므로 K사원이 속한 부서의 업무는 R&D 연구 기획과 사업 연계이다. 따라서 장비 활용 지원은 부서의 업무로 가장 적절하지 않다.

54 　　　　　　　　　　　정답 ②

교육을 바탕으로 기획서를 작성하여 성과를 내는 것은 교육의 효과성이다. 이는 교육을 받은 회사 또는 사람의 역량이 가장 중요하다. 홍보물과 관련이 적은 성과에 대한 답변은 K사원이 답하기에는 어려운 질문이다.

55 　　　　　　　　　　　정답 ③

조직의 역량 강화 및 조직문화 구축은 제시된 교육과 관련이 없는 영역이다. K사원은 조직의 사업과 관련된 내용을 발언해야 한다.

56 　　　　　　　　　　　정답 ①

올바른 정보를 수집하고 관찰하는 것은 대인적 역할이 아니라 정보적 역할에 해당한다.

57 　　　　　　　　　　　정답 ④

경영참가제도의 가장 큰 목적은 경영의 민주성을 제고하는 것이다. 근로자 또는 노동조합이 경영과정에 참여하여 자신의 의사를 반영함으로써 공동으로 문제를 해결하고, 노사 간의 세력 균형을 이룰 수 있다.

오답분석

① 근로자와 노동조합이 경영과정에 참여함으로써 경영자의 고유한 권리인 경영권은 약화된다.
②·⑤ 경영능력이 부족한 근로자가 경영에 참여할 경우 합리적인 의사결정이 어렵고, 의사결정이 늦어질 수 있다.
③ 노동조합의 대표자가 소속 조합원의 노동조건과 기타 요구조건에 관하여 경영자와 대등한 입장에서 교섭하는 노동조합의 단체교섭 기능은 경영참가제도를 통해 경영자의 고유한 권리인 경영권을 약화시키고, 오히려 경영참가제도를 통해 분배문제를 해결함으로써 노동조합의 단체교섭 기능이 약화될 수 있다.

58 　　　　　　　　　　　정답 ①

조직의 비전에 대해 자주 의사소통하기 위해서는 조직의 비전을 수립하고, 그 내용을 전 직원에게 정확히 전달해야 한다. 이때, 메시지는 간단 명료해야 하며, 다양한 매체를 통해 반복적으로 전달하는 것이 좋다.

59 　　　　　　　　　　　정답 ④

홈페이지 운영 등은 정보사업팀에서 한다.

오답분석

① 1개의 감사실과 11개의 팀으로 되어 있다.
② 예산 기획과 경영 평가는 전략기획팀에서 관리한다.
③ 경영 평가(전략기획팀), 성과 평가(인재개발팀), 품질 평가(평가관리팀) 등 각각 다른 팀에서 담당한다.
⑤ 감사실을 두어 감사, 부패방지 및 지도 점검을 하게 하였다.

60 　　　　　　　　　　　정답 ⑤

품질 평가에 대한 관련 민원은 평가관리팀이 담당하고 있다.

61	62	63	64	65	66	67	68	69	70
③	⑤	⑤	④	③	①	⑤	④	⑤	④

61 정답 ③

두께 100 ~ 160micron 사이의 코팅지를 사용할 수 있으므로 120 micron 코팅지는 사용할 수 있다.

오답분석

① 스위치를 'ON'으로 놓고 3 ~ 5분 정도 예열을 해야 하며, 예열표시 등이 파란불에서 빨간불로 바뀌고 코팅을 할 수 있다.
② 코팅지는 봉합된 부분부터 코팅 투입구에 넣어야 한다.
④ 코팅지는 코팅기를 통과하며 기기 뒷면 코팅 배출구에서 나오고, 임의로 코팅지를 잡아당기면 안 된다.
⑤ 사용 완료 후 1 ~ 2시간 정도 열을 충분히 식힌 후에 이동 및 보관을 해야 한다.

62 정답 ⑤

코팅지가 기기에 걸렸을 경우 앞면의 스위치를 'OFF'로 돌려 전원을 차단시킨 다음 기기 뒷면에 있는 'REMOVE' 스위치를 화살표 방향으로 밀면서 코팅 서류를 조심스럽게 당겨 뽑아야 한다.

63 정답 ⑤

접착액이 다량으로 붙어 있는 경우는 기기에 코팅 필름이 들어가지 않을 때의 원인에 해당한다.

64 정답 ④

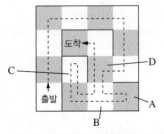

A에서 B, C에서 D로 이동할 때는 보조명령을 통해 이동했다. 그 외의 구간은 주명령을 통해 이동했다.

65 정답 ③

전자레인지를 사용하면서 불꽃이 튀는 경우와 조리 상태에 만족하지 않을 때 확인해야 할 사항에 사무실, 전자레인지의 전압을 확인해야 한다는 내용은 명시되어 있지 않다.

66 정답 ①

기술시스템(Technological System)은 개별 기술이 네트워크로 결합하는 것을 말한다. 인공물의 집합체만이 아니라 투자회사, 법적 제도, 정치, 과학, 자연자원을 모두 포함하는 것으로 사회기술시스템이라고도 한다.

67 정답 ⑤

영상이 희미한 경우 리모컨 메뉴창의 초점 조절 기능을 이용하여 초점을 조절하거나, 투사거리가 초점에서 너무 가깝거나 멀리 떨어져 있지 않은지 확인해야 한다.

오답분석

① 전원이 자동으로 꺼지는 것은 제품을 20시간 지속 사용하여 전원이 자동 차단된 것으로 확인할 수 있다. 발열이 심한 경우는 화면이 나오지 않는 문제의 원인이다.
② 메뉴가 선택되지 않을 때는 메뉴의 글자가 회색으로 나와 있지 않은지 확인해야 한다. 외부기기 연결 상태 확인은 외부기기가 선택되지 않을 때의 조치사항이다.
③ 이상한 소리가 계속해서 날 경우 사용을 중지하고 서비스 센터로 문의해야 한다.
④ 화면 잔상은 일정시간 정지된 영상을 지속적으로 표시하면 나타날 수 있다. 제품 및 리모컨의 배터리 충전 상태와는 무관하다.

68 정답 ④

Index 뒤의 문자 SOPENTY와 File 뒤의 문자 ATONEMP에서 일치하는 알파벳의 개수를 확인하면 O, P, E, N, T로 총 5개가 일치하는 것을 알 수 있다. 따라서 판단 기준에 따라 Final Code는 Nugre이다.

69 정답 ⑤

벤치마킹 데이터를 수집하고 분석하는 과정에서는 여러 보고서를 동시에 보고 붙이고 자르는 작업을 용이하게 해주는 문서 편집 시스템을 이용하는 것이 매우 유용하다.

70 정답 ④

하인리히의 법칙은 큰 사고로 인해 산업재해가 일어나기 전에 작은 사고나 징후인 '불안전한 행동 및 상태'가 보인다는 주장이다.

| 01 | 의사소통능력(공통)

01	02	03	04	05	06	07	08	09	10
④	⑤	②	⑤	⑤	⑤	①	⑤	②	①

01
정답 ④

경제활동에 참여하는 여성의 증가와 출산율의 상관관계는 알 수 없다. 제시문은 신혼부부 가구의 주거안정을 위해서는 여성의 경제활동을 지원해야 하고, 이를 위해 육아・보육지원 정책의 확대・강화가 필요하다고 주장하고 있으므로 ④는 올바르지 않다.

02
정답 ⑤

(마) 문단의 주제는 공포증을 겪는 사람들의 상황 해석 방식과 공포증에서 벗어나는 방법이다. 공포증을 겪는 사람들의 행동 유형은 나타나 있지 않다.

03
정답 ②

첫 문단에서 광고의 정의에 대해 이야기하고 있다. 따라서 '광고에 대한 구체적인 설명과 단점에 대해서 이야기하는 (A), 광고의 첫 번째 사례에 대해서 이야기하는 (C), 광고의 두 번째 사례를 이야기하는 (B), 광고를 보는 소비자가 가져야 할 자세에 대해 이야기하는 (D)' 순서가 올바르다.

04
정답 ⑤

연예인 혹은 유명인이 광고를 했다고 회사는 품질과 성능을 담보하지 않는다. 또한, 해당 연예인이 사용하지 않았지만 사용했다고 언급하지 않는 이상 광고료를 지불받은 광고 모델일 뿐 문제가 되지 않는다. 따라서 ⑤가 옳지 않음을 알 수 있다.

05
정답 ⑤

PET(양전자 단층 촬영술)는 CT 이후 방사성 의약품을 이용해 인체의 생화학적 상태를 3차원 영상으로 나타내는 기술로, 방사성 포도당이라는 의약품을 투여하여야 영상을 얻을 수 있다. 반면에 CT(컴퓨터 단층 촬영)는 X선을 이용한 기술로 별도의 의약품 없이도 영상을 얻을 수 있다.

06
정답 ⑤

'그러한' 등의 지시어와 '그러나', '그래서', '따라서' 등의 접속어를 토대로 문맥을 가장 자연스럽게 하는 순서를 확인할 수 있다. (D)의 '그러한 편견'은 제시된 단락에서 DNA를 '일종의 퇴화 물질로 간주'하던 인식을 가리키며, (B)의 '유전 정보'는 (D)에서 바이러스가 주입한 유전 정보이다. (A)는 (D)에서 언급한 '아무도 몰랐다'라는 문제를 해결하기 위한 조사에 대한 설명이며, (C)는 (A)에서 실시한 조사의 결과로 드러난 사실을 설명한 것이다. 따라서 (D) – (B) – (A) – (C) 순이 적절하다.

07
정답 ①

두 번째 문단에서 '강한 핵력의 강도가 겨우 0.5% 다르거나 전기력의 강도가 겨우 4% 다를 경우에도 탄소나 산소는 우주에서 합성되지 않는다. 따라서 생명 탄생의 가능성도 사라진다.'라고 했으므로 탄소가 없어도 생명은 자연적으로 진화할 수 있다고 한 ①은 제시문의 내용을 지지하고 있지 않다.

08
정답 ⑤

제시문은 인간의 호흡기에 질식사 가능성이라는 불합리한 점이 있게 된 원인에 대해 진화론적으로 규명하고 있다. 몸집이 커지면서 호흡기가 생긴 후 다시 허파가 생기다 보니 이상적인 구조(질식사 가능성 차단)와는 거리가 멀어졌다. 즉, 환경에 적응하려는 각각의 변화 단계에서 '당시에는 최선의 선택'이었으나, 결과적으로는 이상적인 구조가 아니게 된 것이다.

09
정답 ②

바다거북에게 장애가 되는 요인(갈증)이 오히려 목표를 이루게 한다(바다로 향하게 함)는 것이 제시문을 포함한 이어질 내용의 주제이다.

10
정답 ①

제시문은 '발전'에 대한 개념을 설명하고 있다. 빈칸 앞에는 '발전'에 대해 '모든 형태의 변화가 전부 발전에 해당하는 것은 아니다.'라고 하면서 '교통신호등'을 예로 들고, 빈칸 뒤에는 '사태의 진전 과정에서 나중에 나타나는 것은 적어도 그 이전 단계에 내재적으로나마 존재했던 것의 전개에 해당한다는 것이다.'라고 상술하고 있다. 여기에 첫 번째 문장까지 고려한다면, ①의 내용이 빈칸에 들어가는 것이 자연스럽다.

11	12	13	14	15	16	17	18	19	20
③	④	②	③	⑤	③	①	⑤	②	②

11

정답 ③

컴퓨터가 2019년부터 10대 품목에서 밀려나게 되었고, 컴퓨터가 제외된 자리에 전자응용기기가 포함되었다.

오답분석

①·②·④ 제시된 자료를 통해 쉽게 확인할 수 있다.

⑤ 반도체 비중이 가장 큰 해는 2021년이며, 2021년에는 철강판이 전자응용기기에 이어 두 번째로 적은 비중을 차지했다.

12

정답 ④

ㄴ. 2018년 대비 2021년 모든 분야의 침해사고 건수는 감소하였으나, 50% 이상 줄어든 것은 스팸릴레이 한 분야이다.

ㄹ. 기타 해킹 분야의 2021년 침해사고 건수는 2019년 대비 증가했으므로 옳지 않은 설명이다.

오답분석

ㄱ. 단순침입시도 분야의 침해사고는 매년 스팸릴레이 분야의 침해사고 건수의 두 배 이상인 것을 확인할 수 있다.

ㄹ. 2020년 홈페이지 변조 분야의 침해사고 건수가 차지하는 비중은 $\frac{5,216}{16,135} \times 100 ≒ 32.3\%$로, 35% 이하이다.

13

정답 ②

문구점에서의 연필, 지우개, 공책의 가격을 각각 x, y, z라고 하자.

$2x + y = z \cdots ㉠$

$y + z = 5x \cdots ㉡$

㉠을 ㉡에 대입하여 정리하면

$2x + 2y = 5x \rightarrow x = \frac{2}{3}y$, $z = \frac{7}{3}y$

$10x + 4z = \frac{20}{3}y + \frac{28}{3}y = 16y$

따라서 연필 10자루의 가격과 공책 4권의 가격을 더하면 지우개 16개의 가격과 같다.

14

정답 ③

A국과 F국을 비교해보면 A국의 참가선수가 더 많지만 동메달 수는 적다.

15

정답 ⑤

사망자가 30명 이상인 사고를 제외한 나머지 사고는 A, C, D, F이다. 네 사고를 화재규모와 복구비용이 많은 순으로 각각 나열하면 다음과 같다.

• 화재규모 : A − D − C − F

• 복구비용 : A − D − C − F

따라서 옳은 설명이다.

오답분석

① 터널길이가 긴 순, 사망자가 많은 순으로 사고를 각각 나열하면 다음과 같다.

• 터널길이 : A − D − B − C − F − E

• 사망자 수 : E − B − C − D − A − F

따라서 터널길이와 사망자 수는 관계가 없다.

② 화재규모가 큰 순, 복구기간이 긴 순으로 사고를 각각 나열하면 다음과 같다.

• 화재규모 : A − D − C − E − B − F

• 복구기간 : B − E − F − A − C − D

따라서 화재규모와 복구기간의 길이는 관계가 없다.

③ 사고 A를 제외하고 복구기간이 긴 순, 복구비용이 많은 순으로 사고를 각각 나열하면 다음과 같다.

• 복구기간 : B − E − F − C − D

• 복구비용 : B − E − D − C − F

따라서 옳지 않은 설명이다.

④ 사고 A ~ E의 사고비용을 구하면 다음과 같다.

• 사고 A : $4,200 + 1 \times 5 = 4,205$억 원

• 사고 B : $3,276 + 39 \times 5 = 3,471$억 원

• 사고 C : $72 + 12 \times 5 = 132$억 원

• 사고 D : $312 + 11 \times 5 = 367$억 원

• 사고 E : $570 + 192 \times 5 = 1,530$억 원

• 사고 F : $18 + 0 \times 5 = 18$억 원

따라서 사고 A의 사고비용이 가장 많다.

16

정답 ③

2021년 시급과 수강생 만족도를 참고하여 2022년 강사별 시급 및 2021년과 2022년의 시급 차이를 구하면 다음과 같다.

강사	2022년 시급	(2022년 시급)− (2021년 시급)
A	$55,000(1+0.05)$ $=57,750$원	$57,750 - 55,000$ $=2,750$원
B	$45,000(1+0.05)$ $=47,250$원	$47,250 - 45,000$ $=2,250$원
C	$54,600(1+0.1)=60,060$원 $\rightarrow 60,000$원(∵ 시급의 최대)	$60,000 - 54,600$ $=5,400$원
D	$59,400(1+0.05)=62,370$원 $\rightarrow 60,000$원(∵ 시급의 최대)	$60,000 - 59,400$ $=600$원
E	$48,000$원	$48,000 - 48,000$ $=0$원

따라서 2021년과 2022년 시급 차이가 가장 큰 강사는 C이다.

오답분석
① 강사 E의 2021년 시급은 48,000원이다.
② 2022년 강사 D의 시급과 강사 C의 시급은 60,000원으로 같다.
④ 2021년 강사 C의 시급 인상률을 $a\%$라고 하자.

$$52,000\left(1+\frac{a}{100}\right)=54,600 \rightarrow 520a=2,600$$

$$\therefore a=5$$

즉, 2021년 강사 C의 시급 인상률은 5%이므로, 2020년 수강생 만족도 점수는 4.0점 이상 4.5점 미만이다.
⑤ 2022년 강사 A와 강사 B의 시급 차이
: 57,750−47,250=10,500원

17 [정답] ①

㉠ 제시된 자료의 각주에 의해 같은 해의 각 국의 도시폐기물량지수는 그 해 한국의 도시폐기물량을 기준해 도출된다. 즉, 같은 해의 여러 국가의 도시폐기물량을 비교할 때 도시폐기물량지수로도 비교가 가능하다.
2021년 미국과 일본의 도시폐기물량지수는 각각 12.73, 2.53이다. 2.53×4=10.12<12.73이므로 옳은 설명이다.
㉢ 2018년 한국의 도시폐기물량은 1,901만 톤이므로 2018년 스페인의 도시폐기물량은 1,901×1.33=2,528.33만 톤이다.
도시폐기물량 상위 10개국의 도시폐기물량지수 자료를 보면 2021년 스페인의 도시폐기물량지수는 상위 10개국에 포함되지 않았음을 확인할 수 있다. 즉, 스페인의 도시폐기물량은 도시폐기물량지수 10위인 이탈리아의 도시폐기물량보다 적다. 2021년 한국의 도시폐기물량은 1,788만 톤이므로 이탈리아의 도시폐기물량은 1,788×1.40=2,503.2만 톤이다. 즉, 2021년 이탈리아의 도시폐기물량은 2018년 스페인의 도시폐기물량보다 적다. 따라서 2021년 스페인의 도시폐기물량은 2018년에 비해 감소했다.

오답분석
㉡ 2020년 한국의 도시폐기물량은 1,786만 톤이므로 2020년 러시아의 도시폐기물량은 1,786×3.87=6,911.82만 톤이다.
㉣ 2021년의 경우 터키의 도시폐기물량지수는 영국보다 높다. 따라서 2021년 영국의 도시폐기물량은 터키의 도시폐기물량보다 적다.

18 [정답] ⑤

신용카드의 공제율은 15%이고, 체크카드의 공제율은 30%이기 때문에 공제받을 금액은 체크카드를 사용했을 때 더 유리하게 적용된다.

오답분석
② 연봉의 25%를 초과 사용한 범위가 공제의 대상에 해당된다. 연봉 35,000,000원의 25%는 8,750,000원이므로 현재까지의 사용금액 6,000,000원에 2,750,000원을 초과하여 더 사용해야 공제받을 수 있다.

③ 사용한 금액 5,000,000원에서 더 사용해야 하는 금액 2,750,000원을 뺀 2,250,000원이 공제대상금액이 된다. 이는 체크카드 사용금액 내에 포함되므로 공제율 30%를 적용하여 675,000원이 소득공제금액이다.
④ 사용한 금액 5,750,000원에서 더 사용해야 하는 금액 2,750,000원을 뺀 3,000,000원이 공제대상금액이 된다. 이는 체크카드 사용금액 내에 포함되므로 공제율 30%를 적용하여 900,000원이 소득공제금액이다.

19 [정답] ②

H씨의 신용카드 사용금액은 총 6,500,000원이고, 추가된 현금영수증 금액은 5,000,000원이다. 변경된 연봉의 25%는 40,000,000×0.25=10,000,000원이다. 즉, 15,000,000원에서 10,000,000원을 차감한 5,000,000원에 대해 공제가 가능하며, 현금영수증 사용금액 내에 포함되므로 공제율 30%를 적용한 1,500,000원이 소득공제 금액이 된다. 과표에 따르면 연봉 40,000,000원에 해당하는 세율은 15%이고, 이를 소득공제금액에 적용하면 세금은 1,500,000×0.15=225,000원이다.

20 [정답] ②

㉠ 근로자가 총 90명이고 전체에게 지급된 임금의 총액이 2억 원이므로 근로자당 평균 월 급여액은 $\frac{2\text{억 원}}{90\text{명}}≒222$만 원이다.

따라서 평균 월 급여액은 230만 원 이하이다.
㉡ 월 210만 원 이상 급여를 받는 근로자 수는 26+12+8+4=50명이다. 따라서 총 90명의 절반인 45명보다 많으므로 옳은 설명이다.

오답분석
㉢ 월 180만 원 미만의 급여를 받는 근로자 수는 6+4=10명이다. 따라서 전체에서 $\frac{10}{90}≒11\%$의 비율을 차지하고 있으므로 옳지 않은 설명이다.
㉣ '월 240만 원 이상 월 270만 원 미만'의 구간에서 월 250만 원 이상 받는 근로자의 수는 주어진 자료만으로는 확인할 수 없다. 따라서 옳지 않은 설명이다.

| 03 | 문제해결능력(공통)

21	22	23	24	25	26	27	28	29	30
④	②	③	③	⑤	⑤	②	③	②	⑤

21

정답 ④

먼저 층이 정해진 부서를 배치하고, 나머지 부서들의 층수를 결정해야 한다.
변경사항에서 연구팀은 기존 5층보다 아래층으로 내려가고, 영업팀은 기존 6층보다 아래층으로 내려간다. 또한, 생산팀은 연구팀보다 위층에 배치돼야 하지만 인사팀과의 사이에는 하나의 부서만 가능하므로 6층에 총무팀을 기준으로 5층 또는 7층 배치가 가능하다.
따라서 다음과 같이 4가지의 경우가 나올 수 있다.

층수	부서	부서	부서	부서
7층	인사팀	인사팀	생산팀	생산팀
6층	총무팀	총무팀	총무팀	총무팀
5층	생산팀	생산팀	인사팀	인사팀
4층	탕비실	탕비실	탕비실	탕비실
3층	연구팀	영업팀	연구팀	영업팀
2층	전산팀	전산팀	전산팀	전산팀
1층	영업팀	연구팀	영업팀	연구팀

따라서 생산팀은 어느 경우에도 3층에 배치될 수 없다.

22

정답 ②

주어진 자료를 토대로 민원처리 시점을 구하면 다음과 같다.
• A씨는 4/29(금)에 '부동산중개사무소 등록'을 접수하였고 민원처리기간은 7일이다. 민원사무처리기간이 6일 이상일 경우, 초일을 산입하고 '일' 단위로 계산하되, 토요일은 포함하고 공휴일은 포함하지 않는다. 따라서 민원사무처리가 완료되는 시점은 5/9(월)이다.
• B씨는 4/29(금)에 '토지거래계약허가'를 접수하였고 민원처리기간은 15일이다. 민원사무처리기간이 6일 이상일 경우, 초일을 산입하고 '일' 단위로 계산하되, 토요일은 포함하고 공휴일은 포함하지 않는다. 따라서 민원사무처리가 완료되는 시점은 5/19(목)이다.
• C씨는 4/29(금)에 '등록사항 정정'을 접수하였고 민원처리기간은 3일이다. 민원사무처리기간이 5일 이하일 경우, '시간' 단위로 계산하되, 토요일과 공휴일은 포함하지 않는다. 따라서 민원사무처리가 완료되는 시점은 5/4(수) 14시이다.

일	월	화	수	목	금	토
					4/29	30
5/1	2	3	4	5	6	7
8	9	10	11	12	13	14
15	16	17	18	19	20	21
22	23	24	25	26	27	28
29	30	31				

23

정답 ③

코드 생성 방법에 따른 A∼E물품의 코드는 다음과 같다.
• A물품 : CTT－A－20－11－1
• B물품 : GAT－E－18－07－1
• C물품 : SLT－E－17－10－1
• D물품 : PDT－H－15－12－0
• E물품 : PST－S－19－08－0
C물품의 경우 중고가 아닌 새 제품으로 구매하였으므로 SLT－E－17－10－0의 ③이 옳지 않다.

24

정답 ③

처분 시 감가 비율과 중고 여부에 따라 A∼E물품의 처분가를 구하면 다음과 같다.
• A물품 : 55만 원×(1－0.4)＝33만 원
• B물품 : 30만 원×(1－0.2)＝24만 원
• C물품 : 35만 원×(1－0.5)≒17만 원
• D물품 : 80만 원×(1－0.25)×0.5＝30만 원
• E물품 : 16만 원×(1－0.25)×0.5＝6만 원
따라서 A∼E물품을 모두 처분할 경우 받을 수 있는 총금액은 33＋24＋17＋30＋6＝110만 원이다.

25

정답 ⑤

유효기간이 10년 이상 남은 물품은 A, C, D이며, 이를 제휴 업체를 통해 처분할 경우 구매가격의 총합인 55＋35＋80＝170만 원의 80%에 해당하는 170×0.8＝136만 원을 받을 수 있나.

26

정답 ⑤

영래의 맞은편이 현석이고 현석이의 바로 옆자리가 수민이이므로, 이를 기준으로 주어진 조건에 맞추어 자리를 배치해야 한다.
영래의 왼쪽・수민이의 오른쪽이 비어 있을 때 또는 영래의 오른쪽・수민이의 왼쪽이 비어 있을 때는 성표와 진모가 마주보면서 앉을 수 없으므로 성립하지 않는다. 따라서 영래의 왼쪽・수민이의 왼쪽이 비어 있을 때와 영래의 오른쪽・수민이의 오른쪽이 비어 있을 때를 정리하면 다음과 같다.
• 영래의 왼쪽, 수민이의 왼쪽이 비어 있을 때

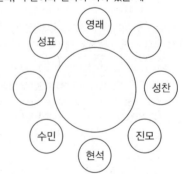

• 영래의 오른쪽, 수민이의 오른쪽이 비어 있을 때

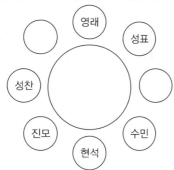

따라서 어느 상황에서든 진모와 수민이는 한 명을 사이에 두고 앉는다.

27
정답 ②

최단시간으로 가는 방법은 택시만 이용하는 방법이고, 최소비용으로 가는 방법은 버스만 이용하는 방법이다.

∴ (최단시간으로 가는 방법의 비용)−(최소비용으로 가는 방법의 비용)
＝2,500−500＝2,000원

28
정답 ③

대중교통 이용 방법이 정해져 있을 경우, 비용을 최소화하기 위해서는 회의장에서의 대기시간을 최소화하는 동시에 지각을 하지 않아야 한다.

∴ K회사 ~ B지점(버스, 6분, 1:47 ~ 1:53) → 환승(2분, 1:53 ~ 1:55) → B지점 ~ 거래처(택시, 3분, 1:55 ~ 1:58) → 거래처 ~ 회의장(2분, 1:58 ~ 2:00)

29
정답 ②

• 혜정이의 비용
  500원(버스요금)+800원(환승 비용)+1,600원(회의장에서의 대기 비용)=2,900원
• 진선이의 비용
  2,300원(택시요금)+800원(환승 비용)+500원(버스요금)+600원 (회의장에서의 대기 비용)=4,200원

따라서 혜정이와 진선이의 비용 차는 4,200−2,900=1,300원이다.

30
정답 ⑤

첫 번째 조건과 각 줄의 사물함에 든 총금액을 이용해 사물함에 돈이 들어있는 경우를 나타내면 다음과 같다.
• 한 줄의 총액이 300원일 때 : 300원, 0원, 0원, 0원, 0원
• 한 줄의 총액이 400원일 때 : 200원, 200원, 0원, 0원, 0원
• 한 줄의 총액이 500원일 때 : 200원, 300원, 0원, 0원, 0원
• 한 줄의 총액이 600원일 때 : 200원, 200원, 200원, 0원, 0원 또는 300원, 300원, 0원, 0원, 0원
• 한 줄의 총액이 700원일 때 : 200원, 200원, 300원, 0원, 0원

• 한 줄의 총액이 900원일 때 : 300원, 300원, 300원, 0원, 0원 또는 300원, 200원, 200원, 200원, 0원

	1열	2열	3열	4열	5열	
1행	1	2	3	4	5	900
2행	6	7	8	9	10	700
3행	11 200원	12	13	14	15	500
4행	16	17	18	19	20	300
5행	21	22	23	24	25 300원	500
	500	400	900	600	500	

11번 사물함은 200원이 들어있으므로 3행에 있는 사물함 중 하나는 300원이 들어있고, 1열에 있는 사물함 중 하나는 300원이 들어있다. 그리고 25번 사물함은 300원이 들어있으므로 5열에 있는 사물함 중 하나는 200원이 들어있고, 5행에 있는 사물함 중 하나는 200원이 들어 있다. 이때, 1열과 5행이 만나는 21번 사물함의 경우 200원 또는 300원이 들어있으면 모순이 발생하므로 돈이 들어있지 않다는 결론을 얻을 수 있다. 이런 방법을 반복해 사물함에 있는 돈의 액수를 추론하면 다음과 같다.

	1열	2열	3열	4열	5열	
1행	1 300원	2 0원	3 300원	4 300원	5 0원	900
2행	6 0원	7 200원	8	9	10 200원	700
3행	11 200원	12 0원	13	14	15 0원	500
4행	16 0원	17 0원	18	19	20 0원	300
5행	21 0원	22 200원	23 0원	24 0원	25 300원	500
	500	400	900	600	500	

• 13번, 18번 사물함에 300원이 있을 경우
  9번 사물함에 300원이 들어있게 되며, 색칠한 사물함의 총액은 300+200+300+0+300=1,100원이다.
• 8번, 18번 사물함에 300원이 있을 경우
  14번 사물함에 300원이 들어있게 되며, 색칠한 사물함의 총액은 300+200+0+0+300=800원이다.
• 8번, 13번 사물함에 300원이 있을 경우
  19번 사물함에 300원이 들어있게 되며, 색칠한 사물함의 총액은 300+200+300+300+300=1,400원이다.

따라서 가능한 돈의 총액은 1,400원이다.

31	32	33	34	35	36	37	38	39	40
④	⑤	①	③	③	④	④	③	③	④

31 　　　　　　　　　　　　　　[정답] ④

7월 19~20일에 연차를 쓴다면 작년투자현황 조사를 1, 4일에, 잠재력 심층조사를 6, 7일에, 1차 심사를 11~13일에, 2차 심사를 15, 18, 21일에 하더라도, 최종결정과 선정결과 발표 사이에 두어야 하는 간격 하루가 부족하므로, 신규투자처 선정 일정에 지장이 가게 된다. 따라서 불가능하다.

32 　　　　　　　　　　　　　　[정답] ⑤

최대한 일정을 당겨서 작년투자현황 조사를 1, 4일에, 잠재력 심층조사를 6, 7일에, 1차 심사를 11~13일에, 2차 심사를 15, 18, 19일에 해야만 신규투자처 선정 일정에 지장이 가지 않는다. 따라서 19일까지는 연차를 쓸 수 없다. 따라서 19일까지 2차 심사를 마치고 20~21일에 연차를 사용한다면 22일에 최종결정, 25일 혹은 26일에 발표를 할 수 있다.

33 　　　　　　　　　　　　　　[정답] ①

각 과목별 의무 교육이수 시간은 다음과 같다.

구분	글로벌 경영	해외사무영어	국제회계
의무 교육 시간	$\dfrac{15점}{1점/h}=15시간$	$\dfrac{60점}{1점/h}=60시간$	$\dfrac{20점}{2점/h}=10시간$

이제까지 B과장이 이수한 시간을 계산해 보면, 글로벌 경영과 국제회계의 초과 이수 시간은 2+14=16시간이며, 해외사무영어의 부족한 시간은 10시간이다. 초과 이수 시간을 점수로 환산하여 부족한 해외사무영어 점수 10점에 16×0.2=3.2점을 제외하면 6.8점이 부족하다. 따라서 미달인 과목은 해외사무영어이며, 부족한 점수는 6.8점임을 알 수 있다.

34 　　　　　　　　　　　　　　[정답] ③

월요일에는 늦지 않게만 도착하면 되므로, 서울역에서 8시에 출발하는 KTX를 이용한다. 수요일에는 최대한 빨리 와야 하므로, 사천공항에서 19시에 출발하는 비행기를 이용한다.
따라서 소요되는 교통비는 65,200+22,200+21,500+93,200×0.9 =192,780원이다.

35 　　　　　　　　　　　　　　[정답] ③

총 성과급을 x만 원이라 하면
- A의 성과급 : $\left(\dfrac{1}{3}x+20\right)$만 원

- B의 성과급 : $\dfrac{1}{2}\left[x-\left(\dfrac{1}{3}x+20\right)\right]+10=\dfrac{1}{3}x$만 원
- C의 성과급 : $\dfrac{1}{3}\left[x-\left(\dfrac{1}{3}x+20+\dfrac{1}{3}x\right)\right]+60$

$=\left(\dfrac{1}{9}x+\dfrac{160}{3}\right)$만 원
- D의 성과급 : $\dfrac{1}{2}\left[x-\left(\dfrac{1}{3}x+20+\dfrac{1}{3}x+\dfrac{1}{9}x+\dfrac{160}{3}\right)\right]+70$

$=\left(\dfrac{1}{9}x+\dfrac{100}{3}\right)$만 원

$x=\dfrac{1}{3}x+20+\dfrac{1}{3}x+\dfrac{1}{9}x+\dfrac{160}{3}+\dfrac{1}{9}x+\dfrac{100}{3}$

$\therefore\ x=960$만 원

36 　　　　　　　　　　　　　　[정답] ④

행낭 배송 운행속도는 시속 60km로 일정하므로 A지점에서 G지점까지의 최단거리를 구한 뒤 소요시간을 구하면 된다. 우선 배송 요청에 따라 지점 간의 순서 변경과 생략이 가능하므로 거치는 지점을 최소화하여야 한다. 앞서 언급한 조건들을 고려하여 구한 최단거리는 다음과 같다.
A → B → D → G ⇒ 6km+2km+8km=16km ⇒ 16분(∵ 60km/h =1km/min)
따라서 대출신청 서류가 A지점에 다시 도착할 최소시간은 16분(A → G)+30분(작성)+16분(G → A)=1시간 2분이다.

37 　　　　　　　　　　　　　　[정답] ④

조건에 따라 사고 건수당 벌점을 고려하여 직원별 벌점을 계산하면 다음과 같다.

(단위 : 점)

직원	수신물 오분류	수신물 분실	미발송	발신물 분실	벌점차감 혜택	총 벌점
A	−	2×4 =8	−	4×6 =24	×	32
B	2×2 =4	3×4 =12	3×4 =12	−	○(−5)	23
C	2×2 =4	−	3×4 =12	1×6 =6	×	22
D	−	2×4 =8	2×4 =8	2×6 =12	×	28
E	1×2 =2	−	3×4 =12	2×6 =12	×	26

B, E는 전분기 총사고 건수가 0건으로 이번 분기 차감 혜택이 적용되어야 하지만 E의 경우, 이번 분기 발신사고 건수가 5건으로 혜택을 받지 못한다.
따라서 두 번째로 높은 벌점을 부여받는 수발실 직원은 D이다.

38

정답 ③

벌점이 낮을수록 등수가 높으므로 이를 고려해 각 직원이 지급받을 성과급을 계산하면 다음과 같다.

직원	총 벌점	등수	지급비율	성과급 지급액
A	32점	5	50% (30점 초과)	50만 원
B	23점	2	90%	90만 원
C	22점	1	100%	100만 원
D	28점	4	80%	80만 원
E	26점	3	90%	90만 원

따라서 B직원과 E직원이 지급받을 성과급 총액은 $90+90=180$만 원이다.

39

정답 ③

사장은 최소비용으로 최대인원을 채용하는 것을 목적으로 하고 있다. 가장 낮은 임금의 인원을 최우선으로 배치하되, 동일한 임금의 인원은 가용한 시간 내에 분배하여 배치하는 것이 해당 목적을 달성하는 방법이다. 이를 적용하면 다음과 같이 인원을 배치할 수 있다.

구분	월		화		수		목		금	
08:00		김갑주		김갑주		김갑주		김갑주		김갑주
09:00										
10:00	기존 직원	한수미	기존 직원	한수미	기존 직원	한수미	기존 직원	한수미	기존 직원	한수미
11:00										
12:00										
13:00		조병수		조병수		조병수		조병수		조병수
14:00										
15:00										
16:00										
17:00	강을미	채미나	강을미	채미나	강을미	채미나	강을미	채미나	강을미	채미나
18:00										
19:00										

8시부터 근무는 김갑주가 임금이 가장 낮다. 이후 10시부터는 임금이 같은 한수미도 근무가 가능하므로, 최대인원을 채용하는 목적에 따라 한수미가 근무한다. 그다음 중복되는 12시부터는 조병수가 임금이 더 낮으므로 조병수가 근무하며, 임금이 가장 낮은 강을미는 15시부터 20시까지 근무한다. 조병수 다음으로 중복되는 14시부터 가능한 최강현은 임금이 비싸므로 근무하지 않는다(최소비용이 최대인원보다 우선하기 때문). 그다음으로 중복되는 16시부터는 채미나가 조병수와 임금이 같으므로 채미나가 근무한다.

40

정답 ④

- 기존 직원 : 8,000원×7시간=56,000원
- 김갑주, 한수미 : 8,000원×2시간=16,000원
- 조병수, 채미나 : 7,500원×4시간=30,000원
- 강을미 : 7,000원×5시간=35,000원
→ 56,000+(16,000×2)+(30,000×2)+35,000=183,000원
∴ (임금)=183,000원×5일=915,000원

41	42	43	44	45	46	47	48	49	50
④	②	①	③	④	②	②	①	②	③

41

정답 ④

삽입 상태가 아닌 수정 상태일 때만 [Space Bar]는 오른쪽으로 이동하면서 한 문자씩 삭제한다.

42

정답 ②

「=SMALL(B3:B9,2)」은 [B3:B9] 범위에서 2번째로 작은 값을 구하는 함수이므로 7이 출력된다.
「=MATCH(7,B3:B9,0)」는 [B3:B9] 범위에서 7의 위치 값을 나타내므로 값은 4가 나온다.
따라서 「=INDEX(A3:E9,4,5)」의 결괏값은 [A3:E9]의 범위에서 4행, 5열에 위치한 대전이다.

43

정답 ①

오답분석

② 결괏값에 출근과 지각이 바뀌어 나타난다.
③·④·⑤ 9시 정각에 출근한 손흥민이 지각으로 표시된다.

44

정답 ③

디지털 컴퓨터와 아날로그 컴퓨터의 비교

구분	디지털 컴퓨터	아날로그 컴퓨터
입력형태	숫자, 문자	전류, 전압, 온도
출력형태	숫자, 문자	곡선, 그래프
연산형식	산술, 논리 연산	미적분 연산
구성회로	논리 회로	증폭 회로
연산속도	느림	빠름
정밀도	필요 한도까지	제한적임
기억기능	기억이 용이하며 반영구적	기억에 제약이 있음
사용분야	범용	특수 목적용

45

정답 ④

틀 고정을 취소할 때는 셀 포인터의 위치와 상관없다.

46

정답 ②

잠금 화면은 디스플레이 설정이 아닌 개인 설정에 들어가서 설정 가능하다.

47

정답 ②

오답분석

① 풀 노드(Full Node) : 블록체인의 모든 내역을 저장하는 노드
③ 라이트 노드(Light Node) : 핵심본만 저장하는 노드
④ 마스터 노드(Master Node) : 일정 지분의 코인을 가지고 해당 코인을 채굴하는 방식을 가지는 노드
⑤ 슈퍼 노드(Super Node) : 노드 사이에 전압이 있으면, 그 두 개를 묶어서 노달 회로분석(Nodal Analysis)을 적용하는 회로

48

정답 ①

'AVERAGE(B3:E3)'는 [B3:E3] 범위의 평균을 나타낸다. 또한, IF 함수는 논리 검사를 수행하여 TRUE나 FALSE에 해당하는 값을 반환해 주는 함수이다. 즉, 「=IF(AVERAGE(B3:E3)>=90,"합격","불합격")」 함수는 [B3:E3] 범위의 평균이 90 이상일 경우 '합격'이, 그렇지 않을 경우 '불합격'이 입력된다. [F3] ~ [F6]의 각 셀에 나타나는 [B3:E3], [B4:E4], [B5:E5], [B6:E6]의 평균값은 83, 87, 91, 92.5이므로 [F3] ~ [F6] 셀에 나타나는 결괏값은 ①이다.

49

정답 ②

RANK 함수는 범위에서 특정 데이터의 순위를 구할 때 사용하는 함수이다. RANK 함수의 형식은 「=RANK(인수,범위,논리값)」인데, 논리값의 경우 0이면 내림차순, 1이면 오름차순으로 나타나게 된다. 발전량이 가장 높은 곳부터 순위를 매기려면 내림차순으로 나타내야 하므로 (B) 셀에는 「=RANK(F5,$F$5:$F$12,0)」을 입력해야 한다.

50

정답 ③

관리자가 설정해 놓은 프린터를 프린터 목록에서 제거하려면 [관리자 계정]으로 접근해야 한다.

| 06 | 조직이해능력(전산)

51	52	53	54	55	56	57	58	59	60
⑤	④	③	②	④	③	④	①	②	⑤

51
정답 ⑤

팀장의 업무지시 내용을 살펴보면 지출결의서는 퇴근하기 1시간 전까지는 제출해야 한다. 업무스케줄에서 퇴근 시간은 18시이므로, 퇴근 1시간 전인 17시까지는 지출결의서를 제출해야 한다. 따라서 업무스케줄의 '16:00 ~ 17:00'란에 작성하는 것이 적절하다.

52
정답 ④

회사와 팀의 업무 지침은 변화하는 환경 속에서 그 일의 전문가들에 의해 확립된 것이므로 기본적으로 지켜야 할 것은 지키되, 그 속에서 자신의 방식을 발견해야 한다. 따라서 본인이 속한 팀의 업무 지침이 마음에 들지 않는다는 이유로 이를 지키지 않고 본인만의 방식을 찾겠다는 D대리의 행동전략은 적절하지 않다.

53
정답 ③

백화점에 모여 있는 직원과 고객은 조직의 특징인 조직의 목적과 구조가 없고, 목적을 위해 서로 협동하는 모습도 볼 수 없으므로 조직의 사례로 적절하지 않다.

54
정답 ②

싱가포르는 중국계(74.1%), 말레이계(13.4%), 인도계(9.2%), 기타(3.3%)의 다민족 국가로, 그에 맞는 비즈니스 에티켓을 지켜야 한다. 말레이계, 인도계 등은 이성끼리 악수를 하지 않는 편이며, 싱가포르 현지인은 시간관념이 매우 철저하므로 약속 시간을 엄수하고 일을 진행하기 전 먼저 약속을 잡는 것이 바람직하다.

55
정답 ④

기업이 공익을 침해할 경우 우선 합리적인 절차에 따라 문제 해결을 해야 하며, 기업 활동의 해악이 심각할 경우 근로자 자신이 피해를 볼지라도 신고할 윤리적 책임이 있다.

오답분석

ㄱ. 신고자의 동기가 사적인 욕구나 이익을 충족시켜서는 안 된다.

56
정답 ③

집단에서 일련의 과정을 거쳐 의사가 결정되었다고 해서 최선의 결과라고 단정지을 수는 없다.

57
정답 ④

린 스타트업(Lean Startup)의 제품 개발 프로세스로, 먼저 단기간 동안 시제품을 만들어 시장에 내놓고 반응과 성과를 측정하여 이를 제품 개선에 반영한다. 이러한 과정을 반복하며 시장에서의 성공 확률을 높인다. 제품 개발이 끝날 때까지 전 과정을 비밀로 하는 것은 린 스타트업 이전의 기존 전략에 해당한다.

58
정답 ①

스톡옵션제도에 대한 설명으로, 자본참가 유형에 해당한다.

오답분석

② 스캔론플랜에 대한 설명으로, 성과참가 유형에 해당한다.
③ 럭커플랜에 대한 설명으로, 성과참가 유형에 해당한다.
④ 노사협의제도에 대한 설명으로, 의사결정참가 유형에 해당한다.
⑤ 노사공동결정제도에 대한 설명으로, 의사결정참가 유형에 해당한다.

59
정답 ②

조직목표의 특징
• 공식적 목표와 실제적 목표가 다를 수 있다.
  : 조직목표는 조직이 존재하는 이유와 관련된 조직의 사명과 사명을 달성하기 위한 세부목표를 가지고 있다. 조직의 사명은 조직의 비전, 가치와 신념, 조직의 존재이유 등을 공식적인 목표로 표현한 것이다. 반면에 세부목표는 조직이 실제적인 활동을 통해 달성하고자 하는 것으로, 사명에 비해 측정 가능한 형태로 기술되는 단기적인 목표이다.
• 다수의 조직목표를 추구할 수 있다.
• 조직목표 간에는 위계적 상호관계가 있다.
  : 조직은 다수의 조직목표를 추구할 수 있으며, 이러한 조직목표들은 위계적 상호관계가 있어 서로 상하관계에 있으면서 영향을 주고받는다.
• 가변적 속성을 가진다.
  : 조직목표는 한번 수립되면 달성될 때까지 지속되는 것이 아니라 환경이나 조직 내의 다양한 원인들에 의하여 변동되거나 없어지고, 새로운 목표로 대치되기도 한다.
• 조직의 구성요소와 상호관계를 가진다.
  : 조직목표들은 조직의 구조, 조직의 전략, 조직의 문화 등과 같은 조직체제의 다양한 구성요소들과 상호관계를 가지고 있다.

60

기계적 조직과 유기적 조직의 특징을 통해 안정적이고 확실한 환경에서는 기계적 조직이, 급변하는 환경에서는 유기적 조직이 적합함을 알 수 있다.

기계적 조직과 유기적 조직의 특징

기계적 조직	• 구성원들의 업무가 분명하게 정의된다. • 많은 규칙과 규제들이 있다. • 상하 간 의사소통이 공식적인 경로를 통해 이루어진다. • 엄격한 위계질서가 존재한다. • 대표적인 기계조직으로 군대를 들 수 있다.
유기적 조직	• 의사결정 권한이 조직의 하부구성원들에게 많이 위임되어 있다. • 업무가 고정되지 않고, 공유 가능하다. • 비공식적인 상호의사소통이 원활하게 이루어진다. • 규제나 통제의 정도가 낮아 변화에 따라 의사결정이 쉽게 변할 수 있다.

| 07 | 기술능력(발전설비운영)

61	62	63	64	65	66	67	68	69	70
①	④	①	⑤	③	①	③	②	①	⑤

61

정답 ①

세탁기와 수도꼭지와의 거리에 대해서는 설치 시 주의사항에서 확인할 수 없는 내용이다.

62

정답 ④

세탁기 내부온도가 70℃ 이상이거나 물 온도가 50℃ 이상인 경우 세탁기 문이 열리지 않는다. 따라서 내부온도가 내려갈 때까지 잠시 기다려야 하며, 이러한 상황에 대해 고객에게 설명해야 한다.

오답분석

① 세탁조에 물이 남아 있다면 탈수를 선택하여 배수하여야 한다.
② 세탁기 내부온도가 높다면 내부온도가 내려갈 때까지 잠시 기다려야 한다.
③ 탈수 시 세탁기가 흔들릴 때의 해결방법이다.
⑤ 세탁기가 얼었을 경우, 미온수가 아니라 60℃ 정도의 뜨거운 물을 넣어 세탁기를 녹여 줘야만 한다.

63

정답 ①

'수시'는 '일정하게 정하여 놓은 때 없이 그때그때 상황에 따름'을 의미한다. 즉, 하루에 한 번 청소할 수도 있고, 아닐 수도 있다. 따라서 정수기 청소는 하루에 1곳만 할 수도 있다.

오답분석

② '제품 이상 시 조치방법' 맨 마지막에 설명되어 있다.
③ 적정 시기에 필터를 교환하지 않으면 물이 나오지 않거나 정수물이 너무 느리게 채워지는 문제가 발생한다.
④ 10mm＝1cm이므로, 외형치수를 환산하면 옳은 설명임을 알 수 있다.
⑤ 설치 시 주의사항에 설명되어 있다.

64

정답 ⑤

필터 수명이 종료됐을 때와 연결 호스가 꺾였을 때 물이 나오지 않는다. 이때, 연결 호스가 꺾였다면 서비스센터에 연락하지 않고 해결이 가능하다.

65　　정답 ③

ㄱ. 정수기에 사용되는 필터는 세디멘트 필터, 프리카본 필터, UF중공 사막 필터, 실버블록카본 필터이다.

ㄹ. 설치 시 주의사항으로 벽면에서 20cm 이상 띄워 설치하라고 언급했다. 따라서 지켜지지 않을 경우 문제가 발생할 수 있다.

오답분석

ㄴ. 신나 및 벤젠은 제품의 변색이나 표면이 상할 우려가 있으므로 사용하지 말라고 명시되어 있다. 따라서 급한 경우라도 사용하지 않는 것이 옳다.

ㄷ. 프리카본 필터의 교환주기는 약 8개월이다. 3년은 36개월이므로, 4번 교환해야 한다.

66　　정답 ①

제품설명서의 설치관련 주의사항 7번째 항목을 확인해보면, 책장이나 벽장 등 통풍이 안 되는 좁은 공간에 설치하지 말라고 안내하고 있으며, 이는 내부 온도 상승으로 인하여 화재가 발생할 수 있기 때문임을 설명하고 있다. 따라서 문제의 보기에서처럼 TV를 가구 안에 설치하게 되면 통풍이 원활하지 않아 화재가 발생될 가능성이 있다는 것을 알 수 있다.

오답분석

② 직사광선에 장기간 노출될 경우 패널 표면이 변색될 가능성이 있는데, 문제에서 햇빛에 노출된다는 정보는 없다.

③ 그림에서 평편한 가구 안에 설치되어 있음을 알 수 있다.

④ 그림에서 제품의 밑면(원형)이 밖으로 튀어나와 있지 않다는 것을 알 수 있다.

⑤ 화재의 발생 위험이 있으므로 아무런 문제가 없는 것은 아니다.

67　　정답 ③

햇빛(직사광선)에 장시간 노출되는 것은 TV 패널 표면에 변색을 일으킬 가능성이 있지만, 화재 위험이 있다는 것과는 거리가 멀다. 제품설명서에도 별도로 화재 위험이 있다고 설명하고 있지 않다.

오답분석

①・②・④・⑤ 제품설명서에서 화재 위험이 있다고 설명하고 있다.

68　　정답 ②

새 건전지로 교체하는 것은 건전지 수명이 다하여 리모컨 작동이 안 될 때의 조치사항이다. TV 화면이 전혀 나오지 않는 문제점의 조치사항으로는 적절하지 못하다.

69　　정답 ①

제품설명서에 따르면 장시간 사용 시 제품 상단이 뜨거워질 수 있으며, 이는 제품의 결함이나 작동 사용상의 문제가 아니므로 안심하고 사용하라고 설명하고 있다. 따라서 TV에서 열이 나는 문제는 장시간 사용에 따른 문제이므로 별다른 조치를 하지 않아도 된다.

오답분석

②・③ 제품의 결함이나 작동 사용상의 문제가 있는 것이 아니므로 적절하지 않다.

④ 제품설명서에 따르면 다습한 장소에는 설치하지 말라는 주의사항이 있으므로 적절하지 않다.

⑤ 소비자가 임의로 수리하지 말라고 권고하고 있으므로 적절하지 않다.

70　　정답 ⑤

제품설명서에 따르면 '문제해결'에서 설명하고 있는 증상 또는 원인 이외에 다른 문제가 있을 경우에 즉시 서비스센터에 문의하라고 안내하고 있다. 그러나 리모컨 작동과 관련된 것은 '문제해결'에서 확인 및 조치할 수 있는 사항이므로 서비스센터에 문의하여 수리를 받지 않아도 된다.

학습플래너

Date 202 . . .　　　　　　**D-5**　　　　　공부시간 **3H50M**

◉ 사람으로서 할 수 있는 최선을 다한 후에는 오직 하늘의 뜻을 기다린다.
◉
◉

과목	내용	체크
NCS	의사소통능력 학습	○

MEMO

학습플래너

| Date | . . . | D- | 공부시간 | H M |

◉

◉

◉

과목	내용	체크

MEMO

Date . . .	D-	공부시간 H M

⊙

⊙

⊙

과목	내용	체크

MEMO

학습플래너

Date	. . .	D-	공부시간	H	M

◉

◉

◉

과목	내용	체크

MEMO

한전KPS 직업기초능력 답안카드

문번	①	②	③	④	⑤
1	①	②	③	④	⑤
2	①	②	③	④	⑤
3	①	②	③	④	⑤
4	①	②	③	④	⑤
5	①	②	③	④	⑤
6	①	②	③	④	⑤
7	①	②	③	④	⑤
8	①	②	③	④	⑤
9	①	②	③	④	⑤
10	①	②	③	④	⑤
11	①	②	③	④	⑤
12	①	②	③	④	⑤
13	①	②	③	④	⑤
14	①	②	③	④	⑤
15	①	②	③	④	⑤
16	①	②	③	④	⑤
17	①	②	③	④	⑤
18	①	②	③	④	⑤
19	①	②	③	④	⑤
20	①	②	③	④	⑤

문번	①	②	③	④	⑤
21	①	②	③	④	⑤
22	①	②	③	④	⑤
23	①	②	③	④	⑤
24	①	②	③	④	⑤
25	①	②	③	④	⑤
26	①	②	③	④	⑤
27	①	②	③	④	⑤
28	①	②	③	④	⑤
29	①	②	③	④	⑤
30	①	②	③	④	⑤
31	①	②	③	④	⑤
32	①	②	③	④	⑤
33	①	②	③	④	⑤
34	①	②	③	④	⑤
35	①	②	③	④	⑤
36	①	②	③	④	⑤
37	①	②	③	④	⑤
38	①	②	③	④	⑤
39	①	②	③	④	⑤
40	①	②	③	④	⑤

문번	①	②	③	④	⑤
41	①	②	③	④	⑤
42	①	②	③	④	⑤
43	①	②	③	④	⑤
44	①	②	③	④	⑤
45	①	②	③	④	⑤
46	①	②	③	④	⑤
47	①	②	③	④	⑤
48	①	②	③	④	⑤
49	①	②	③	④	⑤
50	①	②	③	④	⑤

※ 본 답안지는 마킹연습용 모의 답안지입니다.

한전KPS 직업기초능력 답안카드

성 명	

지원 분야	

문제지 형별기재란	Ⓐ Ⓑ
	( )형

수험 번호	⓪①②③④⑤⑥⑦⑧⑨
	⓪①②③④⑤⑥⑦⑧⑨
	⓪①②③④⑤⑥⑦⑧⑨
	⓪①②③④⑤⑥⑦⑧⑨
	⓪①②③④⑤⑥⑦⑧⑨
	⓪①②③④⑤⑥⑦⑧⑨
	⓪①②③④⑤⑥⑦⑧⑨

감독위원 확인	⑩

번호	답안	번호	답안	번호	답안
1	① ② ③ ④ ⑤	21	① ② ③ ④ ⑤	41	① ② ③ ④ ⑤
2	① ② ③ ④ ⑤	22	① ② ③ ④ ⑤	42	① ② ③ ④ ⑤
3	① ② ③ ④ ⑤	23	① ② ③ ④ ⑤	43	① ② ③ ④ ⑤
4	① ② ③ ④ ⑤	24	① ② ③ ④ ⑤	44	① ② ③ ④ ⑤
5	① ② ③ ④ ⑤	25	① ② ③ ④ ⑤	45	① ② ③ ④ ⑤
6	① ② ③ ④ ⑤	26	① ② ③ ④ ⑤	46	① ② ③ ④ ⑤
7	① ② ③ ④ ⑤	27	① ② ③ ④ ⑤	47	① ② ③ ④ ⑤
8	① ② ③ ④ ⑤	28	① ② ③ ④ ⑤	48	① ② ③ ④ ⑤
9	① ② ③ ④ ⑤	29	① ② ③ ④ ⑤	49	① ② ③ ④ ⑤
10	① ② ③ ④ ⑤	30	① ② ③ ④ ⑤	50	① ② ③ ④ ⑤
11	① ② ③ ④ ⑤	31	① ② ③ ④ ⑤		
12	① ② ③ ④ ⑤	32	① ② ③ ④ ⑤		
13	① ② ③ ④ ⑤	33	① ② ③ ④ ⑤		
14	① ② ③ ④ ⑤	34	① ② ③ ④ ⑤		
15	① ② ③ ④ ⑤	35	① ② ③ ④ ⑤		
16	① ② ③ ④ ⑤	36	① ② ③ ④ ⑤		
17	① ② ③ ④ ⑤	37	① ② ③ ④ ⑤		
18	① ② ③ ④ ⑤	38	① ② ③ ④ ⑤		
19	① ② ③ ④ ⑤	39	① ② ③ ④ ⑤		
20	① ② ③ ④ ⑤	40	① ② ③ ④ ⑤		

※ 본 답안지는 마킹연습용 모의 답안지입니다.

좋은 책을 만드는 길
독자님과 함께하겠습니다.

도서나 동영상에 궁금한 점, 아쉬운 점, 만족스러운 점이
있으시다면 어떤 의견이라도 말씀해 주세요.
시대고시기획은 독자님의 의견을 모아 더 좋은 책으로 보답하겠습니다.

www.sidaegosi.com

2022 최신판 All-New 한전KPS
NCS 기출예상문제 + 최종점검 모의고사 6회 + 무료NCS특강

개정14판1쇄 발행	2022년 03월 10일 (인쇄 2022년 01월 18일)
초 판 발 행	2014년 05월 30일 (인쇄 2014년 04월 30일)
발 행 인	박영일
책 임 편 집	이해욱
편 저	NCS직무능력연구소
편 집 진 행	김재희
표지디자인	조혜령
편집디자인	김성은 · 윤준호
발 행 처	(주)시대고시기획
출 판 등 록	제 10-1521호
주 소	서울시 마포구 큰우물로 75 [도화동 538 성지 B/D] 9F
전 화	1600-3600
팩 스	02-701-8823
홈 페 이 지	www.sidaegosi.com
I S B N	979-11-383-1641-5 (13320)
정 가	24,000원

2022 · **All New** 100% 전면 개정

NCS 한전 KPS

NCS + 최종점검 모의고사 6회

+ 무료NCS특강

(주)시대고시기획 시대교육(주)	고득점 합격 노하우를 집약한 최고의 전략 수험서
	www.sidaegosi.com
시대에듀	자격증 · 공무원 · 취업까지 분야별 BEST 온라인 강의
	www.sdedu.co.kr
이슈&시사상식	한 달간의 주요 시사이슈 논술 · 면접 등 취업 필독서
	매달 25일 발간
	외국어 · IT · 취미 · 요리 생활 밀착형 교육 연구
	실용서 전문 브랜드

꿈을 지원하는 행복…

여러분이 구입해 주신 도서 판매수익금의 일부가
국군장병 1인 1자격 취득 및 학점취득 지원사업과
낙도 도서관 지원사업에 쓰이고 있습니다.

기업별 맞춤 학습 "기업별 NCS" 시리즈

공기업 취업의 기초부터 합격까지! 취업의 문을 여는 *Hidden Key!*

기업별 기출문제 "기출이 답이다" 시리즈

역대 기출문제와 주요 공기업 기출문제를 한 권에! 합격을 위한 *One Way!*

시험 직전 마무리 "봉투모의고사" 시리즈

실제 시험과 동일하게 마무리! 합격을 향한 *Last Spurt!*

※ **기업별 시리즈** : 부산교통공사/한국가스공사/LH 한국토지주택공사/한국공항공사/건강보험심사평가원/국민연금공단/인천국제공항공사/한국수력원자력/한국중부발전/한국환경공단/부산환경공단/한국국토정보공사/SR/신용보증기금&기술보증기금/도로교통공단/한국지역난방공사/한국마사회/한국도로공사/강원랜드/발전회사/항만공사 등

※도서의 이미지 및 구성은 변동될 수 있습니다.

혼공하는 취린이들을 위해 준비했어~!

취업을 준비하거나 이직을 준비하는
분들을 위해 만들어진 취업 정보
종합커뮤니티 카페

대기업 & 공기업 취업 온라인 스터디 카페
https://cafe.naver.com/0moowon

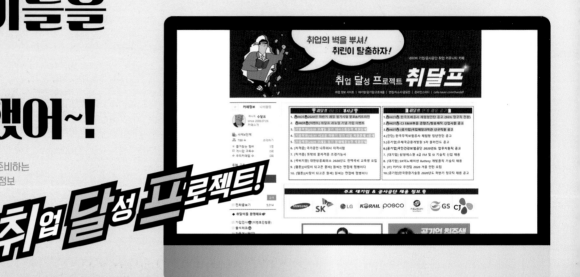

취업달성프로젝트!

 NAVER 카페

취달프를 검색하세요!

01 채용정보

대기업 채용정보

공기업 채용정보

고 · 초대졸 채용정보

최신 채용 뉴스 및 정보

02 무료 온라인 스터디

대기업 스터디

공기업 NCS 스터디

강의 동영상 제공

열정참여자 특별 혜택

03 꿀정보 대잔치

대기업 필수 정보

공기업 필수 정보

자소서 및 면접 꿀팁

04 무료 자료 제공

생생 취업 자료

최신 시사상식

1일 1한자성어

※ 도서 학습 관련 문의는 '도서 학습문의' 게시판에 남겨 주세요.

※ 도서의 정오사항은 '신속처리 정오표' 게시판에 업데이트됩니다.

취달프 카페 가입 이벤트

★ 가입인사 시 추첨을 통해 시대고시 취업 관련 도서 1권 제공 ★

※ 추첨은 매달 진행됩니다.